BECK'SCHE TEXTAUSGABEN

Rehborn, Bauordnung für Nordrhein-Westfalen

# Bauordnung für das Land Nordrhein-Westfalen

mit Verwaltungsvorschrift, Bauprüfungsverordnungen,
den Sonderbauverordnungen für Garagen,
elektrische Anlagen, Feuerungsanlagen, Gaststätten,
Verkaufsstätten, Versammlungsstätten, Hochhäuser,
Camping- und Wochenendplätze sowie Wohnungsgesetz,
Nachbarrechtsgesetz und Baukammerngesetz

TEXTSAMMLUNG
mit Verweisungen und Sachverzeichnis
herausgegeben von

## Helmut Rehborn

Oberstaatsanwalt a.D., unter Mitarbeit
von Rechtsanwalt Dr. Martin Rehborn, Dortmund

13., neubearbeitete Auflage
Stand: 1. Januar 2002

Verlag C.H. Beck München 2002

Die Deutsche Bibliothek – CIP-Einheitsaufnahme

*Bauordnung für das Land Nordrhein-Westfalen :* [BauO NRW] ;
mit Verwaltungsvorschrift, Bauprüfungsverordnungen,
Gebührentarifen, den Sonderbauverordnungen für Garagen,
elektrische Anlagen, Feuerungsanlagen, Gaststätten,
Geschäftshäuser, Versammlungsstätten, Hochhäuser,
Camping- und Wochenendplätze. Sowie Wohnungsgesetz :
[WoG ; vom 6. November 1984] [u. a.]. Textsammlung mit
Verweisungen und Sachverzeichnis. Hrsg. von Helmut
Rehborn unter Mitarb. von Martin Rehborn.
– 13., neubearb. Aufl., Stand: 1. Januar 2002. –
München : Beck, 2002
  Einheitssacht.: Landesbauordnung
  <Nordrhein-Westfalen>
  ISBN 3 406 48490 5

ISBN 3 406 48490 5

© 2002 Verlag C. H. Beck oHG
Wilhelmstraße 9, 80801 München
Druck: Nomos Verlagsgesellschaft
In den Lissen 12, 76547 Sinzheim

Satz: Druckerei C. H. Beck Nördlingen
(Adresse wie Verlag)

Gedruckt auf säurefreiem, alterungsbeständigem Papier
(hergestellt aus chlorfrei gebleichtem Zellstoff)

# Vorwort

Mit der 13. Auflage der Textausgabe zur Landesbauordnung wird „allen am Bau Beteiligten", den Bauherrn und Bauwilligen, Baubehörden, Architekten, Bauingenieuren, Unternehmern, Juristen und Verbänden in handlicher Form wiederum eine aktuelle Zusammenstellung der landesrechtlichen Bestimmungen des Bauordnungsrechts geboten.

Die Bauordnung für Nordrhein-Westfalen stammt vom 7. März 1995 (GV NRW S. 218). Sie ist am 1. Januar 1996 in Kraft getreten. Für Windkraftanlagen ist § 6 zunächst ergänzt worden durch Gesetz vom 24. Oktober 1998 (GV NRW S. 687). Umfangreiche Änderungen hat die Landesbauordnung sodann erfahren durch das Gesetz vom 9. November 1999 (GV NRW S. 622). Die vorliegende Neubekanntmachung des Gesetzes berücksichtigt die ab 1. Juni 2000 geltende Fassung.

Die Bauordnung vereinfacht gegenüber ihren Vorgängern das Verwaltungsverfahren und das materielle Baurecht, hat jedoch auch neue Regelungen wie die Pflicht zur Herstellung von Spielflächen (§ 9) und die Rücksichtnahme auf die Belange der Behinderten und Senioren sowie den Schutz begrünter Flächen gebracht. Nunmehr verlangt der Gesetzgeber die Begrünung unbebauter Grundstücksflächen (§ 9) und deren Wasseraufnahmefähigkeit. Private Abwasserleitungen müssen künftig – kostenträchtig – auf Dichtheit überprüft werden (§ 45). Abfallschächte sind mit den Vorschriften über die Trennung von Abfällen nicht mehr vereinbar. Noch bestehende Abfallschächte sind deshalb bis zum 31. Dezember 2003 ausser Betrieb zu setzen und dauerhaft zu verschließen. Die Stellplatzpflicht kann flexibler gestaltet werden.

Der Verzicht auf die Position des Bauleiters hat sich nicht bewährt. Deshalb muß für die Bauausführung in Zukunft wieder ein(e) verantwortliche(r) Bauleiter(in) bestellt werden (§ 59a).

Der Katalog der genehmigungsfreien Vorhaben ist erweitert (§ 65). Das vereinfachte Genehmigungsverfahren betrifft eine Vielzahl von Bauvorhaben mit Ausnahme der aufgezählten Sonderbauten (§§ 65– 68). An die Stelle der unmittelbaren Prüfungen durch die Bauaufsichtsbehörden treten vielfach Überprüfungen durch beauftragte Sachverständige und deren Bescheinigungen. Hand in Hand mit der Planung bedeutsamer Sonderbauten ist auch das Brandschutzkonzept vorzulegen, eine Regelung, die zugleich der Beschleunigung des Genehmigungsverfahrens dient (§ 54).

Ausser den Architekten steht auch Bauingenieuren die „Bauvorlageberechtigung" zu (§ 70). Die Vorschriften über Bauprodukte und Bauarten haben das Landesrecht an die Bauproduktenrichtlinien der EG angepasst (§§ 20–28). Ziel der Bauproduktenrichtlinien ist die Schaffung eines gemeinsamen Marktes für diese Produkte in der EU.

## Vorwort

Die Gemeinden können örtliche Bauvorschriften als Satzung erlassen. Sie können hierbei einen größeren Spielraum in Anspruch nehmen und ihn nutzen (§ 86).

Zur Gesetzgebungskompetenz ist anzumerken:
In einem für Bundestag, Bundesrat und Bundesregierung erstatteten Gutachten hatte das Bundesverfassungsgericht bereits am 16. Juni 1954 ausgeführt, das Bauordnungsrecht (Baupolizeirecht) sei in der Länderzuständigkeit verblieben, während dem Bund im Hinblick auf Art. 74 Nr. 18, Art. 75 Nr. 4 des Grundgesetzes die Gesetzgebungsbefugnis der städtebaulichen Planung, der Baulandumlegung, der Grundstückszusammenlegung, des Bodenverkehrs, der Bodenbewertung sowie der Erschließung zukomme (vgl. BVerfGE 3, 407 u. NJW 1954, 1474). An dieser Auffassung hat sich nichts geändert. Entsprechende bundesrechtliche Regelungen treffen insbesondere das Baugesetzbuch, die Baunutzungsverordnung und das Raumordnungsgesetz. Die Reformvorschriften dieser Bauordnung sind im Gesetzgebungsverfahren kontrovers diskutiert worden. Bedenken wurden damals vorgebracht, ob das Freistellungsverfahren gegen vorrangiges Bundesrecht verstoße, indem die Anwendung der §§ 30 ff. Baugesetzbuch umgangen werde (vgl. z. B. Stollmann NWVBl. 1995, 41 (43) unter Hinweis auf das „Wyhl-Urteil" des Bundesverwaltungsgerichts vom 19. 12. 1985 – NVwZ 1986, 208). Heute folgt die Verwaltungspraxis den gesetzlichen Regelungen. Dies gilt auch für die Verlagerung von Sach- und Zeitproblemen auf die Ebene der Sachverständigen.

Neben der Bauordnung enthält diese Ausgabe die Verwaltungsvorschrift **(Nr. 1 a)** und 14 weitere einschlägige Texte von Gesetzen und Verordnungen. Die Bauprüfungsverordnung, **Nr. 2,** behandelt die Gestaltung der Bauvorlagen, die Anerkennung von Sachverständigen und bautechnische Prüfungen. Die Technische Prüfverordnung, **Nr. 3,** regelt die Prüfung technischer Anlagen und Einrichtungen und größerer Objekte wie Hochhäuser, Schulen, Versammlungsstätten, Hallenbauten und Geschäftshäuser. Die Sachverständigen für Standsicherheit, Brandschutz, Schall- und Wärmeschutz müssen staatlich anerkannt sein (vgl. **Nr. 7**).

Für Garagen, Betriebsräume elektrischer Anlagen, Feuerungsanlagen, Gaststätten, Verkaufsstätten, Versammlungsstätten, Hochhäuser sowie Camping- und Wochenendplätze gelten Sonderbauverordnungen **(Nrn. 4–6, 8–12).** Lediglich die sehr spezielle Krankenhausbauverordnung, die nur einen kleineren Personenkreis interessiert, wird in dieser Ausgabe nicht gebracht.

Der Erhaltung, Pflege und Nutzung des vorhandenen älteren Wohnraumbestandes dient das Wohnungsgesetz **(Nr. 14).**

Die privatrechtlichen Regelungen des Nachbarrechtsgesetzes u. a. über Grenzabstände für Gebäude sowie Fenster- und Lichtrecht, Nachbar- und Grenzwände, Hammerschlags- und Leiterrecht, Antennen, Dachtraufen und Einfriedigungen sind abdingbar, sofern das öffentliche Recht (Landesbauordnung) dies zulässt (vgl. **Nr. 14**).

# Vorwort

Das Baukammerngesetz (**Nr. 15**) ist an die Stelle des früheren Architektengesetzes getreten. Als eigenständige Körperschaft des öffentlichen Rechts besteht neben der Architektenkammer die Ingenieurkammer-Bau. Das Baukammerngesetz erfaßt die Architekten, Innenarchitekten, Landschaftsarchitekten, Stadtplaner, Ingenieure im Bauwesen und die Öffentlich bestellten Vermessungsingenieure. Zur Aufgabe der Baukammern gehört die Überwachung der Berufspflichten. Die Mitglieder unterliegen der Berufsgerichtsbarkeit. Die Kammern dienen zugleich dem Verbraucherschutz, da sie auf die Beilegung von Streitigkeiten, die sich mit Dritten (z.B. Bauherren) aus der Berufsausübung ergeben, hinwirken sollen. Die Berufsbezeichnungen der Kammerangehörigen genießen Schutz.

Die überarbeiteten Texte sind als Sonderdruck den ebenfalls im Verlag C.H. Beck erscheinenden Loseblattsammlungen „von Hippel-Rehborn, Gesetze des Landes Nordrhein-Westfalen", und „Rehborn, Verwaltungsvorschriften des Landes Nordrhein-Westfalen", entnommen und auf den neuesten Stand gebracht. Möge diese Neuauflage wiederum eine gute Aufnahme finden.

Übrigens, eine Textausgabe des Baugesetzbuches (Verlag C.H. Beck) enthält auch die einschlägigen bundesrechtlichen Vorschriften wie Baunutzungsverordnung, Wertermittlungsverordnung, Planzeichenverordnung, Raumordnungsgesetz, Gesetz über die Umweltverträglichkeitsprüfung, Bundeskleingartengesetz und weitere baurechtliche Nebenvorschriften und stellt somit eine praktische Ergänzung der Textausgabe zur Landesbauordnung dar.

Dortmund, im Januar 2002                                      Helmut Rehborn

# Inhaltsverzeichnis

Abkürzungsverzeichnis .................................................. XI

1. **Bauordnung** für das Land Nordrhein-Westfalen – Landesbauordnung – (BauO NRW). In der Fassung der Bekanntmachung vom 1. März 2000 ................. 1
1a. **Verwaltungsvorschrift** zur Landesbauordnung (VV BauO NRW) vom 12. Oktober 2000 ......................... 87
2. Verordnung über **bautechnische Prüfungen** (BauPrüfVO) vom 6. Dezember 1995 ......................... 183
3. Verordnung über die Prüfung technischer Anlagen und Einrichtungen von Sonderbauten durch staatlich anerkannte Sachverständige und durch Sachkundige – **Technische Prüfverordnung** – (TPrüfVO). Vom 5. Dezember 1995 .... 209
4. Verordnung über den Bau und Betrieb von Garagen (**Garagenverordnung** – GarVO –). Vom 2. November 1990 ...... 217
5. Verordnung über den Bau von Betriebsräumen für **elektrische Anlagen** (EltBauVO). Vom 15. Februar 1974 ............ 229
6. Verordnung über die Errichtung und den Betrieb von Feuerungs- und Brennstoffversorgungsanlagen – **Feuerungsverordnung** – (FeuVO). Vom 21. Juli 1998 ................. 235
7. Verordnung über staatlich anerkannte **Sachverständige** nach der Landesbauordnung (SV-VO). Vom 29. April 2000 . 247
8. Verordnung über den Bau und Betrieb von Gaststätten (**Gaststättenbauverordnung** – GastBauVO –). Vom 9. Dezember 1983 ............................................................. 267
9. Verordnung über den Bau und Betrieb von Verkaufsstätten (**Verkaufsstättenverordnung** – VkVO). Vom 8. September 2000 ............................................................. 283
10. Verordnung über den Bau und Betrieb von Versammlungsstätten (**Versammlungsstättenverordnung** – VStättVO –). Vom 1. Juli 1969 ............................................... 297
11. Verordnung über den Bau und Betrieb von Hochhäusern (**Hochhausverordnung** – HochhVO –). Vom 11. Juni 1986 351
12. Verordnung über Camping- und Wochenendplätze (**Camping- und Wochenendplatzverordnung** – CWVO –). Vom 10. November 1982 ................................................. 363
13. Gesetz zur Erhaltung und Pflege von Wohnraum für das Land Nordrhein-Westfalen (**Wohnungsgesetz** – WoG –). Vom 6. November 1984 ............................................. 369
14. **Nachbarrechtsgesetz** (NachbG NRW). Vom 15. April 1969 ............................................................. 375

# Inhalt

15. Gesetz über den Schutz der Berufsbezeichnungen „Architekt", „Architektin", „Stadtplaner" und „Stadtplanerin" sowie über die Architektenkammer, über den Schutz der Berufsbezeichnung „Beratender Ingenieur" und „Beratende Ingenieurin" sowie über die Ingenieurkammer-Bau – **Baukammerngesetz** (BauKaG NRW). Vom 15. Dezember 1992 .... 395

Sachverzeichnis ......................................................................... 439

# Abkürzungsverzeichnis

| | |
|---|---|
| AA | Ausführungsanweisung |
| Abl. EG | Amtsblatt der Europäischen Gemeinschaft |
| Abs. | Absatz |
| AHB | Allgemeine Bedingungen für Haftpflichtversicherung |
| ArbStättV | Arbeitsstättenverordnung |
| ArchG | Architektengesetz |
| Art. | Artikel |
| AufzV | Aufzugsverordnung |
| AVHT | Ausbildungsverordnung höherer technischer Dienst |
| AVwGebO NRW | Allgemeine Verwaltungsgebührenordnung |
| BAnz | Bundesanzeiger |
| BauGB | Baugesetzbuch |
| BauKaG | Baukammerngesetz |
| BauNVO | Baunutzungsverordnung |
| BauPG | Bauproduktengesetz |
| BauPrüfVO | Verordnung über bautechnische Prüfungen |
| BauR | Baurecht (Fachzeitschrift) |
| BauROG | Bau- und Raumordnungsgesetz |
| BBauG | ehemaliges Bundesbaugesetz |
| ber. Ber | berichtigt, Berichtigung |
| BGB | Bürgerliches Gesetzbuch |
| BGBl. I | Bundesgesetzblatt Teil I |
| BZSM | Bezirksschornsteinfegermeister |
| CWVO | Camping- und Wochenendplatzverordnung |
| DB | Durchführungsbestimmungen |
| DIN | Deutsche Industrienorm |
| Diss | Dissertation |
| DÖV | Die Öffentliche Verwaltung (Fachzeitschrift) |
| DRiG | Deutsches Richtergesetz |
| DSchG | Denkmalschutzgesetz |
| DVGW | Deutscher Verein des Gas- und Wasserfaches in Eschborn |
| DVO | Durchführungsverordnung |
| EDV | Elektronische Datenverarbeitung |
| EG | Europäische Gemeinschaft/en |
| EG BGB | Einführungsgesetz zum Bürgerlichen Gesetzbuch |

# Abkürzungsverzeichnis

| | |
|---|---|
| EltBauVO | Verordnung über den Bau von Betriebsräumen für elektrische Anlagen |
| EnEG | Energieeinsparungsgesetz |
| EWG | Europäische Wirtschaftsgemeinschaft |
| GarVO | Garagenverordnung |
| GastBauVO | Gaststättenbauverordnung |
| GastG | Gaststättengesetz |
| GebG NRW | Gebührengesetz |
| Gem | Gemeinsamer |
| Ges | Gesetz |
| GFZ | Geschoßflächenzahl |
| GG | Grundgesetz |
| GhVO | Geschäftshausverordnung |
| GO NRW | Gemeindeordnung |
| GS | Preußische Gesetzessammlung |
| GS NRW | Sammlung des bereinigten Landesrechts Nordrhein-Westfalen 1945 bis 1. 1. 1957 |
| GV NRW | Gesetz- und Verordnungsblatt für das Land Nordrhein-Westfalen |
| HeizAnlV | Heizungsanlagenverordnung |
| von Hippel-Rehborn | Gesetze des Landes Nordrhein-Westfalen (Loseblatt-Sammlung) |
| HochhVO | Hochhausverordnung |
| HOAI | Honorarordnung für Architekten und Ingenieure |
| ImSchG | Immissionsschutzgesetz |
| IngG | Ingenieurgesetz |
| i. V. m. | In Verbindung mit |
| KhBauVO | Krankenhausbauverordnung |
| Kloepfer | Umweltschutz (Loseblatt-Sammlung) |
| Komm | Kommentar |
| KÜO | Kehr- und Überprüfungsordnung |
| LDS | Landesamt für Datenverarbeitung und Statistik |
| LG | Landschaftsgesetz |
| LWG | Landeswassergesetz |
| MBl. NRW | Ministerialblatt Nordrhein-Westfalen |
| ModEnG | Modernisierungs- und Energieeinsparungsgesetz |
| MSWV | Minister/ium für Stadtentwicklung, Wohnen und Verkehr |

# Abkürzungsverzeichnis

| | |
|---|---|
| NachbG | Nachbarrechtsgesetz |
| NN | Normal-Null |
| NVwZ | Neue Zeitschrift für Verwaltungsrecht (Fachzeitschrift) |
| NW, NRW | Nordrhein-Westfalen |
| OBG | Ordnungsbehördengesetz |
| OVG | Oberverwaltungsgericht |
| OWiG | Gesetz über Ordnungswidrigkeiten |
| PrGSNW | Sammlung des in Nordrhein-Westfalen geltenden preußischen Rechts 1806–1945 |
| RAL | Deutsches Institut für Gütesicherung und Kennzeichnung in Berlin (früher: Reichsausschuß für Lieferbedingungen) |
| RdErl | Runderlaß |
| Rehborn | Verwaltungsvorschriften des Landes Nordrhein-Westfalen (Loseblatt-Sammlung) |
| RGBl. I | Reichsgesetzblatt Teil I |
| RGS NW | Sammlung des als Landesrecht in Nordrhein-Westfalen fortgeltenden Reichsrechts |
| RL | Richtlinie |
| S | Seite |
| Sartorius | Verfassungs- und Verwaltungsgesetze (Loseblatt-Sammlung) |
| Schönfelder | Deutsche Gesetze (Loseblatt-Sammlung) |
| SGV. NRW | Sammlung des bereinigten Gesetz- und Verordnungsblattes |
| SMBl. NRW | Sammlung des bereinigten Ministerialblattes |
| StGB | Strafgesetzbuch |
| StPO | Strafprozeßordnung |
| StrWG | Straßen- und Wegegesetz |
| StVwR NW | Grimm/Papier, Nordrhein-Westfälisches Staats- und Verwaltungsrecht, Frankfurt 1986 |
| SV-VO | Verordnung über staatlich anerkannte Sachverständige nach der Landesbauordnung |
| StVO | Straßenverkehrsordnung |
| TA Lärm | Technische Anweisung Lärm |
| TA Luft | Technische Anweisung Luft |
| TFaVO | Verordnung über technische Fachkräfte |
| TRbF | Technische Regeln für brennbare Flüssigkeiten |
| TÜV | Technischer Überwachungsverein |
| TVbF | Technische Verordnung über brennbare Flüssigkeiten |

# Abkürzungsverzeichnis

ÜVO ............... Überwachungsverordnung

VbF ............... Verordnung über brennbare Flüssigkeiten
VDE ............... Verband Deutscher Elektriker
VHG ............... Vergabehandbuch
VkVO ............... Verkaufsstättenverordnung
VO ............... Verordnung
VStättVO ............... Versammlungsstättenverordnung
VV ............... Verwaltungsvorschrift
VwGO ............... Verwaltungsgerichtsordnung
VwVfG ............... Verwaltungsverfahrensgesetz

WFB ............... Wohnungsbauförderungsbestimmungen
WHG ............... Wasserhaushaltsgesetz
WoG ............... Wohnungsgesetz

ZPO ............... Zivilprozeßordnung

# 1. Bauordnung für das Land Nordrhein-Westfalen – Landesbauordnung – (BauO NRW)[1),2)]

In der Fassung der Bekanntmachung vom 1. März 2000
(GV NRW S. 255/SGV NRW 232)
§ 63 geändert durch Art. 6 Ges. vom 9. 5. 2000 (GV NRW S. 439)

### Inhaltsverzeichnis

#### Erster Teil. Allgemeine Vorschriften §§

| | |
|---|---|
| Anwendungsbereich | 1 |
| Begriffe | 2 |
| Allgemeine Anforderungen | 3 |

---

[1)] **Literatur: a) Allgemeines u. Kommentare z. BauO 1984:** Böckenförde/Temme/Krebs, Komm. 9. Aufl. Düsseldorf 1998; Boeddinghaus/Hahn, Komm., 2. Aufl. München 2000; Bork/Köster, Komm. 2. Aufl. Stuttgart 1990; Finkelnburg/Ortloff, Öffentliches Baurecht. Bauordnungsrecht, 4. Aufl. München 1998; Hoppenberg u. A., Handbuch des öff. Baurechts, Loseblatt München ab 1993; Krebs in StVwR NW, Frankfurt 1986, S. 379 ff.; Loewe/Müller-Büsching, Bebilderte BauO, 7. Aufl. Düsseldorf 1990; Moelle/Rabeneck/Schalk, Loseblattkomm. Essen ab 1985; Rößler, Komm. 3. Aufl. Köln 1983; Scheerbarth, Das allgemeine Bauordnungsrecht, 2. Aufl. Köln 1966; Upmeier, Entscheidungen zum nw Baurecht, Düsseldorf 1997;

**b) Aufsicht und Verwaltungsverfahren:** Bauer, Rechtliche und tatsächliche Bedeutung der Generalklausel im Bauordnungsrecht, Diss. Berlin 1990; Baumanns, Verfahrensrecht und Praxis der Bauaufsicht, Stuttgart 1982; Bonifacio, Das Genehmigungsverfahren nach § 67 BauO NW, Frankfurt 1998; Drescher, Rechtsprobleme des baurechtlichen Vorbescheids, Bielefeld 1993; Jäde, Bauaufsichtliche Maßnahmen, Stuttgart 2001; Korbion, Voraussetzung und Folgen der Bauabnahme, 2. Aufl. Köln 1988; Meiendresch, Das gestufte Baugenehmigungsverfahren, Düsseldorf 1987; Meiringer, Verwaltungsgenehmigung und entgegenstehende Rechte Dritter unter besonderer Beachtung des Baugenehmigungsverfahrens, Diss. Heidelberg 1986; Pietschmann, Handbuch des bauordnungsrechtlichen Verfahrens in NRW, Neuwied 1988; Rothe, Das Verfahren bei der Aufstellung von Bauleitplänen, 2. Aufl. Stuttgart 1992; Schulte, Rechtsgüterschutz durch Bauordnungsrecht, Berlin 1982; Schulz, Zuständigkeiten und Mitwirkungsformen im baurechtlichen Genehmigungsverfahren, Berlin 1980;

**c) Bauausführung, Außenwerbung, Statik:** Baur/Hasenclever, Standsicherheit von Bauten, 4. Aufl. Düsseldorf 1984; Grave, Baustellensicherung, Einrichtung, Betrieb, Genehmigung nach öffentlichem Recht, Düsseldorf 1981; Herding/Schmalzl, Der Prüfingenieur für Baustatik, 2. Aufl. Düsseldorf 1974; Jäde, Bauaufsichtliche Maßnahmen, Stuttgart 1989; Kollmer, Baustellenverordnung, Komm. München 2000; Kummer, Denkmalschutzrecht als gestaltendes Baurecht, München 1981; Michel, Die Verunstaltungsbegriffe im Baurecht, Bonn 1967; Moench/Schmidt, Die Freiheit der Baugestaltung, Herne 1989; Schmidt/Tophoff, Das Recht der Außenwerbung, Köln 1965;

**d) Baulast:** Döring, Die öffentlich-rechtliche Baulast und das nachbarrechtliche Grundverhältnis, Düsseldorf 1994; Peus, Das Rechtsinstitut der Baulast, Diss. Münster 1969; Pott, Die Baulast im Sinne des § 99 der BauO für NRW, Diss. Bonn 1971; Schwarz, Baulasten im öffentlichen Recht und im Privatrecht, Wiesbaden 1995;

**e) Bauprodukte u. technische Normen:** Achelis, Der Brauchbarkeitsnachweis für neue Baustoffe, Bauteile, Einrichtungen und Bauarten und deren bauaufsichtlichen Zulassung, Diss. Berlin 1990; Battis/Gusy, Technische Normen im Baurecht, Düsseldorf 1988; Wolfensberger, Die anerkannten Regeln der Technik (Baukunst) als Rechtsbegriff im öffentlichen Recht, Berlin 1978;

**f) Bebauung, Nachbarn u. Abstände:** Boecker/Stelkens, Die Baugenehmigung im Innenbereich unter besonderer Berücksichtigung des Gebots der Rücksichtnahme auch
*(Fortsetzung nächste Seite)*

# 1 BauO NRW  Landesbauordnung

**Zweiter Teil. Das Grundstück und seine Bebauung**  §§

| | |
|---|---:|
| Bebauung der Grundstücke mit Gebäuden | 4 |
| Zugänge und Zufahrten auf den Grundstücken | 5 |
| Abstandflächen | 6 |
| Übernahme von Abstandflächen auf andere Grundstücke | 7 |
| Teilung von Grundstücken | 8 |
| Nicht überbaute Flächen, Spielflächen, Geländeoberfläche | 9 |
| *(aufgehoben)* | 10 |
| Gemeinschaftsanlagen | 11 |

**Dritter Teil. Bauliche Anlagen**

Erster Abschnitt. Allgemeine Anforderungen an die Bauausführung

| | |
|---|---:|
| Gestaltung | 12 |
| Anlagen der Außenwerbung und Warenautomaten | 13 |
| Baustellen | 14 |
| Standsicherheit | 15 |
| Schutz gegen schädliche Einflüsse | 16 |
| Brandschutz | 17 |
| Wärmeschutz, Schallschutz und Erschütterungsschutz | 18 |
| Verkehrssicherheit | 19 |

unter nachbarrechtlichen Aspekten, 3. Aufl. Bonn 1987; Boeddinghaus, Abstandflächen im Bauordnungsrecht NRW, Bebilderter Komm. München 1996; Clasen, Die ordnungsrechtliche Grundstücksbebauung nach der Bauordnung NRW, Neuwied 1972; Hahn/Schulte, Öffentlich-rechtliches Baunachbarrrecht, München 1998; Kipp, Der Einfluß des öffentlichen Baurechts auf den privatrechtlichen Immissionsschutz, Diss. Münster 1993; Kleinlein, Das System des Nachbarrechts, Düsseldorf 1986; König, Drittschutz, Berlin 1993; Kübler/Speidel, Handbuch des Baunachbarrechts, Stuttgart 1970; Mampel, Nachbarschutz im öffentlichen Baurecht, Herne 1994; Ogiermann, Rechtsfragen der Errichtung von Windkraftanlagen, Köln 1992; Seidel, Öffentlich-rechtlicher und privater Nachbarschutz, München 2000; Stenneken, Planung und Genehmigung von Windkraftanlagen ..., Frankfurt 2000; Timmermann, Der baurechtliche Nachbarschutz, Diss. Münster 1968; Wagner, Gebäudeabstand zum Wald, Diss. Dortmund 1984;

**g) Beteiligte:** Ditten, Der Bauleiter und seine Rechtsstellung, Remlingen 1997; Jebe/Vygen, Der Bauingenieur in seiner rechtlichen Verantwortung, Düsseldorf 1981; Schmalzl, Die Berufshaftpflichtversicherung des Architekten und des Bauunternehmers, München 1989; Wirth/Theis, Architekt und Bauherr, Essen 1998.

**h) Sonstiges:** Broy/Bülow, Baufreiheit und baurechtlicher Bestandsschutz, Berlin 1982; Günther, Die öffentlichen Bauten in den Landesbauordnungen und im Bundesbaugesetz, Diss. Berlin (FU) 1984; Jacob/Groß, Leitfaden für Bauschäden, Düsseldorf 1976; Kloetsch, Der Bestandsschutz im Bauordnungs- u. Bauplanungsrecht, Diss. Köln 1975; Kromik/Schwager, Straftaten und Ordnungswidrigkeiten bei der Durchführung von Bauvorhaben, Düsseldorf 1982; Zapp, Privatrechtliche Voraussetzungen und privatrechtliche Wirkungen der Baugenehmigung, Diss. München 1983.

[2]) Siehe auch folgende Vorschriften: **Baugesetzbuch** i.d.F. vom 27.8.1997 (BGBl. I S. 2141), mit Änderungen abgedruckt **Sartorius** Nr. **300;** VO über die bauliche Nutzung der Grundstücke **(Baunutzungsverordnung)** i.d.F. vom 23.1.1990 (BGBl. I S. 132), mit Änderungen abgedruckt **Sartorius** Nr. **311;** VO über Grundsätze für die Ermittlung des Wertes von Grundstücken (**Wertermittlungsverordnung** – WertV) vom 6.12.1988 (BGBl. I S. 2209), abgedruckt **Sartorius** Nr. **310;** VO über die Gutachterausschüsse für Grundstückswerte (**Gutachterausschußverordnung** NRW – GAVO NRW) **von Hippel-Rehborn** Nr. **92;** VO zur Durchführung des Bundesbaugesetzes **von Hippel-Rehborn** Nr. **92 a;** Gesetz zur Einsparung von Energie in Gebäuden (**Energieeinsparungsgesetz** – EnEG) vom 22.7.1976 (BGBl. I S. 1873), geändert durch Ges. vom 20.6.1980 (BGBl. I S. 701); **Wärmeschutzverordnung** vom 16.8.1994 (BGBl. I S. 613); **Heizungsanlagenverordnung** i.d.F. vom 22.3.1994 (BGBl. I S. 613). Gesetz über das Inverkehrbringen und den freien Warenverkehr mit Bauprodukten zur Umsetzung der Richtlinie 89/106/EWG des Rates vom 21. Dezember 1988 zur Angleichung der Rechts- und Verwaltungsvorschriften der Mitgliedstaaten über Bauprodukte (**Bauproduktengesetz** – BauPG) i.d.F. vom 28.4.1998 (BGBl. I S. 812).

# Landesbauordnung BauO NRW 1

Zweiter Abschnitt. Bauprodukte und Bauarten §§

| | |
|---|---|
| Bauprodukte | 20 |
| Allgemeine bauaufsichtliche Zulassung | 21 |
| Allgemeines bauaufsichtliches Prüfzeugnis | 22 |
| Nachweis der Verwendbarkeit von Bauprodukten im Einzelfall | 23 |
| Bauarten | 24 |
| Übereinstimmungsnachweis | 25 |
| Übereinstimmungserklärung des Herstellers | 26 |
| Übereinstimmungszertifikat | 27 |
| Prüf-, Zertifizierungs- und Überwachungsstellen | 28 |

Dritter Abschnitt. Wände, Decken und Dächer

| | |
|---|---|
| Wände, Pfeiler und Stützen | 29 |
| Trennwände | 30 |
| Gebäudeabschlusswände | 31 |
| Gebäudetrennwände | 32 |
| Brandwände | 33 |
| Decken | 34 |
| Dächer | 35 |

Vierter Abschnitt. Treppen, Rettungswege, Aufzüge und Öffnungen

| | |
|---|---|
| Treppen | 36 |
| Treppenräume | 37 |
| Notwendige Flure und Gänge | 38 |
| Aufzüge | 39 |
| Fenster, Türen, Kellerlichtschächte | 40 |
| Umwehrungen | 41 |

Fünfter Abschnitt. Haustechnische Anlagen

| | |
|---|---|
| Lüftungsanlagen, Installationsschächte und Installationskanäle | 42 |
| Feuerungsanlagen, Wärme- und Brennstoffversorgungsanlagen | 43 |
| Wasserversorgungsanlagen | 44 |
| Abwasseranlagen | 45 |
| Abfallschächte | 46 |
| *(aufgehoben)* | 47 |

Sechster Abschnitt. Aufenthaltsräume und Wohnungen

| | |
|---|---|
| Aufenthaltsräume | 48 |
| Wohnungen | 49 |
| Bäder und Toilettenräume | 50 |

Siebenter Abschnitt. Besondere Anlagen

| | |
|---|---|
| Stellplätze und Garagen, Abstellplätze für Fahrräder | 51 |
| Ställe, Dungstätten und Gärfutterbehälter | 52 |
| Behelfsbauten und untergeordnete Gebäude | 53 |
| Sonderbauten | 54 |
| Bauliche Maßnahmen für besondere Personengruppen | 55 |

## Vierter Teil. Die am Bau Beteiligten

| | |
|---|---|
| Grundsatz | 56 |
| Bauherrin, Bauherr | 57 |
| Entwurfsverfasserin, Entwurfsverfasser | 58 |
| Unternehmerin, Unternehmer | 59 |
| Bauleiterin, Bauleiter | 59 a |

## Fünfter Teil. Bauaufsichtsbehörden und Verwaltungsverfahren

1. Abschnitt: Bauaufsichtsbehörden

| | |
|---|---|
| Bauaufsichtsbehörden | 60 |
| Aufgaben und Befugnisse der Bauaufsichtsbehörden | 61 |
| Sachliche Zuständigkeit | 62 |

## 1 BauO NRW § 1     Landesbauordnung

2. Abschnitt: Genehmigungsbedürftige und genehmigungsfreie Vorhaben | §§

| | |
|---|---|
| Genehmigungsbedürftige Vorhaben | 63 |
| *(aufgehoben)* | 64 |
| Genehmigungsfreie Vorhaben | 65 |
| Genehmigungsfreie Anlagen | 66 |
| Genehmigungsfreie Wohngebäude, Garagen und Stellplätze | 67 |
| Vereinfachtes Genehmigungsverfahren | 68 |

3. Abschnitt: Verwaltungsverfahren

| | |
|---|---|
| Bauantrag | 69 |
| Bauvorlageberechtigung | 70 |
| Vorbescheid | 71 |
| Behandlung des Bauantrages | 72 |
| Abweichungen | 73 |
| Beteiligung der Angrenzer | 74 |
| Baugenehmigung und Baubeginn | 75 |
| Teilbaugenehmigung | 76 |
| Geltungsdauer der Genehmigung | 77 |
| Typengenehmigung | 78 |
| Fliegende Bauten | 79 |
| Öffentliche Bauherren | 80 |
| Bauüberwachung | 81 |
| Bauzustandsbesichtigung | 82 |
| Baulast und Baulastenverzeichnis | 83 |

**Sechster Teil. Bußgeldvorschriften,
Rechtsvorschriften, bestehende Anlagen und Einrichtungen**

| | |
|---|---|
| Bußgeldvorschriften | 84 |
| Rechtsvorschriften und Verwaltungsvorschriften | 85 |
| Örtliche Bauvorschriften | 86 |
| Bestehende Anlagen und Einrichtungen | 87 |

**Siebenter Teil. Übergangs-, Änderungs- und Schlussvorschriften**

| | |
|---|---|
| Übergangsvorschrift | 88 |
| Änderungsvorschriften; gegenstandslos | 89 |
| Inkrafttreten, Außerkrafttreten, eingeleitete Verfahren | 90 |

## Erster Teil. Allgemeine Vorschriften

**§ 1 Anwendungsbereich.** (1) ¹Dieses Gesetz gilt für bauliche Anlagen und Bauprodukte. ²Es gilt auch für Grundstücke sowie für andere Anlagen und Einrichtungen, an die in diesem Gesetz oder in Vorschriften aufgrund dieses Gesetzes Anforderungen gestellt werden.

(2) Dieses Gesetz gilt nicht für

1. Anlagen des öffentlichen Verkehrs einschließlich Zubehör, Nebenanlagen und Nebenbetriebe, mit Ausnahme von Gebäuden,

2. Anlagen, soweit sie der Bergaufsicht unterliegen, mit Ausnahme von Gebäuden,

3. Leitungen, die der öffentlichen Versorgung mit Wasser, Gas, Elektrizität, Wärme, der öffentlichen Abwasserbeseitigung oder dem Fernmeldewesen dienen, einschließlich ihrer Masten, Unterstützungen sowie unterirdischen Anlagen und Einrichtungen,

Landesbauordnung  §2 BauO NRW 1

4. Rohrleitungen, die dem Ferntransport von Stoffen dienen, einschließlich ihrer unterirdischen Anlagen und Einrichtungen,

5. Krane.

**§ 2 Begriffe.** (1) [1]Bauliche Anlagen sind mit dem Erdboden verbundene, aus Bauprodukten hergestellte Anlagen. [2]Eine Verbindung mit dem Erdboden besteht auch dann, wenn die Anlage durch eigene Schwere auf dem Erdboden ruht oder auf ortsfesten Bahnen begrenzt beweglich ist oder wenn die Anlage nach ihrem Verwendungszweck dazu bestimmt ist, überwiegend ortsfest benutzt zu werden.

Als bauliche Anlagen gelten

1. Aufschüttungen und Abgrabungen,

2. Lager-, Abstell- und Ausstellungsplätze,

3. Camping- und Wochenendplätze,

4. Sport- und Spielflächen,

5. Stellplätze,

6. Gerüste,

7. Hilfseinrichtungen zur statischen Sicherung von Bauzuständen.

(2) Gebäude sind selbständig benutzbare, überdachte bauliche Anlagen, die von Menschen betreten werden können und geeignet oder bestimmt sind, dem Schutz von Menschen, Tieren oder Sachen zu dienen.

(3) [1]Gebäude geringer Höhe sind Gebäude, bei denen der Fußboden keines Geschosses mit Aufenthaltsräumen im Mittel mehr als 7 m über der Geländeoberfläche liegt. [2]Gebäude mittlerer Höhe sind Gebäude, bei denen der Fußboden mindestens eines Aufenthaltsraumes im Mittel mehr als 7 m und nicht mehr als 22 m über der Geländeoberfläche liegt. [3]Hochhäuser sind Gebäude, bei denen der Fußboden mindestens eines Aufenthaltsraumes mehr als 22 m über der Geländeoberfläche liegt.

(4) Geländeoberfläche ist die Fläche, die sich aus der Baugenehmigung oder den Festsetzungen des Bebauungsplanes ergibt, im übrigen die natürliche Geländeoberfläche.

(5) [1]Vollgeschosse sind Geschosse, deren Deckenoberkante im Mittel mehr als 1,60 m über die Geländeoberfläche hinausragt und die eine Höhe von mindestens 2,30 m haben. [2]Ein gegenüber den Außenwänden des Gebäudes zurückgesetztes oberstes Geschoss (Staffelgeschoss) ist nur dann ein Vollgeschoss, wenn es diese Höhe über mehr als zwei Drittel der Grundfläche des darunter liegenden Geschosses hat. [3]Ein Geschoss mit geneigten Dachflächen ist ein Vollgeschoss, wenn es diese Höhe über mehr als drei Viertel seiner Grundfläche hat. [4]Die Höhe der Geschosse wird von Oberkante Fußboden bis Oberkante

Fußboden der darüberliegenden Decke, bei Geschossen mit Dachflächen bis Oberkante Dachhaut gemessen.

(6) [1] Geschosse über der Geländeoberfläche sind Geschosse, deren Deckenoberkante im Mittel mehr als 1,60 m über die Geländeoberfläche hinausragt. [2] Hohlräume zwischen der obersten Decke und dem Dach, in denen Aufenthaltsräume nicht möglich sind, gelten nicht als Geschosse.

(7) Aufenthaltsräume sind Räume, die zum nicht nur vorübergehenden Aufenthalt von Menschen bestimmt oder geeignet sind.

(8) [1] Stellplätze sind Flächen, die dem Abstellen von Kraftfahrzeugen außerhalb der öffentlichen Verkehrsfläche dienen. [2] Garagen sind ganz oder teilweise umschlossene Räume zum Abstellen von Kraftfahrzeugen.

(9) Bauprodukte sind

1. Baustoffe, Bauteile und Anlagen, die hergestellt werden, um dauerhaft in bauliche Anlagen eingebaut zu werden,

2. aus Baustoffen und Bauteilen vorgefertigte Anlagen, die hergestellt werden, um mit dem Erdboden verbunden zu werden, wie Fertighäuser, Fertiggaragen und Silos.

(10) Bauart ist das Zusammenfügen von Bauprodukten zu baulichen Anlagen oder Teilen von baulichen Anlagen.

**§ 3 Allgemeine Anforderungen.** (1) [1] Bauliche Anlagen sowie andere Anlagen und Einrichtungen im Sinne von § 1 Abs. 1 Satz 2 sind so anzuordnen, zu errichten, zu ändern und instand zu halten, dass die öffentliche Sicherheit oder Ordnung, insbesondere Leben, Gesundheit oder die natürlichen Lebensgrundlagen, nicht gefährdet wird. [2] Die der Wahrung dieser Belange dienenden allgemein anerkannten Regeln der Technik sind zu beachten. [3] Von diesen Regeln kann abgewichen werden, wenn eine andere Lösung in gleicher Weise die allgemeinen Anforderungen des Satzes 1 erfüllt. [4] § 20 Abs. 3 und § 24 bleiben unberührt. [5] Mit Boden, Wasser und Energie ist sparsam umzugehen. [6] Die Möglichkeiten zur Vermeidung und Verwertung von Bauabfällen und Bodenaushub sind zu nutzen.

(2) Bauprodukte dürfen nur verwendet werden, wenn bei ihrer Verwendung die baulichen Anlagen bei ordnungsgemäßer Instandhaltung während einer dem Zweck entsprechenden angemessenen Zeitdauer die Anforderungen dieses Gesetzes oder aufgrund dieses Gesetzes erfüllen und gebrauchstauglich sind.

(3) [1] Als allgemein anerkannte Regeln der Technik gelten auch die von der obersten Bauaufsichtsbehörde durch öffentliche Bekanntmachung als Technische Baubestimmungen eingeführten technischen Regeln. [2] Bei der Bekanntmachung kann hinsichtlich ihres Inhalts auf die Fundstelle verwiesen werden. [3] Die Beachtung der technischen

Landesbauordnung §§ 4, 5 BauO NRW 1

Regeln ist, soweit sie eingeführt sind, von den Bauaufsichtsbehörden gemäß § 72 Abs. 4 zu prüfen.[1]

(4) Für den Abbruch baulicher Anlagen sowie anderer Anlagen und Einrichtungen im Sinne des § 1 Abs. 1 Satz 2 und für die Änderung ihrer Benutzung gelten Absätze 1 und 3 sinngemäß.

## Zweiter Teil.
## Das Grundstück und seine Bebauung

**§ 4 Bebauung der Grundstücke mit Gebäuden.** (1) Gebäude dürfen nur errichtet werden, wenn gesichert ist, dass bis zum Beginn ihrer Benutzung

1. das Grundstück in angemessener Breite an einer befahrbaren öffentlichen Verkehrsfläche liegt oder das Grundstück eine befahrbare, öffentlich-rechtlich gesicherte Zufahrt zu einer befahrbaren öffentlichen Verkehrsfläche hat; Wohnwege, an denen nur Gebäude geringer Höhe zulässig sind, brauchen nur befahrbar zu sein, wenn sie länger als 50 m sind,
2. die erforderlichen Anlagen zur Versorgung mit Trink- und Löschwasser vorhanden und benutzbar sind und
3. die erforderlichen Abwasseranlagen vorhanden und benutzbar sind und die Abwasserbeseitigung entsprechend den wasserrechtlichen Vorschriften gewährleistet ist.

(2) Ein Gebäude auf mehreren Grundstücken ist zulässig, wenn durch Baulast gesichert ist, daß keine Verhältnisse eintreten können, die den Vorschriften dieses Gesetzes oder den aufgrund dieses Gesetzes erlassenen Vorschriften zuwiderlaufen, und das Gebäude auf den Grundstücken diesen Vorschriften so entspricht, als wären die Grundstücke ein Grundstück.

**§ 5 Zugänge und Zufahrten auf den Grundstücken.** (1) ¹Von öffentlichen Verkehrsflächen ist insbesondere für die Feuerwehr ein geradliniger Zu- oder Durchgang zu schaffen

---

[1] Siehe RdErl. über Einführung Technischer Baubestimmungen nach § 3 Abs. 3 BauO NRW vom 29. 12. 1999 (MBl. NRW 2000 S. 62/SGV NRW 2323); dazu aktuell: Richtlinie für Windkraftanlagen; Einwirkungen und Standsicherheitsnachweise für Turm und Gründung vom 8. 2. 1996 (MBl. NRW S. 465/SMBl. NRW 23236; Gem. RdErl. über Grundsätze für Planung und Genehmigung von Windenergieanlagen vom 3. 5. 2000 (MBl. NRW S. 690/SMBl. NRW 2310); Gem. RdErl. über Ansiedlung von Einzelhandelsgroßbetrieben, Bauleitplanung und Genehmigung von Vorhaben (Einzelhandelserlaß) vom 7. 5. 1996 (MBl. NRW S. 922/SMBl. NRW 2311); Richtlinie für die Bewertung und Sanierung PCB-belasteter Baustoffe und Bauteile in Gebäuden (PCB-Richtlinie NRW) vom 3. 7. 1996 (MBl. NRW S. 1260/SMBl. NRW 23239); Richtlinie über den Brandschutz bei der Lagerung von Sekundärstoffen aus Kunststoff – Kunststofflager-Richtlinie-KRL vom 3. 3. 1998 (MBl. NRW S. 384/SMBl. NRW 2323); Richtlinie über den baulichen Brandschutz im Industriebau – Industriebaurichtlinie – IndBauR – vom 28. 5. 2001 (MBl. NRW S. 924/SMBl. NRW 2323); Leitungsanlagen-Richtlinie vom 20. 8. 2001 (MBl. NRW S. 1253/SMBl. NRW 232380).

**1 BauO NRW** § 5   Landesbauordnung

1. zur Vorderseite rückwärtiger Gebäude,
2. zur Rückseite von Gebäuden, wenn eine Rettung von Menschen außer vom Treppenraum nur von der Gebäuderückseite aus möglich ist.

²Der Zu- oder Durchgang muss mindestens 1,25 m breit sein. ³Bei Türöffnungen und anderen geringfügigen Einengungen genügt eine lichte Breite von 1 m. ⁴Die lichte Höhe des Zu- oder Durchgangs muss mindestens 2 m betragen.

(2) ¹Zu Gebäuden, bei denen die Oberkante der Brüstung notwendiger Fenster oder sonstiger zum Anleitern bestimmter Stellen mehr als 8 m über dem Gelände liegt, ist in den Fällen des Absatzes 1 anstelle eines Zu- oder Durchgangs eine mindestens 3 m breite Zu- oder Durchfahrt mit einer lichten Höhe von mindestens 3,50 m zu schaffen. ²Wände und Decken von Durchfahrten sind in der Feuerwiderstandsklasse F 90 und in den wesentlichen Teilen aus nichtbrennbaren Baustoffen (F 90-AB) herzustellen.

(3) Eine andere Verbindung als nach den Absätzen 1 oder 2 kann gestattet werden, wenn dadurch der Einsatz der Feuerwehr nicht behindert wird.

(4) Bei Gebäuden, die ganz oder mit Teilen mehr als 50 m von einer öffentlichen Verkehrsfläche entfernt sind, können Zufahrten oder Durchfahrten nach Absatz 2 zu den vor und hinter den Gebäuden gelegenen Grundstücksteilen verlangt werden.

(5) ¹Bei Gebäuden, bei denen die Oberkante der Brüstung notwendiger Fenster oder sonstiger zum Anleitern bestimmter Stellen mehr als 8 m über dem Gelände liegt, muss mindestens eine Außenwand mit notwendigen Fenstern oder den zum Anleitern bestimmten Stellen für Feuerwehrfahrzeuge auf einer befahrbaren Fläche erreichbar sein. ²Diese Fläche muß ein Aufstellen von Hubrettungsfahrzeugen in einem Abstand von mindestens 3 m und höchstens 9 m, bei mehr als 18 m Brüstungshöhe in einem Abstand von höchstens 6 m von der Außenwand ermöglichen; größere Abstände können gestattet werden, wenn Bedenken wegen des Brandschutzes nicht bestehen. ³Ist eine Rettung von Menschen außer über den Treppenraum nur von einer bestimmten Gebäudeseite aus möglich, so kann verlangt werden, dass die befahrbare Fläche an dieser Gebäudeseite anzulegen ist.

(6) ¹Die Zu- und Durchfahrten nach Absatz 2 sowie die befahrbaren Flächen nach Absatz 5 dürfen nicht durch Einbauten eingeengt werden und sind ständig freizuhalten sowie zu kennzeichnen. ²Sie müssen für Feuerwehrfahrzeuge ausreichend befestigt und tragfähig sein. ³Die befahrbaren Flächen nach Absatz 5 müssen nach oben offen sein. ⁴Kraftfahrzeuge dürfen in den Zu- und Durchfahrten nach Absatz 2 sowie auf den befahrbaren Flächen nach Absatz 5 nicht abgestellt werden.

Landesbauordnung § 6 **BauO NRW 1**

**§ 6 Abstandflächen.** (1) ¹Vor Außenwänden von Gebäuden sind Flächen von oberirdischen Gebäuden freizuhalten (Abstandflächen). ²Innerhalb der überbaubaren Grundstücksfläche ist eine Abstandfläche nicht erforderlich vor Außenwänden, die an der Nachbargrenze errichtet werden, wenn nach planungsrechtlichen Vorschriften

a) das Gebäude ohne Grenzabstand gebaut werden muss oder

b) das Gebäude ohne Grenzabstand gebaut werden darf und öffentlich-rechtlich gesichert ist, dass auf dem Nachbargrundstück ebenfalls ohne Grenzabstand gebaut wird.

³Muss nach planungsrechtlichen Vorschriften mit Grenzabstand gebaut werden, ist aber auf dem Nachbargrundstück innerhalb der überbaubaren Grundstücksfläche ein Gebäude ohne Grenzabstand vorhanden, so kann gestattet oder verlangt werden, dass ebenfalls ohne Grenzabstand gebaut wird. ⁴Muss nach planungsrechtlichen Vorschriften ohne Grenzabstand gebaut werden, ist aber auf dem Nachbargrundstück innerhalb der überbaubaren Grundstücksfläche ein Gebäude mit Grenzabstand vorhanden, so kann gestattet oder verlangt werden, dass eine Abstandfläche eingehalten wird.

(2) ¹Die Abstandflächen müssen auf dem Grundstück selbst liegen. ²Die Abstandflächen dürfen auch auf öffentlichen Verkehrsflächen, öffentlichen Grünflächen und öffentlichen Wasserflächen liegen, jedoch nur bis zu deren Mitte.

(3) Die Abstandflächen dürfen sich nicht überdecken; dies gilt nicht für

1. Außenwände, die in einem Winkel von mehr als 75° zueinander stehen,

2. Außenwände zu einem fremder Sicht entzogenen Gartenhof bei Wohngebäuden mit nicht mehr als zwei Wohnungen und

3. Gebäude und andere bauliche Anlagen, die in den Abstandflächen zulässig sind oder gestattet werden.

(4) ¹Die Tiefe der Abstandfläche bemisst sich nach der Wandhöhe; sie wird senkrecht zur Wand gemessen. ²Als Wandhöhe gilt das Maß von der Geländeoberfläche bis zur Schnittlinie der Wand mit der Dachhaut oder bis zum oberen Abschluss der Wand. ³Besteht eine Außenwand aus Wandteilen unterschiedlicher Höhe, so ist die Wandhöhe je Wandteil zu ermitteln. ⁴Bei geneigter Geländeoberfläche ist die im Mittel gemessene Wandhöhe maßgebend; diese ergibt sich aus den Wandhöhen an den Gebäudekanten oder der vertikalen Begrenzungen der Wandteile. ⁵Zur Wandhöhe werden hinzugerechnet:

1. voll die Höhe von

   – Dächern und Dachteilen mit einer Dachneigung von mehr als 70°,

   – Giebelflächen im Bereich dieser Dächer und Dachteile, wenn beide Seiten eine Dachneigung von mehr als 70° haben,

## 1 BauO NRW § 6 — Landesbauordnung

2. zu einem Drittel die Höhe von
   - Dächern und Dachteilen mit einer Dachneigung von mehr als 45°,
   - Dächern mit Dachgaupen oder Dachaufbauten, deren Gesamtbreite je Dachfläche mehr als die Hälfte der darunter liegenden Gebäudewand beträgt,
   - Giebelflächen im Bereich von Dächern und Dachteilen, wenn nicht beide Seiten eine Dachneigung von mehr als 70° haben.

⁶Das sich ergebende Maß ist H.

(5) ¹Die Tiefe der Abstandflächen beträgt
- 0,8 H,
- 0,5 H in Kerngebieten, Gewerbegebieten und Industriegebieten,
- 0,25 H in Gewerbegebieten und Industriegebieten vor Außenwänden von Gebäuden, die überwiegend der Produktion oder Lagerung dienen.

²Zu öffentlichen Verkehrsflächen beträgt die Tiefe der Abstandfläche
- 0,4 H,
- 0,25 H in Kerngebieten, Gewerbegebieten und Industriegebieten.

³In Sondergebieten können geringere Tiefen der Abstandflächen als 0,8 H gestattet werden, wenn die Nutzung des Sondergebietes dies rechtfertigt. ⁴Zu angrenzenden anderen Baugebieten gilt die jeweils größere Tiefe der Abstandfläche. ⁵In allen Fällen muss die Tiefe der Abstandflächen mindestens 3,0 m betragen. ⁶Absatz 16 bleibt unberührt.

(6) ¹Vor zwei Außenwänden eines Gebäudes genügt auf einer Länge von nicht mehr als 16 m als Tiefe der Abstandfläche die Hälfte der nach Absatz 5 Satz 1 erforderlichen Tiefe, mindestens jedoch 3 m (Schmalseitenprivileg). ²Wird ein Gebäude mit einer Außenwand an ein anderes Gebäude oder an eine Nachbargrenze gebaut, gilt das Schmalseitenprivileg nur noch für eine Außenwand. ³Eine in sich gegliederte Wand gilt als Außenwand im Sinne des Satzes 1. ⁴Gegenüber einem Gebäude oder einer Grundstücksgrenze kann das Schmalseitenprivileg für ein Gebäude nur einmal in Anspruch genommen werden. ⁵Rechtmäßig bestehende Wandteile, die einen geringeren Abstand zur Nachbargrenze aufweisen, als er nach Absatz 5 erforderlich ist, stehen dem Schmalseitenprivileg nicht entgegen.

(7) ¹Vor die Außenwand vortretende Bauteile wie Gesimse, Dachvorsprünge, Blumenfenster, Hauseingangstreppen und deren Überdachungen sowie Vorbauten wie Erker und Balkone bleiben bei der Bemessung außer Betracht, wenn sie nicht mehr als 1,50 m vortreten. ²Von gegenüberliegenden Nachbargrenzen müssen sie mindestens 2,0 m entfernt bleiben; das Erdgeschoß erschließende Hauseingangstreppen und deren Überdachungen müssen mindestens 1,50 m entfernt bleiben.

Landesbauordnung § 6 BauO NRW 1

(8) (aufgehoben)

(9) ¹Abweichend von Absatz 5 genügen in Gewerbe- und Industriegebieten vor Wänden ohne Öffnungen als Tiefe der Abstandfläche

1. 1,50 m, wenn die Wände einer Feuerwiderstandsklasse entsprechen und einschließlich ihrer Bekleidung aus nichtbrennbaren Baustoffen bestehen,
2. 3,0 m, wenn die Wände einer Feuerwiderstandsklasse entsprechen oder einschließlich ihrer Bekleidung aus nichtbrennbaren Baustoffen bestehen.

²Dies gilt nicht für Abstandflächen gegenüber Grundstücksgrenzen.

(10) ¹Für bauliche Anlagen und andere Anlagen und Einrichtungen, von denen Wirkungen wie von Gebäuden ausgehen, gelten die Absätze 1 bis 9 gegenüber Gebäuden und Nachbargrenzen sinngemäß. ²Für Windenergieanlagen gelten die Absätze 4 bis 9 nicht. ³Bei diesen Anlagen bemisst sich die Tiefe der Abstandfläche nach der Hälfte ihrer größten Höhe. ⁴Die größte Höhe errechnet sich bei Anlagen mit Horizontalachse aus der Höhe der Rotorachse über der geometrischen Mitte des Mastes zuzüglich des Rotorradius. ⁵Die Abstandfläche ist ein Kreis um den geometrischen Mittelpunkt des Mastes.

(11) ¹In den Abstandflächen eines Gebäudes sowie ohne eigene Abstandfläche sind zulässig

1. an der Nachbargrenze gebaute überdachte Stellplätze und Garagen bis zu einer Länge von 9,0 m einschließlich darauf errichteter Anlagen zur Gewinnung von Solarenergie sowie Parabolantennen und sonstige Antennenanlagen, jeweils bis zu 1,5 m Höhe sowie Gebäude mit Abstellräumen und Gewächshäuser mit einer Grundfläche von nicht mehr als 7,5 m²; die mittlere Wandhöhe dieser Gebäude darf nicht mehr als 3,0 m über der Geländeoberfläche an der Grenze betragen, die Grenzbebauung darf entlang einer Nachbargrenze 9,0 m und insgesamt 15,0 m nicht überschreiten.

2. Stützmauern und geschlossene Einfriedungen bis zu einer Höhe von 2,0 m über der Geländeoberfläche an der Grenze, in Gewerbe- und Industriegebieten ohne Begrenzung der Höhe.

²Die Grundfläche der in Satz 1 genannten Gebäude mit Abstellräumen und der Gewächshäuser darf innerhalb eines Abstandes von 3,0 m von der Nachbargrenze nicht mehr als 7,5 m² betragen. ³Satz 1 Nr. 1 gilt auch, wenn die baulichen Anlagen in einem Abstand von 1 bis zu 3 m von der Nachbargrenze gebaut werden. ⁴In den Abstellräumen nach Satz 1 Nr. 1 sind Leitungen und Zähler für Energie und Wasser, Feuerstätten für flüssige oder gasförmige Brennstoffe mit einer Nennwärmeleistung bis zu 28 kW und Wärmepumpen entsprechender Leistung zulässig.

(12) In den Abstandflächen eines Gebäudes und zu diesem ohne eigene Abstandfläche sind, wenn die Beleuchtung der Räume des Gebäudes nicht wesentlich beeinträchtigt wird, zulässig

1. Garagen,
2. eingeschossige Gebäude ohne Fenster zu diesem Gebäude,
3. bauliche Anlagen und andere Anlagen und Einrichtungen, von denen Wirkungen wie von Gebäuden ausgehen (Absatz 10).

(13) Liegen sich Wände desselben Gebäudes gegenüber, so können geringere Tiefen der Abstandflächen als nach Absatz 5 gestattet werden, wenn die Beleuchtung der Räume des Gebäudes nicht wesentlich beeinträchtigt wird.

(14) Bei der nachträglichen Bekleidung oder Verblendung von Außenwänden sowie der nachträglichen Anhebung der Dachhaut bestehender Gebäude können geringere Tiefen der Abstandflächen als nach Absatz 5 gestattet werden, wenn die Baumaßnahme der Verbesserung des Wärmeschutzes dient.

(15) [1] Bei Nutzungsänderungen sowie bei geringfügigen baulichen Änderungen bestehender Gebäude ohne Veränderung von Länge und Höhe der den Nachbargrenzen zugekehrten Wände können unter Würdigung nachbarlicher Belange geringere Tiefen der Abstandflächen gestattet werden, wenn Gründe des Brandschutzes nicht entgegenstehen. [2] Satz 1 gilt nicht für Gebäude nach Absatz 11 Satz 1 Nr. 1.

(16) In überwiegend bebauten Gebieten können geringere Tiefen der Abstandflächen gestattet oder verlangt werden, wenn die Gestaltung des Straßenbildes oder besondere städtebauliche Verhältnisse dies auch unter Würdigung nachbarlicher Belange rechtfertigen und wenn Gründe des Brandschutzes nicht entgegenstehen.

(17) Ergeben sich durch zwingende Festsetzungen eines Bebauungsplanes im Sinne von § 8 oder § 12 des Baugesetzbuches geringere Tiefen der Abstandflächen, so gelten diese Tiefen.

### § 7 Übernahme von Abstandflächen auf andere Grundstücke.

(1) [1] Abweichend von § 6 Abs. 2 Satz 1 ist zulässig, dass Abstandflächen sich ganz oder teilweise auf andere Grundstücke erstrecken, wenn durch Baulast gesichert ist, dass sie nicht überbaut und auf die auf diesen Grundstücken erforderlichen Abstandflächen nicht angerechnet werden. [2] Vorschriften, nach denen eine Überbauung zulässig ist oder gestattet werden kann, bleiben unberührt.

(2) [1] Die bei der Errichtung eines Gebäudes vorgeschriebenen Abstandflächen dürfen auch bei nachträglichen Grenzänderungen und Grundstücksteilungen nicht unterschritten oder überbaut werden. [2] Absatz 1 gilt entsprechend.

### § 8 Teilung von Grundstücken.
(1) [1] Die Teilung eines bebauten Grundstück bedarf zu ihrer Wirksamkeit der Genehmigung der Bauaufsichtsbehörde. [2] Einer Genehmigung bedarf es nicht, wenn der Bund, das Land, eine Gemeinde oder ein Gemeindeverband als Erwerber, Eigentümer oder Verwalter beteiligt ist.

Landesbauordnung § 9 BauO NRW 1

(2) ¹Die Genehmigung darf nur versagt werden, wenn durch die Teilung Verhältnisse geschaffen würden, die den Vorschriften dieses Gesetzes oder den aufgrund dieses Gesetzes erlassenen Vorschriften zuwiderlaufen. ²Die Bauaufsichtsbehörde hat innerhalb eines Monats nach Eingang des Antrags über die Teilung zu entscheiden. ³Ist ihr dies nicht möglich, so kann sie die Frist durch Zwischenbescheid gegenüber der Antragstellerin oder dem Antragsteller um höchstens zwei Monate verlängern. ⁴Die Genehmigung gilt als erteilt, wenn nicht innerhalb der Frist über sie entschieden wurde.

(3) ¹Die Teilung darf in das Liegenschaftskataster erst übernommen werden, wenn ein Genehmigungsbescheid vorgelegt ist. ²Bedarf die Teilung keiner Genehmigung oder gilt sie als genehmigt, so hat die Genehmigungsbehörde auf Antrag von Beteiligten darüber ein Zeugnis auszustellen; das Zeugnis steht einer Genehmigung gleich.

(4) § 69 Abs. 1 und § 72 Abs. 1 Satz 2 gelten entsprechend.

**§ 9 Nicht überbaute Flächen, Spielflächen, Geländeoberflächen.** (1) ¹Die nicht überbauten Flächen der bebauten Grundstücke sind wasseraufnahmefähig zu belassen oder herzustellen, zu begrünen, zu bepflanzen und so zu unterhalten, soweit sie nicht für eine andere zulässige Verwendung benötigt werden. ²Werden diese Flächen als Zugänge, Zufahrten, Flächen für die Feuerwehr (§ 5), Stellplätze, Abstellplätze, Lagerplätze oder als Arbeitsfläche benötigt, so kann auch deren Wasseraufnahmefähigkeit, Begrünung und Bepflanzung verlangt werden, soweit es Art und Größe dieser Anlagen zulassen. ³Ist eine Begrünung oder Bepflanzung der Grundstücke nicht oder nur sehr eingeschränkt möglich, so sind die baulichen Anlagen zu begrünen, soweit ihre Bauweise und Gestaltung es zulassen und die Maßnahme für die Bauherrin oder den Bauherrn wirtschaftlich zumutbar ist. ⁴Anforderungen nach den Sätzen 1 und 2 gelten auch für vorhandene befestigte Flächen mit mehr als 5000 m², soweit ihre Erfüllung für die Verpflichteten wirtschaftlich zumutbar ist. ⁵Die wirtschaftliche Unzumutbarkeit wird in den in den Sätzen 3 und 4 geregelten Fällen, soweit sie nicht offensichtlich ist, nur berücksichtigt, wenn diese von Bauherrin, Bauherr oder Verpflichteten dargelegt wird.

(2) ¹Ein Gebäude mit Wohnungen darf nur errichtet werden, wenn eine ausreichende Spielfläche für Kleinkinder auf dem Grundstück bereitgestellt wird. ²Die Bereitstellung auf dem Grundstück ist nicht erforderlich, wenn in unmittelbarer Nähe

a) eine solche Spielfläche auf einem anderen Grundstück geschaffen wird oder vorhanden ist und sie sowie ihre Unterhaltung öffentlich-rechtlich gesichert ist,

b) eine Gemeinschaftsanlage nach § 11 oder

c) ein geeigneter öffentlicher Spielplatz geschaffen wird oder vorhanden ist.

**1 BauO NRW** §§ 10–12  Landesbauordnung

³Die Größe der Spielfläche richtet sich nach Zahl und Art der Wohnungen auf dem Grundstück. ⁴Auf ihre Bereitstellung kann verzichtet werden, wenn die Art und Lage der Wohnungen dies nicht erfordern. ⁵Bei bestehenden Gebäuden nach Satz 1 kann die Bereitstellung von Spielflächen für Kleinkinder verlangt werden, wenn dies die Gesundheit und der Schutz der Kinder erfordern.

(3) Bei der Errichtung oder Änderung baulicher Anlagen kann verlangt werden, dass die Geländeoberfläche erhalten oder verändert wird, um eine Störung des Straßen-, Orts- oder Landschaftsbildes zu vermeiden oder zu beseitigen oder um die Geländeoberfläche der Höhe der Verkehrsflächen oder der Nachbargrundstücke anzugleichen.

**§ 10.** (aufgehoben)

**§ 11 Gemeinschaftsanlagen.** (1) ¹Die Herstellung, die Instandhaltung und der Betrieb von Gemeinschaftsanlagen, insbesondere für Spielflächen für Kleinkinder (§ 9 Abs. 2), sonstige Kinderspielflächen und für Stellplätze und Garagen (§ 51), für die in einem Bebauungsplan Flächen festgesetzt sind, obliegen den Eigentümerinnen und Eigentümern der Grundstücke, für die diese Anlagen bestimmt sind. ²Erbbauberechtigte treten an deren Stelle. ³Sind Bauherrinnen oder Bauherren nicht Eigentümerinnen, Eigentümer oder Erbbauberechtigte, so obliegt ihnen die Beteiligung an der Herstellung, Instandhaltung und dem Betrieb der Gemeinschaftsanlage. ⁴Die Verpflichtung nach Satz 1 geht mit der Rechtsnachfolge über.

(2) Die Gemeinschaftsanlage muss hergestellt werden, sobald und soweit sie zur Erfüllung ihres Zwecks erforderlich ist.

(3) Die Baugenehmigung kann davon abhängig gemacht werden, dass die Bauherrin oder der Bauherr in Höhe des voraussichtlich auf ihn entfallenden Anteils der Herstellungskosten Sicherheit leistet.

## Dritter Teil. Bauliche Anlagen

### Erster Abschnitt. Allgemeine Anforderungen an die Bauausführung

**§ 12 Gestaltung.** (1) Bauliche Anlagen sowie andere Anlagen und Einrichtungen im Sinne des § 1 Abs. 1 Satz 2 müssen nach Form, Maßstab, Verhältnis der Baumassen und Bauteile zueinander, Werkstoff und Farbe so gestaltet sein, dass sie nicht verunstaltet wirken.

(2) ¹Bauliche Anlagen sowie andere Anlagen und Einrichtungen im Sinne des § 1 Abs. 1 Satz 2 sind mit ihrer Umgebung so in Einklang zu bringen, dass sie das Straßen-, Orts- oder Landschaftsbild nicht verunstalten oder deren beabsichtigte Gestaltung nicht stören. ²Auf die erhaltenswerten Eigenarten der Umgebung ist Rücksicht zu nehmen.

Landesbauordnung  § 13  BauO NRW 1

**§ 13 Anlagen der Außenwerbung und Warenautomaten.**

(1) ¹Anlagen der Außenwerbung (Werbeanlagen) sind alle ortsfesten Einrichtungen, die der Ankündigung oder Anpreisung oder als Hinweis auf Gewerbe oder Beruf dienen und vom öffentlichen Verkehrsraum aus sichtbar sind. ²Hierzu zählen insbesondere Schilder, Beschriftungen, Bemalungen, Lichtwerbungen, Schaukästen sowie für Zettel- und Bogenanschläge oder Lichtwerbung bestimmte Säulen, Tafeln und Flächen.

(2) ¹Werbeanlagen dürfen weder bauliche Anlagen noch das Straßen-, Orts- oder Landschaftsbild verunstalten oder die Sicherheit und Ordnung des Verkehrs gefährden. ²Eine Verunstaltung liegt auch vor, wenn durch Werbeanlagen der Ausblick auf begrünte Flächen verdeckt oder die einheitliche Gestaltung und die architektonische Gliederung baulicher Anlagen gestört wird. ³Die störende Häufung von Werbeanlagen ist unzulässig.

(3) ¹Außerhalb der im Zusammenhang bebauten Ortsteile sind Werbeanlagen unzulässig. ²Ausgenommen sind, soweit in anderen Vorschriften nichts anderes bestimmt ist,

1. Werbeanlagen an der Stätte der Leistung,

2. Schilder, die Inhaber und Art gewerblicher Betriebe kennzeichnen (Hinweisschilder), wenn sie vor Ortsdurchfahrten auf einer Tafel zusammengefaßt sind,

3. einzelne Hinweiszeichen an Verkehrsstraßen und Wegabzweigungen, die im Interesse des Verkehrs auf außerhalb der Ortsdurchfahrten liegende Betriebe oder versteckt liegende Stätten aufmerksam machen,

4. Werbeanlagen an und auf Flugplätzen, Sportplätzen, Sportanlagen und Versammlungsstätten, soweit sie nicht in die freie Landschaft wirken,

5. Werbeanlagen auf Ausstellungs- oder Messegeländen.

(4) ¹In Kleinsiedlungsgebieten, Dorfgebieten, reinen Wohngebieten, allgemeinen Wohngebieten und besonderen Wohngebieten sind nur Werbeanlagen an der Stätte der Leistung sowie Anlagen für amtliche Mitteilungen und zur Unterrichtung der Bevölkerung über kirchliche, kulturelle, politische, sportliche und ähnliche Veranstaltungen zulässig; die jeweils freie Fläche dieser Anlagen darf auch für andere Werbung verwendet werden. ²In reinen Wohngebieten darf an der Stätte der Leistung nur mit Hinweisschildern geworben werden. ³An Gebäuden, die nach ihrer Zweckbestimmung auf Verkehrsflächen öffentlicher Straßen errichtet werden, können auch untergeordnete andere Werbeanlagen zugelassen werden, soweit sie das Ortsbild nicht beeinträchtigen.

(5) Die Absätze 1 bis 3 gelten für Warenautomaten entsprechend.

# 1 BauO NRW §§ 14–16   Landesbauordnung

(6) Die Vorschriften dieses Gesetzes sind nicht anzuwenden auf
1. Anschläge und Lichtwerbung an dafür genehmigten Säulen, Tafeln und Flächen,
2. Werbemittel an Zeitungs- und Zeitschriftenverkaufsstellen,
3. Auslagen und Dekorationen in Fenstern und Schaukästen,
4. Wahlwerbung für die Dauer eines Wahlkampfes.

**§ 14 Baustellen.**[1] (1) Baustellen sind so einzurichten, dass bauliche Anlagen sowie andere Anlagen und Einrichtungen im Sinne des § 1 Abs. 1 Satz 2 ordnungsgemäß errichtet, geändert oder abgebrochen werden können und Gefahren oder vermeidbare Belästigungen nicht entstehen.

(2) [1]Bei Bauarbeiten, durch die unbeteiligte Personen gefährdet werden können, ist die Gefahrenzone abzugrenzen oder durch Warnzeichen zu kennzeichnen. [2]Soweit erforderlich, sind Baustellen mit einem Bauzaun abzugrenzen, mit Schutzvorrichtungen gegen herabfallende Gegenstände zu versehen und zu beleuchten.

(3) Bei der Ausführung genehmigungsbedürftiger Bauvorhaben nach § 63 Abs. 1 und solchen nach § 67 hat die Bauherrin oder der Bauherr an der Baustelle ein Schild, das die Bezeichnung des Bauvorhabens und die Namen und Anschriften der Entwurfsverfasserin oder des Entwurfsverfassers, der Unternehmerin oder des Unternehmers für den Rohbau und der Bauleiterin oder des Bauleiters enthalten muss, dauerhaft und von der öffentlichen Verkehrsfläche aus sichtbar anzubringen.

(4) Zu erhaltende Bäume, Sträucher und sonstige Bepflanzungen müssen während der Bauarbeiten durch geeignete Vorkehrungen geschützt und ausreichend bewässert werden.

**§ 15 Standsicherheit.** (1) [1]Jede bauliche Anlage muss im Ganzen und in ihren Teilen sowie für sich allein standsicher sein. [2]Die Standsicherheit anderer baulicher Anlagen und die Tragfähigkeit des Baugrundes des Nachbargrundstücks dürfen nicht gefährdet werden.

(2) Die Verwendung gemeinsamer Bauteile für mehrere Anlagen ist zulässig, wenn öffentlich-rechtlich gesichert ist, dass die gemeinsamen Bauteile beim Abbruch einer der Anlagen bestehen bleiben.

**§ 16 Schutz gegen schädliche Einflüsse.** [1]Bauliche Anlagen sowie andere Anlagen und Einrichtungen im Sinne des § 1 Abs. 1 Satz 2 müssen so angeordnet, beschaffen und gebrauchstauglich sein, dass durch Wasser, Feuchtigkeit, pflanzliche oder tierische Schädlinge so-

---

[1] Siehe dazu auch die Verordnung über Sicherheit und Gesundheitsschutz auf Baustellen (Baustellenverordnung – BaustellV) vom 10. 6. 1998 (BGBl. I S. 1283), die in Verbindung mit dem Arbeitsschutzgesetz zur Umsetzung der EG-Richtlinie 92/57/EWG vom 24. 6. 1992 über die auf zeitlich begrenzte oder ortsveränderliche Baustellen anzuwendenden Mindestvorschriften für die Sicherheit und den Gesundheitsschutz dient.

Landesbauordnung §§ 17, 18 BauO NRW 1

wie andere chemische, physikalische oder biologische Einflüsse Gefahren oder unzumutbare Belästigungen nicht entstehen. ²Baugrundstücke müssen für bauliche Anlagen entsprechend geeignet sein.

**§ 17 Brandschutz.** (1) Bauliche Anlagen sowie andere Anlagen und Einrichtungen im Sinne des § 1 Abs. 1 Satz 2 müssen unter Berücksichtigung insbesondere
– der Brennbarkeit der Baustoffe,
– der Feuerwiderstandsdauer der Bauteile, ausgedrückt in Feuerwiderstandsklassen,
– der Dichtheit der Verschlüsse von Öffnungen,
– der Anordnung von Rettungswegen
so beschaffen sein, dass der Entstehung eines Brandes und der Ausbreitung von Feuer und Rauch vorgebeugt wird und bei einem Brand die Rettung von Menschen und Tieren sowie wirksame Löscharbeiten möglich sind.

(2) Baustoffe, die nach Verarbeitung oder dem Einbau leichtentflammbar sind, dürfen bei der Errichtung und Änderung baulicher Anlagen sowie anderer Anlagen und Einrichtungen im Sinne des § 1 Abs. 1 Satz 2 nicht verwendet werden.

(3) ¹Für jede Nutzungseinheit müssen in jedem Geschoss mit einem Aufenthaltsraum zwei Rettungswege vorhanden sein; die Rettungswege dürfen innerhalb eines Geschosses über einen gemeinsamen notwendigen Flur führen. ²Der erste Rettungsweg muss in Nutzungseinheiten, die nicht zu ebener Erde liegen, über mindestens eine notwendige Treppe führen; der zweite Rettungsweg kann eine mit Rettungsgeräten der Feuerwehr erreichbare Stelle oder eine weitere notwendige Treppe sein. ³Ein zweiter Rettungsweg ist nicht erforderlich, wenn die Rettung über einen sicher erreichbaren Treppenraum möglich ist, in den Feuer und Rauch nicht eindringen können (Sicherheitstreppenraum). ⁴Gebäude, deren zweiter Rettungsweg über Rettungsgeräte der Feuerwehr führt und bei denen die Oberkante der Brüstungen notwendiger Fenster oder sonstiger zum Anleitern bestimmter Stellen mehr als 8 m über der Geländeoberfläche liegt, dürfen nur errichtet werden, wenn die erforderlichen Rettungsgeräte von der Feuerwehr vorgehalten werden.

(4) Bauliche Anlagen, bei denen nach Lage, Bauart oder Nutzung Blitzschlag leicht eintreten und zu schweren Folgen führen kann, sind mit dauernd wirksamen Blitzschutzanlagen zu versehen.

**§ 18 Wärmeschutz, Schallschutz und Erschütterungsschutz.**
(1) Gebäude müssen einen ihrer Nutzung und den klimatischen Verhältnissen entsprechenden sowie den Energieverbrauch senkenden Wärmeschutz haben.

(2) ¹Gebäude müssen einen ihrer Lage und Nutzung entsprechenden Schallschutz haben. ²Geräusche, die von ortsfesten Anlagen oder Einrichtungen in baulichen Anlagen oder auf Baugrundstücken ausgehen, sind so zu dämmen, dass Gefahren oder unzumutbare Belästigungen nicht entstehen.

(3) Erschütterungen oder Schwingungen, die von ortsfesten Anlagen oder Einrichtungen in baulichen Anlagen oder auf Baugrundstücken ausgehen, sind so zu dämmen, dass Gefahren oder unzumutbare Belästigungen nicht entstehen.

**§ 19 Verkehrssicherheit.** (1) Bauliche Anlagen und die dem Verkehr dienenden nicht überbauten Flächen von bebauten Grundstücken müssen verkehrssicher sein.

(2) Die Sicherheit oder Ordnung des öffentlichen Verkehrs darf durch bauliche Anlagen sowie andere Anlagen und Einrichtungen im Sinne des § 1 Abs. 1 Satz 2 oder ihre Nutzung nicht gefährdet werden.

## Zweiter Abschnitt. Bauprodukte und Bauarten

**§ 20 Bauprodukte.** (1) ¹Bauprodukte dürfen für die Errichtung, Änderung und Instandhaltung baulicher Anlagen nur verwendet werden, wenn sie für den Verwendungszweck

1. von den nach Absatz 2 bekanntgemachten technischen Regeln nicht oder nicht wesentlich abweichen (geregelte Bauprodukte) oder nach Absatz 3 zulässig sind und wenn sie aufgrund des Übereinstimmungsnachweises nach § 25 das Übereinstimmungszeichen (Ü-Zeichen) tragen oder

2. nach den Vorschriften

    a) des Bauproduktengesetzes[1]

    b) zur Umsetzung der Richtlinie 89/106/EWG des Rates vom 21. Dezember 1988 zur Angleichung der Rechts- und Verwaltungsvorschriften der Mitgliedstaaten über Bauprodukte (Bauproduktenrichtlinie) (ABl. EG Nr. L 40 v. 11. 2. 1989, S. 12), geändert durch Richtlinie 93/68/EWG des Rates vom 22. Juli 1993 (ABl. EG Nr. L 220 v. 30. 8. 1993, S. 1), durch andere Mitgliedstaaten der Europäischen Gemeinschaft und andere Vertragsstaaten des Abkommens über den Europäischen Wirtschaftsraum oder

    c) zur Umsetzung sonstiger Richtlinien der Europäischen Gemeinschaft, soweit diese die wesentlichen Anforderungen nach § 5 Abs. 1 des Bauproduktengesetzes berücksichtigen,

---

[1] In der Fassung vom 28. 4. 1998 (BGBl. I S. 812).

Landesbauordnung § 20 BauO NRW 1

in den Verkehr gebracht und gehandelt werden dürfen, insbesondere die Konformitätskennzeichnung der Europäischen Gemeinschaft (CE-Kennzeichnung) tragen und dieses Zeichen die nach Absatz 7 Nr. 1 festgelegten Klassen und Leistungsstufen ausweist. ²Sonstige Bauprodukte, die von allgemein anerkannten Regeln der Technik nicht abweichen, dürfen auch verwendet werden, wenn diese Regeln nicht in der Bauregelliste A bekanntgemacht sind. ³Sonstige Bauprodukte, die von allgemein anerkannten Regeln der Technik abweichen, bedürfen keines Nachweises ihrer Verwendbarkeit nach Absatz 3.

(2) ¹Das Deutsche Institut für Bautechnik[1]) macht im Einvernehmen mit der obersten Bauaufsichtsbehörde für Bauprodukte, für die nicht nur die Vorschriften nach Absatz 1 Nr. 2 maßgebend sind, in der Bauregelliste A die technischen Regeln bekannt, die zur Erfüllung der in diesem Gesetz und in Vorschriften aufgrund dieses Gesetzes an bauliche Anlagen gestellten Anforderungen erforderlich sind. ²Diese technischen Regeln gelten als allgemein anerkannte Regeln der Technik im Sinne des § 3 Abs. 1 Satz 2.

(3) ¹Bauprodukte, für die technische Regeln in der Bauregelliste A nach Absatz 2 bekanntgemacht worden sind und die von diesen wesentlich abweichen oder für die es allgemein anerkannte Regeln der Technik nicht gibt (nicht geregelte Bauprodukte), müssen

1. eine allgemeine bauaufsichtliche Zulassung (§ 21),
2. ein allgemeines bauaufsichtliches Prüfzeugnis (§ 22) oder
3. eine Zustimmung im Einzelfall (§ 23)

haben. ²Ausgenommen sind Bauprodukte, die für die Erfüllung der Anforderungen dieses Gesetzes oder aufgrund dieses Gesetzes nur eine untergeordnete Bedeutung haben und die das Deutsche Institut für Bautechnik im Einvernehmen mit der obersten Bauaufsichtsbehörde in einer Liste C öffentlich bekanntgemacht hat.

(4) Die oberste Bauaufsichtsbehörde kann durch Rechtsverordnung vorschreiben, dass für bestimmte Bauprodukte, soweit sie Anforderungen nach anderen Rechtsvorschriften unterliegen, hinsichtlich dieser Anforderungen bestimmte Nachweise der Verwendbarkeit und bestimmte Übereinstimmungsnachweise nach Maßgabe der §§ 20 bis 23 und der §§ 25 bis 28 zu führen sind, wenn die anderen Rechtsvorschriften diese Nachweise verlangen oder zulassen.[2])

(5) ¹Bei Bauprodukten nach Absatz 1 Nr. 1, deren Herstellung in außergewöhnlichem Maß von der Sachkunde und Erfahrung der damit betrauten Personen oder von einer Ausstattung mit besonderen

---

[1]) Siehe die Bekanntmachung des Abkommens über das Deutsche Institut für Bautechnik (DIBt-Abkommen) vom 26. 10. 1993 (GV NRW S. 866/SGV NRW 232).
[2]) Siehe VO zur Feststellung der wasserrechtlichen Eignung von Bauprodukten und Bauarten durch Nachweise nach der Landesbauordnung (WasBauPVO) vom 6. 3. 2000 (GV NRW S. 251/SGV NRW 232).

**1 BauO NRW** § 21   Landesbauordnung

Vorrichtungen abhängt, kann in der allgemeinen bauaufsichtlichen Zulassung, in der Zustimmung im Einzelfall oder durch Rechtsverordnung der obersten Bauaufsichtsbehörde vorgeschrieben werden, dass der Hersteller über solche Fachkräfte und Vorrichtungen verfügt und den Nachweis hierüber gegenüber einer Prüfstelle nach § 28 zu erbringen hat. ²In der Rechtsverordnung können Mindestanforderungen an die Ausbildung, die durch Prüfung nachzuweisende Befähigung und die Ausbildungsstätten einschließlich der Anerkennungsvoraussetzungen gestellt werden.[1]

(6) Für Bauprodukte, die wegen ihrer besonderen Eigenschaften oder ihres besonderen Verwendungszweckes einer außergewöhnlichen Sorgfalt bei Einbau, Transport, Instandhaltung oder Reinigung bedürfen, kann in der allgemeinen bauaufsichtlichen Zulassung, in der Zustimmung im Einzelfall oder durch Rechtsverordnung der obersten Bauaufsichtsbehörde die Überwachung dieser Tätigkeiten durch eine Überwachungsstelle nach § 28 vorgeschrieben werden.[2]

(7) Das Deutsche Institut für Bautechnik kann im Einvernehmen mit der obersten Bauaufsichtsbehörde in der Bauregelliste B

1. festlegen, welche der Klassen und Leistungsstufen, die in Normen, Leitlinien oder europäischen technischen Zulassungen nach dem Bauproduktengesetz oder in anderen Vorschriften zur Umsetzung von Richtlinien der Europäischen Gemeinschaft enthalten sind, Bauprodukte nach Absatz 1 Satz 1 Nr. 2 erfüllen müssen

und

2. bekanntmachen, inwieweit andere Vorschriften zur Umsetzung von Richtlinien der Europäischen Gemeinschaft die wesentlichen Anforderungen nach § 5 Abs. 1 des Bauproduktengesetzes nicht berücksichtigen.

**§ 21 Allgemeine bauaufsichtliche Zulassung.** (1) Das Deutsche Institut für Bautechnik erteilt eine allgemeine bauaufsichtliche Zulassung für nicht geregelte Bauprodukte, wenn deren Verwendbarkeit im Sinne des § 3 Abs. 2 nachgewiesen ist.

(2) ¹Die zur Begründung des Antrags erforderlichen Unterlagen sind beizufügen. ²Soweit erforderlich, sind Probestücke von der Antragstellerin oder vom Antragsteller zur Verfügung zu stellen oder durch Sachverständige, die das Deutsche Institut für Bautechnik bestimmen kann, zu entnehmen oder Probeausführungen unter Aufsicht der Sachverständigen herzustellen. ³§ 72 Abs. 1 Satz 2 gilt entsprechend.

---

[1] Siehe VO über Anforderungen an Hersteller von Bauprodukten und Anwender von Bauarten (Hersteller- und AnwenderVO – HAVO –) vom 7. 3. 2000 (GV NRW S. 251/ SGV NRW 232).
[2] Siehe VO über die Überwachung von Tätigkeiten mit Bauprodukten und bei Bauarten (ÜTVO) vom 8. März 2000 (GV NRW S. 252/SGV NRW 232).

Landesbauordnung §§ 22, 23 BauO NRW 1

(3) Das Deutsche Institut für Bautechnik kann für die Durchführung der Prüfung die sachverständige Stelle und für Probeausführungen die Ausführungsstelle und Ausführungszeit vorschreiben.

(4) ¹Die allgemeine bauaufsichtliche Zulassung wird widerruflich und für eine bestimmte Frist erteilt, die in der Regel fünf Jahre beträgt. ²Die Zulassung kann mit Nebenbestimmungen erteilt werden. ³Sie kann auf schriftlichen Antrag in der Regel um fünf Jahre verlängert werden; § 77 Abs. 2 Satz 2 gilt entsprechend.

(5) Die Zulassung wird unbeschadet der Rechte Dritter erteilt.

(6) Das Deutsche Institut für Bautechnik macht die von ihm erteilten allgemeinen bauaufsichtlichen Zulassungen nach Gegenstand und wesentlichem Inhalt öffentlich bekannt.

(7) Allgemeine bauaufsichtliche Zulassungen nach dem Recht anderer Länder gelten auch im Land Nordrhein-Westfalen.

**§ 22 Allgemeines bauaufsichtliches Prüfzeugnis.** (1) ¹Bauprodukte,

1. deren Verwendung nicht der Erfüllung erheblicher Anforderungen an die Sicherheit baulicher Anlagen dient oder

2. die nach allgemein anerkannten Prüfverfahren beurteilt werden,

bedürfen anstelle einer allgemeinen bauaufsichtlichen Zulassung nur eines allgemeinen bauaufsichtlichen Prüfzeugnisses. ²Das Deutsche Institut für Bautechnik macht dies mit der Angabe der maßgebenden technischen Regeln und, soweit es keine allgemein anerkannten Regeln der Technik gibt, mit der Bezeichnung der Bauprodukte im Einvernehmen mit der obersten Bauaufsichtsbehörde in der Bauregelliste A bekannt.

(2) ¹Ein allgemeines bauaufsichtliches Prüfzeugnis wird von einer Prüfstelle nach § 28 Abs. 1 Satz 1 Nr. 1 für nicht geregelte Bauprodukte nach Absatz 1 erteilt, wenn deren Verwendbarkeit im Sinne des § 3 Abs. 2 nachgewiesen ist. ²§ 21 Abs. 2 bis 7 gilt entsprechend.

**§ 23 Nachweis der Verwendbarkeit von Bauprodukten im Einzelfall.** (1) ¹Mit Zustimmung der obersten Bauaufsichtsbehörde dürfen im Einzelfall

1. Bauprodukte, die ausschließlich nach dem Bauproduktengesetz oder nach sonstigen Vorschriften zur Umsetzung von Richtlinien der Europäischen Gemeinschaft in Verkehr gebracht und gehandelt werden dürfen, jedoch deren Anforderungen nicht erfüllen, und

2. nicht geregelte Bauprodukte

verwendet werden, wenn deren Verwendbarkeit im Sinne des § 3 Abs. 2 nachgewiesen ist. ²Wenn Gefahren im Sinne des § 3 Abs. 1 nicht zu erwarten sind, kann die oberste Bauaufsichtsbehörde im Einzelfall erklären, dass ihre Zustimmung nicht erforderlich ist.

(2) Die Zustimmung für Bauprodukte nach Absatz 1, die in Baudenkmälern nach § 2 Abs. 2 des Gesetzes zum Schutz und zur Pflege der Denkmäler im Lande Nordrhein-Westfalen (Denkmalschutzgesetz – DSchG) vom 11. März 1980 (GV. NRW. S. 226), zuletzt geändert durch Gesetz vom 20. Juni 1989 (GV. NRW. S. 366) – SGV. NRW. 224[1]) – verwendet werden, erteilt die untere Bauaufsichtsbehörde.

**§ 24 Bauarten.** (1) [1]Bauarten, die von Technischen Baubestimmungen wesentlich abweichen oder für die es allgemein anerkannte Regeln der Technik nicht gibt (nicht geregelte Bauarten), dürfen bei der Errichtung, Änderung und Instandhaltung baulicher Anlagen nur angewendet werden, wenn für sie

1. eine allgemeine bauaufsichtliche Zulassung oder
2. eine Zustimmung im Einzelfall

erteilt worden ist. [2]Anstelle einer allgemeinen bauaufsichtlichen Zulassung genügt ein allgemeines bauaufsichtliches Prüfzeugnis, wenn die Bauart nicht der Erfüllung erheblicher Anforderungen an die Sicherheit baulicher Anlagen dient oder nach allgemein anerkannten Prüfverfahren beurteilt wird. Das Deutsche Institut für Bautechnik macht diese Bauarten mit der Angabe der maßgebenden technischen Regeln und, soweit es keine allgemein anerkannten Regeln der Technik gibt, mit der Bezeichnung der Bauarten im Einvernehmen mit der obersten Bauaufsichtsbehörde in der Bauregelliste A bekannt. [3]§ 20 Abs. 5 und 6 sowie §§ 21 und 23 gelten entsprechend. [4]Wenn Gefahren im Sinne des § 3 Abs. 1 nicht zu erwarten sind, kann die oberste Bauaufsichtsbehörde im Einzelfall oder für genau begrenzte Fälle allgemein festlegen, dass eine allgemeine bauaufsichtliche Zulassung oder eine Zustimmung im Einzelfall nicht erforderlich ist.

(2) Die oberste Bauaufsichtsbehörde kann durch Rechtsverordnung vorschreiben, dass für bestimmte Bauarten, auch soweit sie Anforderungen nach anderen Rechtsvorschriften unterliegen, Absatz 1 ganz oder teilweise anwendbar ist, wenn die anderen Rechtsvorschriften dies verlangen oder zulassen.

**§ 25 Übereinstimmungsnachweis.** (1) Bauprodukte bedürfen einer Bestätigung ihrer Übereinstimmung mit den technischen Regeln nach § 20 Abs. 2, den allgemeinen bauaufsichtlichen Zulassungen, den allgemeinen bauaufsichtlichen Prüfzeugnissen oder den Zustimmungen im Einzelfall; als Übereinstimmung gilt auch eine Abweichung, die nicht wesentlich ist.

(2) [1]Die Bestätigung der Übereinstimmung erfolgt durch
1. Übereinstimmungserklärung des Herstellers (§ 26) oder
2. Übereinstimmungszertifikat (§ 27).

---

[1]) von Hippel-Rehborn Nr. 116.

Landesbauordnung §§ 26, 27 **BauO NRW 1**

²Die Bestätigung durch Übereinstimmungszertifikat kann in der allgemeinen bauaufsichtlichen Zulassung, in der Zustimmung im Einzelfall oder in der Bauregelliste A vorgeschrieben werden, wenn dies zum Nachweis einer ordnungsgemäßen Herstellung erforderlich ist. ³Bauprodukte, die nicht in Serie hergestellt werden, bedürfen nur der Übereinstimmungserklärung des Herstellers nach § 26 Abs. 1, sofern nichts anderes bestimmt ist. ⁴Die oberste Bauaufsichtsbehörde kann im Einzelfall die Verwendung von Bauprodukten ohne das erforderliche Übereinstimmungszertifikat gestatten, wenn nachgewiesen ist, dass diese Bauprodukte den technischen Regeln, Zulassungen, Prüfzeugnissen oder Zustimmungen nach Absatz 1 entsprechen.

(3) Für Bauarten gelten die Absätze 1 und 2 entsprechend.

(4) Die Übereinstimmungserklärung und die Erklärung, dass ein Übereinstimmungszertifikat erteilt ist, hat der Hersteller durch Kennzeichnung der Bauprodukte mit dem Übereinstimmungszeichen (Ü-Zeichen) unter Hinweis auf den Verwendungszweck abzugeben.

(5) Das Ü-Zeichen ist auf dem Bauprodukt, auf einem Beipackzettel oder auf seiner Verpackung oder, wenn dies Schwierigkeiten bereitet, auf dem Lieferschein oder auf einer Anlage zum Lieferschein anzubringen.

(6) Ü-Zeichen aus anderen Ländern und aus anderen Staaten gelten auch im Land Nordrhein-Westfalen.

**§ 26 Übereinstimmungserklärung des Herstellers.** (1) Der Hersteller darf eine Übereinstimmungserklärung nur abgeben, wenn er durch werkseigene Produktionskontrolle sichergestellt hat, dass das von ihm hergestellte Bauprodukt den maßgebenden technischen Regeln, der allgemeinen bauaufsichtlichen Zulassung, dem allgemeinen bauaufsichtlichen Prüfzeugnis oder der Zustimmung im Einzelfall entspricht.

(2) ¹In den technischen Regeln nach § 20 Abs. 2, in der Bauregelliste A, in den allgemeinen bauaufsichtlichen Zulassungen, in den allgemeinen bauaufsichtlichen Prüfzeugnissen oder in den Zustimmungen im Einzelfall kann eine Prüfung der Bauprodukte durch eine Prüfstelle vor Abgabe der Übereinstimmungserklärung vorgeschrieben werden, wenn dies zur Sicherung einer ordnungsgemäßen Herstellung erforderlich ist. ²In diesen Fällen hat die Prüfstelle das Bauprodukt daraufhin zu überprüfen, ob es den maßgebenden technischen Regeln, der allgemeinen bauaufsichtlichen Zulassung, dem allgemeinen bauaufsichtlichen Prüfzeugnis oder der Zustimmung im Einzelfall entspricht.

**§ 27 Übereinstimmungszertifikat.** (1) Ein Übereinstimmungszertifikat ist von einer Zertifizierungsstelle nach § 28 zu erteilen, wenn das Bauprodukt

1. den maßgebenden technischen Regeln, der allgemeinen bauaufsichtlichen Zulassung, dem allgemeinen bauaufsichtlichen Prüfzeugnis oder der Zustimmung im Einzelfall entspricht und
2. einer werkseigenen Produktionskontrolle sowie einer Fremdüberwachung nach Maßgabe des Absatzes 2 unterliegt.

(2) ¹Die Fremdüberwachung ist von Überwachungsstellen nach § 28 durchzuführen. ²Die Fremdüberwachung hat regelmäßig zu überprüfen, ob das Bauprodukt den maßgebenden technischen Regeln, der allgemeinen bauaufsichtlichen Zulassung, dem allgemeinen bauaufsichtlichen Prüfzeugnis oder der Zustimmung im Einzelfall entspricht.

**§ 28** Prüf-, Zertifizierungs- und Überwachungsstellen. (1) ¹Die oberste Bauaufsichtsbehörde kann eine Person, Stelle oder Überwachungsgemeinschaft als

1. Prüfstelle für die Erteilung allgemeiner bauaufsichtlicher Prüfzeugnisse (§ 22 Abs. 2),
2. Prüfstelle für die Überprüfung von Bauprodukten vor Bestätigung der Übereinstimmung (§ 26 Abs. 2),
3. Zertifizierungsstelle (§ 27 Abs. 1),
4. Überwachungsstelle für die Fremdüberwachung (§ 27 Abs. 2),
5. Überwachungsstelle für die Überwachung nach § 20 Abs. 6 oder
6. Prüfstelle für die Überwachung nach § 20 Abs. 5

anerkennen, wenn sie oder die bei ihr Beschäftigten nach ihrer Ausbildung, Fachkenntnis, persönlichen Zuverlässigkeit, ihrer Unparteilichkeit und ihren Leistungen die Gewähr dafür bieten, dass diese Aufgaben den öffentlich-rechtlichen Vorschriften entsprechend wahrgenommen werden, und wenn sie über die erforderlichen Vorrichtungen verfügen. ²Satz 1 ist entsprechend auf die Behörden anzuwenden, wenn sie ausreichend mit geeigneten Fachkräften besetzt und mit den erforderlichen Vorrichtungen ausgestattet sind.

(2) ¹Die Anerkennung von Prüf-, Zertifizierungs- und Überwachungsstellen anderer Länder gilt auch im Land Nordrhein-Westfalen. ²Prüf-, Zertifizierungs- und Überwachungsergebnisse von Stellen, die nach Artikel 16 Abs. 2 der Bauproduktenrichtlinie von einem anderen Mitgliedstaat der Europäischen Gemeinschaft oder von einem anderen Vertragsstaat des Abkommens über den Europäischen Wirtschaftsraum anerkannt worden sind, stehen den Ergebnissen der in Absatz 1 genannten Stellen gleich. ³Dies gilt auch für Prüf-, Zertifizierungs- und Überwachungsergebnisse von Stellen anderer Staaten, wenn sie in einem Artikel 16 Abs. 2 der Bauproduktenrichtlinie entsprechenden Verfahren anerkannt worden sind.

(3) ¹Die oberste Bauaufsichtsbehörde erkennt auf Antrag eine Person, Stelle, Überwachungsgemeinschaft oder Behörde als Stelle nach Artikel 16 Abs. 2 der Bauproduktenrichtlinie an, wenn in dem in Arti-

Landesbauordnung § 29 **BauO NRW 1**

kel 16 Abs. 2 der Bauproduktenrichtlinie vorgesehenen Verfahren nachgewiesen ist, dass die Person, Stelle, Überwachungsgemeinschaft oder Behörde die Voraussetzungen erfüllt, nach den Vorschriften eines anderen Mitgliedstaates der Europäischen Gemeinschaft oder eines anderen Vertragsstaates des Abkommens über den Europäischen Wirtschaftsraum zu prüfen, zu zertifizieren oder zu überwachen. ²Dies gilt auch für die Anerkennung von Personen, Stellen, Überwachungsgemeinschaften oder Behörden, die nach den Vorschriften eines anderen Staates zu prüfen, zu zertifizieren oder zu überwachen beabsichtigen, wenn der erforderliche Nachweis in einem Artikel 16 Abs. 2 der Bauproduktenrichtlinie entsprechenden Verfahren geführt wird.

**Dritter Abschnitt. Wände, Decken und Dächer**

**§ 29 Wände, Pfeiler und Stützen.** (1) Wände, Pfeiler und Stützen sowie deren Bekleidungen und Dämmstoffe müssen unbeschadet des § 17 Abs. 2 hinsichtlich ihres Brandverhaltens nachfolgende Mindestanforderungen erfüllen:

| | Spalte | 1 | 2 | 3 | 4 |
|---|---|---|---|---|---|
| | Gebäude | Freistehende Wohngebäude mit nicht mehr als einer Wohnung (siehe auch Absatz 2) | Wohngebäude geringer Höhe mit nicht mehr als zwei Wohnungen | Gebäude geringer Höhe | andere Gebäude |
| Zeile | Bauteile | | | | |
| 1 a | tragende und aussteifende Wände, Pfeiler und Stützen | keine | F 30 | F 30 | F 90-AB |
| 1 b | in Kellergeschossen | keine | F 30-AB | F 90-AB | F 90-AB |
| 1 c | in Geschossen im Dachraum, über denen Aufenthaltsräume möglich sind | keine | F 30 | F 30 | F 90 |
| 1 d | in Geschossen im Dachraum, über denen Aufenthaltsräume nicht möglich sind | keine | keine | keine | keine |
| 2 | nichttragende Außenwände sowie nichttragende Teile von Außenwänden | keine | keine | keine | A oder F 30 |
| 3 | Oberflächen von Außenwänden, Außenwandbekleidungen und Dämmstoffe in Außenwänden | keine | keine (siehe jedoch Absatz 3) | keine (siehe jedoch Absatz 3) | B 1 |

# 1 BauO NRW § 30  Landesbauordnung

| Spalte | 1 | 2 | 3 | 4 |
|---|---|---|---|---|
| Gebäude | Freistehende Wohngebäude mit nicht mehr als einer Wohnung (siehe auch Absatz 2) | Wohngebäude geringer Höhe mit nicht mehr als zwei Wohnungen | Gebäude geringer Höhe | andere Gebäude |
| Zeile Bauteile | | | | |
| 4a Trennwände nach § 30 | ./. | F 30 (siehe jedoch § 30 Abs. 4) | F 30 (siehe jedoch § 30 Abs. 4) | F 90-AB (siehe jedoch § 30 Abs. 4) |
| 4b in obersten Geschossen von Dachräumen | ./. | F 30 (siehe jedoch § 30 Abs. 4) | F 30 (siehe jedoch § 30 Abs. 4) | F 90 (siehe jedoch § 30 Abs. 4) |
| 5 Gebäudeabschlusswände nach § 31 | ./. | F 90-AB (siehe auch § 31 Abs. 4) | Brandwand (siehe auch Absatz 4) | Brandwand |
| 6 Gebäudetrennwände nach § 32 | ./. | F 90-AB | Brandwand (siehe auch Absatz 4) | Brandwand |

| Es bedeuten: F/T30/90 usw. | : Feuerwiderstandsklasse des jeweiligen Bauteils nach seiner Feuerwiderstandsdauer |
|---|---|
| A | : aus nichtbrennbaren Baustoffen |
| AB | : in den wesentlichen Teilen aus nichtbrennbaren Baustoffen |
| Brandwand | : siehe § 33 |
| B 1 | : aus schwerentflammbaren Baustoffen |
| B 2 | : aus normalentflammbaren Baustoffen |

(2) Spalte 1 der Tabelle gilt auch für andere freistehende Gebäude ähnlicher Größe sowie für freistehende landwirtschaftliche Betriebsgebäude.

(3) Bei der Verwendung normalentflammbarer Baustoffe (B 2) in den Fällen der Zeile 3 Spalten 2 und 3 der Tabelle muss durch geeignete Maßnahmen eine Brandausbreitung auf Nachbargebäude und Brandabschnitte verhindert werden.

(4) Anstelle der in Zeilen 5 und 6 Spalte 3 der Tabelle gestellten Anforderungen sind bei Wohngebäuden geringer Höhe Wände der Feuerwiderstandsklasse F 90 und in den wesentlichen Teilen aus nichtbrennbaren Baustoffen (F 90–AB) zulässig. Für diese Wände gelten die Vorschriften des § 33 Abs. 2 bis 6 sinngemäß.

**§ 30 Trennwände.** (1) Trennwände sind herzustellen

1. zwischen Wohnungen sowie zwischen Wohnungen und anders genutzten Räumen,

2. zwischen sonstigen Nutzungseinheiten mit Aufenthaltsräumen sowie zwischen diesen Nutzungseinheiten und anders genutzten Räumen.

Landesbauordnung  § 31  BauO NRW 1

(2) ¹Öffnungen in Trennwänden sind zulässig, wenn sie wegen der Nutzung des Gebäudes erforderlich sind; diese Öffnungen sind mit selbstschließenden Abschlüssen in der Feuerwiderstandsklasse T 30 zu versehen. ²Leitungen dürfen durch Trennwände der Feuerwiderstandsklasse F 90 nur hindurchgeführt werden, wenn eine Übertragung von Feuer und Rauch nicht zu befürchten ist oder entsprechende Vorkehrungen hiergegen getroffen werden.

(3) In Dachräumen sind Aufenthaltsräume und Wohnungen einschließlich ihrer Zugänge durch Trennwände in der Feuerwiderstandsklasse F 30 gegen den nichtausgebauten Dachraum abzuschließen; dies gilt nicht für freistehende Wohngebäude mit nur einer Wohnung.

(4) ¹Trennwände nach Absätzen 1 und 3 sind bis zur Rohdecke oder bis unter die Dachhaut zu führen und entsprechend nach den Zeilen 4a und 4b der Tabelle in § 29 Abs. 1 erforderlichen Feuerwiderstandsdauer auszusteifen. ²Werden in Dachräumen Trennwände nur bis zur Rohdecke geführt, so sind diese Decke und die sie tragenden und aussteifenden Bauteile mindestens in der Feuerwiderstandsklasse F 30 auszuführen.

**§ 31 Gebäudeabschlusswände.** (1) Gebäudeabschlusswände sind herzustellen

1. bei aneinandergereihten Gebäuden auf demselben Grundstück sowie bei Gebäuden, die weniger als 2,50 m von der Nachbargrenze entfernt errichtet werden, es sei denn, dass ein Abstand von mindestens 5 m zu bestehenden oder nach den baurechtlichen Vorschriften zulässigen Gebäuden öffentlich-rechtlich gesichert ist.

2. bei Wohngebäuden und angebauten landwirtschaftlichen Betriebsgebäuden auf demselben Grundstück, wenn der umbaute Raum des Betriebsgebäudes größer als 2000 m³ ist.

(2) Anstelle einzelner Gebäudeabschlusswände ist eine gemeinsame Gebäudeabschlusswand zulässig.

(3) Absatz 1 gilt nicht für seitliche Wände von Vorbauten wie Erker, die nicht mehr als 1,5 m vor der Flucht der vorderen oder hinteren Außenwand des Nachbargebäudes vortreten, wenn sie von dem Nachbargebäude oder der Nachbargrenze einen Abstand einhalten, der ihrer eigenen Ausladung entspricht, mindestens jedoch 1 m beträgt.

(4) Öffnungen in Gebäudeabschlusswänden sind unzulässig.

(5) ¹Bei aneinandergereihten Gebäuden sind abweichend von den Werten der Zeile 5 Spalte 2 der Tabelle in § 29 Gebäudeabschlusswände zulässig, die von innen nach außen der Feuerwiderstandsklasse F 30 und von außen nach innen der Feuerwiderstandsklasse F 90 entsprechen und die außen jeweils eine ausreichend widerstandsfähige Schicht aus nichtbrennbaren Baustoffen haben. ²Dies gilt nicht für gemeinsame Gebäudeabschlusswände nach Absatz 2.

# 1 BauO NRW §§ 32, 33       Landesbauordnung

**§ 32 Gebäudetrennwände.** (1) ¹Ausgedehnte Gebäude sind durch Gebäudetrennwände in höchstens 40 m lange Gebäudeabschnitte (Brandabschnitte) zu unterteilen. ²Größere Abstände können gestattet werden, wenn die Nutzung des Gebäudes es erfordert und wenn wegen des Brandschutzes Bedenken nicht bestehen.

(2) Landwirtschaftliche Gebäude sind zwischen dem Wohnteil und dem landwirtschaftlichen Betriebsteil durch Brandwände zu unterteilen, wenn der umbaute Raum des Betriebsteiles größer als 2000 m³ ist.

(3) ¹Öffnungen in Gebäudetrennwänden sind zulässig, wenn die Nutzung des Gebäudes dies erfordert. ²Öffnungen müssen mit selbstschließenden Abschlüssen der Feuerwiderstandsklasse T 90 versehen sein. ³Anstelle eines Abschlusses nach Satz 2 kann eine Schleuse mit Wänden und Decke der Feuerwiderstandsklasse F 90 und aus nichtbrennbaren Baustoffen (F 90-A) sowie mit einem nichtbrennbaren Fußbodenbelag (A), die mit selbstschließenden Abschlüssen mindestens der Feuerwiderstandsklasse F 30 versehen ist, angeordnet werden.

(4) In Gebäudetrennwänden können Teilflächen mit lichtdurchlässigen Baustoffen gestattet werden, wenn diese Flächen insgesamt der Feuerwiderstandsklasse F 90 entsprechen.

**§ 33 Brandwände.** (1) Brandwände müssen in der Feuerwiderstandsklasse F 90 und aus nichtbrennbaren Baustoffen hergestellt sein; sie müssen so beschaffen sein, dass sie bei einem Brand ihre Standsicherheit nicht verlieren und die Verbreitung von Feuer und Rauch auf andere Gebäude oder Brandabschnitte verhindern.

(2) ¹Brandwände müssen durchgehend in allen Geschossen übereinander angeordnet sein. ²Es ist zulässig, dass anstelle von Brandwänden Wände zur Unterteilung eines Gebäudes geschossweise versetzt angeordnet werden, wenn

1. die Nutzung des Gebäudes dies erfordert,
2. die Wände in der Bauart von Brandwänden hergestellt sind,
3. die Decken, soweit sie in Verbindung mit diesen Wänden stehen, in der Feuerwiderstandsklasse F 90 und aus nichtbrennbaren Baustoffen (F 90 A) hergestellt sind,
4. die Bauteile, die diese Wände und Decken unterstützen, in der Feuerwiderstandsklasse F 90 und aus nichtbrennbaren Baustoffen (F 90 A) hergestellt sind,
5. die Außenwände innerhalb des Gebäudeabschnitts, in dem diese Wände angeordnet sind, in allen Geschossen in der Feuerwiderstandsklasse F 90 und in den wesentlichen Teilen aus nichtbrennbaren Baustoffen (F 90 AB) hergestellt sind und
6. Öffnungen in den Außenwänden so angeordnet oder andere Vorkehrungen so getroffen sind, dass eine Brandübertragung in andere Brandabschnitte nicht zu befürchten ist.

Landesbauordnung  § 34 BauO NRW 1

(3) ¹Die Brandwand ist bei Gebäuden geringer Höhe durchgehend mindestens bis unmittelbar unter die Dachhaut zu führen. ²Bei sonstigen Gebäuden ist sie durchgehend entweder 0,30 m über Dach zu führen oder in Höhe der Dachhaut mit einer beiderseits 0,50 m auskragenden Stahlbetonplatte in der Feuerwiderstandsklasse F 90 abzuschließen. ³Bei Gebäuden mit weicher Bedachung (§ 35 Abs. 3) ist die Brandwand 0,50 m über Dach zu führen.

(4) ¹Bauteile mit brennbaren Baustoffen dürfen Brandwände oder die Stahlbetonplatte nach Absatz 3 Satz 2 nicht überbrücken. ²Bauteile dürfen in Brandwände nur so weit eingreifen, dass der verbleibende Wandquerschnitt die Feuerwiderstandsklasse F 90 behält; für Leitungen, Leitungsschlitze und Schornsteine gilt dies entsprechend.

(5) Leitungen dürfen durch Brandwände nur hindurchgeführt werden, wenn eine Übertragung von Feuer und Rauch nicht zu befürchten ist oder Vorkehrungen hiergegen getroffen sind.

(6) ¹Müssen Gebäude und Gebäudeteile, die über Eck zusammenstoßen, durch eine Brandwand abgeschlossen oder unterteilt werden, so muss die Wand über die innere Ecke mindestens 3 m hinausragen. ²Dies gilt nicht, wenn die Gebäude oder Gebäudeteile in einem Winkel von mehr als 120° über Eck zusammenstoßen.

**§ 34 Decken.** (1) Decken sowie deren Bekleidung müssen unbeschadet des § 17 Abs. 2 hinsichtlich ihres Brandverhaltens nachfolgende Mindestanforderungen erfüllen:

| Spalte | | 1 | 2 | 3 | 4 |
|---|---|---|---|---|---|
| Gebäude | | Freistehende Wohngebäude mit nicht mehr als einer Wohnung (siehe auch Absatz 2) | Wohngebäude geringer Höhe mit nicht mehr als zwei Wohnungen | Gebäude geringer Höhe | andere Gebäude |
| Zeile | Bauteile | | | | |
| 1 | Decken | keine | F 30 | F 30 | F 90-AB |
| 2 | Decken über Kellergeschossen | keine | F 30 | F 90-AB | F 90-AB |
| 3 | Decken im Dachraum, über denen Aufenthaltsräume möglich sind | keine | F 30 | F 30 | F 90 |
| 4 | Decken im Dachraum, über denen Aufenthaltsräume nicht möglich sind | keine | keine (siehe jedoch § 30 Abs. 4) | keine (siehe jedoch § 30 Abs. 4) | keine (siehe jedoch § 30 Abs. 4) |
| Wegen der Kurzbezeichnungen siehe Tabelle zu § 29 | | | | | |

(2) Spalte 1 der Tabelle gilt auch für andere freistehende Gebäude ähnlicher Größe sowie für freistehende landwirtschaftliche Betriebsgebäude.

(3) Decken und ihre Unterstützung zwischen dem landwirtschaftlichen Betriebsteil und dem Wohnteil eines Gebäudes sind in der Feuerwiderstandsklasse F 90 und in den wesentlichen Teilen aus nichtbrennbaren Baustoffen (F 90-AB) herzustellen.

(4) Bei Decken eingeschossiger Gebäude werden keine Anforderungen an die Feuerwiderstandsklasse gestellt, wenn sich über der Decke nur das Dach oder ein nicht benutzbarer Dachraum befindet.

(5) [1] Öffnungen in Decken, für die eine Feuerwiderstandsklasse vorgeschrieben ist, sind zulässig, wenn die Nutzung des Gebäudes dies erfordert. [2] Die Öffnungen müssen mit selbstschließenden Abschlüssen entsprechend der Feuerwiderstandsklasse der Decken versehen werden; dies gilt nicht für den Abschluss von Öffnungen bei einschiebbaren Bodentreppen und Leitern nach § 36 Abs. 2 Satz 2. [3] Leitungen dürfen durch Decken, für die die Feuerwiderstandsklasse F 90 vorgeschrieben ist, nur hindurchgeführt werden, wenn eine Übertragung von Feuer und Rauch nicht zu befürchten ist oder entsprechende Vorkehrungen hiergegen getroffen sind.

(6) Absatz 5 gilt nicht für Decken in Wohngebäuden geringer Höhe mit nicht mehr als zwei Wohnungen und innerhalb von Wohnungen.

**§ 35 Dächer.** (1) Bedachungen müssen gegen Flugfeuer und strahlende Wärme widerstandsfähig sein (harte Bedachung).

(2) [1] Bedachungen, die die Anforderungen nach Absatz 1 nicht erfüllen, sind bei Gebäuden geringer Höhe zulässig, wenn die Gebäude

1. einen Abstand von der Grundstücksgrenze von mindestens 12 m,
2. von Gebäuden auf demselben Grundstück mit harter Bedachung einen Abstand von mindestens 15 m,
3. von Gebäuden auf demselben Grundstück mit Bedachungen, die die Anforderungen nach Absatz 1 nicht erfüllen, einen Abstand von mindestens 24 m,
4. von kleinen, nur Nebenzwecken dienenden Gebäuden ohne Feuerstätten auf demselben Grundstück einen Abstand von mindestens 5 m

einhalten. [2] Soweit Gebäude nach Satz 1 Abstand halten müssen, genügt bei Wohngebäuden geringer Höhe mit nicht mehr als zwei Wohnungen in den Fällen

1. der Nummer 1 ein Abstand von mindestens 6 m,
2. der Nummer 2 ein Abstand von mindestens 9 m,
3. der Nummer 3 ein Abstand von mindestens 12 m und
4. der Nummer 4 ein Abstand von mindestens 3 m.

[3] Auf den Abstand nach Satz 1 Nr. 1 und Satz 2 Nr. 1 dürfen angrenzende öffentliche Verkehrsflächen, öffentliche Grünflächen und öffentliche Wasserflächen bis zu ihrer Mitte angerechnet werden.

Landesbauordnung § 35 BauO NRW 1

(3) Die Absätze 1 und 2 gelten nicht für

1. lichtdurchlässige Bedachungen aus nichtbrennbaren Baustoffen,
2. Lichtkuppeln und Oberlichte von Wohngebäuden,
3. Eingangsüberdachungen und Vordächer aus nichtbrennbaren Baustoffen,
4. Eingangsüberdachungen aus brennbaren Baustoffen, wenn die Eingänge nur zu Wohnungen führen.

(4) Abweichungen von den Absätzen 1 und 2 können

1. für lichtdurchlässige Teilflächen aus brennbaren Baustoffen in Bedachungen nach Absatz 1 und
2. für begrünte Bedachungen

zugelassen werden, wenn Bedenken wegen des Brandschutzes nicht bestehen.

(5) ¹An Dächer, bei denen aufgrund ihrer Anordnung die Übertragung von Feuer auf andere Gebäude oder Gebäudeteile zu befürchten ist, können besondere Anforderungen gestellt werden. ²Bei aneinandergebauten giebelständigen Gebäuden ist das Dach für eine Brandbeanspruchung von innen nach außen in der Feuerwiderstandsklasse F 30 herzustellen. ³Öffnungen in Dachflächen müssen mindestens 2 m von dem Gebäudeabschluss entfernt sein; eine geringere Entfernung ist zulässig, wenn der Abstand zu Öffnungen in der gegenüberliegenden Dachfläche mindestens 4 m beträgt.

(6) ¹Dachvorsprünge, Dachgesimse und Dachaufbauten, lichtdurchlässige Bedachungen und Lichtkuppeln sind so anzuordnen und herzustellen, dass ein Brand nicht auf andere Gebäude oder Gebäudeteile übertragen werden kann. ²Von der Außenfläche von Gebäudeabschlusswänden oder von der Mittellinie gemeinsamer Gebäudeabschlusswände (§ 31 Abs. 2) oder Gebäudetrennwände müssen sie mindestens 1,25 m entfernt sein.

(7) ¹Dächer von Anbauten, die an Wände mit Öffnungen oder an Wände, die nicht mindestens in der Feuerwiderstandsklasse F 90 erstellt sind, anschließen, sind in einem mindestens 5 m breiten Streifen vor diesen Wänden in mindestens der gleichen Feuerwiderstandsklasse herzustellen wie die Decken des höheren Gebäudes. ²In diesem Bereich sind Dachhaut und Dämmschichten aus brennbaren Baustoffen gegen Entflammen zu schützen. ³Dies gilt nicht für Anbauten an Wohngebäude geringer Höhe.

(8) Bei Dächern an Verkehrsflächen und über Eingängen können Vorrichtungen zum Schutz gegen das Herabfallen von Schnee und Eis verlangt werden.

(9) Für die vom Dach aus vorzunehmenden Arbeiten sind sicher benutzbare Vorrichtungen anzubringen.

# 1 BauO NRW § 36 — Landesbauordnung

## Vierter Abschnitt. Treppen, Rettungswege, Aufzüge und Öffnungen

**§ 36 Treppen.** (1) ¹Jedes nicht zu ebener Erde liegende Geschoss und der benutzbare Dachraum eines Gebäudes müssen über mindestens eine Treppe zugänglich sein (notwendige Treppe); weitere Treppen können gefordert werden, wenn die Rettung von Menschen im Brandfall nicht auf andere Weise möglich ist. ²Statt notwendiger Treppen können Rampen mit flacher Neigung gestattet werden.

(2) ¹Einschiebbare Treppen und Rolltreppen sind als notwendige Treppen unzulässig. ²Einschiebbare Treppen und Leitern sind bei Gebäuden geringer Höhe als Zugang zu einem Dachraum ohne Aufenthaltsräume zulässig; sie können als Zugang zu sonstigen Räumen, die keine Aufenthaltsräume sind, gestattet werden, wenn wegen des Brandschutzes Bedenken nicht bestehen.

(3) ¹Die tragenden Teile notwendiger Treppen sind in der Feuerwiderstandsklasse F 90 und aus nichtbrennbaren Baustoffen herzustellen. ²Bei Gebäuden geringer Höhe sind sie aus nichtbrennbaren Baustoffen herzustellen; dies gilt nicht für Wohngebäude geringer Höhe mit nicht mehr als zwei Wohnungen.

(4) In Gebäuden mit mehr als zwei Geschossen über der Geländeoberfläche sind die notwendigen Treppen in einem Zuge zu allen anderen angeschlossenen Geschossen zu führen; sie müssen mit den Treppen zum Dachraum unmittelbar verbunden sein.

(5) Die nutzbare Breite der Treppen und Treppenabsätze notwendiger Treppen muss mindestens 1 m betragen; in Wohngebäuden mit nicht mehr als zwei Wohnungen genügt eine Breite von 0,8 m.

(6) ¹Treppen müssen mindestens einen festen und griffsicheren Handlauf haben. ²Bei großer nutzbarer Breite der Treppen können Handläufe auf beiden Seiten und Zwischenhandläufe gefordert werden.

(7) ¹Die freien Seiten der Treppen, Treppenabsätze und Treppenöffnungen müssen durch Geländer gesichert werden. ²Fenster, die unmittelbar an Treppen liegen und deren Brüstungen unter der notwendigen Geländerhöhe liegen, sind zu sichern.

(8) Auf Handläufe und Geländer kann, insbesondere bei Treppen bis zu fünf Stufen, verzichtet werden, wenn wegen der Verkehrssicherheit auch unter Berücksichtigung der Belange Behinderter oder alter Menschen Bedenken nicht bestehen.

(9) Treppengeländer müssen mindestens 0,90 m, bei Treppen mit mehr als 12 m Absturzhöhe mindestens 1,10 m hoch sein.

(10) Eine Treppe darf nicht unmittelbar hinter einer Tür beginnen, die in Richtung der Treppe aufschlägt; zwischen Treppe und Tür ist ein Treppenabsatz anzuordnen, der mindestens so tief sein soll, wie die Tür breit ist.

Landesbauordnung    § 37 **BauO NRW 1**

(11) Die Absätze 3 bis 7 gelten nicht für Treppen innerhalb von Wohnungen.

**§ 37 Treppenräume.** (1) ¹Jede notwendige Treppe muss in einem eigenen Treppenraum (notwendiger Treppenraum) liegen. ²Für die Verbindung von Geschossen innerhalb derselben Nutzungseinheit sind notwendige Treppen ohne Treppenraum zulässig.

(2) ¹Von jeder Stelle eines Aufenthaltsraumes sowie eines Kellergeschosses muss mindestens ein notwendiger Treppenraum oder ein Ausgang ins Freie in höchstens 35 m Entfernung erreichbar sein. ²Sind mehrere notwendige Treppenräume erforderlich, müssen sie so verteilt sein, dass die Rettungswege möglichst kurz sind.

(3) Übereinanderliegende Kellergeschosse müssen jeweils mindestens zwei Ausgänge zu notwendigen Treppenräumen oder ins Freie haben.

(4) ¹Notwendige Treppenräume müssen durchgehend sein und an einer Außenwand liegen. ²Notwendige Treppenräume, die nicht an einer Außenwand liegen (innenliegende notwendige Treppenräume) sind zulässig, wenn ihre Benutzung durch Raucheintritt nicht gefährdet werden kann.

(5) ¹Jeder notwendige Treppenraum muss einen sicheren Ausgang ins Freie haben. ²Sofern der Ausgang eines notwendigen Treppenraumes nicht unmittelbar ins Freie führt, muss der Raum zwischen dem notwendigen Treppenraum und dem Ausgang ins Freie

1. mindestens so breit sein wie die dazugehörigen Treppen,

2. Wände haben, die die Anforderungen an die Wände des Treppenraumes erfüllen,

3. rauchdichte und selbstschließende Türen zu notwendigen Fluren haben und

4. ohne Öffnungen zu anderen Räumen, ausgenommen zu notwendigen Fluren, sein.

³Abweichungen von Satz 2 Nummern 2 und 4 können zugelassen werden, wenn Bedenken wegen des Brandschutzes nicht bestehen.

(6) In Geschossen mit mehr als vier Wohnungen oder Nutzungseinheiten vergleichbarer Größe müssen notwendige Flure angeordnet sein.

(7) ¹Die Wände notwendiger Treppenräume und ihrer Zugänge zum Freien sind

1. in Gebäuden geringer Höhe in der Feuerwiderstandsklasse F 90 und in den wesentlichen Teilen aus nichtbrennbaren Baustoffen (F 90-AB),

2. in anderen Gebäuden in der Bauart von Brandwänden (§ 33)

herzustellen. ²Dies gilt nicht, soweit diese Wände Außenwände sind, den Anforderungen des § 29 Abs. 1 entsprechen und durch andere an

**1 BauO NRW** § 37 Landesbauordnung

diese Außenwände anschließende Bauteile nicht gefährdet werden können. ³Bauteile dürfen in Treppenraumwände nur so weit eingreifen, dass der verbleibende Wandquerschnitt die Feuerwiderstandsklasse F 90 behält; für Leitungen, Leitungsschlitze und Schornsteine gilt dieses entsprechend. ⁴Leitungen dürfen durch Treppenraumwände nur hindurchgeführt werden, wenn eine Übertragung von Feuer und Rauch nicht zu befürchten ist oder Vorkehrungen hiergegen getroffen sind.

(8) ¹Der obere Abschluss notwendiger Treppenräume ist

1. in Gebäuden geringer Höhe mindestens in der Feuerwiderstandsklasse F 30,

2. in anderen Gebäuden mindestens in der Feuerwiderstandsklasse F 90

herzustellen. ²Dies gilt nicht, wenn der obere Abschluss das Dach oder ein Hohlraum nach § 2 Abs. 6 Satz 2 ist.

(9) ¹In notwendigen Treppenräumen und in Räumen nach Absatz 5 Satz 2 müssen

1. Bekleidungen, Putze, Dämmstoffe, Unterdecken und Einbauten aus nichtbrennbaren Baustoffen,

2. Bodenbeläge, ausgenommen Gleitschutzprofile, aus mindestens schwerentflammbaren Baustoffen

bestehen. ²Leitungsanlagen sind zulässig, wenn Bedenken wegen des Brandschutzes nicht bestehen.

(10) In notwendigen Treppenräumen müssen

1. Öffnungen zum Kellergeschoss, zu nicht ausgebauten Dachräumen, Werkstätten, Läden, Lagerräumen und ähnlichen Räumen sowie zu Nutzungseinheiten mit mehr als 200 m² Nutzfläche ohne notwendige Flure rauchdichte und selbstschließende Türen mit einer Feuerwiderstandsklasse T 30,

2. Öffnungen zu notwendigen Fluren, rauchdichte und selbstschließende Türen und

3. sonstige Öffnungen außer in Gebäuden geringer Höhe dichtschließende Türen

erhalten.

(11) ¹Notwendige Treppenräume müssen zu lüften und zu beleuchten sein. ²Notwendige Treppenräume, die an einer Außenwand liegen, müssen in jedem Geschoss Fenster mit einer Größe von mindestens 0,5 m² haben, die geöffnet werden können. ³Innenliegende notwendige Treppenräume müssen in Gebäuden mit mehr als fünf Geschossen oberhalb der Geländeoberfläche eine Sicherheitsbeleuchtung haben.

(12) ¹In Gebäuden mit mehr als fünf Geschossen oberhalb der Geländeoberfläche sowie bei innenliegenden notwendigen Treppenräu-

Landesbauordnung § 38 BauO NRW 1

men muss an der obersten Stelle eines notwendigen Treppenraumes ein Rauchabzug vorhanden sein. ²Der Rauchabzug muss eine Rauchabzugsöffnung mit einem freien Querschnitt von mindestens 5 vom Hundert der Grundfläche, mindestens jedoch von 1 m² haben. ³Der Rauchabzug muss vom Erdgeschoss und vom obersten Treppenabsatz aus bedient werden können. ⁴Abweichungen können zugelassen werden, wenn der Rauch auf andere Weise abgeführt werden kann.

(13) ¹Die Absätze 1 bis 5 und 7 bis 11 gelten nicht für Wohngebäude mit nicht mehr als zwei Wohnungen. ²Absatz 6 gilt nicht für Wohngebäude geringer Höhe.

**§ 38 Notwendige Flure und Gänge.** (1) Notwendige Flure sind Flure, über die Rettungswege von Aufenthaltsräumen zu Treppenräumen notwendiger Treppen oder zu Ausgängen ins Freie führen. Als notwendige Flure gelten nicht

1. Flure innerhalb von Wohnungen oder Nutzungseinheiten vergleichbarer Größe,

2. Flure innerhalb von Nutzungseinheiten, die einer Büro- oder Verwaltungsnutzung dienen und deren Nutzfläche in einem Geschoss nicht mehr als 400 m² beträgt.

(2) ¹Notwendige Flure müssen so breit sein, dass sie für den größten zu erwartenden Verkehr ausreichen; Flure von mehr als 30 m Länge sollen durch nicht abschließbare, rauchdichte und selbstschließende Türen unterteilt werden. ²In den Fluren ist eine Folge von weniger als drei Stufen unzulässig.

(3) Notwendige Flure, die zu einem Sicherheitstreppenraum führen oder die als Stichflure nur eine Fluchtrichtung haben, dürfen bis zur Einmündung in einen notwendigen Treppenraum, den davor liegenden offenen Gang oder in eine Schleuse höchstens 10 m lang sein. Der Stichflur darf 20 m lang sein, wenn die Räume einen zweiten Rettungsweg haben.

(4) ¹Wände notwendiger Flure sind unbeschadet der §§ 29 bis 33

1. in Gebäuden geringer Höhe in der Feuerwiderstandsklasse F 30 und

2. in anderen Gebäuden in der Feuerwiderstandsklasse F 30 und

   – in den wesentlichen Teilen aus nichtbrennbaren Baustoffen (F 30-AB) oder

   – mit einer beidseitig angeordneten ausreichend widerstandsfähigen Schicht aus nichtbrennbaren Baustoffen

herzustellen. ²Die Wände sind bis an die Rohdecke oder bis an den oberen Raumabschluss zu führen, der die gleiche Feuerwiderstandsklasse wie die Wand hat (Fluchttunnel). ³Türen in diesen Wänden müssen dicht schließen; Türen in Wänden von notwendigen Fluren nach Absatz 3 müssen rauchdicht und selbstschließend sein.

# 1 BauO NRW § 39 — Landesbauordnung

(5) ¹ Wände und Brüstungen von notwendigen Fluren, die als offene Gänge vor den Außenwänden angeordnet werden, sind
1. in Gebäuden geringer Höhe in der Feuerwiderstandsklasse F 30 und
2. in anderen Gebäuden in der Feuerwiderstandsklasse F 30 und in den wesentlichen Teilen aus nichtbrennbaren Baustoffen (F 30-AB)

herzustellen. ² Fenster sind in diesen Wänden ab einer Brüstungshöhe von 0,9 m zulässig. ³ Im übrigen gilt Absatz 2 entsprechend.

(6) ¹ Bekleidungen einschließlich Unterdecken und Dämmstoffe müssen in notwendigen Fluren und offenen Gängen außer in Gebäuden geringer Höhe aus nichtbrennbaren Baustoffen bestehen. ² Fußbodenbeläge müssen mindestens schwerentflammbar (B 1) sein. ³ Leitungsanlagen sind zulässig, wenn Bedenken wegen des Brandschutzes nicht bestehen.

**§ 39 Aufzüge.** (1) ¹ Aufzugsanlagen müssen weitergehenden Anforderungen aufgrund des § 11 des Gerätesicherheitsgesetzes[1]) auch dann entsprechen, wenn sie weder gewerblichen noch wirtschaftlichen Zwecken dienen und in ihrem Gefahrenbereich keine Arbeitnehmer beschäftigt werden. ² Dies gilt auch für die Vorschriften über die Prüfung durch Sachverständige mit der Maßgabe, dass festgestellte Mängel auch der unteren Bauaufsichtsbehörde mitzuteilen sind.

(2) ¹ Aufzüge im Innern von Gebäuden müssen eigene Fahrschächte haben. ² In einem Fahrschacht dürfen bis zu drei Aufzüge liegen. ³ Die Wände der Fahrschächte sind in der Feuerwiderstandsklasse F 90 und in den wesentlichen Teilen aus nichtbrennbaren Baustoffen (F 90-AB) herzustellen. ⁴ Aufzüge ohne eigene Fahrschächte sind
– innerhalb eines Raumes und
– innerhalb eines Treppenraumes nach § 37 in Gebäuden mit nicht mehr als fünf Geschossen über der Geländeoberfläche

zulässig; die Aufzüge müssen sicher umkleidet sein.

(3) ¹ Der Fahrschacht muss zu lüften und mit Rauchabzugsvorrichtungen versehen sein. ² Die Rauchabzugsöffnungen in Fahrschächten müssen eine Größe von mindestens 2,5 vom Hundert der Grundfläche des Fahrschachtes, mindestens jedoch von 0,10 m² haben.

(4) Fahrschachttüren oder andere Abschlüsse in Schachtwänden nach Absatz 2 Satz 1 sind so herzustellen, dass Feuer und Rauch nicht in andere Geschosse übertragen werden können.

(5) Bei Aufzügen, die außerhalb von Gebäuden liegen oder die nicht mehr als drei übereinanderliegende Geschosse verbinden, sowie bei vereinfachten Güteraufzügen, Kleingüteraufzügen, Lagerhausaufzügen, Behindertenaufzügen und bei Aufzugsanlagen, die den bundesrechtlichen Vorschriften aufgrund von § 11 des Gerätesicherheits-

---

[1]) **Sartorius Nr. 803.**

Landesbauordnung §§ 40, 41 BauO NRW 1

gesetzes nicht unterliegen, kann von den Anforderungen nach Absätzen 1 und 2 abgewichen werden, wenn wegen der Betriebssicherheit und des Brandschutzes Bedenken nicht bestehen.

(6) ¹In Gebäuden mit mehr als fünf Geschossen über der Geländeoberfläche müssen Aufzüge in ausreichender Zahl eingebaut werden, von denen einer auch zur Aufnahme von Kinderwagen, Rollstühlen, Krankentragen und Lasten geeignet sein muss; das oberste Geschoss ist nicht zu berücksichtigen, wenn seine Nutzung einen Aufzug nicht erfordert oder wenn durch den nachträglichen Ausbau des Dachgeschosses Wohnungen geschaffen werden. ²Fahrkörbe zur Aufnahme einer Krankentrage müssen eine nutzbare Grundfläche von mindestens 1,10 m × 2,10 m haben; ihre Türen müssen eine lichte Durchgangsbreite von mindestens 0,90 m haben. ³Vor den Aufzügen muss eine ausreichende Bewegungsfläche vorhanden sein. ⁴Zur Aufnahme von Rollstühlen bestimmte Aufzüge müssen eine nutzbare Grundfläche von mindestens 1,10 m × 1,40 m haben und von allen Wohnungen in dem Gebäude und von der öffentlichen Verkehrsfläche stufenlos erreichbar sein; ihre Türen müssen eine lichte Durchgangsbreite von mindestens 0,90 m haben. ⁵§ 55 Abs. 4 Sätze 2 bis 6 gilt entsprechend.

(7) ¹Aufzüge müssen zur Aufnahme von Rollstühlen geeignet sein. ²Von mehreren Aufzügen muss mindestens einer zur Aufnahme von Rollstühlen geeignet sein.

**§ 40 Fenster, Türen, Kellerlichtschächte.** (1) Können die Fensterflächen nicht gefahrlos vom Erdboden, vom Innern des Gebäudes oder von Loggien oder Balkonen aus gereinigt werden, so sind Vorrichtungen wie Aufzüge oder Anschlagpunkte für Sicherheitsgeschirr anzubringen, die eine Reinigung von außen ermöglichen.

(2) ¹Glastüren und andere Glasflächen, die bis zum Fußboden allgemein zugänglicher Verkehrsflächen herabreichen, sind so zu kennzeichnen, dass sie leicht erkannt werden können. ²Für größere Glasflächen können Schutzmaßnahmen zur Sicherung des Verkehrs verlangt werden.

(3) Gemeinsame Kellerlichtschächte für übereinanderliegende Kellergeschosse sind unzulässig.

(4) ¹Öffnungen in Fenstern, die als Rettungswege dienen, müssen im Lichten mindestens 0,90 m × 1,20 m groß und nicht höher als 1,20 m über der Fußbodenoberkante angeordnet sein. ²Liegen diese Öffnungen in Dachschrägen oder Dachaufbauten, so darf ihre Unterkante oder ein davor liegender Austritt, horizontal gemessen, nicht mehr als 1,20 m von der Traufkante entfernt sein; von diesen Fenstern müssen sich Menschen zu öffentlichen Verkehrsflächen oder zu Flächen für die Feuerwehr bemerkbar machen können.

**§ 41 Umwehrungen.** (1) ¹In, an und auf baulichen Anlagen sind Flächen, die im Allgemeinen zum Begehen bestimmt sind und unmit-

**1 BauO NRW** § 42    Landesbauordnung

telbar an mehr als 1 m tiefer liegende Flächen angrenzen, zu umwehren. ²Dies gilt nicht, wenn eine Umwehrung dem Zweck der Fläche widerspricht, wie bei Verladerampen, Kais und Schwimmbecken.

(2) Nicht begehbare Oberlichte und Glasabdeckungen in Flächen, die im Allgemeinen zum Begehen bestimmt sind, sind zu umwehren, wenn sie weniger als 0,50 m aus diesen Flächen herausragen.

(3) Kellerlichtschächte und Betriebsschächte, die an Verkehrsflächen liegen, sind zu umwehren oder verkehrssicher abzudecken; Abdeckungen an und in öffentlichen Verkehrsflächen müssen gegen unbefugtes Abheben gesichert sein.

(4) Notwendige Umwehrungen müssen folgende Mindesthöhen haben:

1. Umwehrungen zur Sicherung von
Öffnungen in begehbaren Decken, Dächern
sowie Umwehrungen von Flächen
mit einer Absturzhöhe von 1 m bis zu 12 m                0,90 m,
2. Umwehrungen von Flächen
mit mehr als 12 m Absturzhöhe                              1,10 m.

(5) ¹Fensterbrüstungen müssen bei einer Absturzhöhe von bis zu 12 m mindestens 0,80 m, darüber mindestens 0,90 m hoch sein. ²Geringere Brüstungshöhen sind zulässig, wenn durch andere brüstungsähnliche Vorrichtungen diese Mindesthöhen eingehalten werden. ³Soll die Absturzsicherung im Wesentlichen durch eine Umwehrung, wie Geländer, erbracht werden, so sind die Mindesthöhen nach Absatz 4 einzuhalten. ⁴Im Erdgeschoß können geringere Brüstungshöhen gestattet werden.

**Fünfter Abschnitt. Haustechnische Anlagen**

**§ 42 Lüftungsanlagen, Installationsschächte und Installationskanäle.** (1) Lüftungsanlagen müssen betriebssicher sein; sie dürfen den ordnungsgemäßen Betrieb von Feuerstätten nicht beeinträchtigen.

(2) ¹Lüftungsleitungen sowie deren Bekleidungen und Dämmstoffe müssen aus nichtbrennbaren Baustoffen bestehen; brennbare Baustoffe sind zulässig, wenn Bedenken wegen des Brandschutzes nicht bestehen. ²Lüftungsanlagen, ausgenommen in Gebäuden geringer Höhe, und Lüftungsanlagen, die Gebäudetrennwände überbrücken, sind so herzustellen, dass Feuer und Rauch nicht in andere Geschosse, Brandabschnitte, Treppenräume oder notwendige Flure übertragen werden können.

(3) ¹Lüftungsanlagen sind so herzustellen, dass sie Gerüche und Staub nicht in andere Räume übertragen. ²Die Weiterleitung von Schall in fremde Räume muss ausreichend gedämmt sein.

(4) ¹Lüftungsleitungen dürfen nicht in Schornsteine eingeführt werden. ²In Lüftungsleitungen dürfen Abgase von Feuerstätten eingeleitet

Landesbauordnung § 43 BauO NRW 1

werden, wenn die Abluft ins Freie geführt wird und Bedenken wegen der Betriebssicherheit und des Brandschutzes nicht bestehen. ³Die Abluft ist ins Freie zu führen. ⁴Nicht zur Lüftungsanlage gehörende Einrichtungen sind in Lüftungsleitungen unzulässig.

(5) Für raumlufttechnische Anlagen und Warmluftheizungen gelten die Absätze 1 bis 4, für Installationsschächte und Installationskanäle die Absätze 2 und 3 Satz 2 sinngemäß.

(6) Die Absätze 2 und 3 Satz 1 und Absatz 5 gelten nicht für Lüftungsanlagen sowie Installationsschächte und -kanäle in Wohngebäuden mit nicht mehr als zwei Wohnungen, innerhalb einer Wohnung oder innerhalb einer Nutzungseinheit vergleichbarer Größe.

**§ 43 Feuerungsanlagen, Wärme- und Brennstoffversorgungsanlagen.** (1) ¹Feuerstätten und Abgasanlagen, wie Schornsteine, Abgasleitungen und Verbindungsstücke (Feuerungsanlagen), Anlagen zur Abführung von Verbrennungsgasen ortsfester Verbrennungsmotoren sowie Behälter und Rohrleitungen für brennbare Gase und Flüssigkeiten müssen betriebssicher und brandsicher sein und dürfen auch sonst nicht zu Gefahren und unzumutbaren Belästigungen führen können. ²Die Weiterleitung von Schall in fremde Räume muss ausreichend gedämmt sein. ³Abgasanlagen müssen leicht und sicher zu reinigen sein. ⁴Feuerungsanlagen für feste Brennstoffe dürfen in einem Abstand von weniger als 100 m zu Wald nur errichtet oder betrieben werden, wenn durch geeignete Maßnahmen gewährleistet ist, dass kein Waldbrand entsteht.

(2) Für die Anlagen zur Verteilung von Wärme und zur Warmwasserversorgung gilt Absatz 1 Sätze 1 und 2 sinngemäß.

(3) Feuerstätten, ortsfeste Verbrennungsmotore und Verdichter sowie Behälter für brennbare Gase und Flüssigkeiten dürfen nur in Räumen aufgestellt werden, bei denen nach Lage, Größe, baulicher Beschaffenheit und Benutzungsart Gefahren nicht entstehen können.

(4) ¹Die Abgase der Feuerstätten sind durch Abgasanlagen über Dach, die Verbrennungsgase ortsfester Verbrennungsmotoren sind durch Anlagen zur Abführung dieser Gase über Dach abzuleiten. ²Abgasanlagen sind in solcher Zahl und Lage und so herzustellen, dass die Feuerstätten des Gebäudes ordnungsgemäß angeschlossen werden können.

(5) Die Abgase von Gasfeuerstätten mit abgeschlossenem Verbrennungsraum, denen die Verbrennungsluft durch dichte Leitungen vom Freien zuströmt (raumluftunabhängige Gasfeuerstätten), dürfen abweichend von Absatz 4 durch die Außenwand ins Freie geleitet werden, wenn

1. eine Ableitung des Abgases über Dach nicht oder nur mit unverhältnismäßig hohem Aufwand möglich ist und

2. die Nennwärmeleistung der Feuerstätte 11 kW zur Beheizung und 28 kW zur Warmwasserbereitung nicht überschreitet

und Gefahren oder unzumutbare Belästigungen nicht entstehen.

(6) Ohne Abgasanlage sind zulässig

1. Gasfeuerstätten, wenn durch einen sicheren Luftwechsel im Aufstellraum gewährleistet ist, dass Gefahren oder unzumutbare Belästigungen nicht entstehen,

2. Gas-Haushalts-Kochgeräte mit einer Nennwärmeleistung von nicht mehr als 11 kW, wenn der Aufstellungsraum einen Rauminhalt von mehr als 15 m$^3$ aufweist und mindestens eine Tür ins Freie oder ein Fenster, das geöffnet werden kann, hat,

3. nicht leitungsgebundene Gasfeuerstätten zur Beheizung von Räumen, die nicht gewerblichen Zwecken dienen, sowie Gas-Durchlauferhitzer, wenn diese Gasfeuerstätten besondere Sicherheitseinrichtungen haben, die die Kohlenmonoxidkonzentration im Aufstellraum so begrenzen, dass Gefahren oder unzumutbare Belästigungen nicht entstehen.

(7) [1]Bei der Errichtung oder Änderung von Schornsteinen sowie beim Anschluss von Feuerstätten an Schornsteine oder Abgasleitungen hat die Bauherrin oder der Bauherr sich von der Bezirksschornsteinfegermeisterin oder dem Bezirksschornsteinfegermeister bescheinigen zu lassen, dass die Abgasanlage sich in einem ordnungsgemäßen Zustand befindet und für die angeschlossenen Feuerstätten geeignet ist. [2]Bei der Errichtung von Schornsteinen soll vor Erteilung der Bescheinigung auch der Rohbauzustand besichtigt worden sein. [3]Stellt die Bezirksschornsteinfegermeisterin oder der Bezirksschornsteinfegermeister Mängel fest, hat sie oder er diese Mängel der Bauaufsichtsbehörde mitzuteilen.

(8) Gasfeuerstätten dürfen in Räumen nur aufgestellt werden, wenn durch besondere Vorrichtungen an den Feuerstätten oder durch Lüftungsanlagen sichergestellt ist, dass gefährliche Ansammlungen von unverbranntem Gas in den Räumen nicht entstehen.

(9) Brennstoffe sind so zu lagern, dass Gefahren oder unzumutbare Belästigungen nicht entstehen.

**§ 44 Wasserversorgungsanlagen.** (1) Wasserversorgungsanlagen sind so anzuordnen, herzustellen und instand zu halten, dass sie betriebssicher sind und Gefahren oder unzumutbare Belästigungen nicht entstehen können.

(2) [1]Jede Wohnung und jede sonstige Nutzungseinheit müssen einen eigenen Wasserzähler haben. [2]Dies gilt nicht bei Nutzungsänderungen, wenn die Anforderung nach Satz 1 nur mit unverhältnismäßigem Aufwand erfüllt werden kann.

Landesbauordnung  § 45  BauO NRW 1

(3) Zur Brandbekämpfung muss eine ausreichende Wassermenge zur Verfügung stehen; Abweichungen können für Einzelgehöfte in der freien Feldflur zugelassen werden.

**§ 45 Abwasseranlagen.** (1) Abwasseranlagen sind so anzuordnen, herzustellen und instand zu halten, dass sie betriebssicher sind und Gefahren oder unzumutbare Belästigungen nicht entstehen können.

(2) ¹Kleinkläranlagen und Abwassergruben müssen wasserdicht und ausreichend groß sein. ²Sie müssen eine dichte und sichere Abdeckung sowie Reinigungs- und Entleerungsöffnungen haben. ³Diese Öffnungen dürfen nur vom Freien aus zugänglich sein. ⁴Die Anlagen sind so zu entlüften, dass Gesundheitsschäden oder unzumutbare Belästigungen nicht entstehen.

(3) ¹Abwasserleitungen müssen geschlossen, dicht und soweit erforderlich zum Reinigen eingerichtet sein. ²Niederschlagswasser kann in offenen Gerinnen abgeleitet werden.

(4) ¹Im Erdreich oder unzugänglich verlegte Abwasserleitungen zum Sammeln oder Fortleiten, ausgenommen Niederschlagwasserleitungen und Leitungen, die in dichten Schutzrohren so verlegt sind, dass austretendes Abwasser aufgefangen und erkannt wird, sind nach der Errichtung von Sachkundigen auf Dichtheit prüfen zu lassen. ²Über das Ergebnis der Dichtheitsprüfung ist eine Bescheinigung zu fertigen. ³Die Bescheinigung ist von dem Eigentümer oder der Eigentümerin aufzubewahren und der Bauaufsichtsbehörde oder der Gemeinde auf Verlangen vorzulegen. ⁴Die Dichtheitsprüfung ist in Abständen von höchstens zwanzig Jahren zu wiederholen.

(5) ¹Bei bestehenden Abwasserleitungen muss die erste Dichtheitsprüfung gemäß Absatz 4 bei einer Änderung, spätestens jedoch bis zum 31. Dezember 2015 durchgeführt werden. ²Wenn sich die Abwasserleitung auf einem Grundstück in einem Wasserschutzgebiet befindet,

– zur Fortleitung industriellen oder gewerblichen Abwassers dient und vor dem 1. Januar 1990 errichtet wurde

oder

– zur Fortleitung häuslichen Abwassers dient und vor dem 1. Januar 1965 errichtet wurde,

endet die Frist am 31. Dezember 2005.

(6) ¹Die Gemeinde kann für ihr Gebiet oder für abgegrenzte Teile des Gemeindegebietes durch Satzung kürzere Zeiträume für die erstmalige Prüfung nach Absatz 5 festlegen, wenn dies im Zusammenhang mit dem Ausbau oder der Instandhaltung der örtlichen Kanalisation steht und der Gefahrenabwehr dient. ²Die Gemeinde kann ferner durch Satzung bestimmen, dass alle oder bestimmte Dichtheitsprüfungen nach den Absätzen 4 und 5 nur durch von der Gemeinde zugelassene Sachkundige durchgeführt werden.

(7) Die Absätze 4 bis 6 gelten nicht für Abwasserleitungen, die aufgrund wasserrechtlicher Vorschriften Selbstüberwachungspflichten unterliegen.

**§ 46 Abfallschächte.** (1) ¹Abfallschächte dürfen nicht errichtet werden. ²Bestehende Abfallschächte sind spätestens bis zum 31. Dezember 2003 außer Betrieb zu nehmen. ³Die zu ihrem Befüllen vorgesehenen Öffnungen sind bis zu diesem Zeitpunkt dauerhaft zu verschließen. ⁴Bis sie stillgelegt werden, gelten für bestehende Abfallschächte die Absätze 2 bis 5.

(2) ¹Abfallschächte, ihre Einfüllöffnungen und die zugehörigen Sammelräume dürfen nicht in Aufenthaltsräumen und nicht an Wänden von Wohn- und Schlafräumen liegen. ²Einfüllöffnungen dürfen nicht in Treppenräumen liegen. ³Abfallschächte und Sammelräume müssen aus Bauteilen der Feuerwiderstandsklasse F 90 bestehen. ⁴Die Bauteile sowie Bekleidungen, Dämmstoffe und innere Wandschalen und Einrichtungen innerhalb des Schachtes und des Sammelraumes müssen aus nichtbrennbaren Baustoffen bestehen. ⁵Der Einbau einer Feuerlöscheinrichtung kann verlangt werden.

(3) ¹Vorhandene Abfallschächte müssen so beschaffen sein, dass sie Abfälle sicher abführen, dass Feuer, Rauch, Gerüche und Staub nicht in das Gebäude dringen können und dass die Weiterleitung von Schall gedämmt wird. ²Eine ständig wirkende Lüftung muss gesichert sein.

(4) ¹Die Einfüllöffnungen müssen so beschaffen sein, dass Staubbelästigungen nicht auftreten und sperrige Abfälle nicht eingebracht werden können. ²Am oberen Ende des Abfallschachtes muss eine Reinigungsöffnung vorhanden sein. ³Alle Öffnungen müssen Verschlüsse aus nichtbrennbaren Baustoffen haben.

(5) ¹Der Abfallschacht muss in einen ausreichend großen Sammelraum münden. ²Die inneren Zugänge des Sammelraumes müssen selbstschließende Türen der Feuerwiderstandsklasse T 90 haben. ³Der Sammelraum muss vom Freien aus zugänglich und entleerbar sein. ⁴Die Abfälle sind in beweglichen Abfallbehältern zu sammeln. ⁵Der Sammelraum muss eine ständig wirksame Lüftung und einen Bodenablauf mit Geruchverschluß haben.

**§ 47.** (aufgehoben)

**Sechster Abschnitt. Aufenthaltsräume und Wohnungen**

**§ 48 Aufenthaltsräume.** (1) ¹Aufenthaltsräume müssen eine für ihre Benutzung ausreichende Grundfläche und eine lichte Höhe von mindestens 2,40 m haben. ²Für Aufenthaltsräume in Wohngebäuden mit nicht mehr als zwei Wohnungen, für Aufenthaltsräume im Dachraum und im Kellergeschoß, im Übrigen für einzelne Aufenthaltsräume und Teile von Aufenthaltsräumen kann eine geringere lichte Höhe

Landesbauordnung **§ 48 BauO NRW 1**

gestattet werden, wenn wegen der Benutzung Bedenken nicht bestehen. ³Aufenthaltsräume unter einer Dachschräge müssen eine ausreichende lichte Höhe über mindestens der Hälfte ihrer Grundfläche haben; Raumteile mit einer lichten Höhe bis zu 1,50 m bleiben außer Betracht.

(2) ¹Aufenthaltsräume müssen unmittelbar ins Freie führende Fenster von solcher Zahl und Beschaffenheit haben, dass die Räume ausreichend Tageslicht erhalten und belüftet werden können (notwendige Fenster). ²Das Rohbaumaß der Fensteröffnungen muss mindestens ein Achtel der Grundfläche des Raumes betragen; ein geringeres Maß ist zulässig, wenn wegen der Lichtverhältnisse Bedenken nicht bestehen. ³Oberlichte anstelle von Fenstern sind zulässig, wenn wegen der Nutzung des Aufenthaltsraumes Bedenken nicht bestehen.

(3) Verglaste Vorbauten und Loggien sind vor notwendigen Fenstern zulässig, wenn eine ausreichende Lüftung und Beleuchtung mit Tageslicht sichergestellt ist.

(4) ¹Aufenthaltsräume, deren Nutzung eine Beleuchtung mit Tageslicht verbietet, sind ohne Fenster zulässig, wenn eine wirksame Lüftung gesichert ist. ²Küchen sind ohne eigene Fenster zulässig, wenn sie eine Sichtverbindung zu einem Aufenthaltsraum mit Fenstern nach Absatz 2 Sätze 1 und 2 haben und eine wirksame Lüftung gesichert ist. ³Bei Aufenthaltsräumen, die nicht dem Wohnen dienen, ist anstelle einer ausreichenden Beleuchtung mit Tageslicht und Lüftung durch Fenster die Ausführung nach Satz 1 zulässig, wenn wegen der Gesundheit Bedenken nicht bestehen. ⁴Aufenthaltsräume, die dem Wohnen dienen, dürfen anstelle einer Lüftung durch Fenster mechanisch betriebene Lüftungsanlagen haben, wenn wegen der Gesundheit Bedenken nicht bestehen und die Lüftungsanlagen der Energieeinsparung dienen.

(5) ¹In Kellergeschossen sind Aufenthaltsräume zulässig, deren Nutzung eine Beleuchtung mit Tageslicht verbietet, ferner Verkaufsräume, Gaststätten, ärztliche Behandlungsräume, Sport- und Spielräume sowie ähnliche Räume; Absatz 4 gilt sinngemäß. ²Einzelne Aufenthaltsräume, die dem Wohnen dienen, sind im Kellergeschoss zulässig, wenn sie zu einer Wohnung im Erdgeschoß gehören und mit dieser über eine in der Wohnung liegende Treppe unmittelbar verbunden sind. ³Im Übrigen sind Aufenthaltsräume und Wohnungen in Kellergeschossen nur zulässig, wenn das Gelände vor Außenwänden mit notwendigen Fenstern in einer für die Beleuchtung mit Tageslicht ausreichenden Entfernung und Breite nicht mehr als 0,80 m über den Fußboden liegt.

(6) ¹Räume nach Absatz 5 müssen unmittelbar mit Rettungswegen in Verbindung stehen, die ins Freie führen. ²Die Räume und Rettungswege müssen von anderen Räumen im Kellergeschoss durch Wände der Feuerwiderstandsklasse F 90 und in den wesentlichen Teilen aus nichtbrennbaren Baustoffen (F 90-AB) abgetrennt sein; Türen

in diesen Wänden müssen der Feuerwiderstandsklasse T 30 entsprechen. ³Dies gilt nicht für Wohngebäude mit nicht mehr als zwei Wohnungen.

**§ 49 Wohnungen.**[1] (1) ¹Jede Wohnung muss von anderen Wohnungen und fremden Räumen baulich abgeschlossen sein und einen eigenen, abschließbaren Zugang unmittelbar vom Freien, von einem Treppenraum, einem Flur oder einem anderen Vorraum haben. ²Dies gilt nicht für Wohnungen in Wohngebäuden mit nicht mehr als zwei Wohnungen. ³Wohnungen in Gebäuden, die nicht zum Wohnen dienen, müssen einen besonderen Zugang haben; gemeinsame Zugänge sind zulässig, wenn Gefahren oder unzumutbare Belästigungen für die Benutzerinnen und Benutzer der Wohnungen nicht entstehen.

(2)¹In Gebäuden mit mehr als zwei Wohnungen müssen die Wohnungen eines Geschosses barrierefrei erreichbar sein. ²In diesen Wohnungen müssen die Wohn- und Schlafräume, eine Toilette, ein Bad und die Küche oder Kochnische mit dem Rollstuhl zugänglich sein. ³Abweichungen von den Sätzen 1 und 2 sind zuzulassen, soweit die Anforderungen nur mit unverhältnismäßigem Mehraufwand erfüllt werden können, insbesondere wegen schwieriger Geländeverhältnisse, ungünstiger vorhandener Bebauung oder weil sie den Einbau eines sonst nicht notwendigen Aufzugs erfordern.

(3) ¹Wohnungen müssen durchlüftet werden können. ²Reine Nordlage aller Wohn- und Schlafräume ist unzulässig.

(4) ¹Jede Wohnung muss eine Küche oder Kochnische haben sowie über einen Abstellraum verfügen. ²Der Abstellraum soll mindestens 6 m² groß sein; davon soll außer in Wohngebäuden mit nicht mehr als zwei Wohnungen eine Abstellfläche von mindestens 0,5 m² innerhalb der Wohnung liegen.

(5) Für Gebäude mit Wohnungen in den Obergeschossen sollen leicht erreichbare und zugängliche Abstellräume für Kinderwagen und Fahrräder sowie für Rollstühle, Gehwagen und ähnliche Hilfsmittel hergestellt werden.

(6) Für Gebäude mit mehr als zwei Wohnungen sollen ausreichend große Trockenräume zur gemeinschaftlichen Benutzung eingerichtet werden.

**§ 50 Bäder und Toilettenräume.** (1) Jede Wohnung muss ein Bad mit Badewanne oder Dusche haben.

(2) ¹Jede Wohnung und jede Nutzungseinheit mit Aufenthaltsräumen muss mindestens eine Toilette haben. ²Sie muss mit Wasserspülung versehen sein, wenn sie an eine dafür geeignete Sammelkanalisation oder an eine Kleinkläranlage angeschlossen werden kann. ³In

---

[1] Siehe auch das Wohnungsgesetz, **Nr. 13.**

Landesbauordnung § 51 BauO NRW 1

Bädern von Wohnungen dürfen nur Toiletten mit Wasserspülung angeordnet werden. ⁴ Toilettenräume für Wohnungen müssen innerhalb der Wohnung liegen.

(3) Fensterlose Bäder und Toilettenräume sind nur zulässig, wenn eine wirksame Lüftung gewährleistet ist.

**Siebenter Abschnitt. Besondere Anlagen**

**§ 51 Stellplätze und Garagen, Abstellplätze für Fahrräder.**[1]

(1) ¹ Bei der Errichtung von baulichen Anlagen und anderen Anlagen, bei denen ein Zu- und Abgangsverkehr zu erwarten ist, müssen Stellplätze oder Garagen hergestellt werden, wenn und soweit unter Berücksichtigung der örtlichen Verkehrsverhältnisse und des öffentlichen Personenverkehrs zu erwarten ist, dass der Zu- und Abgangsverkehr mittels Kraftfahrzeug erfolgt (notwendige Stellplätze und Garagen). ² Hinsichtlich der Herstellung von Fahrradabstellplätzen gilt Satz 1 sinngemäß. ³ Es kann gestattet werden, dass die notwendigen Stellplätze oder Garagen innerhalb einer angemessenen Frist nach Fertigstellung der Anlagen hergestellt werden.

(2) Wesentliche Änderungen von Anlagen nach Absatz 1 oder wesentliche Änderungen ihrer Benutzung stehen der Errichtung im Sinne des Absatzes 1 gleich.

(3) ¹ Die Stellplätze und Garagen sind auf dem Baugrundstück oder in der näheren Umgebung davon auf einem geeigneten Grundstück herzustellen, dessen Benutzung für diesen Zweck öffentlich-rechtlich gesichert ist. ² Die Bauaufsichtsbehörde kann, wenn Gründe des Verkehrs dies erfordern, im Einzelfall bestimmen, ob die Stellplätze auf dem Baugrundstück oder auf einem anderen Grundstück herzustellen sind. ³ Fahrradabstellplätze sind auf dem Baugrundstück herzustellen.

(4) Die Gemeinde kann für abgegrenzte Teile des Gemeindegebietes oder bestimmte Fälle durch Satzung bestimmen, dass

1. notwendige Stellplätze oder Garagen sowie Abstellplätze für Fahrräder bei bestehenden baulichen Anlagen herzustellen sind, soweit die Sicherheit oder Ordnung des öffentlichen Verkehrs oder die Beseitigung städtebaulicher Missstände dies erfordert,

2. die Herstellung von Stellplätzen oder Garagen untersagt oder eingeschränkt wird, soweit Gründe des Verkehrs, insbesondere die Erreichbarkeit mit öffentlichen Verkehrsmitteln, städtebauliche Gründe oder der Schutz von Kindern dies rechtfertigen.

(5) ¹ Ist die Herstellung notwendiger Stellplätze oder Garagen nicht oder nur unter großen Schwierigkeiten möglich, so kann die Bauaufsichtsbehörde unter Bestimmung der Zahl der notwendigen Stellplätze im Einvernehmen mit der Gemeinde auf die Herstellung von Stellplät-

---
[1] Siehe auch die Garagenverordnung, **Nr. 4.**

zen verzichten, wenn die zur Herstellung Verpflichteten an die Gemeinde einen Geldbetrag nach Maßgabe einer Satzung zahlen. ²Ist die Herstellung notwendiger Stellplätze oder Garagen aufgrund einer Satzung nach Absatz 4 Nr. 2 untersagt oder eingeschränkt, so ist für die Differenz zwischen notwendigen Stellplätzen und hergestellten zulässigen Stellplätzen oder Garagen ein Geldbetrag an die Gemeinde zu zahlen. ³Den Geldbetrag zieht die Gemeinde ein. ⁴Der Geldbetrag darf 80 vom Hundert der durchschnittlichen Herstellungskosten von Parkeinrichtungen nach Absatz 6 Buchstabe a einschließlich der Kosten des Grunderwerbs im Gemeindegebiet oder in bestimmten Teilen des Gemeindegebietes nicht überschreiten. ⁵Die Höhe des Geldbetrags je Stellplatz ist durch Satzung festzulegen.

(6) ¹Der Geldbetrag nach Absatz 5 ist zu verwenden

a) für die Herstellung zusätzlicher Parkeinrichtungen im Gemeindegebiet,

b) für investive Maßnahmen zur Verbesserung des öffentlichen Personennahverkehrs oder

c) für investive Maßnahmen zur Verbesserung des Fahrradverkehrs.

²Die Verwendung des Geldbetrages muss für die Erreichbarkeit des Bauvorhabens, das die Zahlungspflicht auslöst, einen Vorteil bewirken.

(7) ¹Stellplätze und Garagen müssen so angeordnet und ausgeführt werden, dass ihre Benutzung die Gesundheit nicht schädigt und Lärm oder Gerüche das Arbeiten und Wohnen, die Ruhe und die Erholung in der Umgebung nicht über das zumutbare Maß hinaus stören. ²Es kann verlangt werden, dass anstelle von Stellplätzen Garagen hergestellt werden.

(8) ¹Notwendige Stellplätze, Garagen und Fahrradabstellplätze dürfen nicht zweckentfremdet werden. ²Sie dürfen Personen, die nicht Nutzer oder Besucher der Anlage nach Absatz 1 Satz 1 sind, nur dann und lediglich zum Abstellen von Kraftfahrzeugen oder Fahrrädern vermietet oder sonst überlassen werden, wenn und solange sie nicht für Nutzer und Besucher benötigt werden.

(9) Werden in einem Gebäude, das vor dem 1. Januar 1993 fertiggestellt war, Wohnungen durch Ausbau des Dachgeschosses geschaffen, so brauchen notwendige Stellplätze und Garagen entsprechend Absatz 2 nicht hergestellt zu werden, soweit dies auf dem Grundstück nicht oder nur unter großen Schwierigkeiten möglich ist.

**§ 52 Ställe, Dungstätten und Gärfutterbehälter.** (1) ¹Ställe sind so anzuordnen, zu errichten und instand zu halten, dass eine ordnungsgemäße Tierhaltung sichergestellt ist und die Umgebung nicht unzumutbar belästigt wird. ²Ställe müssen ausreichend zu lüften sein.

(2) ¹Die ins Freie führenden Stalltüren dürfen nicht nach innen aufschlagen. ²Ihre Zahl, Höhe und Breite müssen so groß sein, dass die Tiere bei Gefahr ohne Schwierigkeiten ins Freie gelangen können.

Landesbauordnung §§ 53, 54 BauO NRW 1

(3) ¹Bauteile wie Wände, Decken, Fußböden müssen gegen schädliche Einflüsse der Stallluft, der Jauche und des Flüssigmists geschützt sein. ²Der Fußboden des Stalles oder darunterliegende Auffangräume für Abgänge müssen wasserdicht sein. ³Für Pferdeställe, Schafställe, Ziegenställe und Kleintierställe sowie für Offenställe, Laufställe und für Räume, in denen Tiere nur vorübergehend untergebracht werden, können Abweichungen zugelassen werden.

(4) ¹Für Stalldung sind Dungstätten mit wasserdichten Böden anzulegen. ²Die Wände müssen bis in ausreichender Höhe wasserdicht sein. ³Flüssige Abgänge aus Ställen und Dungstätten sind in wasserdichte Jauchebehälter oder Flüssigmistbehälter zu leiten, die keine Verbindung zu anderen Abwasseranlagen haben dürfen.

(5) Dungstätten, Jauchebehälter und Flüssigmistbehälter sollen

1. von Öffnungen zu Aufenthaltsräumen mindestens 5 m,
2. von der Nachbargrenze mindestens 2 m,
3. von öffentlichen Verkehrsflächen mindestens 10 m und
4. von Brunnen und oberirdischen Gewässern mindestens 15 m

entfernt sein.

(6) ¹Gärfutterbehälter, die nicht nur vorübergehend benutzt werden, müssen dichte Wände und Böden haben und so angeordnet, hergestellt und instandgehalten werden, dass Gefahren oder unzumutbare Belästigungen nicht entstehen. ²Die Sickersäfte sind einwandfrei zu beseitigen. ³Absatz 5 Nr. 4 gilt entsprechend.

**§ 53 Behelfsbauten und untergeordnete Gebäude.** (1) Die §§ 29 bis 52 gelten nicht für Anlagen, die nach ihrer Ausführung für eine dauernde Nutzung nicht geeignet sind oder die für eine begrenzte Zeit aufgestellt werden sollen (Behelfsbauten).

(2) Absatz 1 gilt auch für kleine, Nebenzwecken dienende Gebäude ohne Feuerstätten und für freistehende andere Gebäude, die eingeschossig sind und nicht für einen Aufenthalt oder nur für einen vorübergehenden Aufenthalt bestimmt sind wie Lauben und Unterkunftshütten sowie für Gebäude mit Abstellräumen nach § 6 Abs. 11.

(3) ¹Gebäude nach Absatz 1, die überwiegend aus brennbaren Baustoffen bestehen, dürfen nur erdgeschossig hergestellt werden. ²Ihre Dachräume dürfen nicht nutzbar sein und müssen von den Giebelseiten oder vom Flur aus für die Brandbekämpfung erreichbar sein. ³Brandwände (§ 33) sind mindestens alle 30,0 m anzuordnen und stets 0,30 m über Dach und vor die Seitenwände zu führen.

**§ 54 Sonderbauten.** (1) ¹Für bauliche Anlagen und Räume besonderer Art oder Nutzung (Sonderbauten) können im Einzelfall zur Verwirklichung der allgemeinen Anforderungen nach § 3 Abs. 1

## 1 BauO NRW § 54

Satz 1 besondere Anforderungen gestellt werden. ²Erleichterungen können im Einzelfall gestattet werden, soweit es der Einhaltung von Vorschriften

a) wegen der besonderen Art oder Nutzung baulicher Anlagen und Räume oder
b) wegen der besonderen Anforderungen nach Satz 1

nicht bedarf.[1]

(2) Anforderungen und Erleichterungen können sich insbesondere erstrecken auf

1. die Abstände von Nachbargrenzen, von anderen baulichen Anlagen auf dem Grundstück und von öffentlichen Verkehrsflächen sowie auf die Größe der auf Baugrundstücken freizuhaltenden Flächen,
2. die Anordnung der baulichen Anlagen auf dem Grundstück,
3. die Öffnungen nach öffentlichen Verkehrsflächen und nach angrenzenden Grundstücken,
4. die Bauart und Anordnung aller für die Standsicherheit, Verkehrssicherheit, den Brandschutz, den Wärme- und Schallschutz oder Gesundheitsschutz wesentlichen Bauteile,
5. Brandschutzeinrichtungen und Brandschutzvorkehrungen,
6. die Feuerungsanlagen und Heizräume,
7. die Anordnung und Herstellung der Aufzüge sowie die Treppen, Treppenräume, Flure, Ausgänge, sonstige Rettungswege und ihre Kennzeichnung,
8. die zulässige Zahl der Benutzerinnen und Benutzer, Anordnung und Zahl der zulässigen Sitzplätze und Stehplätze bei Versammlungsstätten, Gaststätten, Vergnügungsstätten, Tribünen und Fliegenden Bauten,
9. die Lüftung,
10. die Beleuchtung und Energieversorgung,
11. die Wasserversorgung,
12. die Aufbewahrung und Beseitigung von Abwasser und von Abfällen,
13. die Stellplätze und Garagen sowie die Abstellplätze für Fahrräder,
14. die Anlage der Zufahrten und Abfahrten,
15. die Anlage von Grünstreifen, Baumbepflanzungen und anderen Pflanzungen sowie die Begrünung von Aufschüttungen und Abgrabungen,
16. Löschwasser-Rückhalteanlagen,

---

[1] Siehe die Richtlinie über bauaufsichtliche Anforderungen an Schulen – Schulbaurichtlinie – SchulBauR – gemäß RdErl. des Ministeriums für Städtebau und Wohnen, Kultur und Sport vom 29. 11. 2000 (MBl. NRW S. 1608/SMBl. NRW 23213).

Landesbauordnung　　　　　　　　　　§ 55　**BauO NRW 1**

17. die Qualifikation der Bauleiterin oder des Bauleiters und der Fachbauleiterinnen und der Fachbauleiter,
18. die Bestellung einer oder eines Brandschutzbeauftragten für den Betrieb eines Gebäudes,
19. die Pflicht, ein Brandschutzkonzept vorzulegen, und dessen Inhalt,
20. weitere Bescheinigungen, die nach Fertigstellung des Rohbaus oder nach abschließender Fertigstellung der baulichen Anlagen zu erbringen sind,
21. Nachweise über die Nutzbarkeit der Rettungswege im Brandfall,
22. Prüfungen und Prüfungen, die von Zeit zu Zeit zu wiederholen sind (wiederkehrende Prüfungen), sowie die Bescheinigungen, die hierfür zu erbringen sind,
23. den Betrieb und die Benutzung.

(3) Die Vorschriften der Absätze 1 und 2 gelten insbesondere für die in § 68 Abs. 1 Satz 3 aufgeführten Vorhaben.

**§ 55 Bauliche Maßnahmen für besondere Personengruppen.**
(1) [1]Bauliche Anlagen und andere Anlagen und Einrichtungen, die einem allgemeinen Besucherverkehr dienen oder die von Menschen mit Behinderungen, alten Menschen und Personen mit Kleinkindern nicht nur gelegentlich aufgesucht werden, sind so zu errichten und instand zu halten, dass sie von diesen Personen ohne fremde Hilfe zweckentsprechend genutzt und barrierefrei erreicht werden können. [2]§ 54 bleibt unberührt.

(2) [1]Absatz 1 gilt für die dem allgemeinen Besucherverkehr dienenden Teile insbesondere von

1. Verkaufsstätten,
2. Gaststätten, Versammlungsstätten einschließlich der für den Gottesdienst bestimmten Anlagen,
3. Büro- und Verwaltungsgebäuden, Gerichten,
4. Schalter- und Abfertigungsräumen der Verkehrs- und Versorgungseinrichtungen sowie der Kreditinstitute,
5. Museen, öffentlichen Bibliotheken, Messe- und Ausstellungsbauten,
6. Krankenhäusern,
7. Schulen,
8. Sportstätten, Spielplätzen und ähnlichen Anlagen,
9. öffentlichen Bedürfnisanstalten,
10. Stellplätzen und Garagen, die zu den Anlagen und Einrichtungen nach den Nummern 1 bis 8 gehören,
11. allgemein zugänglichen Stellplätzen und Garagen mit mehr als 1000 m² Nutzfläche.

**1 BauO NRW** § 56  Landesbauordnung

²Bei Anlagen nach den Nummern 10 und 11 muss mindestens 1 vom Hundert der Einstellplätze für Schwerbehinderte vorgehalten werden; jedoch müssen bei Anlagen nach Nummer 10 mindestens ein Einstellplatz, bei Anlagen nach Nummer 11 mindestens drei Einstellplätze für Schwerbehinderte vorhanden sein.

(3) Für bauliche Anlagen sowie andere Anlagen und Einrichtungen, die überwiegend oder ausschließlich von Menschen mit Behinderungen oder alten Menschen genutzt werden, wie

1. Tagesstätten, Schulen, Werkstätten und Heime für Menschen mit Behinderungen,
2. Altenheime, Altenwohnheime, Altenpflegeheime und Altenwohnungen

gilt Absatz 1 nicht nur für die dem allgemeinen Besucherverkehr dienenden Teile, sondern für die gesamte Anlage und die gesamten Einrichtungen.

(4) ¹Bauliche Anlagen sowie andere Anlagen und Einrichtungen nach den Absätzen 2 und 3 müssen mindestens durch einen Eingang stufenlos erreichbar sein. ²Der Eingang muss eine lichte Durchgangsbreite von mindestens 0,90 m haben. ³Vor Türen muss eine ausreichende Bewegungsfläche vorhanden sein. ⁴Rampen dürfen nicht mehr als 6 vom Hundert geneigt sein, sie müssen mindestens 1,20 m breit sein und beidseitig einen festen und griffsicheren Handlauf haben. ⁵Am Anfang und am Ende jeder Rampe ist ein Podest, alle 6,0 m ein Zwischenpodest anzuordnen. ⁶Die Podeste müssen eine Länge von mindestens 1,20 m haben. ⁷Treppen müssen an beiden Seiten Handläufe erhalten, die über Treppenabsätze und Fensteröffnungen sowie über die letzten Stufen zu führen sind. ⁸Die Treppen müssen Setzstufen haben. ⁹Flure müssen mindestens 1,40 m breit sein. ¹⁰Ein Toilettenraum muß auch für Benutzerinnen und Benutzer von Rollstühlen geeignet und erreichbar sein; er ist zu kennzeichnen.

(5) § 39 Abs. 6 gilt auch für Gebäude mit weniger als sechs Geschossen, soweit Geschosse von Menschen mit Behinderungen mit Rollstühlen stufenlos erreichbar sein müssen.

(6) Abweichungen von den Absätzen 1, 4 und 5 können zugelassen werden, soweit die Anforderungen wegen schwieriger Geländeverhältnisse, ungünstiger vorhandener Bebauung oder im Hinblick auf die Sicherheit der Menschen mit Behinderungen oder alten Menschen nur mit einem unverhältnismäßigen Mehraufwand erfüllt werden können.

### Vierter Teil. Die am Bau Beteiligten

**§ 56 Grundsatz.** Bei der Errichtung, Änderung, Instandhaltung, Nutzungsänderung oder dem Abbruch baulicher Anlagen sowie anderer Anlagen und Einrichtungen im Sinne des § 1 Abs. 1 Satz 2 sind die

Landesbauordnung § 57 BauO NRW 1

Bauherrin oder der Bauherr und im Rahmen ihres Wirkungskreises die anderen am Bau Beteiligten (§§ 58 bis 59a) dafür verantwortlich, dass die öffentlich-rechtlichen Vorschriften eingehalten werden.

**§ 57 Bauherrin, Bauherr.** (1) ¹Die Bauherrin oder der Bauherr hat zur Vorbereitung und Ausführung eines genehmigungsbedürftigen Bauvorhabens eine Entwurfsverfasserin oder einen Entwurfsverfasser (§ 58), Unternehmerinnen oder Unternehmer (§ 59) und eine Bauleiterin oder einen Bauleiter (§ 59a) zu beauftragen. ²Die Bauherrin oder der Bauherr hat gegenüber der Bauaufsichtsbehörde die nach den öffentlich-rechtlichen Vorschriften erforderlichen Anzeigen und Nachweise zu erbringen, soweit hierzu nicht die Bauleiterin oder der Bauleiter verpflichtet ist.

(2) ¹Bei technischen einfachen baulichen Anlagen und anderen Anlagen und Einrichtungen im Sinne des § 1 Abs. 1 Satz 2 kann die Bauaufsichtsbehörde darauf verzichten, dass eine Entwurfsverfasserin oder ein Entwurfsverfasser und eine Bauleiterin oder ein Bauleiter beauftragt werden. ²Bei Bauarbeiten, die in Selbst- oder Nachbarschaftshilfe ausgeführt werden, ist die Beauftragung von Unternehmerinnen oder Unternehmern nicht erforderlich, wenn dabei genügend Fachkräfte mit der nötigen Sachkunde, Erfahrung und Zuverlässigkeit mitwirken. ³Genehmigungsbedürftige Abbrucharbeiten dürfen nicht in Selbst- oder Nachbarschaftshilfe ausgeführt werden.

(3) ¹Sind die von der Bauherrin oder vom Bauherrn beauftragten Personen für ihre Aufgabe nach Sachkunde und Erfahrung nicht geeignet, so kann die Bauaufsichtsbehörde vor und während der Bauausführung verlangen, dass ungeeignete Beauftragte durch geeignete ersetzt oder Sachverständige beauftragt werden. ²Die Bauaufsichtsbehörde kann die Bauarbeiten einstellen lassen, bis geeignete Beauftragte oder Sachverständige beauftragt sind.

(4) Absatz 1 Satz 1 gilt auch für Bauvorhaben, die gemäß § 67 von der Genehmigungspflicht freigestellt sind.

(5) ¹Die Bauherrin oder der Bauherr hat vor Baubeginn die Namen der Bauleiterin oder des Bauleiters und der Fachbauleiterinnen oder Fachbauleiter und während der Bauausführung einen Wechsel dieser Personen mitzuteilen. ²Die Bauaufsichtsbehörde kann verlangen, dass für bestimmte Arbeiten die Unternehmerinnen oder Unternehmer namhaft gemacht werden. ³Wechselt die Bauherrin oder der Bauherr, so hat die neue Bauherrin oder der neue Bauherr dies der Bauaufsichtsbehörde unverzüglich schriftlich mitzuteilen.

(6) Die Bauherrin oder der Bauherr trägt die Kosten für

1. die Entnahme von Proben und deren Prüfung (§ 81 Abs. 3),
2. für die Tätigkeit von Sachverständigen oder sachverständigen Stellen aufgrund von § 61 Abs. 3 sowie von Rechtsverordnungen nach § 85 Abs. 2 Nr. 3.

## 1 BauO NRW §§ 58, 59 Landesbauordnung

**§ 58 Entwurfsverfasserin, Entwurfsverfasser.**[1),2)] (1) ¹Die Entwurfsverfasserin oder der Entwurfsverfasser muss nach Sachkunde und Erfahrung zur Vorbereitung des jeweiligen Bauvorhabens geeignet sein. ²Sie oder er ist für die Vollständigkeit und Brauchbarkeit ihres oder seines Entwurfs verantwortlich. ³Die Entwurfsverfasserin oder der Entwurfsverfasser hat dafür zu sorgen, dass die für die Ausführung notwendigen Einzelzeichnungen, Einzelberechnungen und Anweisungen geliefert werden und dem genehmigten Entwurf und den öffentlich-rechtlichen Vorschriften entsprechen.

(2) ¹Besitzt die Entwurfsverfasserin oder der Entwurfsverfasser auf einzelnen Fachgebieten nicht die erforderliche Sachkunde und Erfahrung, so hat sie oder er dafür zu sorgen, dass geeignete Fachplanerinnen oder Fachplaner herangezogen werden. ²Diese sind für die von ihnen gelieferten Unterlagen verantwortlich. ³Für das ordnungsgemäße Ineinandergreifen aller Fachentwürfe bleibt die Entwurfsverfasserin oder der Entwurfsverfasser verantwortlich.

(3) Brandschutzkonzepte für bauliche Anlagen gemäß § 54 Abs. 2 Nr. 19 und § 69 Abs. 1 Satz 2 sollen von staatlich anerkannten Sachverständigen nach § 85 Abs. 2 Satz 1 Nr. 4 für die Prüfung des Brandschutzes aufgestellt werden.

**§ 59 Unternehmerin, Unternehmer.** (1) ¹Jede Unternehmerin oder jeder Unternehmer ist für die ordnungsgemäße, den allgemein anerkannten Regeln der Technik und den Bauvorlagen entsprechende Ausführung der von ihr oder ihm übernommenen Arbeiten und insoweit für die ordnungsgemäße Einrichtung und den sicheren bautechnischen Betrieb der Baustelle sowie für die Einhaltung der Arbeitsschutzbestimmungen verantwortlich. ²Sie oder er hat die erforderlichen Nachweise über die Verwendbarkeit der verwendeten Bauprodukte und Bauarten zu erbringen und auf der Baustelle bereitzuhalten. ³Sie oder er darf, unbeschadet der Vorschriften des § 75, Arbeiten nicht ausführen oder ausführen lassen, bevor nicht die dafür notwendigen Unterlagen und Anweisungen an der Baustelle vorliegen.

(2) Die Unternehmerin oder der Unternehmer hat auf Verlangen der Bauaufsichtsbehörde für Bauarbeiten, bei denen die Sicherheit der baulichen Anlagen sowie anderer Anlagen und Einrichtungen in außergewöhnlichem Maße von der besonderen Sachkenntnis und Erfahrung der Unternehmerin oder des Unternehmers oder von einer Ausstattung des Unternehmens mit besonderen Vorrichtungen abhängt,

---

[1)] Siehe auch das Baukammerngesetz, **Nr. 15.**
[2)] Wer als Meister des Maurer-, Beton- oder Stahlbetonbauerhandwerks oder des Zimmererhandwerks während der vergangenen fünf Jahre vor Inkrafttreten dieses Gesetzes regelmäßig Bauvorlagen für freistehende Einfamilienhäuser einschließlich einer Einliegerwohnung als Entwurfsverfasser durch Unterschrift anerkannt hat (§ 83 Abs. 4 Satz 1 BauO NRW), gilt für diese Gebäude auch weiterhin als bauvorlageberechtigt. – Art. II des Ges. v. 15. 7. 1976 (GV NRW S. 264).

nachzuweisen, dass sie oder er für diese Bauarbeiten geeignet ist und über die erforderlichen Vorrichtungen verfügt.

(3) ¹Besitzt eine Unternehmerin oder ein Unternehmer für einzelne Arbeiten nicht die erforderliche Sachkunde und Erfahrung, so hat sie oder er dafür zu sorgen, dass Fachunternehmerinnen oder Fachunternehmer oder Fachleute herangezogen werden. ²Diese sind für ihre Arbeiten verantwortlich. ³Für das ordnungsgemäße Ineinandergreifen ihrer oder seiner Arbeiten mit denen der Fachunternehmerinnen oder Fachunternehmer oder Fachleute ist die Unternehmerin oder der Unternehmer verantwortlich.

**§ 59a Bauleiterin, Bauleiter.** (1) ¹Die Bauleiterin oder der Bauleiter hat darüber zu wachen, dass die Baumaßnahme dem öffentlichen Baurecht, insbesondere den allgemein anerkannten Regeln der Technik und den Bauvorlagen entsprechend durchgeführt wird, und die dafür erforderlichen Weisungen zu erteilen. ²Sie oder er hat im Rahmen dieser Aufgabe auf den sicheren bautechnischen Betrieb der Baustelle, insbesondere auf das gefahrlose Ineinandergreifen der Arbeiten der Unternehmerinnen oder der Unternehmer und auf die Einhaltung der Arbeitsschutzbestimmungen zu achten. ³Die Verantwortlichkeit der Unternehmerinnen oder Unternehmer bleibt unberührt.

(2) Die Bauleiterin oder der Bauleiter hat die Anzeigen nach § 75 Abs. 7 und § 82 Abs. 2 zu erstatten, sofern dies nicht durch die Bauherrin oder den Bauherrn geschieht.

(3) ¹Die Bauleiterin oder der Bauleiter muss über die für ihre oder seine Aufgabe erforderliche Sachkunde und Erfahrung verfügen. ²Verfügt sie oder er auf einzelnen Teilgebieten nicht über die erforderliche Sachkunde und Erfahrung, so hat sie oder er dafür zu sorgen, dass Fachbauleiterinnen oder Fachbauleiter herangezogen werden. ³Diese treten insoweit an die Stelle der Bauleiterin oder des Bauleiters. ⁴Die Bauleiterin oder der Bauleiter hat die Tätigkeit der Fachbauleiterinnen oder Fachbauleiter und ihre oder seine Tätigkeit aufeinander abzustimmen.

## Fünfter Teil. Bauaufsichtsbehörden und Verwaltungsverfahren

### 1. Abschnitt. Bauaufsichtsbehörden

**§ 60 Bauaufsichtsbehörden.** (1) Bauaufsichtsbehörden sind:

1. Oberste Bauaufsichtsbehörde: das für die Bauaufsicht zuständige Ministerium;
2. Obere Bauaufsichtsbehörde: die Bezirksregierungen für die kreisfreien Städte und Kreise sowie in den Fällen des § 80, im Übrigen die Landräte als untere staatliche Verwaltungsbehörden;

3. Untere Bauaufsichtsbehörden:
   a) die kreisfreien Städte, die Großen kreisangehörigen Städte und die Mittleren kreisangehörigen Städte,
   b) die Kreise für die übrigen kreisangehörigen Gemeinden
als Ordnungsbehörden.

(2) ¹Die den Bauaufsichtsbehörden obliegenden Aufgaben gelten als solche der Gefahrenabwehr. ²§ 86 bleibt unberührt.

(3) Die Bauaufsichtsbehörden sind zur Durchführung ihrer Aufgaben ausreichend mit Personen zu besetzen, die aufgrund eines Hochschulabschlusses der Fachrichtungen Architektur oder Bauingenieurwesen die Berufsbezeichnung „Ingenieurin" oder „Ingenieur" führen dürfen und die insbesondere die erforderlichen Kenntnisse des öffentlichen Baurechts, der Bautechnik und der Baugestaltung haben.

**§ 61 Aufgaben und Befugnisse der Bauaufsichtsbehörden.**
(1) ¹Die Bauaufsichtsbehörden haben bei der Errichtung, der Änderung, dem Abbruch, der Nutzung, der Nutzungsänderung sowie der Instandhaltung baulicher Anlagen sowie anderer Anlagen und Einrichtungen im Sinne des § 1 Abs. 1 Satz 2 darüber zu wachen, dass die öffentlich-rechtlichen Vorschriften und die aufgrund dieser Vorschriften erlassenen Anordnungen eingehalten werden. ²Sie haben in Wahrnehmung dieser Aufgaben nach pflichtgemäßem Ermessen die erforderlichen Maßnahmen zu treffen. ³Die gesetzlich geregelten Zuständigkeiten und Befugnisse anderer Behörden bleiben unberührt.

(2) ¹Auch nach Erteilung einer Baugenehmigung (§ 75) oder einer Zustimmung nach § 80 können Anforderungen gestellt werden, um dabei nicht voraussehbare Gefahren oder unzumutbare Belästigungen von der Allgemeinheit oder denjenigen, die die bauliche Anlage benutzen, abzuwenden. ²Satz 1 gilt entsprechend, wenn bauliche Anlagen oder andere Anlagen oder Einrichtungen im Sinne von § 1 Abs. 1 Satz 2 ohne Genehmigung oder Zustimmung errichtet werden dürfen.

(3) Die Bauaufsichtsbehörden können zur Erfüllung ihrer Aufgaben Sachverständige und sachverständige Stellen heranziehen.

(4) Sind Bauprodukte entgegen § 25 Abs. 4 mit dem Ü-Zeichen gekennzeichnet, so kann die Bauaufsichtsbehörde die Verwendung dieser Bauprodukte untersagen und deren Kennzeichnung entwerten oder beseitigen lassen.

(5) Die Einstellung der Bauarbeiten kann angeordnet werden, wenn Bauprodukte verwendet werden, die unberechtigt mit der CE-Kennzeichnung (§ 20 Abs. 1 Nr. 2) oder dem Ü-Zeichen (§ 25 Abs. 4) gekennzeichnet sind.

(6) ¹Die mit dem Vollzug dieses Gesetzes beauftragten Personen sind berechtigt, in Ausübung ihres Amtes Grundstücke und bauliche Anlagen einschließlich der Wohnungen zu betreten. ²Das Grundrecht

Landesbauordnung §§ 62–65 BauO NRW 1

der Unverletzlichkeit der Wohnung (Artikel 13 des Grundgesetzes) wird insoweit eingeschränkt.

**§ 62 Sachliche Zuständigkeit.** Für den Vollzug dieses Gesetzes sowie anderer öffentlich-rechtlicher Vorschriften für die Errichtung, die Änderung, die Nutzungsänderung, die Instandhaltung und den Abbruch baulicher Anlagen sowie anderer Anlagen und Einrichtungen im Sinne des § 1 Abs. 1 Satz 2 ist die untere Bauaufsichtsbehörde zuständig, soweit nichts anderes bestimmt ist.

## 2. Abschnitt: Genehmigungsbedürftige und genehmigungsfreie Vorhaben

**§ 63 Genehmigungsbedürftige Vorhaben.** (1) Die Errichtung, die Änderung, die Nutzungsänderung und der Abbruch baulicher Anlagen sowie anderer Anlagen und Einrichtungen im Sinne des § 1 Abs. 1 Satz 2 bedürfen der Baugenehmigung, soweit in den §§ 65 bis 67, 79 und 80 nichts anderes bestimmt ist.

(2) Die Genehmigung nach § 4 und § 15 Abs. 1 des Bundes-Immissionsschutzgesetzes,[1] auch wenn sie im vereinfachten Verfahren nach § 19 Bundes-Immissionsschutzgesetz erteilt wird, die Erlaubnis nach § 11 des Gerätesicherheitsgesetzes,[2] die Anlagengenehmigung nach § 8 des Gentechnikgesetzes[3]; die Genehmigung nach § 7 Abs. 3 des Abfallgesetzes[4] und die Verbindlichkeitserklärung eines Sanierungsplanes nach § 13 Abs. 6 Bundes-Bodenschutzgesetz oder § 15 Abs. 3 Landesbodenschutzgesetz[5] schließen eine Genehmigung nach Absatz 1 sowie eine Zustimmung nach § 80 ein.

(3) Die Vorschriften über gesetzlich geregelte Planfeststellungsverfahren bleiben unberührt.

**§ 64.** (aufgehoben)

**§ 65 Genehmigungsfreie Vorhaben.** (1) Die Errichtung oder Änderung folgender baulicher Anlagen sowie anderer Anlagen und Einrichtungen im Sinne des § 1 Abs. 1 Satz 2 bedarf keiner Baugenehmigung:

**Gebäude**

1. Gebäude bis zu 30 m$^3$ Brutto-Rauminhalt ohne Aufenthaltsräume, Ställe, Aborte oder Feuerstätten, im Außenbereich nur, wenn sie einem land- oder forstwirtschaftlichen Betrieb dienen (§ 35 Abs. 1

---

[1] Sartorius Nr. 296.
[2] Sartorius Nr. 803.
[3] Sartorius Nr. 270.
[4] Sartorius Nr. 299.
[5] von Hippel-Rehborn, Nr. 118.

**1 BauO NRW** § 65    Landesbauordnung

   Nr. 1 des Baugesetzbuches); dies gilt nicht für Garagen und Verkaufs- und Ausstellungsstände,
2. Gartenlauben in Kleingartenanlagen nach dem Bundeskleingartengesetz,
3. Wochenendhäuser auf genehmigten Wochenendplätzen,
4. Gebäude bis zu 4,0 m Firsthöhe, die nur zum vorübergehenden Schutz von Pflanzen und Tieren bestimmt sind und die einem land- oder forstwirtschaftlichen Betrieb dienen,
5. Gewächshäuser ohne Verkaufsstätten bis zu 4,0 m Firsthöhe, die einem land- oder forstwirtschaftlichen Betrieb dienen,
6. Fahrgastunterstände des öffentlichen Personenverkehrs oder der Schülerbeförderung,
7. Schutzhütten für Wanderer,

   **Anlagen in, an und außerhalb von Gewässern**
7 a. Anlagen an und in oberirdischen Gewässern einschließlich der Lande- und Umschlagstellen und der Rückhaltebecken, Anlagen der Gewässerbenutzung wie Anlagen zur Entnahme von Wasser, Anlagen zur Einleitung von Abwasser, Stauanlagen, Anlagen der Gewässerunterhaltung und des Gewässerausbaues, Deiche, Dämme und Stützmauern, mit Ausnahme von Gebäuden, Aufbauten und Überbrückungen,

   **Bauteile**
8. nichttragende oder nichtaussteifende Bauteile innerhalb baulicher Anlagen; dies gilt nicht für Wände, Decken und Türen von notwendigen Fluren als Rettungswege,

8 a. Verkleidungen von Balkonbrüstungen,

   **Versorgungsanlagen, Leitungen, Behälter, Abwasserbehandlungsanlagen, Aufzüge**
9. Lüftungsanlagen, raumlufttechnische Anlagen, Warmluftheizungen, Installationsschächte und Installationskanäle, die keine Gebäudetrennwände und – außer in Gebäuden geringer Höhe – keine Geschosse überbrücken; § 66 Satz 1 Nr. 7 bleibt unberührt,

9 a. Bauliche Anlagen, die dem Fernmeldewesen, der allgemeinen Versorgung mit Elektrizität, Gas, Öl, Wärme und Wasser dienen, wie Transformatoren-, Schalt-, Regler- oder Pumpstationen, bis 20 m² Grundfläche und 4 m Höhe,

10. Energieleitungen einschließlich ihrer Masten und Unterstützungen,
11. Behälter und Flachsilos bis zu 50 m³ Fassungsvermögen und bis zu 3,0 m Höhe außer ortsfesten Behältern für brennbare oder schädliche Flüssigkeiten oder für verflüssigte oder nicht verflüssigte Gase und offenen Behältern für Jauche und Flüssigmist,

Landesbauordnung § 65 **BauO NRW 1**

12. Abwasserbehandlungsanlagen, mit Ausnahme von Gebäuden,
12a. Aufzüge, mit Ausnahme solcher in Sonderbauten (§ 54),

**Kernenergieanlagen, Sprengstofflager, Füllanlagen**

12b. Anlagen, die einer Genehmigung nach § 7 des Atomgesetzes bedürfen,
12c. bauliche Anlagen, die ausschließlich zur Lagerung von Sprengstoffen dienen,
12d. Füllanlagen für Kraftfahrzeuge an Tankstellen,

**Einfriedungen, Stützmauern, Brücken**

13. Einfriedungen bis zu 2,0 m, an öffentlichen Verkehrsflächen bis zu 1,0 m Höhe über der Geländeoberfläche, im Außenbereich nur bei Grundstücken, die bebaut sind oder deren Bebauung genehmigt ist,
14. offene Einfriedungen für landwirtschaftlich (§ 201 des Baugesetzbuches) oder forstwirtschaftlich genutzte Grundstücke im Außenbereich,
15. Brücken und Durchlässe bis zu 5,0 m Lichtweite,
16. Stützmauern bis zu 2,0 m Höhe über der Geländeoberfläche,

**Masten, Antennen und ähnliche Anlagen und Einrichtungen**

17. Unterstützungen von Seilbahnen,
18. Parabolantennenanlagen mit Reflektorschalen bis zu einem Durchmesser von 1,20 m und bis zu einer Höhe von 10,0 m, sonstige Antennenanlagen bis zu 10,0 m Höhe,
19. ortsveränderliche Antennenträger, die nur vorübergehend aufgestellt werden,
20. Blitzschutzanlagen,
21. Signalhochbauten der Landesvermessung,
22. Fahnenmasten,
23. Flutlichtanlagen bis zu 10,0 m Höhe über der Geländeoberfläche,

**Stellplätze, Abstellplätze, Lagerplätze**

24. nicht überdachte Stellplätze für Personenkraftwagen und Motorräder bis zu insgesamt 100 m²,
25. überdachte und nicht überdachte Fahrradabstellplätze bis zu insgesamt 100 m²,
26. Ausstellungsplätze, Abstellplätze und Lagerplätze bis zu 300 m² Fläche außer in Wohngebieten und im Außenbereich,
27. unbefestigte Lagerplätze, die einem land- oder forstwirtschaftlichen Betrieb dienen, für die Lagerung land- oder forstwirtschaftlicher Produkte,

**Bauliche Anlagen in Gärten und zur Freizeitgestaltung**

28. bauliche Anlagen, die der Gartengestaltung oder der zweckentsprechenden Einrichtung von Gärten dienen, wie Bänke, Sitzgruppen, Pergolen,
29. bauliche Anlagen, die der zweckentsprechenden Einrichtung von Sport- und Spielflächen dienen, wie Tore für Ballspiele, Schaukeln und Klettergerüste, ausgenommen Tribünen,
30. Wasserbecken bis zu 100 m³ Fassungsvermögen außer im Außenbereich,
31. Landungsstege,
32. Sprungschanzen und Sprungtürme bis zu 10,0 m Höhe,

**Werbeanlagen, Warenautomaten**

33. Werbeanlagen und Hinweiszeichen nach § 13 Abs. 3 Nr. 3 bis zu einer Größe von 1 m²,
33 a. Werbeanlagen in durch Bebauungsplan festgesetzten Gewerbe-, Industrie- und vergleichbaren Sondergebieten an der Stätte der Leistung, an und auf Flugplätzen, Sportanlagen, an und in abgegrenzten Versammlungsstätten, sowie auf Ausstellungs- und Messegeländen, soweit sie nicht in die freie Landschaft wirken,
33 b. Werbeanlagen im Geltungsbereich einer Satzung nach § 86 Abs. 1 Nr. 1, wenn die Satzung Festsetzungen über Art, Größe und Anbringungsort der Werbeanlagen enthält und die Werbeanlagen diesen Festsetzungen entsprechen,
34. Werbeanlagen für zeitlich begrenzte Veranstaltungen, insbesondere für Ausverkäufe und Schlußverkäufe an der Stätte der Leistung, jedoch nur für die Dauer der Veranstaltung,
35. Werbeanlagen, die an der Stätte der Leistung vorübergehend angebracht oder aufgestellt sind, soweit sie nicht fest mit dem Boden oder anderen baulichen Anlagen verbunden sind,
36. Warenautomaten,

**Vorübergehend aufgestellte oder genutzte Anlagen**

37. Gerüste und Hilfseinrichtungen zur statischen Sicherung von Bauzuständen,
38. Baustelleneinrichtungen einschließlich der Lagerhallen, Schutzhallen und Unterkünfte,
39. Behelfsbauten, die der Landesverteidigung, dem Katastrophenschutz oder der Unfallhilfe für kurze Zeit dienen,
40. bauliche Anlagen, die zu Straßenfesten, Märkten und ähnlichen Veranstaltungen nur für kurze Zeit aufgestellt werden und die keine Fliegenden Bauten sind,
41. bauliche Anlagen, die für höchstens drei Monate auf genehmigtem Messe- und Ausstellungsgelände errichtet werden, ausgenommen Fliegende Bauten,

Landesbauordnung  § 65  BauO NRW 1

**Sonstige bauliche Anlagen und Einrichtungen**

41a. Zugänge und Zufahrten, ausgenommen solche nach § 5,

42. selbständige Aufschüttungen oder Abgrabungen bis zu 2,0 m Höhe oder Tiefe, im Außenbereich nur, wenn die Aufschüttungen und Abgrabungen nicht mehr als 400 m² Fläche haben,

43. Regale mit einer Lagerhöhe (Oberkante Lagergut) von bis zu 7,50 m Höhe,

44. Solarenergieanlagen auf oder an Gebäuden oder als untergeordnete Nebenanlagen,

45. Denkmale, Skulpturen und Brunnenanlagen sowie Grabdenkmale und Grabsteine auf Friedhöfen,

46. Brunnen,

47. Fahrzeugwaagen,

48. Hochsitze,

49. unbedeutende bauliche Anlagen und Einrichtungen, soweit sie nicht durch die Nummern 1 bis 48 erfaßt sind, wie Teppichstangen, Markisen, nicht überdachte Terrassen sowie Kleintierställe bis zu 5 m³.

(2) Keiner Baugenehmigung bedürfen ferner:

1. eine geringfügige, die Standsicherheit nicht berührende Änderung tragender oder aussteifender Bauteile innerhalb von Gebäuden; die nicht geringfügige Änderung dieser Bauteile, wenn eine Sachkundige oder ein Sachkundiger der Bauherrin oder dem Bauherrn die Ungefährlichkeit der Maßnahme schriftlich bescheinigt,

2. die Änderung der äußeren Gestaltung durch Anstrich, Verputz, Verfugung, Dacheindeckung, Solaranlagen, durch Einbau oder Austausch von Fenstern und Türen, Austausch von Umwehrungen sowie durch Bekleidungen und Verblendungen; dies gilt nicht in Gebieten, für die eine örtliche Bauvorschrift nach § 86 Abs. 1 Nr. 1 oder 2 besteht,

3. Nutzungsänderungen, wenn die Errichtung oder Änderung der Anlage für die neue Nutzung genehmigungsfrei wäre,

4. das Auswechseln von gleichartigen Teilen haustechnischer Anlagen, wie Abwasseranlagen, Lüftungsanlagen und Feuerungsanlagen,

5. das Auswechseln von Belägen auf Sport- und Spielflächen,

6. die Instandhaltung von baulichen Anlagen sowie anderen Anlagen und Einrichtungen.

(3) [1]Der Abbruch oder die Beseitigung von baulichen Anlagen sowie anderen Anlagen und Einrichtungen nach Absatz 1 bedarf keiner Baugenehmigung. [2]Dies gilt auch für den Abbruch oder die Beseitigung von

**1 BauO NRW** § 66   Landesbauordnung

1. genehmigungsfreien Anlagen nach § 66,
2. Gebäuden bis zu 300 m3 umbauten Raum,
3. ortsfesten Behältern,
4. luftgetragenen Überdachungen,
5. Mauern und Einfriedungen,
6. Schwimmbecken,
7. Regalen,
8. Stellplätzen für Kraftfahrzeuge,
9. Lager- und Abstellplätzen,
10. Fahrradabstellplätzen,
11. Camping- und Wochenendplätzen,
12. Werbeanlagen.

(4) Die Genehmigungsfreiheit entbindet nicht von der Verpflichtung zur Einhaltung der Anforderungen, die in diesem Gesetz, in Vorschriften aufgrund dieses Gesetzes oder in anderen öffentlich-rechtlichen Vorschriften gestellt werden.

**§ 66 Genehmigungsfreie Anlagen.** [1]Die Errichtung oder Änderung folgender Anlagen bedarf keiner Genehmigung:

1. Anlagen zur Verteilung von Wärme bei Wasserheizungsanlagen einschließlich der Wärmeerzeuger,
2. Feuerungsanlagen,
2a. in Serie hergestellte Blockheizkraftwerke,
2b. in Serie hergestellte Brennstoffzellen,
3. Wärmepumpen,
4. ortsfeste Behälter für brennbare oder schädliche Flüssigkeiten bis zu 50 m$^3$ Fassungsvermögen, für verflüssigte oder nicht verflüssigte Gase bis zu 5 m$^3$ Fassungsvermögen,
5. Wasserversorgungsanlagen einschließlich der Warmwasserversorgungsanlagen und ihre Wärmeerzeuger,
6. Abwasseranlagen, soweit sie nicht als Abwasserbehandlungsanlagen von der Genehmigungspflicht freigestellt sind (§ 65 Abs. 1 Nr. 12),
7. Lüftungsanlagen, raumlufttechnische Anlagen und Warmluftheizungen in Wohnungen oder ähnlichen Nutzungseinheiten mit Einrichtungen zur Wärmerückgewinnung.

[2]Die Bauherrin oder der Bauherr hat sich vor der Benutzung der Anlagen von der Unternehmerin oder dem Unternehmer oder einer oder einem Sachverständigen bescheinigen zu lassen, dass die Anlagen den öffentlich-rechtlichen Vorschriften entsprechen. [3]§ 43 Abs. 7 bleibt unberührt.

Landesbauordnung **§ 67 BauO NRW 1**

**§ 67 Genehmigungsfreie Wohngebäude, Stellplätze und Garagen.** (1) ¹Im Geltungsbereich eines Bebauungsplanes im Sinne von § 30 Abs. 1 oder § 30 Abs. 2 des Baugesetzbuches[1]) bedürfen die Errichtung oder Änderung von Wohngebäuden mittlerer und geringer Höhe einschließlich ihrer Nebengebäude und Nebenanlagen keiner Baugenehmigung, wenn

1. das Vorhaben den Festsetzungen des Bebauungsplanes nicht widerspricht,
2. die Erschließung im Sinne des Baugesetzbuches gesichert ist und
3. die Gemeinde nicht innerhalb eines Monats nach Eingang der Bauvorlagen erklärt, dass das Genehmigungsverfahren durchgeführt werden soll.

²Satz 1 gilt auch für Nutzungsänderungen von Gebäuden, deren Errichtung oder Änderung bei geänderter Nutzung genehmigungsfrei wäre. ³Die Bauherrin oder der Bauherr kann beantragen, dass für die in Satz 1 genannten Vorhaben das Baugenehmigungsverfahren durchgeführt wird.

(2) ¹Den bei der Gemeinde einzureichenden Bauvorlagen ist eine Erklärung der Entwurfsverfasserin oder des Entwurfsverfassers beizufügen, dass das Vorhaben den Anforderungen an den Brandschutz entspricht. ²Mit dem Vorhaben darf einen Monat nach Eingang der Bauvorlagen bei der Gemeinde begonnen werden. ³Teilt die Gemeinde der Bauherrin oder dem Bauherrn vor Ablauf der Frist schriftlich mit, dass kein Genehmigungsverfahren durchgeführt werden soll, darf unverzüglich mit dem Vorhaben begonnen werden. ⁴Ein Rechtsanspruch auf eine solche Mitteilung besteht nicht.

(3) ¹Die Gemeinde kann die Erklärung nach Absatz 1 Satz 1 Nr. 3 abgeben, weil sie beabsichtigt, eine Veränderungssperre nach § 14 des Baugesetzbuches zu beschließen oder eine Zurückstellung nach § 15 des Baugesetzbuches zu beantragen, oder wenn sie aus anderen Gründen die Durchführung eines Genehmigungsverfahrens für erforderlich hält. ²Erklärt die Gemeinde, dass das Genehmigungsverfahren durchgeführt werden soll, hat sie der Bauherrin oder dem Bauherrn mit der Erklärung die Bauvorlagen zurückzureichen, falls die Bauherrin oder der Bauherr bei der Vorlage nicht ausdrücklich bestimmt hat, dass sie im Falle der Erklärung der Gemeinde nach Absatz 1 Nr. 3 als Bauantrag zu behandeln sind. ³Die Gemeinde leitet dann die Bauvorlagen zusammen mit ihrer Stellungnahme an die untere Bauaufsichtsbehörde weiter; § 72 Abs. 1 Satz 3 ist nicht anzuwenden.

(4) ¹Bei Wohngebäuden mittlerer Höhe und Wohngebäuden geringer Höhe mit mehr als zwei Wohnungen, jedoch nicht bei deren Nebengebäuden und Nebenanlagen, müssen vor Baubeginn ein von einer oder einem staatlich anerkannten Sachverständigen im Sinne des § 85

---
[1]) Sartorius Nr. 300.

# 1 BauO NRW § 67 Landesbauordnung

Abs. 2 Satz 1 Nr. 4 geprüfter Nachweis über die Standsicherheit und von einer oder einem staatlich anerkannten Sachverständigen aufgestellte oder geprüfte Nachweise über den Schallschutz und den Wärmeschutz vorliegen. ²Bei Wohngebäuden mittlerer Höhe muss zusätzlich von einer oder einem staatlich anerkannten Sachverständigen geprüft und bescheinigt werden, dass das Vorhaben den Anforderungen an den Brandschutz entspricht. ³Die Bauherrin oder der Bauherr hat den Angrenzern (§ 74 Abs. 1) vor Baubeginn mitzuteilen, dass ein genehmigungsfreies Bauvorhaben nach Absatz 1 oder Absatz 7 durchgeführt werden soll, zu dem die Gemeinde keine Erklärung nach Absatz 1 Satz 1 Nr. 3 abgegeben hat.

(5) ¹Die Bauherrin oder der Bauherr hat den Ausführungsbeginn eines Vorhabens nach den Absätzen 1 und 7 mindestens eine Woche vorher der Bauaufsichtsbehörde schriftlich anzuzeigen und dabei die Namen der Bauleiterin oder des Bauleiters und der Fachbauleiterinnen oder der Fachbauleiter sowie der staatlich anerkannten Sachverständigen nach § 85 Abs. 2 Satz 1 Nr. 4, die die Nachweise nach Absatz 4 aufstellen oder prüfen und stichprobenhafte Kontrollen nach Satz 7 durchführen, mitzuteilen. ²Die Bauaufsichtsbehörde unterrichtet das Staatliche Amt für Arbeitsschutz und, soweit erforderlich, das Staatliche Umweltamt. ³Vor Baubeginn muss die Grundrissfläche und die Höhenlage der baulichen Anlage abgesteckt sein. ⁴Die Bauvorlagen und die Bescheinigungen der Sachverständigen nach Absatz 4 müssen an der Baustelle von Baubeginn an vorliegen. ⁵Bauliche Anlagen im Sinne der Absätze 1 und 7 dürfen erst dann benutzt werden, wenn sie ordnungsgemäß fertig gestellt und sicher benutzbar sind. ⁶Ihre Fertigstellung ist der Bauaufsichtsbehörde anzuzeigen. ⁷Bei Fertigstellung müssen Bescheinigungen von staatlich anerkannten Sachverständigen vorliegen, wonach sie sich durch stichprobenhafte Kontrollen während der Bauausführung davon überzeugt haben, dass die baulichen Anlagen entsprechend den in Absatz 4 genannten Nachweisen errichtet oder geändert worden sind. ⁸§ 65 Abs. 4, § 68 Abs. 7 und § 70 gelten entsprechend. ⁹Der in § 81 Abs. 2 Satz 1 genannte Nachweis muss der Bauherrin oder dem Bauherrn vorliegen.

(6) Die Bauherrin oder der Bauherr und die späteren Eigentümer haben die Bauvorlagen, Nachweise und Bescheinigungen aufzubewahren.

(7) ¹Die Absätze 1 bis 3 gelten auch für Garagen und überdachte Stellplätze bis 1000 m² Nutzfläche, wenn sie einem Wohngebäude im Sinne des Absatzes 1 dienen. ²Bei Garagen mit einer Nutzfläche über 100 m² bis 1000 m² muss vor Baubeginn ein von einer oder einem staatlich anerkannten Sachverständigen geprüfter Nachweis über die Standsicherheit vorliegen sowie zusätzlich von einer oder einem staatlich anerkannten Sachverständigen geprüft und bescheinigt worden sein, dass das Vorhaben den Anforderungen an den Brandschutz entspricht. ³Für diese Garagen gelten zusätzlich Absatz 4 Satz 3 und Ab-

Landesbauordnung  § 68  BauO NRW 1

satz 6. ⁴Soll in einer geschlossenen Mittelgarage eine natürliche Lüftung vorgesehen werden, so muss zuvor von einer oder einem staatlich anerkannten Sachverständigen die Unbedenklichkeit bescheinigt worden sein. ⁵Die Bescheinigung ist aufgrund durchgeführter Messungen innerhalb eines Monats nach Inbetriebnahme der Garage von der oder dem Sachverständigen zu bestätigen.

(8) ¹Wird nach Durchführung des Bauvorhabens die Nichtigkeit des Bebauungsplanes festgestellt, so bedarf das Bauvorhaben auch dann keiner Baugenehmigung. ²Seine Beseitigung darf wegen eines Verstoßes gegen bauplanungsrechtliche Vorschriften, der auf der Nichtigkeit des Bebauungsplanes beruht, nicht verlangt werden, es sei denn, dass eine Beeinträchtigung von Rechten Dritter dies erfordert.

**§ 68 Vereinfachtes Genehmigungsverfahren.** (1) ¹Das vereinfachte Genehmigungsverfahren wird für die Errichtung und Änderung von baulichen Anlagen sowie anderen Anlagen und Einrichtungen im Sinne des § 1 Abs. 1 Satz 2 durchgeführt, soweit sie nicht nach den §§ 65 bis 67 genehmigungsfrei sind. ²Das vereinfachte Genehmigungsverfahren wird auch durchgeführt, wenn die Bauherrin oder der Bauherr dies gemäß § 67 Abs. 1 Satz 3 beantragt. ³Das vereinfachte Genehmigungsverfahren gilt nicht für die Errichtung und Änderung von

1. Hochhäusern,
2. baulichen Anlagen mit mehr als 30 m Höhe,
3. baulichen Anlagen und Räumen mit mehr als 1600 m² Grundfläche,
4. Verkaufsstätten mit mehr als 700 m² Verkaufsfläche,
5. Messe- und Ausstellungsbauten,
6. Büro- und Verwaltungsgebäuden mit mehr als 3000 m² Geschossfläche,
7. Kirchen und Versammlungsstätten mit Räumen für mehr als 200 Personen,
8. Sportstätten mit mehr als 1600 m² Grundfläche oder mehr als 200 Zuschauerplätzen, Freisportanlagen mit mehr als 400 Tribünenplätzen,
9. Sanatorien und Krankenhäusern, Entbindungs-, Säuglings-, Kinder- und Pflegeheimen,
10. Kindergärten und -horten mit mehr als 2 Gruppen oder mit dem Aufenthalt für Kinder dienenden Räumen außerhalb des Erdgeschosses sowie Tageseinrichtungen für Menschen mit Behinderungen und alte Menschen,
11. Gaststätten mit mehr als 40 Gastplätzen oder Beherbergungsbetrieben mit mehr als 30 Betten und Vergnügungsstätten,
12. Schulen, Hochschulen und ähnlichen Einrichtungen,

## 1 BauO NRW § 68

13. Abfertigungsgebäuden von Flughäfen und Bahnhöfen,
14. Justizvollzugsanstalten und baulichen Anlagen für den Maßregelvollzug,
15. baulichen Anlagen und Räumen, deren Nutzung mit Explosionsgefahr oder erhöhter Brand-, Gesundheits- oder Verkehrsgefahr verbunden ist, und Anlagen, die am 1. Januar 1997 in der Vierten Verordnung zur Durchführung des Bundesimmissionsschutzgesetzes enthalten waren,
16. Garagen mit mehr als 1000 m² Nutzfläche,
17. Camping- und Wochenendplätzen,
18. Regalen mit mehr als 9 m Lagerhöhe (Oberkante Lagergut),
19. Zelten, soweit sie nicht Fliegende Bauten sind.

⁴Im vereinfachten Genehmigungsverfahren prüft die Bauaufsichtsbehörde nur die Vereinbarkeit des Vorhabens mit

1. den Vorschriften der §§ 29 bis 38 des Baugesetzbuches,
2. den §§ 4, 6, 7, § 9 Abs. 2, §§ 12, 13 und 51, bei Sonderbauten auch mit § 17,
3. den örtlichen Bauvorschriften nach § 86,
4. anderen öffentlich-rechtlichen Vorschriften, deren Einhaltung nicht in einem anderen Genehmigungs-, Erlaubnis- oder sonstigen Zulassungsverfahren geprüft wird.

⁵Das vereinfachte Genehmigungsverfahren wird auch durchgeführt, wenn durch eine Nutzungsänderung eine bauliche Anlage entsteht, die keine bauliche Anlage im Sinne des Satzes 3 ist.

(2) ¹Spätestens bei Baubeginn sind bei der Bauaufsichtsbehörde einzureichen

1. Nachweise über den Schallschutz und den Wärmeschutz, die von einer oder einem staatlich anerkannten Sachverständigen nach § 85 Abs. 2 Satz 1 Nr. 4 aufgestellt oder geprüft sein müssen,
2. ein Nachweis über die Standsicherheit, der von einer oder einem staatlich anerkannten Sachverständigen nach § 85 Abs. 2 Satz 1 Nr. 4 geprüft sein muss, und
3. die Bescheinigung einer oder eines staatlich anerkannte Sachverständigen nach § 85 Abs. 2 Satz 1 Nr. 4, dass das Vorhaben den Anforderungen an den Brandschutz entspricht; dies gilt nicht für Wohngebäude geringer Höhe und Sonderbauten.

²Gleichzeitig sind der Bauaufsichtsbehörde die staatlich anerkannten Sachverständigen nach § 85 Abs. 2 Satz 1 Nr. 4 zu benennen, die mit den stichprobenhaften Kontrollen der Bauausführung beauftragt worden sind. ³Soll bei der Errichtung geschlossener Garagen mit einer Nutzfläche über 100 m² bis 1000 m² eine natürliche Lüftung vorgesehen werden, so muss zuvor von einer oder einem staatlich anerkannten Sachverständigen die Unbedenklichkeit bescheinigt worden sein; die

Landesbauordnung　　　　　　　　　　§ 68　BauO NRW 1

Bescheinigung ist aufgrund durchgeführter Messungen innerhalb eines Monats nach Inbetriebnahme der Garage von der oder dem Sachverständigen zu bestätigen.

(3) Die Nachweise gemäß Absatz 2 müssen für

1. Wohngebäude geringer Höhe mit bis zu zwei Wohnungen einschließlich ihrer Nebengebäude und Nebenanlagen,
2. freistehende landwirtschaftliche Betriebsgebäude, auch mit Wohnteil, bis zu zwei Geschossen über der Geländeoberfläche, ausgenommen solche mit Anlagen für Jauche und Flüssigmist und
3. eingeschossige Gebäude mit einer Grundfläche bis 200 m²

nicht von staatlich anerkannten Sachverständigen nach § 85 Abs. 2 Satz 1 Nr. 4 aufgestellt oder geprüft werden.

(4) Für die folgenden Vorhaben müssen die bautechnischen Nachweise nach Absatz 2 nicht vorgelegt werden:

1. Gewächshäuser mit bis zu 4,0 m Firsthöhe,
2. Garagen und überdachte Stellplätze mit einer Nutzfläche bis 100 m²,
3. untergeordnete Gebäude (§ 53),
4. Wasserbecken bis zu 100 m³, einschließlich ihrer Überdachungen,
5. Verkaufs- und Ausstellungsstände,
6. Einfriedungen,
7. Aufschüttungen und Abgrabungen,
8. Werbeanlagen.

(5) ¹Auf Antrag der Bauherrin oder des Bauherrn kann die Bauaufsichtsbehörde die Nachweise nach Absatz 2 Nummern 1 und 2 prüfen. ²Dies gilt auch für die Anforderungen an den baulichen Brandschutz, soweit hierüber Sachverständigenbescheinigungen vorzulegen sind.

(6) Bei Wohngebäuden geringer Höhe ist den Bauvorlagen eine Erklärung der Entwurfsverfasserin oder des Entwurfsverfassers beizufügen, dass das Vorhaben den Anforderungen an den Brandschutz entspricht.

(7) Über Abweichungen (§ 73) von den nach Absatz 1 nicht zu prüfenden Vorschriften entscheidet die Genehmigungsbehörde auf besonderen Antrag.

(8) ¹Die Bauaufsichtsbehörde hat über den Bauantrag innerhalb einer Frist von 6 Wochen nach Eingang des Antrags bei ihr zu entscheiden,

– wenn das Vorhaben im Geltungsbereich eines Bebauungsplanes im Sinne des § 30 Abs. 1 oder § 30 Abs. 2 des Baugesetzbuches liegt, oder
– für das Bauvorhaben ein Vorbescheid (§ 71) erteilt worden ist, in dem über die Zulässigkeit des Vorhabens auf dem Grundstück, die Bebaubarkeit des Grundstücks, die Zugänge auf dem Grundstück sowie über die Abstandflächen entschieden wurde.

**1 BauO NRW** §§ 69, 70    Landesbauordnung

²Die Bauaufsichtsbehörde kann die Frist aus wichtigen Gründen bis zu 6 Wochen verlängern. ³Als wichtige Gründe gelten insbesondere die notwendige Beteiligung anderer Behörden oder die notwendige Entscheidung über eine Befreiung nach § 31 Abs. 2 des Baugesetzbuches oder eine Abweichung nach § 73.

(9) ¹Bauüberwachung (§ 81) und Bauzustandsbesichtigung (§ 82) beschränken sich auf den bei der Genehmigung geprüften Umfang. ²Unberührt bleibt § 43 Abs. 7.

### 3. Abschnitt. Verwaltungsverfahren

**§ 69 Bauantrag.** (1) ¹Der Bauantrag ist schriftlich mit allen für seine Bearbeitung sowie für die Beurteilung des Bauvorhabens erforderlichen Unterlagen (Bauvorlagen) in ausreichender Anzahl bei der Bauaufsichtsbehörde einzureichen. ²Mit den Bauvorlagen für Sonderbauten gemäß § 68 Abs. 1 Satz 3 ist ein Brandschutzkonzept einzureichen. ³Es kann gestattet werden, dass einzelne Bauvorlagen nachgereicht werden.

(2) ¹Die Bauherrin oder der Bauherr und die Entwurfsverfasserin oder der Entwurfsverfasser haben den Bauantrag, die Entwurfsverfasserin oder der Entwurfsverfasser die Bauvorlagen zu unterschreiben. ²Die von den Fachplanerinnen oder den Fachplanern nach § 58 Abs. 2 bearbeiteten Unterlagen müssen auch von diesen unterschrieben sein. ³Für Bauvorhaben auf fremden Grundstücken kann die Zustimmung der Grundstückseigentümerin oder des Grundstückseigentümers zu dem Bauvorhaben gefordert werden.

(3) Treten bei einem Bauvorhaben mehrere Personen als Bauherrinnen oder Bauherren auf, ist gegenüber der Bauaufsichtsbehörde eine Vertreterin oder ein Vertreter zu bestellen, die oder der die der Bauherrin oder dem Bauherrn nach den öffentlich-rechtlichen Vorschriften obliegenden Verpflichtungen zu erfüllen hat.

**§ 70 Bauvorlageberechtigung.** (1) ¹Bauvorlagen für die Errichtung und Änderung von Gebäuden müssen von einer Entwurfsverfasserin oder einem Entwurfsverfasser, welche oder welcher bauvorlageberechtigt ist, durch Unterschrift anerkannt sein (§ 69 Abs. 2 Satz 1). ²§ 58 Abs. 1 bleibt unberührt.

(2) Absatz 1 gilt nicht für Bauvorlagen für

1. Garagen und überdachte Stellplätze bis zu 100 m² Nutzfläche sowie überdachte Fahrradabstellplätze,
2. Behelfsbauten und untergeordnete Gebäude (§ 53).

(3) ¹Bauvorlageberechtigt ist, wer

1. die Berufsbezeichnung „Architektin" oder „Architekt" führen darf,[1]
2. als Angehörige oder Angehöriger der Fachrichtung Bauingenieurwesen Mitglied einer Ingenieurkammer ist und mindestens zwei

---

[1] Siehe das **Baukammerngesetz, Nr. 15.**

Landesbauordnung § 71 BauO NRW 1

Jahre in der Planung und Überwachung der Ausführung von Gebäuden praktisch tätig war,

3. aufgrund des Baukammerngesetzes die Berufsbezeichnung „Innenarchitektin" oder „Innenarchitekt" führen darf, durch eine ergänzende Hochschulprüfung seine Befähigung nachgewiesen hat, Gebäude gestaltend zu planen, und mindestens zwei Jahre in der Planung und Überwachung der Ausführung von Gebäuden praktisch tätig war,

4. aufgrund des Baukammerngesetzes die Berufsbezeichnung „Innenarchitektin" oder Innenarchitekt" führen darf, für die mit der Berufsaufgabe der Innenarchitektinnen und Innenarchitekten verbundene bauliche Änderung von Gebäuden,

5. aufgrund des Ingenieurgesetzes[1]) als Angehörige oder Angehöriger der Fachrichtung Architektur (Studiengang Innenarchitektur) die Berufsbezeichnung „Ingenieurin" oder „Ingenieur" führen darf, während eines Zeitraums von zwei Jahren vor dem 1. Januar 1990 wiederholt Bauvorlagen für die Errichtung oder Änderung von Gebäuden als Entwurfsverfasserin oder Entwurfsverfasser durch Unterschrift anerkannt hat und Mitglied der Architektenkammer oder der Ingenieurkammer-Bau ist,

6. die Befähigung zum höheren oder gehobenen bautechnischen Verwaltungsdienst besitzt, für ihre oder seine dienstliche Tätigkeit.

²Die in Satz 1 Nr. 2 geforderte Mitgliedschaft in einer Ingenieurkammer wird nicht von auswärtigen Ingenieurinnen und Ingenieuren der Fachrichtung Bauingenieurwesen verlangt; dies gilt für die Personen, die in der Bundesrepublik Deutschland ihre Hauptwohnung, ihre Niederlassung oder ihre überwiegende berufliche Beschäftigung haben, nur, solange in dem betreffenden Land eine Ingenieurkammer nicht besteht. ³Die Bauvorlageberechtigung nach Absatz 3 Satz 1 Nr. 2 wird durch eine Bescheinigung der Ingenieurkammer-Bau Nordrhein-Westfalen nachgewiesen.

(4) ¹Juristische Personen des öffentlichen Rechts und Unternehmen dürfen Bauvorlagen als Entwurfsverfasser unterschreiben, wenn sie diese unter der Leitung einer bauvorlageberechtigten Person nach Absatz 3, die der juristischen Person oder dem Unternehmen angehören muss, aufstellen. ²Die bauvorlageberechtigte Person hat die Bauvorlagen durch Unterschrift anzuerkennen.

**§ 71 Vorbescheid.** (1) Vor Einreichung des Bauantrages kann zu Fragen des Bauvorhabens ein Bescheid (Vorbescheid) beantragt werden. Der Vorbescheid gilt zwei Jahre.

---

[1]) Siehe das Ges. zum Schutze der Berufsbezeichnung Ingenieur/Ingenieurin (Ingenieurgesetz – IngG) vom 5. 5. 1970 (GV NRW S. 299/SGV NRW 223), zuletzt geändert durch Ges. vom 17. 5. 1994 (GV NRW S. 438).

## 1 BauO NRW § 72 — Landesbauordnung

(2) § 69, § 72 Abs. 1 bis 3, §§ 73 und 74, § 75 Abs. 1 bis 3 und § 77 Abs. 2 gelten entsprechend.

(3) [1] Betreffen die Fragen nach Absatz 1 die Errichtung oder Änderung eines Gebäudes, müssen die dem Antrag auf Vorbescheid beizufügenden Bauvorlagen von einer Entwurfsverfasserin oder einem Entwurfsverfasser, die oder der bauvorlageberechtigt ist, unterschrieben sein; § 70 gilt entsprechend. [2] Dies gilt nicht für einen Antrag auf Vorbescheid, mit dem nur über die Vereinbarkeit mit den planungsrechtlichen Vorschriften über die Art der baulichen Nutzung, die Bauweise und die überbaubare Grundstücksfläche entschieden werden soll.

**§ 72 Behandlung des Bauantrages.** (1) [1] Die Bauaufsichtsbehörde hat innerhalb einer Woche nach Eingang des Bauantrages zu prüfen, ob

1. der Bauantrag und die Bauvorlagen den Anforderungen des § 69 und den Vorschriften der aufgrund des § 85 Abs. 3 erlassenen Rechtsverordnung entsprechen,

2. ob die Erteilung der Baugenehmigung von der Zustimmung, dem Einvernehmen, Benehmen oder von der Erteilung einer weiteren Genehmigung oder Erlaubnis einer anderen Behörde abhängig ist,

3. welche anderen Behörden oder Dienststellen zu beteiligen sind und

4. welche Sachverständigen heranzuziehen sind.

[2] Die Bauaufsichtsbehörde soll den Bauantrag zurückweisen, wenn die Bauvorlagen unvollständig sind oder erhebliche Mängel aufweisen. [3] Unmittelbar nach Abschluss der Prüfung nach Satz 1 hat die Bauaufsichtsbehörde dem Bauantrag und die dazugehörenden Bauvorlagen mit Ausnahme der bautechnischen Nachweise der Gemeinde zuzuleiten.

(2) [1] Bedarf die Erteilung der Baugenehmigung nach landesrechtlichen Vorschriften der Zustimmung, des Einvernehmens oder des Benehmens einer anderen Körperschaft, Behörde oder Dienststelle, so gelten diese als erteilt, wenn sie nicht innerhalb von zwei Monaten nach Eingang des Ersuchens unter Angabe der Gründe verweigert werden. [2] Hat eine andere Behörde oder Dienststelle eine Stellungnahme nicht innerhalb eines Monats nach Aufforderung abgegeben, so kann die Bauaufsichtsbehörde ohne die Stellungnahme entscheiden. [3] Bearbeitungs- und Ausschlussfristen in anderen Rechtsvorschriften bleiben unberührt.

(3) [1] Entscheidungen und Stellungnahmen nach Absatz 2 sollen gleichzeitig eingeholt werden. [2] Eine gemeinsame Besprechung der nach Absatz 2 zu beteiligenden Stellen (Antragskonferenz) soll einberufen werden, wenn dies der beschleunigten Abwicklung des Baugenehmigungsverfahrens dienlich ist. [3] Förmlicher Erklärungen der Zustimmung, des Einvernehmens oder Benehmens nach Absatz 2 Satz 1 bedarf es nicht, wenn die dort genannten Behörden oder Dienststellen derselben Körperschaft wie die Bauaufsichtsbehörde angehören.

Landesbauordnung §§ 73, 74 BauO NRW 1

(4) Die Beachtung der technischen Regeln ist, soweit sie nach § 3 Abs. 3 eingeführt sind, zu prüfen.

(5) ¹Einer Prüfung bautechnischer Nachweise, die von einem Prüfamt für Baustatik allgemein geprüft sind (Typenprüfung), bedarf es nicht. ²Typenprüfungen anderer Länder gelten auch im Land Nordrhein-Westfalen.

(6) ¹Legt die Bauherrin oder der Bauherr Bescheinigungen einer oder eines staatlich anerkannten Sachverständigen im Sinne des § 85 Abs. 2 Nr. 4 vor, so wird vermutet, dass die bauaufsichtlichen Anforderungen insoweit erfüllt sind. ²Im Hinblick auf die Standsicherheit und den Brandschutz einer baulichen Anlage sind Bescheinigungen über die Prüfung der entsprechenden Nachweise und Bauvorlagen erforderlich. ³Die Bauaufsichtsbehörde kann die Vorlage solcher Bescheinigungen verlangen. ⁴Die Bauaufsichtsbehörde ist zu einer Überprüfung des Inhalts der Bescheinigungen nicht verpflichtet. ⁵Mit der Vorlage der Bescheinigungen sind der Bauaufsichtsbehörde die staatlich anerkannten Sachverständigen nach § 85 Abs. 2 Satz 1 Nr. 4 zu benennen, die mit den stichprobenhaften Kontrollen der Bauausführung beauftragt worden sind. ⁶Die Sätze 1 bis 5 gelten im Hinblick auf den Brandschutz einer baulichen Anlage nicht für Sonderbauten (§ 54).

**§ 73 Abweichungen.** (1) ¹Soweit in diesem Gesetz oder in aufgrund dieses Gesetzes erlassenen Vorschriften nichts anderes geregelt ist, kann die Genehmigungsbehörde Abweichungen von bauaufsichtlichen Anforderungen dieses Gesetzes und der aufgrund dieses Gesetzes erlassener Vorschriften zulassen, wenn sie unter Berücksichtigung des Zwecks der jeweiligen Anforderungen und unter Würdigung der nachbarlichen Interessen mit den öffentlichen Belangen vereinbar sind. ²Unter den Voraussetzungen des Satzes 1 sind sie zuzulassen, wenn sie der Verwirklichung von Vorhaben zur Einsparung von Wasser oder Energie dienen. ³Soll von einer technischen Anforderung abgewichen werden, ist der Genehmigungsbehörde nachzuweisen, dass dem Zweck dieser Anforderung auf andere Weise entsprochen wird.

(2) Ist für bauliche Anlagen oder andere Anlagen und Einrichtungen im Sinne von § 1 Abs. 1 Satz 2, die keiner Baugenehmigung bedürfen, eine Abweichung erforderlich, so ist sie schriftlich zu beantragen.

**§ 74 Beteiligung der Angrenzer.** (1) ¹Die Eigentümerinnen und Eigentümer sowie die Erbbauberechtigten angrenzender Grundstücke (Angrenzer) sind nach den Absätzen 2 bis 4 zu beteiligen. ²Die Vorschriften des Verwaltungsverfahrensgesetzes für das Land Nordrhein-Westfalen[1]) sind insoweit nicht anzuwenden.

---

[1]) von Hippel-Rehborn, Nr. 71.

## 1 BauO NRW § 75

(2) ¹Die Bauaufsichtsbehörden sollen die Angrenzer vor Zulassung von Abweichungen benachrichtigen, wenn zu erwarten ist, dass öffentlich-rechtlich geschützte nachbarliche Belange berührt werden. ²Einwendungen sind innerhalb eines Monats nach Zugang der Benachrichtigung bei der Bauaufsichtsbehörde schriftlich oder zu Protokoll vorzubringen.

(3) Die Benachrichtigung entfällt, wenn die zu benachrichtigenden Angrenzer die Lagepläne und Bauzeichnungen unterschrieben oder der Zulassung von Abweichungen zugestimmt haben.

(4) ¹Wird den Einwendungen nicht entsprochen, so ist die Entscheidung über die Abweichung dem Angrenzer zuzustellen. ²Wird den Einwendungen entsprochen, kann auf die Zustellung der Entscheidung verzichtet werden.

**§ 75 Baugenehmigung und Baubeginn.** (1) ¹Die Baugenehmigung ist zu erteilen, wenn dem Vorhaben öffentlich-rechtliche Vorschriften nicht entgegenstehen. ²Die Baugenehmigung bedarf der Schriftform; sie braucht nicht begründet zu werden. ³Eine Ausfertigung der mit einem Genehmigungsvermerk versehenen Bauvorlagen ist der Antragstellerin oder dem Antragsteller mit der Baugenehmigung zuzustellen.

(2) Die Baugenehmigung gilt auch für und gegen die Rechtsnachfolgerin oder den Rechtsnachfolger der Bauherrin oder des Bauherrn.

(3) ¹Die Baugenehmigung wird unbeschadet der privaten Rechte Dritter erteilt. ²Sie lässt aufgrund anderer Vorschriften bestehende Verpflichtungen zum Einholen von Genehmigungen, Bewilligungen, Erlaubnissen und Zustimmungen oder zum Erstatten von Anzeigen unberührt.

(4) ¹Die Bauaufsichtsbehörde hat die Gemeinde von der Erteilung, Verlängerung, Ablehnung, Rücknahme und dem Widerruf einer Baugenehmigung, Teilbaugenehmigung, eines Vorbescheides, einer Zustimmung oder einer Abweichung zu unterrichten. ²Eine Ausfertigung des Bescheides ist beizufügen.

(5) Vor Zugang der Baugenehmigung darf mit der Bauausführung nicht begonnen werden.

(6) ¹Vor Baubeginn muss die Grundrissfläche und die Höhenlage der genehmigten baulichen Anlage abgesteckt sein. ²Baugenehmigungen und Bauvorlagen müssen an der Baustelle von Baubeginn an vorliegen.

(7) ¹Die Bauherrin oder der Bauherr oder die Bauleiterin oder der Bauleiter hat den Ausführungsbeginn genehmigungsbedürftiger Vorhaben nach § 63 Abs. 1 mindestens eine Woche vorher der Bauaufsichtsbehörde schriftlich anzuzeigen. ²Die Bauaufsichtsbehörde unterrichtet das Staatliche Amt für Arbeitsschutz und das Staatliche Umweltamt, soweit es im Baugenehmigungsverfahren beteiligt wurde.

Landesbauordnung §§ 76–78 BauO NRW 1

**§ 76 Teilbaugenehmigung.** (1) ¹Ist ein Bauantrag eingereicht, so kann der Beginn der Bauarbeiten für die Baugrube und für einzelne Bauteile oder Bauabschnitte auf schriftlichen Antrag schon vor Erteilung der Baugenehmigung schriftlich gestattet werden (Teilbaugenehmigung). ²§ 75 gilt entsprechend.

(2) In der Baugenehmigung können für die bereits begonnenen Teile des Bauvorhabens zusätzliche Anforderungen gestellt werden, wenn sich bei der weiteren Prüfung der Bauvorlagen ergibt, dass die zusätzlichen Anforderungen wegen der öffentlichen Sicherheit oder Ordnung erforderlich sind.

**§ 77 Geltungsdauer der Genehmigung.** (1) Die Baugenehmigung und die Teilbaugenehmigung erlöschen, wenn innerhalb von drei Jahren nach Erteilung der Genehmigung mit der Ausführung des Bauvorhabens nicht begonnen oder die Bauausführung ein Jahr unterbrochen worden ist.

(2) ¹Die Frist nach Absatz 1 kann auf schriftlichen Antrag jeweils bis zu einem Jahr verlängert werden. ²Sie kann auch rückwirkend verlängert werden.

**§ 78 Typengenehmigung.** (1) ¹Für bauliche Anlagen, die in derselben Ausführung an mehreren Stellen errichtet werden sollen, kann die oberste Bauaufsichtsbehörde eine allgemeine Genehmigung (Typengenehmigung) erteilen, wenn die baulichen Anlagen den bauaufsichtlichen Vorschriften entsprechen, ihre Brauchbarkeit für den jeweiligen Verwendungszweck nachgewiesen ist und ein öffentliches Interesse vorliegt. ²Eine Typengenehmigung kann auch erteilt werden für bauliche Anlagen, die in unterschiedlicher Ausführung, aber nach einem bestimmten System und aus bestimmten Bauteilen an mehreren Stellen errichtet werden sollen; in der Typengenehmigung ist die zulässige Veränderbarkeit festzulegen. ³Für Fliegende Bauten wird eine Typengenehmigung nicht erteilt.

(2) ¹Die Typengenehmigung bedarf der Schriftform. ²Sie darf nur unter dem Vorbehalt des Widerrufs und nur für eine bestimmte Frist erteilt werden, die fünf Jahre nicht überschreiten soll. ³Sie kann auf schriftlichen Antrag jeweils bis zu fünf Jahren verlängert werden. ⁴§ 77 Abs. 2 Satz 2 gilt entsprechend. ⁵Eine Ausfertigung der mit dem Genehmigungsvermerk zu versehenden Bauvorlagen ist der Antragstellerin oder dem Antragsteller mit der Typengenehmigung zuzustellen.

(3) Typengenehmigungen anderer Länder gelten auch im Land Nordrhein-Westfalen.

(4) § 69 Abs. 1 und 2, § 72 Abs. 1 Satz 2 und Abs. 4 sowie § 73 gelten entsprechend.

(5) Eine Typengenehmigung entbindet nicht von der Verpflichtung, eine Baugenehmigung (§ 75) oder eine Zustimmung (§ 80) einzuholen.

# 1 BauO NRW § 79 Landesbauordnung

(6) ¹Die in der Typengenehmigung entschiedenen Sachverhalte brauchen von der Bauaufsichtsbehörde nicht geprüft zu werden. ²Soweit es aufgrund örtlicher Verhältnisse im Einzelfall erforderlich ist, kann die Bauaufsichtsbehörde weitere Auflagen machen oder genehmigte Typen ausschließen.

**§ 79 Fliegende Bauten.**[1] (1) ¹Fliegende Bauten sind bauliche Anlagen, die geeignet und bestimmt sind, an verschiedenen Orten wiederholt aufgestellt und zerlegt zu werden. ²Baustelleneinrichtungen und Baugerüste gelten nicht als Fliegende Bauten.

(2) ¹Fliegende Bauten bedürfen, bevor sie erstmals aufgestellt und in Gebrauch genommen werden, einer Ausführungsgenehmigung. ²§ 54 Abs. 2 Nrn. 4 bis 12, 21 und 23 gilt entsprechend. ³Dies gilt nicht für Fliegende Bauten bis zu 5 m Höhe, die nicht dazu bestimmt sind, von Besucherinnen und Besuchern betreten zu werden sowie für Zelte bis zu einer Grundfläche von 75 m².

(3) ¹Die Ausführungsgenehmigung wird von der Bauaufsichtsbehörde erteilt, in deren Bereich die Antragstellerin oder der Antragsteller ihre oder seine Hauptwohnung oder ihre oder seine gewerbliche Niederlassung hat. ²Hat die Antragstellerin oder der Antragsteller ihre oder seine Hauptwohnung oder ihre oder seine gewerbliche Niederlassung außerhalb der Bundesrepublik Deutschland, so ist die Bauaufsichtsbehörde zuständig, in deren Bereich der Fliegende Bau erstmals aufgestellt und in Gebrauch genommen werden soll. ³Ausführungsgenehmigungen anderer Länder gelten auch im Land Nordrhein-Westfalen.

(4) Die oberste Bauaufsichtsbehörde kann bestimmen, dass Ausführungsgenehmigungen für Fliegende Bauten nur durch bestimmte Bauaufsichtsbehörden erteilt werden dürfen.

(5) ¹Die Ausführungsgenehmigung wird für eine bestimmte Frist erteilt, die höchstens fünf Jahre betragen soll; sie kann auf schriftlichen Antrag jeweils bis zu fünf Jahren verlängert werden; § 77 Abs. 2 Satz 2 gilt entsprechend. ²Die Ausführungsgenehmigung wird in ein Prüfbuch eingetragen, dem eine Ausfertigung der mit einem Genehmigungsvermerk zu versehenden Bauvorlagen beizufügen ist. ³In der Ausführungsgenehmigung kann bestimmt werden, dass Anzeigen nach Absatz 7 nicht erforderlich sind, wenn eine Gefährdung im Sinne des § 3 Abs. 1 nicht zu erwarten ist.

(6) ¹Die Inhaberin oder der Inhaber der Ausführungsgenehmigung hat den Wechsel ihrer oder seiner Hauptwohnung oder ihrer oder sei-

---

[1] Siehe die Verwaltungsvorschriften über Ausführungsgenehmigungen für Fliegende Bauten und deren Gebrauchsabnahmen (FlBauVV) gemäß RdErl. des Ministeriums für Städtebau und Wohnen, Kultur und Sport vom 8. 9. 2000 (MBl. NRW S. 1228/SMBl. NRW 23213) mit der Richtlinie über den Bau und Betrieb Fliegender Bauten (FlBauR) – Fassung Dezember 1997.

Landesbauordnung  § 80  Bau O NRW 1

ner gewerblichen Niederlassung oder die Übertragung eines Fliegenden Baues an Dritte der Bauaufsichtsbehörde anzuzeigen, die die Ausführungsgenehmigung erteilt hat. ²Die Behörde hat die Änderungen in das Prüfbuch einzutragen und sie, wenn mit den Änderungen ein Wechsel der Zuständigkeit verbunden ist, der nunmehr zuständigen Behörde mitzuteilen.

(7) ¹Fliegende Bauten, die nach Absatz 2 Satz 1 einer Ausführungsgenehmigung bedürfen, dürfen unbeschadet anderer Vorschriften nur in Gebrauch genommen werden, wenn ihre Aufstellung der Bauaufsichtsbehörde des Aufstellungsortes unter Vorlage des Prüfbuches angezeigt ist. ²Die Bauaufsichtsbehörde kann die Inbetriebnahme dieser Fliegenden Bauten von einer Gebrauchsabnahme abhängig machen, wenn dies aus Gründen der Standsicherheit oder Betriebssicherheit erforderlich ist. ³Technisch schwierige Fliegende Bauten sowie Zelte und Tribünen, die in wechselnden Größen aufgestellt werden können, sind immer einer Gebrauchsabnahme zu unterziehen. ⁴Das Ergebnis der Abnahme ist in das Prüfbuch einzutragen.

(8) ¹Die für die Erteilung der Gebrauchsabnahme zuständige Bauaufsichtsbehörde kann Auflagen machen oder die Aufstellung oder den Gebrauch Fliegender Bauten untersagen, soweit dies nach den örtlichen Verhältnissen oder zur Abwehr von Gefahren erforderlich ist, insbesondere weil die Betriebssicherheit oder Standsicherheit nicht oder nicht mehr gewährleistet ist oder weil von der Ausführungsgenehmigung abgewichen wird. ²Wird die Aufstellung oder der Gebrauch aufgrund von Mängeln am Fliegenden Bau untersagt, so ist dies in das Prüfbuch einzutragen. ³Die für die Ausführungsgenehmigung zuständige Behörde ist zu benachrichtigen, das Prüfbuch ist einzuziehen und ihr zuzuleiten, wenn die Herstellung ordnungsgemäßer Zustände innerhalb angemessener Frist nicht zu erwarten ist.

(9) ¹Bei Fliegenden Bauten, die von Besucherinnen und Besuchern betreten und längere Zeit an einem Aufstellungsort betrieben werden, kann die für die Gebrauchsabnahme zuständige Bauaufsichtsbehörde aus Gründen der Sicherheit Nachabnahmen durchführen. ²Das Ergebnis der Nachabnahme ist in das Prüfbuch einzutragen.

(10) § 69, § 72 Abs. 1 Satz 2 und § 81 Abs. 1, 3 und 4 gelten entsprechend.

(11) Absätze 2 bis 10 finden auf Fliegende Bauten, die der Landesverteidigung dienen, keine Anwendung.

**§ 80 Öffentliche Bauherren.** (1) ¹Bauliche Anlagen sowie andere Anlagen und Einrichtungen bedürfen keiner Baugenehmigung, Bauüberwachung und Bauzustandsbesichtigung, wenn

1. der öffentliche Bauherr die Leitung der Entwurfsarbeiten und die Bauüberwachung einer Baudienststelle des Bundes, eines Landes oder eines Landschaftsverbandes übertragen hat und

# 1 BauO NRW § 81 Landesbauordnung

2. die Baudienststelle mindestens mit einer Person, die aufgrund eines Hochschulabschlusses der Fachrichtungen Architektur oder Bauingenieurwesen die Berufsbezeichnung „Ingenieurin" oder „Ingenieur" führen darf und die insbesondere die erforderlichen Kenntnisse des öffentlichen Baurechts, der Bautechnik und der Baugestaltung hat und mit sonstigen geeigneten Fachkräften ausreichend besetzt ist.

²Solche Anlagen und Einrichtungen bedürfen der Zustimmung der oberen Bauaufsichtsbehörde, wenn sie nach § 63 Abs. 1 genehmigungsbedürftig wären (Zustimmungsverfahren). ³§§ 68 Abs. 1 Satz 4, 69 Abs. 1 und 2 und 71 bis 77 gelten entsprechend. ⁴Die Gemeinde ist zu dem Vorhaben zu hören.

(2) ¹Hat eine Gemeinde ihr nach § 36 Abs. 1 Satz 1 und 2 des Baugesetzbuches erforderliches Einvernehmen rechtswidrig versagt, so kann die obere Bauaufsichtsbehörde das fehlende Einvernehmen nach Maßgabe der Sätze 2 bis 4 ersetzen. ²§§ 119 und 120 der Gemeindeordnung[1]) finden keine Anwendung. ³Die Zustimmung gilt zugleich als Ersatzvornahme im Sinne des § 36 Abs. 2 Baugesetzbuch. ⁴Sie ist insoweit zu begründen. ⁵Der Gemeinde ist vor Erlass der Zustimmung Gelegenheit zu geben, binnen angemessener Frist erneut über das gemeindliche Einvernehmen zu entscheiden. ⁶Gegen die Entscheidung der oberen Bauaufsichtsbehörde ist unmittelbar der Rechtsweg zu den Verwaltungsgerichten eröffnet.

(3) Über Abweichungen entscheidet die obere Bauaufsichtsbehörde im Zustimmungsverfahren.

(4) ¹Bauliche Anlagen sowie andere Anlagen und Einrichtungen, die unmittelbar der Landesverteidigung dienen, sind abweichend von den Absätzen 1 und 2 der oberen Bauaufsichtsbehörde in geeigneter Weise zur Kenntnis zu bringen. ²Im Übrigen wirken die Bauaufsichtsbehörden nicht mit.

(5) Der öffentliche Bauherr trägt die Verantwortung, dass Entwurf und Ausführung der baulichen Anlagen sowie anderer Anlagen und Einrichtungen im Sinne des § 1 Abs. 1 Satz 2 den öffentlich-rechtlichen Vorschriften entsprechen.

**§ 81 Bauüberwachung.** (1) ¹Während der Ausführung eines genehmigten Bauvorhabens überprüft die Bauaufsichtsbehörde die Einhaltung der öffentlich-rechtlichen Vorschriften und Anforderungen und die ordnungsgemäße Erfüllung der Pflichten der am Bau Beteiligten (Bauüberwachung). ²Die Bauüberwachung kann auf Stichproben beschränkt werden. ³Sie entfällt, soweit Bescheinigungen staatlich anerkannter Sachverständiger nach § 85 Abs. 2 Satz 1 Nr. 4 gemäß § 68 Abs. 2 oder § 72 Abs. 6 vorliegen; in diesem Fall kontrollieren staatlich anerkannte Sachverständige stichprobenhaft, ob das Bauvor-

---

[1]) von Hippel-Rehborn Nr. 20.

Landesbauordnung  § 82  Bau O NRW 1

haben entsprechend den Bescheinigungen ausgeführt wird. ⁴Bei Vorhaben, die im vereinfachten Genehmigungsverfahren (§ 68) genehmigt werden, kann die Bauaufsichtsbehörde auf die Bauüberwachung verzichten.

(2) ¹Der Bauaufsichtsbehörde ist die Einhaltung der Grundrissflächen und Höhenlagen der baulichen Anlagen nachzuweisen. ²Wenn es die besonderen Grundstücksverhältnisse erfordern, kann sie die Vorlage eines amtlichen Nachweises verlangen.

(3) Die Bauaufsichtsbehörde und die von ihr Beauftragten können Proben von Bauprodukten und, soweit erforderlich, auch aus fertigen Bauteilen entnehmen und prüfen lassen.

(4) Den mit der Überwachung beauftragten Personen ist jederzeit Einblick in die Genehmigungen, Zulassungen, Prüfzeugnisse, Übereinstimmungserklärungen, Übereinstimmungszertifikate, Überwachungsnachweise, Zeugnisse und Aufzeichnungen über die Prüfungen von Bauprodukten, in die Bautagebücher und andere vorgeschriebene Aufzeichnungen zu gewähren.

**§ 82 Bauzustandsbesichtigung.** (1) ¹Die Bauzustandsbesichtigung zur Fertigstellung des Rohbaus und der abschließenden Fertigstellung genehmigter baulicher Anlagen sowie anderer Anlagen und Einrichtungen (§ 63) wird von der Bauaufsichtsbehörde durchgeführt. ²Die Bauzustandsbesichtigung kann auf Stichproben beschränkt werden und entfällt, soweit Bescheinigungen staatlich anerkannter Sachverständiger nach § 85 Abs. 2 Satz 1 Nr. 4 gemäß § 72 Abs. 6 vorliegen. ³Bei Vorhaben, die im vereinfachten Genehmigungsverfahren (§ 68) genehmigt werden, kann die Bauaufsichtsbehörde auf die Bauzustandsbesichtigung verzichten.

(2) ¹Die Fertigstellung des Rohbaues und die abschließende Fertigstellung genehmigter baulicher Anlagen sowie anderer Anlagen und Einrichtungen (§ 63 Abs. 1) sind der Bauaufsichtsbehörde von der Bauherrin oder dem Bauherrn oder der Bauleiterin oder dem Bauleiter jeweils eine Woche vorher anzuzeigen, um der Bauaufsichtsbehörde eine Besichtigung des Bauzustandes zu ermöglichen. ²Die Bauaufsichtsbehörde kann darüber hinaus verlangen, dass ihr oder von ihr Beauftragten Beginn und Beendigung bestimmter Bauarbeiten von der Bauherrin oder dem Bauherrn oder der Bauleiterin oder dem Bauleiter angezeigt werden.

(3) ¹Der Rohbau ist fertiggestellt, wenn die tragenden Teile, Schornsteine, Brandwände und die Dachkonstruktion vollendet sind. ²Zur Besichtigung des Rohbaues sind die Bauteile, die für die Standsicherheit und, soweit möglich, die Bauteile, die für den Brand- und Schallschutz wesentlich sind, derart offen zu halten, dass Maße und Ausführungsart geprüft werden können. ³Die abschließende Fertigstellung umfasst die Fertigstellung auch der Wasserversorgungsanlagen und Abwasseranlagen.

**1 BauO NRW** § 83   Landesbauordnung

(4) ¹Mit der Anzeige der abschließenden Fertigstellung von Bauvorhaben, für die der Bauaufsichtsbehörde Bescheinigungen von staatlich anerkannten Sachverständigen nach § 85 Abs. 2 Satz 1 Nr. 4 gemäß § 68 Abs. 2 und § 72 Abs. 6 vorliegen, sind von den Sachverständigen Bescheinigungen einzureichen, wonach sie sich durch stichprobenhafte Kontrollen während der Bauausführung davon überzeugt haben, dass die baulichen Anlagen entsprechend den erstellten Nachweisen errichtet oder geändert worden sind. ²Bauzustandsbesichtigungen finden insoweit nicht statt.

(5) ¹Die Bauherrin oder der Bauherr hat für die Besichtigung und die damit verbundenen möglichen Prüfungen die erforderlichen Arbeitskräfte und Geräte bereitzustellen. ²Über das Ergebnis der Besichtigung ist auf Verlangen der Bauherrin oder des Bauherrn eine Bescheinigung auszustellen.

(6) Mit der Fortsetzung der Bauarbeiten darf erst einen Tag nach dem in der Anzeige nach Absatz 1 genannten Zeitpunkt der Fertigstellung des Rohbaues begonnen werden, soweit die Bauaufsichtsbehörde nicht einem früheren Beginn zugestimmt hat.

(7) Die Bauaufsichtsbehörde kann verlangen, dass bei Bauausführungen die Arbeiten erst fortgesetzt oder die Anlagen erst benutzt werden, wenn sie von ihr oder einer oder einem beauftragten Sachverständigen geprüft worden sind.

(8) ¹Bauliche Anlagen sowie andere Anlagen und Einrichtungen im Sinne des Absatzes 1 dürfen erst benutzt werden, wenn sie ordnungsgemäß fertiggestellt und sicher benutzbar sind, frühestens jedoch eine Woche nach dem in der Anzeige nach Absatz 1 genannten Zeitpunkt der Fertigstellung. ²Die Bauaufsichtsbehörde soll auf Antrag gestatten, dass die Anlage oder Einrichtung ganz oder teilweise schon früher benutzt wird, wenn wegen der öffentlichen Sicherheit oder Ordnung Bedenken nicht bestehen.

**§ 83 Baulast und Baulastenverzeichnis.** (1) ¹Durch Erklärung gegenüber der Bauaufsichtsbehörde kann die Grundstückseigentümerin oder der Grundstückseigentümer öffentlich-rechtliche Verpflichtungen zu einem ihr oder sein Grundstück betreffenden Tun, Dulden oder Unterlassen übernehmen, die sich nicht schon aus öffentlich-rechtlichen Vorschriften ergeben (Baulast). ²Besteht an dem Grundstück ein Erbbaurecht, so ist auch die Erklärung der oder des Erbbauberechtigten erforderlich. ³Baulasten werden unbeschadet der Rechte Dritter mit der Eintragung in das Baulastenverzeichnis wirksam und wirken auch gegenüber der Rechtsnachfolgerin oder dem Rechtsnachfolger.

(2) Die Erklärung nach Absatz 1 bedarf der Schriftform; die Unterschrift muss öffentlich beglaubigt oder vor der Bauaufsichtsbehörde geleistet oder vor ihr anerkannt werden.

Landesbauordnung  **§ 84 BauO NRW 1**

(3) ¹Die Baulast geht nur durch schriftlichen, im Baulastenverzeichnis zu vermerkenden Verzicht der Bauaufsichtsbehörde unter. ²Auf Antrag der Grundstückseigentümerin oder des Grundstückseigentümers ist der Verzicht zu erklären, wenn ein öffentliches Interesse an der Baulast nicht mehr besteht.

(4) ¹Das Baulastenverzeichnis wird von der Bauaufsichtsbehörde geführt. ²In das Baulastenverzeichnis können auch Auflagen, Bedingungen, Befristungen und Widerrufsvorbehalte eingetragen werden.

(5) Wer ein berechtigtes Interesse darlegt, kann in das Baulastenverzeichnis Einsicht nehmen oder sich Abschriften erteilen lassen.

## Sechster Teil. Bußgeldvorschriften, Rechtsvorschriften, bestehende Anlagen und Einrichtungen

**§ 84 Bußgeldvorschriften.**[1] (1) Ordnungswidrig handelt, wer vorsätzlich oder fahrlässig

1. entgegen § 5 Abs. 6 Zu- und Durchfahrten sowie befahrbare Flächen durch Einbauten einengt, nicht ständig freihält oder Fahrzeuge dort abstellt,
2. es entgegen § 14 Abs. 3 unterlässt, ein Baustellenschild aufzustellen,
3. Bauprodukte mit dem Ü-Zeichen kennzeichnet, ohne dass dafür die Voraussetzungen nach § 25 Abs. 4 vorliegen,
4. Bauprodukte entgegen § 20 Abs. 1 Nr. 1 ohne das Ü-Zeichen verwendet,
5. Bauarten entgegen § 24 ohne allgemeine bauaufsichtliche Zulassung, allgemeines bauaufsichtliches Prüfzeugnis oder Zustimmung im Einzelfall anwendet,
6. entgegen § 57 Abs. 1 Satz 1 zur Ausführung eines genehmigungsbedürftigen Bauvorhabens oder eines Bauvorhabens nach § 67 eine Unternehmerin oder einen Unternehmer oder eine Bauleiterin oder einen Bauleiter nicht beauftragt,
7. entgegen § 57 Abs. 2 Satz 3 genehmigungsbedürftige Abbrucharbeiten in Selbst- oder Nachbarschaftshilfe ausführt,
8. entgegen § 57 Abs. 5 Satz 1 oder § 67 Abs. 5 Satz 1 vor Beginn der Bauarbeiten die Namen der Bauleiterin oder des Bauleiters oder der Fachbauleiterinnen oder Fachbauleiter, oder während der Bauausführung einen Wechsel dieser Personen oder entgegen § 57 Abs. 5 Satz 3 einen Wechsel in der Person der Bauherrin oder des Bauherrn nicht oder nicht rechtzeitig mitteilt,

---

[1] Siehe auch die Straftatbestände der vorsätzlichen und fahrlässigen Baugefährdung in § 319 StGB, abgedruckt **Schönfelder** Nr. 85.

9. entgegen § 66 Satz 2 eine Anlage benutzt, ohne eine Bescheinigung der Unternehmerinnen oder Unternehmer oder Sachverständiger vorliegen zu haben,
10. entgegen § 67 Abs. 2 ohne Einreichen von Bauvorlagen bei der Gemeinde oder vor Ablauf eines Monats nach Eingang der Bauvorlagen bei der Gemeinde bauliche Anlagen nach § 67 Abs. 1 oder 7 errichtet, ändert oder nutzt,
11. entgegen § 67 Abs. 4 oder 5 die dort genannten Nachweise und Bescheinigungen nicht vorliegen hat,
12. entgegen § 68 Abs. 2, § 81 Abs. 2 oder § 82 Abs. 4 Satz 1 die dort genannten Nachweise oder Bescheinigungen nicht einreicht,
13. eine bauliche Anlage oder andere Anlagen und Einrichtungen im Sinne des § 1 Abs. 1 Satz 2 ohne Baugenehmigung nach § 75 oder Teilbaugenehmigung nach § 76 oder abweichend davon errichtet, ändert, nutzt, abbricht oder ihre Nutzung ändert,
14. entgegen § 75 Abs. 6 Satz 2 Baugenehmigungen und Bauvorlagen an der Baustelle nicht vorliegen hat,
15. entgegen § 75 Abs. 7 den Ausführungsbeginn genehmigungsbedürftiger Vorhaben oder solcher nach § 67 Abs. 1 nicht oder nicht rechtzeitig mitteilt,
16. Fliegende Bauten ohne Ausführungsgenehmigung nach § 79 Abs. 2 Satz 1 erstmals aufstellt oder in Gebrauch nimmt oder ohne Gebrauchsabnahme nach § 79 Abs. 7 Satz 2 oder 3 in Gebrauch nimmt,
17. die nach § 82 Abs. 2 vorgeschriebenen oder verlangten Anzeigen nicht oder nicht rechtzeitig erstattet,
18. entgegen § 82 Abs. 6 oder 7 mit der Fortsetzung der Bauarbeiten beginnt,
19. entgegen § 82 Abs. 8 Satz 1 bauliche Anlagen oder andere Anlagen oder Einrichtungen vorzeitig benutzt,
20. einer aufgrund dieses Gesetzes ergangenen Rechtsverordnung oder örtlichen Bauvorschrift zuwiderhandelt, sofern die Rechtsverordnung oder die örtliche Bauvorschrift für einen bestimmten Tatbestand auf diese Bußgeldvorschrift verweist.

(2) Ordnungswidrig handelt auch, wer wider besseres Wissen unrichtige Angaben macht oder unrichtige Pläne oder Unterlagen vorlegt, um einen nach diesem Gesetz vorgesehenen Verwaltungsakt zu erwirken oder zu verhindern.

(3) Die Ordnungswidrigkeit kann mit einer Geldbuße bis zu 100 000 DM oder 50 000 EURO, in den Fällen des Absatzes 1 Nr. 13 mit einer Geldbuße bis zu 500 000 DM oder 250 000 EURO geahndet werden.

(4) ¹Ist eine Ordnungswidrigkeit nach Absatz 1 Nummern 3 bis 5 begangen worden, so können Gegenstände, auf die sich die Ordnungs-

Landesbauordnung  **§ 85 BauO NRW 1**

widrigkeit bezieht, eingezogen werden. ² § 23 des Gesetzes über Ordnungswidrigkeiten[1] ist anzuwenden.

(5) Verwaltungsbehörde im Sinne des § 36 Abs. 1 Nr. 1 des Gesetzes über Ordnungswidrigkeiten ist die untere Bauaufsichtsbehörde, in den Fällen des Absatzes 1 Nr. 1 hinsichtlich des Abstellens von Fahrzeugen die örtliche Ordnungsbehörde.

(6) Soweit in Bußgeldvorschriften, die aufgrund der Landesbauordnung (BauO NW) in der Fassung der Bekanntmachung vom 27. Januar 1970 (GV. NRW S. 96), zuletzt geändert durch Gesetz vom 18. Mai 1982 (GV. NRW S. 248), erlassen sind, auf § 101 Abs. 1 Nr. 1 jenes Gesetzes verwiesen wird und in Bußgeldvorschriften, die aufgrund der Landesbauordnung (BauO NW) vom 26. Juni 1984 (GV. NRW S. 419), zuletzt geändert durch Gesetz vom 24. November 1992 (GV. NRW S. 467), erlassen sind, auf § 79 Abs. 1 Nr. 14 jenes Gesetzes verwiesen wird, gelten solche Verweisungen als Verweisungen auf § 84 Abs. 1 Nr. 20.

**§ 85** Rechtsverordnungen[2] **und Verwaltungsvorschriften.**
(1) Zur Verwirklichung der in § 3 bezeichneten allgemeinen Anforderungen wird die oberste Bauaufsichtsbehörde ermächtigt, durch Rechtsverordnung Vorschriften zu erlassen über

1. die nähere Bestimmung allgemeiner Anforderungen in den §§ 4 bis 53,
2. den Nachweis der Befähigung der in § 20 Abs. 5 genannten Personen; dabei können Mindestanforderungen an die Ausbildung, die durch Prüfung nachzuweisende Befähigung und die Ausbildungsstätten einschließlich der Anerkennungsvoraussetzungen gestellt werden,
3. die Überwachung von Tätigkeiten mit einzelnen Bauprodukten nach § 20 Abs. 6; dabei können für die Überwachungsstellen über die in § 28 festgelegten Mindestanforderungen hinaus weitere Anforderungen im Hinblick auf die besonderen Eigenschaften und die besondere Verwendung der Bauprodukte gestellt werden,
4. die nähere Bestimmung allgemeiner Anforderungen in § 43, insbesondere über Feuerungsanlagen und Anlagen zur Verteilung von Wärme oder zur Warmwasserversorgung sowie über deren Betrieb,

---

[1] **Schönfelder Nr. 94.**
[2] Siehe die folgenden weitergeltenden Sonderbauverordnungen:
Garagenverordnung, Nr. **4,** Verordnung über Betriebsräume für elektrische Anlagen, Nr. **5,** Feuerungsverordnung, Nr. **6,** Gaststättenbauverordnung, Nr. **8,** Verkaufsstättenverordnung, Nr. **9,** Versammlungsstättenverordnung, Nr. **10,** Hochhausverordnung, Nr. **11,** Camping- und Wochenendplatzverordnung, Nr. **12,** Krankenhausbauverordnung vom 21. 2. 1978 (GV NRW S. 154/SGV NRW 232) mit Änd. vom 5. 12. 1995 (GV NRW S. 1236) und vom 20. 2. 2000 (GV NRW S. 226), abgedruckt bei **von Hippel-Rehborn** Nr. **93 o,** Verordnung über technische Bühnen- und Studiofachkräfte (VO über technische Fachkräfte – TFaVO –) vom 9. 12. 1983 (GV NRW 1984 S. 14/SGV NRW 232), geändert durch VO 17. 6. 1999 (GV NRW S. 410).

**1 BauO NRW** § 85   Landesbauordnung

über Brennstoffleitungsanlagen, über Aufstellräume für Feuerstätten, Verbrennungsmotore und Verdichter sowie über die Lagerung von Brennstoffen,

5. besondere Anforderungen oder Erleichterungen, die sich aus der besonderen Art oder Nutzung der baulichen Anlagen und Räume für Errichtung, Änderung, Instandhaltung, Betrieb und Benutzung ergeben (§§ 54 und 55), sowie über die Anwendung solcher Anforderungen auf bestehende bauliche Anlagen dieser Art,

6. wiederkehrende Prüfung von Anlagen oder Einrichtungen, die zur Verhütung erheblicher Gefahren ständig ordnungsgemäß instandgehalten werden müssen, und die Erstreckung dieser Nachprüfungspflicht auf bestehende Anlagen oder Einrichtungen,

7. die Vergütung der Sachverständigen, denen nach diesem Gesetz oder nach Vorschriften aufgrund dieses Gesetzes Aufgaben übertragen werden; die Vergütung ist nach den Grundsätzen des Gebührengesetzes für das Land Nordrhein-Westfalen (GebG NRW) vom 23. November 1971 (GV. NRW S. 354), zuletzt geändert durch Gesetz vom 19. März 1985 (GV. NRW S. 256),[1)] festzusetzen,[2)]

8. die Anwesenheit von Fachleuten beim Betrieb technisch schwieriger Anlagen und Einrichtungen, wie Bühnenbetriebe und technisch schwierige Fliegende Bauten,

9. den Nachweis der Befähigung der in Nummer 8 genannten Fachleute.

(2) ¹Die oberste Bauaufsichtsbehörde wird ermächtigt, zur Vereinfachung oder Beschleunigung des Baugenehmigungsverfahrens oder zur Entlastung der Bauaufsichtsbehörden durch Rechtsverordnung Vorschriften zu erlassen über

1. weitere und weitergehende Ausnahmen von der Genehmigungspflicht,

2. den vollständigen oder teilweisen Wegfall der bautechnischen Prüfung bei bestimmten Arten von Bauvorhaben,

3. die Übertragung von Prüfaufgaben der Bauaufsichtsbehörde im Rahmen des bauaufsichtlichen Verfahrens einschließlich der Bauüberwachung und Bauzustandsbesichtigung auf Sachverständige oder sachverständige Stellen,

4. die staatliche Anerkennung von Sachverständigen, die von der Bauherrin oder dem Bauherrn mit der Erstellung von Nachweisen und Bescheinigungen beauftragt werden,[3)]

5. die Verpflichtung der Betreiberinnen oder Betreiber, mit der wiederkehrenden Prüfung bestimmter Anlagen und Einrichtungen nach Absatz 1 Nr. 6 Sachverständige oder Sachkundige zu beauftragen.

---

[1)] **von Hippel-Rehborn Nr. 129.**
[2)] Siehe die Bauprüfungsverordnung, Nr. **2**, und die Technische Prüfverordnung, Nr. **3**.
[3)] Siehe VO über staatlich anerkannte Sachverständige nach der Landesbauordnung Nr. **7**.

Landesbauordnung  § 85 BauO NRW 1

² Sie kann dafür bestimmte Voraussetzungen festlegen, die die Verantwortlichen nach den §§ 57 bis 59a oder die Sachverständigen zu erfüllen haben; sie muss dies in den Fällen des Satzes 1 Nummern 2 bis 5 tun. ³ Dabei können insbesondere die Fachbereiche, in denen Sachverständige tätig werden, sowie Mindestanforderungen an die Fachkenntnisse sowie in zeitlicher und sachlicher Hinsicht an die Berufserfahrung festgelegt, eine laufende Fortbildung vorgeschrieben, durch Prüfungen nachzuweisende Befähigung bestimmt, der Nachweis der persönlichen Zuverlässigkeit gefordert und einer ausreichenden Haftpflichtversicherung gefordert und Altersgrenzen festgesetzt werden. ⁴ Sie kann darüber hinaus auch eine besondere Anerkennung der Sachverständigen vorschreiben, das Verfahren und die Voraussetzungen für die Anerkennung, ihren Widerruf, ihre Rücknahme und ihr Erlöschen und die Vergütung der Sachverständigen und sachverständigen Stellen sowie für Prüfungen, die Bestellung und Zusammensetzung der Prüfungsorgane und das Prüfungsverfahren regeln.

(3) ¹ Die oberste Bauaufsichtsbehörde wird ermächtigt, zum bauaufsichtlichen Verfahren und für die Fälle des § 67 durch Rechtsverordnung Vorschriften zu erlassen über

1. Umfang, Inhalt und Zahl der Bauvorlagen,

2. die erforderlichen Anträge, Anzeigen, Nachweise und Bescheinigungen,

3. das Verfahren im einzelnen.

² Sie kann dabei für verschiedene Arten von Bauvorhaben unterschiedliche Anforderungen und Verfahren festlegen.

(4) Die oberste Bauaufsichtsbehörde wird ermächtigt, durch Rechtsverordnung vorzuschreiben, dass die am Bau Beteiligten (§§ 57 bis 59a) zum Nachweis der ordnungsgemäßen Bauausführung Bescheinigungen, Bestätigungen oder Nachweise dieser Personen, von Sachverständigen, Fachleuten oder Behörden über die Einhaltung bauaufsichtlicher Anforderungen vorzulegen haben.

(5) ¹ Die oberste Bauaufsichtsbehörde wird ermächtigt, durch Rechtsverordnung die Befugnisse auf andere als in diesen Vorschriften aufgeführte Behörden zu übertragen für:

1. die Anerkennung von Prüf-, Zertifizierungs- und Überwachungsstellen (§ 28 Abs. 1 und 3),

2. die Erteilung von Typengenehmigungen (§ 78).

² Die Befugnis nach Nummern 1 und 2 kann auch auf eine Behörde eines anderen Landes übertragen werden, die der Aufsicht einer obersten Bauaufsichtsbehörde untersteht oder an deren Willensbildung die oberste Bauaufsichtsbehörde mitwirkt. ³ Die Befugnis nach Nummern 1 und 2 darf nur im Einvernehmen mit der obersten Bauaufsichtsbehörde ausgeübt werden.

**1 BauO NRW** § 86   Landesbauordnung

(6) Die oberste Bauaufsichtsbehörde kann durch Rechtsverordnung[1)]

1. das Ü-Zeichen festlegen und zu diesem Zeichen zusätzliche Angaben verlangen,

2. das Anerkennungsverfahren nach § 28 Abs. 1, die Voraussetzungen für die Anerkennung, ihren Widerruf und ihr Erlöschen regeln, insbesondere auch Altersgrenzen festlegen, sowie eine ausreichende Haftpflichtversicherung fordern,

3. die Vergütung der nach § 28 Abs. 1 dieses Gesetzes und § 11 Abs. 1 Bauproduktengesetz anerkannten Prüf-, Zertifizierungs- und Überwachungsstellen festsetzen.

(7) [1] Die oberste Bauaufsichtsbehörde wird ermächtigt, durch Rechtsverordnung zu bestimmen, dass die Anforderungen der aufgrund des § 11 des Gerätesicherheitsgesetzes[2)] erlassenen Rechtsverordnungen entsprechend für Anlagen gelten, die weder gewerblichen noch wirtschaftlichen Zwecken dienen und in deren Gefahrenbereich auch keine Arbeitnehmer beschäftigt werden. [2] Sie kann auch die Verfahrensvorschriften dieser Verordnungen für anwendbar erklären oder selbst das Verfahren bestimmen sowie Zuständigkeiten und Gebühren regeln. [3] Dabei kann sie auch vorschreiben, dass danach zu erteilende Erlaubnisse die Baugenehmigung oder Zustimmung nach § 80 einschließlich etwaiger Abweichungen (§ 73) einschließen sowie, dass § 12 Abs. 2 des Gerätesicherheitsgesetzes insoweit Anwendung findet.

(8) Die Rechtsverordnungen werden nach Anhörung des zuständigen Ausschusses des Landtags erlassen.

(9) Das für die Bauaufsicht zuständige Ministerium erlässt die zur Durchführung dieses Gesetzes oder der Rechtsvorschriften aufgrund dieses Gesetzes erforderlichen Verwaltungsvorschriften.[3)]

**§ 86 Örtliche Bauvorschriften.** (1) Die Gemeinden können örtliche Bauvorschriften als Satzung erlassen über:

1. die äußere Gestaltung baulicher Anlagen sowie von Werbeanlagen und Warenautomaten zur Durchführung baugestalterischer Absichten in bestimmten, genau abgegrenzten bebauten oder unbebauten Teilen des Gemeindegebietes; dabei können sich die Vorschriften über Werbeanlagen auch auf deren Art, Größe und Anbringungsort erstrecken;

---

[1)] Siehe VO über die Anerkennung als Prüf-, Überwachungs- oder Zertifizierungsstelle und über das Übereinstimmungszeichen (PÜZÜVO) vom 6. 12. 1996 (GV NRW S. 505/ SGV NRW 232).
[2)] **Sartorius Nr. 803.**
[3)] Siehe die Verwaltungsvorschrift zur Landesbauordnung Nr. **1 a**.
Siehe weiter den Einführungserlass zum Bau- und Raumordnungsgesetz 1998 (BauROG), Vorschriften mit Bezug zum allgemeinen und besonderen Städtebaurecht vom 3. 3. 1998 (MBl. NRW S. 414/SMBl. NRW 2311). Siehe auch die Fußnote zu § 3 Abs. 3.

Landesbauordnung § 86 **BauO NRW 1**

2. besondere Anforderungen an bauliche Anlagen, Werbeanlagen und Warenautomaten zum Schutz bestimmter Bauten, Straßen, Plätze oder Ortsteile von städtebaulicher, künstlerischer oder geschichtlicher Bedeutung sowie von Denkmälern und Naturdenkmälern; dabei können nach den örtlichen Gegebenheiten insbesondere bestimmte Arten von Werbeanlagen und Warenautomaten ausgeschlossen oder auf Teile baulicher Anlagen und auf bestimmte Farben beschränkt werden;

3. die Lage, Größe, Beschaffenheit, Ausstattung und Unterhaltung von Kinderspielflächen (§ 9 Abs. 2);

4. die Gestaltung, Begrünung und Bepflanzung der Gemeinschaftsanlagen, der Lagerplätze, der Stellplätze, der Standplätze für Abfallbehälter und der unbebauten Flächen der bebauten Grundstücke, der Campingplätze und Wochenendplätze sowie die Begrünung baulicher Anlagen; dabei kann bestimmt werden, dass Vorgärten nicht als Stellplätze, als Abstell- oder als Lagerplatz oder als Arbeitsflächen hergerichtet oder benutzt werden dürfen;

5. die Verpflichtung zur Herstellung, das Verbot der Herstellung sowie über Art, Höhe und Gestaltung von Einfriedungen;

6. geringere als die in § 6 Abs. 5 und 6 vorgeschriebenen Maße zur Wahrung der bauhistorischen Bedeutung oder der sonstigen erhaltenswerten Eigenart eines Ortsteiles; dabei sind die Ortsteile in der Satzung genau zu bezeichnen.

(2) Durch örtliche Bauvorschriften als Satzung kann ferner bestimmt werden, dass

1. für besondere schutzwürdige Gebiete für genehmigungsfreie Werbeanlagen und Warenautomaten eine Genehmigung eingeführt wird,

2. im Gemeindegebiet oder in Teilen davon bei bestehenden baulichen Anlagen Kinderspielflächen nach § 9 Abs. 2 Satz 5 herzustellen sind.

(3) [1]Anforderungen nach den Absätzen 1 und 2 können innerhalb der örtlichen Bauvorschrift auch in Form zeichnerischer Darstellungen gestellt werden. [2]Ihre Bekanntgabe kann dadurch ersetzt werden, dass dieser Teil der örtlichen Bauvorschriften bei der Gemeinde zur Einsicht ausgelegt wird; hierauf ist in den örtlichen Bauvorschriften hinzuweisen.

(4) Örtliche Bauvorschriften können auch als Festsetzungen in einen Bebauungsplan im Sinne von § 8 oder § 12 des Baugesetzbuches[1] aufgenommen werden; in diesem Fall sind die Vorschriften des Baugesetzbuches über die Aufstellung, Änderung, Ergänzung und Aufhebung der Bebauungspläne einschließlich ihrer Genehmigung und ihrer Sicherung (§§ 1 bis 18 Baugesetzbuch) sowie über die Wirksamkeitsvoraussetzungen (§§ 214 bis 216 Baugesetzbuch) anzuwenden.

---

[1] Sartorius Nr. 300.

(5) ¹Abweichungen (§ 73) von örtlichen Bauvorschriften werden im Einvernehmen mit der Gemeinde von der Bauaufsichtsbehörde zugelassen. ²§ 36 Abs. 2 Satz 2 des Baugesetzbuches gilt entsprechend.

**§ 87 Bestehende Anlagen und Einrichtungen.** (1) Entsprechen rechtmäßig bestehende bauliche Anlagen sowie andere Anlagen und Einrichtungen im Sinne von § 1 Abs. 1 Satz 2 nicht den Vorschriften dieses Gesetzes oder Vorschriften aufgrund dieses Gesetzes, so kann verlangt werden, dass die Anlagen diesen Vorschriften angepasst werden, wenn dies im Einzelfall wegen der Sicherheit für Leben oder Gesundheit erforderlich ist.

(2) Sollen bauliche Anlagen wesentlich geändert werden, so kann gefordert werden, dass auch die nicht unmittelbar berührten Teile der Anlage mit diesem Gesetz oder den aufgrund dieses Gesetzes erlassenen Vorschriften in Einklang gebracht werden, wenn

1. die Bauteile, die diesen Vorschriften nicht mehr entsprechen, mit den Änderungen in einem konstruktiven Zusammenhang stehen und

2. die Durchführung dieser Vorschriften bei den von den Änderungen nicht berührten Teilen der baulichen Anlage keine unzumutbaren Mehrkosten verursacht.

### Siebenter Teil. Übergangs-, Änderungs- und Schlussvorschriften

**§ 88 Übergangsvorschrift.** (1) Die für nicht geregelte Bauprodukte nach bisherigem Recht erteilten allgemeinen bauaufsichtlichen Zulassungen und Prüfzeichen gelten als allgemeine bauaufsichtliche Zulassung nach § 21.

(2) ¹Personen, Stellen, Überwachungsgemeinschaften oder Behörden, die bisher zu Prüfstellen bestimmt oder als Überwachungsstellen anerkannt waren, gelten für ihren bisherigen Aufgabenbereich weiterhin als Prüf- oder Überwachungsstellen nach § 28 Abs. 1 Satz 1 Nr. 2 oder Nr. 4. ²Prüfstellen nach Satz 1 gelten bis zum 31. Dezember 1996 auch als Prüfstellen nach § 28 Abs. 1 Satz 1 Nr. 1. ³Personen, Stellen, Überwachungsgemeinschaften oder Behörden, die nach bisherigem Recht für die Fremdüberwachung anerkannt waren, gelten für ihren bisherigen Aufgabenbereich bis zum 31. Dezember 1996 auch als anerkannte Zertifizierungsstellen nach § 28 Abs. 1 Nr. 3.

(3) Überwachungszeichen, mit denen Bauprodukte vor Inkrafttreten dieses Gesetzes gekennzeichnet wurden, gelten als Ü-Zeichen nach § 25 Abs. 4.

(4) Prüfzeichen und Überwachungszeichen aus anderen Ländern, in denen die Prüfzeichen- und Überwachungspflichten nach bisherigem Recht noch bestehen, gelten als Ü-Zeichen nach § 25 Abs. 4.

Landesbauordnung §§ 89, 90 **BauO NRW 1**

(5) Ü-Zeichen nach § 25 Abs. 4 gelten für Bauprodukte, für die nach bisherigem Recht ein Prüfzeichen oder der Nachweis der Überwachung erforderlich waren, als Prüfzeichen und Überwachungszeichen nach bisherigem Recht, solange in anderen Ländern die Prüfzeichen- und Überwachungspflicht nach bisherigem Recht noch besteht.

(6) Bauprodukte, die nach bisherigem Recht weder prüfzeichen- noch überwachungspflichtig waren, bedürfen bis zum 31. Dezember 1995 keines Übereinstimmungsnachweises nach § 25 Abs. 1.

**§ 89.** (Änderungsvorschriften, gegenstandslos)

**§ 90 Inkrafttreten, Außerkrafttreten, eingeleitete Verfahren.**
(1) ¹Dieses Gesetz tritt am 1. Januar 1996 in Kraft. ²Die §§ 20 bis 28 und § 88 sowie die Vorschriften über die Ermächtigung zum Erlaß von Rechtsverordnungen, Verwaltungsvorschriften und von örtlichen Bauvorschriften treten am Tage nach der Verkündung in Kraft.*)

(2) ¹Am 1. Januar 1996 treten außer Kraft.

1. die Landesbauordnung (BauO NW) vom 26. Juni 1984 (GV NRW S. 419), zuletzt geändert durch Gesetz vom 24. November 1992 (GV NRW S. 467) mit Ausnahme der §§ 20 bis 24, die am Tage nach der Verkündung außer Kraft treten,

2. die Verordnung über genehmigungsfreie Vorhaben nach der Landesbauordnung – Freistellungsverordnung – vom 18. November 1988 (GV NRW S. 455), geändert durch Verordnung vom 26. April 1990 (GV NRW S. 268).

²Die §§ 22 bis 26 der Verordnung über bautechnische Prüfungen (BauPrüfVO) vom 6. Dezember 1984 (GV NRW S. 774), geändert durch Verordnung vom 15. November 1989 (GV NRW S. 632), treten am Tage nach der Verkündung außer Kraft.

(3) Auf die vor dem Inkrafttreten dieses Gesetzes eingeleiteten Verfahren sind die Vorschriften dieses Gesetzes nur insoweit anzuwenden, als sie für die Antragstellerin oder den Antragsteller eine günstigere Regelung enthalten als das bisher geltende Recht.

(4) Wird nach der Verkündung, jedoch vor dem Inkrafttreten dieses Gesetzes über einen Bauantrag entschieden, so kann die Bauherrin oder der Bauherr verlangen, daß der Entscheidung die Vorschriften dieses Gesetzes zugrunde gelegt werden.

---

*) Amtl. Anm.: Hinweise:
Die Verpflichtungen aus der Richtlinie 98/48/EG des Europäischen Parlaments und des Rates vom 22. Juni 1998 über ein Informationsverfahren auf dem Gebiet der Normen und technischen Vorschriften (ABl. EG Nr. L 204, S. 37), zuletzt geändert durch die Richtlinie 98/48/EG des Europäischen Parlaments und des Rates vom 20. Juli 1998 (ABl. EG Nr. L 217, S. 18), sind beachtet worden.

## 1 a. Verwaltungsvorschrift zur Landesbauordnung (VV BauO NRW)

RdErl. d. Ministeriums für Städtebau und Wohnen, Kultur und Sport

Vom 12. Oktober 2000

(MBl. NRW S. 1432/SMBl. NRW 23210)

Auf Grund des § 85 Abs. 9 der Landesbauordnung (BauO NRW) in der Fassung der Bekanntmachung vom 1. März 2000 (GV. NRW. S. 256), geändert durch Gesetz vom 9. Mai 2000 (GV. NRW. S. 439) – SGV. NRW. 232 – ergeht folgende Verwaltungsvorschrift zugleich als allgemeine Weisung nach § 9 Abs. 2 Buchstabe a des Ordnungsbehördengesetzes in der Fassung der Bekanntmachung vom 13. Mai 1980 (GV. NRW. S. 528), zuletzt geändert durch Gesetz vom 20. Dezember 1994 (GV. NRW. S. 1115) – SGV. NRW. 2060:

Paragrafenangaben ohne nähere Bezeichnung beziehen sich grundsätzlich auf die BauO NRW. Die Hauptnummern beziehen sich auf die jeweiligen Paragrafen des Gesetzes. Bei ausgelassenen Hauptnummern bestehen zu den betreffenden Paragrafen keine Verwaltungsvorschriften. Die Vorschriften im Anhang tragen die gleiche Nummer wie die entsprechende Verwaltungsvorschrift. Die Verwaltungsvorschrift wird nach dem folgenden Beispiel zitiert: Nr. 61.2 VV BauO NRW.

In der Verwaltungsvorschrift zitierte Vorschriften:

| | |
|---|---|
| Abgrabungsgesetz | Gesetz zur Ordnung von Abgrabungen (Abgrabungsgesetz) in der Fassung der Bekanntmachung vom 23. November 1979 (GV. NRW. S. 922), zuletzt geändert durch Gesetz vom 9. Mai 2000 (GV. NRW. S. 439) – SGV. NRW. 75 – (**von Hippel-Rehborn Nr. 104**). |
| ArbStättV | Verordnung über Arbeitsstätten (Arbeitsstättenverordnung – ArbStättV) vom 20. März 1975 (BGBl. I S. 729), zuletzt geändert durch Verordnung vom 4. Dezember 1996 (BGBl. I S. 1841) |
| Atomgesetz | Gesetz über die friedliche Verwendung der Kernenergie und den Schutz gegen ihre Gefahren (Atomgesetz) in der Fassung der Bekanntmachung vom 15. Juli 1985 (BGBl. I S. 1565), zuletzt geändert durch Gesetz vom |

## 1a Verwaltungsvorschrift

| | |
|---|---|
| AufzV | 6. April 1998 (BGBl. I S. 694) **(Sartorius Nr. 835).** Verordnung über Aufzugsanlagen (Aufzugsverordnung – AufzV) in der Fassung der Bekanntmachung vom 19. Juni 1998 (BGBl. I S. 1410) |
| AVwGebO NRW | Allgemeine Verwaltungsgebührenordnung (AVwGebO NRW) in der Fassung der Bekanntmachung vom 5. August 1980 (GV. NRW. S. 924), zuletzt geändert durch Verordnung vom 22. Mai 2001 (GV. NRW. S. 198) – SGV. NRW. 2011 – **(Rehborn, Nr. 129 B).** |
| BauGB | Baugesetzbuch (BauGB) in der Fassung der Bekanntmachung vom 27. August 1997 (BGBl. I S. 2141; 1998 I, S. 137) **(Sartorius, Nr. 300).** |
| BauKaG NRW | Gesetz über den Schutz der Berufsbezeichnungen „Architekt", „Architektin", „Stadtplaner" und „Stadtplanerin" sowie über die Architektenkammer, über den Schutz der Berufsbezeichnung „Beratender Ingenieur" und „Beratende Ingenieurin" sowie über die Ingenieurkammer-Bau – Baukammerngesetz (BauKaG NRW) – **Nr. 15.** |
| BauNVO | Verordnung über die bauliche Nutzung der Grundstücke (Baunutzungsverordnung – BauNVO) in der Fassung der Bekanntmachung vom 23. Januar 1990 (BGBl. I S. 132), zuletzt geändert durch Gesetz vom 22. April 1993 (BGBl. I S. 466) **(Sartorius Nr. 311).** |
| BauPG | Gesetz über das Inverkehrbringen von und den freien Warenverkehr mit Bauprodukten zur Umsetzung der Richtlinie 89/106/EWG des Rates vom 21. Dezember 1988 zur Angleichung der Rechts- und Verwaltungsvorschriften der Mitgliedstaaten über Bauprodukte und anderer Rechtsakte der Europäischen Gemeinschaften (Bauproduktengesetz – BauPG) in der Fassung der Bekanntmachung vom 28. April 1998 (BGBl. I S. 813) |
| Bauproduktenrichtlinie | Richtlinie des Rates der Europäischen Gemeinschaften vom 21. Dezember 1988 zur Angleichung der Rechts- und Verwaltungsvorschriften der Mitgliedstaaten über Bauprodukte (89/106/EWG), (ABl. EG Nr. L 40 vom 11. 2. 1989, S. 12), geändert durch Richtlinie |

| Verwaltungsvorschrift | **1a** |
|---|---|
| | 93/68/EWG vom 22. Juli 1992 (ABl. EG Nr. L 220 vom 30. 6. 1993, S. 1) |
| BauPrüfVO | Verordnung über bautechnische Prüfungen (BauPrüfVO), **Nr. 2.** |
| BaustellV | Verordnung über Sicherheit und Gesundheitsschutz auf Baustellen (Baustellenverordnung – BaustellV) vom 10. Juni 1998 (BGBl. I S. 1283) |
| BBergG | Bundesberggesetz (BBergG) vom 13. August 1980 (BGBl. I S. 1310), zuletzt geändert durch Gesetz vom 26. Januar 1998 (BGBl. I S. 164) |
| BewG | Bewertungsgesetz (BewG) in der Fassung der Bekanntmachung vom 1. Februar 1991 (BGBl. I S. 230), zuletzt geändert durch Gesetz vom 29. Juni 1998 (BGBl. I S. 1692) |
| Bundeswaldgesetz | Gesetz zur Erhaltung des Waldes und zur Förderung der Forstwirtschaft (Bundeswaldgesetz) vom 2. Mai 1975 (BGBl. I S. 1037), zuletzt geändert durch Gesetz vom 26. August 1998 (BGBl. I S. 2521) **(Sartorius Nr. 875).** |
| DSchG | Gesetz zum Schutz und zur Pflege der Denkmäler im Lande Nordrhein-Westfalen (Denkmalschutzgesetz – DSchG) vom 11. März 1980 (GV. NRW. S. 226), zuletzt geändert durch Gesetz vom 25. November 1997 (GV. NRW. S. 430) – SGV. NRW. 224 – **(von Hippel-Rehborn Nr. 116).** |
| FStrG | Bundesfernstraßengesetz (FStrG) in der Fassung der Bekanntmachung vom 19. April 1994 (BGBl. I S. 854), geändert durch Gesetz vom 18. Juni 1997 (BGBl. I S. 1452) **(Sartorius Nr. 932).** |
| GefahrstoffV | Gefahrstoffverordnung i. d. F. der Bekanntmachung vom 15. November 1999 (BGBl. I S. 2233), zuletzt geändert durch Artikel 3 der Verordnung vom 26. Juni 2000 (BGBl. I S. 932) |
| GhVO | Verordnung über den Bau und Betrieb von Geschäftshäusern (Geschäftshausverordnung – GhVO –) vom 22. Januar 1969 (GV. NRW. S. 168), zuletzt geändert durch Verordnung vom 20. Februar 2000 (GV. NRW S. 226) – SGV. NRW. 232 – inzwischen durch die VerkaufsstättenVO vom 8. 9. 2000 (GV. NRW. S. 639/SGV NRW 232) ersetzt, **Nr. 9.** |
| GO | Gemeindeordnung für das Land Nordrhein-Westfalen (GO) in der Fassung der Bekanntmachung vom 14. Juli 1994 (GV. NRW. |

## 1a Verwaltungsvorschrift

| | |
|---|---|
| | S. 666), zuletzt geändert durch Gesetz vom 28. März 2000 (GV. NRW. S. 245) – SGV. NRW. 2023 – **(von Hippel-Rehborn Nr. 20)**. |
| HBauStatG | Gesetz über die Statistik der Bautätigkeit im Hochbau und die Fortschreibung des Wohnungsbestandes (Hochbaustatistikgesetz – HBauStatG) vom 5. Mai 1998 (BGBl. I S. 869) |
| HOAI | Verordnung über die Honorare für Leistungen der Architekten und der Ingenieure (Honorarordnung für Architekten und Ingenieure – HOAI) in der Fassung der Bekanntmachung vom 4. März 1991 (BGBl. I S. 533), geändert durch Verordnung vom 21. September 1995 (BGBl. I S. 1174) |
| HochhVO | Verordnung über den Bau und Betrieb von Hochhäusern (Hochhausverordnung – HochhVO –), **Nr. 11**. |
| IngG | Gesetz zum Schutze der Berufsbezeichnung „Ingenieur/Ingenieurin" (Ingenieurgesetz – IngG) vom 5. Mai 1970 (GV. NRW. S. 312), zuletzt geändert durch Gesetz vom 17. Mai 1994 (GV. NRW. S. 438) – SGV. NRW. 223 – |
| KhBauVO | Verordnung über den Bau und Betrieb von Krankenhäusern – Krankenhausbauverordnung – (KhBauVO) vom 21. Februar 1978 (GV. NRW. S. 154), zuletzt geändert durch Verordnung vom 20. Februar 2000 (GV. NRW. S. 226) – SGV. NRW. 232 – **(von Hippel-Rehborn Nr. 93 o)**. |
| LFoG | Landesforstgesetz für das Land Nordrhein-Westfalen (Landesforstgesetz – LFoG –) in der Fassung der Bekanntmachung vom 24. April 1980 (GV. NRW. S. 546), zuletzt geändert durch Gesetz vom 9. Mai 2000 (GV. NRW. S. 485) – SGV. NRW. 790 – **(von Hippel-Rehborn Nr. 117)**. |
| LG | Gesetz zur Sicherung des Naturhaushalts und zur Entwicklung der Landschaft (Landschaftsgesetz – LG) in der Fassung der Bekanntmachung vom 21. Juli 2000 (GV. NRW. S. 568/ SGV. NRW. 791) **(von Hippel-Rehborn Nr. 119)**. |
| LWG | Wassergesetz für das Land Nordrhein-Westfalen (Landeswassergesetz – LWG –) in der Fassung der Bekanntmachung vom 25. Juni 1995 |

Verwaltungsvorschrift **1a**

|  |  |
|---|---|
| | (GV. NRW. S. 926), geändert durch Gesetz vom 9. Mai 2000 (GV. NRW. 439) – SGV. NRW. 77 – **(von Hippel-Rehborn Nr. 125).** |
| OBG | Gesetz über Aufbau und Befugnisse der Ordnungsbehörden (Ordnungsbehördengesetz – OBG) in der Fassung der Bekanntmachung vom 13. Mai 1980 (GV. NRW. S. 528), zuletzt geändert durch Gesetz vom 20. Dezember 1994 (GV. NRW. S. 1115) – SGV. NRW. 2060 – **(von Hippel-Rehborn Nr. 55).** |
| PÜZÜVO | Verordnung über die Anerkennung als Prüf-, Überwachungs- und Zertifizierungsstelle und über das Übereinstimmungszeichen (PÜZÜVO) vom 6. Dezember 1996 (GV. NRW. S. 505/SGV. NRW. 232) |
| SchfG | Gesetz über das Schornsteinfegerwesen (Schornsteinfegergesetz – SchfG) in der Fassung der Bekanntmachung vom 10. August 1998 (BGBl. I S. 2071) |
| SGB VII | Siebentes Buch Sozialgesetzbuch, eingeführt durch Gesetz zur Einordnung der gesetzlichen Unfallversicherung in das Sozialgesetzbuch (Unfallversicherungs-Einordnungsgesetz – UEG) vom 7. August 1996 (BGBl. I S. 1254) |
| StrWG NRW | Straßen- und Wegegesetz des Landes Nordrhein-Westfalen (StrWG NRW) in der Fassung der Bekanntmachung vom 23. September 1995 (GV. NRW. S. 1028), geändert durch Gesetz vom 9. Mai 2000 (GV. NRW. S. 462) – SGV. NRW. 91 – **(von Hippel-Rehborn Nr. 95).** |
| SV-VO | Verordnung über staatlich anerkannte Sachverständige nach der Landesbauordnung (SV-VO) **Nr. 7.** |
| TPrüfVO | Verordnung über die Prüfung technischer Anlagen und Einrichtungen von Sonderbauten durch staatlich anerkannte Sachverständige und durch Sachkundige – Technische Prüfverordnung – (TPrüfVO), **Nr. 3.** |
| VermKatG NRW | Gesetz über die Landesvermessung und das Liegenschaftskataster (Vermessungs- und Katastergesetz – VermKatG NRW) in der Fassung der Bekanntmachung vom 30. Mai 1990 (GV. NRW. S. 360/SGV. NRW 7134) **(von Hippel-Rehborn Nr. 105).** |
| VV BauPrüfVO | Verwaltungsvorschrift zur Verordnung über bautechnische Prüfungen – VV BauPrüfVO –, |

**1a** Verwaltungsvorschrift

| | |
|---|---|
| | RdErl. d. Ministeriums für Bauen und Wohnen v. 8. 3. 2000 (MBl. NRW. S. 478/SMBl. NRW. 23210) |
| VwVfG. NRW. | Verwaltungsverfahrensgesetz für das Land Nordrhein-Westfalen (VwVfG. NRW.) in der Fassung der Bekanntmachung vom 12. November 1999 (GV. NRW. S. 602/SGV. NRW. 2010) **(von Hippel-Rehborn Nr. 71).** |
| WärmeschutzUVO | Verordnung zur Umsetzung der Wärmeschutzverordnung – WärmeschutzUVO – vom 28. Juli 1996 (GV. NRW. S. 268/SGV. NRW. 75) |
| WärmeschutzV | Verordnung über einen energiesparenden Wärmeschutz bei Gebäuden (Wärmeschutzverordnung – WärmeschutzV) vom 16. August 1994 (BGBl. I S. 2121) |
| WEG | Gesetz über das Wohnungseigentum und das Dauerwohnrecht (Wohnungseigentumsgesetz) vom 15. März 1951 (BGBl. I S. 175, 209), zuletzt geändert durch Gesetz vom 5. Oktober 1994 (BGBl. I S. 2911) **(Schönfelder Nr. 37).** |
| WoBindG | Gesetz zur Sicherung der Zweckbestimmung von Sozialwohnungen (Wohnungsbindungsgesetz – WoBindG) in der Fassung der Bekanntmachung vom 19. August 1994 (BGBl. I S. 2166) **(Sartorius Nr. 387).** |
| ZweckentfremdungsVO | Verordnung über das Verbot der Zweckentfremdung von Wohnraum vom 4. Juli 1995 (GV. NRW. S. 610/SGV. NRW. 238) |

## 2 Begriffe (§ 2)

2.1 Zu Absatz 1
Sport- und Spielflächen sind Flächen, die diesen Zwecken gewidmet oder dafür planerisch ausgewiesen sind.

2.3 Zu Absatz 3
Maßgeblich zur Ermittlung des Gebäudetyps ist die Höhenlage des Fußbodens des höchstgelegenen Geschosses mit Aufenthaltsräumen (Oberkante fertiger Fußboden) über der Geländeoberfläche. Danach liegt die Grenze zwischen einem „Gebäude geringer Höhe" und einem „Gebäude mittlerer Höhe" bei 7 m, gemessen im Mittel über der Geländeoberfläche. Die Grenze zwischen einem „Gebäude mittlerer Höhe" und einem „Hochhaus" liegt bei 22 m, jedoch über der tiefstgelegenen, an das Gebäude anschließenden Geländeoberfläche.

Verwaltungsvorschrift **1a**

2.4 Zu Absatz 4
Eine im Verhältnis zum Gebäude geringfügige Abgrabung vor Außenwänden, z. B. zur Beleuchtung von Aufenthaltsräumen im Kellergeschoss (§ 48 Abs. 5) sowie eine im Verhältnis zum Grundstück geringfügige Auffüllung, z. b. für eine Terrasse, verändert die Geländeoberfläche als Bezugsfläche nicht. Eine geringfügige Veränderung der Geländeoberfläche liegt nicht vor, wenn dadurch die Erreichbarkeit der anleiterbaren Stellen im Sinne des § 17 Abs. 3 Satz 4 verändert wird.

2.5 Zu Absatz 5
Als Deckenoberkante und Fußbodenoberkante gelten die Maße des fertigen Fußbodens.

## 3 Allgemeine Anforderungen (§ 3)

3.1 Zu Absatz 1
3.11 Instandhalten bedeutet, die baurechtlich relevanten Eigenschaften von baulichen Anlagen, wie Standsicherheit, Brandschutz, Schall- und Wärmeschutz, Hygiene-, Gesundheits- und Umweltschutz, aber auch die Nutzungssicherheit im Sinne der geforderten Gebrauchstauglichkeit angemessen dauerhaft zu sichern.

3.12 Der Nachweis für die Erfüllung der allgemeinen Anforderungen nach Satz 1 obliegt in Zweifelsfällen der Bauherrin oder dem Bauherrn oder den sonst am Bau Beteiligten (§§ 56 ff.).

3.13 Dass die „natürlichen Lebensgrundlagen" genannt werden, bewirkt weder eine Umweltverträglichkeitsprüfung in bauaufsichtlichen Verfahren noch Kompetenzverlagerungen. Wie schon bisher ist vor Erteilung einer Baugenehmigung zu prüfen, ob das Vorhaben dem geltenden Recht entspricht. Darunter fallen auch alle Anforderungen, die aufgrund spezieller Regelungen in Umweltgesetzen gestellt werden, deren Prüfung häufig nur unter Beteiligung von Fachbehörden möglich ist. Auch, ob eine Umweltverträglichkeitsprüfung durchgeführt werden muss, richtet sich ausschließlich nach den für diese geltenden Rechtsgrundlagen.

3.3 Zu Absatz 3
3.31 Bei Abweichungen von bauaufsichtlich eingeführten Technischen Baubestimmungen gilt Nr. 3.12.
3.32 Das Verzeichnis der nach § 3 Abs. 3 als technische Baubestimmungen eingeführten technischen Regeln ist im Ministerialblatt als „Liste der Technischen Baubestimmungen" veröffentlicht und in die Sammlung des bereinigten Ministerialblattes für das Land Nordrhein-Westfalen (SMBl. NRW.) unter Gliederungsnummer 2323 aufgenommen worden. Die technischen Regeln für Bauprodukte gemäß § 20 Abs. 2 (Bauregellisten A und B) werden vom Deutschen Institut für Bautechnik, Berlin, in dessen Mitteilungen veröffentlicht. Diese Regeln gelten auch als allgemein anerkannte Regeln der Technik.

## 4 Bebauung der Grundstücke mit Gebäuden (§ 4)

4.13 Zu Absatz 1 Nr. 3

Die Abwasserbeseitigung entsprechend den wasserrechtlichen Vorschriften ist zum Zeitpunkt der Benutzung gesichert, wenn zum Zeitpunkt der Baugenehmigung

a) abzusehen ist, dass das Bauvorhaben bis zum Beginn seiner Benutzung an eine Sammelkanalisation angeschlossen werden kann oder

b) die wasserrechtliche Erlaubnis für das Einleiten des Niederschlagswassers oder des in einer Kleinkläranlage behandelten Schmutzwassers vorliegt oder von der Wasserbehörde zugesichert ist (§ 38 VwVfG. NRW.) oder

c) die Gemeinde oder der sonst zur Abwasserbeseitigung Verpflichtete bescheinigt, dass das in einer Abwassergrube gesammelte Abwasser ordnungsgemäß beseitigt wird.

Im Falle des gesetzlichen Übergangs der Abwasserbeseitigungspflicht für Niederschlagswasser gem. § 51a Abs. 2 LWG muss zur Annahme einer gesicherten Erschließung das Vorliegen der wasserrechtlichen Einleitungserlaubnis nicht abgewartet werden, da mit ihrer Erteilung gerechnet werden kann. Auf den Runderlass des Ministeriums für Umwelt, Raumordnung und Landwirtschaft vom 18. Mai 1998 (MBl. NRW. S. 654, S. 918/SMBl. NRW. 77) zur Niederschlagswasserbeseitigung gemäß § 51a des Landeswassergesetzes wird hingewiesen.

In kommunalen Satzungen kann hinsichtlich der Sammelkanalisation außerhalb des Baurechts folgendes geregelt sein:
– der Anschluss- und Benutzungszwang,
– die Art und Weise des Anschlusses an die Sammelkanalisation und
– die Bestimmung der Stoffe, die nicht in die Sammelkanalisation eingeleitet werden dürfen.

4.2 Zu Absatz 2

Eine Vereinigungsbaulast allein ist in der Regel nicht geeignet, sich aus § 31 BauO NRW ergebende Bebauungshindernisse zu beseitigen, denn gemäß § 31 Abs. 1 Nr. 1 muss zusätzlich ein Abstand von mindestens 5 m zu bestehenden oder nach den baurechtlichen Vorschriften zulässigen Gebäuden öffentlich-rechtlich gesichert sein. Dieser Abstand gilt auch zwischen auf einem Grundstück aneinandergereihten Gebäuden, d.h. Gebäuden, die nicht aneinander gebaut sind, sondern in einem geringen Abstand zueinander stehen. Diese öffentlich-rechtliche Sicherung wird nicht bereits durch die Vereinigungsbaulast erreicht.

## 5 Zugänge und Zufahrten auf den Grundstücken (§ 5)

5.1 Damit bei einem Brand die Rettung von Menschen und Tieren sowie wirksame Löscharbeiten möglich sind, müssen auf dem Baugrundstück die erforderliche Bewegungsfreiheit und Sicherheit für den Einsatz der Feuerlösch- und Rettungsgeräte gewährleistet sein. Zu den

Verwaltungsvorschrift **1a**

für den Feuerwehreinsatz erforderlichen Flächen zählen die Zu- und Durchgänge, die Zu- und Durchfahrten, die Aufstell- und Bewegungsflächen; sie sind auf dem Grundstück selbst, ggf. auch auf öffentlichen Flächen (z.B. Straßen) sicherzustellen (siehe § 3 Abs. 1 Satz 2 Nr. 14 BauPrüfVO).

5.2 Zu Absätzen 2 bis 5
Sind bei Gebäuden nach § 5 Abs. 2 bis 5 sowie bei baulichen Anlagen besonderer Art oder Nutzung Flächen für die Feuerwehr erforderlich, so gelten nachfolgende Bestimmungen. Sofern die örtlichen (grundstücks- und objektbezogenen) Gegebenheiten es gestatten oder erfordern, sind in Abstimmung mit der Brandschutzdienststelle abweichende Werte möglich. Die DIN 14090 – Flächen für die Feuerwehr auf Grundstücken – ist nicht anzuwenden.

5.201 Tragfähigkeit von Hofkellerdecken:
Hofkellerdecken, die nur im Brandfall von Feuerwehrfahrzeugen befahren werden, sind für die Brückenklasse 16/16 nach DIN 1072, Ausgabe Dezember 1985, Tabelle 2 zu berechnen. Dabei ist jedoch nur ein Einzelfahrzeug in ungünstigster Stellung anzusetzen; auf den umliegenden Flächen ist die gleichmäßig verteilte Last der Hauptspur als Verkehrslast in Rechnung zu stellen. Der nach DIN 1072, Ausgabe Dezember 1985, Tabelle 2 geforderte Nachweis für eine einzelne Achslast von 110 kN darf entfallen.
Die Verkehrslast darf als vorwiegend ruhend eingestuft werden und braucht auch nicht mit einem Schwingbeiwert vervielfacht zu werden.

5.202 Lichte Höhe der Zu- oder Durchfahrten:
Die lichte Höhe der Zu- oder Durchfahrten ist senkrecht zur Fahrbahn zu messen.

5.203 Kurven in Zu- oder Durchfahrten:
Der Einsatz der Feuerwehrfahrzeuge wird durch Kurven in Zu- oder Durchfahrten nicht behindert, wenn die in der Tabelle den Außenradien der Kurve zugeordneten Mindestbreiten nicht unterschritten werden. Dabei müssen vor und hinter Kurven auf einer Länge von mindestens 11 m Übergangsbereiche vorhanden sein (siehe Bild 1).

Tabelle

| Außenradius der Kurve (in m) | Breite mind. (in m) |
|---|---|
| 10,5 bis 12 | 5,0 |
| über 12 bis 15 | 4,5 |
| über 15 bis 20 | 4,0 |
| über 20 bis 40 | 3,5 |
| über 40 bis 70 | 3,2 |
| über 70 | 3,0 |

## Bild 1

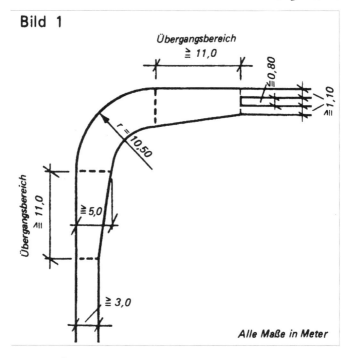

*Alle Maße in Meter*

5.204 Fahrspuren:
Geradlinig geführte Zu- oder Durchfahrten können außerhalb der Übergangsbereiche (Nrn. 5.203 und 5.214) als Fahrspuren ausgebildet werden. Die beiden befestigten Streifen müssen voneinander einen Abstand von 0,8 m haben und mindestens je 1,1 m breit sein.

5.205 Neigung in Zu- oder Durchfahrten:
Zu- oder Durchfahrten dürfen geneigt sein. Die Neigung soll nicht mehr als 10 v. H. betragen. Neigungswechsel sind im Durchfahrtsbereich sowie 8 m vor und hinter der Durchfahrt unzulässig. Die Übergänge zwischen verschiedenen Neigungen sind mit einem Radius von mindestens 15 m auszurunden.

5.206 Stufen und Schwellen:
Stufen und Schwellen im Zuge von Zu- oder Durchfahrten dürfen nicht höher als 8 cm sein. Eine Folge von Stufen oder Schwellen im Abstand von weniger als 10 m ist zulässig. Im Bereich von Übergängen nach Nr. 5.205 sind Stufen unzulässig.

Verwaltungsvorschrift **1a**

5.207 Hinweisschilder:
Hinweisschilder für Flächen für die Feuerwehr müssen DIN 4066-2 entsprechen und mindestens 594 × 210 mm groß sein. Zu- oder Durchfahrten für Feuerwehrfahrzeuge sind als „Feuerwehrzufahrt" zu kennzeichnen. Der Hinweis muss von der öffentlichen Verkehrsfläche aus sichtbar sein. Hinweisschilder für Aufstellflächen oder Bewegungsflächen müssen die Aufschrift „Fläche für die Feuerwehr" haben.

5.208 Sperrvorrichtungen:
Sperrvorrichtungen (z.B. Sperrbalken, Ketten, Sperrpfosten) sind in Zu- oder Durchfahrten zulässig, wenn sie Verschlüsse haben, die mit dem Schlüssel A für Überflurhydranten nach DIN 3223 oder mit einem Bolzenschneider geöffnet werden können.

5.209 Aufstellflächen auf dem Grundstück:
Aufstellflächen müssen mindestens 3 m breit und so angeordnet sein, dass alle Öffnungen in Fenstern, die als Rettungswege für Menschen dienen, von Hubrettungsfahrzeugen erreicht werden können.

5.210 Aufstellflächen entlang der Außenwand:
Ist die nach § 5 Abs. 5 Satz 2 zu bemessende Aufstellfläche weniger als 5,5 m breit, so muss ein Geländestreifen entlang der dem Gebäude

**Bild 2**

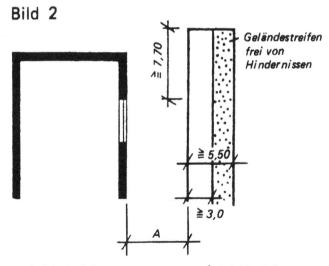

$A : \geq 3{,}0$ bis $9{,}0$ m bei Brüstungshöhe $\geq 8{,}0$ bis $18{,}0$ m

*Alle Maße in Meter*

abgekehrten Außenseite der Aufstellfläche in solcher Breite frei von Hindernissen sein, dass Aufstellfläche und Geländestreifen zusammen mindestens 5,5 m breit sind. Fahrspuren und Aufstellflächen müssen eine auch im Winter jederzeit deutlich sichtbare Randbegrenzung erhalten. Die Aufstellfläche muss 8 m über die letzte anzuleiternde Stelle hinaus reichen.

5.211 Aufstellflächen rechtwinklig zur Außenwand:
Rechtwinklig oder annähernd im rechten Winkel auf die anzuleiternde Außenwand zugeführte Aufstellflächen dürfen keinen größeren Abstand als 1 m zur Außenwand haben. Die Entfernung zwischen der Außenkante der Aufstellflächen und der entferntesten seitlichen Begrenzung der anzuleiternden Fensteröffnung darf 9 m und bei Brüstungshöhe von mehr als 18 m 6 m nicht überschreiten. Ist die Aufstellfläche weniger als 5,5 m breit, so müssen beiderseits Geländestreifen in solcher Breite frei von Hindernissen sein, dass Aufstellfläche und Geländestreifen zusammen mindestens 5,5 m breit sind; die Geländestreifen müssen mindestens 11 m lang sein.

5.212 Freihalten des Anleiterbereichs:
Zwischen der anzuleiternden Außenwand und den Aufstellflächen dürfen sich keine den Einsatz von Hubrettungsfahrzeugen erschwerenden Hindernisse wie bauliche Anlagen oder Bäume befinden.

5.213 Neigungen der Aufstellflächen:
Aufstellflächen dürfen nicht mehr als 5 v. H. geneigt sein.

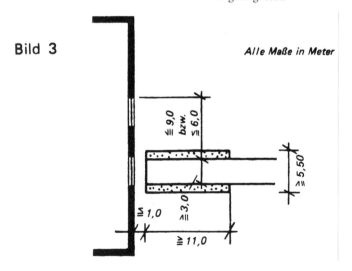

**Bild 3**  *Alle Maße in Meter*

Verwaltungsvorschrift **1a**

5.214 Größe der Bewegungsflächen:
Für jedes für den Feuerwehreinsatz erforderliche Feuerwehrfahrzeug ist eine Bewegungsfläche von mindestens 7 m × 12 m erforderlich. Zufahrten dürfen nicht gleichzeitig Bewegungsflächen sein. Vor und hinter Bewegungsflächen, die an weiterführenden Zufahrten liegen, sind mindestens 4 m lange Übergangsbereiche anzuordnen.

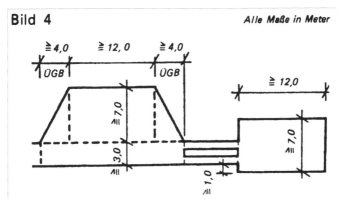

Bild 4 — Alle Maße in Meter

5.215 Die Anzahl der für den Feuerwehreinsatz erforderlichen Feuerwehrfahrzeuge richtet sich u. a. nach der Art und Nutzung des Gebäudes sowie nach seiner Anordnung auf dem Grundstück, aber auch nach der Ausrüstung der örtlichen Feuerwehr; sie kann von der Brandschutzdienststelle erfragt werden.

5.6 Zu Absatz 6
Da Verstöße gegen das Verbot des Satzes 4 wegen der damit verbundenen Gefahr für die öffentliche Sicherheit in der Regel unverzüglich beseitigt werden müssen, werden die dazu erforderlichen Maßnahmen häufig im Wege der Eilzuständigkeit (§ 6 OBG) von der örtlichen Ordnungsbehörde, der Feuerwehr oder der Polizeibehörde getroffen.
Bußgelder wegen Verstoßes gegen das in Satz 4 geregelte Verbot werden von der örtlichen Ordnungsbehörde verhängt (§ 84 Abs. 5 in Verbindung mit § 84 Abs. 1 Nr. 1).

## 6 Abstandflächen (§ 6)

6.1 Zu Absatz 1
Vor Anwendung der Vorschrift ist die planungsrechtliche Zulässigkeit des Vorhabens festzustellen. Dabei ist auch das Gebot der Rücksichtnahme (§ 15 BauNVO) zu beachten (OVG NRW, Beschluss vom 24. 4. 1995; BauR 96, 88).

# 1a Verwaltungsvorschrift

6.4 Zu Absatz 4
Eine Außenwand besteht dann aus unterschiedlichen Wandteilen, wenn die Wandteile sich entweder in ihrer Höhe klar voneinander unterscheiden oder durch Vor- oder Rücksprünge deutlich erkennbar sind. In diesen Fällen kann davon ausgegangen werden, dass sie unterschiedlich auf Nachbargrenzen oder andere Gebäude einwirken. In der Regel ist bei Vor- oder Rücksprüngen von mehr als 1 m davon auszugehen, dass unterschiedliche Wandteile derselben Außenwand vorliegen; Stufengiebel sind unter den vorgenannten Voraussetzungen z.B. einheitlich zu betrachten.

Die Abstandflächen auch vor Giebeln oder Giebelseiten mit Ortgängen sind stets Rechtecke. Vor Giebeln oder Giebelseiten mit Ortgängen ergibt sich das Maß H aus der Wandhöhe und der Teilgiebelfläche im Bereich des Daches. Die Wandhöhe wird – wie an der Traufseite – bis zum Schnittpunkt der Wand mit der Dachhaut gemessen; die oberhalb der Wandhöhe liegende Teilgiebelfläche ist die „Giebelfläche im Bereich des Daches oder der Dachteile".

Bei Giebeln mit unterschiedlichen Wandhöhen ist die gesamte Giebelfläche in Wandabschnitte mit zugehörigen Teilgiebelflächen aufzuteilen. Die Wandabschnitte entstehen, indem durch den Schnittpunkt der höheren Wand mit der Dachhaut eine Horizontale und durch deren Schnittpunkt mit der gegenüberliegenden Dachhaut eine Vertikale bis zur Geländeoberfläche gezogen wird. Für jeden der beiden Wandabschnitte mit zugehöriger Teilgiebelfläche ist das Maß H und mithin die jeweilige Tiefe der Abstandfläche getrennt zu ermitteln. Die daraus resultierenden Abstandflächen gelten für den jeweiligen Wandabschnitt.

6.6 Zu Absatz 6

6.6.1 Die Abstände zu öffentlichen Verkehrsflächen gemäß § 6 Abs. 5 Satz 2 können nicht gemäß § 6 Abs. 6 Satz 1 halbiert werden, weil sich Satz 1 nur auf die Abstandflächen gemäß § 6 Abs. 5 Satz 1 bezieht.

6.6.2 § 6 Abs. 6 Satz 2 führt zu dem Schluss, dass das Schmalseitenprivileg nicht gilt, wenn ein Gebäude mit mehr als einer Außenwand an andere Gebäude oder Nachbargrenzen gebaut wurde. Das Schmalseitenprivileg gilt aber auch für Außenwände von Gebäudeseiten, die teilweise an andere Gebäude oder Nachbargrenzen gebaut wurden.

6.10 Zu Absatz 10
Wirkungen wie von Gebäuden gehen in der Regel aus von
– baulichen Anlagen, die höher als 2 m sind, wie Mauern, großflächigen Werbeanlagen, Behältern, etc.,
– überdachten Freisitzen und Stellplätzen,
– Terrassen, die höher als 1 m über der Geländeoberfläche sind.

Auch von Aufschüttungen mit einer Höhe von weniger als 1 m können in besonderen Fällen Wirkungen wie von einem Gebäude ausgehen. Maßgeblich sind die dem zu entscheidenden Fall zugrunde

Verwaltungsvorschrift **1a**

liegenden Umstände, z. B., ob der Boden in hängigem Gelände gegenüber einem tiefer gelegenen Grundstück aufgeschüttet wird.
Keine Wirkungen wie von einem Gebäude können z. B. ausgehen von
- schlanken Schornsteinen, Abgasleitungen und Pergolen,
- ebenerdigen, nicht überdachten Stellplätzen, Freisitzen und Schwimmbecken;

das gleiche gilt – unabhängig von ihrer Höhe – für
- Metallgittermasten mit einer Basisabmessung von nicht mehr als 1,5 m × 1,5 m und
- Metallrohr- und Betonrundmasten mit einem Basisdurchmesser von nicht mehr als 1 m,

auch auf einem Fundament von nicht mehr als 1 m Höhe.

6.11 Zu Absatz 11
Die mittlere Wandhöhe von Gebäuden mit Abstellräumen und Gewächshäusern, die in einem Abstand von 1 m bis zu 3 m von der Nachbargrenze gebaut werden, darf nicht mehr als 3 m über der Geländeoberfläche an der Grenze betragen; diese Gebäude werden also bezüglich ihrer Höhe so behandelt, als stünden sie auf der Grenze.
Gebäude nach Absatz 11, die nicht grenzständig oder mit einem Grenzabstand von weniger als 1 m errichtet werden, lösen Abstandflächen aus.
Hauswirtschaftliche Räume sind nicht nach Satz 4 zulässig.

6.12 Zu Absatz 12
Nach § 6 Abs. 12 Nr. 2 sind eingeschossige Wohngebäude in der Abstandfläche eines mehrgeschossigen Wohngebäudes zulässig, wenn das eingeschossige Gebäude zu dem mehrgeschossigen Gebäude keine Fenster hat. Als Fenster sind hier vorrangig solche anzusehen, die der ausreichenden Versorgung von Aufenthaltsräumen mit Tageslicht dienen. Die Tiefe der Abstandfläche vor dem Erdgeschoss des mehrgeschossigen Gebäudes sollte 6 m nicht unterschreiten.

6.14 Zu Absatz 14
Die Bestimmung schließt auch Dämmungen, die über die Mindestanforderungen der Wärmeschutzverordnung hinausgehen, nicht aus. Die Entscheidung ist von der Bauaufsichtsbehörde im Einzelfall unter Berücksichtigung nachbarlicher Belange zu treffen. Es ist denkbar, dass auch eine über die Anforderungen der Wärmeschutzverordnung hinausgehende Wärmedämmung zugelassen wird, wenn aufgrund der Bebauung des Nachbargrundstücks davon ausgegangen werden kann, dass der Nachbar durch diese Maßnahme nicht nachteilig betroffen ist. Grundsätzlich ist jedoch das den Nachbarn geringst beeinträchtigende Wärmedämmsystem zu wählen.
Hinsichtlich des Gestattungsverfahrens siehe Nr. 6.15 und 6.16.

6.15 Zu Absatz 15
Entscheidungen gemäß § 6 Abs. 15 sind keine Abweichungen gemäß § 73, sondern Ausnahmen sui generis. Es ist daher keine förmliche

**1a** Verwaltungsvorschrift

Nachbarbeteiligung gemäß § 74 und auch keine Nachbarzustimmung vorgeschrieben. Die Bauaufsichtsbehörde kann aber Nachbarn beteiligen, um zu ermitteln, welche nachbarlichen Belange betroffen sind.

Die geänderte Nutzung darf für den Nachbarn insgesamt gegenüber der bisherigen Nutzung nicht nachteilig sein.

Nur eine geringfügige bauliche Änderung ist der Nutzungsänderung gleich gestellt; z. B. ist der Einbau einer Zwischendecke oder neuer Fenster als geringfügig anzusehen.

6.16 Zu Absatz 16

Die Regelung räumt in überwiegend bebauten Gebieten zur Anpassung geplanter Bauvorhaben an die vorhandene Bebauung der Gestaltung des Straßenbildes und besonderen städtebaulichen Verhältnissen, wie schmale Straßen, Vorrang gegenüber den unter den Aspekten des Nachbarschutzes in Absatz 5 festgelegten Tiefen der Abstandflächen ein. Betroffen von dieser Regelung sind nicht allein Baulückenschließungen oder Aufstockungen von Gebäuden, sondern auch Baublocks, wie in Gebieten nach § 34 BauGB.

Der Hinweis, dass bei der Gestattung oder dem Verlangen geringerer Tiefen der Abstandflächen nachbarliche Belange zu würdigen sind, bedingt nicht die förmliche Beteiligung (Anhörung) der Nachbarn.

Es können sich, auch unter Wahrung eines ausreichenden Brandschutzes, geringere Tiefen der Abstandflächen als 3 m ergeben, so z. B. in Stadtbereichen, in denen schmale Straßen (Gassen) oder Traufgassen das Straßenbild prägen oder vorgeben.

Auch Entscheidungen nach Absatz 16 sind keine Abweichungen nach § 73, sondern Ausnahmen sui generis. Das Gestattungsverfahren entspricht dem der Absätze 14 und 15.

6.17 Zu Absatz 17

6.17.1 Eine geringere Tiefe der Abstandfläche kann sich z. B. aus der Festsetzung einer Baulinie und der zwingenden Festsetzung der Geschosszahl oder der Höhe des Gebäudes ergeben. Aus derartigen Festsetzungen können sich bestimmte Anforderungen an die Feuerwiderstandsklasse der Außenwände, an die Brennbarkeit der Baustoffe in oder auf den Außenwänden sowie an die erforderliche Bewegungsfreiheit für die Feuerwehr auf den Grundstücken ergeben.

6.17.2 Ist beabsichtigt, ohne zwingende Festsetzungen nach Absatz 17 bei aneinander gereihten Wohngebäuden geringer Höhe eingeschossige Gebäudeteile (z. B. mit Abstellräumen oder Hauseingängen) mit einem seitlichen Grenzabstand zu errichten, so bestehen keine Bedenken gegen eine Unterschreitung der sich aus den Absätzen 4 bis 6 ergebenden Mindesttiefen der Abstandflächen (0,8 H bzw. 0,4 H, mindestens 3 m) vor der der Nachbargrenze zugekehrten Wand; Voraussetzung für die erforderliche Abweichung ist, dass

a) eine der sich gegenüberliegenden Wände eine Gebäudeabschlusswand ohne Öffnungen (§ 31 Abs. 3) ist oder

Verwaltungsvorschrift **1a**

b) die Tiefe der Abstandfläche mindestens 1,5 m bzw. der Abstand der sich gegenüberliegenden Wände mindestens 3 m beträgt, wenn diese Wände nur Hauseingangstüren enthalten, im Übrigen aber in der Bauart der Gebäudeabschlusswände (§ 29 Abs. 1 Tabelle Zeile 5) hergestellt werden oder

c) die Tiefe der Abstandfläche mindestens 2,0 m bzw. der Abstand der sich gegenüberliegenden Wände mindestens 4,0 m beträgt, wenn die Wände außer der Hauseingangstür weitere Öffnungen haben.

Für aneinander gereihte Wohngebäude geringer Höhe auf einem Grundstück gilt dies sinngemäß.

## 8 Teilung von Grundstücken (§ 8)

8.1 Zu Absatz 1 Satz 1
Ein Grundstück ist bebaut, wenn sich auf ihm bauliche Anlagen, ausgenommen solche nach § 65 Abs. 1 Nrn. 13 bis 49, befinden. Dies gilt auch dann, wenn die baulichen Anlagen noch nicht fertiggestellt sind; bei Gebäuden ist es ausreichend, wenn der Keller oder die Gründung vorhanden ist.

8.4 Zu Absatz 4
Für die den Anträgen auf Teilungsgenehmigung beizufügenden Bauvorlagen gilt § 17 BauPrüfVO. Der Antrag ist entsprechend der Anlage I/4 zur VV BauPrüfVO zu stellen.

## 9 Nicht überbaute Flächen, Kinderspielflächen, Geländeoberfläche (§ 9)

9.1 Zu Absatz 1

9.12 „Bepflanzung" ist ein Unterfall des weiteren Begriffs „Begrünung". Die Begrünung umfasst nicht nur das Setzen von Pflanzen, sondern auch die Aussaat bzw. das Bedecken einer gebauten Fläche (z.B. eine Fassade) durch Pflanzenwuchs.

9.13 Die Pflicht, eine bauliche Anlage zu begrünen, ist bei Gebäuden erfüllt, wenn entweder das Dach oder mindestens eine Außenwand begrünt wurde. Die Bauherrin oder der Bauherr hat darzulegen, dass Bauweise oder Gestaltung der baulichen Anlage eine Begrünung nicht zulassen.

9.14 Befestigte Flächen von mehr als 5000 m² sind als begrünt bzw. bepflanzt anzusehen, wenn sie zu mindestens 10 v.H. wasseraufnahmefähig hergestellt und mit Bewuchs versehen wurden oder wenn sich auf ihnen je angefangene 1000 m² mindestens ein Baum oder drei Sträucher befinden.

9.15 Maßstab des für den Betroffenen wirtschaftlich Zumutbaren ist die durch die gesetzliche Verpflichtung eintretende Veränderung seiner wirtschaftlichen Verhältnisse, gemessen an seiner gesamten wirtschaftlichen Lage und seinen wirtschaftlichen Interessen. Wenn keine

**1a**  Verwaltungsvorschrift

Anhaltspunkte für eine andere Berechnung vorliegen, sind für Dachbegrünungen und für Fassadenbegrünungen mit selbstklimmenden Pflanzen durchschnittliche Kosten von 50,– DM/m², für Fassadenbegrünungen mit an Gerüsten kletternden Pflanzen 200,– DM/m² zugrunde zu legen.

Es ist davon auszugehen, dass die Begrünung einer baulichen Anlage dann offensichtlich wirtschaftlich unzumutbar ist, wenn
– bei der Errichtung oder Änderung einer baulichen Anlage die Kosten ihrer Begrünung voraussichtlich 10 v. H. der Kosten der Baumaßnahme übersteigen,
– bei der nachträglichen Begrünung befestigter Flächen durch die erforderliche Entsiegelung zusätzliche Kosten entstehen, die um mehr als 20 v. H. über den für die Begrünung anzusetzenden Kosten liegen.

Wird lediglich die Nutzung einer baulichen Anlage geändert, so muss die bauliche Anlage nicht begrünt werden, wenn von der Bauherrin oder dem Bauherrn vorgetragen wird, dass die Begrünung wirtschaftlich unzumutbar sei.

9.2 Zu Absatz 2

9.21 Kleinkinder sind Kinder im Vorschulalter. Die Spielflächen sind gegen Anlagen, von denen Gefahren ausgehen können, insbesondere gegen Verkehrsflächen, Kfz-Stellplätze und Standplätze für Abfallbehälter abzugrenzen. Auf die Einhaltung örtlicher Bauvorschriften über die Lage, Größe, Beschaffenheit, Ausstattung und Unterhaltung von Kinderspielflächen gemäß § 86 Abs. 1 Nr. 3 ist zu achten.

9.22 Ist die Bereitstellung einer Spielfläche für Kleinkinder auf dem Baugrundstück nicht erforderlich, weil einer der in Satz 2 Buchstaben a, b oder c genannten Tatbestände vorliegt, ist mit dem Bauantrag ein entsprechender Nachweis zu führen. Das gilt auch, wenn nach Satz 4 auf die Bereitstellung verzichtet werden soll.

Spielplätze nach Satz 2 Buchstabe c brauchen nicht im Ganzen, sondern können auch nur in einem Teil den Anforderungen an Spielflächen für Kleinkinder entsprechen.

## 13 Anlagen der Außenwerbung und Warenautomaten (§ 13)

13.2 Zu Absatz 2

Gemäß § 33 Abs. 1 Nr. 3 der Straßenverkehrsordnung (StVO)[1] ist außerhalb geschlossener Ortschaften jede Werbung und Propaganda durch Bild, Schrift, Licht oder Ton verboten, wenn dadurch Verkehrsteilnehmer in einer den Verkehr gefährdenden oder erschwerenden Weise abgelenkt oder belästigt werden können. Außerdem dürfen gemäß § 33 Abs. 2 Satz 1 StVO Einrichtungen, die Zeichen oder Verkehrseinrichtungen gleichen, mit ihnen verwechselt werden können

---

[1] **Schönfelder Nr. 35 a.**

Verwaltungsvorschrift **1a**

oder deren Wirkung beeinträchtigen können, dort nicht angebracht oder sonst verwendet werden, wo sie sich auf den Verkehr auswirken können. Findet ein Baugenehmigungsverfahren statt, so ist darauf zu achten, dass nicht gegen die o. a. Anforderungen verstoßen wird.

Zu den „begrünten Flächen" gehören z. b. auch die Böschungen von Straßen- oder Eisenbahndämmen. Auf eine gärtnerische Gestaltung der Flächen kommt es nicht an. Der Ausblick auf begrünte Flächen wird schon durch einzelne großflächige Plakattafeln verdeckt.

13.3 Zu Absatz 3
Anlagen der Außenwerbung dürfen gemäß § 28 Abs. 1 StrWG NRW außerhalb der Ortsdurchfahrten von Landes- und Kreisstraßen in einer Entfernung von 20 m, gemessen vom äußeren Rand der für den Kraftfahrzeugverkehr bestimmten Fahrbahn, nicht errichtet werden. Von diesem Werbeverbot kann die Straßenbaubehörde unter den Voraussetzungen des § 28 Abs. 1 Satz 3 StrWG NRW eine Ausnahme zulassen

a) für Werbeanlagen nach Absatz 3 Satz 2 Nrn. 1 und 2 sowie nichtamtliche Hinweiszeichen nach Nr. 3 bis zu einer Größe von 1 m$^2$; für die Werbeanlagen soll die Baugenehmigung in der Regel erteilt werden, wenn die Straßenbaubehörde hierzu ihre Zustimmung nach § 28 Abs. 1 Satz 5 StrWG NRW gegeben hat;

b) für Werbeanlagen an Fahrgastunterständen des Öffentlichen Personennahverkehrs oder der Schülerbeförderung; solche Werbeanlagen sind im Außenbereich grundsätzlich nach Absatz 3 Satz 1 unzulässig, weil sie nicht unter die Ausnahmen nach Satz 2 Nr. 4 fallen. Es bestehen jedoch keine Bedenken dagegen, solche Werbeanlagen an Fahrgastunterständen im Wege einer Abweichung nach § 73 zu genehmigen, soweit sie nicht in die freie Landschaft wirken und die Straßenbaubehörde ihre Zustimmung nach § 28 Abs. 1 Satz 5 StrWG NRW gegeben hat. Die Fahrgastunterstände selbst bedürfen, sofern sie an Landes- oder Kreisstraßen errichtet werden sollen, der Genehmigung der Straßenbaubehörde nach § 25 Abs. 4 StrWG NRW, weil sie nach § 65 Abs. 1 Nr. 6 nicht baugenehmigungsbedürftig sind.

Hinsichtlich der Anlagen der Außenwerbung an Bundesfernstraßen wird auf § 9 Abs. 6 FStrG verwiesen.

Bezüglich der Lichtwerbungen wird auf den Gem. RdErl. d. Ministeriums für Umwelt und Naturschutz, Landwirtschaft und Verbraucherschutz, d. Ministeriums für Wirtschaft und Mittelstand, Energie und Verkehr u. d. Ministeriums für Städtebau und Wohnen, Kultur und Sport v. 13. 9. 2000 (SMBl. NRW. 7129) hingewiesen.

13.64 Zu Absatz 6 Nr. 4
Als Dauer des Wahlkampfes gilt bei Parlamentswahlen (Europäisches Parlament, Bundestag, Landtag) und Kommunalwahlen eine Zeit von drei Monaten unmittelbar vor dem Wahltag. Die Fristen bei Volksbegehren und Volksentscheid sowie besondere Regelungen über Ausnah-

**1a**  Verwaltungsvorschrift

men und Erlaubnisse von verkehrs- und straßenrechtlichen Vorschriften ergeben sich aus dem RdErl. d. Ministers für Wirtschaft, Mittelstand und Verkehr u. d. Innenministers v. 29. 6. 1979 (SMBl. NRW. 922).

## 14 Baustellen (§ 14)

14.3 Zu Absatz 3

Der Baugenehmigung für Bauvorhaben nach § 63 Abs. 1 ist ein Baustellenschild nach dem Muster der Anlage A[1]) zu Nr. 14.3 beizufügen. Mit dem Vordruck über die Vorlage von Bauvorlagen nach § 67 genehmigungsfreier Vorhaben (siehe Anlage I/2 zur VV BauPrüfVO) ist – auch von der Gemeinde im Rahmen ihrer Verpflichtung nach § 22 GO – ein Baustellenschild nach dem Muster der Anlage B zu Nr. 14.3 auszuhändigen. Der Bauherr hat das jeweilige Schild an der Baustelle anzubringen, sofern er nicht ein besonderes Schild mit den erforderlichen Mindestangaben verwendet.

14.4 Zu Absatz 4

§ 14 Abs. 4 verweist auf Regelungen in anderen Vorschriften, die bestimmen, ob Pflanzen erhalten werden müssen. In Betracht kommen Festsetzungen in Bebauungsplänen gemäß § 9 Abs. 1 Nr. 25 BauGB. Baumschutzsatzungen aufgrund von § 45 LG, ggf. auch die Eigenschaft der Pflanzen als gesetzlich geschützte Landschaftsbestandteile gemäß § 47 LG.

## 16 Schutz gegen schädliche Einflüsse (§ 16)

16.2 Zu Satz 2

16.21 Auf die Vorschriften des Bundes-Bodenschutzgesetzes[2]) und des Landesbodenschutzgesetzes NRW[3]) sowie den Gem. RdErl. d. Ministeriums für Stadtentwicklung und Verkehr, d. Ministeriums für Bauen und Wohnen u. d. Ministeriums für Umwelt, Raumordnung und Landwirtschaft v. 15. 5. 1992 (MBl. NRW, S. 872/SMBl. NRW. 2311) – „Berücksichtigung von Flächen mit Bodenbelastungen, insbesondere Altlasten, bei der Bauleitplanung und im Baugenehmigungsverfahren" – wird hingewiesen.

16.22 Baugrundstücke müssen auch im Hinblick auf ihre Kampfmittelfreiheit für bauliche Anlagen geeignet sein. Dies ist vor allem von Bedeutung bei Bauvorhaben auf Grundstücken, die in Bombenabwurfgebieten oder in ehemaligen Hauptkampfgebieten des Zweiten Weltkriegs liegen und bei denen nicht unerhebliche Erdeingriffe vorgenommen werden.

Baugenehmigungen für Sonderbauten nach § 68 Abs. 1 Satz 3, die Bauvorhaben mit nicht unerheblichen Erdeingriffen in Kampfmittel-

---
[1]) Muster hier nicht abgedruckt.
[2]) **Sartorius Nr. 299.**
[3]) **von Hippel-Rehborn Nr. 118.**

Verwaltungsvorschrift **1a**

verdachtsflächen betreffen, wird eine Nebenbestimmung angefügt, wonach mit dem Beginn der Bauarbeiten erst begonnen werden darf, wenn hiergegen seitens der für die Räumung von Kampfmitteln zuständigen Stellen keine Einwände erhoben werden. Der feststellende Teil der Baugenehmigung, der die Übereinstimmung des Bauvorhabens mit dem geltenden Recht bestätigt, bleibt unangetastet, der verfügende Teil, der die sogenannte „Baufreigabe" beinhaltet, wird damit aufschiebend bedingt.

Im vereinfachten Genehmigungsverfahren gemäß § 68 wird § 16 von der Bauaufsichtsbehörde nicht geprüft. Die Gemeinde wird im Verfahren beteiligt und kann daher als allgemeine Ordnungsbehörde das Erforderliche veranlassen, um den Kampfmittelverdacht auszuräumen. Auf Wunsch der Gemeinde kann auch in diesem Verfahren die Baugenehmigung mit einer Nebenbestimmung versehen werden.

Bei nach § 67 genehmigungsfreien Wohngebäuden, Nebengebäuden, Nebenanlagen, Stellplätzen und Garagen muss nicht untersucht werden, ob ein Grundstück von Kampfmitteln frei ist, wenn nur ein einzelnes Bauvorhaben errichtet werden soll und die Gemeinde bereits entsprechende Untersuchungen hat durchführen lassen, als der Bebauungsplan aufgestellt wurde. Sind dagegen solche Untersuchungen zu diesem Zeitpunkt nicht durchgeführt worden, steht es der Gemeinde frei, für einzelne Baumaßnahmen im Sinne von § 67 Abs. 1 und 7 zu verlangen, dass ein Genehmigungsverfahren durchgeführt wird (vgl. § 67 Abs. 3 Satz 1), wenn sie der Auffassung ist, dass zunächst geprüft werden muss, ob § 16 Satz 2 genügt wird. Sie kann allerdings auch die Bauherrinnen und Bauherren auf die sich aus der Kampfmittelverordnung[1]) ergebenden Pflichten hinweisen und als für die Kampfmittelräumung zuständige allgemeine Ordnungsbehörde rechtzeitig das Erforderliche veranlassen, ohne dass dies Auswirkungen auf die Durchführung des Freistellungsverfahrens haben muss.

### 17 Brandschutz (§ 17)

17.1 Zu Absatz 1

Die in der Landesbauordnung und in Vorschriften auf Grund der Landesbauordnung verwendeten brandschutztechnischen Begriffe und die zugehörigen Prüfbestimmungen entsprechen der Norm DIN 4102 – Brandverhalten von Baustoffen und Bauteilen –, Anforderungen beziehen sich, soweit nichts anderes bestimmt ist, auf die Beurteilung der Baustoffe und Bauteile im eingebauten Zustand. Die Baustoffe müssen nach DIN 4102-1 Abschnitt 7 entsprechend ihrem Brandverhalten gekennzeichnet sein.

Baustoffe, die beim Brand **brennend abfallen** oder **brennend abtropfen,** können zur Feuerweiterleitung beitragen oder die Rettung von Menschen und Tieren behindern. Bei brennbaren Baustoffen, die

---

[1]) von Hippel-Rehborn Nr. 64.

brennend abfallen oder brennend abtropfen, wird diese Eigenschaft durch einen entsprechenden Hinweis
- bei normalentflammbaren Baustoffen (B 2) in den allgemeinen bauaufsichtlichen Prüfzeugnissen,
- bei schwerentflammbaren Baustoffen (B 1) in den allgemeinen bauaufsichtlichen Zulassungen,

kenntlich gemacht. Für Baustoffe, die nach DIN 4102-4 hinsichtlich des Brandverhaltens klassifiziert sind, ist der Nachweis erbracht, dass sie nicht „brennend abfallen".

Anforderungen an **Bekleidungen** gelten auch für nichtbekleidete Oberflächen von Bauteilen. Bekleidungen sind an Bauteilen (z. B. Rohdecke) befestigte Baustoffe, die diese Bauteile ganz oder überwiegend bedecken, wie Unterdecken, Platten, Beläge auf Wänden mit oder ohne Unterkonstruktion sowie Putze. Soweit Bekleidungen und somit die Oberfläche von Bauteilen nichtbrennbar oder schwerentflammbar sein müssen, ist deren Oberflächenbehandlung grundsätzlich in die Beurteilung der Brennbarkeit mit einzubeziehen, es sei denn, es handelt sich um Beschichtungen bis 0,5 mm Dicke, um Anstriche oder um Tapeten auf Mauerwerk, Beton oder mineralischen Putz.

Baustoffe zur Auffüllung von Fugen zwischen raumabschließenden Wänden (z. B. bei Fugen zwischen Gebäudeabschluss- oder Gebäudetrennwänden) müssen zur Vermeidung einer Brandausbreitung mindestens schwerentflammbar (B 1) und in Hochhäusern nichtbrennbar (A) sein, für Randabdichtungen oder Randabdeckungen solcher Fugen dürfen normalflammbare Baustoffe (B 2) verwendet werden.

Im Bereich der Rettungswege unterscheidet die Landesbauordnung zwischen **dichtschließenden** Türen, **rauchdichten** Türen sowie Türen einer Feuerwiderstandsklasse je nach dem Grad ihrer Anforderung.

Als „dichtschließend" gelten Türen mit stumpf einschlagendem oder gefälztem, vollwandigen Türblatt und einer mindestens dreiseitig umlaufenden Dichtung. Verglasungen in diesen Türen sind zulässig.

Rauchdichte Türen (vgl. z. B. § 37 Abs. 5 und 10 sowie § 38 Abs. 2) sind solche nach DIN 18095 – Rauchschutztüren –. Untergeordnete Seitenteile und obere Blenden dieser Türen sind zulässig, sie brauchen keiner Feuerwiderstandsklasse zu entsprechen, wenn die Türen in Wände eingebaut werden, an deren Feuerwiderstandsfähigkeit keine Anforderungen gestellt werden und wenn sie aus Baustoffen bestehen, die für Rauchschutztüren zugelassen sind.

Bei Türen, die der Feuerwiderstandsklasse T 30 entsprechen müssen, sind untergeordnete Seitenteile oder obere Blenden zulässig, wenn sie mit der Tür auf diese Feuerwiderstandsklasse geprüft sind (siehe § 8 Abs. 7 HochhVO).

17.3 Zu Absatz 3
Satz 1 2. Halbsatz stellt klar, dass die zwei Rettungswege, die je Nutzungseinheit und je Geschoss mit Aufenthaltsräumen vorhanden sein müssen, in ein und demselben notwendigen Flur geführt werden

Verwaltungsvorschrift **1a**

dürfen. Sie müssen dann jedoch in zwei Richtungen führen, z. B. zu notwendigen Treppenräumen oder zu Ausgängen ins Freie. Satz 3 und § 38 Abs. 3 BauO NRW (Stichflurregelung) bleiben hiervon unberührt.
Anforderungen an Treppenräume und Sicherheitstreppenräume enthält Nr. 37 VV BauO NRW.

## 18 Wärmeschutz, Schallschutz, Erschütterungsschutz (§ 18)

18.1 Zu Absatz 1
Der geforderte Wärmeschutz von Gebäuden entsprechend ihrer Nutzung und den klimatischen Verhältnissen soll auch dazu beitragen, den Energieverbrauch des Gebäudes zu senken. Die Vorschrift stellt an den Wärmeschutz der Gebäude keine höheren Anforderungen als die aufgrund des Energieeinsparungsgesetzes erlassene WärmeschutzV. Im bauaufsichtlichen Verfahren ist der Wärmeschutz nur nach der WärmeschutzV zu behandeln, und zwar nach Maßgabe der Verordnung zur Umsetzung der Wärmeschutzverordnung (WärmeschutzUVO). Die untere Bauaufsichtsbehörde ist nicht verpflichtet, die nach § 2 Abs. 1 bis 3 WärmeschutzUVO vorzulegenden Nachweise, Bescheinigungen und Bestätigungen zu überprüfen.

18.2 Zu Absatz 2
18.21 Ein ausreichender Schallschutz oder eine ausreichende Geräuschdämmung innerhalb von Gebäuden ist insbesondere dann gewährleistet, wenn die Gebäude, ortsfesten Anlagen oder Einrichtungen nach den dafür erlassenen Technischen Baubestimmungen (DIN 4109 – Schallschutz im Hochbau) geplant und errichtet werden.

18.22 Zur Beurteilung der Frage, ob die von ortsfesten Anlagen oder Einrichtungen in baulichen Anlagen oder auf Baugrundstücken ausgehenden Geräusche so gedämmt sind, dass Gefahren oder unzumutbare Belästigungen für die Nachbarschaft nicht entstehen, können die Immissionsrichtwerte der TA Lärm vom 26. 8. 1998 (GMBl. S. 503) herangezogen werden.

## 19 Verkehrssicherheit (§ 19)

19.2 Zu Absatz 2
19.21 Eine Gefährdung der Sicherheit oder Ordnung des öffentlichen Verkehrs ist nicht anzunehmen, wenn
– eine Ausnahme, Genehmigung oder Zustimmung gemäß § 9 FStrG oder § 25 StrWG NRW,
– eine Sondernutzungserlaubnis gemäß § 8 FStrG oder § 18 StrWG NRW.
vorliegt oder
– das Vorhaben im Geltungsbereich einer Ortssatzung über die Befreiung von der Erlaubnispflicht liegt und deren Regelungen entspricht (§ 8 Abs. 1 FStrG, § 19 StrWG NRW).

**1a**                                    Verwaltungsvorschrift

19.22 Unbeschadet abweichender Vorschriften in einer Ortssatzung über Sondernutzungen ist eine Gefährdung der Sicherheit und Ordnung des öffentlichen Verkehrs im Allgemeinen nicht anzunehmen, wenn
a) Bauteile wie Sockel, Gesimse und Fensterbänke so geringfügig in den öffentlichen Verkehrsraum hineinragen, dass Passanten nicht gefährdet werden können; dies gilt auch für Werbeanlagen und Warenautomaten,
b) Bauteile, Vorbauten und Vordächer, Markisen und Werbeanlagen mehr als 2,50 m oberhalb des Gehweges vor die Gebäudefront vortreten und einen Abstand von mindestens 70 cm vom Rand der Fahrbahn einhalten.

Die unter Buchstabe b genannten Bauteile dürfen den Einsatz von Rettungsgeräten der Feuerwehr (§ 17 Abs. 3) nicht behindern.

Fenster und Türen sollen nicht in den öffentlichen Verkehrsraum aufschlagen.

### 20 Bauprodukte und Bauarten (§§ 20 bis 28)

Mit den Regelungen in §§ 20 bis 28 wird
– die Bauproduktenrichtlinie hinsichtlich der Verwendung von Bauprodukten im Anwendungsbereich der BauO NRW umgesetzt und
– sichergestellt, dass die für Bauprodukte maßgebenden Verfahren nach dem Bauordnungsrecht weitgehend dem Verfahren über Bauprodukte nach dem BauPG entsprechen.

Durch das BauPG erfolgte die Umsetzung der Bauproduktenrichtlinie hinsichtlich des Inverkehrbringens und des freien Warenverkehrs von Bauprodukten. Die Umsetzung der Bauproduktenrichtlinie hinsichtlich der Verwendung von Bauprodukten, die nach dem BauPG oder nach weiteren, der Umsetzung anderer EG-Richtlinien dienenden Vorschriften in den Verkehr gebracht werden, erfolgte für den bauaufsichtlichen Anwendungsbereich in den §§ 20 bis 28.

Die §§ 20 ff. richten sich zwar in erster Linie unmittelbar an die Hersteller und die bei der Prüfung, Überwachung und Zertifizierung von Bauprodukten und Bauarten einzuschaltenden Stellen; sie wirken sich jedoch auch auf verwendende bzw. anwendende Entwurfsverfasserinnen und Entwurfsverfasser, Bauherrinnen und Bauherrn und Unternehmerinnen und Unternehmer aus; für die unteren Bauaufsichtsbehörden sind sie vor allem im Rahmen der Bauüberwachung und der Bauzustandsbesichtigung nach §§ 81 und 82 von Bedeutung.

Da die §§ 20 ff. wegen ihrer sehr komplexen Regelungsinhalte und ihres rechtlichen Zusammenspiels mit Regelungen des BauPG und andere Richtlinien der EG umsetzenden Bundesrechts sowie entsprechenden Rechts anderer Vertragsstaaten des Abkommens über den Europäischen Wirtschaftsraum nicht leicht verständlich sind, werden für ihren Vollzug folgende Hinweise gegeben:

Die §§ 20 ff. betreffen sowohl Bauprodukte (§ 2 Abs. 9) als auch Bauarten (§ 2 Abs. 10).

Verwaltungsvorschrift **1a**

20.1 Bauprodukte, die nach EG-Richtlinien umsetzenden Vorschriften in den Verkehr gebracht werden (§ 20 Abs. 1 Satz 1 Nr. 2)

20.11 Allgemeines
Bauprodukte die nach EG-Richtlinien umsetzenden Vorschriften in den Verkehr gebracht und gehandelt werden, dürfen ohne weiteren Verwendbarkeits- oder Übereinstimmungsnachweis verwendet werden, wenn sie eine CE-Kennzeichnung und zusätzliche Angaben zur CE-Kennzeichnung mit Angabe der geforderten Klassen und Leistungsstufen nach § 20 Abs. 7 Nr. 1 tragen.

Unter Umsetzungsvorschriften in diesem Sinne fallen auch die entsprechenden Vorschriften der anderen Staaten des Europäischen Wirtschaftsraumes (§ 20 Abs. 1 Satz 1 Nr. 2 Buchstaben b und c), nach denen Bauprodukte in diesen Staaten in den Verkehr gebracht und gehandelt werden, wenn sie die CE-Konformitätskennzeichnung tragen. Tragen heißt in diesem Zusammenhang: Kennzeichnung auf dem Bauprodukt oder auf seiner Verpackung oder, wenn das nicht möglich ist, auf dem Lieferschein (§ 8 Abs. 7 BauPG). Ermöglichen die Vorschriften (in zugrunde liegenden Normen, Leitlinien für europäische technische Zulassungen oder Zulassungen selbst) die Festlegung von Klassen und Leistungsstufen für das Bauprodukt, so werden die erforderlichen Klassen oder Leistungsstufen für den jeweiligen Verwendungszweck des Bauproduktes in der Bauregelliste B bekannt gemacht (§ 20 Abs. 7 Nr. 1).

Die CE-Konformitätskennzeichnung aufgrund aller EG-Richtlinien besteht nach der Richtlinie 93/68/EWG des Rates vom 22. Juli 1993 (ABl. EG Nr. L 220 vom 30. 8. 1993, S. 1) aus den Buchstaben „CE" mit folgendem Schriftbild:

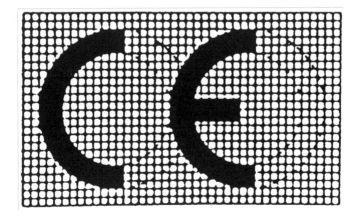

**1a** Verwaltungsvorschrift

Bei Verkleinerung und Vergrößerung der CE-Kennzeichnung müssen die sich aus dem abgebildeten Raster ergebenden Proportionen eingehalten werden. Die verschiedenen Bestandteile der CE-Kennzeichnung müssen etwa gleich hoch sein; die Mindesthöhe beträgt 5 mm, so dass die Lesbarkeit der Konformitätskennzeichnung noch gegeben ist. Zusätzliche notwendige Angaben werden in einer Verordnung nach § 15 Abs. 1 in Verbindung mit § 12 BauPG des Bundesministeriums für Verkehr, Bau- und Wohnungswesen über die CE-Kennzeichnung, die Konformitätserklärung und das Konformitätszertifikat nach dem Bauproduktengesetz festgelegt werden.

20.12 Besondere Hinweise

20.121 Bauprodukte, die nach dem BauPG oder entsprechenden Umsetzungsvorschriften anderer Staaten des Europäischen Wirtschaftsraumes in den Verkehr gebracht werden (§ 20 Abs. 1 Satz 1 Nr. 2 Buchstaben a und b)
Nach § 3 Abs. 1 Satz 1 Nr. 4 BauPG können auch Bauprodukte ohne CE-Kennzeichnung in den Verkehr gebracht und gehandelt werden, wenn sie von untergeordneter Bedeutung im Hinblick auf die wesentlichen Anforderungen des § 5 Abs. 1 BauPG (mechanische Festigkeit und Standsicherheit, Brandschutz, Hygiene, Gesundheit und Umweltschutz, Nutzungssicherheit, Schallschutz sowie Energieeinsparung und Wärmeschutz) sind und in einer von der Europäischen Kommission erstellten, vom Bundesministerium für Verkehr, Bau- und Wohnungswesen im Bundesanzeiger bekannt gemachten Liste enthalten sind und die Herstellerin oder der Hersteller die Erklärung nach § 4 Abs. 3 BauPG abgegeben hat.
Entsprechenden Regelungen anderer Staaten des Europäischen Wirtschaftsraumes unterfallende Bauprodukte dürfen ebenfalls ohne CE-Kennzeichnung in Deutschland in den Verkehr gebracht und gehandelt werden.
Ist die Verwendung eines (im In- oder Ausland) hergestellten Bauproduktes nur für den Einzelfall vorgesehen, stellen weder die Bauproduktenrichtlinie noch das BauPG Anforderungen an das Bauprodukt (§ 4 Abs. 4 BauPG). Die Verwendbarkeit richtet sich nach den Vorschriften der Bauordnungen der Länder, in Nordrhein-Westfalen siehe § 25 Abs. 2 Satz 3. Den Herstellerinnen oder Herstellern steht es jedoch frei, im Entsprechensfall die Brauchbarkeit und Konformität nach BauPG nachzuweisen.
Bauprodukte müssen nach dem BauPG in den Verkehr gebracht werden, wenn dies ausdrücklich in den vom Bundesministerium für Verkehr, Bau- und Wohnungswesen im Bundesanzeiger bekannt gemachten harmonisierten Normen oder Leitlinien für Europäische technische Zulassungen festgelegt ist. Ist das nicht der Fall, so dürfen die Bauprodukte auch verwendet werden, wenn sie die Voraussetzungen des § 20 Abs. 1 Nr. 1 erfüllen.

Verwaltungsvorschrift **1a**

20.122 Bauprodukte, die nach Vorschriften zur Umsetzung sonstiger Richtlinien der EG in den Verkehr gebracht und gehandelt werden (§ 20 Abs. 1 Satz 1 Nr. 2 Buchstabe c)
Bauprodukte fallen u. U. auch unter den Anwendungsbereich anderer EG-Richtlinien, die in nationales Recht umgesetzt werden.
Dies sind derzeit:
- Richtlinie 87/404/EWG des Rates vom 25. Juni 1987 zur Angleichung der Rechtsvorschriften der Mitgliedstaaten für einfache Druckbehälter (ABl. EG Nr. L 220 vom 8. 8. 1987, S. 48), zuletzt geändert durch die Richtlinie 93/68/EWG vom 22. Juli 1993 (ABl. EG Nr. L 220 vom 30. 8. 1993, S. 1), umgesetzt in Deutschland durch die Sechste Verordnung zum Gerätesicherheitsgesetz (Verordnung über das Inverkehrbringen von einfachen Druckbehältern – 6. GSGV) vom 25. Juni 1992 (BGBl. I S. 1171), zuletzt geändert durch Verordnung vom 28. September 1995 (BGBl. I S. 1213);
- Richtlinie 90/396/EWG des Rates vom 29. Juli 1990 zur Angleichung der Rechtsvorschriften der Mitgliedstaaten für Gasverbrauchseinrichtungen (ABl. EG Nr. L 196 vom 26. 7. 1990, S. 15), geändert durch die Richtlinie 93/68/EWG des Rates vom 22. Juli 1993 (ABl. EG Nr. L 220 vom 30. 8. 1993, S. 1), umgesetzt in Deutschland durch die Siebte Verordnung zum Gerätesicherheitsgesetz (Gasverbrauchseinrichtungsverordnung) – 7. GSGV – vom 26. Januar 1993 (BGBl. I S. 133), geändert durch Verordnung vom 28. September 1995 (BGBl. I S. 1213);
- Richtlinie 73/23/EWG des Rates vom 19. Februar 1973 zur Angleichung der Rechtsvorschriften der Mitgliedstaaten betreffend elektrische Betriebsmittel zur Verwendung innerhalb bestimmter Spannungsgrenzen (ABl. EG Nr. L 77 vom 26. 3. 1973, S. 29), geändert durch die Richtlinie 93/68/EWG vom 22. Juli 1993 (ABl. EG Nr. L 220 vom 30. 8. 1993, S. 1), umgesetzt in Deutschland durch die Erste Verordnung zum Gerätesicherheitsgesetz (Verordnung über das Inverkehrbringen elektrischer Betriebsmittel zur Verwendung innerhalb bestimmter Spannungsgrenzen – 1. GSGV) vom 11. Juni 1979 (BGBl. I S. 629), geändert durch Verordnung vom 28. September 1995 (BGBl. I S. 1213);
- Richtlinie 89/392/EWG des Rates vom 14. Juli 1989 zur Angleichung der Rechtsvorschriften der Mitgliedstaaten für Maschinen (ABl. EG Nr. L 183 vom 29. 6. 1989, S. 9), zuletzt geändert durch die Richtlinie 93/68/EWG vom 22. Juli 1993 (ABl. EG Nr. L 220 vom 30. 8. 1993, S. 1), umgesetzt in Deutschland durch die Neunte Verordnung zum Gerätesicherheitsgesetz (Maschinenverordnung – 9. GSGV) vom 12. Mai 1993 (BGBl. I S. 704), zuletzt geändert durch Verordnung vom 28. September 1995 (BGBl. I S. 1213);
- Richtlinie 92/42/EWG des Rates vom 21. Mai 1992 über die Wirkungsgrade von mit flüssigen oder gasförmigen Brennstoffen beschickten neuen Warmwasserheizkesseln (ABl. EG Nr. L 167 vom 22. 6. 1992, S. 17), geändert durch Richtlinie 93/68/EWG vom

22. Juli 1993 (ABl. EG Nr. L 220 vom 30. 8. 1993, S. 1), grundsätzlich umgesetzt in Deutschland durch die Verordnung über energieeinsparende Anforderungen an heizungstechnische Anlagen und Brauchwasseranlagen (Heizungsanlagen-Verordnung – HeizAnlV) in der Fassung der Bekanntmachung vom 4. Mai 1998 (BGBl. I S. 851).

Bauprodukte, die nach diesen Richtlinien die CE-Kennzeichnung tragen, sind nach § 20 Abs. 1 Satz 1 Nr. 2 Buchstabe c verwendbar, soweit diese Richtlinien die wesentlichen Anforderungen des § 5 Abs. 1 BauPG (siehe dazu Nr. 20.121) berücksichtigen. Inwieweit diese wesentlichen Anforderungen von diesen Richtlinien nicht berücksichtigt werden, wird in der Bauregelliste B Teil 2 bekannt gemacht (§ 20 Abs. 7 Nr. 2). Für die nicht berücksichtigten wesentlichen Anforderungen können unter Umständen Verwendbarkeitsnachweise, Übereinstimmungsnachweise und die Kennzeichnung mit dem Übereinstimmungszeichen (Ü-Zeichen) nach § 20 Abs. 1 Satz 1 Nr. 1 zusätzlich erforderlich sein.

20.2 Bauprodukte, die nicht nach EG-Richtlinien umsetzenden Vorschriften in den Verkehr gebracht werden müssen

20.21 Allgemeines

Für Bauprodukte, die nicht nach EG-Richtlinien umsetzenden Vorschriften in den Verkehr gebracht und gehandelt werden müssen, bestimmt sich ihre Verwendbarkeit nach § 20 Abs. 1 Satz 1 Nr. 1 sowie Sätze 2 und 3, § 20 Abs. 2 bis 6, §§ 21 bis 23 und §§ 25 bis 27.

Diese Regelungen unterscheiden drei Gruppen von Bauprodukten:
– geregelte und nicht geregelte Bauprodukte, die ihre Übereinstimmung mit zugrunde liegenden technischen Regeln, Zulassungen, Prüfzeugnissen oder Zustimmungen der obersten Bauaufsichtsbehörde im Einzelfall durch Kennzeichnung mit dem Ü-Zeichen ausweisen müssen,
– Bauprodukte, die für die Erfüllung der Anforderungen der BauO NRW oder der Vorschriften aufgrund der BauO NRW nur eine untergeordnete Bedeutung haben und in einer Liste C bekannt gemacht werden (Bauprodukte der Liste C nach § 20 Abs. 3 Satz 2),
– sonstige Bauprodukte, die nach allgemein anerkannten Regeln der Technik hergestellt werden oder von diesen abweichen (sonstige Bauprodukte, siehe dazu Nr. 20.26).

20.22 Geregelte Bauprodukte

Geregelte Bauprodukte sind solche, die in der Bauregelliste A Teil 1 bekannt gemachten technischen Regeln entsprechen oder von ihnen nicht wesentlich abweichen (§ 20 Abs. 1 Satz 1 Nr. 1 in Verbindung mit § 20 Abs. 2). Geregelte Bauprodukte bedürfen keines besonderen Verwendbarkeitsnachweises.

20.23 Nicht geregelte Bauprodukte

Nicht geregelte Bauprodukte sind solche, die entweder von in der Bauregelliste A Teil 1 bekannt gemachten technischen Regeln wesent-

Verwaltungsvorschrift **1a**

lich abweichen oder für die es allgemein anerkannte Regeln der Technik nicht gibt. Diese Bauprodukte bedürfen eines gesonderten Verwendbarkeitsnachweises (§ 20 Abs. 1 Satz 1 in Verbindung mit § 20 Abs. 3) in Form
– der allgemeinen bauaufsichtlichen Zulassung (§ 21),
– des allgemeinen bauaufsichtlichen Prüfzeugnisses (§ 22) oder
– der Zustimmung im Einzelfall (§ 23).
Allgemeine bauaufsichtliche Prüfzeugnisse sind anstelle von allgemeinen bauaufsichtlichen Zulassungen erforderlich, wenn dies mit der Bekanntmachung der technischen Regel oder Benennung des Bauproduktes selbst in der Bauregelliste A Teile 1 und 2 bestimmt wird.
Zustimmungen im Einzelfall können statt der allgemeinen bauaufsichtlichen Zulassung bzw. des allgemeinen bauaufsichtlichen Prüfzeugnisses beantragt werden, wenn das Bauprodukt nicht allgemein, sondern nur an einer bestimmten Baustelle verwendet werden soll.
Allgemeine bauaufsichtliche Zulassungen werden vom Deutschen Institut für Bautechnik, allgemeine bauaufsichtliche Prüfzeugnisse werden von anerkannten Prüfstellen nach § 28 Abs. 1 Satz 1 Nr. 1 und Zustimmungen im Einzelfall werden von der obersten Bauaufsichtsbehörde erteilt.

20.24 Übereinstimmungszeichen (Ü-Zeichen)
Geregelte und nicht geregelte Bauprodukte unterliegen einem Übereinstimmungsnachweis. Sie müssen das Ü-Zeichen nach § 25 Abs. 4 und 5 tragen (§ 20 Abs. 1 Satz 1 Nr. 1). Tragen in diesem Zusammenhang heißt, das Ü-Zeichen ist auf dem Bauprodukt, auf einem Beipackzettel oder auf seiner Verpackung, oder wenn das nicht möglich ist, auf dem Lieferschein oder auf einer Anlage zum Lieferschein (z. B. einem Werksprüfzeugnis) anzubringen.
Mit dem Ü-Zeichen bestätigt die Herstellerin oder der Hersteller, dass das Bauprodukt mit der ihm zugrunde liegenden technischen Regel der Bauregelliste A, der allgemeinen bauaufsichtlichen Zulassung, dem allgemeinen bauaufsichtlichen Prüfzeugnis oder der Zustimmung im Einzelfall übereinstimmt oder nicht wesentlich davon abweicht.
Die Bestätigung der Übereinstimmung (§ 25) erfolgt durch
– Übereinstimmungserklärung des Herstellers aufgrund werkseigener Produktionskontrolle (§ 26 Abs. 1) ohne bzw. mit Erstprüfung des Bauproduktes durch eine anerkannte Prüfstelle (§ 26 Abs. 2) oder
– Übereinstimmungszertifikat einer anerkannten Zertifizierungsstelle (§ 27).
Ob eine Übereinstimmungserklärung mit Erstprüfung des Bauprodukts erforderlich ist, wird in der technischen Regel nach § 20 Abs. 2, in der Bauregelliste A oder in den besonderen Verwendbarkeitsnachweisen des § 20 Abs. 3 Satz 1 festgelegt.
Wann ein Übereinstimmungszertifikat erforderlich ist, wird in der Bauregelliste A, der allgemeinen bauaufsichtlichen Zulassung, dem allgemeinen bauaufsichtlichen Prüfzeugnis oder der Zustimmung im

**1a** Verwaltungsvorschrift

Einzelfall festgelegt. Im Einzelfall kann jedoch vom an sich vorgeschriebenen Übereinstimmungszertifikat von der obersten Bauaufsichtsbehörde abgesehen werden (§ 25 Abs. 2 Satz 4).

Form und Größe des Ü-Zeichens und die erforderlichen zusätzlichen Angaben richten sich nach der PÜZÜVO.

Ü-Zeichen, die in anderen Ländern bzw. aufgrund bilateraler Vereinbarung in anderen Staaten aufgebracht werden, gelten auch in Nordrhein-Westfalen (§ 25 Abs. 6). Die Länder haben wortgleiche Verordnungen erlassen.

20.25 Bauprodukte nach Liste C

Bauprodukte, die für die Erfüllung der bauaufsichtlichen Anforderungen nur eine untergeordnete Bedeutung haben und deshalb in der Liste C bekannt gemacht sind, bedürfen keines besonderen Verwendbarkeitsnachweises nach § 20 Abs. 3 Satz 1 (§ 20 Abs. 3 Satz 2) und keines Übereinstimmungsnachweises nach § 25; sie dürfen deshalb auch kein Ü-Zeichen tragen. Aus dem Gesetzeszusammenhang ergibt sich, dass nur solche Bauprodukte für eine Aufnahme in die Liste C in Betracht kommen, für die es keine allgemein anerkannten Regeln der Technik gibt.

20.26 Sonstige Bauprodukte

Eine Vielzahl von Bauprodukten wird nach allgemein anerkannten Regeln der Technik erstellt, die deshalb nicht in die Bauregelliste A Teil 1 aufgenommen sind, weil sie entweder nicht zur Erfüllung der in der BauO NRW und den Vorschriften aufgrund der BauO NRW an baulichen Anlagen gestellten Anforderungen erforderlich sind oder weil sie ohne besondere baurechtliche Behandlung das Schutzziel der BauO NRW erreichen. Hierzu zählen DIN-Normen sowie Richtlinien von technisch-wissenschaftlichen Vereinigungen und Ingenieurverbänden, z.B.:
- VDI (Verein Deutscher Ingenieure),
- DASt/DAfStb (Deutscher Ausschuss für Stahlbau/Stahlbetonbau),
- DVGW (Deutscher Verein des Gas- und Wasserfaches),
- DVS (Deutscher Verband für Schweißtechnik),
- KTA (Kerntechnischer Ausschuss).

Auf dieser Grundlage hergestellte Bauprodukte werden unter dem Begriff „sonstige Bauprodukte" erfasst. Diese Bauprodukte dürfen kein Übereinstimmungszeichen (Ü) tragen. Selbst die Abweichung von technischen Regeln löst bei sonstigen Bauprodukten nicht das Erfordernis eines Verwendbarkeitsnachweises aus (§ 20 Abs. 3). Sie dürfen allerdings vom Schutzziel der Bauordnung und der technischen Regel selbst nicht beliebig abweichen; eine Abweichung ist nur soweit erlaubt, als die damit bewirkte andere Lösung in gleicher Weise die Anforderungen des § 3 Abs. 1 Satz 1 erfüllt.

20.3 Bauarten

Keiner Anwendbarkeits- oder Übereinstimmungsnachweise bedürfen Bauarten, die Technischen Baubestimmungen entsprechen oder

Verwaltungsvorschrift **1a**

nur unwesentlich von ihnen abweichen oder für die es allgemein anerkannte Regeln der Technik gibt.

Eines besonderen Anwendbarkeitsnachweises bedürfen jedoch Bauarten, die von Technischen Baubestimmungen wesentlich abweichen oder für die es allgemein anerkannte Regeln der Technik nicht gibt (nicht geregelte Bauarten, siehe § 24 Abs. 1 Satz 1).

Der Anwendbarkeitsnachweis besteht entweder
– in der allgemeinen bauaufsichtlichen Zulassung,
– in dem allgemeinen bauaufsichtlichen Prüfzeugnis oder
– in der Zustimmung im Einzelfall.

Die allgemeine bauaufsichtliche Zulassung wird vom Deutschen Institut für Bautechnik, das allgemeine bauaufsichtliche Prüfzeugnis von einer dafür anerkannten Prüfstelle nach § 28 Abs. 1 Satz 1 Nr. 1 und die Zustimmung im Einzelfall von der obersten Bauaufsichtsbehörde erteilt (§ 24 Abs. 1 Satz 2). Auf den besonderen Anwendbarkeitsnachweis kann die oberste Bauaufsichtsbehörde im Einzelfall oder für genau begrenzte Fälle verzichten (§ 24 Abs. 1 Satz 5).

Nicht geregelte Bauarten bedürfen zusätzlich der Bestätigung ihrer Übereinstimmung mit den zugrunde liegenden allgemeinen bauaufsichtlichen Zulassungen, den allgemeinen bauaufsichtlichen Prüfzeugnissen oder der Zustimmung im Einzelfall (§ 25 Abs. 3). Art und Inhalt der Bestätigung der Übereinstimmung
– Übereinstimmungserklärung des Herstellers (§ 26) oder
– Übereinstimmungszertifikat durch eine anerkannte Zertifizierungsstelle (§ 27)
werden in der allgemeinen bauaufsichtlichen Zulassung, in dem allgemeinen bauaufsichtlichen Prüfzeugnis oder in der Zustimmung im Einzelfall festgelegt.

Ein Ü-Zeichen wird für Bauarten nicht verlangt.

20.4 Die Bauregellisten A und B sowie die Liste C werden vom Deutschen Institut für Bautechnik im Einvernehmen mit den obersten Bauaufsichtsbehörden der Länder bekannt gemacht und in den Mitteilungen des Deutschen Instituts für Bautechnik (Ernst &, Sohn, Verlag für Architektur und Technische Wissenschaften GmbH, Mühlenstr. 33–34, 13187 Berlin) veröffentlicht. Maßgebend sind zur Zeit die Listen im Sonderheft 22/2000.

### 29 Wände, Pfeiler und Stützen (§ 29)

29.1 Zu Absatz 1 Tabelle Zeile 3
Die Anforderungen an die Außenwandbekleidung und an die Dämmschichten gelten grundsätzlich auch für deren Unterkonstruktionen, Halterungen, Befestigungen und Verbindungselemente.

Stabförmige Unterkonstruktionen von Außenwandbekleidungen sind jedoch aus normalentflammbaren Baustoffen (B 2) zulässig
– bei Gebäuden geringer Höhe,

**1a**                                                                  Verwaltungsvorschrift

– bei anderen Gebäuden, wenn der Abstand zwischen Außenwand einschließlich etwaiger Dämmschichten und der Bekleidung einschließlich einer waagerecht angeordneten Traglattung (frei durchströmbarer Hohlraum) nicht größer als 4 cm ist und die Fenster- und Türleibungen gegen den Luftzwischenraum umseitig mit Baustoffen der für Außenwandbekleidungen erforderlichen Baustoffklasse abgeschlossen sind; dies gilt nicht für Hochhäuser, bei denen der Fußboden mindestens eines Aufenthaltsraumes mehr als 60 m über der Geländeoberfläche liegt.

Werden Außenwandbekleidungen hinterlüftet, so müssen die Halterungen und Befestigungen der Bekleidungen und der Unterkonstruktionen aus nichtbrennbaren Baustoffen bestehen. Dies gilt nicht für Halterungen von Dämmschichten und auch nicht für Dübel, die in tragenden Wänden aus nichtbrennbaren Baustoffen befestigt sind und deren Brauchbarkeit für den Verwendungszweck, z. B. durch eine allgemeine bauaufsichtliche Zulassung nachgewiesen ist.

An das Brandverhalten von Fensterprofilen und Dichtmitteln werden – abgesehen von dem generellen Verbot der Verwendung leichtentflammbarer Baustoffe – keine Anforderungen gestellt. Für kleinflächige Bestandteile der Außenwandbekleidung (z. B. Kantenabdeckung) genügen normal entflammbare Baustoffe (B 2).

An Obergeschossen dürfen Außenwandbekleidungen, die als brennend abfallend oder brennend abtropfend gelten, nicht verwendet werden (siehe Nr. 17.1).

29.3 Zu Absatz 3

Geeignete Maßnahmen zur Verhinderung einer Brandausbreitung auf Nachbargebäude oder Brandabschnitte sind insbesondere
– ein im Bereich der Gebäudeabschlusswand oder Gebäudetrennwand angeordneter Streifen der Außenwandbekleidung von mindestens 1,0 m Breite aus nicht brennbaren Baustoffen,
– ein mindestens 0,5 m vor die Außenwand vorstehender Teil der Gebäudeabschlusswand oder Gebäudetrennwand, der nicht brennbar bekleidet ist oder
– ein Versatz der Außenwand im Bereich der Gebäudeabschlusswand oder Gebäudetrennwand von mindestens 1,0 m, die hier nicht brennbar bekleidet ist.

## 30 Trennwände (§ 30)

30.22 Zu Absatz 2 Satz 2

30.221 Eine Übertragung von Feuer und Rauch ist – ohne dass es eines besonderen Nachweises nach Nr. 30.222 bedarf – nicht zu befürchten
– bei der Durchführung von Leitungen für Wasser und Abwasser aus nichtbrennbaren Rohren – mit Ausnahme von solchen aus Aluminium –, wenn der verbleibende Öffnungsquerschnitt mit nichtbrennbaren, formbeständigen Baustoffen vollständig geschlossen wird,

Verwaltungsvorschrift **1a**

bei Bauteilen aus mineralischen Baustoffen, z. B. mit Mörtel oder Beton; werden Mineralfasern hierzu verwendet, so müssen diese eine Schmelztemperatur von mindestens 1000 °C aufweisen (vgl. DIN 4102-17: 1990-12),
- bei der Durchführung von Leitungen aus brennbaren Rohren mit einem Durchmesser von < 32 mm, wenn der verbleibende Öffnungsquerschnitt wie vorstehend beschrieben geschlossen wird,
- bei der Durchführung von Leitungen aus brennbaren Rohren oder von Rohren aus Aluminium, wenn die Rohrleitungen auf einer Gesamtlänge von 4,0 m, jedoch auf keiner Seite weniger als 1,0 m, mit mineralischem Putz ≥ 15 mm dick auf nichtbrennbarem Putzträger oder auf Holzwolle-Leichtbauplatten nach DIN 1101: 1989-11 oder mit einer gleichwertigen Bekleidung aus nichtbrennbaren Baustoffen ummantelt sind; von diesen Leitungen abzweigende Rohrleitungen, die nur auf einer Seite der Trennwände und nicht durch Decken geführt werden, brauchen nicht ummantelt zu werden,
- bei der Durchführung von elektrischen Leitungen, wenn die Leitungen einzeln (nicht gebündelt) geführt werden und der verbleibende Öffnungsquerschnitt vollständig mit mineralischem Mörtel verschlossen wird.

30.222 Vorkehrungen gegen eine Übertragung von Feuer und Rauch sind
- bei der Durchführung von Rohrleitungen Maßnahmen, die die Anforderungen nach DIN 4102-11 der Feuerwiderstandsklasse R 90 erfüllen; bei Leitungen aus brennbaren Rohren (B 1 bzw. B 2) sind dies Rohrabschottungen;
- bei der Durchführung von gebündelten elektrischen Leitungen: Kabelschotts nach DIN 41 02-9 der Feuerwiderstandsklasse S 90.

Die Brauchbarkeit von Rohrabschottungen und Kabelschotts ist nach § 20 Abs. 3 Satz 1 Nr. 1 nachzuweisen.

30.223 Die Anforderungen an Lüftungsleitungen sind ausschließlich in § 42 geregelt. Siehe hierzu Nr. 42.2.

## 31 Gebäudeabschlusswände (§ 31)

31.3 Zu Absatz 3
Die Bestimmung ist auch anwendbar, wenn Gebäude versetzt angeordnet sind, die Außenwand des Vorhabens sich also nicht in der Flucht der Außenwand des Nachbargebäudes befindet.

Ist das Bauvorhaben gegenüber dem Nachbargebäude zurückgesetzt, darf ein Vorbau bis zu 1,50 m über die Außenwand des Nachbargebäudes hinausragen, ohne dass der Vorbau eine Gebäudeabschlusswand benötigt.

Ist dagegen das Nachbargebäude gegenüber dem Bauvorhaben zurückgesetzt, reduziert sich die zulässige Tiefe des Vorbaus um das Maß, um das die Außenwand des Nachbargebäudes zurückspringt; beträgt der Vorsprung mehr als 1,50 m, wäre ein Vorbau ohne Gebäudeab-

**1a** Verwaltungsvorschrift

schlusswand unzulässig. In solchen Fällen wird aber vielfach eine Abweichung gerechtfertigt sein.

### 33 Brandwände (§ 33)

33.1 Zu Absatz 1
Greifen Stahlträger oder Stahlstützen in Brandwände ein, so müssen sie zur Wahrung der Standsicherheit der Brandwand entsprechend der Feuerwiderstandsklasse F 90 ausgebildet sein (z. B. durch geeignete Ummantelung).

33.5 Zu Absatz 5
Es gilt Nr. 30.22.

### 34 Decken (§ 34)

34.53 Zu Absatz 5 Satz 3
34.531 Eine Übertragung von Feuer und Rauch ist – ohne dass es eines besonderen Nachweises nach Nr. 34.532 bedarf – nicht zu befürchten

– bei der Durchführung von Leitungen für Wasser und Abwasser aus nichtbrennbaren Rohren – mit Ausnahme von solchen aus Aluminium –, wenn der verbleibende Öffnungsquerschnitt mit nichtbrennbaren, formbeständigen Baustoffen vollständig geschlossen wird, bei Bauteilen aus mineralischen Baustoffen. z. B. mit Mörtel oder Beton; werden Mineralfasern hierzu verwendet, so müssen diese eine Schmelztemperatur von mindestens 1000 °C aufweisen (vgl. DIN 4102-17: 1990-12),

– bei der Durchführung von Leitungen aus brennbaren Rohren mit einem Durchmesser von < 32 mm, wenn der verbleibende Öffnungsquerschnitt wie vorstehend beschrieben geschlossen wird,

– bei der Durchführung von Leitungen aus brennbaren Rohren oder von Rohren aus Aluminium, wenn die Rohre durchgehend in jedem Geschoss, außer im obersten Geschoss von Dachräumen, mit mineralischem Putz ≥ 15 mm dick auf nichtbrennbarem Putzträger oder auf Holzwolle-Leichtbauplatten nach DIN 1101: 1989-11 oder mit einer gleichwertigen Bekleidung aus nichtbrennbaren Baustoffen ummantelt bzw. bekleidet oder abgedeckt werden; bei Leitungen aus schwerentflammbaren Rohren (B 1) oder aus Rohren aus Aluminium sind diese Schutzmaßnahmen nur in jedem zweiten Geschoss erforderlich; abzweigende Rohrleitungen, soweit sie nur innerhalb eines Geschosses und nicht durch Trennwände nach § 30 geführt werden, brauchen nicht ummantelt zu werden,

– bei der Durchführung von elektrischen Leitungen, wenn die Leitungen einzeln (nicht gebündelt) geführt werden und der verbleibende Öffnungsquerschnitt vollständig mit mineralischem Mörtel verschlossen wird.

34.532 Es gilt die Nr. 30.222 entsprechend.

Verwaltungsvorschrift **1a**

34.533 Die Anforderungen an Lüftungsleitungen sind ausschließlich in § 42 geregelt. Siehe hierzu Nr. 42.2.

## 35 Dächer (§ 35)

35.1 Zu Absatz 1

35.11 Zur Bedachung zählen Dacheindeckung und die Dachabdichtungen einschließlich etwaiger Dämmschichten sowie Lichtkuppeln oder andere Abschlüsse für Öffnungen im Dach. Gegen Flugfeuer und strahlende Wärme widerstandsfähige (harte) Bedachungen sind solche, die den Anforderungen nach DIN 4102-7 entsprechen.

35.4 Zu Abs. 4:
Wegen des Brandschutzes bestehen keine Bedenken:

35.41 bei Lichtbändern aus brennbaren Baustoffen in Dächern mit harter Bedachung, wenn sie
- eine Fläche von höchstens 40 m² haben und höchstens 20,0 m lang sind,
- untereinander und von den Dachrändern mindestens 2,0 m Abstand haben und
- zu Brandwänden oder zu unmittelbar angrenzenden vorhandenen oder zulässigen höheren Gebäuden oder Gebäudeteilen mindestens 5,0 m Abstand haben sowie

35.42 bei Lichtkuppeln aus brennbaren Baustoffen in Dächern mit harter Bedachung, wenn
- die Grundrissfläche der einzelnen Lichtkuppeln in der Dachfläche 6 m² nicht überschreitet,
- die Grundrissfläche aller Lichtkuppeln höchstens 20% der Dachfläche erreicht,
- die Lichtkuppeln untereinander und von den Dachrändern mindestens 1,0 m Abstand, von den Lichtbändern nach Nr. 35.41 einen Abstand von mindestens 2,0 m haben,
- die Lichtkuppeln zu Brandwänden bzw. zu unmittelbar angrenzenden vorhandenen oder zulässigen höheren Gebäuden oder Gebäudeteilen mindestens 5,0 m Abstand haben,

35.43 bei Dächern mit Intensivbegrünung und Dachgärten – das sind solche, die bewässert und gepflegt werden und die in der Regel eine dicke Substratschicht aufweisen – sowie
bei Dächern mit Extensivbegrünung durch überwiegend niedrigwachsende Pflanzen (z.B. Gras, Sedum, Eriken) ist ein ausreichender Widerstand gegen Flugfeuer und strahlende Wärme gegeben, wenn
- eine mindestens 3 cm dicke Schicht Substrat (Dachgärtnererde, Erdsubstrat) mit höchstens 20 Gew.-% organischer Bestandteile vorhanden ist. Bei Begrünungsaufbauten, die dem nicht entsprechen (z.B. Substrat mit höherem Anteil organischer Bestandteile, Vegetationsmatten aus Schaumstoff), ist ein Nachweis nach DIN 4102-7

**1a** Verwaltungsvorschrift

bei einer Neigung von 15 Grad und im trockenen Zustand (Ausgleichsfeuchte bei Klima 23/50) ohne Begrünung zu führen;
- Gebäudeabschlusswände, Brandwände oder Wände, die anstelle von Brandwänden zulässig sind, in Abständen von höchstens 40 m, mindestens 30 cm über das begrünte Dach, bezogen auf Oberkante Substrat bzw. Erde, geführt sind. Sofern diese Wände aufgrund bauordnungsrechtlicher Bestimmungen nicht über Dach geführt werden müssen, genügt auch eine 30 cm hohe Aufkantung aus nichtbrennbaren Baustoffen oder ein 1 m breiter Streifen aus massiven Platten oder Grobkies;
- vor Öffnungen in der Dachfläche (Dachfenster, Lichtkuppeln) und vor Wänden mit Öffnungen ein mindestens 0,5 m breiter Streifen aus massiven Platten oder Grobkies angeordnet wird, es sei denn, dass die Brüstung der Wandöffnung mehr als 0,8 m über Oberkante Substrat hoch ist;
- bei aneinandergereihten, giebelständigen Gebäuden im Bereich der Traufe ein in der Horizontalen gemessener mindestens 1 m breiter Streifen nachhaltig unbegrünt bleibt und mit einer Dachhaut aus nichtbrennbaren Baustoffen versehen ist.

35.6 Zu Absatz 6

Es bestehen keine Bedenken gegen eine Abweichung (§ 73 BauO NRW) von den Abstandregelungen des Satzes 2

a) bei Oberlichtern und Öffnungen im Dach, wenn die Gebäudeabschlusswände oder die Gebäudetrennwände mindestens 0,30 m über Dach geführt sind,

b) bei Dachgauben und ähnlichen Dachaufbauten aus brennbaren Baustoffen, wenn sie durch die Gebäudeabschlusswände oder die Gebäudetrennwände gegen Brandübertragung geschützt sind.

35.7 Zu Absatz 7 Satz 2

Als wirksamer Schutz gegen Entflammen gilt bei brennbarer Dachhaut und brennbarer Dämmschicht eine mindestens 5 cm dicke Schicht aus nichtbrennbaren Baustoffen, z. B. eine Grobkiesauflage.

Zu Absatz 7 Satz 3

Bei Wohngebäuden mittlerer Höhe bestehen keine Bedenken gegen eine Abweichung (§ 73) von der Vorschrift des Absatzes 5 bei Wintergärten oder ähnlichen Anbauten mit geringer Brandlast, wenn das Dach in einem lichtdurchlässigen Baustoff ausgeführt wird, dessen Brandverhalten dem von Drahtglas in einer Dicke von mindestens 6 mm mit punktverschweißtem Draht entspricht.

### 37 Treppenräume (§ 37)

37.1 Zu Absatz 1

37.11 Der eigene, durchgehende Treppenraum

Nach Satz 1 muss jede notwendige Treppe in einem eigenen und somit geschlossenen Treppenraum liegen. Dies gilt nach Absatz 13

Verwaltungsvorschrift **1a**

nicht für Wohngebäude geringer Höhe mit nicht mehr als zwei Wohnungen.
Es bestehen keine Bedenken gegen die Erschließung von Wohnungen in einem Gebäude geringer Höhe sowie von nicht mehr als vier Wohnungen in einem Gebäude mittlerer Höhe über eine außenliegende, offene Treppe im Rahmen einer Abweichung von der Vorschrift des § 37 Abs. 1 Satz 1, wenn im Brandfall die Benutzung der Treppe nicht gefährdet und die Verkehrssicherheit der Treppe gewährleistet ist.

37.12 Die notwendige Treppe ohne Treppenraum
Nach Satz 2 sind für die Verbindung von Geschossen innerhalb derselben Nutzungseinheit notwendige Treppen ohne Treppenraum zulässig.
Bei baulichen Anlagen, die keine Sonderbauten sind, führen die inneren Verbindungen von Nutzungseinheiten in der Regel über nicht mehr als zwei Geschosse. Sollen innere Verbindungen über mehrere Geschosse geführt werden, so ist die höchstzulässige Entfernung bis zum Ausgang ins Freie oder in einen notwendigen Treppenraum nach § 37 Abs. 2 zu beachten. Bei Sonderbauten ist im Einzelfall zu prüfen, unter welchen Voraussetzungen innere Verbindungen über mehrere Geschosse unter Berücksichtigung der Belange des vorbeugenden Brandschutzes zugelassen werden können.

37.4 Zu Absatz 4
37.41 An der Außenwand angeordnete notwendige Treppenräume
Ein Treppenraum ist an der Außenwand angeordnet, wenn er zumindest in der Tiefe eines Treppenpodestes in allen Geschossen oberhalb des Erdgeschosses an der Außenwand gelegen ist und von hier ausreichend beleuchtet und belüftet werden kann (s. § 37 Abs. 11).

37.42 Innenliegende notwendige Treppenräume
Innenliegende notwendige Treppenräume sind dann zulässig, wenn die Benutzung durch Raucheintritt nicht gefährdet werden kann. Die Bauherrin oder der Bauherr hat den Nachweis zu erbringen, dass eine solche Gefahr nicht besteht. Eine Gefährdung besteht dann nicht, wenn die in den Nrn. 37.421 bis 37.44 aufgeführten Anforderungen sowie die nachfolgenden allgemeinen Anforderungen erfüllt werden.
Allgemeine Anforderungen:
– Die Lüftungsanlagen sind einschließlich der Ansaugleitung vom Freien so anzuordnen und herzustellen, dass Feuer und Rauch durch sie nicht in den notwendigen Treppenraum übertragen werden können. Sofern die Lüftungsanlage mit nur einem Ventilator betrieben wird, muss dieser die Zuluft fördern.
– Die Wirksamkeit der Lüftungsanlagen ist vor der ersten Inbetriebnahme durch Prüfbericht eines Sachverständigen nach TPrüfVO nachzuweisen.
– Die in § 37 Abs. 12 verlangten Rauchabzüge müssen im Erdgeschoss und in Abständen von höchstens 3 Geschossen bedient wer-

**1a** Verwaltungsvorschrift

den können und im Erdgeschoss eine gleich große Zuluftöffnung haben; falls der notwendige Treppenraum einen direkten Ausgang ins Freie hat, kann die Zuluftöffnung die Haustür sein, wenn diese die entsprechende Größe und eine Feststellvorrichtung hat.

37.421 Gebäude geringer Höhe
Die Anforderungen des § 37 – außer Absatz 4 Satz 1, wonach der notwendige Treppenraum an der Außenwand liegen muss – müssen erfüllt sein.

37.422 Gebäude mit nicht mehr als fünf Geschossen oberhalb der Geländeoberfläche

37.4221 Der notwendige Treppenraum darf aus den Geschossen nur über einen Vorraum oder einen höchstens 10 m langen notwendigen Flur oder Flurabschnitt zugänglich sein.

Die Tür zwischen dem Treppenraum und dem Vorraum bzw. dem notwendigen Flur muss mindestens in der Feuerwiderstandsklasse T 30 und selbstschließend sein; bei einem Abstand von mehr als 2,50 m zu den Türen zu den Nutzungseinheiten kann eine rauchdichte und selbstschließende Tür angeordnet werden.

Die aus den Nutzungseinheiten in den Vorraum oder den notwendigen Flur führenden Ausgänge müssen rauchdichte und selbstschließende Türen haben.

37.4222 Abweichend von Nr. 37.4221 ist in Gebäuden mit nicht mehr als 10 Wohnungen oder Nutzungseinheiten von nicht mehr als 200 m² Nutzfläche der Vorraum oder der Flur nicht erforderlich, wenn die Öffnungen zum Treppenraum rauchdichte und selbstschließende Türen in der Feuerwiderstandsklasse T 30 erhalten; die Türen müssen mit Freilauf-Türschließern mit integriertem Rauchmelder ausgestattet werden.

37.4223 Abweichend von Nr. 37.4221 ist ebenfalls der Vorraum oder der Flur nicht erforderlich, wenn der notwendige Treppenraum mit ein Überdrucklüftungsanlage ausgestattet wird, die im Brandfall selbsttätig aktiviert wird, und wenn die Nutzer des Gebäudes über eine Alarmierungsanlage gewarnt werden. Der Überdruck im notwendigen Treppenraum darf bei geschlossenen Türen 15 Pa nicht unterschreiten und darf 100 N je 2 m² Türfläche nicht überschreiten. Der erforderliche Überdruck muss in einem Zeitraum von höchstens drei Minuten nach Inbetriebnahme der Anlage aufgebaut sein. Der in § 37 Abs. 12 zur Kaltentrauchung vorgeschriebene Rauchabzug darf zur Druckhaltung benutzt werden.

Fahrschächte von Aufzügen, die vom notwendigen Treppenraum zugänglich sind, müssen bei der Überdruckbemessung berücksichtigt werden.

Die Öffnungen zwischen den Nutzungseinheiten und dem notwendigen Treppenraum müssen selbstschließende Türen in der Feuerwi-

Verwaltungsvorschrift **1a**

derstandsklasse T 30 erhalten; die Türen müssen mit Freilauf-Türschließern ausgestattet werden.

37.4224 Bei Treppenräumen nach Nr. 37.4223 muss eine Ersatzstromversorgungsanlage (Ersatzstromanlage) für alle Sicherheitseinrichtungen des Treppenraums angeordnet sein, die sich bei Ausfall der allgemeinen Stromversorgung selbsttätig innerhalb von 15 Sekunden einschaltet. Die Ersatzstromanlage ist für eine Betriebsdauer von mindestens 60 Minuten auszulegen; bei Wohngebäuden mit nicht mehr als 10 Wohnungen genügt eine Betriebsdauer von mindestens 30 Minuten. Als Ersatzstromanlagen können Batterieanlagen oder Notstromdieselanlagen vorgesehen werden.

Anstelle einer Ersatzstromanlage können auch zwei voneinander unabhängige Netzeinspeisungen (siehe DIN VDE 0108 Teil 1 – Ausgabe Oktober 1989 – Abschnitt 6.4.6 – Besonders gesichertes Netz) oder eine Lösung, die als gleichwertig durch einen Sachverständigen nach TPrüfVO bescheinigt wird, angeordnet werden.

Die Beleuchtungsstärke in den Achsen der Rettungswege muss mindestens 1 Lux betragen.

37.423 Gebäude mit mehr als 5 Geschossen oberhalb der Geländeoberfläche

37.4231 Der notwendige Treppenraum darf aus den Geschossen nur über einen Vorraum zugänglich sein. Der Vorraum soll mindestens 3 m² Grundfläche bei 1 m Mindestbreite haben; er darf weitere Öffnungen nur zu Aufzügen und zu Sanitärräumen haben. Die Wände des Vorraums sind in der Feuerwiderstandsklasse F 90 und aus nichtbrennbaren Baustoffen (F 90-A), die Lüftungsschächte sind in der Feuerwiderstandsklasse L 90 herzustellen.

Türen zwischen notwendigem Treppenraum und Vorraum sowie zwischen Vorraum und Geschoss müssen mindestens in der Feuerwiderstandsklasse T 30 hergestellt sein; diese Türen müssen zueinander einen Abstand von mindestens 3 m einhalten. Die Tür zwischen notwendigem Treppenraum und dem Vorraum kann eine rauchdichte und selbstschließende sein.

Die Vorräume sind mit einer Lüftungsanlage mit Ventilatoren so zu be- und entlüften, dass in sämtlichen zu den notwendigen Treppenräumen gehörenden Vorräumen ein mindestens 30-facher stündlicher Außenluftwechsel gewährleistet ist. Die Lüftungsanlage muss über Rauchmelder, die in dem Raum vor dem Vorraum anzubringen sind, automatisch in Betrieb gesetzt werden können.

Die Lüftungsanlage kann auch für einen mindestens 30fachen stündlichen Außenluftwechsel in mindestens drei zu einem notwendigen Treppenraum gehörenden, unmittelbar übereinander liegenden Vorräumen bemessen werden, wenn die für die Be- und Entlüftung erforderlichen beiden Öffnungen in jedem Vorraum mit dicht schließenden Klappen versehen sind, die bei Rauchentwicklung durch Auslösen der Rauchmelder bei gleichzeitiger Inbetriebsetzung der Lüf-

125

**1a** Verwaltungsvorschrift

tungsanlage nur in dem jeweiligen Geschoss automatisch geöffnet werden.

37.4232 Abweichend von Nr. 37.4231 ist der Vorraum nicht erforderlich, wenn der Treppenraum mit einer Überdrucklüftungsanlage entsprechend 37.4223 und 37.4224 ausgestattet wird.

Die Öffnungen zwischen den Nutzungseinheiten und dem Treppenraum müssen selbstschließende Türen in der Feuerwiderstandsklasse T 30 erhalten; die Türen müssen mit Freilauf-Türschließern ausgestattet sein.

Die Ersatzstromanlage ist jedoch für eine Betriebsdauer von mindestens 60 Minuten auszulegen.

37.424 Hochhäuser

37.4241 Es gelten die Anforderungen der Nr. 37.4231.

Zusätzlich ist der notwendige Treppenraum mit einer Lüftungsanlage zu versehen, die im Brandfall den notwendigen Treppenraum mit einem Luftvolumenstrom von mindestens 20 000 m$^3$/h von unten nach oben, in Kellergeschossen von oben nach unten durchspült. Der erforderliche Luftvolumenstrom muss durch mindestens zwei gleich starke Ventilatoren gefördert werden. Der im notwendigen Treppenraum durch diesen Luftvolumenstrom entstehende maximale Überdruck darf 100 N je 2 m$^2$ Türfläche nicht überschreiten. Die verstärkte Lüftung muss in jedem Geschoss durch Rauchschalter selbsttätig in Betrieb gesetzt werden; sie muss im Erdgeschoss auch von Hand eingeschaltet werden können.

Die Rauchabzüge sind entsprechend zu bemessen; ihre Größe muss jedoch mindestens § 37 Abs. 12 Satz 2 entsprechen.

37.4242 Die Lüftung nach Nr. 37.4241 ist nicht erforderlich, wenn der Treppenraum und der Vorraum eine gemeinsame Überdrucklüftungsanlage erhalten, bei der der Überdruck im Treppenraum durch (ggf. druckregelnde) Überströmöffnungen in den Vorraum und von dort ggf. in das anschließende Geschoss oder in einem Aufzugschacht abgebaut wird (Druckgefälle).

Der Überdruck im notwendigen Treppenraum darf bei geschlossenen Türen 15 Pa nicht unterschreiten und darf 100 N je 2 m$^2$ Türfläche nicht überschreiten. Der erforderliche Überdruck muss in einem Zeitraum von höchstens 3 Minuten nach Inbetriebnahme der Anlage aufgebaut sein. Der in § 37 Abs. 12 zur Kaltentrauchung vorgeschriebene Rauchabzug darf zur Druckhaltung benutzt werden.

Die Überströmöffnung zwischen Treppenraum und Vorraum braucht keiner Feuerwiderstandsdauer zu entsprechen.

Sofern eine Überströmöffnung zwischen Vorraum und dem anschließenden Geschoss angeordnet wird, ist diese in der Feuerwiderstandsdauer von mindestens 30 Minuten für den Brandfall zu schließen (z. B. K30 oder K30 – 18017).

Verwaltungsvorschrift **1a**

37.4243 Bei Treppenräumen nach Nrn. 37.4241 und 37.4242 gilt Nr. 37.4224 entsprechend. Die Ersatzstromanlage ist jedoch für eine Betriebsdauer von mindestens 90 Minuten auszulegen.

37.43 Sicherheitstreppenräume

Nach § 17 Abs. 3 ist ein zweiter Rettungsweg nicht erforderlich, wenn die Rettung über einen sicher erreichbaren (notwendigen) Treppenraum möglich ist, in den Feuer und Rauch nicht eindringen können (Sicherheitstreppenraum). Dass Feuer und Rauch nicht in den Sicherheitstreppenraum eindringen können, wird sichergestellt durch die Zugänglichkeit des Treppenraumes
– über einen im freien Windstrom angeordneten offenen Gang oder
– durch eine Sicherheitsschleuse bei Überdruck im Treppenraum.

Notwendige Flure, die nur in eine Richtung zu einem Sicherheitstreppenraum führen, dürfen bis zum offenen Gang oder bis zur Sicherheitsschleuse nicht länger als 10 m sein (§ 38 Abs. 3).

37.431 Sicherheitstreppenräume mit offenem Gang

37.4311 Der Sicherheitstreppenraum muss in jedem Geschoss über einen unmittelbar davor liegenden offenen Gang erreichbar sein. Dieser Gang ist so im Windstrom anzuordnen, dass Rauch jederzeit ungehindert – und ohne in den Sicherheitstreppenraum zu gelangen – ins Freie entweichen kann; er darf daher nicht in Gebäudenischen oder -winkeln angeordnet sein. Ein Laubengang gilt nur in dem Bereich als offener Gang zum Sicherheitstreppenraum, in dem er die Anforderungen der nachfolgenden Nrn. 37.4313 und 37.4314 erfüllt. Der Sicherheitstreppenraum und der offene Gang müssen in Gebäuden mit mehr als 5 Geschossen oberhalb der Geländeoberfläche eine von der allgemeinen Beleuchtung unabhängige Beleuchtung haben.

37.4312 Die Wände des Sicherheitstreppenraumes dürfen Öffnungen nur zu den offenen Gängen und ins Freie haben; alle anderen Öffnungen (z.B. zu weiterführenden Treppen, zu Kellergeschossen oder zu Aufzugs-, Installations- und Abfallschächten) sind unzulässig. Die Türen müssen dicht- und selbstschließend sein und in Fluchtrichtung aufschlagen. Die an den offenen Gängen angeordneten und zur Beleuchtung des Treppenraumes erforderlichen Öffnungen müssen der Feuerwiderstandsklasse G 30 nach DIN 4102-5, Fensterflügel eine Verglasung in der technischen Ausführung einer G 30-Verglasung erhalten. Dies gilt auch für die Verglasung der Türen. Die erforderlichen Fenster dürfen nicht geöffnet werden können; ist eine Reinigung dadurch nicht möglich, so sind mit Steckschlüsseln zu öffnende Fenster zulässig. Leitungen, die nicht der Brandbekämpfung oder dem Betrieb des Sicherheitstreppenraumes dienen, sowie Schächte dürfen in ihm nicht vorhanden sein.

37.4313 Der offene Gang muss mindestens so breit wie die Laufbreite der Treppe des Sicherheitstreppenraumes, mindestens doppelt so lang wie breit und mindestens auf einer Längsseite offen sein. Er darf an seinen offenen Seiten nur durch die geschlossene 1,10 m hohe Brüstung und durch einen Sturz eingeschränkt sein. Die Unterkante des Sturzes darf höchstens 20 cm unter der Unterkante der Decke und muss mindestens 30 cm über der Oberkante der Sicherheitstreppenraumtür liegen. Wetterschutzvorrichtungen können in der Deckenebene gestattet werden, wenn der Rauchabzug hierdurch nicht gehindert ist.

37.4314 Die Wände, welche die offenen Gänge begrenzen, sind in der Feuerwiderstandsklasse F 90 und aus nichtbrennbaren Baustoffen (F 90-A) herzustellen. Sie dürfen außer den für die Rettungswege erforderlichen Türen und den für die Beleuchtung des Sicherheitstreppenraumes und der Innenflure erforderlichen Fenstern keine Öffnungen haben. Die Türen des Sicherheitstreppenraumes müssen bei dreiseitig offenen Gängen mindestens 1,0 m, bei weniger als dreiseitig offenen Gängen mindestens 3 m von den Türen der Innenflure bzw. den Einmündungen der Rettungswege in die offenen Gänge entfernt sein. Der seitliche Abstand zwischen Fenstern oder Fenstertüren anderer Räume und den Türen des Sicherheitstreppenraumes oder den Türen bzw. Einmündung nach Satz 3 muss mindestens 1,50 m betragen. Die Tragplatten und die Brüstungen der offenen Gänge sind in der Feuerwiderstandsklasse F 90 sowie aus nichtbrennbaren Baustoffen (F 90-A) herzustellen; Öffnungen, mit Ausnahme von Entwässerungsöffnungen, sind nicht zulässig.

37.432 Sicherheitstreppenräume mit Sicherheitsschleuse

37.4321 Der notwendige Treppenraum darf in jedem Geschoss nur über eine Sicherheitsschleuse erreichbar sein. Die Sicherheitsschleuse muss Wände und Decken der Feuerwiderstandsklasse F 90 und aus nichtbrennbaren Baustoffen (F 90-A), selbstschließende Türen der Feuerwiderstandsklasse T 30 sowie einen nichtbrennbaren Fußbodenbelag erhalten. Sie muss mindestens 1,5 m breit sein; die Türen müssen mindestens 3 m voneinander entfernt sein. Die Tür zwischen notwendigem Treppenraum und Sicherheitsschleuse kann eine rauchdichte und selbstschließende Tür sein.

37.4322 Der notwendige Treppenraum mit den zugehörigen Sicherheitsschleusen muss eine eigene Lüftungsanlage haben. Der Treppenraum muss mit seinen Zugängen und der Lüftungsanlage so beschaffen sein, dass Feuer und Rauch nicht in ihn eindringen können. Diesen Nachweis hat der Bauherr im Rahmen des Brandschutzkonzeptes (§§ 54 Abs. 2 Nr. 19 und 69 Abs. 1 Satz 2) zu erbringen.
Der Nachweis gilt als erbracht, wenn im Rahmen des Brandschutzkonzeptes die Lüftungsanlage nach folgendem System eingerichtet und bemessen wird:
Die Lüftungsanlage des notwendigen Treppenraumes ist so einzurichten oder durch eine zweite Lüftungsanlage für alle Schleusen so zu ergänzen, dass im Brandfall in dem vom Brand betroffenen Geschoss

Verwaltungsvorschrift **1a**

bei geöffneten Schleusentüren und beim ungünstigsten Druck im Treppenraum von der Schleuse in den der Schleuse vorgelagerten Raum ein Luftvolumenstrom

$$V_L = k \cdot b \cdot h^{1,5} \text{ in } m^3/s$$

strömt.

Darin sind b und h die Breite und Höhe der Tür in Meter, k ist ein Faktor, der von der Temperatur abhängig ist, die im Brandfall in dem der Schleuse vorgelagerten Raum auftreten kann. Ist der Schleuse ein notwendiger Flur vorgelagert, so ist k mit 1,5, in allen anderen Fällen ist k mit 1,8 anzusetzen.

Die für diesen Volumenstrom erforderliche Druckdifferenz richtet sich nach der Art, wie die Rauchgase aus den möglichen Brandräumen ins Freie abgeführt werden. Werden die Rauchgase durch z.B. waagerechte Kanäle aus den Brandräumen gedrückt, so muss der Druck in der Schleuse entsprechend dem Strömungswiderstand der Kanäle erhöht werden. Sind z.B. Schächte angeordnet oder Abzugventilatoren, die in den Brandräumen einen Unterdruck erzeugen, so kann bei fensterlosen Räumen der Druck in der Schleuse um den Betrag des erzeugten Unterdrucks im Brandraum verringert werden. Bei Räumen mit Fenstern ist die Lüftungsanlage für einen Druck in der Schleuse von mindestens 10 Pa auszulegen. Sind die Lüftungsverhältnisse der möglichen Brandräume unterschiedlich, so ist der ungünstigste Fall der Bemessung zugrunde zu legen.

Die Wirksamkeit der Lüftungsanlage ist vor Inbetriebnahme des Gebäudes durch Prüfbericht eines Sachverständigen nachzuweisen.

Der Überdruck im notwendigen Treppenraum oder in der Sicherheitsschleuse darf bei geschlossenen Türen 100 N je 2 m² Türfläche nicht überschreiten.

37.4323 Die Lüftungsanlage muss sich in jedem Geschoss durch Rauchschalter selbsttätig in Betrieb setzen können. Sie muss im Erdgeschoss auch von Hand eingeschaltet werden können. Die Rauchabzugsklappen in den Schächten oder Kanälen müssen im Brandgeschoss vom Rauchschalter geöffnet werden können. Die Schachtwände sind in der Feuerwiderstandsklasse F 90 und aus nichtbrennbaren Baustoffen (F 90-A) herzustellen. Die Klappen müssen im geschlossenen Zustand die Anforderungen der Feuerwiderstandsklasse K 90 nach DIN 4102-6 sinngemäß erfüllen.

37.4324 Anstelle der Lüftungsanlage nach Nr. 37.4322 ist für den Treppenraum und für die Sicherheitsschleuse eine Lüftungsanlage nach Nr. 37.4242 zulässig.

Die Ersatzstromanlage ist für eine Betriebsdauer von mindestens 90 Minuten auszulegen.

37.4325 Aufzüge dürfen von den notwendigen Treppenräumen und von Sicherheitsschleusen nicht zugänglich sein.

## 1a Verwaltungsvorschrift

37.44 Anwendung der Hochhausverordnung (HochhVO)
Ist ein Sicherheitstreppenraum der einzige notwendige Treppenraum innerhalb eines Hochhauses oder eines Brandabschnitts innerhalb eines Hochhauses, so ist nach § 8 Abs. 1 Satz 3 HochhVO dieser so anzuordnen, dass er über einen offenen Gang zu erreichen ist. Diese Regelung entspricht dem „Muster für Richtlinien über die bauaufsichtliche Behandlung von Hochhäusern" in der Fassung von Mai 1981.

Die Erkenntnisse und Erfahrungen mit Lüftungssystemen ermöglichen heute die Gestaltung von innenliegenden Sicherheitstreppenräumen mit einem höheren Sicherheitsstandard als Treppenräume ihn haben, die über einen offenen Gang zugänglich sind. Brände in der Vergangenheit haben gezeigt, dass beim Brand niedriger Gebäude und Gebäudeteile ganze Hochhausfassaden verrauchen können.

Insofern bestehen diesseits keine Bedenken, wenn von der Vorschrift des § 8 Abs. 1 Satz 3 HochhVO nach § 73 BauO NRW abgewichen wird. Es muss dann der Nachweis erbracht werden, dass der Treppenraum § 17 Abs. 3 Satz 3 entsprechend von Rauch und Feuer freigehalten wird.

Dieser Nachweis ist Bestandteil des erforderlichen Brandschutzkonzeptes.

37.441 Der Nachweis ist erbracht, wenn der Sicherheitstreppenraum den Regelungen der Nr. 37.432 entspricht.

37.45 Prüfungen der Lüftungsanlagen
Die Wirksamkeit und die Betriebssicherheit von Lüftungsanlagen für innenliegende Treppenräume und für Sicherheitstreppenräume sind entsprechend den „Überdruckanlagen zur Rauchfreihaltung von Rettungswegen" nach der Verordnung über die Prüfung technischer Anlagen und Einrichtungen von Sonderbauten durch staatlich anerkannte Sachverständige und durch Sachkundige – Technische Prüfverordnung (TPrüfVO) – vor der ersten Inbetriebnahme und nach wesentlichen Änderungen sowie wiederkehrend zu prüfen.

37.72 Zu Absatz 7 Satz 2
Außenwände von Treppenräumen müssen hinsichtlich ihrer Feuerwiderstandsdauer die Anforderungen in § 29 Abs. 1 Tabelle Zeile 1a bzw. Zeile 2 erfüllen. Werden Öffnungen in diesen Wänden mit lichtdurchlässigen Baustoffen geschlossen, so müssen diese Baustoffe bei „anderen Gebäuden" (§ 29 Abs. 1 Tabelle Spalte 4) aus nichtbrennbaren Baustoffen bestehen.

37.74 Zu Absatz 7 Satz 4
Nr. 30.22 VV BauO NRW gilt entsprechend.

37.8 Zu Absatz 8
Hohlräume zwischen dem oberen Abschluss des Treppenraumes und dem Dach, in denen gemäß § 2 Abs. 6 Satz 2 Aufenthaltsräume nicht möglich sein dürfen, sind aus Brandschutzgesichtspunkten unbedenklich, weil ein Brand im Hohlraum das Dach früher zerstören wird

Verwaltungsvorschrift **1a**

als den Hohlraumboden und es auf diese Weise zu einer energetischen Entlastung nach oben kommt. Ein späteres Durchbrennen des Hohlraumbodens kann als Restrisiko hingenommen werden. Diese Bauausführung kommt nur für Treppenräume in Betracht, die keine Sicherheitstreppenräume sind.

### 38 Notwendige Flure und Gänge (§ 38)

38.1 Satz 2 schließt nicht aus, dass mehrere Nutzungseinheiten je Geschoss angeordnet werden; ihre Umfassungsbauteile müssen dann den Anforderungen an Trennwände entsprechen.
Soweit in Sonderbauverordnungen (z. B. HochhVO, KhBauVO) der Begriff „allgemein zugänglicher Flur" verwendet wird, sind darunter „notwendige Flure" zu verstehen. Es gelten somit für die in den Sonderbauverordnungen geregelten „allgemein zugänglichen Fluren" die sich aus der Begriffsbestimmung ergebenden Konsequenzen; z. B. gelten die in den Sonderbauverordnungen geregelten Anforderungen an Flurtrennwände nur in Nutzungseinheiten, die einer Büro- oder Verwaltungsnutzung dienen und deren Nutzfläche in einem Geschoss mehr als 400 m$^2$ beträgt.

38.4 Zu Absatz 4
Lichtöffnungen sind in diesen Wänden zulässig, wenn sie durch Verglasungen in der Feuerwiderstandsklasse F 30 geschlossen werden. Keine Bedenken aus Gründen des Brandschutzes bestehen, wenn im Wege einer Abweichung (§ 73) Verglasungen mindestens der Feuerwiderstandsklasse G 30 nach DIN 4102-5, die mit ihrer Unterkante mindestens 1,8 m über dem Fußboden angeordnet sind, zugelassen werden.
Nach Absatz 4 Nr. 2 sind Wände notwendiger Flure in „anderen Gebäuden" in der Feuerwiderstandsklasse F 30 und mit einer beidseits angeordneten ausreichend widerstandsfähigen Schicht aus nichtbrennbaren Baustoffen herzustellen. „Ausreichend widerstandsfähig" sind ohne weiteren Nachweis z. B. die nachfolgenden Schichten:
– Mineralischer Putz auf nichtbrennbarem Putzträger mit einer Dicke von ≥ 15 mm,
– Gipskartonplatten mit einer Dicke von ≥ 12,5 mm,
– Gipsfaserplatten mit einer Dicke von ≥ 10 mm,
– Gipsglasvliesplatten mit einer Dicke von ≥ 10 mm,
– Kalziumsilikatplatten mit einer Dicke von ≥ 8 mm.
Darüber hinaus bestehen keine Bedenken, wenn anstelle der Schicht aus nichtbrennbaren Baustoffen eine mindestens 25 mm dicke Holzwolle-Leichtbauplatte auch ohne Putz verwendet wird. Die Feuerwiderstandsklasse F 30 muss nachgewiesen werden.

### 39 Aufzüge (§ 39)

39.1 Zu Absatz 1
Nach dieser Vorschrift haben die Bauaufsichtsbehörden bei Aufzugsanlagen, die weder gewerblichen Zwecken dienen noch im Rahmen

1a  Verwaltungsvorschrift

einer wirtschaftlichen Unternehmung Verwendung finden und in deren Gefahrenbereich auch keine Arbeitnehmer beschäftigt werden (z. B. Aufzugsanlagen in Eigentumswohnanlagen ohne Mietwohnungen), darüber zu wachen, dass die Anforderungen der AufzV an die Errichtung und den Betrieb von Aufzugsanlagen sowie hinsichtlich der Prüfung von Aufzugsanlagen durch amtliche oder amtlich anerkannte Sachverständige eingehalten werden. Die Anforderungen nach § 3 Abs. 1 AufzV sind als erfüllt anzusehen, soweit die Aufzugsanlagen den Vorschriften des Anhangs zur AufzV und den vom Deutschen Aufzugsausschuß ermittelten und vom Bundesminister für Arbeit und Sozialordnung im Bundesarbeitsblatt bekannt gemachten technischen Regeln entsprechen.

Vor Aufzügen und in den Aufzugskabinen sind deutlich sichtbare Schilder anzubringen, die darauf hinweisen, dass es verboten ist, den Aufzug im Brandfalle zu benutzen.

39.5 Zu Absatz 5
Nach § 39 Abs. 1 in Verbindung mit den §§ 10 und 11 AufzV unterliegen Aufzugsanlagen im Abstand von zwei Jahren wiederkehrenden Hauptprüfungen und Zwischenprüfungen durch den Sachverständigen. Es bestehen keine Bedenken, wenn die unteren Bauaufsichtsbehörden bei Behindertenaufzügen, die bestimmten Personen dienen, die Prüffristen für die Hauptprüfungen von zwei auf vier Jahre verlängern – mit der Folge, dass auch die Zwischenprüfungen nur noch einmal innerhalb dieser vier Jahre stattfinden –, wenn der tatsächliche Zustand der Behindertenaufzüge nach dem Ergebnis der letzten Sachverständigenprüfung zu keinen Bedenken Anlass gibt und die Behindertenaufzüge aufgrund eines Wartungsvertrages mit einer Fachfirma regelmäßig gewartet werden.

**42 Lüftungsanlagen, Installationsschächte und Installationskanäle (§ 42)**

42.2 Zu Absatz 2
Die nach § 42 Abs. 2 an Lüftungsanlagen zu stellenden Brandschutzanforderungen sind in den als Technische Baubestimmungen eingeführten Richtlinien über brandschutztechnische Anforderungen an Lüftungsanlagen in Gebäuden konkretisiert.

42.5 Zu Absatz 5
Werden Installationsschächte und -kanäle durch Decken und Wände hindurchgeführt, an die keine Anforderungen hinsichtlich ihrer Feuerwiderstandsklasse gestellt werden, so bestehen keine Bedenken aus Gründen des Brandschutzes, wenn schwerentflammbare Baustoffe (Klasse B 1) verwendet werden. Für äußere Bekleidungen, Anstriche und Dämmschichten auf Installationsschächten und -kanälen dürfen schwerentflammbare Baustoffe (Klasse B 1) verwendet werden, wenn die Bekleidungen, Anstriche und Dämmschichten nicht durch Wände und nicht durch Decken hindurchgeführt werden, für die mindestens die Feuerwiderstandsklasse F 30 vorgeschrieben ist. Für Installations-

Verwaltungsvorschrift **1a**

schächte und -kanäle in Treppenräumen mit notwendigen Treppen, in Fluren, die als Rettungswege dienen, und über Unterdecken, an die brandschutztechnische Anforderungen gestellt sind, ist die Verwendung brennbarer Baustoffe (Klasse B) unzulässig.

Die Übertragung von Feuer und Rauch gilt als ausgeschlossen, wenn Installationsschächte und -kanäle mindestens 30 Minuten und in Gebäuden mit mehr als fünf Geschossen über Geländeoberfläche mindestens 60 Minuten (in Hochhäusern 90 Minuten) Feuerwiderstandsdauer aufweisen. Zwischen Brandabschnitten muss die Feuerwiderstandsdauer der Installationsschächte und -kanäle mindestens 90 Minuten betragen.

### 43 Feuerungsanlagen, Wärme- und Brennstoffversorgungsanlagen (§ 43)

§ 43 enthält allgemeine Anforderungen an die Installation von Feuerungsanlagen und Wärme- und Brennstoffversorgungsanlagen, um einen sicheren Betrieb dieser Anlagen – vor allem in Gebäuden – zu gewährleisten. Die Installationsvorschriften berücksichtigen, dass die Anlagen nach Maßgabe der §§ 20 ff. nur aus Bauprodukten hergestellt werden dürfen, deren Verwendbarkeit durch ein Ü-Zeichen oder eine CE-Kennzeichnung nachgewiesen ist.

43.1 Zu Absatz 1
Eine Feuerungsanlage besteht nach § 43 Abs. 1 aus der Abgasanlage und der oder den daran angeschlossenen Feuerstätte(n). Abgasanlage ist danach der Oberbegriff für alle technischen Einrichtungen, mit denen die Verbrennungsgase von Feuerstätten für feste, flüssige oder gasförmige Brennstoffe (= Abgase) abgeführt werden. Im wesentlichen sind dies Schornsteine und Abgasleitungen sowie etwaige Verbindungsstücke zwischen diesen und den Feuerstätten. Als Schornsteine im Sinne dieser Vorschrift sind rußbrandbeständige Schächte anzusehen, die Abgase von Feuerstätten für feste Brennstoffe über Dach ins Freie leiten sollen. Um Abgasleitungen im Sinne dieser Vorschrift handelt es sich bei Leitungen oder Schächten, die nur Abgase von Feuerstätten für flüssige oder gasförmige Brennstoffe ableiten sollen, und zwar auch dann, wenn die Abgasanlage in der Bauart eines Schornsteins ausgeführt ist.

Die Verwendbarkeit (§ 20 Abs. 1) einer Abgasanlage für eine Feuerstätte hängt außer von der Brennstoffart noch von der Temperatur und dem Feuchtegehalt des Abgases sowie davon ab, ob die Abgase mit Überdruck oder Unterdruck gefördert werden. Welche Feuerstätten an Schornsteine oder Abgasleitungen im einzelnen angeschlossen werden dürfen, ergibt sich bei Abgasanlagen mit Ü-Zeichen aus dem Übereinstimmungsnachweis (§ 25) und bei Abgasanlagen mit CE-Kennzeichnung aus dem Konformitätsnachweis gemäß der der CE-Kennzeichnung zugrunde liegenden Richtlinie der Europäischen Gemeinschaft.

43.14 Zu § 43 Abs. 1 Satz 4:
Ursache für Waldbrände können Flugfeuer, Funkenflug oder unkontrollierte Rußbrände in den Schornsteinen sein. Geeignete Maß-

nahmen gegen Flugfeuer und Funkenflug sind in erster Linie die Ausstattung der Feuerungsanlagen mit Funkenfängern oder Rauchkammern vor dem Schornstein. Funkenfänger sind z.B. trichterförmige oder korbartige Drahtgeflechte mit einer Maschenweite von 6 × 6 mm und einer Drahtdicke von 2,5 mm oder mehr in den Verbindungsstücken. Rauchkammern sind kammerartige Erweiterungen der Verbindungstücke, in denen die Abgasgeschwindigkeit durch die Querschnittsvergrößerung derartig sinkt, dass brennende Abgasbestandteile sich absetzen. Unkontrollierte Rußbrände in den Schornsteinen können nur durch häufiges Reinigen der Schornsteine verhindert werden; erforderlichenfalls sind dabei besondere Reinigungsverfahren zu verwenden. Rechtsgrundlage hierfür ist die Kehr- und Überprüfungsordnung – KÜO – vom 29. März 1999 (GV. NRW. S. 138/SGV. NRW. 7125). In der Baugenehmigung sollen die Bauherren auf die Reinigungspflichten nach der KÜO hingewiesen werden.

43.7 Zu Absatz 7
Nach § 43 Abs. 7 muss die Bauherrin oder der Bauherr sich bei der Errichtung oder Änderung von Feuerungsanlagen in den im Gesetz genannten Fällen von der Bezirksschornsteinfegermeisterin oder dem Bezirksschornsteinfegermeister (BZSM) – nach Prüfung – bescheinigen lassen, dass die Abgasanlage sich in einem ordnungsgemäßen Zustand befindet und für die angeschlossenen Feuerstätten geeignet ist. Die Bescheinigungspflicht ist beschränkt auf Abgasanlagen mit Abgasleitungen und auf Abgasanlagen als Schornsteine (zu den Begriffen siehe Nr. 43.1). Die Pflicht entsteht
– bei der Erstinstallation oder
– beim Auswechseln, auch wenn das Auswechseln gemäß § 65 Abs. 2 Nr. 4 keiner Unternehmer- oder Sachverständigenbescheinigung nach § 66 bedarf,
einer oder mehrerer Feuerstätten mit dem **Anschluss** der Feuerstätte(n) **an die Abgasleitung oder den Schornstein.** Änderungen an Feuerstätten wie das Auswechseln der Düse oder des Brenners sind nicht bescheinigungspflichtig, weil dies nicht den Tatbestand eines Feuerstättenanschlusses erfüllt.

Werden Feuerstätten und Abgasleitungen mit CE-Kennzeichnung, die nach den zugehörigen Konformitätsnachweisen miteinander verwendbar sind (siehe Nr. 43.1), errichtet, sind die ordnungsgemäße Beschaffenheit und Eignung der Abgasleitungen für den Anwendungsfall nach den gemeinschaftsrechtlichen Maßstäben bereits abschließend festgestellt. Eine BZSM-Bescheinigung nach § 43 Abs. 7 ist dafür nicht erforderlich.

Bescheinigungspflichtig ist aber auch das **Errichten oder Ändern von Schornsteinen,** auch wenn (noch) keine Feuerstätten angeschlossen werden; bei der Errichtung von Schornsteinen soll die Bauherrin oder der Bauherr außerdem der oder dem BZSM durch eine

Verwaltungsvorschrift **1a**

Besichtigung des Rohbauzustandes eine sichere Beurteilung des Schornsteins ermöglichen.

Die Bauherrin oder der Bauherr braucht die BZSM-Bescheinigung nicht der Bauaufsichtsbehörde vorzulegen, es sei denn, dass die Bauaufsichtsbehörde dies ausdrücklich verlangt und begründet. Stellt die oder der BZSM bei der für die Ausstellung der Bescheinigung erforderlichen Prüfung fest, dass die Abgasanlage sich nicht in einem ordnungsgemäßen Zustand befindet oder nicht für die angeschlossene(n) Feuerstätte(n) geeignet ist, hat die oder der BZSM die Mängel der Bauaufsichtsbehörde von sich aus mitzuteilen, und zwar so, dass die Bauaufsichtsbehörde ohne eigene Prüfung der Abgasanlage die zur Gefahrenabwehr erforderlichen Maßnahmen treffen kann. Dies schließt nicht aus, dass die oder der BZSM vor der Meldung der Bauherrin oder dem Bauherrn angemessene Gelegenheit gibt, die Mängel abzustellen.

Die von der oder dem BZSM auszustellende Bescheinigung nach § 43 Abs. 7 Satz 1 oder die Mängelmitteilung nach § 43 Abs. 7 Satz 3 muss die Angaben entsprechend dem in der Anlage A[1]) zu Nr. 43.7 bekannt gemachten Muster enthalten. Soweit die oder der BZSM eine schriftliche Mitteilung über die durchgeführte Besichtigung des Rohbauzustandes von Schornsteinen (§ 43 Abs. 7 Satz 2) für erforderlich hält, wird empfohlen, das hierfür in der Anlage B zu Nr. 43.7 bekannt gemachte Muster zu verwenden.

Bauherrinnen, Bauherren, Hauseigentümerinnen und Hauseigentümer können die BZSM im Rahmen des SchfG von sich aus mit der Wahrnehmung von Aufgaben beauftragen. Diese Möglichkeit ist auch im Zusammenhang mit § 66 gegeben. Danach steht es der Bauherrin oder dem Bauherrn frei, bei der Errichtung oder Änderung von Feuerungsanlagen anstelle einer Bescheinigung der Unternehmerin oder des Unternehmers eine Bescheinigung einer oder eines (neutralen) Sachverständigen der unteren Bauaufsichtsbehörde vorzulegen. Als Sachverständige im Sinne des § 66 kommen insbesondere die BZSM in Betracht, soweit es sich um die Errichtung oder Änderung von Abgasanlagen oder von Feuerstätten einfacher Bauart (ohne Wärmetauscher) wie offene Kamine oder Kaminöfen handelt. Bei weitergehenden Bescheinigungen müssen von den BZSM spezielle Sachkunde und Erfahrung für die bescheinigten Anlagen nachgewiesen sein. Eine Bescheinigung nach § 43 Abs. 7 steht der Ausstellung einer Sachverständigenbescheinigung nach § 66 durch die oder den BZSM – auch für dieselbe Anlage – nicht entgegen (vgl. auch § 66 Satz 3).

## 44 Wasserversorgungsanlagen (§ 44)

44.2 Zu Absatz 2

44.21 Der eigene Wasserzähler ist auch für nicht in sich abgeschlossene Wohnungen (§ 49 Abs. 1 Satz 2) vorgeschrieben. Der Wasserzäh-

---
[1]) Muster hier nicht abgedruckt.

ler muss nicht in der Wohnung oder Nutzungseinheit angebracht sein. Es kann auch ein Zwischenzähler außerhalb der Wohnung oder der Nutzungseinheit sein.

44.22 Ein unverhältnismäßiger Aufwand im Sinne des § 44 Abs. 2 Satz 2 ist dann anzunehmen, wenn zur Erfassung des Wasserverbrauchs der Wohnung oder sonstigen Nutzungseinheit bauliche Veränderungen vorgenommen werden müssten, die den üblichen Aufwand für einen Anschluss eines oder zweier Wasserzähler an ein vorhandenes Wasserrohrnetz deutlich überstiegen.

Die Bauaufsichtsbehörde kann die Ausstattung von Wohnungen mit Wasserzählern bei genehmigungspflichtigen Baumaßnahmen im Rahmen der Bauzustandsbesichtigung nachprüfen; bei genehmigungsfreien Baumaßnahmen kommen nur Ermittlungen aufgrund des § 61 Abs. 1 in Betracht.

45 **Abwasseranlagen (§ 45)**

45.4 Zu Absatz 4

45.41 Nach § 45 Abs. 4 sind im Erdreich oder unzugänglich verlegte Abwasserleitungen zum Sammeln oder Fortleiten, also die Grundleitungen im Sinne der DIN 1986-1: 1988-06, nach der Errichtung oder einer Änderung von einer oder einem Sachkundigen auf Dichtheit prüfen zu lassen. Die Dichtheit der Grundleitungen kann auf verschiedene Weise festgestellt werden. Die derzeit bestehenden Prüfmethoden und deren technische Durchführung sind in DIN 1986-30: 1995-01 dargestellt. Es ist der Bauherrin oder dem Bauherrn oder in deren Auftrag der oder dem Sachkundigen freigestellt, welche der Methoden angewendet wird. In der Bescheinigung A der Anlage zu Nr. 66 sind bei der Errichtung oder Änderung von Schmutzwasserleitungen Angaben über die Art der durchgeführten Dichtheitsprüfungen (mit Wasserdruck, mit Luftüberdruck, mittels Kanalfernsehanlage) zu machen und die Lage der Leitungen und eventueller Einbauten (z. B. Revisionsschächte, Einstiege) skizzenhaft darzustellen. Die Auswahl der Sachkundigen ist ebenfalls Sache der Bauherrin oder des Bauherrn; eine Beschränkung der Wahlmöglichkeit kann sich hierbei aber aus einer gemeindlichen Satzung aufgrund von § 45 Abs. 6 Satz 2 ergeben. Wegen des als Sachkundige oder Sachkundiger in Frage kommenden Personenkreises wird auf Nr. 61.33 verwiesen.

Die Prüfpflicht trifft die Bauherrin oder den Bauherrn. Sie entsteht mit der Errichtung oder Änderung der Grundleitungen. Bei einer Änderung (z. B. Erweiterung des Grundleitungsnetzes, Austausch von Rohren oder Dichtungen der Grundleitungen) erstreckt sich die Prüfpflicht nicht nur auf den Bereich der Änderung, sondern auch auf alle damit in Verbindung stehenden Grundleitungen. Die Pflicht erstreckt sich nicht auf die Prüfung der Dichtigkeit des Übernahmestutzens an die Einrichtung der öffentlichen Abwasserbeseitigung (§ 1 Abs. 2 Nr. 3 BauO NRW).

Verwaltungsvorschrift **1a**

Die erfolgreiche Durchführung der Dichtheitsprüfung aus Anlass der Errichtung oder einer Änderung der Grundleitungen muss in der Unternehmer- oder Sachverständigenbescheinigung nach § 66 Satz 2 bestätigt sein (siehe auch Nr. 66).

45.42 Die Eigentümerin oder der Eigentümer ist verpflichtet, die Dichtheitsprüfung der Grundleitungen in Abständen von jeweils höchstens 20 Jahren erneut von einer oder einem Sachkundigen durchführen zu lassen. Eine kürzere Frist ergibt sich dann, wenn in der Zwischenzeit eine Änderung an den Abwasserleitungen vorgenommen wird.

Von der erstmaligen und wiederkehrenden Prüfung ausgenommen sind
– Grundleitungen, die ausschließlich Niederschlagswasser führen und
– Grundleitungen, die in dichten Schutzrohren so verlegt sind, dass aus den Grundleitungen austretendes Abwasser vom Schutzrohr aufgefangen und die Undichtheit für die Nutzer erkennbar wird.

Mit der Verlegung in Schutzrohren ist der Bauherrin oder dem Bauherrn die Möglichkeit eingeräumt, die Prüfpflicht der Grundleitungen durch bauliche Vorkehrungen bei der Errichtung oder einer Änderung zu vermeiden.

Die Eigentümerin oder der Eigentümer hat im Zweifel gegenüber der Bauaufsichtsbehörde nachzuweisen, dass sie oder er die gesetzlich geforderte Prüfung hat vornehmen lassen.

45.5 Zu Absatz 5
Die Verpflichtung nach § 45 Abs. 5, Abwassergrundleitungen wiederkehrend auf Dichtheit prüfen zu lassen, besteht nach § 45 Abs. 5 auch für die Eigentümer von Grundleitungen, die zum Zeitpunkt des Inkrafttretens dieser Prüfvorschriften (= 1. Januar 1996) bereits vorhanden waren.

Erfährt die Bauaufsichtsbehörde, dass eine Abwasserleitung nicht innerhalb der vorgesehenen Frist auf Dichtheit überprüft wurde, so veranlasst sie die Eigentümerin oder den Eigentümer, die Prüfung innerhalb einer angemessenen Frist durchführen zu lassen. Ist der öffentliche Kanal, dem das Abwasser zugeleitet werden soll, nach Auskunft der Gemeinde undicht, so ist der Zeitpunkt, bis zu dem die Dichtheit geprüft sein muss, so festzusetzen, dass die Prüfung zeitgleich mit der von der Gemeinde geplanten Sanierung des öffentlichen Kanals vorgenommen werden soll. Mit der Ordnungsverfügung soll die Bauaufsichtsbehörde die Betroffenen darauf hinweisen, dass die Dichtheitsprüfung kostengünstiger durchgeführt werden kann, wenn sie mit den von der Gemeinde im öffentlichen Kanal durchzuführenden Maßnahmen koordiniert wird oder wenn Nachbarn gemeinsam ein Fachunternehmen beauftragen.

45.6 Zu Absatz 6
Die Festsetzung kürzerer Fristen für die Durchführung der Dichtheitsprüfungen dient der Gefahrenabwehr, wenn der Gemeinde – etwa aufgrund von ihr vorgenommener Überprüfungen der öffentlichen

Kanalisation – Anhaltspunkte dafür vorliegen, dass die privaten Abwasserleitungen in einem bestimmten Gemeindegebiet schadhaft sein könnten.

## 48 Aufenthaltsräume (§ 48)

48.1 Zu Absatz 1

Das Mindestmaß der lichten Höhe von 2,40 m kann bei den in § 48 Abs. 1 Satz 2 genannten Aufenthaltsräumen im Einzelfall unterschritten werden (§ 73, Abweichungen), wenn wegen der Benutzung Bedenken nicht bestehen. Bedenken wegen der Benutzung bestehen nicht:
- bei Wohngebäuden mit nicht mehr als zwei Wohnungen; hier ist im Allgemeinen eine lichte Höhe von 2,30 m vertretbar,
- im Dachraum und im Kellergeschoss; hier erscheint eine Reduzierung der lichten Höhe auf 2,20 m im Allgemeinen vertretbar bei Kleinwohnungen (Appartements) und bei einzelnen Aufenthaltsräumen, die zu einer Wohnung in anderen Geschossen gehören,
- bei einzelnen Aufenthaltsräumen einer Wohnung.

Gegen eine Unterschreitung der lichten Höhe von 2,20 m bestehen im Hinblick auf die Benutzbarkeit vor allem wegen der Gesundheit Bedenken. Werden in einem Aufenthaltsraum Emporen oder Galerien eingebaut, so genügt oberhalb und unterhalb derselben eine geringere lichte Raumhöhe.

48.2 Zu Absatz 2

48.21 Bei der Bemessung der Grundfläche des Raumes ist § 48 Abs. 1 Satz 3 2. Halbsatz entsprechend anzuwenden.

Bedenken gegen ein geringeres Fenstermaß bestehen wegen der Lichtverhältnisse z. B. nicht
- bei Schlafräumen, die nach Art, Lage und Größe eindeutig nur für diese Nutzung in Betracht kommen; Kinderzimmer gehören in der Regel nicht dazu,
- bei Aufenthaltsräumen, die nicht dem Wohnen dienen, soweit die Voraussetzungen des Absatzes 4 erfüllt sind,
- bei Fenstern, vor denen die Abstandfläche erheblich tiefer ist, als die Mindestabstandfläche nach § 6.

48.22 Oberlichte – z. B. Lichtkuppeln, Lichtbänder unterhalb der Decke oder in Sheddächern – als alleinige Quelle für die Beleuchtung mit Tageslicht kommen im Allgemeinen aus Gründen der Gesundheit (fehlende Sichtverbindung mit der Außenwelt) für Aufenthaltsräume nicht in Betracht. Abweichungen sind möglich, z. B. bei Hörsälen, Sitzungssälen und ähnlichen Räumen, in denen sich derselbe Personenkreis nur während weniger Stunden aufhält. Arbeits-, Pausen-, Bereitschafts-, Liege- und Sanitätsräume müssen nach § 7 Abs. 1 ArbStättV eine Sichtverbindung nach außen haben.

48.4 Zu Absatz 4

48.41 Aufenthaltsräume, deren Nutzung die Anordnung von Fenstern verbietet, sind z. B. Dunkelkammern in Fotolabors.

Verwaltungsvorschrift **1a**

Als Aufenthaltsräume, die ohne Fenster oder mit einer geringeren Fensterfläche als nach § 48 Abs. 2 zulässig sind, wenn wegen der Gesundheit Bedenken nicht bestehen, kommen in Betracht
– Hörsäle, Sitzungssäle und ähnliche Räume, in denen sich derselbe Personenkreis nur während weniger Stunden aufhält,
– Arbeitsräume, die nach § 7 Abs. 1 ArbStättV keine Sichtverbindung nach außen haben müssen.

48.42 Ist die Anordnung von Fenstern in Arbeitsräumen möglich, erreicht die Fensterfläche aber nicht die nach § 48 Abs. 2 erforderliche Mindestgröße, so sind aus Gründen der Gesundheit aufgrund des Arbeitsstättenrechts gleichwohl Fenster erforderlich, die eine Sichtverbindung mit der Außenwelt herstellen („Kontaktfenster").

48.43 Eine wirksame Lüftung fensterloser Küchen oder von Räumen, die nicht durch Fenster belüftet werden, ist gewährleistet, wenn die Lüftungsanlagen den Technischen Baubestimmungen entsprechen.

### 49 **Wohnungen (§ 49)**

49.1 Zu Absatz 1
In Wohngebäuden mit nicht mehr als zwei Wohnungen können die Zugänge zu den Wohnungen – z.B. Hauseingang, Vorraum, Treppenraum – gemeinsam genutzt werden (nicht abgeschlossene Wohnung, „Einliegerwohnung"). Gehören die Wohnungen verschiedenen Eigentümern oder soll für eine Wohnung ein Dauerwohnrecht begründet werden, so müssen sie allerdings voll den Anforderungen des § 49 Abs. 1 Satz 1 entsprechen (§ 3 Abs. 2 bzw. § 32 Abs. 1 WEG).
Die Anforderungen an Trennwände (§ 29 Abs. 1, § 30) und Decken (§ 34 Abs. 1) gelten auch für nicht abgeschlossene Wohnungen.

49.2 Zu Absatz 2
Die Wohnungen nach § 49 Abs. 2 müssen barrierefrei erreichbar sein. Dies bedeutet, dass auf dem Grundstück entsprechende bauliche Vorkehrungen getroffen werden müssen, wie z.B. Rampen, erforderliche Bewegungsflächen, ggf. Aufzüge, etc. Da die wesentlichen Räume dieser Wohnungen mit dem Rollstuhl zugänglich sein müssen, müssen die erforderlichen Mindesttürbreiten und ggf. dafür notwendige Bewegungsflächen vorhanden sein.
Es ist aber nicht vorgesehen, die DIN 18025 bauaufsichtlich einzuführen, denn die Wohnungen nach § 49 Abs. 2 müssen nicht rollstuhlgerecht im Sinne der DIN 18025, Teil 1, sein. Die DIN 18025 kann daher zwar nicht unmittelbar angewendet werden. Die in ihr enthaltenen Begriffsbestimmungen und Maße können jedoch im Einzelfall geeignet sein, um die unbestimmten Rechtsbegriffe der Vorschrift zu konkretisieren.
Ein unverhältnismäßiger Mehraufwand ist nicht bereits dann anzunehmen, wenn wegen der Anforderungen gemäß § 49 Abs. 2 zusätzliche Kosten entstehen. Vielmehr muss es wegen der beabsichtigten

**1a** Verwaltungsvorschrift

Nutzung des Gebäudes entweder unmöglich sein, die Wohnungen im Erdgeschoss zu errichten, oder, wegen der Grundstücksverhältnisse, die im Erdgeschoss liegenden Wohnungen (auch über eine Rampe) zu erreichen, so dass ein Aufzug gebaut oder auf vergleichbar aufwendige technische Lösungen zurückgegriffen werden müsste.

49.3 Zu Absatz 3

49.31 Die Durchlüftung ist möglich durch Querlüftung, durch Lüftung über Eck oder durch Lüftungsleitungen, die für jede Wohnung getrennt angeordnet sind. Eine Querlüftung über Treppenräume oder andere gemeinschaftliche Vorräume ist nur möglich, wenn keine Belästigungen zu erwarten sind.

49.32 Als reine Nordlage gilt die Lage der Außenwand zwischen NO und NW. Besondere Bedeutung gewinnt diese Vorschrift bei Kleinwohnungen (z. B. Appartements, Altenwohnungen).

49.4 Zu Absatz 4

Ist ein Abstellraum innerhalb der Wohnung nicht vorgesehen, so muss in den Bauvorlagen eine Fläche von mindestens 0,5 m$^2$ dargestellt sein, auf der eine Abstellmöglichkeit – z. B. Schränke für Reinigungsgeräte – geschaffen werden kann.

Der übrige Abstellraum muss nicht im Wohngebäude selbst liegen; er kann auch in einem Nebengebäude angeordnet sein. Eine Unterschreitung der geforderten Grundfläche von 6 m$^2$ kommt nur in begründeten Fällen – z. B. Studentenwohnungen – in Betracht.

49.5 Zu Absatz 5

Als leicht erreichbar und gut zugänglich können Abstellräume für Kinderwagen und Fahrräder im allgemeinen nur angesehen werden, wenn sie zu ebener Erde oder im Keller angeordnet sind. Diese Abstellräume können auch in Nebengebäuden oder als Gemeinschaftsanlage in einem Gebäude für mehrere unmittelbar benachbarte Wohngebäude hergestellt werden.

Abstellräume für Rollstühle, Gehwagen und ähnliche Hilfsmittel dürfen nur im Erdgeschoss oder in einem Geschoss, das mithilfe eines Aufzuges erreicht werden kann, eingerichtet werden.

Auf gesonderte Abstellräume kann verzichtet werden, wenn die Größe des Abstellraums nach Absatz 4 unter Berücksichtigung der Größe der Wohnung, für die er vorgesehen ist, für die Aufnahme der in Absatz 5 genannten Gegenstände ausreichend bemessen ist.

49.6 Zu Absatz 6

Als ausreichend kann eine Größe von 3 m$^2$ je Wohnung, mindestens jedoch 15 m$^2$ angesehen werden. Trockenräume können auch in Nebengebäuden oder als Gemeinschaftsanlage in einem Gebäude für mehrere unmittelbar benachbarte Gebäude eingerichtet werden. Auf Trockenräume kann verzichtet werden, wenn nach der Art der Wohnungen oder ihrer Ausstattung mit Trockengeräten offensichtlich kein Bedarf besteht.

Verwaltungsvorschrift **1a**

51 **Stellplätze und Garagen, Abstellplätze für Fahrräder (§ 51)**

51.1 Zu Absatz 1

51.11 Grundsätzlich ist die Zahl der notwendigen Stellplätze jeweils im Einzelfall zu ermitteln, dabei ist von den in der Gemeinde vorhandenen Erkenntnissen (über die örtlichen Verkehrsverhältnisse z. B. aufgrund eines Verkehrsgutachtens) auszugehen.

Erst wenn für den zu entscheidenden Fall keine ausreichenden Erkenntnisse vorliegen, ist von den Zahlen der in der Anlage zu Nr. 51.11 abgedruckten Tabelle **auszugehen,** um die Zahl der herzustellenden Stellplätze unter Berücksichtigung der örtlichen Verkehrsverhältnisse und des ÖPNV zu bestimmen.

– Dabei ist zunächst zu ermitteln, ob das Bauvorhaben überdurchschnittlich gut mit öffentlichen Verkehrsmitteln erreicht werden kann; in diesem Fall ist die sich aus der Tabelle ergebende Mindestzahl der notwendigen Stellplätze um bis zu 30 vom Hundert zu mindern.

Ein Bauvorhaben kann z. B. dann überdurchschnittlich gut mit öffentlichen Verkehrsmitteln erreicht werden, wenn

– es weniger als 400 Meter von einem ÖPNV-Haltepunkt entfernt ist und

– dieser Haltepunkt werktags zwischen 6 und 19 Uhr von mindestens einer Linie des ÖPNV in zeitlichen Abständen von jeweils höchstens zwanzig Minuten angefahren wird.

Eine überdurchschnittlich gute Erreichbarkeit mit Mitteln des ÖPNV kann auch auf andere Gesichtspunkte gestützt werden. In Betracht kommt, dass ein Haltepunkt zwar weiter entfernt oder die Taktfolge ungünstiger ist, das öffentliche Verkehrsmittel jedoch besonders attraktiv ist, etwa weil die Linie gut an den überregionalen Verkehr angebunden ist oder im Vergleich zum örtlichen Kfz-Verkehr einen rascheren Transport ermöglicht (Busse oder Straßenbahnen auf eigener Spur, U-Bahnen und dgl.).

Auf Gebäude geringer Höhe, in denen sich ausschließlich Wohnungen befinden, ist das vorgenannte Verfahren nicht anzuwenden; hier ist, sofern keine besonderen Umstände im Einzelfall festgestellt werden, je Wohnung von einem notwendigen Stellplatz **auszugehen.** Gleiches gilt für Ferien- und Wochenendhäuser.

– Weiterhin sind besondere örtliche Verkehrsverhältnisse (z. B. Fremdenverkehr, Ausflugsverkehr) oder die besondere Art oder Nutzung der baulichen oder anderen Anlage (z. B. geringe Zahl von Beschäftigten oder Besuchern) zu berücksichtigen. Ein verringerter Stellplatzbedarf kann sich z. B. für Gebäude mit Altenwohnungen ergeben, wenn diese Wohnungen für Personen vom vollendeten 75. Lebensjahr an bestimmt sind.

Die besondere Art oder Nutzung der baulichen oder anderen Anlage ist gegebenenfalls von der Bauherrin oder dem Bauherrn darzulegen.

**1a** Verwaltungsvorschrift

Für Bauvorhaben, die in der Tabelle nach Nr. 51.11 nicht aufgeführt sind, können Ausgangszahlen für Nutzungsarten mit vergleichbarem Stellplatzbedarf sinngemäß herangezogen werden.

Das in den vorstehenden Sätzen genannte Ergebnis ist im Einzelfall von der Bauaufsichtsbehörde zu begründen.

Der Bauherrin oder dem Bauherrn ist auf Wunsch die voraussichtliche Zahl der notwendigen Stellplätze für ein hinreichend beschriebenes Bauvorhaben mitzuteilen, auch wenn noch kein Bauantrag gestellt wurde.

51.13 Bei Anlagen mit unterschiedlicher Nutzung ist der Stellplatzbedarf für die jeweilige Nutzungsart getrennt zu ermitteln. Bei Anlagen mit Mehrfachnutzung ist die Nutzungsart mit dem größeren Stellplatzbedarf maßgebend.

Bei Anlagen mit regelmäßigem An- oder Auslieferungsverkehr kann auch eine ausreichende Zahl von Stellplätzen für Lastkraftwagen verlangt werden. Dies gilt sinngemäß auch für Anlagen, bei denen ein Besucherverkehr mit Autobussen oder Motorrädern zu erwarten ist.

Wenn Vorhaben mit geringer Stellplatzverpflichtung errichtet werden sollen, weil ihren Benutzern ein geringerer Stellplatzbedarf unterstellt wird, z.B. Gebäude mit Altenwohnungen oder Studentenwohnheime, sollen die Bauaufsichtsbehörden durch Nebenbestimmung ausdrücklich vermerken, dass Fehlbelegungen als genehmigungspflichtige Nutzungsänderungen zwingend eine Neuberechnung der Stellplatzverpflichtung (in der Regel verbunden mit einer Erhöhung der Anzahl erforderlicher Stellplätze) erforderlich machen.

51.9 Zu Absatz 9

Die Vorschrift dient zur Erleichterung des nachträglichen Ausbaus von Dachgeschossen zu Wohnzwecken. Sie bewirkt, dass beim Vorliegen der Tatbestandsvoraussetzungen die Pflicht zur Herstellung eigentlich notwendiger Stellplätze und Garagen entfällt. In diesen Fällen ist deshalb auch die Forderung nach einem Geldbetrag nach Absatz 5 (Ablösebetrag) ausgeschlossen.

Die Erleichterung betrifft ausschließlich die Anzahl von Wohnungen, die innerhalb des bestehenden Dachstuhls eines Gebäudes durch nachträglichen Aus- und Umbau desselben entstehen. Dabei werden Grenzen durch die bestehende Kubatur des Dachgeschosses gezogen. Die Vorschrift ist bei Teilung von Wohnungen nicht einschlägig.

### 54 Sonderbauten (§ 54)[1]

54.1 Zu Absatz 1

54.11 Für einige bestimmte Sonderbauten sind die besonderen Anforderungen oder Erleichterungen in Rechtsverordnungen („Sonderbauverordnungen" nach § 85 Abs. 1 Nr. 5) enthalten. Da sich diese besonderen Anforderungen oder Erleichterungen nur auf übliche Son-

---

[1] Siehe **Nrn. 4–6, 8–12**.

Verwaltungsvorschrift **1a**

derbauten beziehen, enthalten die meisten Sonderbauverordnungen eine Ermächtigung, im Einzelfall zur Gefahrenabwehr weitere Anforderungen zu stellen (z. B. § 40 KhBauVO). Soweit diese Ermächtigung nicht vorhanden ist, können Anforderungen, die über die Sonderbauverordnungen hinausgehen, nur bei atypischen Fällen gestellt werden, um einer im Einzelfall bestehenden Gefahr zu begegnen.

Erleichterungen von Anforderungen in Sonderbauverordnungen können nur durch eine Abweichung gem. § 73 Abs. 1 zugelassen werden.

54.12 Die in § 54 Abs. 1 Satz 2 genannten Erleichterungen von einer Vorschrift der Landesbauordnung können im Einzelfall gestattet werden, wenn

a) die besondere Art oder Nutzung der baulichen Anlage oder Räume der Einhaltung einer Vorschrift ganz offensichtlich nicht bedarf, weil sie von dem Regelfall, der der Vorschrift zugrunde liegt, erheblich abweicht,

b) die Erleichterung durch eine besondere Anforderung kompensiert wird (z. B. automatische Feuerlöschanlagen bei größeren Brandabschnitten, Alarmmeldeanlagen bei größeren Rettungsweglängen, Maßnahmen zur Entrauchung für wirksame Löscharbeiten).

Erleichterungen nach § 54 Abs. 1 Satz 2 kommen von allen materiellen Anforderungen in Betracht. Mit diesen Erleichterungen sind jedoch keine Abweichungen von Technischen Baubestimmungen gemeint (vgl. § 3 Abs. 1 Satz 3).

54.2 Zu Absatz 2

54.205 Die besonderen Anforderungen an Sonderbauten können sich auch auf Brandschutzeinrichtungen und Brandschutzvorkehrungen erstrecken. Hierzu zählen insbesondere technische Anlagen und Einrichtungen wie Feuerlöschanlagen, Rauch- und Wärmeabzugsanlagen, Drucklüftungsanlagen, Brandmeldeanlagen und Alarmmeldeanlagen, wie sie für Sonderbauten bereits in mehreren Regelwerken vorgeschrieben sind.

Brandmeldeanlagen der Kenngröße „Rauch" sind insbesondere erforderlich bei unübersichtlich geführter Rettungswegsituation oder in Sonderbauten, in denen gewohnt und geschlafen wird, wie Entbindungs-, Säuglings-, Kinder- und Pflegeheime (§ 68 Abs. 1 Satz 3 Nr. 9), Altenwohnheime, Wohnheime für Menschen mit Behinderungen u. ä.

Sofern bei Sonderbauten auf Grund von § 54 Abs. 1 das Erfordernis von Brandschutzeinrichtungen oder Brandschutzvorkehrungen (§ 54 Abs. 2 Nr. 5) besteht, ist der Bauherrin oder dem Bauherrn oder der Betreiberin oder dem Betreiber in der Baugenehmigung aufzugeben, deren Wirksamkeit und Betriebssicherheit entsprechend den Vorschriften der TPrüfVO zu prüfen.

Zu den Brandschutzvorkehrungen nach § 54 Abs. 2 Nr. 5 können auch Feuerwehrpläne nach DIN 14095-1 gehören.

**1a** Verwaltungsvorschrift

54.217 Bei Sonderbauten nach § 68 Abs. 1 Satz 3 sollen Fachbauleiterinnen und Fachbauleiter für den Brandschutz benannt oder von der Bauaufsichtsbehörde gefordert werden. Sie haben darüber zu wachen, dass das genehmigte Brandschutzkonzept während der Errichtung des Sonderbaus beachtet und umgesetzt sowie Änderungen oder Ergänzungen des Konzeptes einer Genehmigung zugeführt werden. Als für die Fachbauleitung geeignet sind vor allem die Personen anzusehen, die als Fachplanerinnen oder Fachplaner nach Nr. 58.3 das Brandschutzkonzept aufstellen können.

54.218 Brandschutzbeauftragte sollen – sofern sich ihr Erfordernis nicht bereits aus Sonderregelungen für Sonderbauten ergibt (vgl. Verkaufsstättenverordnung,[1]) Industriebau-Richtlinie) – von der Bauaufsichtsbehörde insbesondere bei Sonderbauten nach § 68 Abs. 1 Satz 3 gefordert werden. Sie haben u. a. die Aufgabe während des Betriebes die Einhaltung des genehmigten Brandschutzkonzeptes und der sich daraus ergebenden betrieblichen Brandschutzanforderungen zu überwachen und dem Betreiber festgestellte Mängel zu melden. Die Aufgaben der oder des Brandschutzbeauftragten sind im Einzelfall schriftlich festzulegen. Der Name des oder der Brandschutzbeauftragten sind der überwachenden Behörde auf Verlangen mitzuteilen.

Eine Brandschutzbeauftragte oder ein Brandschutzbeauftragter kann auch für mehr als ein Objekt benannt werden.

54.219 Absatz 2 Nr. 19 greift für Sonderbauten, die nicht vom Katalog des § 68 Abs. 1 Satz 3 erfasst sind. Bei diesen Sonderbauten soll ein Brandschutzkonzept insbesondere in den Fällen verlangt werden, in denen wesentliche Erleichterungen von den sonst geltenden Vorschriften der BauO NRW gewünscht werden.

54.221 Nachweise für die Nutzbarkeit der Rettungswege im Brandfall können vor Inbetriebnahme des Sonderbaues insbesondere zur Unterstützung oder in Ergänzung von Rechenverfahren nach Methoden des Brandschutzingenieurwesens erforderlich sein. Die Nachweise können z. B. geführt werden durch

– Druckdifferenzmessungen,
– Luftvolumenstrommessungen,
– Strömungsgeschwindigkeitsmessungen oder
– ggf. durch ergänzende Rauchversuche.

Die Nachweise können auch von Personen geführt werden, die als Fachplanerin oder Fachplaner das Brandschutzkonzept aufgestellt haben.

54.3 Zu Absatz 3

54.31 Zu einem Bauantrag für Sonderbauten sind zu hören
– die für den Brandschutz zuständige Dienststelle hinsichtlich den in Nr. 54.33 genannten Anforderungen,
– das Staatliche Amt für Arbeitsschutz, soweit es sich um Arbeitsstätten handelt,

---
[1]) Nr. 9.

Verwaltungsvorschrift **1a**

- das Staatliche Umweltamt, soweit Belange des Immissionsschutzes berührt sind, und
- das Bergamt, soweit die baulichen Anlagen und Räume der Bergaufsicht unterliegen.

Eine Anhörung ist entbehrlich, wenn durch die Anhörung offensichtlich keine Erkenntnisse gewonnen werden, die zu besonderen Anforderungen führen können (Bagatellfall, Wiederholungsfall).

Eine Anhörung des Staatlichen Amtes für Arbeitsschutz bei Gaststätten (Schank- und Speisewirtschaften, Beherbergungsbetriebe), Verkaufsstätten und Büros findet nur nach Maßgabe des Gem. RdErl. d. Ministeriums für Bauen und Wohnen u. d. Ministeriums für Arbeit, Soziales und Stadtentwicklung, Kultur und Sport v. 2. 6. 1998 (SMBl. NRW. 23210) – Baugenehmigung von Arbeitsstätten –, hier: Gaststätten, Verkaufsstätten, Büros[1]) – statt. Soweit danach das Staatliche Amt für Arbeitsschutz nicht beteiligt wird, hat die Bauaufsichtsbehörde die Erfüllung der Anforderungen des baulichen Arbeitsschutzes selbst zu prüfen, auf Antrag über Ausnahmen nach § 4 Abs. 1 ArbStättV zu entscheiden und gegebenenfalls erforderliche Nebenbestimmungen in die Baugenehmigung aufzunehmen. In den Fällen, in denen Ausnahmegenehmigungen nach § 4 Abs. 1 ArbStättV erteilt werden, gilt das Einvernehmen nach der Verordnung zur Regelung von Zuständigkeiten auf dem Gebiet des Arbeits- und technischen Gefahrenschutzes (ZustVOArbtG)[2]) als hergestellt. Die Bauaufsichtsbehörde hat das örtlich zuständige Staatliche Amt für Arbeitsschutz über erteilte Ausnahmegenehmigungen zu unterrichten.

Staatlich anerkannte Sachverständige können im Wege der Bescheinigung nach SV VO nur feststellen, dass ein Vorhaben den Anforderungen der Landesbauordnung bzw. der Sonderbauverordnungen entspricht. Die Entscheidung über zusätzliche Anforderungen bzw. Erleichterungen im Sinne von § 54 Abs. 1 trifft ausschließlich die Bauaufsichtsbehörde.

54.32 Die Prüfung der Bauvorlagen auf ihre Übereinstimmung mit den Vorschriften der Bauordnung oder der aufgrund der Bauordnung erlassenen Rechtsverordnungen und Verwaltungsvorschriften obliegt grundsätzlich den Bauaufsichtsbehörden. Die in Nr. 54.31 genannten Dienststellen und Behörden sind deshalb nur zu solchen Fragen zu hören, die

a) Gegenstände betreffen, für deren Beurteilung im Einzelfall die Kenntnisse der Bauaufsichtsbehörde nicht ausreichen (z.B. Einrichtungen für die Brandbekämpfung, zu erwartende Emissionen) oder

b) in deren Aufgabenbereich liegen (z.B. Immissionsschutzrecht, Arbeitsstättenrecht).

---
[1]) Rehborn, Nr. 93 B.
[2]) Rehborn, Nr. 146 A.

Die Bauaufsichtsbehörde hat bei ihrer Anfrage die Gegenstände genau zu bezeichnen, zu denen sie eine Stellungnahme erwartet.

54.33 Beteiligung der Brandschutzdienststellen
Die Brandschutzdienststellen sollen sich äußern, ob die Anforderungen erfüllt sind an
- die Löschwasserversorgung und die Einrichtung zur Löschwasserversorgung,
- die Zugänglichkeit der Grundstücke und der baulichen Anlagen für die Feuerwehr sowie an Zufahrten, Durchfahrten, Aufstell- und Bewegungsflächen, insbesondere wenn eine von Nr. 5 VV BauO NRW abweichende Lösung geplant ist,
- Lage und Anordnung der zum Anleitern bestimmten Stellen (§ 17 Abs. 3 in Verbindung mit § 40 Abs. 4,
- Lage und Anordnung von Löschwasser-Rückhalteanlagen,
- Anlagen, Einrichtungen und Geräte für die Brandbekämpfung (wie Wandhydranten, Schlauchanschlussleitungen, Feuerlöschgeräte, Feuerlöschanlagen) und für den Rauch- und Wärmeabzug bei Bränden.
- Anlagen und Einrichtungen für die Brandmeldung (wie Brandmeldeanlagen) und für die Alarmierung im Brandfall (Alarmierungseinrichtungen),
- betriebliche Maßnahmen zur Brandverhütung und Brandbekämpfung sowie zur Rettung von Menschen und Tieren (wie Hausfeuerwehr, Brandschutzordnung, Feuerschützübungen).

Die Bauaufsichtsbehörde entscheidet über die Berücksichtigung der Stellungnahme der Brandschutzdienststellen und über vorgeschlagene Bedingungen, Auflagen oder Hinweise für die Baugenehmigung. Soll der Stellungnahme nicht gefolgt werden und wird ein Einvernehmen nach erneuter – ggf. mündlicher – Anhörung nicht erreicht, so unterrichtet die Bauaufsichtsbehörde die Brandschutzdienststelle von ihrer Entscheidung. Auf Nr. 73.12 VV BauO NRW wird hingewiesen.

54.34 Beteiligung der Staatlichen Ämter für Arbeitsschutz
Die Staatlichen Ämter für Arbeitsschutz haben unter Berücksichtigung der konkreten Fragen der Bauaufsichtsbehörde zu prüfen, ob das in den Bauvorlagen dargestellte Bauvorhaben die an Arbeitsstätten zu stellenden Anforderungen erfüllt. Auflagen und Bedingungen sind von den Staatlichen Ämtern für Arbeitsschutz nur in solchem Umfang vorzuschlagen, der sich aufgrund der Darstellungen in den Bauvorlagen als notwendig erweist; die Vorschläge sind unter Angabe der Rechtsgrundlage kurz zu begründen. Die Bauaufsichtsbehörden entscheiden in eigener Verantwortung über die Vorschläge der Staatlichen Ämter für Arbeitsschutz. Auf Nr. 54.31 2. Absatz wird verwiesen.

54.35 Beteiligung der Staatlichen Umweltämter
Die Staatlichen Umweltämter haben unter Berücksichtigung der konkreten Fragen der Bauaufsichtsbehörde zu prüfen, ob das in den Bauvorlagen dargestellte Bauvorhaben den Belangen des Immissionsschutzes entspricht. Auflagen und Bedingungen sind von den Staatli-

Verwaltungsvorschrift **1a**

chen Umweltämtern nur in dem Umfang vorzuschlagen, der sich aufgrund der Darstellungen in den Bauvorlagen als notwendig erweist, die Vorschläge sind unter Angabe der Rechtsgrundlage kurz zu begründen. Die Bauaufsichtsbehörden entscheiden in eigener Verantwortung über die Vorschläge der Staatlichen Umweltämter.

Für die Zusammenarbeit mit den Staatlichen Umweltämtern bei Belangen des Immissionsschutzes gelten im Übrigen die Runderlasse
- vom 8. 7. 1982 (SMBl. NRW. 2311),
  Berücksichtigung von Emissionen und Immissionen bei der Bauleitplanung sowie bei der Genehmigung von Vorhaben (Planungserlass), hier Teil II,[1)]
- vom 2. 4. 1998 (SMBl. NRW. 283),
  Abstände zwischen Industrie- bzw. Gewerbegebieten und Wohngebieten im Rahmen der Bauleitplanung und sonstige für den Immissionsschutz bedeutsame Abstände (Abstandserlass), hier Nr. 3;[2)]
- vom 16. 7. 1993 (SMBl. NRW. 7129),
  Verwaltungsvorschriften zum Bundes-Immissionsschutzgesetz, hier Nr 14.3.

### 57 Bauherrin, Bauherr (§ 57)

57.2 Zu Absatz 2

„Technisch einfach" im Sinne dieser Vorschrift können bauliche Anlagen und Einrichtungen sein, bei denen keine besonderen Anforderungen an die Bauvorlagen zu stellen sind und aus diesem Grunde eine Entwurfsverfasserin oder ein Entwurfsverfasser (§ 58) entbehrlich ist. Ob diese Voraussetzung vorliegt, hat die Bauaufsichtsbehörde im Einzelfall zu prüfen. Sie kann auf Antrag darauf verzichten, dass die Bauherrin oder der Bauherr eine Entwurfsverfasserin oder einen Entwurfsverfasser, eine Bauleiterin oder einen Bauleiter beauftragt. Sie kann aber auch bei der Vorlage eines Bauantrages ohne Angabe einer Entwurfsverfasserin oder eines Entwurfsverfassers feststellen, ob die Voraussetzungen für den Verzicht vorliegen oder ob der Bauantrag zurückzuweisen ist (§ 72 Abs. 1 Satz 2). Der Verzicht sollte in den Bauakten vermerkt werden.

### 58 Entwurfsverfasserin, Entwurfsverfasser (§ 58)

58.3 Zu Absatz 3

Brandschutzkonzepte sollen von staatlich anerkannten Sachverständigen für die Prüfung des Brandschutzes aufgestellt werden.
Allerdings ist § 9 Abs. 1 Satz 3 BauPrüfVO zu beachten. Danach werden die nach § 36 der Gewerbeordnung öffentlich bestellten und vereidigten Sachverständigen für den baulichen Brandschutz den staat-

---

[1)] Rehborn, Nr. 92 A.
[2)] Rehborn, Nr. 92 C.

**1a** Verwaltungsvorschrift

lich anerkannten Sachverständigen gleichgestellt, soweit es um das Aufstellen von Brandschutzkonzepten geht.

Neben den vorgenannten Sachverständigen kommen im Einzelfall auch weitere Personen in Betracht, deren Brandschutzkonzepte von den Bauaufsichtsbehörden akzeptiert werden.

Es handelt sich um Personen, deren jeweilige Ausbildung und berufliche Erfahrung sie als hinreichend qualifiziert im Sinne des Regelungsziels des § 58 Abs. 3 erscheinen lassen, vor allem solche, die
- zu dem Zeitpunkt, an dem die Änderung der Landesbauordnung in Kraft tritt, bereits regelmäßig Brandschutzgutachten für Sonderbauten aufgestellt haben,
- sich als Lehrer an einer deutschen Hochschule mit der Erforschung des baulichen Brandschutzes befassen,
- als von anderen Ländern der Bundesrepublik anerkannte Sachverständige den staatlich anerkannten Sachverständigen für die Prüfung des Brandschutzes vergleichbar sind,
- die Befähigung zum höheren oder gehobenen bautechnischen Verwaltungsdienst besitzen, für ihre dienstliche Tätigkeit,
- die Befähigung zum höheren oder gehobenen feuerwehrtechnischen Dienst besitzen und eine mindestens fünfjährige Tätigkeit im vorbeugenden Brandschutz und bei der Erstellung von Brandschutzkonzepten nachweisen können,
- als Angehörige von Werksfeuerwehren aufgrund ihrer Ausbildung auch den vorbeugenden Brandschutz der baulichen Anlagen ihres Betriebes beurteilen können.

Im Zweifel kann sich die Bauaufsichtsbehörde die erforderliche Sachkunde und Erfahrung nachweisen lassen.

Die erforderlichen Erkenntnisse über die Belange des abwehrenden Brandschutzes, die für das Brandschutzkonzept beachtet werden müssen, können die Sachverständigen dadurch erlangen, dass sie mit der zuständigen Brandschutzdienststelle rechtzeitig Kontakt aufnehmen.

### 59a **Bauleiterin, Bauleiter (§ 59a)**

59a.1 Zu Absatz 1 Satz 2

Die Aufgaben nach Satz 2 obliegen der Bauleiterin oder dem Bauleiter nur im Rahmen der in Satz 1 aufgeführten Hauptpflichten. Ist für ein Bauvorhaben neben der Bauleiterin oder dem Bauleiter ein Koordinator nach § 3 der Verordnung über Sicherheit und Gesundheitsschutz auf Baustellen vom 10. Juni 1998 (BGBl. I S. 128) bestellt worden, so ist vorrangig dieser dafür zuständig, die Belange des Arbeitsschutzes zu wahren. Überwachungsbehörde ist insoweit das zuständige Staatliche Amt für Arbeitsschutz.

### 60 **Bauaufsichtsbehörden (§ 60)**

60.3 Zu Absatz 3

Die Voraussetzungen erfüllen in der Regel Beamtinnen oder Beamte

Verwaltungsvorschrift **1a**

1. des höheren bautechnischen Verwaltungsdienstes, die die Prüfung
   a) für die Laufbahn des höheren bautechnischen Verwaltungsdienstes Hochbau im Lande Nordrhein-Westfalen (§ 1 Abs. 1 Nr. 1 der Ausbildungsverordnung höherer bautechnischer Dienst Hochbau, Maschinen- und Elektrotechnik vom 21. September 1993 – GV. NRW. S. 718/SGV. NRW. 20301) abgelegt haben, oder
   b) für die Laufbahn des höheren bautechnischen Verwaltungsdienstes Städtebau im Lande Nordrhein-Westfalen (§ 1 Abs. 1 Nr. 1 der Ausbildungsverordnung höherer bautechnischer Dienst Städtebau, Stadtbauwesen, Straßenwesen vom 10. Juni 1991 – GV. NRW. S. 308/SGV. NRW. 20301) abgelegt haben.

   In Frage kommen hier auch Beamtinnen und Beamte, die ein Vertiefungsstudium Städtebau im Rahmen des Studiums der Architektur oder ein Aufbaustudium des Städtebaus im Anschluss an ein Studium der Architektur absolviert haben.

2. des gehobenen bautechnischen Verwaltungsdienstes, die die Prüfung
   a) für die Laufbahn im Fachgebiet Hochbau aufgrund der Verordnung über die Ausbildung und Prüfung für die Laufbahn des gehobenen bautechnischen Dienstes in den Gemeinden und Gemeindeverbänden des Landes Nordrhein-Westfalen vom 22. Februar 1987 (GV. NRW. S. 116), zuletzt geändert am 22. Februar 2000 (GV. NRW. S. 222) – SGV. NRW. 203015 – abgelegt haben, oder
   b) für die Laufbahn im Fachgebiet Architektur (Hochbau) aufgrund der Verordnung über die Ausbildung und Prüfung des gehobenen bautechnischen Dienstes in der Finanzbauverwaltung und in der Staatshochbauverwaltung des Landes Nordrhein-Westfalen vom 20. Juni 1986 (GV. NRW. S. 548/SGV. NRW. 203015) abgelegt haben.

   Die Voraussetzungen erfüllen auch Beamtinnen oder Beamte des höheren oder gehobenen bautechnischen Verwaltungsdienstes, die entsprechende Laufbahnprüfungen nach dem Laufbahnrecht des Bundes oder anderer Bundesländer abgelegt haben.

   Bei Beamtinnen oder Beamten des bautechnischen Verwaltungsdienstes und bei Angestellten, die die vorstehend genannten Voraussetzungen nicht erfüllen, ist für die Beurteilung der erforderlichen Fachkenntnisse im wesentlichen auf den bisherigen beruflichen Werdegang abzustellen.

### 61 Aufgaben und Befugnisse der Bauaufsichtsbehörden (§ 61)

61.1 Zu Absatz 1

Können zur Durchsetzung einzelner öffentlich-rechtlicher Anforderungen neben den Bauaufsichtsbehörden auch andere Behörden in Betracht kommen, sollen die Bauaufsichtsbehörden sich mit diesen abstimmen.

**1a** Verwaltungsvorschrift

61.2 Zu Absatz 2

§ 61 Abs. 2 nimmt die gleichlautende Vorschrift des § 88 Abs. 4 BauO NRW 1970 wieder auf. Er ergänzt die §§ 48 und 49 des Verwaltungsverfahrensgesetzes. Danach sind nachträgliche Anforderungen – in der Regel weitere, die Genehmigung einschränkende Auflagen – insbesondere erforderlich, wenn bei den Bauarbeiten Altlasten entdeckt werden, die trotz sorgfältiger Nachforschungen vor Erteilung der Baugenehmigung nicht bekannt waren.

61.3 Zu Absatz 3

61.31 Die Entscheidung über die Eignung von Sachverständigen und sachverständigen Stellen trifft, unbeschadet Nr. 54.21 VV BauO NRW, die untere Bauaufsichtsbehörde, sofern nicht aufgrund von Rechtsverordnungen ein besonderes Anerkennungsverfahren durchzuführen ist (z. B. TPrüfVO, SV-VO). Die nach diesen Rechtsverordnungen staatlich anerkannten Sachverständigen können auch von den Bauaufsichtsbehörden zur Erfüllung ihrer Aufgaben herangezogen werden.

Als Sachverständige kommen gleichfalls in Betracht

a) Ingenieurinnen oder Ingenieure der entsprechenden Fachrichtungen, die mindestens den Abschluss einer Fachhochschule und eine fünfjährige Berufspraxis nachweisen können,

b) von den Industrie- und Handelskammern, den Handwerkskammern, einer Architektenkammer oder Ingenieurkammer öffentlich bestellte und vereidigte Sachverständige entsprechender Fachrichtungen,

c) für Fragen des Schallschutzes außerdem Personen oder Stellen, die entweder als Prüfstelle nach § 28 Abs. 1 Satz 1 Nr. 1 anerkannt sind oder in einem Verzeichnis über „Sachverständige Prüfstellen für Schallmessungen nach DIN 4109: Schallschutz im Hochbau" beim Verband der Materialprüfungsämter (VMPA), Berlin, Rudower Chaussee 5, geführt werden,

d) für Fragen der Standsicherheit u. a. die von einer obersten Bauaufsichtsbehörde anerkannten Prüfingenieurinnen oder Prüfingenieure für Baustatik,

e) für Fragen der technischen Anlagen und Einrichtungen die Sachverständigen der technischen Überwachungsorganisationen, die nach der Verordnung über die Organisation der technischen Überwachung vom 2. Dezember 1959 (GV. NRW. S. 174), zuletzt geändert durch Verordnung vom 16. Juni 1994 (GV. NRW. S. 360) – SGV. NRW. 7131 –[1]) anerkannt sind.

Die Sachverständigen dürfen nicht zum Kreis der am Bau Beteiligten (§ 56) gehören.

61.32 **Sachverständige Stellen** sind die in Einführungserlassen zu den entsprechenden Normen aufgeführten Stellen sowie die durch die

---

[1]) Inzwischen aufgehoben durch Bundesgesetz vom 27. 12. 2000 (BGBl. I S. 2048).

Verwaltungsvorschrift **1a**

oberste Bauaufsichtsbehörde benannten Personen. Auf Nr. 67.41 Sätze 2 und 3 wird verwiesen.

61.33 **Sachkundige** (z. B. § 45 Abs. 5, § 65 Abs. 2 Nr. 1) können mit den am Bau Beteiligten identisch sein. Als Sachkundige kommen in Betracht
– Ingenieurinnen oder Ingenieure der entsprechenden Fachrichtungen mit mindestens fünfjähriger Berufserfahrung,
– Personen mit abgeschlossener handwerklicher Ausbildung oder mit gleichwertiger Ausbildung und mindestens fünfjähriger Berufserfahrung in der Fachrichtung, in der sie tätig werden,
– Unternehmerinnen oder Unternehmer, die Bescheinigungen nach § 66 ausstellen.

61.5 Zu Absatz 5
Neben der Baueinstellung wegen Verwendung unberechtigt gekennzeichneter Bauprodukte mit der CE-Kennzeichnung kommen auch Maßnahmen nach § 13 Abs. 2 BauPG in Betracht, um das Inverkehrbringen und den freien Warenverkehr mit diesen Bauprodukten zu verhindern oder zu beschränken oder sie aus dem Verkehr zu ziehen. Die hierfür zuständige Behörde wird durch Rechtsverordnung bestimmt.

61.6 Die Absicht, Grundstücke und bauliche Anlagen einschließlich der Wohnungen nach der Bauzustandsbesichtigung nach abschließender Fertigstellung zu betreten, soll dem Eigentümer und dem unmittelbaren Besitzer rechtzeitig vorher mitgeteilt werden.

### 63 Genehmigungsbedürftige Vorhaben (§ 63)

63.1 Zu Absatz 1 (Abbruch baulicher Anlagen)

63.11 Im Abbruch-Genehmigungsverfahren ist zu prüfen, ob das Vorhaben
– einer wohnungsrechtlichen Abbruchgenehmigung bedarf,
– von einem Rückbauverbot nach §§ 172 bis 174 BauGB erfasst ist oder
– eine erlaubnispflichtige Maßnahme nach § 9 Abs. 1 DSchG ist.

Eine wohnungsrechtliche Abbruchgenehmigung ist erforderlich
a) bei öffentlich geförderten Wohnungen nach § 12 WoBindG,
b) bei allen übrigen Wohnungen, sofern sie in den Gebieten liegen, die durch die ZweckentfremdungsVO bestimmt sind.

Wenn die Bauaufsichtsbehörde nicht selbst feststellen kann, ob eine wohnungsrechtliche Abbruchgenehmigung erforderlich ist, hat sie zunächst der für die Genehmigung zuständigen Behörde Gelegenheit zur Prüfung und zur Stellungnahme zu geben. Ist eine solche Genehmigung erforderlich, hat die Bauaufsichtsbehörde den Antragsteller darauf hinzuweisen, dass die Abbruchgenehmigung erst erteilt werden kann, wenn die wohnungsrechtliche Genehmigung zum Abbruch erteilt worden ist, und, dass der Antrag zunächst der für diese Genehmigung zuständigen Behörde zugeleitet worden ist. Die Bauaufsichtsbehörde erhält eine Durchschrift der Entscheidung über die wohnungsrechtliche Genehmigung. Ist diese Genehmigung versagt worden, sollte dem Antragsteller im Interesse der Kostenersparnis empfohlen werden, den Antrag auf Erteilung der Abbruchgenehmigung zurückzunehmen.

63.12 Die Bauaufsichtsbehörde kann zwar bei geringfügigen und bei technisch einfachen baulichen Anlagen darauf verzichten, dass eine Entwurfsverfasserin oder ein Entwurfsverfasser bestellt wird (§ 57 Abs. 2); Verzichtsvoraussetzungen liegen jedoch nicht vor, wenn die Prüfung ergibt, dass der Abbruch einer solchen baulichen Anlage erhebliche Gefahren in sich birgt.

63.13 Abbrucharbeiten können ihrer Natur nach unerwartete, mit der vorbereitenden Planung allein nicht zu bewältigende Schwierigkeiten zeitigen und können in Folge dessen mit außergewöhnlichen Gefahren verbunden sein. Insofern wird auf die erforderliche Kenntnis und die Verantwortlichkeit der Abbruchunternehmerin oder des Abbruchunternehmers (§ 59) gerade in Fragen der Standsicherheit und der Arbeitsschutzbestimmungen (Unfallverhütungsvorschriften Bauarbeiten – BGV C 22 [bisher VBG 37]) hingewiesen. Die Unternehmerin oder der Unternehmer müssen über mehrjährige Erfahrungen auf dem Gebiet des Abbruchs baulicher Anlagen verfügen.

Der Abbruch von Stahl- und Stahlbetonkonstruktionen erfordert spezielle Sachkenntnisse.

Abbrucharbeiten an oder in baulichen Anlagen, die schwachgebundene Asbestprodukte enthalten, dürfen nur von Unternehmen durchgeführt werden, die nach § 39 der Gefahrstoffverordnung zur Durchführung dieser Arbeiten zugelassen sind.

Die Bauaufsichtsbehörden sind verpflichtet zu prüfen, ob die Unternehmerin oder der Unternehmer für die Ausführung der vorgesehenen Abbrucharbeiten nach Sachkunde und Erfahrung, wie auch hinsichtlich der Ausstattung mit Gerüsten und sonstigen Einrichtungen geeignet ist (§ 59 Abs. 1 und 2). Sie haben deshalb von der Ermächtigung nach § 69 Abs. 3 dahingehend Gebrauch zu machen, dass die Bauherrin oder der Bauherr vor der Erteilung der Abbruchgenehmigung die Unternehmerin oder den Unternehmer namhaft macht. Das ist um so mehr notwendig, als die Ausübung des Gewerbes der Abbruchunternehmungen nicht erlaubnispflichtig ist, obwohl hierzu spezielle fachliche Qualitäten Voraussetzung sind.

Ergibt die bauaufsichtliche Prüfung, dass die von der Bauherrin oder vom Bauherrn bestellten und namhaft gemachten Personen, wie die Unternehmerin oder der Unternehmer für die Aufgabe nicht geeignet sind, kann die Bauaufsichtsbehörde diese nach § 57 Abs. 3 ersetzen lassen. Die Forderung kann auch noch während der Ausführung der Abbrucharbeiten erhoben werden, wenn sie zur Gefahrenabwehr erforderlich ist. Die Abbruchgenehmigung ist regelmäßig unter der

Verwaltungsvorschrift **1a**

Auflage zu erteilen, dass die Bauherrin oder der Bauherr den Wechsel der Unternehmerin oder des Unternehmers vor oder während der Abbrucharbeiten der Bauaufsichtsbehörde unverzüglich mitzuteilen hat.

63.14 Von der Abbruchgenehmigung und von der Anzeige des Ausführungsbeginns genehmigter Abbrucharbeiten sind in geeigneter Weise in Kenntnis zu setzen:
das Staatliche Umweltamt,
das Staatliche Amt für Arbeitsschutz,
die untere Abfallwirtschaftsbehörde,
die Bauberufsgenossenschaft,
die Katasterbehörde,
ggf. die Untere Denkmalbehörde.

63.2 Zu Absatz 2
Der Katalog der Genehmigungen und Erlaubnisse, die die Baugenehmigung einschließen, ist nicht abschließend. Auch in anderen Gesetzen können Spezialgenehmigungen mit Konzentrationswirkungen vorgesehen sein, so z. B. in § 7 Abs. 3 Abgrabungsgesetz.

### 65 Genehmigungsfreie Vorhaben (§ 65)

Die in dieser Vorschrift genannten Vorhaben sind vom Baugenehmigungsverfahren befreit und unterliegen auch nicht der Bauüberwachung (§ 81) und der Bauzustandsbesichtigung (§ 82). Die Verpflichtung, nach anderen Vorschriften erforderliche Genehmigungen, Erlaubnisse u. ä. einzuholen, bleibt bestehen. In Frage kommen z. B. die Erlaubnis nach dem Denkmalschutzgesetz, die Genehmigung nach dem Straßenrecht oder Ausnahmen und Befreiungen nach Landschaftsrecht. Die Genehmigungsfreiheit lässt auch die Pflicht unberührt, öffentlich-rechtliche Vorschriften einzuhalten (§ 65 Abs. 4). Die Vorhaben müssen vor allem den allgemeinen Anforderungen des Bauordnungsrechts (§§ 3, 12 bis 19) genügen. Zu beachten sind auch örtliche Bauvorschriften in Bebauungsplänen und Satzungen nach § 86. Es dürfen nur Bauprodukte und Bauarten verwendet bzw. angewendet werden, deren Brauchbarkeit nachgewiesen ist (§§ 20 bis 28).

Genehmigungsfreie Teile eines genehmigungspflichtigen Vorhabens sind nicht Gegenstand des Baugenehmigungsverfahrens (z. B. nichttragende oder nichtaussteifende Bauteile nach § 65 Abs. 1 Nr. 8). Soweit derartige Teile in den Bauvorlagen dargestellt sind, bedarf eine Abweichung bei der Bauausführung daher auch keiner Nachtragsgenehmigung. Als genehmigungsfreie Baumaßnahmen unterliegen sie – für sich betrachtet – auch keiner Bauzustandsbesichtigung (§ 82). Im Übrigen wird auf § 65 Abs. 4 verwiesen. Nach § 63 Abs. 1 genehmigungsbedürftige bauliche Anlagen und Einrichtungen im Sinne von § 1 Abs. 1 Satz 2 bleiben dagegen in Verbindung mit genehmigungsfreien Vorhaben genehmigungsbedürftig.

## 1a Verwaltungsvorschrift

65.17 Zu Absatz 1 Nr. 7
Eine Schutzhütte ist ein Gebäude, das jedermann jederzeit zugänglich ist, um Zuflucht bei ungünstiger Witterung zu gewähren. Sie darf keine Aufenthaltsräume enthalten.

65.19a Zu Absatz 1 Nr. 9a
Bauliche Anlagen nach Nr. 9a können auch zusammen mit genehmigungsfreien Antennenanlagen nach Nr. 18 genehmigungsfrei errichtet werden.

65.110 Zu Absatz 1 Nr. 10
Es handelt sich hierbei um private Energieleitungen für Gas und Strom; im Übrigen wird auf § 1 Abs. 2 Nr. 3 verwiesen.

65.142 Zu Absatz 1 Nr. 42
Es ist die Grundfläche der Aufschüttung oder Abgrabung zugrunde zu legen.

65.21 Zu Absatz 2 Nr. 1
Als „Änderung" eines tragenden oder aussteifenden Bauteiles gilt z.B. das Herstellen von Schlitzen oder Durchbrüchen für Leitungen, aber auch der Durchbruch einer neuen Türöffnung. Der Ersatz des gesamten tragenden oder aussteifenden Bauteils durch ein anderes gilt nicht als Änderung, sondern bedarf der Baugenehmigung.
Die Standsicherheit wird im Allgemeinen erkennbar nicht berührt von kleineren senkrechten Schlitzen und Durchbrüchen für Rohrleitungen. Sie kann z.B. berührt werden von längeren waagerechten Schlitzen und von größeren Durchbrüchen (z.B. für Türen); dies gilt insbesondere, wenn der Durchbruch in der Nähe des auszusteifenden Bauteils vorgesehen ist.

### 66 Genehmigungsfreie Anlagen (§ 66)

Die Errichtung und Änderung der in § 66 genannten haustechnischen Anlagen bedürfen keiner Baugenehmigung und werden von der Baugenehmigung für ein Gebäude – auch wenn die Anlagen zusammen mit dem Gebäude errichtet oder geändert werden – nicht erfasst. Die Bauherrin oder der Bauherr muss sich jedoch vor Benutzung der errichteten oder geänderten haustechnischen Anlage von der Unternehmerin oder dem Unternehmer oder einer oder einem Sachverständigen bescheinigen lassen, dass die Anlage den öffentlich-rechtlichen Vorschriften entspricht. Die Bescheinigung muss entsprechend der in der Anlage zu Nr. 66 bekannt gemachten Mustern ausgestellt werden.[1]
Legt die Bauherrin oder der Bauherr der Bauaufsichtsbehörde die Bescheinigung nicht vor, wenn diese es verlangt, bestehen an der Sachkunde und Erfahrung der Unternehmerin, des Unternehmers, der Sachverständigen oder des Sachverständigen Zweifel oder gibt der Inhalt der Bescheinigung Anlass zu Bedenken, so kommt im Rahmen

---
[1] Muster hier nicht abgedruckt.

Verwaltungsvorschrift **1a**

des ordnungsbehördlichen Einschreitens auch eine Untersagung der Inbetriebnahme oder des Betriebes der haustechnischen Anlagen bis zur Vorlage der Bescheinigungen in Betracht. Auf die Gebührenregelungen in der Tarifstelle 2.8.2.6 des Allgemeinen Gebührentarifs der AVwGebO NRW[1]) wird verwiesen.

Sind mehrere Unternehmerinnen oder Unternehmer an der Errichtung oder Änderung einer Anlage beteiligt, sind der Bauherrin oder dem Bauherrn Bescheinigungen von jeder Unternehmerin oder jedem Unternehmer auszustellen.

Eine Unternehmer- oder Sachverständigenbescheinigung vor der Benutzung der errichteten oder geänderten haustechnischen Anlage ist nach § 66 auch dann erforderlich, wenn die haustechnische Anlage

a) zu einem Gebäude gehört, dessen Errichtung oder Änderung nach den §§ 65 oder 67 genehmigungsfrei ist oder nach § 68 dem vereinfachten Genehmigungsverfahren unterliegt oder

b) einer Genehmigung, Erlaubnis, Anzeige oder der staatlichen Aufsicht nach anderen Rechtsvorschriften, ausgenommen Planfeststellungsverfahren, unterliegt.

Die Benutzung einer haustechnischen Anlage nach der Errichtung oder einer Änderung ohne Unternehmer- oder Sachverständigen-Bescheinigung kann nach § 84 Abs. 1 Nr. 9 mit einem Bußgeld geahndet werden.

Der Abbruch oder die Beseitigung von haustechnischen Anlagen im Sinne des § 66 ist baugenehmigungsfrei (siehe § 65 Abs. 3 Nr. 1) und bedarf keiner Fachunternehmer- oder Sachverständigenbescheinigung.

Weder einer Baugenehmigung noch einer Unternehmer- oder Sachverständigenbescheinigung bedürfen ferner

1. die Nutzungsänderung (ohne bauliche Änderung), das Auswechseln gleichartiger Teile und die Instandhaltung haustechnischer Anlagen im Sinne des § 66 (siehe § 65 Abs. 2 Nrn. 3, 4 und 6),

2. die Errichtung oder Änderung von Abwasserbehandlungsanlagen, Solarenergieanlagen und Brunnen (siehe § 65 Abs. 1 Nrn. 12, 44 und 46) als Teile haustechnischer Anlagen im Sinne des § 66 sowie

3. die Errichtung oder Änderung von haustechnischen Anlagen im Sinne des § 66 als Teile von vorübergehend aufgestellten oder genutzten Anlagen nach § 65 Abs. 1 Nrn. 37 bis 41.

Zu den Feuerungsanlagen nach § 66 Nr. 2 gehören auch die Abgasanlagen (siehe Definition der Feuerungsanlage in § 43 Abs. 1). Somit ist auch die Errichtung oder Änderung von Schornsteinen genehmigungsfrei; sie bedarf jedoch der Unternehmer- oder Sachverständigenbescheinigung. Neben den Unternehmer- oder Sachverständigenbescheinigungen nach § 66 Nr. 2 sind bei Feuerungsanlagen für be-

---

[1]) **Rehborn,** Nr. 129 B.

**1a**   Verwaltungsvorschrift

stimmte Tatbestände noch Bescheinigungen der Bezirksschornsteinfegermeisterin oder des Bezirksschornsteinfegermeisters in § 43 Abs. 7 vorgeschrieben. Auf Nr. 43.7 VV BauO NRW wird hingewiesen.

### 67 Genehmigungsfreie Wohngebäude, Stellplätze und Garagen (§ 67)

67.1 Zu Absatz 1

In **Wohngebäuden** nach § 67 sind auch Räume für die Berufsausübung freiberuflich Tätiger und solcher Gewerbetreibender, die ihren Beruf in gleicher Weise ausüben, zulässig. In Frage kommen aber nur solche freiberuflich bzw. gewerblich genutzten Räume, deren Nutzung mit einer Wohnnutzung hinsichtlich des ihnen innewohnenden Gefährdungspotentials vergleichbar ist.

Damit sind in einem Wohngebäude nach § 67 jedenfalls keine Nutzungseinheiten zulässig, die den Betrieb eines – und sei es nur kleinen – Labors mit sich bringen, das Aufstellen schwerer Apparaturen oder die Lagerung größerer Mengen brennbaren Materials erfordern. Übliche Arzt- und Zahnarztpraxen sind daher in der Regel in einem Wohngebäude im Sinne des § 67 nicht zulässig.

Das Wohngebäude muss durch die Wohnnutzung geprägt sein; das heißt, anders genutzte Räume dürfen sowohl nach Anzahl als auch nach Fläche nur in deutlich untergeordnetem Maße vorhanden sein.

Zu den freigestellten Vorhaben im Sinne des § 67 gehören auch Ferien- und Wochenendhäuser.

**Nebengebäude und Nebenanlagen** sind Gebäude und andere bauliche Anlagen, die dem Wohngebäude räumlich und funktional zugeordnet sein müssen. Darüber hinaus müssen sie im Vergleich zum Wohngebäude von der Größe her untergeordnet sein. Hierzu zählen z.B. nicht überdachte Stellplätze, Gartenhäuschen, Geräteschuppen, Einfriedungen, Freisitze und ähnliche Anlagen, sofern sie nicht bereits nach § 65 vom Genehmigungsverfahren freigestellt sind.

67.11 Dass das Vorhaben gemäß § 67 Abs. 1 Satz 1 Nr. 1 den Festsetzungen eines qualifizierten Bebauungsplans nicht widersprechen darf, gewährleistet, dass die bodenrechtlichen Vorschriften des BauGB beachtet werden. Es ist daher nicht möglich, Bauvorhaben genehmigungsfrei zu errichten, die sich in einem Bereich befinden, in dem sich die planungsrechtliche Zulässigkeit von Vorhaben nach § 33 BauGB bestimmen würde.

Das Erfordernis einer Ausnahme oder einer Befreiung nach § 31 BauGB schließt die genehmigungsfreie Errichtung von Bauvorhaben nach § 67 aus. Dies gilt auch dann, wenn die Ausnahme oder die Befreiung vor Inanspruchnahme der Freistellungsregelung bei der Bauaufsichtsbehörde beantragt wurde.

Dies bewirkt auch, dass Wohnungen für Aufsichts- und Bereitschaftspersonal, die nur **ausnahmsweise** in Gewerbe- und Industriegebieten zulässig sind, nicht genehmigungsfrei errichtet werden kön-

Verwaltungsvorschrift **1a**

nen. Dagegen können Wohngebäude auch in Dorfgebieten nach § 5 BauNVO ohne Baugenehmigung errichtet werden, da sie dort zulässig sind, ohne dass hierfür eine Ausnahme nach § 31 BauGB erteilt werden müsste.

Die Anwendung der Freistellung ist somit immer ausgeschlossen, wenn hinsichtlich der planungsrechtlichen Zulässigkeit noch eine Entscheidung im Einzelfall erforderlich ist.

Die Möglichkeit, auch bei der Freistellungsregelung von bauordnungsrechtlichen Anforderungen abzuweichen, ist durch die Verweisung auf § 68 Abs. 7 in § 67 Abs. 5 ausdrücklich vorgesehen. In diesen Fällen ist allerdings eine gesonderte Entscheidung der Bauaufsichtsbehörde über die Zulassung der Abweichung erforderlich.

67.12 Die Erschließung im Sinne des § 67 Abs. 1 Satz 1 Nr. 2 ist dann gesichert, wenn aufgrund der vorhandenen Anzeichen vernünftigerweise erwartet werden kann, dass zum Zeitpunkt der Benutzbarkeit der baulichen Anlage die für eine von § 30 Abs. 1 BauGB geforderte planungsrechtliche Erschließung erforderlichen Anlagen vorhanden und benutzbar sind. Da es im Rahmen des § 67 auf die planungsrechtliche Erschließung ankommt, sind Bescheinigungen über das Vorliegen der Voraussetzungen des § 4 nicht erforderlich.

67.13 Bei der Erklärung der Gemeinde (§ 67 Abs. 1 Satz 1 Nr. 3) handelt es sich nicht um einen Verwaltungsakt, sie muss daher auch nicht gemäß § 39 VwVfG. NRW. begründet werden. Da die Gemeinde die Erklärung innerhalb eines Monats nach Eingang der Bauvorlagen abgeben muss, hat sie sicherzustellen, dass sie diese Frist tatsächlich zur Wahrnehmung der ihr zukommenden Beteiligungsrechte nutzen kann. Entscheidend ist der Eingang der Bauvorlagen bei der Gemeinde, unabhängig davon, bei welcher Organisationseinheit (Amt) sie eingereicht werden.

Im Zweifel hat die Bauherrin oder der Bauherr den Eingang der Bauvorlagen bei der Gemeinde darzulegen und zu beweisen, während die Gemeinde ihrerseits den Zeitpunkt der Abgabe der gemeindlichen Erklärung darzulegen und zu beweisen hat.

Die Gemeinde erhält durch das Verfahren nach § 67 nicht die Stellung einer Bauaufsichtsbehörde. Sie wird in dem Verfahren beteiligt, um die Möglichkeit zu erhalten, eigene Rechte, die sich aus der kommunalen Planungshoheit ergeben, wahrzunehmen.

Diese ausschließliche Wahrnehmung eigener Rechte hat zur Folge, dass der Gemeinde keinerlei Prüfpflichten zukommen, die sie als Amtspflichten gegenüber Dritten zu erfüllen hätte. Dies gilt auch in den Fällen, in denen die Gemeinde gleichzeitig untere Bauaufsichtsbehörde ist. Da die Gemeinde lediglich zur Wahrung eigener Rechte beteiligt ist und in diesem Zusammenhang frei darüber entscheiden kann, in welchem Umfang sie diese Rechte wahrnehmen will, kann sie von der Bauherrin oder dem Bauherrn auch keine Gebühren erheben. Etwas anderes gilt nur, wenn die Gemeinde im Interesse der Bau-

## 1a Verwaltungsvorschrift

herrin oder des Bauherrn vorzeitig bescheinigt, dass sie nicht die Durchführung eines Genehmigungsverfahrens verlangen will, bzw., dass sie nicht die Durchführung eines Genehmigungsverfahrens verlangt hat. In diesen Fällen ist jeweils die Erhebung einer Gebühr in Höhe von DM 100,– vorgesehen (Tarifstelle 2.4.9.1 und 2.4.9.2 des Allgemeinen Gebührentarifs der AVwGebO NRW).[1]

Das Schweigen innerhalb der Monatsfrist, das die genehmigungsfreie Errichtung eines Wohngebäudes ermöglicht, entfaltet für die Gemeinde hinsichtlich ihrer bauleitplanerischen Absichten keinerlei Bindungswirkung.

Die Bauherrin oder der Bauherr hat darauf zu achten, dass sich die rechtlichen Grundlagen für die Durchführung seines Bauvorhabens nicht ändern.

Entspricht ein Bauvorhaben nicht mehr den Festsetzungen des Bebauungsplans, so ist es nicht nur materiell, sondern wegen der aufgrund Nichtübereinstimmung eintretenden Genehmigungsbedürftigkeit auch formell rechtswidrig.

Ändert die Gemeinde den Bebauungsplan vor Fertigstellung des Bauvorhabens, so hat die untere Bauaufsichtsbehörde im Hinblick auf das nunmehr formell und materiell rechtswidrige Bauvorhaben zu prüfen, ob im Rahmen des ihr zukommenden Ermessens die Stillegung bzw. der Abbruch des Bauwerks verfügt werden kann.

67.14 Beantragt die Bauherrin oder der Bauherr, dass für ein Vorhaben, das die Voraussetzungen des § 67 erfüllt, ein Genehmigungsverfahren durchgeführt wird, so kann die Bauaufsichtsbehörde diesen Antrag nicht zurückweisen.

67.2 Zu Absatz 2

67.21 Die Vordrucke für Bauvorlagen in der Genehmigungsfreistellung (Anlagen I/1 und I/2 zur VV BauPrüfVO) sind u. a. zusammen mit dem Muster eines Baustellenschildes (siehe Anlage B zu Nr. 14.3 VV BauO NRW) und den vom Landesamt für Datenverarbeitung und Statistik NRW (LDS) zur Verfügung gestellten Erhebungsbögen nach dem HBauStatG von den unteren Bauaufsichtsbehörden und den Gemeinden (siehe § 22 Abs. 2 GO) vorzuhalten und den Bauherrinnen oder Bauherren sowie den Entwurfsverfasserinnen und Entwurfsverfassern auszuhändigen. Art und Umfang der einzureichenden Bauvorlagen ergeben sich aus § 13 BauPrüfVO. Zusammen mit den Bauvorlagen nach § 13 BauPrüfVO reichen die Bauherrinnen oder Bauherren die von ihnen ausgefüllten Erhebungsbögen nach dem HBauStatG bei der Gemeinde ein, die sie um die von ihr zu machenden Angaben ergänzt (siehe § 6 Abs. 2 des HBauStatG). Die Gemeinde leitet die Erhebungsbögen an das LDS weiter. Notwendige Rückfragen zu Angaben im Erhebungsbogen, für die nicht die Gemeinde, sondern die Bauherrin oder der Bauherr auskunftspflichtig ist (das sind

---
[1] **Rehborn, Nr. 129 B.**

Verwaltungsvorschrift **1a**

die Angaben nach § 3 Abs. 1 und 2 des HBauStatG), richtet das LDS unmittelbar an die Bauherrin oder den Bauherrn.
Die für die Meldung der Baufertigstellung vorgesehene Ausfertigung des Erhebungsbogens leitet die Gemeinde der Bauaufsichtsbehörde zu.
67.22 Die Gemeinde hat weder die Vollständigkeit noch die Richtigkeit der Bauvorlagen sowie das Vorliegen der Bauvorlageberechtigung der Entwurfsverfasserinnen oder Entwurfsverfasser zu prüfen. Kann die Gemeinde aufgrund unvollständiger Bauvorlagen nicht entscheiden, ob sie verlangen soll, dass ein Genehmigungsverfahren durchgeführt wird, kann sie die Vorlage nicht entsprechend § 72 Abs. 1 Satz 2 zurückweisen. In solchen Fällen kann sie nur die Durchführung eines Genehmigungsverfahrens verlangen.

67.3 Zu Absatz 3
Die Gemeinde wird von dem Bauvorhaben durch die Bauvorlagen in Kenntnis gesetzt, um ihre eigenen Belange wahrnehmen zu können. Sie hat dagegen nicht die Aufgabe, die Rechtmäßigkeit des Bauvorhabens zu prüfen. Der Gemeinde wird durch die Regelung des § 67 Abs. 3 Satz 1 eine sehr weitgehende Möglichkeit gegeben, im eigenen Interesse die Durchführung eines Baugenehmigungsverfahrens zu verlangen. Die Grenze für die rechtliche Zulässigkeit der gemeindlichen Erklärung bildet das Willkürverbot.
67.32 Es ist möglich, dass ein Bauvorhaben nur durchgeführt werden darf, wenn zuvor andere behördliche Genehmigungen oder Erlaubnisse erteilt wurden. In diesen Fällen kann die Gemeinde zwar verlangen, dass ein Baugenehmigungsverfahren durchgeführt wird, sie muss es aber nicht, weil die am Bau Beteiligten selbst das geltende Recht beachten müssen.
67.33 Die Gemeinde ist nicht verpflichtet, die Bauherrin oder den Bauherrn darüber zu informieren, dass sie, nachdem sie zu dem Bauvorhaben geschwiegen hat, beabsichtigt, eine Veränderungssperre zu erlassen oder den Bebauungsplan zu ändern.

67.4 Zu Absatz 4
67.41 Hinsichtlich der Aufgabenerledigung der staatlich anerkannten Sachverständigen wird auf Nr. 72.6 VV BauO NRW verwiesen. Die von staatlich anerkannten Sachverständigen aufgestellten bzw. geprüften Nachweise sowie deren Bescheinigungen müssen der Bauherrin oder dem Bauherrn vor Baubeginn vorliegen; sie brauchen jedoch weder der Gemeinde noch der unteren Bauaufsichtsbehörde vorgelegt zu werden.

67.5 Zu Absatz 5
Erfährt die Bauaufsichtsbehörde, dass den ihr benannten Sachverständigen der Auftrag für die stichprobenhaften Kontrollen wieder entzogen wurde, so hat sie die Bauherrin oder den Bauherrn unverzüglich zu veranlassen, ihr die nunmehr beauftragten Sachverständigen zu benennen.

**1a** Verwaltungsvorschrift

Aufgrund der Anzeige nach Satz 1 hat die untere Bauaufsichtsbehörde über den Baubeginn außer dem Staatlichen Amt für Arbeitsschutz und dem Staatlichen Umweltamt folgende Behörden und Stellen zu unterrichten:
- das örtlich zuständige Finanzamt (siehe § 29 Abs. 3 BewG)
- die Katasterbehörde (§ 2 Abs. 3 VermKatG NRW)
- die untere Abfallwirtschaftsbehörde
- die Bauberufsgenossenschaft (§ 195 Abs. 3 SGB VII).

Aufgrund der Fertigstellungsanzeige nach Satz 5 hat die untere Bauaufsichtsbehörde das Landesamt für Datenverarbeitung und Statistik zu unterrichten. Zu diesem Zweck trägt sie in die für die Meldung der Baufertigstellung vorgesehene Ausfertigung des statistischen Erhebungsbogens, die ihr von der Gemeinde zugeleitet worden ist (siehe Nr. 67.21), das von der Bauherrin oder vom Bauherrn gemeldete Datum der Fertigstellung ein und übersendet diese Ausfertigung dem Landesamt.

67.7 Zu Absatz 7
Die in Satz 3 genannten staatlich anerkannten Sachverständigen für die Prüfung von Mittelgaragen werden nach der TPrüfVO anerkannt.

### 68 Vereinfachtes Genehmigungsverfahren (§ 68)

68.1 Zu Absatz 1
Für Bauvorhaben, die nach § 67 ohne Genehmigung errichtet werden könnten, kann das vereinfachte Genehmigungsverfahren nur durchgeführt werden, wenn entweder die Gemeinde die Erklärung nach § 67 Abs. 1 Satz 1 Nr. 3 abgegeben hat oder die Bauherrin bzw. der Bauherr beantragt, dass das Baugenehmigungsverfahren durchgeführt wird.

68.13 Zu Absatz 1 Satz 3
Zu den in § 68 Abs. 1 Satz 3 Nr. 15 geregelten Anlagen, die in der Vierten Verordnung zur Durchführung des Bundes-Immissionsschutzgesetzes am 1. 1. 1997 enthalten waren, wird auf die im Anhang enthaltene Anlage zu Nr. 68 verwiesen.

68.14 Zu Absatz 1 Satz 4
Der Prüfumfang wird gegenüber dem bisherigen Recht nur in Bezug auf § 16 BauO geändert. Die untere Bauaufsichtsbehörde prüft zwar nicht präventiv, ob das Grundstück gem. § 16 Satz 2 BauO NRW für bauliche Anlagen geeignet ist. Die notwendige Information anderer Behörden findet jedoch weiterhin statt. Sofern z. B. der Verdacht besteht, dass das Baugrundstück mit Altlasten belastet ist, wird die Abfallwirtschaftsbehörde beteiligt. Erklärt diese, dass der Altlastenverdacht nicht ausgeräumt ist, kann die Baugenehmigung nicht erteilt werden. Es wird auf die Nr. 5 des gemeinsamen Runderlasses von MURL und MBW v. 15. 5. 1992 (MBl. NRW. S. 876/SMBl NRW. 2311) hingewiesen.

Verwaltungsvorschrift **1a**

Bei Sonderbauten wird über § 17 die Übereinstimmung mit sämtlichen Brandschutzvorschriften geprüft. Bescheinigungen staatlich anerkannter Sachverständiger für die Prüfung des Brandschutzes kommen insoweit nicht in Betracht.

68.2 Zu Absatz 2

68.21 Zu Satz 1
Bei Garagen und überdachten Stellplätzen bis zu 100 m² Nutzfläche ist regelmäßig auf die Nachweise über den Schallschutz, den Wärmeschutz und über die Standsicherheit zu verzichten (siehe § 1 Abs. 2 Satz 3 BauPrüfVO).

68.22 Zu Satz 2
§ 81 Abs. 1 Satz 3 sieht stichprobenhafte Kontrollen staatlich anerkannter Sachverständiger dann vor, wenn zuvor Sachverständigenbescheinigungen nach § 68 Abs. 2 oder § 72 Abs. 6 im Genehmigungsverfahren vorgelegt wurden. Nur in diesen Fällen sind daher der Bauaufsichtsbehörde staatlich anerkannte Sachverständige nach Satz 2 zu benennen. Erfährt die Bauaufsichtsbehörde, dass den ihr benannten Sachverständigen der Auftrag für die stichprobenhaften Kontrollen wieder entzogen wurde, so hat sie die Bauherrin oder den Bauherrn unverzüglich zu veranlassen, ihr die nunmehr beauftragten Sachverständigen zu benennen.

68.3 Zu Absatz 3
Zwar müssen die Nachweise nicht von staatlich anerkannten Sachverständigen aufgestellt oder geprüft sein. Sie müssen jedoch von geeigneten Entwurfsverfasserinnen oder Entwurfsverfassern oder Fachplanerinnen oder Fachplanern (§ 58) aufgestellt sein. Der Entwurfsverfasser muss zudem ggf. bauvorlageberechtigt sein (§ 70).
Nach § 2 Abs. 1 Satz 2 WärmeschutzUVO muss der Nachweis über den Wärmeschutz nach der WärmeschutzV von staatlich anerkannten Sachverständigen aufgestellt oder geprüft werden. Die Bauaufsichtsbehörde hat daher nicht die Möglichkeit, einen nicht von Sachverständigen aufgestellten Wärmeschutznachweis zu prüfen, auch dann nicht, wenn die Bauherrin oder der Bauherr dies gemäß Absatz 5 beantragt.

68.6 Zu Absatz 6
Die Erklärung der Entwurfsverfasserin oder des Entwurfsverfassers hinsichtlich des Brandschutzes ist in den als Anlage I/1 zur VV BauPrüfVO bekannt gemachten Antragsvordruck eingearbeitet (siehe Abschnitt II Nr. 17 des Vordrucks).

## 69 Bauantrag (§ 69)

69.1 Zu Absatz 1

69.11 Wegen Umfang, Art, Inhalt und Zahl der Bauvorlagen und der zu verwendenden Vordrucke wird auf die BauPrüfVO und die dazu ergangene VV BauPrüfVO verwiesen.

Das Nachreichen von Bauvorlagen (z. B. Standsicherheitsnachweis, andere bautechnische Nachweise) während des Genehmigungsverfahrens sollte insbesondere dann gestattet werden, wenn
- die bauplanungsrechtliche Zulässigkeit des Vorhabens nicht zweifelsfrei ist,
- die Baugenehmigung nur unter Befreiung oder Abweichung von zwingenden Vorschriften möglich ist,
- die Baugenehmigung von der Zustimmung oder von einer weiteren Genehmigung oder Erlaubnis einer anderen Behörde abhängig ist.

Im Übrigen wird auf § 8 Abs. 3 BauPrüfVO und § 11 Abs. 2 BauPrüfVO verwiesen.

Hat die Bauherrin oder der Bauherr ausdrücklich eine Prüfung nur der vorgelegten Bauvorlagen beantragt, ist der Bauantrag als Antrag auf Erteilung eines Vorbescheides (§ 71) zu werten. In Zweifelsfällen ist eine Rückfrage erforderlich.

Bauherrin oder Bauherr und Entwurfsverfasserin oder Entwurfsverfasser sollten, insbesondere wenn Zweifel über die grundsätzliche Zulässigkeit des Vorhabens bestehen, auf die Möglichkeit, einen Vorbescheid gem. § 71 einzuholen, hingewiesen werden.

Der Eingang des Bauantrages ist von der Bauaufsichtsbehörde durch Stempel mit Tagesangabe auf dem Bauantrag zu vermerken. Bauvorlagen, die nachgereicht oder erneut vorgelegt werden, sind ebenfalls mit einem Eingangsstempel zu versehen. Fristen für die Bearbeitung von Bauanträgen beginnen erst zu laufen, wenn der Bauantrag mit allen Bauvorlagen bei der Bauaufsichtsbehörde eingegangen ist.

## 70 Bauvorlageberechtigung (§ 70)

70.1 Zu Absatz 1

70.11 Das Erfordernis der Bauvorlageberechtigung besteht nur für Entwurfsverfasserinnen oder Entwurfsverfasser von Bauvorlagen für die Errichtung und Änderung von Gebäuden – ausgenommen die in Absatz 2 genannten Gebäude –, also nicht für andere bauliche Anlagen sowie sonstige Anlagen und Einrichtungen innerhalb und außerhalb von Gebäuden. Es besteht auch nicht bei Bauvorlagen für die Nutzungsänderung oder den Abbruch von Gebäuden. Die Frage der Bauvorlageberechtigung stellt sich ferner nicht, wenn die Bauaufsichtsbehörde bei der Errichtung „technisch einfacher" Gebäude oder bei der „technisch einfachen" Änderung von Gebäuden darauf verzichtet, dass die Bauherrin oder der Bauherr eine Entwurfsverfasserin oder einen Entwurfsverfasser beauftragt (§ 57 Abs. 2). Auf Nr. 57 wird verwiesen.

70.12 Sind die Bauvorlagen nicht von einer Entwurfsverfasserin oder einem Entwurfsverfasser, welche oder welcher bauvorlageberechtigt ist, durch Unterschrift anerkannt, so liegt ein erheblicher Mangel vor (§ 72 Abs. 1 Satz 2). Die Bauaufsichtsbehörde hat den Bauantrag zurückzuweisen.

Verwaltungsvorschrift **1a**

70.3 Zu Absatz 3

**70.31 Uneingeschränkte Bauvorlageberechtigung für Architektinnen und Architekten (Nr. 1)**
Der Nachweis der Berechtigung, die Berufsbezeichnung „Architektin" oder „Architekt" (§ 1 Abs. 1 BauKaG NRW) zu führen, wird durch eine von einer Architektenkammer ausgestellte Bescheinigung oder durch Vorlage des Mitgliedsausweises einer Architektenkammer erbracht.

**70.32 Uneingeschränkte Bauvorlageberechtigung für Ingenieurinnen und Ingenieure der Fachrichtung Bauingenieurwesen (Nr. 2)**
Es sind die folgenden Nachweise zu erbringen:
1. Vorlage des Mitgliedsausweises einer Ingenieurkammer oder einer von einer Ingenieurkammer ausgestellten Bescheinigung über die Mitgliedschaft;
2. Vorlage eines Hochschuldiploms, aus dem sich die Fachrichtung „Bauingenieurwesen" ergibt. Die Fachrichtung „Ingenieurbau" der früheren Staatlichen Ingenieurschulen entspricht der heutigen Fachrichtung „Bauingenieurwesen". Auch Ingenieurinnen oder Ingenieure im Sinne des § 3 IngG, die einen Studienabschluss nicht haben, können entsprechend ihrer Berufspraxis bei Inkrafttreten des IngG einer Fachrichtung angehören und bauvorlageberechtigt sein;
3. Vorlage von
   - mindestens drei eigenen Entwürfen oder
   - einer Bescheinigung der Arbeitgeberin oder des Arbeitgebers,
   aus denen Art, Ziel und Umfang der praktischen Tätigkeit in der Planung von mindestens drei Gebäuden in der Weise eindeutig hervorgehen muss, dass eine Tätigkeit im Sinne von Grundleistungen der Leistungsphasen 1 bis 5 des § 15 Abs. 2 HOAI (Grundlagenermittlung, Vorplanung, Entwurfsplanung, Genehmigungsplanung, Ausführungsplanung) nachgewiesen wird;
4. Vorlage von Bescheinigungen von Auftraggeberinnen bzw. Auftraggebern oder Arbeitgeberinnen bzw. Arbeitgebern, aus denen die Wahrnehmung der Objektüberwachung im Sinne der Grundleistung des Leistungsbildes Nr. 8 des § 15 Abs. 2 HOAI für mindestens drei eindeutig bestimmte Gebäude hervorgehen muss.

**70.33 Uneingeschränkte Bauvorlageberechtigung für Innenarchitektinnen und Innenarchitekten (Nr. 3)**
70.331 Der Nachweis der Bauvorlageberechtigung nach Nr. 3 wird geführt durch Vorlage
- einer von einer Architektenkammer ausgestellten Bescheinigung oder des Mitgliedsausweises einer Architektenkammer
und
- eines Zeugnisses über die ergänzende Hochschulprüfung über die Befähigung, Gebäude gestaltend zu planen.

70.332 Der Nachweis einer zweijährigen praktischen Tätigkeit in der Planung von Gebäuden kann geführt werden durch Vorlage
- eigener Entwürfe oder
- einer Bescheinigung der Arbeitgeberin oder des Arbeitgebers,

aus denen Art, Ziel und Umfang der praktischen Tätigkeit eindeutig hervorgehen muss.

Der Nachweis einer zweijährigen praktischen Tätigkeit bei der Überwachung der Ausführung von Gebäuden wird erbracht durch Vorlage von mindestens drei Bescheinigungen von Auftraggeberinnen bzw. Auftraggebern oder Arbeitgeberinnen oder Arbeitgebern, aus denen die Wahrnehmung einer Bauleitertätigkeit für eindeutig bestimmte Gebäude hervorgehen muss.

**70.34 Eingeschränkte Bauvorlageberechtigung für Innenarchitektinnen oder Innenarchitekten (Nr. 4)**

70.341 Den Nachweis ihrer Bauvorlageberechtigung führen Innenarchitektinnen oder Innenarchitekten (§ 1 Abs. 2 BauKaG NRW) gemäß Nr. 70.331 1. Spiegelstrich.

70.342 Im Zusammenhang mit der Berufsaufgabe der Innenarchitektin und des Innenarchitekten (§ 1 Abs. 2 BauKaG NRW) umfasst die „bauliche Änderung von Gebäuden" die Umgestaltung von Innenräumen einschließlich der Änderung des konstruktiven Gefüges des Gebäudes. Die eingeschränkte Bauvorlageberechtigung umfasst auch Änderungen an Außenwänden und Dach des Gebäudes, wenn sie in unmittelbarem Zusammenhang mit einer Änderung von Innenräumen stehen und dieser untergeordnet sind.

Dies ist z.B. dann der Fall, wenn
- Dachform und Dachneigung bei Um- und Ausbau des Dachgeschosses geändert werden, nicht jedoch dann, wenn das Dach um ein Geschoss aufgestockt werden soll;
- am Gebäude Bauteile oder Vorkehrungen angebracht werden sollen, damit Nutzungseinheiten erschlossen oder barrierefrei erreicht werden können, wie z.B. Treppen, Rampen oder Aufzüge, letztere jedoch nur, wenn sie nicht über mehr als zwei Geschosse führen;
- untergeordnete Bauteile wie Erker, Balkone und vergleichbare Vorbauten sowie Dachgauben angebracht werden.

**70.35 Besitzstandswahrung (Nr. 5)**

Absatz 3 Nr. 5 erfasst alle Ingenieurinnen und Ingenieure der Fachrichtung Architektur (Studiengang Innenarchitektur), die nach § 83a Abs. 3 Nr. 1 Buchstabe b der Landesbauordnung in der Fassung der Bekanntmachung vom 27. Januar 1970 (GV. NRW. S. 96), zuletzt geändert durch Gesetz vom 18. Mai 1982 (GV. NRW. S. 248), bauvorlageberechtigt waren. Sie bleiben uneingeschränkt bauvorlageberechtigt, wenn sie in der Zeit vom 1. 1. 1988 bis zum 31. 12. 1989 wiederholt Bauvorlagen für die Errichtung oder Änderung von Gebäuden als Entwurfsverfasserin oder Entwurfsverfasser durch Unterschrift anerkannt haben.

Verwaltungsvorschrift **1a**

Das wiederholte Anerkennen von Bauvorlagen muss nach dieser Vorschrift während des Zeitraumes vom 1. 1. 1988 bis 31. 12. 1989 stattgefunden haben. Dies bedeutet jedoch nicht, dass Bauvorlagen während dieses Zeitraumes kontinuierlich eingereicht worden sein müssen. Es kommt vielmehr darauf an, dass Bauvorlagen nicht nur gelegentlich gefertigt wurden, sondern dass das Anerkennen von Bauvorlagen durch Unterschrift einen Schwerpunkt in der Berufsausübung der Entwurfsverfasserin oder des Entwurfsverfassers vor dem 1. 1. 1990 gebildet hat. Es genügt nicht, wenn die formalen Voraussetzungen für die Bauvorlageberechtigung nach der BauO NRW 1970 vorliegen, von dieser Berechtigung aber kein Gebrauch gemacht wurde.

### 70.36 Besitzstandswahrung für Handwerksmeister

Eine beschränkte Bauvorlagenberechtigung für freistehende Wohngebäude mit nicht mehr als zwei Wohnungen („Einfamilienhaus einschließlich einer Einliegerwohnung") besteht aufgrund der Übergangsvorschriften in Artikel II Abs. 3 des Zweiten Gesetzes zur Änderung der Landesbauordnung vom 15. Juli 1976 (GV. NRW. S. 264). Diese Vorschrift lautet:

„Wer als Meister des Maurer-, Beton- oder Stahlbetonbauerhandwerks oder des Zimmererhandwerks während der vergangenen fünf Jahre vor Inkrafttreten dieses Gesetzes regelmäßig Bauvorlagen für freistehende Einfamilienhäuser einschließlich einer Einliegerwohnung als Entwurfsverfasser durch Unterschrift anerkannt hat (§ 83 Abs. 4 Satz 1 BauO NRW), gilt für diese Gebäude auch weiterhin als bauvorlageberechtigt."

Das Gesetz ist am 1. 1. 1977 in Kraft getreten.

### 70.37 Nachweis der Bauvorlageberechtigung

70.371 Über das Vorliegen der Bauvorlageberechtigung nach Nr. 70.32 und Nr. 70.35 stellt die Ingenieurkammer-Bau NRW nach dem Muster der Anlage 1 zu Nr. 70.371, über das Vorliegen der Bauvorlageberechtigung nach den Nrn. 70.33 und 70.35 die Architektenkammer NRW eine Bescheinigung nach dem Muster der Anlage 2 zu Nr. 70.371 aus.

Über das Vorliegen der Bauvorlageberechtigung nach Nr. 70.36 stellt die Bauaufsichtsbehörde eine Bescheinigung nach dem Muster der Anlage 3 zu Nr. 70.371 aus.

Bescheinigungen von Bauaufsichtsbehörden über die Bauvorlageberechtigung nach den Nrn. 70.32, 70.33 und 70.35 bleiben gültig.

70.372 Die Bescheinigung ist auch zu erteilen, wenn die Antragstellerin oder der Antragsteller nachweist, dass sie oder er zu einem Zeitpunkt zwischen dem 1. 1. 1990 und dem 31. 12. 1995 nach § 65 Abs. 3 Nr. 2, 4 oder 5 BauO NRW 1984 bauvorlageberechtigt war und im Übrigen die Voraussetzung von Nr. 70.32 Ziffer 1 erfüllt.

## 71 Vorbescheid (§ 71)

### 71.1 Zu Absatz 1

Ein Vorbescheid kommt nicht nur zur Klärung der bauplanungsrechtlichen Zulässigkeit eines Bauvorhabens in Betracht (sog. Bebauungsgenehmigung). Durch ihn kann auch über bauordnungsrechtliche und sonstige die Genehmigungsfähigkeit betreffende Fragen, insbesondere die Einhaltung bestimmter öffentlich-rechtlicher Vorschriften (§ 75 Abs. 1), entschieden werden.

### 71.2 Zu Absatz 2

In einem Verfahren zur Erlangung eines Vorbescheides können auch alle Bauvorlagen, z.B. mit Ausnahme der bautechnischen Nachweise, geprüft und insoweit über die Zulässigkeit des Vorhabens befunden werden. In diesem Fall müssen die mit dem Antrag eingereichten Bauvorlagen von einer oder einem bauvorlageberechtigten Entwurfsverfasserin oder Entwurfsverfasser durch Unterschrift anerkannt sein (§ 70). Ein solcher Vorbescheid ist noch keine Baugenehmigung und berechtigt nicht zum Baubeginn. Wer gleichwohl mit den Bauarbeiten beginnen will, bedarf hierfür zumindest einer Teilbaugenehmigung (§ 76).

## 72 Behandlung des Bauantrages (§ 72)

### 72.1 Zu Absatz 1

72.11 Bestimmungen über die Zusammenarbeit zwischen den Bauaufsichtsbehörden und anderen Behörden enthalten auch die in der Anlage zu Nr. 72.11 aufgeführten Erlasse.

72.12 § 72 Abs. 1 Satz 2 hat zur Folge, dass unvollständige oder erheblich mangelhafte Bauvorlagen nur in begründeten Ausnahmefällen nicht zurückgewiesen werden.

Die Zurückweisung von Bauanträgen nach Satz 2 unterliegt keiner Frist; Satz 1 bestimmt lediglich, dass die Bauaufsichtsbehörde die sog. Vorprüfung innerhalb einer Woche nach Eingang des Bauantrages durchzuführen hat. Auch nach Ablauf dieser Wochenfrist ist es nicht ausgeschlossen, den Bauantrag zurückzuweisen, wenn sich erst im Laufe der weiteren Prüfung herausstellt, dass Bauvorlagen unvollständig sind oder erhebliche Mängel aufweisen. Jedoch sollte in der Regel die Zurückweisung unmittelbar nach der sog. Vorprüfung vorgenommen werden. Eine Zurückweisung zu einem wesentlich späteren Zeitpunkt dürfte nur schwer vermittelbar sein.

Vor der Zurückweisung eines Bauantrages ist eine Anhörung gemäß § 28 VwVfG. NRW. in der Regel nicht erforderlich. Sie sollte ausnahmsweise dann erfolgen, wenn sie auf Gründe gestützt wird, von denen anzunehmen ist, dass die Antragstellerin oder der Amtragsteller ihre Erheblichkeit für die Bearbeitung des Bauantrages verkannt hat (siehe auch OVG NRW, Urteil vom 1. 7. 1983 – 4 A 248/82 –, NVwZ 1983, 746; DÖV 83, 986). Die Nachforderung von

Verwaltungsvorschrift **1a**

Unterlagen gemäß § 1 Abs. 2 Satz 2 BauPrüfVO ist als Anhörung anzusehen.

72.13 Die Gemeinde erhält den Bauantrag und eine Ausfertigung der Bauvorlagen mit Ausnahme der bautechnischen Nachweise zur Stellungnahme. Die Stellungnahme hat sich auf Sach- und Rechtsfragen zu beschränken, an denen sie im Baugenehmigungsverfahren beteiligt ist, insbesondere auf Fragen
– des Bauplanungsrechts.
– der Erschließung,
– der Einhaltung örtlicher Bauvorschriften (§ 86).

In der Stellungnahme ist darzulegen, inwieweit gesetzlich vorgeschriebene Mitwirkungsakte der Gemeinde (z.B. Einvernehmen nach den Vorschriften des BauGB oder nach § 86 Abs. 5) vollzogen wurden. Ist die Baugenehmigung von der Erteilung besonderer gemeindlicher Genehmigungen, Erlaubnisse oder Prüfungen abhängig (z.B. §§ 145, 173 BauGB, § 9 DSchG), sind der Stellungnahme Durchschriften der entsprechenden Bescheide beizufügen und darzulegen, ob und inwieweit sich diese Genehmigungen auf das beantragte Bauvorhaben auswirken, insbesondere ob die Baugenehmigung aufgrund dieser Bestimmungen zu versagen oder mit Nebenbestimmungen zu versehen ist.

Die Gemeinde soll ihre Stellungnahme innerhalb von drei Wochen gegenüber der Bauaufsichtsbehörde abgeben. Ist dies nicht möglich, soll die Bauaufsichtsbehörde unter Darlegung der Verzögerungsgründe hiervon unterrichtet werden. Kann die Stellungnahme nicht rechtzeitig abgegeben werden, weil für die Erteilung gemeindlicher Genehmigungen die Beteiligung weiterer Behörden vorgeschrieben ist (z.B. § 9 in Verbindung mit § 21 Abs. 4 DSchG), soll die Gemeinde auch die Antragstellerin oder den Antragsteller unterrichten.

72.2 Zu Absatz 2

72.21 Zu den in § 72 Abs. 2 Satz 2 genannten Stellungnahmen zählen auch die, welche die für den Brandschutz zuständigen Dienststellen, das Staatliche Amt für Arbeitsschutz und das Staatliche Umweltamt nach Anhörung gemäß Nr. 54.3 VV BauO NRW abgeben; diese Behörden sind bei der Anhörung auf diese Vorschrift hinzuweisen.

§ 72 Abs. 2 dient der Beschleunigung des Baugenehmigungsverfahrens. Die Baugenehmigungsbehörde hat deshalb nach Ablauf der Fristen das Verfahren fortzusetzen und zu entscheiden. Erscheint ihr bei Anlegen strenger Maßstäbe die Stellungnahme einer Fachbehörde (z.B. der für den Brandschutz zuständigen Dienststelle) unentbehrlich, ist erforderlichenfalls über die Aufsichtsbehörde der Fachbehörde auf die alsbaldige Abgabe der Stellungnahme zu drängen.

72.22 Nach §§ 110 und 111 Abs. 6 BBergG kann der Bergbauberechtigte im Einwirkungsbereich untertägigen Bergbaus von der Bauherrin oder vom Bauherrn die Anpassung oder Sicherung eines zu errichtenden Bauvorhabens gegen zu erwartende Bergschäden, ggf. gegen Kostenersatz verlangen. Nach § 110 Abs. 6 BBergG erteilen die zuständigen Behörden dem Bergbauberechtigten für das von ihm bezeichnete Gebiet Auskunft über alle Anträge auf Erteilung einer baurechtlichen Genehmigung oder Zustimmung oder eine diese einschließende Genehmigung. Daher hat die Bauaufsichtsbehörde die Bauvorlagen an den Bergbauberechtigten weiterzuleiten, wenn das Bauvorhaben im Einwirkungsbereich untertägigen Bergbaus liegt. Der Bergbauberechtigte gibt eine Stellungnahme gemäß §§ 110 und 111 BBergG ab.

72.23 Bei der Genehmigung von Bauvorhaben im Sinne der §§ 34 und 35 BauGB, die in einem Abstand von weniger als 35 m zu Wäldern (§ 2 Bundeswaldgesetz in Verbindung mit § 1 LFoG) errichtet werden sollen, ist die zuständige Forstbehörde zu hören. Im Baugenehmigungsverfahren soll möglichst darauf hingewirkt werden, dass Bauvorhaben einen Abstand von mindestens 35 m zu Wäldern einhalten.

72.6 Zu Absatz 6

72.61 Unter Berücksichtigung der SV-VO ist die Vorlage von Sachverständigenbescheinigungen in den Fachbereichen Standsicherheit (einschließlich Erd- und Grundbau), Brandschutz, Schallschutz und Wärmeschutz vorgesehen.

Im Baugenehmigungsverfahren gemäß § 63 ist es der Bauherrin oder dem Bauherrn freigestellt, Sachverständigenbescheinigungen in den Bereichen Standsicherheit und Schallschutz vorzulegen; für den Wärmeschutznachweis gelten die besonderen Regelungen der Wärmeschutz-UVO (siehe auch Nr. 68.3).

72.62 Aufgabenerledigung der staatlich anerkannten Sachverständigen

Soweit § 72 Abs. 6 Satz 2 vorsieht, dass im Hinblick auf die Standsicherheit und den Brandschutz einer baulichen Anlage Bescheinigungen über die Prüfung der entsprechenden Nachweise und Bauvorlagen erforderlich sind, setzt dies voraus, dass die oder der staatlich anerkannte Sachverständige die Übereinstimmung von Bauvorlagen mit dem geltenden Recht bescheinigt, die von einer anderen Person aufgestellt worden sind. Es darf sich dabei auch nicht um Bauvorlagen handeln, die von der Person aufgestellt wurden, die zu der oder dem staatlich anerkannten Sachverständigen in einem Abhängigkeitsverhältnis steht.

72.621 Die staatlich anerkannten Sachverständigen für die Prüfung der Standsicherheit haben

1. im Baugenehmigungsverfahren gemäß § 63
    1.1 zu bescheinigen, dass der Standsicherheitsnachweis einschließlich des statisch-konstruktiven Brandschutzes (§ 12 Abs. 1 Satz 1 SV-VO) vollständig und richtig ist, sowie
    1.2 zu bescheinigen, dass das Bauvorhaben nach Prüfung des (einzureichenden) Standsicherheitsnachweises den Anforderungen an die Standsicherheit entspricht (§ 72 Abs. 6 Satz 1 und 2).

Verwaltungsvorschrift **1a**

Zur Bescheinigung gehören der Prüfbericht, in dem Umfang und Ergebnis der Prüfung niederzulegen sind, und eine Ausfertigung des geprüften Standsicherheitsnachweises (§ 12 Abs. 1 Satz 2 SV-VO),

2. im vereinfachten Genehmigungsverfahren (§ 68 Abs. 2 Nr. 2) die in Ziffern 1.1 und 1.2 genannten Bescheinigungen auszustellen,
3. in der Freistellungsregelung (§ 67 Abs. 4 Satz 1) die in Ziffern 1.1 und 1.2 genannten Bescheinigungen auszustellen.

72.622 Die staatlich anerkannten Sachverständigen für die Prüfung des Brandschutzes haben

1. im vereinfachten Genehmigungsverfahren – soweit es sich nicht um Sonderbauten (§ 54) handelt –
zu bescheinigen, dass das Bauvorhaben nach Prüfung der einzureichenden Bauvorlagen den Anforderungen an den baulichen Brandschutz entspricht (§ 72 Abs. 6 Sätze 1 und 2 BauO NRW in Verbindung mit § 16 Abs. 1 Satz 1 SV-VO). Zur Bescheinigung gehören der Prüfbericht und eine Ausfertigung der brandschutztechnisch geprüften Bauvorlagen (§ 16 Abs. 1 Satz 2 SV-VO). Die Sachverständigen haben den zur Wahrung der Belange des abwehrenden Brandschutzes erhobenen Forderungen der Brandschutzdienststelle zu entsprechen (§ 16 Abs. 2 SV-VO), dies ist in der Bescheinigung zum Ausdruck zu bringen.

2. in der Freistellungsregelung (§ 67 Abs. 4 Satz 2) die in Ziffer 1 genannte Bescheinigung auszustellen.

72.623 Die staatlich anerkannten Sachverständigen für Schall- und Wärmeschutz haben im Baugenehmigungsverfahren gemäß § 63, im vereinfachten Genehmigungsverfahren nach Maßgabe des § 68 Abs. 2 Nr. 1 sowie in der Freistellungsregelung nach Maßgabe des § 67 Abs. 4 Satz 1

1. zu bescheinigen, dass die von ihnen aufgestellten oder, sofern die Nachweise von anderen Personen aufgestellt sind, geprüften Nachweise über den Schallschutz (siehe § 8 Abs. 4 BauPrüfVO) die bauaufsichtlichen Anforderungen erfüllen (§ 72 Abs. 6 Satz 1) und

2. die Nachweise des Wärmeschutzes entsprechend den Vorschriften der WärmeschutzUVO aufzustellen oder, sofern die Nachweise von anderen Personen aufgestellt sind, zu prüfen.

Die Nachweise für Vorhaben, die dem üblichen Genehmigungsverfahren unterliegen, sind spätestens bei Baubeginn der unteren Bauaufsichtsbehörde vorzulegen.

72.63 Soweit in Satz 2 von „Prüfung" die Rede ist, ist eine Prüfung durch staatlich anerkannte Sachverständige gemeint, die Grundlage der Bescheinigung nach Satz 1 ist.

72.64 Werden mit dem Bauantrag Bauvorlagen ohne Sachverständigenbescheinigungen hinsichtlich Standsicherheit, Schallschutz oder Brandschutz vorgelegt, ist die Beachtung der entsprechenden Vor-

**1a** Verwaltungsvorschrift

schriften von der Bauaufsichtsbehörde zu prüfen. Sie kann mit der Prüfung der Nachweise über die Standsicherheit, den Schallschutz sowie den statisch-konstruktiven Brandschutz eine Prüfingenieurin oder einen Prüfingenieur für Baustatik beauftragen (§ 27 BauPrüfVO). Sie kann aber auch von der Bauherrin oder vom Bauherr die Vorlage entsprechender Bescheinigungen staatlich anerkannter Sachverständiger verlangen.
Auf Nr. 68.22 wird verwiesen.

## 73 Abweichungen (§ 73)

73.1 Zu Absatz 1

73.11 Die Abweichung soll – auch in den Fällen des § 68 Abs. 7 – möglichst zusammen mit der Baugenehmigung beantragt werden, damit aus Gründen der Verfahrensökonomie über ihre Zulassung zusammen mit dem Bauantrag entschieden werden kann. Die Vorschriften, von denen abgewichen werden soll, sollen genau bezeichnet werden. Außerdem soll dargelegt werden, dass dem Zweck der Vorschrift bei Nichterfüllung der jeweiligen Anforderung gleichwohl entsprochen wird.

73.13 Der Nachweis, dass bei Abweichen von einer technischen Anforderung deren Zweck auf andere Weise entsprochen wird, ist von der Bauherrin oder dem Bauherrn ggf. durch Vorlage eines Sachverständigengutachtens zu führen.

Bei Abweichungen von Vorschriften, die ausdrücklich unter der Voraussetzung gestattet werden können, dass Bedenken wegen des Brandschutzes nicht bestehen oder dass der Brandschutz auf andere Weise gesichert ist, sind die Brandschutzdienststellen zu hören. Nr. 54.33 VV BauO NRW gilt entsprechend. Dies gilt nicht, wenn die Abweichung der zu der jeweiligen gesetzlichen Regelung ergangenen Verwaltungsvorschrift entspricht. Bei allen anderen Abweichungen von Vorschriften des Brandschutzes ist die Brandschutzdienststelle zu hören, soweit die Durchführung von Löscharbeiten oder die Rettung von Menschen und Tieren berührt werden.

Bei Abweichungen, die für den Arbeitsschutz oder den Immissionsschutz von Bedeutung sind, ist das Staatliche Amt für Arbeitsschutz oder das Staatliche Umweltamt oder, sofern die baulichen Anlagen oder Räume der Bergaufsicht unterliegen, das Bergamt zu hören. Nrn. 54.34 und 54.35 VV BauO NRW gelten entsprechend.

Die Abweichungsvorschrift des § 73 betrifft nicht die Zulassung nicht geregelter Bauprodukte (§ 20 Abs. 3) und Bauarten (§ 24).

## 74 Beteiligung der Angrenzer (§ 74)

74.2 Zu Absatz 2

74.21 Nicht die Gewissheit, sondern schon die Möglichkeit, dass durch eine Abweichung öffentlich-rechtlich geschützte nachbarliche

Verwaltungsvorschrift **1a**

Belange berührt werden, macht die Beteiligung der Angrenzer erforderlich. Im Zweifelsfall sollte immer das Beteiligungsverfahren durchgeführt werden. Allerdings braucht nur der Angrenzer beteiligt zu werden, dessen Belange von der beantragten Abweichung berührt werden können. Aus Gründen des Datenschutzes sind die Angrenzer nur so weit zu beteiligen, dass sie ihre rechtlichen Interessen wahren können.

Die Sollvorschrift bedeutet, dass die Anhörung in aller Regel durchzuführen ist. Sind allerdings, etwa bei Erbengemeinschaften, einzelne (Mit)Eigentümer nur unter Schwierigkeiten oder mit erheblichen Verzögerungen zu ermitteln oder zu erreichen, kann im Interesse eines zügigen Verfahrensablaufs – ausnahmsweise – insoweit von einer Anhörung abgesehen werden.

74.22 Bei Befreiungen gem. § 31 Abs. 2 BauGB sind die Beteiligungsvorschriften des VwVfG. NRW. uneingeschränkt anzuwenden.

## 75 Baugenehmigung und Baubeginn (§ 75)

75.1 Zu Absatz 1

75.11 Zu den öffentlich-rechtlichen Vorschriften zählen neben der Landesbauordnung und deren Durchführungsverordnungen insbesondere das Baugesetzbuch, die Vorschriften des Landschaftsrechts, des Denkmalrechts, die Vorschriften zum Bodenschutz, zum Immissionsschutz und zum Gewässerschutz, die Arbeitsstättenverordnung, die Bebauungspläne und die als kommunale Satzung erlassenen örtlichen Bauvorschriften.

75.12 Bei einer Reihe von Vorschriften über den Brandschutz ist die Erfüllung der Vorschrift auf andere Art und Weise als vom Gesetz im Regelfall vorgesehen zulässig, wenn besondere Brandschutzmaßnahmen getroffen werden oder Bedenken wegen des Brandschutzes nicht bestehen (z. B. § 33 Abs. 3, § 35 Abs. 1, § 37 Abs. 1 und 8). Die Zulässigkeit dieser anderweitigen Vorschriftenerfüllung ist im Baugenehmigungsverfahren unter Anhörung der Brandschutzdienststelle zu prüfen. Eine solche Prüfung unter Beteiligung der Brandschutzdienststelle entfällt bei Bauvorhaben, die keine Sonderbauten sind, wenn durch Bescheinigung einer oder eines staatlich anerkannten Sachverständigen für die Prüfung des Brandschutzes bestätigt wird, dass die bauaufsichtlichen Anforderungen hinsichtlich des Brandschutzes erfüllt sind.

75.13 Die **Baugenehmigung** berechtigt zum Baubeginn; sie kann erst erteilt werden, wenn die Bauaufsichtsbehörde nach Prüfung der erforderlichen Bauvorlagen festgestellt hat, dass dem Bauvorhaben öffentlich-rechtliche Vorschriften nicht entgegenstehen. Solange erforderliche Bauvorlagen nicht oder nur zum Teil vorliegen, kann diese Feststellung nicht getroffen werden. Auf besonderen schriftlichen Antrag kann dann gestattet werden, dass mit den Bauarbeiten für die Baugrube und für einzelne Bauteile oder Bauabschnitte begonnen werden darf (Teilbaugenehmigung nach § 76). Werden Bauvorlagen zu un-

**1a**                              Verwaltungsvorschrift

terschiedlichen Zeitpunkten eingereicht, so muss eine Übereinstimmungserklärung der Entwurfsverfasserin oder des Entwurfsverfassers vorliegen (§ 7 BauPrüfVO). Dies gilt auch für Einzelnachweise zur Standsicherheit, die nach ihrem Inhalt erst vorgelegt werden können, wenn die Ausführungsplanung erstellt ist (§ 8 Abs. 3 BauPrüfVO).

Die Baugenehmigung ist mit dem Hinweis zu versehen, dass die Bauherrin oder der Bauherr verpflichtet ist, für jede der in § 2 Abs. 2 Nr. 1 oder Nr. 2 BaustellV genannten Baustellen dem hierfür zuständigen Staatlichen Amt für Arbeitsschutz die nach der BaustellV vorgeschriebene Vorankündigung zu übermitteln.

75.4 Zu Absatz 4

Von der Erteilung der Baugenehmigung für die Errichtung und Änderung baulicher Anlagen hat die Bauaufsichtsbehörde außer der Gemeinde auch zu unterrichten

– die untere Landschaftsbehörde, sofern sie im Baugenehmigungsverfahren beteiligt war,
– die untere Abfallwirtschaftsbehörde,
– das örtlich zuständige Finanzamt (§ 29 Abs. 3 BewG),
– die Katasterbehörde.

Gemäß § 195 Abs. 3 des Siebten Buches des Sozialgesetzbuches (SGB VII) haben die für die Erteilung von Bauerlaubnissen zuständigen Behörden dem zuständigen Unfallversicherungsträger nach Erteilung einer Bauerlaubnis den Namen und die Anschrift des Bauherrn, den Ort und die Art der Bauarbeiten, den Baubeginn sowie die Höhe der in den baubehördlichen Verfahren angegebenen oder festgestellten Baukosten mitzuteilen. Bei nichtbauerlaubnispflichtigen Bauvorhaben trifft diese Verpflichtung die für die Entgegennahme von Bauunterlagen zuständigen Behörden. Danach sind in Nordrhein-Westfalen für die Erfüllung dieser Mitteilungspflicht bei baugenehmigungsbedürftigen Bauvorhaben die unteren Bauaufsichtsbehörden und bei nach § 67 BauO NRW freigestellten Bauvorhaben die Gemeinden zuständig. Betroffen von der Mitteilungspflicht sind nicht nur die Errichtung, sondern auch die bauliche Änderung sowie der Abbruch von baulichen Anlagen.

Der Bau-Berufsgenossenschaft Rheinland und Westfalen, Viktoriastraße 21, 42115 Wuppertal, und der für den Regierungsbezirk Detmold zuständigen Bau-Berufsgenossenschaft Hannover, Hildesheimer Straße 309, 30519 Hannover, als Trägern der gesetzlichen Unfallversicherung sind mindestens einmal monatlich folgende Daten zu übermitteln:

1. Name und Anschrift des Bauherrn;
2. Ort der Bauarbeiten (Angaben entsprechend den Rubriken „Baugrundstück" und „Grundstück" in den als Anlagen I/1 bis I/3 und I/5 zur VVBauPrüfVO bekannt gemachten Vordrucken);
3. Art der Bauarbeiten (bei genehmigungsbedürftigen Vorhaben entsprechend der Baugenehmigung, bei nach § 67 BauO NRW frei-

Verwaltungsvorschrift **1a**

gestellten Bauvorhaben entsprechend der Rubrik „Genaue Bezeichnung des Vorhabens" in dem als Anlage I/1 zur VVBauPrüfVO bekannt gemachten Vordruck);
4. Anstelle des Datums des Baubeginns reicht es aus, bei genehmigungsbedürftigen Bauvorhaben das Datum der Baugenehmigung und bei nach § 67 BauO NRW freigestellten Bauvorhaben das Datum des Eingangs der Bauvorlagen bei den Gemeinden (§ 67 Abs. 2 BauO NRW) mitzuteilen;
5. Anstelle der Baukosten sind bei genehmigungsbedürftigen Gebäuden die Rohbausumme entsprechend Tarifstelle 2.1.2 des Allgemeinen Gebührentarifs der AVwGebO NRW[1]) und bei genehmigungsbedürftigen sonstigen baulichen Anlagen im Sinne des § 1 Abs. 1 Satz 2 BauO NRW die Herstellungssumme entsprechend Tarifstelle 2.1.3 des Allgemeinen Gebührentarifs der AVwGebO NRW anzugeben; bei nach § 67 BauO NRW freigestellten Bauvorhaben sind derartige Angaben nicht möglich.

Die Gemeinde erhält neben einem Abdruck des Bauscheins eine Ausfertigung der mit Genehmigungsvermerk versehenen Bauvorlagen ausgenommen der bautechnischen Nachweise.

Hinsichtlich der Unterrichtung über die Erteilung von Abbruchgenehmigungen wird auf Nr. 63.14 verwiesen.

75.6 Zu Absatz 6
Beabsichtigt die Bauaufsichtsbehörde, einen amtlichen Nachweis nach § 81 Abs. 2 Satz 2 zu verlangen, soll sie die Bauherrin oder den Bauherrn schon bei Erteilung der Baugenehmigung hierauf hinweisen und ihr oder ihm nahe legen, bei Absteckung der Grundrissfläche und der Höhenlage der baulichen Anlage eine Öffentlich bestellte Vermessungsingenieurin oder einen Öffentlich bestellten Vermessungsingenieur oder eine Behörde, die befugt ist, Vermessungen zur Einrichtung und Fortführung des Liegenschaftskatasters auszuführen, einzuschalten.

## 76 Teilbaugenehmigung (§ 76)

76.1 Zu Absatz 1
Die Bauvorlagen für eine Teilbaugenehmigung müssen die Feststellung der grundsätzlichen baurechtlichen Zulässigkeit des Vorhabens als Ganzes sowie die abschließende Prüfung der bautechnischen Unbedenklichkeit der jeweils zu erfassenden Teile oder Abschnitte des Vorhabens ermöglichen. Liegt eine 1. Teilbaugenehmigung bereits vor, braucht bei weiteren Teilbaugenehmigungen die grundsätzliche Zulässigkeit des Vorhabens nicht mehr geprüft zu werden. Im Übrigen kann die Zulässigkeit des Vorhabens auch durch Vorbescheid (§ 71) festgestellt werden.

---
[1]) Rehborn, Nr. 129 B.

**1a** Verwaltungsvorschrift

## 78 Typengenehmigung (§ 78)

### 78.1 Zu Absatz 1

Der Antrag auf Erteilung einer Typengenehmigung soll an das Deutsche Institut für Bautechnik, Kolonnenstr. 30, 10829 Berlin, gerichtet werden; dem Antrag sind die in § 13 BauPrüfVO genannten Bauvorlagen beizufügen.

Für bauliche Anlagen oder Teile von baulichen Anlagen, bei denen sich die Prüfung nur auf die Standsicherheit erstrecken soll, kommt eine Typenprüfung (§ 72 Abs. 5) in Betracht; auf die näheren Bestimmungen in § 29 Abs. 1 u. 2 BauPrüfVO wird verwiesen.

## 79 Fliegende Bauten (§ 79)

Es wird auf den Runderlass des Ministeriums für Städtebau und Wohnen, Kultur und Sport vom 8. 9. 2000 (MBl. NRW. S. 1228/SMBl. NRW. 23213): Verwaltungsvorschriften über Ausführungsgenehmigungen für Fliegende Bauten und deren Gebrauchsabnahmen – (FlBauVV) – verwiesen.

## 80 Öffentliche Bauherren (§ 80)

### 80.1 Zu Absatz 1

Der Verweis auf § 68 Abs. 1 Satz 4 in § 80 Abs. 1 Satz 3 bedeutet, dass in einem Zustimmungsverfahren weder der Standsicherheitsnachweis noch die Nachweise über den Schall- und Wärmeschutz geprüft werden. Soweit das Zustimmungsverfahren Sonderbauten betrifft, ist der Brandschutz zu prüfen. Eine Prüfung baurechtlicher Vorschriften über den im vereinfachten Genehmigungsverfahren vorgesehenen Umfang hinaus findet nicht statt.

### 80.4 Zu Absatz 4

Zu den baulichen Anlagen, die unmittelbar der Landesverteidigung dienen, gehören alle Anlagen innerhalb von abgeschlossenen Bereichen, wie Kasernengelände und Truppenübungsplätze, die im Allgemeinen der Öffentlichkeit nicht zugänglich sind. Dies gilt auch z. B. für Sporthallen, Casinos und Supermärkte in diesen Bereichen.

Nicht unmittelbar der Landesverteidigung dienen insbesondere bauliche Anlagen außerhalb solcher Bereiche wie:
– Verwaltungsgebäude,
– Wohngebäude,
– Schulen und Hochschulen aller Art,
– Sport- und Freizeiteinrichtungen,
– Einrichtungen für die Seelsorge und Sozialbetreuung,
– Stellplatzanlagen.

## 81 Bauüberwachung (§ 81)

### 81.1 Zu Absatz 1

Verwaltungsvorschrift **1a**

81.11 Soweit eine Bauüberwachung durchgeführt wird, soll sie sich auch auf die Ausbauphase in Gebäuden erstrecken; außerdem soll darauf geachtet werden, dass die Bauherrin oder der Bauherr der Pflicht nachkommt, ein Baustellenschild anzubringen (siehe Nr. 14.3).

81.12 Die Bauüberwachung enthält weiterhin die Prüfung, ob das Vorhaben entsprechend den genehmigten Bauvorlagen ausgeführt wird. Bemerkt die Bauaufsichtsbehörde Verstöße gegen die BaustellV, z. B., dass die Vorankündigung bei großen Bauvorhaben nicht ausgehängt wurde, so unterrichtet sie das Staatliche Amt für Arbeitsschutz.

81.13 Europäische technische Zulassungen nach § 6 BauPG, allgemeine bauaufsichtliche Zulassungen und Prüfzeugnisse (§§ 21 und 22) und Zustimmungen im Einzelfall (§ 23) für Bauprodukte sowie allgemeine bauaufsichtliche Zulassungen und Zustimmungen im Einzelfall für Bauarten (§ 24) gehören zu den Nachweisen, die von der Unternehmerin oder vom Unternehmer nach § 59 Abs. 1 Satz 2 auf der Baustelle bereitzuhalten sind und in die im Rahmen der Bauüberwachung nach § 81 Abs. 4 Einblick zu gewähren ist.

Im Rahmen der Bauüberwachung nach § 81 und der Bauzustandsbesichtigung nach § 82 braucht die Überprüfung der Verwendbarkeit der Bauprodukte und der Anwendbarkeit der Bauarten nur stichprobenartig zu erfolgen, es sei denn, es gibt konkrete Hinweise, dass unrechtmäßig oder entgegen den Bestimmungen der §§ 20 ff. nicht gekennzeichnete Bauprodukte verwendet oder Bauarten ohne die nach § 24 erforderliche Zulassung, Prüfzeugnis oder Zustimmung angewendet werden.

Grundsätzlich kann davon ausgegangen werden, dass Bauprodukte, die die CE-Kennzeichnung tragen oder die mit dem Ü-Zeichen gekennzeichnet sind, verwendbar sind und dass bei Vorhandensein der nach § 24 erforderlichen Nachweise die entsprechenden Bauarten anwendbar sind. Die Verwendbarkeit von Bauprodukten kann nur in Frage gestellt werden, wenn die CE-Kennzeichnung oder das Ü-Zeichen offensichtlich zu Unrecht aufgebracht sind.

Bei CE-gekennzeichneten Bauprodukten kann die Verwendbarkeit auch ausgeschlossen sein, wenn die CE-Kennzeichnung eine andere Klasse oder Leistungsstufe ausweist als sie für den Verwendungszweck des Bauproduktes in der Bauregelliste B vorgesehen ist. In bestimmten Fällen ist es möglich, dass eine CE-Kennzeichnung nach Bauregelliste B nur Teilanforderungen an das Bauprodukt abdeckt. Die nicht gedeckten Anforderungen, die von der Bauproduktenrichtlinie nicht erfasst werden, sind durch Ü-Zeichen zu belegen. Fehlt dieses Ü-Zeichen, ist der Verwendbarkeitsnachweis nicht erbracht.

Nur in besonderen Einzelfällen kann die Verwendbarkeit von Bauprodukten und die Anwendbarkeit von Bauarten trotz Vorhandenseins von rechtmäßigen Kennzeichnungen bzw. von Übereinstimmungsbestätigungen ausgeschlossen sein, wenn nämlich die besonderen Umstände, z. B. am Verwendungs- oder Anwendungsort, vermuten lassen,

**1a** Verwaltungsvorschrift

dass diese bei der Feststellung der grundsätzlichen Verwend- oder Anwendbarkeit nicht berücksichtigt wurden.

Die Verwendbarkeit Sonstiger Bauprodukte oder von Bauprodukten nach der Liste C sollte nur in Ausnahmefällen – bei konkreten Hinweisen, dass die Bauprodukte tatsächlich den Anforderungen der BauO NRW oder aufgrund der BauO NRW nicht entsprechen – überprüft werden.

81.2 Zu Absatz 2

Ein amtlicher Nachweis darf nur in begründeten Fällen verlangt werden, z. B. bei Grundstücken in Hanglage oder bei sehr ungewöhnlichen oder beengten Grundstücksverhältnissen. Der amtliche Nachweis darüber, dass die Grundrissflächen und Höhenlagen der baulichen Anlagen eingehalten sind, kann nur durch eine Öffentlich bestellte Vermessungsingenieurin oder einen Öffentlich bestellten Vermessungsingenieur oder Behörden geführt werden, die befugt sind, Vermessungen zur Einrichtung und Fortführung des Liegenschaftskatasters auszuführen.

### 83 Baulast und Baulastenverzeichnis (§ 83)

83.1 Einteilung und Form des Baulastenverzeichnisses

83.11 Das Baulastenverzeichnis wird von der unteren Bauaufsichtsbehörde jeweils für das Gebiet einer Gemeinde geführt. Ist die Gemeinde in mehrere Bauaufsichtsbezirke unterteilt, so kann das Baulastenverzeichnis entsprechend untergliedert werden. Es kann in festen Bänden, in Loseblattheften oder als Kartei, die das Format DIN A 4 (hoch oder quer) haben, geführt werden. Wird das Baulastenverzeichnis in festen Bänden geführt, erhält es ein Titelblatt entsprechend dem anliegenden Muster 1.[1)]

83.12 Das Baulastenverzeichnis besteht aus den einzelnen Baulastenblättern im Format DIN A 4 (hoch oder quer) nach dem anliegenden Muster 2. Jedes Grundstück erhält ein eigenes Baulastenblatt, das mehrere Seiten umfassen kann. Die Baulastenblätter dürfen nur einseitig beschrieben werden.

Reicht die erste Seite des Baulastenblattes für weitere Eintragungen nicht mehr aus, so sind nach Bedarf weitere Seiten nachzuheften oder weitere Karteikarten einzustellen. Das Baulastenblatt für jedes Grundstück ist mit fortlaufenden Seitenzahlen zu versehen. Umfasst ein Baulastenblatt mehr als eine Seite, so ist die Nummer der folgenden Seite unten rechts anzugeben.

Die Bezeichnung des belasteten Grundstücks ist in den Baulastenblättern laufend zu halten. Soweit die Grundstücke nach Straße und Hausnummer bezeichnet sind, können Änderungen der Katasterbezeichnung unberücksichtigt bleiben.

---

[1)] Muster hier nicht abgedruckt.

Verwaltungsvorschrift **1a**

83.2 Führung des Baulastenverzeichnisses
Mit der Führung des Baulastenverzeichnisses sind von der unteren Bauaufsichtsbehörde geeignete Bedienstete zu beauftragen; für diese sind Vertreter zu bestellen. Auftrag und Bestellung sind aktenkundig zu machen.

83.3 Eintragungen

83.31 Eintragungen in das Baulastenverzeichnis dürfen nur aufgrund einer Eintragungsverfügung vorgenommen werden.
Die Eintragungsverfügung ist auf die Urschrift der Verpflichtungserklärung (§ 83 Abs. 1 u. 2) zu setzen oder mit ihr zu verbinden. Die Verpflichtungserklärung und die Eintragungsverfügung sind nach Eintragung in das Baulastenverzeichnis zu den Bauakten des belasteten Grundstücks zu nehmen.

83.32 Jede Eintragung ist unter Angabe des Tages, an dem sie erfolgt, zu unterschreiben. Als Tag der Eintragung ist der Tag anzugeben, an dem die Eintragung unterschrieben wird. Beim Einschreiben der Eintragung ist deshalb der Eintragungstag zunächst offen zu lassen.

83.33 Die Eintragungen sind mit fortlaufenden Nummern zu versehen, die in Spalte 1 einzutragen sind. Bezieht sich die neue Eintragung auf eine frühere Eintragung, so ist dies in Spalte 3 bei der früheren Eintragung zu vermerken. Gelöschte oder geänderte Eintragungen sind rot durchzustreichen (vgl. Muster 2).[1)]

83.34 In Spalte 2 (Inhalt der Eintragung) kann bei Baulasten der Wortlaut der Verpflichtungserklärung eingetragen werden. Es genügt jedoch auch, wenn nur der wesentliche Inhalt der übernommenen Verpflichtung eingetragen wird (vgl. Muster 2).

83.35 In Spalte 3 können neben den Vermerken der Änderungen (vgl. Nr. 83.33), die stets eingetragen werden müssen, noch Hinweise auf die Bauakten oder auf andere Grundstücke eingetragen werden.

83.4 Besondere Eintragungen

83.41 Wird in der Verpflichtungserklärung für Baulasten nach § 4 Abs. 1 oder 2 und § 7 Abs. 1 sowie anderen Baulasten, die sich flächenmäßig auf Grundstücke oder Teile von Grundstücken beziehen, auf einen Lageplan Bezug genommen, ist dieser für die Eintragung beizufügen. Der Lageplan muss den Anforderungen des § 18 BauPrüfVO entsprechen.

83.42 Nach § 83 Abs. 4 Satz 2 können – neben freiwilligen Verpflichtungen – auch Auflagen, Bedingungen, Befristungen und Widerrufsvorbehalte in das Baulastenverzeichnis eingetragen werden. Auflagen sind jedoch im Baulastenverzeichnis nur zu vermerken, wenn es sich um solche Auflagen handelt, die nicht nur ein einmaliges Tun,

---

[1)] Muster hier nicht abgedruckt.

Dulden oder Unterlassen betreffen. Die Eintragung darf erst vorgenommen werden, wenn die Auflagen, Bedingungen, Befristungen oder Widerrufsvorbehalte unanfechtbar geworden sind.

83.43 Soweit z.B. bei Prüfung der Nachweisung festgestellt wird, dass die Bezeichnung belasteter Flurstücke sich geändert hat, erteilt das Katasteramt der Bauaufsichtsbehörde als Unterlage für die Berichtigung der Baulastenblätter:

a) bei Formveränderungen einen beglaubigten Auszug aus der Flurkarte, in dem die neuen Grenzen und Flurstücksnummern rot gekennzeichnet sind;

b) bei sonstigen Umnummerierungen und für Grundstücke, die erstmalig eine Hausnummer erhalten haben, eine Identitätsbescheinigung.

Solche Änderungen kann auch eine Öffentlich bestellte Vermessungsingenieurin oder ein Öffentlich bestellter Vermessungsingenieur der Bauaufsichtsbehörde mitteilen, wenn ihr oder ihm diese Änderungen bei oder seiner Tätigkeit bekannt geworden sind.

Die Änderungen sind auf dem Baulastenblatt zu vermerken.

Werden durch Teilung oder Grenzänderung des Grundstücks eingetragene Baulasten betroffen, so ist für die neugebildeten Grundstücksteile ein neues Baulastenblatt anzulegen, wenn sich die Baulast auch auf den neugebildeten Grundstücksteil erstreckt.

Eintragungen aufgrund einer Mitteilung des Katasteramtes oder einer Öffentlich bestellten Vermessungsingenieurin oder eines Öffentlich bestellten Vermessungsingenieurs bedürfen gleichfalls einer besonderen Eintragungsverfügung.

83.5 Schließungen

Ist ein Baulastenblatt infolge vieler Änderungen oder Löschungen unübersichtlich geworden, so ist das Blatt zu schließen und umzuschreiben. Die Schließung erfolgt durch den Vermerk „Geschlossen am ..." am Schluss des Baulastenblattes. Der Vermerk ist von dem zuständigen Bediensteten zu unterschreiben. Bei der Umschreibung ist in dem neuen Baulastenblatt auf das geschlossene und in dem geschlossenen auf das neue Baulastenblatt zu verweisen. Der Inhalt gelöschter Eintragungen ist in das neue Baulastenblatt nicht zu übertragen, vielmehr sind nur die Nummern der gelöschten Eintragungen und in Spalte 3 der Vermerk „gelöscht" einzutragen. Am Schluss des umgeschriebenen Inhalts des neuen Baulastenblattes ist in Spalte 3 von dem zuständigen Bediensteten zu bescheinigen, dass der Inhalt des neuen mit dem des geschlossenen Baulastenblattes übereinstimmt. Die geschlossenen Blätter sind zu den Akten zu nehmen.

83.6 Mitteilungen

Je eine beglaubigte Abschrift der Eintragung erhalten:
– die oder der verpflichtete Grundstückseigentümerin oder Grundstückseigentümer,

Verwaltungsvorschrift **1a**

- die Eigentümerin oder der Eigentümer des begünstigten Grundstücks; falls die Baulast mit Rücksicht auf ein anhängiges Baugenehmigungsverfahren eingeräumt worden ist, wird die beglaubigte Abschrift der Eigentümerin oder dem Eigentümer des begünstigten Grundstücks als Anlage zum Bauschein mitübersandt,
- die Gemeinde, sofern sie nicht selbst das Baulastenverzeichnis führt.

83.7 Nachweis der Eintragung
Neben dem Baulastenverzeichnis ist ein Nachweis zu führen, aus dem jederzeit ersichtlich ist, ob für ein bestimmtes Grundstück ein Baulastenblatt besteht. Die Form des Nachweises ist freigestellt. Jedes Grundstück, für das ein Baulastenblatt angelegt wird, ist in den Nachweis aufzunehmen.

Wird nach Absprache mit dem Katasteramt bei automatisierter Führung des Katasterbuchwerks ein entsprechender Nachweis im Katasterbuchwerk geführt, kann auf die Einrichtung des Nachweises durch die Bauaufsichtsbehörde verzichtet werden.

83.8 Einsichtnahme in das Baulastenverzeichnis und den Nachweis
Die Einsicht in das Baulastenverzeichnis und den Nachweis nach Nr. 83.7 ist jeder Person gestattet, die ein berechtigtes Interesse darlegt. Das Gleiche gilt für die Einsicht in die Baulastakten (Nr. 83.31 2. Absatz), soweit dies zur Feststellung des Inhalts und Umfangs der Baulast erforderlich ist. Ein berechtigtes Interesse kann unter anderem bei den dinglich Berechtigten am Grundstück sowie bei kaufinteressierten Personen und künftigen Hypotheken- und Grundschuldgläubigerinnen und -gläubigern angenommen werden. Bei Notarinnen und Notaren sowie für die Anfertigung von Lageplänen bei Entwurfsverfasserinnen und Entwurfsverfassern, Fachplanerinnen und Fachplanern und Öffentlich bestellten Vermessungsingenieurinnen und Öffentlich bestellten Vermessungsingenieuren ist allgemein von einem berechtigten Interesse auszugehen. Soweit die Einsicht gestattet ist, können Abschriften oder Auszüge gefordert werden.

Für die Erteilung von Auskünften aus dem Baulastenverzeichnis und dem Nachweis gelten die Regelungen für die Einsicht entsprechend.

### 85 Rechts- und Verwaltungsvorschriften
85.9 Zu Absatz 9
Der RdErl. des Ministeriums für Bauen und Wohnen vom 24. 1. 1997 (SMBl. 23210); Verwaltungsvorschrift zur Landesbauordnung – VV BauO NRW – wird aufgehoben.

Diese Verwaltungsvorschrift gilt bis zum 31. Dezember 2005.

# 1a  Verwaltungsvorschrift

**Anlage zu Nr. 51.11 VV BauO NRW**

## Richtzahlen für den Stellplatzbedarf

| Nr. | Nutzungsart | Zahl der Stellplätze (Stpl.) | Anteil für Besucher in v. H. |
|---|---|---|---|
| **1** | **Wohngebäude und Wohnheime** | | |
| 1.1 | Gebäude mit Wohnungen (soweit nicht Nr. 51.11) | 1 Stpl. je Wohnung | – |
| 1.2 | Kinder- und Jugendwohnheime | 1 Stpl. je 20 Plätze | 75 |
| 1.3 | Altenwohnheime, Altenheime, Wohnheime für Menschen mit Behinderungen | 1 Stpl. je 10–17 Plätze, jedoch mindestens 3 Stpl. | 75 |
| 1.4 | Sonstige Wohnheime | 1 Stpl. je 2–5 Plätze, jedoch mindestens 2 Stpl. | 10 |
| **2** | **Gebäude mit Büro-, Verwaltungs- und Praxisräumen** | | |
| 2.1 | Büro- und Verwaltungsräume allgemein | 1 Stpl. je 30–40 $m^2$ Nutzfläche | 20 |
| 2.2 | Räume mit erheblichem Besucherverkehr (Schalter-, Abfertigungs- oder Beratungsräume, Arztpraxen o. ä.) | 1 Stpl. je 20 bis 30 $m^2$ Nutzfläche, jedoch mindestens 3 Stpl. | 75 |
| **3** | **Verkaufsstätten** | | |
| 3.1 | Verkaufsstätten bis 700 $m^2$ Verkaufsfläche | 1 Stpl. je 30–50 $m^2$ Verkaufsnutzfläche, jedoch mindestens 2 Stpl. | 75 |
| 3.2 | Verkaufsstätten mit mehr als 700 $m^2$ Verkaufsfläche | 1 Stpl. je 10–30 $m^2$ Verkaufsnutzfläche | 75 |
| **4** | **Versammlungsstätten** (außer Sportstätten), **Kirchen** | | |
| 4.1 | Versammlungsstätten | 1 Stpl. je 5–10 Sitzplätze | 90 |
| 4.2 | Kirchen | 1 Stpl. je 10–30 Sitzplätze | 90 |
| **5** | **Sportstätten** | | |
| 5.1 | Sportplätze | 1 Stpl. je 250 $m^2$ Sportfläche, zusätzlich 1 Stpl. je 10–15 Besucherplätze | – |
| 5.2 | Spiel- und Sporthallen | 1 Stpl. je 50 $m^2$ Hallenfläche, zusätzlich 1 Stpl. je 10–15 Besucherplätze | – |
| 5.3 | Freibäder und Freiluftbäder | 1 Stpl. je 200–300 $m^2$ Grundstücksfläche | – |
| 5.4 | Reitanlagen | 1 Stpl. je 4 Pferdeeinstellplätze | – |
| 5.5 | Hallenbäder | 1 Stpl. je 5–10 Kleiderablagen, zusätzlich 1 Stpl. je 10–15 Besucherplätze | – |
| 5.6 | Fitnesscenter | 1 Stpl. je 15 $m^2$ Sportfläche | – |
| 5.7 | Tennisanlagen | 4 Stpl. je Spielfeld, zusätzlich 1 Stpl. je 10–15 Besucherplätze | – |
| 5.8 | Minigolfplätze | 6 Stpl. je Minigolfanlage | – |
| 5.9 | Kegel-, Bowlingbahnen | 4 Stpl. je Bahn | – |
| 5.10 | Bootshäuser und Bootsliegeplätze | 1 Stpl. je 2–5 Boote | – |
| **6** | **Gaststätten und Beherbergungsbetriebe** | | |
| 6.1 | Gaststätten | 1 Stpl. je 6–12 $m^2$ Gastraum | 75 |
| 6.2 | Hotels, Pensionen, Kurheime und andere Beherbergungsbetriebe | 1 Stpl. je 2–6 Betten, für zugehörigen Restaurationsbetrieb Zuschlag nach Nr. 6.1 oder 6.2 | 75 |

Verwaltungsvorschrift **1a**

| Nr. | Nutzungsart | Zahl der Stellplätze (Stpl.) | Anteil für Besucher in v. H. |
|---|---|---|---|
| 6.3 | Spiel- und Automatenhallen | 1 Stpl. je 20-25 m² Spielhallenfläche, mindestens jedoch 3 Stpl. | – |
| 6.4 | Tanzlokale, Discotheken | 1 Stpl. je 4–8 m² Gastraum | – |
| 6.5 | Jugendherbergen | 1 Stpl. je 10 Betten | 75 |
| 7 | **Krankenanstalten** | | |
| 7.1 | Universitätskliniken und ähnliche Lehrkrankenhäuser | 1 Stpl. je 2–3 Betten | 50 |
| 7.2 | Krankenhäuser, Kliniken und Kureinrichtungen | 1 Stpl. je 2–6 Betten, zusätzlich Stellplätze nach 2.2 | 60 |
| 7.3 | Pflegeheime | 1 Stpl. je 10–15 Plätze, mindestens 3 Stpl. | 75 |
| 8 | **Schulen, Einrichtungen der Jugendförderung** | | |
| 8.1 | Grundschulen | 1 Stpl. je 30 Schüler | – |
| 8.2 | Sonstige allgemeinbildende Schulen, Berufsschulen, Berufsfachschulen | 1 Stpl. je 25 Schüler, zusätzlich 1 Stpl. je 5–10 Schüler über 18 Jahre | – |
| 8.3 | Sonderschulen für Behinderte | 1 Stpl. je 15 Schüler | – |
| 8.4 | Fachhochschulen, Hochschulen | 1 Stpl. je 2–4 Studierende | – |
| 8.5 | Kindergärten, Kindertagesstätten und dergleichen | 1 Stpl. je 20–30 Kinder, jedoch mindestens 2 Stpl. | – |
| 8.6 | Jugendfreizeitheime und dergleichen | 1 Stpl. je 15 Besucherplätze | – |
| 9 | **Gewerbliche Anlagen** | | |
| 9.1 | Handwerks- und Industriebetriebe | 1 Stpl. je 50–70 m² Nutzfläche oder je 3 Beschäftigte* | 10–30 |
| 9.2 | Lagerräume, Lagerplätze, Ausstellungs- und Verkaufsplätze | 1 Stpl. je 80–100 m² Nutzfläche oder je 3 Beschäftigte* | – |
| 9.3 | Kraftfahrzeugwerkstätten | 6 Stpl. je Wartungs- oder Reparaturstand | – |
| 9.4 | Tankstellen mit Verkaufsstätte | 3 Stpl., zusätzlich Stellplätze nach 3.1 | – |
| 10 | **Verschiedenes** | | – |
| 10.1 | Kleingartenanlagen | 1 Stpl. je 3 Kleingärten | – |
| 10.2 | Friedhöfe | 1 Stpl. je 2000 m² Grundstücksfläche, jedoch mindestens 10 Stpl. | – |
| 10.3 | Sonnenstudios | 1 Stpl. je 4 Sonnenbänke, jedoch mindestens 2 Stpl. | – |
| 10.4 | Waschsalons | 1 Stpl. je 6 Waschmaschinen, jedoch mindestens 2 Stpl. | – |

* Der Stellplatzbedarf ist in der Regel nach der Nutzfläche zu berechnen; ergibt sich dabei ein offensichtliches Missverhältnis zum tatsächlichen Stellplatzbedarf, so ist die Zahl der Beschäftigten zugrunde zu legen.

**Anlage zu Nr. 72.11 VV BauO NRW**

1. Gem. RdErl. d. Ministers für Arbeit, Gesundheit und Soziales, d. Innenministers u. d. Ministers für Wirtschaft, Mittelstand und Verkehr v. 21. 11. 1975 (SMBl. NRW. 7130): Verwaltungsvorschriften zum Genehmigungsverfahren nach dem Bundes-Immissionsschutzgesetz
2. RdErl. d. Ministers für Landes- und Stadtentwicklung v. 30. 7. 1981 (MBl. NRW. S. 1588/SMBl. NRW. 238): Verbot der Zweckentfremdung von Wohnraum

## 1a  Verwaltungsvorschrift

3. Gem. RdErl. d. Ministers für Arbeit, Gesundheit und Soziales u. d. Ministers für Landes- und Stadtentwicklung v. 8. 1. 1982 (SMBl. NRW. 23210): Erteilung von Erlaubnissen nach § 9 der Verordnung über brennbare Flüssigkeiten (VbF)
4. Gem. RdErl. d. Ministers für Landes- und Stadtentwicklung, d. Ministers für Arbeit, Gesundheit und Soziales u. d. Ministers für Wirtschaft, Mittelstand und Verkehr v. 8. 7. 1982 (SMBl. NRW. 2311): Berücksichtigung von Emissionen und Immissionen bei der Bauleitplanung sowie bei der Genehmigung von Vorhaben (Planungserlass)
5. Gem. RdErl. d. Ministers für Ernährung, Landwirtschaft u. Forsten u. d. Ministers für Landes- und Stadtentwicklung v. 25. 8. 1982 (MBl. NRW. S. 1562/SMBl. NRW. 791): Zusammenarbeit zwischen Landschaftsbehörden und Bauaufsichtsbehörden
6. Gem. RdErl. d. Ministeriums für Wirtschaft und Mittelstand, Technologie und Verkehr u. d. Ministeriums für Bauen und Wohnen v. 4. 2. 1997 (MBl. NRW. S. 310/ SMBl. NRW. 911): Zusammenarbeit der Straßenbaubehörden und der Bauaufsichtsbehörden bei Anbauvorhaben an Straßen des überörtlichen Verkehrs (Anbauerlass)
7. RdErl. d. Ministeriums für Bauen und Wohnen v. 30. 9. 1997 (SMBl. NRW. 2370): Wohnungsbauförderungsbestimmungen – WFB –
8. RdErl. d. Ministers für Stadtentwicklung, Wohnen und Verkehr v. 6. 6. 1986 (MBl. NRW. S. 977/SMBl. NRW. 232380): Höhe und Anordnung der Schornsteine von Feuerungsanlagen
9. Gem. RdErl. d. Ministeriums für Stadtentwicklung, Kultur und Sport, d. Ministeriums für Wirtschaft und Mittelstand, Technologie und Verkehr, d. Ministeriums für Umwelt, Raumordnung und Landwirtschaft u. d. Ministeriums für Bauen und Wohnen v. 7. 5. 1996 (MBl. NRW. S. 922/SMBl. NRW. 2311): Ansiedlung von Einzelhandelsgroßbetrieben, Bauleitplanung und Genehmigung von Vorhaben (Einzelhandelserlass)
10. RdErl. d. Ministeriums für Umwelt, Raumordnung und Landwirtschaft v. 2. 4. 1998 (MBl. NRW. S. 744/SMBl. NRW. 283): Abstände zwischen Industrie- bzw. Gewerbegebieten und Wohngebieten im Rahmen der Bauleitplanung und sonstige für den Immissionsschutz bedeutsame Abstände (Abstanderlass)
11. Gem. RdErl. d. Ministeriums für Umwelt und Naturschutz. Landwirtschaft und Verbraucherschutz, d. Ministeriums für Wirtschaft und Mittelstand, Energie und Verkehr, d. Ministeriums für Städtebau und Wohnen, Kultur und Sport u. d. Ministeriums für Arbeit und Soziales, Qualifikation und Technologie v. 1. 9. 2000 (MBl. NRW. S. 1180/SMBl. NRW. 7129): Verwaltungsvorschriften zum Bundes-Immissionsschutzgesetz
12. Gem. RdErl. d. Ministeriums für Bauen und Wohnen, d. Ministeriums für Stadtwicklung, Kultur und Sport u. d. Ministeriums für Umwelt, Raumordnung und Landwirtschaft v. 3. 3.1998 (MBl. NRW. S. 414/SMBl. NRW. 2311): Einführungserlass zum Bau- und Raumordnungsgesetz 1998 (BauROG) und Vorschriften mit Bezug zum allgemeinen und besonderen Städtebaurecht
13. Gem. RdErl. d. Ministeriums für Bauen und Wohnen, d. Ministeriums für Arbeit, Soziales und Stadtentwicklung, Kultur und Sport v. d. Ministeriums für Umwelt, Raumordnung und Landwirtschaft u. d. Ministeriums für Wirtschaft und Mittelstand, Technologie und Verkehr v. 3. 5. 2000 (SMBl. NRW. 2310): Grundsätze für Planung und Genehmigung von Windenergieanlagen
14. Gem. RdErl. d.. Ministeriums für Umwelt, Raumordnung und Landwirtschaft u. d. Ministeriums für Bauen und Wohnen v. 28. 11. 1994 (SMBl. NRW. 770): Verwaltungsvorschriften zum Vollzug der Verordnung über Anlagen zum Umgang mit wassergefährdenden Stoffen und über Fachbetriebe (VV-VAwS)
15. Gem. RdErl. d. Ministeriums für Bauen und Wohnen u. d. Ministeriums für Arbeit, Soziales und Stadtentwicklung, Kultur und Sport v. 2. 6. 1998 (MBl. NRW. S. 1026/ SMBl. NRW. 23210): Baugenehmigung von Arbeitsstätten; hier: Gaststätten, Verkaufsstätten, Büros
16. RdErl. d. Ministeriums für Umwelt, Raumordnung und Landwirtschaft v. 26. 4. 2000 (SMBl. NRW. 791): Verwaltungsvorschrift zur Anwendung der nationalen Vorschriften zur Umsetzung der Richtlinien 92/43/EWG (FFH-RL) und 79/409/EWG (Vogelschutz-RL) – (VV-FFH)

# 2. Verordnung über bautechnische Prüfungen (BauPrüfVO)[1]

Vom 6. Dezember 1995

(GV NRW S. 1241/SGV NRW 232)
§§ 1–20 neugefasst, §§ 21–31 neubezeichnet u. geändert durch VO vom 20. 2. 2000 (GV NRW S. 226); § 24 geändert durch Art. 58 EuroAnpG vom 25. 9. 2001 (GV NRW S. 708)

Aufgrund des § 79 Abs. 4 und des § 85 Abs. 2 Nr. 3, Abs. 3 und 4 der Landesbauordnung (BauO NRW) vom 7. März 1995 (GV. NRW. S. 218) wird nach Anhörung des Ausschusses für Städtebau und Wohnungswesen des Landtags verordnet:

### Inhaltsverzeichnis

#### Erster Teil. Bauvorlagen

**Erster Abschnitt. Anforderungen an Bauvorlagen** §§

| | |
|---|---|
| Allgemeines | 1 |
| Auszüge aus dem Katasterkartenwerk | 2 |
| Lageplan | 3 |
| Bauzeichnungen | 4 |
| Baubeschreibung und Betriebsbeschreibung | 5 |
| Berechnungen und Angaben zur Kostenermittlung | 6 |

**Zweiter Abschnitt. Anforderungen an bautechnische Nachweise**

| | |
|---|---|
| Übereinstimmungserklärung | 7 |
| Nachweise der Standsicherheit und des Schallschutzes | 8 |
| Brandschutzkonzept | 9 |

**Dritter Abschnitt. Bauvorlagen für Verfahren und Vorhaben**

| | |
|---|---|
| Bauvorlagen zum Bauantrag im vereinfachten Genehmigungsverfahren | 10 |
| Bauvorlagen zum Bauantrag für Bauvorhaben nach § 68 Abs. 1 Satz 3 BauO NRW | 11 |
| Zusätzliche Angaben und Bauvorlagen für besondere Vorhaben | 12 |
| Bauvorlagen für Vorhaben nach § 67 BauO NRW | 13 |
| Bauvorlagen für Werbeanlagen | 14 |
| Bauvorlagen für den Abbruch baulicher Anlagen | 15 |
| Bauvorlagen beim Vorbescheid | 16 |
| Bauvorlagen für die Genehmigung von Grundstücksteilungen | 17 |
| Eintragung von Baulasten | 18 |
| Bauvorlagen für Typengenehmigungen | 19 |
| Bauvorlagen für die Ausführungsgenehmigung Fliegender Bauten | 20 |

#### Zweiter Teil. Bautechnische Prüfung von Bauvorhaben

**Erster Abschnitt. Prüfämter, Prüfingenieurinnen und Prüfingenieure**

| | |
|---|---|
| Prüfämter, Prüfingenieurinnen und Prüfingenieure | 21 |
| Umfang der Anerkennung, Niederlassung | 22 |

---

[1] Siehe auch die Verwaltungsvorschrift zur Verordnung über bautechnische Prüfungen – VVBauPrüfVO – vom 8. 3. 2000 (SMBl. NRW 23210). Ein Verzeichnis der Prüfingenieurinnen/Prüfingenieure für Baustatik ist bei SMBl. NRW 2322 aufgeführt.

# 2 BauPrüfVO § 1  Bauprüfungsverordnung

Voraussetzungen der Anerkennung ........................................................................ 23
Anerkennungsverfahren ......................................................................................... 24
Gutachten, Gutachterausschuss .............................................................................. 25
Erlöschen, Rücknahme und Widerruf der Anerkennung ........................................ 26

**Zweiter Abschnitt. Bautechnische Prüfungen**
Übertragung von Prüfaufgaben ............................................................................... 27
Ausführung von Prüfaufträgen ................................................................................ 28
Typenprüfung – Prüfung Fliegender Bauten ........................................................... 29

**Dritter Teil. Regelung von Zuständigkeiten**
Übertragung von Zuständigkeiten für Ausführungsgenehmigungen für Fliegende Bauten ..................................................................................................................... 30

**Vierter Teil. Schlussvorschrift**
Inkrafttreten, Außerkrafttreten, Übergangsvorschrift .............................................. 31

## Erster Teil. Bauvorlagen

### Erster Abschnitt.
### Anforderungen an Bauvorlagen

**§ 1 Allgemeines.** (1) Bauvorlagen (§ 69 Abs. 1 Satz 1 BauO NRW) sind insbesondere

1. die Auszüge aus dem Katasterkartenwerk,
2. der Lageplan,
3. die Bauzeichnungen,
4. die Baubeschreibung und bei gewerblichen oder landwirtschaftlichen Betrieben die Betriebsbeschreibung,
5. die Berechnungen und Angaben zur Kostenermittlung,
6. die Nachweise der Standsicherheit und des Schallschutzes,
7. das Brandschutzkonzept.

(2) ¹Der Inhalt der Bauvorlagen beschränkt sich auf das zur Beurteilung der jeweiligen Anträge und Vorhaben Erforderliche. ²Die Bauaufsichtsbehörde kann in zu begründenden Einzelfällen weitere Unterlagen fordern, wenn sie dies zur Beurteilung für erforderlich hält. ³Die Bauaufsichtsbehörde kann auf Bauvorlagen und einzelne Angaben in den Bauvorlagen sowie auf die Nachweise der Standsicherheit und des Schallschutzes einschließlich deren Prüfung und Bescheinigung durch staatlich anerkannte Sachverständige (§ 72 Abs. 6 BauO NRW) verzichten, soweit sie zur Beurteilung nicht erforderlich sind. ⁴Auf die Vorlage des Brandschutzkonzeptes bei Bauvorhaben nach § 68 Abs. 1 Satz 3 BauO NRW (§ 11 Abs. 1 Nr. 2) darf nicht verzichtet werden. ⁵Die Bauvorlagen müssen aus dauerhaftem Papier lichtbeständig hergestellt sein.

Bauprüfungsverordnung §§ 2, 3 **BauPrüfVO 2**

(3) Für Anträge, die Vorlage an die Gemeinde in der Genehmigungsfreistellung und einzelne Bauvorlagen sind die von der obersten Bauaufsichtsbehörde in der Sammlung des Ministerialblattes unter Gliederungsnummer 23210 bekannt gemachten Vordrucke zu verwenden.

(4) Die Bauaufsichtsbehörden, die nach bisherigem Recht erstellte Bauvorlagen durch Mikroverfilmung archiviert haben, können abweichend von § 3 Abs. 4 und § 4 Abs. 4 bis zum 31. Dezember 2004 verlangen, dass die einzureichenden Bauvorlagen für eine Schwarzweiß-Mikroverfilmung geeignet sein müssen.

**§ 2 Auszüge aus dem Katasterkartenwerk.** (1) Auszüge aus dem Katasterkartenwerk sind der Auszug aus der Liegenschaftskarte/Flurkarte und der Auszug aus der Deutschen Grundkarte 1 : 5000.

(2) ¹Im Auszug aus der Liegenschaftskarte/Flurkarte müssen das Baugrundstück und die benachbarten Grundstücke im Umkreis von 50 m um das Baugrundstück sowie der Standort des Bauvorhabens dargestellt sein. ²Der Auszug darf nicht älter als sechs Monate sein und muss beglaubigt sein; aus der Beglaubigung soll hervorgehen, ob der Auszug durch Vergrößerung einer Katasterkarte entstanden ist. ³Eine Beglaubigung des Auszugs ist nicht erforderlich, wenn der Lageplan (§ 3) von einem Katasteramt oder von einer Öffentlich bestellten Vermessungsingenieurin oder einem Öffentlich bestellten Vermessungsingenieur hergestellt wird.

(3) ¹Der Auszug aus der Deutschen Grundkarte 1 : 5000, der auch einen größeren Maßstab haben kann, muss aus deren neuesten Ausgabe angefertigt sein. ²In ihm muss das Baugrundstück und seine Umgebung im Umkreis von 500 m sowie der Standort des Bauvorhabens dargestellt sein.

**§ 3 Lageplan.** (1) ¹Der Lageplan ist im Maßstab nicht kleiner als 1 : 500 auf der Grundlage eines Auszuges aus der Liegenschaftskarte/Flurkarte, der nicht älter als sechs Monate sein darf, zu erstellen. ²Er muss, soweit erforderlich, enthalten

1. seinen Maßstab und die Lage des Baugrundstücks zur Nordrichtung,
2. die Bezeichnung des Baugrundstücks und der benachbarten Grundstücke nach Straße, Hausnummer, Grundbuch und Liegenschaftskataster sowie die Angabe der Eigentümerin oder des Eigentümers des Baugrundstücks,
3. die rechtmäßigen Grenzen des Baugrundstücks und deren Längen sowie seinen Flächeninhalt,
4. die Höhenlage der Eckpunkte des Baugrundstücks und die Höhenlage des engeren Baufeldes über NN,
5. die Breite und die Höhenlage angrenzender öffentlicher Verkehrsflächen über NN,

6. die vorhandenen baulichen Anlagen auf dem Baugrundstück und auf den angrenzenden Grundstücken sowie die genehmigten oder nach § 67 Abs. 1 BauO NRW zulässigen, aber noch nicht ausgeführten baulichen Anlagen auf dem Baugrundstück, bei Gebäuden auch mit Angabe ihrer Geschosszahl, Wand- und Firsthöhen,

7. Denkmäler im Sinne des Denkmalschutzgesetzes[1] auf dem Baugrundstück und dessen engerer Umgebung sowie geschützte Baumbestände auf dem Baugrundstück,

8. Flächen auf dem Baugrundstück, die von Baulasten betroffen sind, sowie Flächen auf den angrenzenden Grundstücken, die von Baulasten zugunsten des Baugrundstücks betroffen sind,

9. Flächen auf dem Baugrundstück, die mit grundbuchlich gesicherten Dienstbarkeiten zu Gunsten der Träger von Hochspannungsleitungen und unterirdischen Leitungen für die Versorgung mit Elektrizität, Gas, Wärme und Wasser belegt sind,

10. Hydranten und andere Wasserentnahmestellen für Feuerlöschzwecke,

11. die Bezeichnung des Bebauungsplanes oder anderer Satzungen nach dem Baugesetzbuch[2] mit den Festsetzungen über Art und Maß der baulichen Nutzung, die Bauweise, die Darstellung der Baulinien und Baugrenzen und der Flächen auf dem Baugrundstück, für die der Bebauungsplan oder eine andere Satzung besondere Festsetzungen trifft, sowie die Bezeichnung der örtlichen Bauvorschriften,

12. die geplanten baulichen Anlagen unter Angabe der Außenmaße, der Dachform, der Wand- und Firsthöhen, der Höhenlage der Eckpunkte der baulichen Anlage über NN an der Geländeoberfläche, der Höhenlage des Erdgeschossfußbodens über NN, der Grenzabstände, der Tiefe und Breite der Abstandflächen, der Abstände zu anderen baulichen Anlagen,

13. die Abstände der geplanten baulichen Anlage zu öffentlichen Verkehrsflächen, zu Grünflächen, zu Wasserflächen und zu Wäldern,

14. die Aufteilung der nicht überbauten Flächen auf dem Baugrundstück unter Angabe der Lage, Anzahl und Größe der Stellplätze für Kraftfahrzeuge, der Abstellplätze für Fahrräder, der Zu- und Abfahrten, der Bewegungsflächen für die Feuerwehr, der Kinderspielflächen und der Flächen, die gärtnerisch angelegt werden und/oder mit Bäumen bepflanzt werden sollen,

15. die Lage der Entwässerungsgrundleitungen bis zum öffentlichen Kanal oder die Lage der Abwasserbehandlungsanlage mit der Abwassereinleitung.

---

[1] von Hippel-Rehborn Nr. 116.
[2] Sartorius Nr. 300.

Bauprüfungsverordnung § 3 BauPrüfVO 2

(2) Bei Vorhaben im Geltungsbereich eines Bebauungsplans oder anderer Satzungen nach dem Baugesetzbuch ist der Lageplan für bauliche Anlagen nach Absatz 1 Nr. 6 und geplante bauliche Anlagen auf dem Baugrundstück durch eine Berechnung ihrer Grundfläche, Geschossfläche, Zahl der Vollgeschosse und ihrer Baumasse zu ergänzen, mit der nachgewiesen wird, dass die festgesetzte Grundflächenzahl, Geschossflächenzahl, Zahl der Vollgeschosse oder Baumassenzahl eingehalten wird.

(3) ¹Der Lageplan (Absatz 1) und die Berechnungen nach Absatz 2 müssen von einem Katasteramt angefertigt oder von einer Öffentlich bestellten Vermessungsingenieurin oder einem Öffentlich bestellten Vermessungsingenieur angefertigt und mit öffentlichem Glauben beurkundet werden (amtlicher Lageplan), wenn

1. es sich bei den Grenzen des Baugrundstücks nicht um festgestellte Grenzen im Sinne von § 17 Abs. 1 VermKatG[1]) handelt,

2. die Grenzen des Baugrundstücks und die vorhandenen baulichen Anlagen auf dem Baugrundstück und den angrenzenden Grundstücken so vermessen sind, dass für die Grenzpunkte Koordinaten in einem einheitlichen System nicht ermittelt werden können, oder

3. auf dem Baugrundstück oder von angrenzenden Grundstücken her Grenzüberbauungen vorliegen,

4. eine Baulast im Sinne von § 18 auf dem Baugrundstück oder auf den angrenzenden Grundstücken ruht.

²Wenn besondere Grundstücksverhältnisse, insbesondere in Folge des unübersichtlichen Verlaufs der Grenzen des Baugrundstücks durch Grenzvorsprünge oder Grenzknicke, gegeben sind und die Voraussetzungen für die Anfertigung eines amtlichen Lageplanes nach Satz 1 nicht vorliegen, können der Lageplan nach Absatz 1 und die Berechnungen nach Absatz 2 auch von einer Vermessungsingenieurin oder einem Vermessungsingenieur, die oder der Mitglied einer Ingenieurkammer ist, angefertigt werden; die Mitgliedschaft in einer Ingenieurkammer ist auf Verlangen der Bauaufsichtsbehörde nachzuweisen. ³In allen anderen Fällen können diese Bauvorlagen auch von der Entwurfsverfasserin oder dem Entwurfsverfasser angefertigt werden.

(4) ¹Für die Darstellung im Lageplan sind die Zeichen und/oder Farben der Anlage zu dieser Verordnung und im Übrigen die Planzeichen der Verordnung über die Ausarbeitung der Bauleitpläne und die Darstellung des Planinhalts (Planzeichenverordnung 1990 – PlanzV 90) vom 18. Dezember 1990 (BGBl I 1991 S. 58) zu verwenden. ²Die sonstigen Darstellungen sind, soweit erforderlich, durch Beschriftung zu kennzeichnen. ³Der Inhalt des Lageplans ist auf besonderen Blättern darzustellen, wenn der Lageplan sonst unübersichtlich würde.

---

[1]) von Hippel-Rehborn Nr. 105.

## 2 BauPrüfVO § 4

**§ 4 Bauzeichnungen.** (1) ¹Für die Bauzeichnungen (Grundrisse, Schnitte, Ansichten) ist der Maßstab 1:100 zu verwenden. ²In den Bauzeichnungen sind anzugeben:

1. der Maßstab,
2. die Maße, auch die Maße der Öffnungen, in den Grundrissen und Schnitten,
3. das Brandverhalten der Baustoffe und die Feuerwiderstandsdauer der Bauteile, soweit aus Gründen des Brandschutzes an diese Forderungen gestellt werden,
4. bei Änderung baulicher Anlagen die zu beseitigenden und die neuen Bauteile.

(2) In den Grundrissen, die für alle Geschosse anzufertigen sind, müssen insbesondere angegeben und eingezeichnet werden

1. die vorgesehene Nutzung der Räume,
2. die Treppen und Rampen mit ihrem Steigungsverhältnis,
3. Art und Anordnung sowie lichte Durchgangsmaße der Türen in und an Rettungswegen,
4. die Lage und Außenmaße der Abgasanlagen,
5. Räume für die Aufstellung von Feuerstätten und für die Brennstofflagerung,
6. ortsfeste Behälter für schädliche oder brennbare Flüssigkeiten oder für verflüssigte oder nicht verflüssigte Gase, soweit sie baugenehmigungsbedürftig sind,
7. Aufzugsschächte und die nutzbare Grundfläche der Fahrkörbe von Personenaufzügen,
8. Lüftungsleitungen und Installationsschächte, soweit sie baugenehmigungsbedürftig sind,
9. Feuermelde- und Feuerlöscheinrichtungen, sofern diese besonders vorgeschrieben sind, mit Angabe ihrer Art,
10. der Aufstellungsort von Maschinen und Apparaten.

(3) Aus den Schnitten muss insbesondere ersichtlich sein

1. die Höhenlage des Erdgeschossfußbodens über NN,
2. der Anschnitt der vorhandenen und der geplanten Höhenlage der Geländeoberfläche über NN sowie Aufschüttungen und Abgrabungen,
3. die Höhe des Fußbodens des höchstgelegenen Aufenthaltsraumes über der Geländeoberfläche mit rechnerischem Nachweis (§ 2 Abs. 3 BauO NRW),
4. die lichten Raumhöhen,
5. die Höhen der Firste über der Geländeoberfläche, die Dachneigungen sowie das Maß H je Außenwand in dem zur Bestimmung der Abstandflächen erforderlichen Umfang (§ 6 Abs. 4 BauO NRW).

Bauprüfungsverordnung § 5 **BauPrüfVO 2**

(4) ¹In den Ansichten müssen die geplanten baulichen Anlagen, bei Gebäuden auch das vorhandene und künftige Gelände mit Angabe seiner Höhenlage über NN dargestellt werden. ²Soweit erforderlich müssen geplante Gebäude zusammen mit den Gebäuden in der näheren Umgebung in einer Ansicht im Maßstab 1:200 dargestellt werden; anstelle dieser Ansicht ist auch ein farbiges Lichtbild oder eine farbige Lichtbildmontage zulässig.

(5) ¹Für die Darstellung in den Bauzeichnungen sind die Zeichen und/oder Farben der Anlage zu dieser Verordnung zu verwenden; dies gilt nicht, wenn in den Bauzeichnungen nur vorgesehene Bauteile dargestellt werden. ²Einzelne Bauzeichnungen oder Teile hiervon können durch besondere Zeichnungen, Zeichen und Farben erläutert werden.

(6) In den Bauzeichnungen für Wohngebäude geringer Höhe mit nicht mehr als zwei Wohnungen sind die Angaben und Einzeichnungen nach Absatz 1 Nr. 3, Absatz 2 Nr. 3, 5 und 8 sowie Absatz 3 Nr. 4 nicht erforderlich.

**§ 5 Baubeschreibung und Betriebsbeschreibung.** (1) ¹Soweit die für die Prüfung des Antrags notwendigen Angaben nicht bereits im Lageplan und in den Bauzeichnungen enthalten sind, sind diese in einer Baubeschreibung darzulegen. ²In der Baubeschreibung sind das Vorhaben insbesondere hinsichtlich der Bauprodukte und Bauarten, die verwendet und angewandt werden sollen, seine äußere Gestaltung (Baustoffe, Farben) und seine Nutzung zu erläutern. ³Sie muss, soweit es das Bauvorhaben erfordert, die Angaben enthalten, die in dem nach § 1 Abs. 3 bekannt gemachten Vordruck beschrieben sind.

(2) Für gewerbliche Anlagen, die einer immissionsschutzrechtlichen Genehmigung oder einer Erlaubnis nach den aufgrund des Gerätesicherheitsgesetzes erlassenen Rechtsverordnungen nicht bedürfen, muss eine Betriebsbeschreibung Angaben enthalten über

1. die Art der gewerblichen Tätigkeit unter Angabe der Art und der Zahl der Maschinen oder Apparate, der Art der zu verwendenden Rohstoffe und der herzustellenden Erzeugnisse, der Art ihrer Lagerung, insbesondere soweit sie feuer-, explosions- oder gesundheitsgefährlich sind,
2. die Art, die Menge und der Verbleib der Abfälle und des besonders zu behandelnden Abwassers,
3. die Zahl der Beschäftigten.

(3) Für landwirtschaftliche Betriebe muss eine Betriebsbeschreibung insbesondere Angaben enthalten über

1. die Größe der Betriebsflächen, deren Nutzungsarten und Eigentumsverhältnisse,
2. Art und Umfang der Viehhaltung,

3. Art, Lagerung und Verbleib der tierischen Abgänge,
4. Art, Menge und Lagerung der Stoffe, die feuer-, explosions- oder gesundheitsgefährlich sind,
5. Art, Menge und Verbleib der Abfälle und des besonders zu behandelnden Abwassers,
6. Anzahl der Arbeitskräfte, ihre fachliche Eignung sowie Art und Umfang ihrer Tätigkeiten,
7. die Kosten und den Nutzen.

**§ 6 Berechnungen und Angaben zur Kostenermittlung.** Berechnungen und Angaben zur Kostenermittlung sind

1. bei Gebäuden eine nachprüfbare Berechnung des Brutto-Rauminhalts nach DIN 277 Teil 1 (Ausgabe 1987) oder für Gebäude, für die landesdurchschnittliche Rohbauwertsätze je m³ Brutto-Rauminhalt nicht festgelegt sind, die Berechnung der veranschlagten (geschätzten) Rohbaukosten,
2. bei den übrigen baulichen Anlagen sowie anderen Anlagen und Einrichtungen im Sinne von § 1 Abs. 1 Satz 2 BauO NRW Angaben über die veranschlagten (geschätzten) Herstellungskosten.

### Zweiter Abschnitt. Anforderungen an bautechnische Nachweise

**§ 7 Übereinstimmungserklärung.** Werden Bauvorlagen zu unterschiedlichen Zeitpunkten eingereicht oder während des Genehmigungsverfahrens geändert, hat die Entwurfsverfasserin oder der Entwurfsverfasser jeweils zu erklären, dass die Bauvorlagen bezüglich ihres Planungs- und Bearbeitungsstandes übereinstimmen.

**§ 8 Nachweise der Standsicherheit und des Schallschutzes.**
(1) ¹Der Nachweis der Standsicherheit besteht aus einer Darstellung des gesamten statischen Systems einschließlich der Gründung, den erforderlichen Berechnungen, Konstruktionszeichnungen, Bewehrungs- und Schalungsplänen. ²Die statischen Berechnungen müssen die Standsicherheit der baulichen Anlagen und ihrer Teile nachweisen. ³Die Beschaffenheit des Baugrundes und seine Tragfähigkeit sind anzugeben. ⁴Der Standsicherheitsnachweis umfasst auch den Nachweis der Feuerwiderstandsdauer der tragenden Bauteile.

(2) Von der Vorlage eines Nachweises der Standsicherheit kann im Einvernehmen mit der Bauaufsichtsbehörde abgesehen werden, wenn bauliche Anlagen oder ihre Teile nach Bauart, statischem System, baulicher Durchbildung und Abmessungen sowie hinsichtlich ihrer Beanspruchung einer bewährten Ausführung entsprechen.

(3) Einzelnachweise gemäß Absatz 1, die nach ihrem Inhalt erst vorgelegt werden können, wenn die Ausführungsplanung erstellt ist, dür-

Bauprüfungsverordnung § 9  BauPrüfVO 2

fen nach Erteilung der Baugenehmigung, jedoch rechtzeitig vor der Bauausführung zur Prüfung eingereicht werden.

(4) Als Nachweis des Schallschutzes sind, soweit erforderlich, Einzelnachweise durch Zeichnung, Beschreibung, Berechnung, Prüfzeugnisse oder Gutachten vorzulegen.

**§ 9 Brandschutzkonzept.** (1) ¹Das Brandschutzkonzept ist eine zielorientierte Gesamtbewertung des baulichen und abwehrenden Brandschutzes bei Sonderbauten. ²Gemäß § 58 Abs. 3 BauO NRW soll das Brandschutzkonzept von staatlich anerkannten Sachverständigen für die Prüfung des Brandschutzes aufgestellt werden. ³Die gemäß § 36 der Gewerbeordnung[1] öffentlich bestellten und vereidigten Sachverständigen für den baulichen Brandschutz sind ihnen insoweit gleichgestellt.

(2) Das Brandschutzkonzept muss insbesondere folgende Angaben enthalten:

1. Zu- und Durchfahrten sowie Aufstell- und Bewegungsflächen für die Feuerwehr,
2. den Nachweis der erforderlichen Löschwassermenge sowie den Nachweis der Löschwasserversorgung,
3. Bemessung, Lage und Anordnung der Löschwasser-Rückhalteanlagen,
4. das System der äußeren und der inneren Abschottungen in Brandabschnitte bzw. Brandbekämpfungsabschnitte sowie das System der Rauchabschnitte mit Angaben über die Lage und Anordnung und zum Verschluss von Öffnungen in abschottenden Bauteilen,
5. Lage, Anordnung, Bemessung (ggf. durch rechnerischen Nachweis) und Kennzeichnung der Rettungswege auf dem Baugrundstück und in Gebäuden mit Angaben zur Sicherheitsbeleuchtung, zu automatischen Schiebetüren und zu elektrischen Verriegelungen von Türen,
6. die höchstzulässige Zahl der Nutzer der baulichen Anlage,
7. Lage und Anordnung haustechnischer Anlagen, insbesondere der Leitungsanlagen, ggf. mit Angaben zum Brandverhalten im Bereich von Rettungswegen,
8. Lage und Anordnung der Lüftungsanlagen mit Angaben zur brandschutztechnischen Ausbildung,
9. Lage, Anordnung und Bemessung der Rauch- und Wärmeabzugsanlagen mit Eintragung der Querschnitte bzw. Luftwechselraten sowie der Überdruckanlagen zur Rauchfreihaltung von Rettungswegen,

---
[1] Sartorius Nr. 800.

10. die Alarmierungseinrichtungen und die Darstellung der elektroakustischen Alarmierungsanlage (ELA-Anlage),
11. Lage, Anordnung und ggf. Bemessung von Anlagen, Einrichtungen und Geräten zur Brandbekämpfung (wie Feuerlöschanlagen, Steigeleitungen, Wandhydranten, Schlauchanschlussleitungen, Feuerlöschgeräte) mit Angaben zu Schutzbereichen und zur Bevorratung von Sonderlöschmitteln,
12. Sicherheitsstromversorgung mit Angaben zur Bemessung und zur Lage und brandschutztechnischen Ausbildung des Aufstellraumes, der Ersatzstromversorgungsanlagen (Batterien, Stromerzeugungsaggregate) und zum Funktionserhalt der elektrischen Leitungsanlagen,
13. Hydrantenpläne mit Darstellung der Schutzbereiche,
14. Lage und Anordnung von Brandmeldeanlagen mit Unterzentralen und Feuerwehrtableaus, Auslösestellen,
15. Feuerwehrpläne,
16. betriebliche Maßnahmen zur Brandverhütung und Brandbekämpfung sowie zur Rettung von Personen (wie Werkfeuerwehr, Betriebsfeuerwehr, Hausfeuerwehr, Brandschutzordnung, Maßnahmen zur Räumung, Räumungssignale),
17. Angaben darüber, welchen materiellen Anforderungen der Landesbauordnung oder in Vorschriften aufgrund der Landesbauordnung nicht entsprochen wird und welche ausgleichenden Maßnahmen stattdessen vorgesehen werden,
18. verwendete Rechenverfahren zur Ermittlung von Brandschutzklassen nach Methoden des Brandschutzingenieurwesens.

**Dritter Abschnitt. Bauvorlagen für Verfahren und Vorhaben im vereinfachten Genehmigungsverfahren**

**§ 10 Bauvorlagen zum Bauantrag im vereinfachten Genehmigungsverfahren.** (1) ¹Dem Bauantrag für die Errichtung oder Änderung baulicher Anlagen, die dem vereinfachten Genehmigungsverfahren unterliegen (§ 68 Abs. 1 Sätze 1 und 2 BauO NRW), sind folgende Bauvorlagen in dreifacher Ausfertigung beizufügen:
1. bei Vorhaben nach den §§ 34 und 35 des Baugesetzbuches[1] ein Auszug aus der Liegenschaftskarte/Flurkarte und ein Auszug aus der Deutschen Grundkarte 1:5000 (§ 2),
2. der Lageplan (§ 3),
3. die Bauzeichnungen (§ 4),
4. die Baubeschreibung und bei gewerblichen oder landwirtschaftlichen Betrieben die Betriebsbeschreibung (§ 5).

---
[1] Sartorius Nr. 300.

Bauprüfungsverordnung §§ 11, 12 BauPrüfVO 2

²Die Berechnungen oder Angaben zur Kostenermittlung (§ 6) sind in zweifacher Ausführung beizufügen. ³Die Bauaufsichtsbehörde kann die Einreichung weiterer Ausfertigungen verlangen.

(2) ¹Dem Bauantrag für die Änderung baulicher Anlagen brauchen die in Absatz 1 Satz 1 Nummern 1 und 2 genannten Bauvorlagen nicht beigefügt zu werden, wenn Länge und Höhe der den Nachbargrenzen zugekehrten Wände unverändert bleiben. ²Jedoch ist auf einem Übersichtsplan die zu ändernde bauliche Anlage kenntlich zu machen, wenn sich auf dem Baugrundstück mehrere bauliche Anlagen befinden und aus den sonstigen beizufügenden Bauvorlagen nicht ersichtlich ist, welche dieser baulichen Anlagen geändert werden sollen. ³Absatz 1 Satz 2 gilt entsprechend.

(3) ¹Dem Bauantrag auf Erteilung einer Baugenehmigung für eine Nutzungsänderung sind die in Absatz 1 Satz 1 Nummern 1 und 2 genannten Bauvorlagen beizufügen; hinsichtlich des Lageplanes ist § 3 Abs. 3 Sätze 1 und 2 nicht anzuwenden. ²Art und Umfang der Nutzungsänderung sind anzugeben und erforderlichenfalls in Bauzeichnungen (§ 4) sowie in Bau- und Betriebsbeschreibungen kenntlich zu machen (§ 5). ³Sofern mit der Nutzungsänderung genehmigungsbedürftige bauliche Änderungen verbunden sind, sind dem Bauantrag auch die in Absatz 1 Nummern 3 und 4 genannten Bauvorlagen beizufügen. ⁴Absatz 1 Satz 2 gilt entsprechend.

**§ 11 Bauvorlagen zum Bauantrag für Bauvorhaben nach § 68 Abs. 1 Satz 3 BauO NRW.** (1) Dem Bauantrag für die Errichtung, Änderung und Nutzungsänderung von Bauvorhaben nach § 68 Abs. 1 Satz 3 BauO NRW sind neben den Bauvorlagen nach § 10 beizufügen:

1. die Nachweise der Standsicherheit und des Schallschutzes (§ 8) in zweifacher Ausfertigung; dem Bauantrag für eine Nutzungsänderung brauchen diese Nachweise nicht beigefügt zu werden,

2. das Brandschutzkonzept (§ 9) in dreifacher Ausfertigung.

(2) Dem Bauantrag brauchen die Nachweise der Standsicherheit und des Schallschutzes nicht beigefügt zu werden, wenn die Bauherrin oder der Bauherr sich bei Antragstellung verpflichtet, diese Nachweise zusammen mit entsprechenden Bescheinigungen nach § 72 Abs. 6 BauO NRW vor Erteilung der Baugenehmigung einzureichen.

**§ 12 Zusätzliche Angaben und Bauvorlagen für besondere Vorhaben.** (1) ¹Für Mittel- und Großgaragen (§ 2 Abs. 1 Garagenverordnung¹⁾) müssen die Bauvorlagen Angaben enthalten über die Zahl, Abmessung und Kennzeichnung der Einstellplätze und Fahrgassen. ²In den Bauvorlagen für geschlossene Großgaragen mit nicht nur

---

¹⁾ Nr. 4.

geringem Zu- und Abgangsverkehr sind Art und Lage der CO-Warnanlagen (§ 15 Abs. 6 Garagenverordnung) darzustellen.

(2) ¹Für Versammlungsstätten im Sinne des § 1 der Versammlungsstättenverordnung¹⁾ müssen die Bauvorlagen Angaben über die Art der Nutzung und die Zahl der Besucher enthalten. ²In den Bauzeichnungen sind die Räume besonders zu kennzeichnen, für die eine Ausnahme vom Rauchverbot nach § 110 der Versammlungsstättenverordnung beantragt wird. ³Die Anordnung der Sitz- und Stehplätze von Versammlungssätten ist in einem vorzulegenden Bestuhlungsplan im Maßstab von mindestens 1:100 darzustellen; sind verschiedene Platzanordnungen vorgesehen, so ist für jede Platzanordnung ein besonderer Bestuhlungsplan vorzulegen.

(3) Für Verkaufsstätten im Sinne des § 1 der *Geschäftshausverordnung*²⁾ müssen die Bauvorlagen ergänzt werden um

1. eine Berechnung der Flächen der Verkaufsräume und der Brandabschnitte,
2. eine Berechnung der erforderlichen Breiten der Ausgänge aus den Geschossen ins Freie oder in notwendige Treppenräume.

(4) Für Krankenhäuser im Sinne des § 1 der Krankenhausbauverordnung³⁾ müssen die Bauvorlagen

1. Angaben über die Zahl der Betten und
2. eine Darstellung der Räume für Untersuchung und Behandlung mit ionisierenden Strahlen

enthalten.

(5) Für Gaststätten im Sinne des § 1 der Gaststättenbauverordnung⁴⁾ müssen die Bauvorlagen Angaben enthalten über

1. die Art der Gaststätte und die Nutzung ihrer Räume,
2. die Zahl der Gastplätze in Schank- oder Speisewirtschaften (§ 20 Gaststättenbauverordnung),
3. die Gesamtzahl der Gastbetten (§ 21 Gaststättenbauverordnung).

## § 13 Bauvorlagen für Vorhaben nach § 67 BauO NRW.

(1) ¹Bei Vorhaben nach § 67 Abs. 1 und 7 BauO NRW sind der Gemeinde einzureichen:

1. der Lageplan (§ 3),
2. die Bauzeichnungen (§ 4),
3. die Erklärung nach § 67 Abs. 2 Satz 1 BauO NRW.

²§ 10 Abs. 2 und 3 gilt entsprechend.

---

¹⁾ **Nr. 10.**
²⁾ Jetzt Verkaufsstättenverordnung, **Nr. 9.**
³⁾ **von Hippel-Rehborn Nr. 93 o.**
⁴⁾ **Nr. 8.**

Bauprüfungsverordnung §§ 14, 15 **BauPrüfVO 2**

(2) ¹Die Bauvorlagen nach Absatz 1 sind in einfacher Ausfertigung einzureichen. ²Hat die Bauherrin oder der Bauherr gemäß § 67 Abs. 3 Satz 2 BauO NRW ausdrücklich bestimmt, dass die Bauvorlagen im Falle der Erklärung der Gemeinde nach § 67 Abs. 1 Satz 1 Nr. 3 BauO NRW als Bauantrag zu behandeln sind, gilt § 10 Abs. 1 entsprechend. ³In diesem Fall sind auch die Baubeschreibungen (§ 5 Abs. 1) und die Berechnungen und Angaben zur Kostenermittlung (§ 6) in der nach § 10 Abs. 1 Satz 2 erforderlichen Anzahl von Ausfertigungen einzureichen.

**§ 14 Bauvorlagen für Werbeanlagen.** (1) Dem Bauantrag für die Errichtung, Aufstellung, Anbringung und Änderung von Werbeanlagen sind beizufügen:

1. der Auszug aus der Liegenschaftskarte/Flurkarte (§ 2 Abs. 1) mit Einzeichnung des Standortes der geplanten Werbeanlage und, soweit erforderlich, der Lageplan (§ 3), der nicht als Lageplan nach § 3 Abs. 3 angefertigt zu sein braucht,
2. die Zeichnung und die Beschreibung der Werbeanlage (Abs. 2),
3. ein farbiges Lichtbild oder eine farbige Lichtbildmontage (Abs. 3),
4. Angaben über die veranschlagten (geschätzten) Herstellungskosten.

(2) ¹Die Zeichnung, für die ein Maßstab nicht kleiner als 1:50 zu verwenden ist, muss die Darstellung der geplanten Werbeanlage, ihre Maße, auch bezogen auf den Anbringungsort sowie die Farben mit Angabe der Nummer und Hilfsbezeichnung aus dem RAL-Farbregister enthalten. ²In der Beschreibung sind die Art und die Werkstoffe der geplanten Werbeanlage anzugeben.

(3) Auf einem farbigen Lichtbild oder einer farbigen Lichtbildmontage sind wiederzugeben:

1. die Darstellung der geplanten Werbeanlage in Verbindung mit der baulichen Anlage, vor der oder in deren Nähe sie aufgestellt oder errichtet oder an der sie angebracht werden soll,
2. die Darstellung der vorhandenen Werbeanlagen auf dem Grundstück und den angrenzenden Grundstücken,
3. die Darstellung und Bezeichnung der Werbeanlagen, die beseitigt werden sollen.

(4) § 10 Abs. 1 gilt sinngemäß.

**§ 15 Bauvorlagen für den Abbruch baulicher Anlagen.** (1) ¹Dem Antrag auf Erteilung der Genehmigung zum Abbruch baulicher Anlagen sind beizufügen:

1. die Benennung des Grundstücks, auch nach Straße und Hausnummer, auf dem die Abbruchmaßnahme durchgeführt werden soll,

2. ein Auszug aus der Liegenschaftskarte/Flurkarte (§ 2 Abs. 2) mit der Darstellung der Lage des Abbruchvorhabens,
3. die Bezeichnung des Abbruchvorhabens,
4. eine Beschreibung der abzubrechenden baulichen Anlagen nach ihrer wesentlichen Konstruktion und des vorgesehenen Abbruchvorganges mit Angabe der erforderlichen Sicherungsmaßnahmen,
5. Angaben über den Verbleib des Abbruchmaterials,
6. die Benennung der Abbruchunternehmerin oder des Abbruchunternehmers.

[2] § 10 Abs. 1 Satz 3 gilt sinngemäß.

**§ 16 Bauvorlagen beim Vorbescheid.** [1] Dem Antrag auf Erteilung eines Vorbescheides sind die Bauvorlagen beizufügen, die zur Beurteilung der durch den Vorbescheid zu entscheidenden Fragen des Bauvorhabens erforderlich sind. [2] § 10 Abs. 1 Satz 2 gilt sinngemäß.

**§ 17 Bauvorlagen für die Genehmigung von Grundstücksteilungen.** [1] Dem Antrag auf Genehmigung einer Grundstücksteilung (§ 8 BauO NRW) sind in zweifacher Ausfertigung beizufügen:

1. der Lageplan (§ 3) mit den Angaben und Darstellungen

   a) nach § 3 Abs. 1 Nrn. 1, 2 und 8 sowie die rechtmäßigen Grenzen, bezogen auf das zu teilende Grundstück,

   b) der vorhandenen baulichen Anlagen auf dem zu teilenden Grundstück,

   c) der Grenzabstände, der Abstandflächen und der Abstände zu den nach Buchstabe b darzustellenden baulichen Anlagen auf dem zu teilenden Grundstück,

   d) der farblich unterlegten neuen Grenzen (Teilungslinie);

   der Lageplan muss von einer der in § 3 Abs. 3 Satz 1 genannten Behörden oder Personen hergestellt sein.

2. die Bauzeichnungen (§ 4) der in Nummer 1 Buchstabe b genannten baulichen Anlagen, soweit sie zur Beurteilung des Antrags erforderlich sind.

[2] § 10 Abs. 1 Satz 3 gilt sinngemäß.

**§ 18 Eintragung von Baulasten.** [1] Für die Eintragung von Baulasten nach § 4 Abs. 1 oder 2 und § 7 Abs. 1 BauO NRW sowie anderen Baulasten, die sich flächenmäßig auf Grundstücke oder auf Teile von Grundstücken beziehen, ist, sofern in der Verpflichtungserklärung (§ 83 Abs. 1 BauO NRW) auf einen Lageplan Bezug genommen wird, dieser in zweifacher Ausfertigung beizufügen. [2] Er muss mindestens enthalten

Bauprüfungsverordnung **§§ 19, 20 BauPrüfVO 2**

1. die Angaben nach § 3 Abs. 1 Nr. 1 bis 3, 6, 8 und 12,
2. die Darstellung der Grundstücksflächen, die von der einzutragenden Baulast betroffen sind, entsprechend Nummer 1.12 der Anlage zu dieser Verordnung.

³Er muss von einer der in § 3 Abs. 3 Satz 1 genannten Behörden oder Personen hergestellt sein.

**§ 19 Bauvorlagen für Typengenehmigungen.** (1) Dem Antrag auf Erteilung der Typengenehmigung nach § 78 BauO NRW brauchen nur die Bauzeichnungen (§ 4), die Baubeschreibung (§ 5 Abs. 1) und die Nachweise der Standsicherheit und des Schallschutzes (§ 8) sowie die Berechnung oder Angaben nach § 6 beigefügt zu werden.

(2) ¹Die Bauvorlagen sind in dreifacher Ausfertigung einzureichen. ²§ 10 Abs. 1 Satz 3 gilt sinngemäß.

**§ 20 Bauvorlagen für die Ausführungsgenehmigung Fliegender Bauten.** (1) Dem Antrag auf Erteilung der Ausführungsgenehmigung Fliegender Bauten nach § 79 BauO NRW sind beizufügen:

1. die Bauzeichnungen (§ 4), die auch im Maßstab 1:50 angefertigt sein können; bei Zelten mit mehr als 400 Besucherplätzen sind in der Grundrisszeichnung (§ 4 Abs. 2) auch die Anordnung und Abmessungen der Rettungswege mit ihrem rechnerischen Nachweis darzustellen (Rettungswegeplan),
2. die Baubeschreibung (§ 5 Abs. 1) mit zusätzlichen Angaben über Aufbau, Abbau und Betrieb sowie Wartung,
3. die Nachweise der Standsicherheit (§ 8 Abs. 1) mit Konstruktionszeichnungen im Maßstabe 1:10 oder 1:50 der tragenden Einzelteile und deren Verbindungen,
4. erforderlichenfalls Prinzip-Schaltpläne für elektrische, hydraulische oder pneumatische Anlagenteile oder Einrichtungen,
5. die Angaben nach § 6 Nr. 2.

(2) Die Bauvorlagen sind in zweifacher Ausfertigung bei der für die Erteilung der Ausführungsgenehmigung zuständigen Bauaufsichtsbehörde einzureichen.

(3) § 10 Abs. 1 Satz 3 gilt sinngemäß; die Bauzeichnungen müssen aus Papier auf Gewebe bestehen.

## Zweiter Teil.
## Bautechnische Prüfung von Bauvorhaben

### Erster Abschnitt.
### Prüfämter, Prüfingenieurinnen und Prüfingenieure

**§ 21 Prüfämter, Prüfingenieurinnen und Prüfingenieure.**
(1) ¹Die oberste Bauaufsichtsbehörde bestimmt die Prüfämter für Baustatik (Prüfämter). ²Die Prüfämter nehmen insbesondere folgende Aufgaben wahr:

- Typenprüfungen (§ 72 Abs. 5 BauO NRW),
- Prüfung von schwierigen statischen Berechnungen in Sonderfällen,
- Prüfung von schwierigen Bauvorhaben besonderer Art, z.B. Fliegende Bauten,
- Beratung der Bauaufsichtsbehörden, der staatlich anerkannten Sachverständigen und der Prüfingenieurinnen und Prüfingenieure für Baustatik.

(2) ¹Die Prüfämter müssen mit geeigneten Ingenieurinnen oder Ingenieuren besetzt sein. ²Sie müssen von einer oder einem im Bauingenieurwesen besonders vorgebildeten und erfahrenen Beamtin oder Beamten des höheren bautechnischen Verwaltungsdienstes geleitet werden. ³Für Organisationen der Technischen Überwachung, die für bestimmte Aufgaben als Prüfamt für Baustatik anerkannt werden, kann die oberste Bauaufsichtsbehörde Ausnahmen von den Anforderungen nach Satz 2 gestatten.

(3) ¹„Prüfingenieurin für Baustatik" oder „Prüfingenieur für Baustatik" ist, wer als solche oder solcher von der obersten Bauaufsichtsbehörde oder einer von ihr bestimmten Behörde anerkannt ist. ²Personen, die die Anerkennung nicht besitzen, dürfen die Bezeichnung „Prüfingenieurin für Baustatik" oder „Prüfingenieur für Baustatik" nicht führen.

(4) Die Prüfämter, die Prüfingenieurinnen und Prüfingenieure unterstehen der Fachaufsicht der obersten Bauaufsichtsbehörde oder einer von ihr bestimmten Behörde.

**§ 22 Umfang der Anerkennung, Niederlassung.** (1) ¹Die Anerkennung wird für folgende Fachrichtungen ausgesprochen:
1. Metallbau
2. Massivbau
3. Holzbau

²Die Anerkennung kann für eine oder mehrere Fachrichtungen ausgesprochen werden. ³Die Anerkennung für die Fachrichtungen Massivbau oder Metallbau schließt den Verbundbau ein.

Bauprüfungsverordnung § 23 **BauPrüfVO 2**

(2) Die Anerkennung für eine Fachrichtung schließt die Berechtigung zur Prüfung einzelner Bauteile mit höchstens durchschnittlichem Schwierigkeitsgrad der anderen Fachrichtungen nicht aus.

(3) ¹Die Anerkennung ist für eine bestimmte Niederlassung zu erteilen. ²Die Prüfingenieurin oder der Prüfingenieur darf nicht an verschiedenen Orten Niederlassungen für ihre oder seine Tätigkeit als Prüfingenieurin oder Prüfingenieur haben. ³Die Änderung der Anschrift ist der obersten Bauaufsichtsbehörde oder der von ihr bestimmten Behörde mitzuteilen. ⁴Die Prüfingenieurin oder der Prüfingenieur hat die Verlegung ihrer oder seiner Niederlassung in eine andere Gemeinde der obersten Bauaufsichtsbehörde oder der von ihr bestimmten Behörde mitzuteilen.

(4) Nach dieser Verordnung anerkannte Prüfingenieurinnen und Prüfingenieure werden auf Antrag von der Ingenieurkammer-Bau als Sachverständige für die Prüfung der Standsicherheit in ihren Fachrichtungen anerkannt.

(5) Die von anderen Ländern der Bundesrepublik Deutschland anerkannten Prüfingenieurinnen und Prüfingenieure gelten auch in Nordrhein-Westfalen als anerkannt.

(6) ¹Die aufgrund der Verordnung über die bautechnischen Prüfung von Bauvorhaben (PrüfingVO) vom 19. Juli 1962 (GV. NRW. S. 470), zuletzt geändert durch Verordnung vom 24. Mai 1969 (GV. NRW. S. 281), oder aufgrund der Verordnung über bautechnische Prüfungen (BauPrüfVO) vom 6. Dezember 1984 (GV. NRW. S. 774), zuletzt geändert durch Gesetz vom 7. März 1995 (GV. NRW. S. 218), ausgesprochenen Anerkennungen als Prüfingenieurin oder Prüfingenieur für Baustatik gelten als Anerkennung im Sinne dieser Verordnung. ²Anerkennungen, die aufgrund des § 13 Abs. 4 der Verordnung über bautechnische Prüfungen (BauPrüfVO) vom 6. Dezember 1984 (GV. NRW. S. 774), zuletzt geändert durch Gesetz vom 7. März 1995 (GV. NRW. S. 218), befristet waren, können auf Antrag bis zur Vollendung des 68. Lebensjahres der Prüfingenieurin oder des Prüfingenieurs verlängert werden.

**§ 23 Voraussetzungen der Anerkennung.** (1) Die nach der Verordnung über staatlich anerkannte Sachverständige nach der Landesbauordnung (SV-VO) vom 14. Juni 1995 (GV. NRW. S. 592)[1] staatlich anerkannten Sachverständigen für die Prüfung der Standsicherheit der Fachrichtungen Massivbau, Metallbau und Holzbau, die auch die Anerkennung als staatlich anerkannte Sachverständige für Schall- und Wärmeschutz besitzen, werden auf Antrag als Prüfingenieurin oder Prüfingenieur anerkannt, wenn sie im Zeitpunkt der Antragstellung das 60. Lebensjahr noch nicht überschritten haben.

---

[1] Nr. 7.

(2) ¹Eine Ingenieurin oder ein Ingenieur, die oder der nicht staatlich anerkannte Sachverständige für die Prüfung der Standsicherheit oder staatlich anerkannter Sachverständiger für die Prüfung der Standsicherheit nach der Verordnung über staatlich anerkannte Sachverständige nach der Landesbauordnung (SV-VO) vom 14. Juni 1995 (GV. NRW. S. 592) ist, kann auf Antrag, der bis zum 31. Dezember 1996 zu stellen ist, als Prüfingenieurin oder Prüfingenieur anerkannt werden, wenn sie oder er

1. das Studium des Bauingenieurwesens an einer deutschen technischen Universität, Hochschule oder Fachhochschule mit Erfolg abgeschlossen hat; die Richtlinie 89/48/EWG des Rates vom 21. Dezember 1988 über eine allgemeine Regelung zur Anerkennung der Hochschuldiplome, die eine mindestens dreijährige Berufsausbildung abschließen (ABl. EG Nr. L 19 vom 24. 1. 1989, S. 16) findet Anwendung;

2. mindestens zehn Jahre Berufserfahrung in der statisch-konstruktiven Bearbeitung und Ausführung von Bauwerken hat; die Antragstellerin oder der Antragsteller muß hierbei mindestens fünf Jahre Standsicherheitsnachweise angefertigt haben und über mindestens ein, aber nicht mehr als drei Jahre praktische Baustellenerfahrung als Ingenieurin oder Ingenieur verfügen; für die restlichen Jahre kann auch die Mitwirkung bei der Prüfung von Standsicherheitsnachweisen angerechnet werden; die angefertigten Standsicherheitsnachweise sollen in erheblichem Umfang statisch-konstruktiv schwierige Bauwerke aller Bereiche (Hoch-, Industrie- und Verkehrsbau) der beantragten Fachrichtung beinhalten,

3. die für eine Prüfingenieurin oder einen Prüfingenieur erforderlichen Fachkenntnisse und Erfahrungen besitzt. Hierfür ist nachzuweisen, daß sie oder er in der beantragten Fachrichtung über einen überdurchschnittlichen Wissensstand auf dem Gebiet der Baustatik, insbesondere im Hinblick auf die dort verwendeten Methoden der Statik und Stabilität der Tragwerke und auf den Gebieten des konstruktiven Brandschutzes und des Schallschutzes verfügt sowie besondere praktische Erfahrungen hinsichtlich der konstruktiven Gestaltung von Ingenieurbauten besitzt; nachzuweisen sind auch ausreichende Kenntnisse der Baustofftechnologie und Erfahrungen in der Bearbeitung von Flächentragwerken, vorgespannten Konstruktionen, Verbundbauten und schwingungsanfälligen Bauwerken sowie in der Anwendung der ADV-Technik im Rahmen bautechnischer Nachweise,

4. über ausreichende Kenntnisse der baurechtlichen Vorschriften verfügt,

5. selbständig tätig ist,

6. nach der Persönlichkeit Gewähr dafür bietet, daß sie oder er die Aufgaben einer Prüfingenieurin oder eines Prüfingenieurs ordnungsgemäß erfüllen wird,

7. nicht als Unternehmerin oder Unternehmer in der Bauwirtschaft tätig ist oder nicht in einem beruflich, finanziellen oder sonstigen Abhängigkeitsverhältnis, insbesondere zu Unternehmen der Bauwirtschaft steht, das die Tätigkeit einer Prüfingenieurin oder eines Prüfingenieurs beeinflussen kann,
8. die deutsche Sprache in Wort und Schrift beherrscht und
9. das 60. Lebensjahr im Zeitpunkt der Antragstellung noch nicht überschritten hat.

²Die oberste Bauaufsichtsbehörde kann Ausnahmen von den Voraussetzungen der Nr. 2 gestatten.

(3) Die Anerkennung ist zu versagen, wenn die Antragstellerin oder der Antragsteller

a) die Anerkennungsvoraussetzungen nach Absatz 1 oder 2 nicht nachgewiesen hat,

b) die Fähigkeit, öffentliche Ämter zu bekleiden, verloren hat,

c) in einem ordentlichen Strafverfahren wegen einer vorsätzlichen Tat rechtskräftig zu einer Freiheitsstrafe von mindestens sechs Monaten verurteilt worden ist und wenn sich aus dem der Verurteilung zugrundeliegenden Sachverhalt ergibt, daß die Antragstellerin oder der Antragsteller zur Erfüllung der Berufsaufgaben nach § 28 Abs. 1 nicht geeignet ist,

d) durch gerichtliche Anordnung in der Verfügung über ihr oder sein Vermögen beschränkt ist,

e) nicht genügend Gewähr dafür bietet, daß sie oder er neben der Prüftätigkeit andere Tätigkeiten nur in solchem Umfang ausüben wird, daß die ordnungsgemäße Erfüllung ihrer oder seiner Pflichten als Prüfingenieurin oder Prüfingenieur, insbesondere ihrer oder seiner Überwachungspflicht nach § 28 Abs. 2 gewährleistet ist.

**§ 24 Anerkennungsverfahren.** (1) ¹Der Antrag auf Anerkennung ist an die oberste Bauaufsichtsbehörde oder an die von ihr bestimmte Behörde zu richten. ²In dem Antrag ist anzugeben, für welche Fachrichtung (§ 22) die Anerkennung beantragt wird und in welcher Gemeinde die Antragstellerin oder der Antragsteller sich als Prüfingenieurin oder Prüfingenieur niederzulassen beabsichtigt.

(2) Dem Antrag auf Anerkennung nach § 23 Abs. 1 sind beizufügen

1. ein Lebenslauf mit lückenloser Angabe des fachlichen Werdeganges bis zum Zeitpunkt der Antragstellung,

2. der Nachweis, daß im Falle der Anerkennung eine Haftpflichtversicherung mit Mindestdeckungssummen von 500.000 Euro für Personenschäden und 250.000 Euro für Sach- und Vermögensschäden besteht,

3. eine beglaubigte Ablichtung des Bescheides der Ingenieurkammer-Bau über die Anerkennung als staatlich anerkannte Sachverständige

oder staatlich anerkannter Sachverständiger für die Prüfung der Standsicherheit.

(3) ¹Dem Antrag auf Anerkennung nach § 23 Abs. 2 sind beizufügen

1. ein Lebenslauf mit lückenloser Angabe des fachlichen Werdeganges bis zum Zeitpunkt der Antragstellung,
2. die Nachweise über die Erfüllung der Voraussetzungen nach § 17 Abs. 2 Nrn. 1, 2, 3, und 5, insbesondere
    a) beglaubigte Abschriften des Abschlußzeugnisses der technischen Universität, Hochschule oder Fachhochschule und aller Zeugnisse über die bisherige Tätigkeit,
    b) ein Nachweis, daß die Antragstellerin oder der Antragsteller die nach § 17 Abs. 2 Nr. 2 geforderten Voraussetzungen erfüllt hat; dabei sind Ort, Zeit und Ausführungsart, Bauherrin oder Bauherr, die Art der von der Antragstellerin oder dem Antragsteller geleisteten Arbeiten bei schwierigen Bauvorhaben und die Stellen oder Personen anzugeben, die die von der Antragstellerin oder dem Antragsteller aufgestellten Vorlagen geprüft haben,
    c) ein Verzeichnis von Personen, die über die Eignung der Antragstellerin oder des Antragstellers Auskunft geben können; hierbei ist anzugeben, bei welchen Vorhaben und zu welcher Zeit die Antragstellerin oder der Antragsteller mit diesen Personen zusammengearbeitet hat,
3. eine Auskunft aus dem Bundeszentralregister,
4. die Erklärung, daß Versagungsgründe nach § 17 Abs. 3 nicht vorliegen,
5. Angaben über eine etwaige Beteiligung an einer Ingenieurgesellschaft und
6. der Nachweis, daß im Falle der Anerkennung eine Haftpflichtversicherung mit Mindestdeckungssummen von 500.000 Euro für Personenschäden und 250.000 Euro für Sach- und Vermögensschäden besteht.

²Die oberste Bauaufsichtsbehörde kann weitere Unterlagen verlangen.

**§ 25 Gutachten, Gutachterausschuß.** (1) ¹Über die fachliche Eignung der Antragstellerin oder des Antragstellers nach § 23 Abs. 2 kann die oberste Bauaufsichtsbehörde vor der Anerkennung ein schriftliches Gutachten einholen. ²Das Gutachten wird von einem bei der obersten Bauaufsichtsbehörde einzurichtenden Gutachterausschuß erstattet.

(2) Der Gutachterausschuß kann verlangen, daß die Antragstellerin oder der Antragsteller ihre oder seine Kenntnisse schriftlich und mündlich nachweist.

(3) ¹Die oberste Bauaufsichtsbehörde beruft auf die Dauer von fünf Jahren die Mitglieder des Gutachterausschusses und regelt dessen Ge-

schäftsführung. ²Die Mitglieder des Gutachterausschusses sind unabhängig und an Weisungen nicht gebunden. ³Sie sind zu Unparteilichkeit und Verschwiegenheit verpflichtet. ⁴Sie sind ehrenamtlich tätig und haben Anspruch auf Vergütung der Gutachtertätigkeit, auf Ersatz der Reisekosten und der notwendigen Auslagen.

**§ 26 Erlöschen, Rücknahme und Widerruf der Anerkennung.**
(1) Die Anerkennung erlischt

a) durch schriftlichen Verkehr gegenüber der obersten Bauaufsichtsbehörde oder der von ihr bestimmten Behörde,

b) wenn die Prüfingenieurin oder der Prüfingenieur das 68. Lebensjahr vollendet hat.

(2) Die Anerkennung ist zurückzunehmen, wenn nachträglich Gründe nach § 23 Abs. 3 bekannt werden, die eine Versagung der Anerkennung gerechtfertigt hätten.

(3) Die Anerkennung ist zu widerrufen, wenn

a) nachträglich Gründe nach § 23 Abs. 3 eintreten, die eine Versagung der Anerkennung rechtfertigen würden,

b) die Prüfingenieurin oder der Prüfingenieur in Folge geistiger oder körperlicher Gebrechen nicht mehr in der Lage ist, ihre oder seine Tätigkeit ordnungsgemäß auszuüben,

c) die Prüfingenieurin oder der Prüfingenieur an verschiedenen Orten Niederlassungen als Prüfingenieurin oder Prüfingenieur einrichtet,

d) die Prüfingenieurin oder der Prüfingenieur gegen die ihr oder ihm obliegenden Pflichten als Prüfingenieurin oder Prüfingenieur oder als staatlich anerkannte Sachverständige oder staatlich anerkannter Sachverständiger für die Prüfung der Standsicherheit wiederholt oder gröblich verstoßen hat.

e) der nach § 24 Abs. 2 Nr. 2 oder § 24 Abs. 3 Nr. 6 geforderte Versicherungsschutz nicht mehr besteht.

(4) Die Anerkennung kann widerrufen werden, wenn die Prüfingenieurin oder der Prüfingenieur ihre oder seine Pflichten als Ingenieurin oder Ingenieur gröblich verletzt hat.

**Zweiter Abschnitt.
Bautechnische Prüfungen**

**§ 27 Übertragung von Prüfaufgaben.** (1) ¹Die untere Bauaufsichtsbehörde kann die erforderliche Prüfung der Standsicherheitsnachweise, der Nachweise des Brandverhaltens der Baustoffe und der Feuerwiderstandsdauer der tragenden Bauteile und der Nachweise des Schallschutzes einem Prüfamt, einer Prüfingenieurin oder einem Prüfingenieur übertragen. ²Die oberste Bauaufsichtsbehörde oder die von ihr bestimmte Behörde kann anordnen, daß bestimmte Arten von

## 2 BauPrüfVO § 28  Bauprüfungsverordnung

Bauvorhaben nur durch ein Prüfamt oder durch bestimmte Prüfingenieurinnen oder Prüfingenieure geprüft werden dürfen.

(2) ¹Die untere Bauaufsichtsbehörde kann ferner Teile der Bauüberwachung (§ 81 BauO NRW) sowie Teile der Bauzustandsbesichtigungen (§ 82 BauO NRW) einem Prüfamt, einer Prüfingenieurin oder einem Prüfingenieur übertragen. ²Die Übertragung beschränkt sich auf die in Absatz 1 genannten technischen Bereiche.

(3) ¹Der Prüfauftrag wird von der unteren Bauaufsichtsbehörde erteilt. ²Sie darf diesen einer Prüfingenieurin oder einem Prüfingenieur nur in den Fachrichtungen erteilen, für die sie oder er anerkannt ist. ³Auf die Erteilung von Prüfaufträgen besteht kein Rechtsanspruch. ⁴Prüfaufträge dürfen nur aus zwingenden Gründen abgelehnt werden.

(4) Die untere Bauaufsichtsbehörde kann in begründeten Fällen, insbesondere wenn Prüfaufträge nicht rechtzeitig erledigt werden, den Prüfauftrag zurückziehen und die Unterlagen zurückfordern.

**§ 28 Ausführung von Prüfaufträgen.** (1) Die Prüfingenieurin oder der Prüfingenieur hat ihre oder seine Prüftätigkeit unparteiisch und gewissenhaft gemäß den bauaufsichtlichen Vorschriften und den allgemein anerkannten Regeln der Technik auszuüben.

(2) ¹Die Prüfingenieurin oder der Prüfingenieur darf sich der Mithilfe von befähigten und zuverlässigen, fest angestellten Mitarbeiterinnen oder Mitarbeitern nur in einem solchen Umfang bedienen, daß sie oder er ihre Tätigkeit voll überwachen kann. ²Die Prüfingenieurin oder der Prüfingenieur kann sich nur durch eine andere Prüfingenieurin oder einen anderen Prüfingenieur derselben Fachrichtung vertreten lassen.

(3) ¹Das Prüfamt, die Prüfingenieurin oder der Prüfingenieur haben die Vollständigkeit und Richtigkeit der Standsicherheitsnachweise, der übrigen bautechnischen Nachweise und der dazugehörigen Ausführungszeichnungen in einem Prüfbericht zu bescheinigen. ²In dem Prüfbericht ist die untere Bauaufsichtsbehörde auch auf Besonderheiten hinzuweisen, die bei der Erteilung der Baugenehmigung sowie bei der Bauüberwachung und den Bauzustandsbesichtigungen (§§ 81, 82 BauO NRW) sowie der Gebrauchsabnahme (§ 79 Abs. 7 BauO NRW) zu beachten sind. ³Liegen den Standsicherheitsnachweisen und den übrigen bautechnischen Nachweisen Abweichungen von den nach § 3 Abs. 3 BauO NRW eingeführten technischen Baubestimmungen oder technischen Regeln im Sinne von § 20 BauO NRW zugrunde, so ist in dem Prüfbericht darzulegen, aus welchen Gründen die Abweichungen für gerechtfertigt gehalten werden.

(4) ¹Prüfaufträge nach § 27 Abs. 2 dürfen nur von geeigneten Fachkräften der Prüfämter oder von den Prüfingenieurinnen oder Prüfingenieuren persönlich ausgeführt werden; Absatz 2 gilt entsprechend. ²Umfang und Ergebnisse der Prüfungen sind in einem Bericht nieder-

Bauprüfungsverordnung §§ 29, 30 **BauPrüfVO 2**

zulegen, der der unteren Bauaufsichtsbehörde zuzuleiten ist. ³Werden bei den Prüfungen festgestellte Mängel trotz Aufforderung durch das Prüfamt, die Prüfingenieurin oder den Prüfingenieur nicht beseitigt, haben sie hiervon die untere Bauaufsichtsbehörde unverzüglich zu unterrichten. ⁴Dabei sollen sie auch Maßnahmen vorschlagen, die sie für die Beseitigung der Mängel geeignet halten.

(5) Ergibt sich, daß die Prüfung wichtiger oder statisch schwieriger Teile einer baulichen Anlage zu einer Fachrichtung gehört, für die die oder der mit der Prüfung beauftragte Prüfingenieurin oder Prüfingenieur nicht anerkannt ist (§ 22 Abs. 1), so ist sie oder er verpflichtet, bei der unteren Bauaufsichtsbehörde, die ihr oder ihm den Auftrag erteilt hat, die Zuziehung einer Prüfingenieurin oder eines Prüfingenieurs zu veranlassen, die oder der für diese Fachrichtung anerkannt ist.

(6) Die Prüfingenieurin oder der Prüfingenieur darf die Prüfung nicht durchführen, wenn sie oder er oder eine oder einer ihrer oder seiner Mitarbeiterinnen oder Mitarbeiter den Entwurf oder die Berechnung aufgestellt oder dabei mitgewirkt hat.

(7) Das Prüfamt, die Prüfingenieurin oder der Prüfingenieur tragen gegenüber der unteren Bauaufsichtsbehörde die Verantwortung für die Vollständigkeit und die Richtigkeit der Prüfung.

**§ 29 Typenprüfung – Prüfung Fliegender Bauten.** (1) Für bauliche Anlagen und Bauteile, die in gleicher Ausführung an mehreren Stellen errichtet oder verwendet werden, können mit dem Bauantrag bereits geprüfte Nachweise der Standsicherheit, des Brandverhaltens der Baustoffe und der Feuerwiderstandsdauer der tragenden Bauteile und des Schallschutzes eingereicht werden; diese Nachweise müssen von einem Prüfamt allgemein geprüft sein (Typenprüfung).

(2) ¹Die Geltungsdauer einer Typenprüfung ist unter dem Vorbehalt des Widerrufs auf höchstens fünf Jahre zu befristen. ²Sie kann auf schriftlichen Antrag um jeweils fünf Jahre verlängert werden.

(3) Die Nachweise der Standsicherheit Fliegender Bauten dürfen nur von den nach § 30 für die Erteilung von Ausführungsgenehmigungen für Fliegende Bauten zuständigen Behörden oder von einem Prüfamt geprüft werden.

## Dritter Teil. Regelung von Zuständigkeiten

**§ 30 Übertragung von Zuständigkeiten für Ausführungsgenehmigungen für Fliegende Bauten.** Für die Erteilung von Ausführungsgenehmigungen für Fliegende Bauten (§ 79 Abs. 2 und 3 BauO NRW), für die Verlängerung der Gültigkeitsdauer von Ausführungsgenehmigungen (§ 79 Abs. 5 BauO NRW) sowie für die Eintragung von Änderungen in das Prüfbuch (§ 79 Abs. 6 BauO NRW) sind zuständig

1. die Stadt Dortmund
für den Regierungsbezirk Münster
sowie
für die kreisfreien Städte Bochum, Dortmund, Hagen, Hamm, Herne
und
für die Kreise Ennepe-Ruhr-Kreis und Unna des Regierungsbezirks Arnsberg,
2. die Stadt Essen
für den Regierungsbezirk Düsseldorf,
3. die Stadt Köln
für den Regierungsbezirk Köln,
4. die Stadt Soest
für den Regierungsbezirk Arnsberg, soweit nach Nr. 1 nicht die Stadt Dortmund zuständig ist,
5. die Stadt Bielefeld
für den Regierungsbezirk Detmold.

### Vierter Teil. Schlußvorschrift

**§ 31 Inkrafttreten, Außerkrafttreten, Übergangsvorschrift.**

(1) [1]Die Verordnung tritt am 1. Januar 1996 in Kraft. [2]Gleichzeitig tritt die Verordnung über bautechnische Prüfungen (BauPrüfVO) vom 6. Dezember 1984 (GV. NRW. S. 774), zuletzt geändert durch Gesetz vom 7. März 1995 (GV. NRW. S. 218), außer Kraft.

(2) Die nach § 16 Abs. 3 Satz 1 der Verordnung über bautechnische Prüfungen (BauPrüfVO) vom 6. Dezember 1984 (GV. NRW. S. 774), zuletzt geändert durch Gesetz vom 7. März 1995 (GV. NRW. S. 218), berufenen Mitglieder des Gutachterausschusses behalten bis zum Ablauf ihrer Berufung ihre Funktion.

Bauprüfungsverordnung                    Anlage, 30  **BauPrüfVO 2**

Anlage
zur BauPrüfVO
(zu § 3 Abs. 4, § 4 Abs. 4
und § 18)

## Zeichen und Farben für Bauvorlagen

1. Lageplan

1.1 Vorhandene öffentliche Verkehrsflächen

    grobes Punktraster, eng          goldocker

1.2 Geplante öffentliche Verkehrsflächen

    grobes Punktraster, weit          Bandierung goldocker

1.3 Vorhandene Wohn-, Büro- und Geschäftsgebäude usw.

    Schrägschraffur          grau

1.4 Vorhandene Wirtschafts- und Werksgebäude, unbewohnte Nebengebäude, Garagen usw.

    Parallelschraffur          grau

1.5 Geplante bauliche Anlagen

    Kreuzschraffur          rot

1.6 Zu beseitigende bauliche Anlagen

    ausgekreuzte Umrisslinie          gelb

1.7 Geschützter Baum

    Artbezeichnung
    Stammumfang
    Kronendurchmesser
    (maßstablich)          Bandierung grün

# 2 BauPrüfVO Anlage     Bauprüfungsverordnung

1.8 Begleitzeichen für Grundstücksgrenzen

dicke, gerissene Linie

1.9 Begrenzung von Abstandflächen

gerissene Linie

1.10 Abstandflächen

hellviolett

1.11 Flächen, die von bestehenden Baulasten betroffen sind

feines Punktraster, eng

1.12 Flächen, die von geplanten Baulasten betroffen sind

grüne Umgrenzung und Schraffur

1.13 Geplante Grundstücksgrenzen

rote Linie

1.14 Entwässerungsgrundleitungen

a) Schmutzwasserleitungen
durchgezogene Linie

b) Regenwasserleitungen
unterbrochene Linie

c) Mischwasserleitungen
strichpunktierte Linie

2. Bauzeichnungen bei baulichen Änderungen

2.1 Vorhandene Bauteile

durchgezogene Begrenzungs-
linien mit feinem Punktraster

grau

2.2 Vorgesehene Bauteile

durchgezogene Begrenzungs-
linien

rot

2.3 Zu beseitigende Bauteile

ausgekreuzte Begrenzungs-
linien

gelb

## 3. Verordnung über die Prüfung technischer Anlagen und Einrichtungen von Sonderbauten durch staatlich anerkannte Sachverständige und durch Sachkundige – Technische Prüfverordnung – (TPrüfVO)

Vom 5. Dezember 1995

(GV NRW S. 1236/SGV NRW 232)
Geändert durch VO vom 9. 5. 2000 (GV NRW S. 484)

**§ 1 Geltungsbereich.** (1) Diese Verordnung gilt für die Prüfung der im Anhang genannten technischen Anlagen und Einrichtungen in

1. Verkaufsstätten im Sinne des § 1 Abs. 1 der *Geschäftshausverordnung vom 22. Januar 1969 (GV. NRW. S. 168), geändert durch Verordnung vom 12. Juni 1969 (GV. NRW. S. 281),*[1)]
2. Versammlungsstätten im Sinne des § 1 Abs. 1 der Versammlungsstättenverordnung vom 1. Juli 1969 (GV. NRW. S. 548), zuletzt geändert durch Verordnung vom 9. Dezember 1983 (GV. NRW. 1984 S. 18),[2)]
3. Krankenhäusern im Sinne des § 1 der Krankenhausbauverordnung vom 21. Februar 1978 (GV. NRW. S. 154),[3)]
4. Gaststätten im Sinne des § 1 Abs. 1 der Gaststättenbauverordnung vom 9. Dezember 1983 (GV. NRW. S. 4, ber. S. 237),[4)]
5. Hochhäusern im Sinne des § 1 der Hochhausverordnung vom 11. Juni 1986 (GV. NRW. S. 522),[5)]
6. Mittelgaragen und Großgaragen im Sinne des § 2 Abs. 1 der Garagenverordnung vom 2. November 1990 (GV. NRW. S. 600),[6)]
7. Heimen im Sinne des §1 Abs. 1 des Heimgesetzes in der Fassung vom 23. April 1990 (BGBl. I S. 764, 1069), zuletzt geändert durch Gesetz vom 26. Mai 1994 (BGBl. I S. 1014),
8. allgemeinbildenden und berufsbildenden Schulen,
9. Hallenbauten für gewerbliche oder industrielle Betriebe mit einer Geschoßfläche von mehr als 2000 m²,
10. Messebauten und Abfertigungsgebäuden von Flughäfen und Bahnhöfen mit einer Geschossfläche von mehr als 2000 m²,

---

[1)] Jetzt git die Verkaufsstättenverordnung, Nr. **9**.
[2)] **Nr. 10.**
[3)] **von Hippel-Rehborn Nr. 93 o.**
[4)] **Nr. 8.**
[5)] **Nr. 11.**
[6)] **Nr. 4.**

11. sonstigen baulichen Anlagen und Räumen besonderer Art oder Nutzung, soweit die Prüfung durch die zuständige Bauaufsichtsbehörde nach § 54 Abs. 2 Nr. 18 BauO NRW im Einzelfall angeordnet worden ist.

(2) Die Verordnung gilt ferner für die staatliche Anerkennung von Sachverständigen für die Prüfung von technischen Anlagen und Einrichtungen nach Absatz 1.

**§ 2 Prüfungen, Prüffristen.** (1) Die technischen Anlagen und Einrichtungen nach § 1 Abs. 1 sowie die dafür bauordnungsrechtlich geforderten Brandschutzmaßnahmen müssen nach Maßgabe des Anhangs von staatlich anerkannten Sachverständigen oder von Sachkundigen auf ihre Wirksamkeit und Betriebssicherheit geprüft werden, und zwar

1. auf Veranlassung und auf Kosten der Bauherrin oder des Bauherrn in den Fällen der ersten Inbetriebnahme und nach wesentlichen Änderungen vor der Wiederinbetriebnahme,

2. auf Veranlassung und auf Kosten der Betreiberin oder des Betreibers in den übrigen Fällen,

(2) Die Bauherrin oder der Bauherr oder die Betreiberin oder der Betreiber haben

1. die erforderlichen Unterlagen für die Prüfungen bereitzuhalten,

2. die erforderlichen Vorrichtungen und fachlich geeigneten Arbeitskräfte bereitzustellen,

3. die bei den Prüfungen festgestellten Mängel, die eine konkrete Gefahr für die Sicherheit darstellen, unverzüglich, sonstige Mängel in angemessener Frist beseitigen zu lassen,

4. die Beseitigung der Mängel dem staatlich anerkannten Sachverständigen oder dem Sachkundigen mitzuteilen,

5. die Berichte über Prüfungen vor der ersten Inbetriebnahme und nach wesentlichen Änderungen vor der Wiederinbetriebnahme der unteren Bauaufsichtsbehörde zu übersenden,

6. der unteren Bauaufsichtsbehörde und der für die Brandschau zuständigen Behörde die Prüftermine nach Absatz 3 rechtzeitig mitzuteilen,

7. die Berichte über die wiederkehrenden Prüfungen mindestens 5 Jahre aufzubewahren und der Bauaufsichtsbehörde auf Verlangen zu übersenden,

8. sich erforderlichenfalls den Anerkennungsbescheid der Sachverständigen oder des Sachverständigen vorlegen zu lassen und sich über die Eignung der Sachkundigen oder des Sachkundigen (§ 3 Abs. 2) zu vergewissern.

(3) ¹Die untere Bauaufsichtsbehörde kann im Einzelfall die im Anhang aufgeführten Prüffristen verkürzen, wenn dies zur Gefahrenab-

wehr erforderlich ist. ²Sie kann bei Schadensfällen oder wesentlichen Mängeln an den technischen Anlagen oder Einrichtungen im Einzelfall weitere Prüfungen anordnen. ³Die untere Bauaufsichtsbehörde und die für die Brandschau zuständige Behörde sind berechtigt, an den Prüfungen teilzunehmen.

(4) Prüfungen nach Absatz 1 sind nicht erforderlich, wenn die technischen Anlagen und Einrichtungen sowie die dafür bauordnungsrechtlich geforderten Brandschutzmaßnahmen auf ihre Wirksamkeit und Betriebssicherheit aufgrund anderer Rechtsvorschriften geprüft werden.

**§ 3 Staatlich anerkannte Sachverständige, Sachkundige.** (1) Soweit die Prüfungen nach § 2 Abs. 1 von staatlich anerkannten Sachverständigen durchgeführt werden müssen, sind dies, unabhängig von der Art und Nutzung der baulichen Anlage, in ihren jeweiligen Fachrichtungen (Elektrotechnik, Maschinenbau, Versorgungstechnik oder vergleichbare Fachrichtungen)

1. die nach § 4 anerkannten Sachverständigen,
2. die vor Inkrafttreten dieser Verordnung von der obersten Bauaufsichtsbehörde anerkannten Sachverständigen,
3. Sachverständige, die nach Abschnitt I der Verordnung über die Organisation der technischen Überwachung vom 2. Dezember 1959 (GV. NRW. S. 174), zuletzt geändert durch Verordnung vom 14. Juni 1994 (GV. NRW. S. 360),[1] anerkannt sind,
4. die Bediensteten einer öffentlichen Verwaltung mit den für die Ausübung der Tätigkeit als Sachverständige erforderlichen Sachkenntnissen und Erfahrungen sowie Meß- und Prüfgeräten für technische Anlagen und Einrichtungen von Gebäuden im Zuständigkeitsbereich dieser Verwaltung,
5. die von anderen Ländern der Bundesrepublik bauaufsichtlich anerkannten Sachverständigen.

(2) Soweit die Prüfung nach § 2 Abs. 1 von Sachkundigen vorgenommen werden dürfen, sind dies

1. Ingenieurinnen und Ingenieure der entsprechenden Fachrichtungen mit mindestens fünfjähriger Berufserfahrung,
2. Personen mit abgeschlossener handwerklicher Ausbildung oder mit gleichwertiger Ausbildung und mindestens fünfjähriger Berufserfahrung in der Fachrichtung, in der sie tätig werden.

**§ 4 Voraussetzungen für die Anerkennung.** (1) Als Sachverständige oder Sachverständiger nach § 3 Abs. 1 Nr. 1 und 4 wird von der obersten Bauaufsichtsbehörde[2] durch schriftlichen Bescheid anerkannt, wer

---

[1] Inzwischen aufgehoben durch Bundesgesetz vom 27. 12. 2000 (BGBl. I S. 2048).
[2] In §§ 4–7 tritt ein Jahr nach der Verkündung der Änderungsverordnung (16. 6. 2001) an die Stelle der obersten Bauaufsichtsbehörde die Bezirksregierung in Düsseldorf.

1. seine Hauptwohnung, seine gewerbliche Niederlassung oder seine überwiegende berufliche Tätigkeit in Nordrhein-Westfalen hat,
2. das 60. Lebensjahr im Zeitpunkt der Antragstellung noch nicht überschritten hat,
3. aufgrund des Ingenieurgesetzes vom 5. Mai 1970 (GV. NRW. S. 312), zuletzt geändert durch Gesetz vom 17. Mai 1994 (GV. NRW. S. 438), die Berufsbezeichnung „Ingenieurin" oder „Ingenieur" zu führen berechtigt ist und mindestens fünf Jahre Berufserfahrung in der Fachrichtung hat, in der die Prüftätigkeit ausgeübt werden soll,
4. die für die Ausübung der Tätigkeit als Sachverständige oder als Sachverständiger erforderlichen Sachkenntnisse in der Fachrichtung besitzt, auf die sich seine sachverständige Tätigkeit bezieht, und über die notwendigen Prüfgeräte und Hilfsmittel verfügt und
5. nach ihrer oder seiner Persönlichkeit Gewähr dafür bietet, daß er den Aufgaben einer Sachverständigen oder eines Sachverständigen gewachsen ist und sie unparteiisch und gewissenhaft erfüllen wird.

(2) ¹Die oberste Bauaufsichtsbehörde soll ein Gutachten über die Eignung der Antragstellerin oder des Antragstellers einholen. ²Die Auslagen trägt die Antragstellerin oder der Antragsteller.

**§ 5 Antrag auf Anerkennung.** (1) Die Anerkennung als Sachverständige oder Sachverständiger ist bei der obersten Bauaufsichtsbehörde schriftlich zu beantragen.

(2) Dem Antrag sind folgende Unterlagen beizufügen:
1. eine Geburtsurkunde oder eine beglaubigte Abschrift oder Ablichtung der Urkunde,
2. ein Lebenslauf mit lückenloser Angabe des fachlichen Werdegangs und der Berufsausübung bis zum Zeitpunkt der Antragstellung,
3. jeweils eine beglaubigte Abschrift oder Ablichtung des Abschlußzeugnisses der Ausbildungsstätte sowie aller Zeugnisse über die bisherigen Beschäftigungen,
4. ein Führungszeugnis im Sinne von § 30 Abs. 1 Satz 1 des Bundeszentralregistergesetzes in der Fassung vom 21. September 1984 (BGBl. I S. 1229, ber. 1985 S. 195), zuletzt geändert durch Gesetz vom 16. Juni 1995 (BGBl. I S. 818),[1]
5. die Erklärung der Antragstellerin oder des Antragstellers, daß sie oder er nur Prüfungen nach bestem Wissen und Gewissen selbst durchführen wird und bei denen ihre oder seine Unparteilichkeit gewahrt ist, und
6. eine Aufstellung der Prüfgeräte der Antragstellerin oder des Antragstellers und der Hilfsmittel und Einrichtungen.

---

[1] Schönfelder Nr. 92.

Technische Prüfverordnung § 6 TPrüfVO 3

(3) ¹Sachverständige nach § 3 Abs. 1 Nr. 2, die nach Vorschriften in Rechtsverordnungen aufgrund der Landesbauordnung als Angehörige einer technischen Organisation im Land Nordrhein-Westfalen anerkannt worden sind, können auf Antrag einen Anerkennungsbescheid erhalten, der sie nicht an eine technische Organisation bindet. ²Dem Antrag sind die Unterlagen nach Absatz 2 Nrn. 4 bis 6 beizufügen.

**§ 6 Pflichten und Aufgaben der staatlich anerkannten Sachverständigen und der Sachkundigen.** (1) Die staatlich anerkannten Sachverständigen sind verpflichtet,

1. die ordnungsgemäße Beschaffenheit und Betriebssicherheit der technischen Anlagen und Einrichtungen eigenverantwortlich zu prüfen; sie haben die Prüfungen selbst durchzuführen; zu ihrer Hilfe dürfen sie befähigte und zuverlässige Personen nur in einem solchen Umfang hinzuziehen, wie sie deren Tätigkeit voll überwachen können,

2. Prüfungen nur vorzunehmen, wenn ihre Unparteilichkeit gewahrt ist; insbesondere dürfen sie bei der Ausführung der technischen Anlage oder Einrichtung nicht als Entwurfsverfasserin oder Entwurfsverfasser, als Unternehmerin oder Unternehmer tätig gewesen sein,

3. Prüfungen nur durchzuführen, wenn sie ihnen gewachsen sind,

4. der Auftraggeberin oder dem Auftraggeber die festgestellten Mängel mitzuteilen und sich von der Beseitigung wesentlicher Mängel zu überzeugen,

5. über das Ergebnis der Prüfungen einen Bericht anzufertigen und der Auftraggeberin oder dem Auftraggeber auszuhändigen,

6. die zuständige Bauaufsichtsbehörde oder bei technischen Anlagen oder Einrichtungen des Bundes, des Landes und der Landschaftsverbände die zuständige Baudienststelle zu unterrichten, wenn festgestellte Mängel nicht in der von ihnen festgelegten Frist beseitigt wurden,

7. der obersten Bauaufsichtsbehörde auf Verlangen Auskunft über ihre Prüfungen zu erteilen und die Unterlagen hierüber vorzulegen,

8. sich über die geltenden bauaufsichtlichen Vorschriften und die einschlägigen allgemein anerkannten Regeln der Technik auf dem laufenden zu halten; die oberste Bauaufsichtsbehörde kann entsprechende Nachweise verlangen.

(2) ¹Die Prüfberichte der Sachverständigen müssen neben einer Beschreibung der durchgeführten Prüfungen insbesondere die Feststellung enthalten, dass die geprüften Anlagen oder Einrichtungen einschließlich der dafür getroffenen Brandschutzmaßnahmen betriebssicher und wirksam sind. ²Kann dies wegen gefährlicher Mängel nicht bestätigt werden, müssen die Prüfberichte die Mängel beschreiben, eine angemessene Frist zur Mängelbeseitigung angeben und eindeutig

aussagen, ob die Anlagen oder Einrichtungen bis zum Ablauf der Frist weiter betrieben werden dürfen.

(3) Absatz 1 Nrn. 1, 3 bis 5 und 8 sowie Absatz 2 gelten für Sachkundige sinngemäß.

**§ 7 Erlöschen, Widerruf.** (1) Die Anerkennung der Sachverständigen oder des Sachverständigen nach § 3 Abs. 1 Nrn. 1, 2 und 4 erlischt

1. durch schriftlichen Verzicht gegenüber der obersten Bauaufsichtsbehörde,

2. mit der Vollendung des 68. Lebensjahres,

3. mit dem Verlust der Fähigkeit zur Bekleidung öffentlicher Ämter,

4. bei rechtskräftiger Verurteilung wegen eines Verbrechens oder eines vorsätzlichen Vergehens zu einer Freiheitsstrafe von mehr als einem Jahr,

5. durch gerichtliche Anordnung der Beschränkung in der Verfügung über das Vermögen der Sachverständigen oder des Sachverständigen.

(2) [1]Die Anerkennung der Sachverständigen oder des Sachverständigen nach § 3 Abs. 1 Nrn. 1, 2 und 4 ist zu widerrufen, wenn die Sachverständige oder der Sachverständige gegen die ihm obliegenden Pflichten wiederholt oder grob verstoßen hat. [2]Die Anerkennung kann widerrufen werden, wenn die Sachverständige oder der Sachverständige ihre oder seine Tätigkeit zwei Jahre nicht oder nur in geringem Umfang ausgeübt hat. [3]Im übrigen bleibt § 49 des Verwaltungsverfahrensgesetzes für das Land Nordrhein-Westfalen (VwVfG. NRW.) vom 21. Dezember 1976 (GV. NRW. S. 438), zuletzt geändert durch Gesetz vom 22. November 1994 (GV. NRW. S. 1064),[1)] unberührt.

**§ 8 Ordnungswidrigkeiten.** Ordnungswidrig nach § 84 Abs. 1 Nr. 21 BauO NRW handelt,

1. wer vorsätzlich oder fahrlässig entgegen § 2 Abs. 1 oder Abs. 3 eine vorgeschriebene oder angeordnete Prüfung nicht oder nicht fristgerecht durchführen läßt,

2. entgegen § 2 Abs. 2 Nr. 7 Prüfbericht nicht aufbewahrt,

3. entgegen § 6 Abs. 1 Nr. 6 die zuständige Bauaufsichtsbehörde oder die zuständige Baudienststelle nicht entsprechend unterrichtet.

**Übergangsregelungen.** (1) Bei bisher nicht prüfpflichtigen technischen Anlagen und Einrichtungen im Sinne dieser Verordnung ist die erste Prüfung innerhalb von zwei Jahren nach Inkrafttreten dieser Verordnung durchzuführen.

(2) Sachverständige, die vor Inkrafttreten dieser Verordnung für die Prüfung technischer Anlagen und Einrichtungen nach § 1 Abs. 1 Nr. 10 aufgrund von § 4 anerkannt worden sind, dürfen auch die technischen Anlagen und Einrichtungen nach § 1 Abs. 1 Nrn. 10 und

---

[1)] von Hippel-Rehborn Nr. 71.

Technische Prüfverordnung  § 8 **TPrüfVO 3**

11 prüfen. Sachverständige, die vor Inkrafttreten dieser Verordnung für Rauchabzugsanlagen (Nummer 1.7 des Anhangs zu den §§ 1 und 2) anerkannt worden sind, dürfen auch Überdruckanlagen zur Rauchfreihaltung von Rettungswegen prüfen.

(3) Prüfungen im Sinne dieser Verordnung, die bisher nicht vorgeschrieben waren, dürfen von den damit bislang beauftragten Sachverständigen und Sachkundigen bis zum 31. Dezember 2003 weiterhin durchgeführt werden.

Anhang zu den §§ 1 und 2

| Prüfer und techn. Anlage/Einrichtung | Prüfung vor der ersten Inbetriebnahme und nach wesentlicher Änderung | wiederkehrende Prüfung | Prüffrist in Jahren nicht mehr als |
|---|---|---|---|
| **1. Prüfungen durch staatlich anerkannte Sachverständige** | | | |
| 1.1. lüftungstechnische Anlagen | X | X | 3 |
| 1.2. maschinelle Lüftungsanlagen in geschlossenen Mittel- und Großgaragen | X | X | 2 |
| 1.3. CO-Warnanlagen in geschlossenen Großgaragen | X | X | 1 |
| 1.4. elektrische Anlagen<br>– in Krankenhäusern nur elektrische Anlagen und Einrichtungen, die der Aufrechterhaltung des Betriebes dienen,<br>– in Garagen nur elektrische Anlagen in geschlossenen Großgaragen,<br>– in Schulen nur elektrische Anlagen der sicherheitstechnischen Einrichtungen | X | | |
| 1.5. Sicherheitsbeleuchtung und Sicherheitsstromversorgung | X | X | 3 |
| 1.6. Brandmeldeanlagen, Alarmierungseinrichtungen | X | | |
| 1.7. Rauchabzugsanlagen, Überdruckanlagen zur Freihaltung von Rettungswegen | X | | |
| 1.8. ortsfeste, selbsttätige Feuerlöschanlagen | X | X | 1 |
| **2. Prüfungen durch Sachkundige** | | | |
| 2.1. elektrische Anlagen<br>– in Krankenhäusern nur elektrische Anlagen und Einrichtungen, die der Aufrechterhaltung des Betriebes dienen,<br>– in Garagen nur elektrische Anlagen in geschlossenen Großgaragen,<br>– in Schulen nur elektrische Anlagen der sicherheitstechnischen Einrichtungen | | X | 3 |

## 3 TPrüfVO § 8 — Technische Prüfverordnung

| Prüfer und techn. Anlage/Einrichtung | Prüfung vor der ersten Inbetriebnahme und nach wesentlicher Änderung | wiederkehrende Prüfung | Prüffrist in Jahren nicht mehr als |
|---|---|---|---|
| 2.2. Brandmeldungen, Alarmsicherungseinrichtungen | | X | 3 |
| 2.3. Rauchabzugsanlagen, Überdruckanlagen zur Freihaltung von Rettungswegen | | X | 3 |
| 2.4. ortsfeste, nicht selbsttätige Feuerlöschanlagen | X | X | 3 |
| 2.5. tragbare Feuerlöscher | X | X | 2 |
| 2.6. automatische Schiebetüren in Rettungswegen | X | X | 1 |
| 2.7. Einrichtungen zum selbsttätigen Schließen von Rauch- und Feuerschutzabschlüssen (z. B. Türen, Tore, Klappen) | X | X | 3 |
| 2.8. kraftbetätigte Tore | X | X | 1 |
| 2.9. elektrische Verriegelungen von Türen in Rettungswegen | X | X | 1 |
| 2.10. Schutzvorhänge (zwischen Bühnen und Versammlungsräumen) | X | X | 1 |
| 2.11. Blitzschutzanlagen | X | X | 3 |
| 2.12. Rauchabzüge in Treppenräumen gemäß § 37 Abs. 12 BauO NRW | X | X | 3 |

## 4. Verordnung über den Bau und Betrieb von Garagen (Garagenverordnung – GarVO –)

Vom 2. November 1990

(GV NRW S. 600/SGV NRW 232)

§ 21 neugefaßt, § 23 geändert durch VO vom 5. 12. 1995 (GV NRW S. 1236);
§ 20 aufgehoben durch VO vom 20. 2. 2000 (GV NRW S. 226)

Aufgrund des § 80 Abs. 1 Nr. 1 bis 3, Abs. 2 und 3 der Landesbauordnung (BauO NRW) vom 26. Juni 1984 (GV. NRW. S. 419), zuletzt geändert durch Gesetz vom 20. Juni 1989 (GV. NRW. S. 432), wird nach Anhörung des Ausschusses für Städtebau und Wohnungswesen verordnet:

### Inhaltsverzeichnis

| | §§ |
|---|---|
| Teil I. Allgemeine Vorschriften | 1–7 |
| Teil II. Kleingaragen | 8 |
| Teil III: Mittel- und Großgaragen | 9–17 |
| Teil IV. Betriebsvorschriften | 18, 19 |
| Teil V. Prüfungen | 20, 21 |
| Teil VI. Schlußvorschriften | 22–25 |

### Teil I. Allgemeine Vorschriften

**§ 1 Geltungsbereich.** Die Vorschriften dieser Verordnung gelten für Stellplätze und Garagen im Sinne von § 2 Abs. 7 BauO NRW.[1)]

**§ 2 Begriffe.** (1) Es sind Garagen mit einer Nutzfläche

1. bis  100 m²  Kleingaragen

2. über  100 m² bis 1000 m²  Mittelgaragen

3. über 1000 m²  Großgaragen

(2) Offene Kleingaragen sind Kleingaragen, die unmittelbar ins Freie führende Öffnungen in einer Größe von mindestens einem Drittel der Gesamtfläche der Umfassungswände haben.

(3) ¹Offene Mittel- und Großgaragen sind Garagen, die unmittelbar ins Freie führende, unverschließbare Öffnungen in einer Größe von insgesamt mindestens einem Drittel der Gesamtfläche der Umfassungswände haben, bei denen mindestens zwei sich gegenüberliegende Umfassungswände mit den ins Freie führenden Öffnungen nicht mehr als 70 m voneinander entfernt sind und bei denen eine ständige Querlüftung vorhanden ist. ²Offene Garagen sind auch Stellplätze mit Schutzflächen (überdachte Stellplätze).

---

[1)] Richtig: § 2 Abs. 8 BauO.

(4) Geschlossene Garagen sind Garagen, die die Voraussetzungen nach den Absätzen 2 und 3 nicht erfüllen.

(5) Oberirdische Garagen sind Garagen, deren Fußböden im Mittel nicht mehr als 1,30 m unter der Geländeoberfläche liegen.

(6) [1] Die Nutzfläche einer Garage ist die Summe aller miteinander verbundenen Flächen der Garagenstellplätze und der Verkehrsflächen. [2] Einstellplätze auf Dächern (Dacheinstellplätze) und die dazugehörigen Verkehrsflächen werden der Nutzfläche nicht zugerechnet, soweit in § 3 Abs. 6 nichts anderes bestimmt ist.

**§ 3 Zu- und Abfahrten.** (1) [1] Zwischen Garagen und öffentlichen Verkehrsflächen müssen Zu- und Abfahrten von mindestens 3 m Länge vorhanden sein. [2] Ausnahmen können gestattet werden, wenn wegen der Sicht auf die öffentliche Verkehrsfläche Bedenken nicht bestehen.

(2) Vor den die freie Zufahrt zur Garage zeitweilig behindernden Anlagen, wie Schranken und Tore, muß ein Stauraum für wartende Kraftfahrzeuge vorhanden sein, wenn dies wegen der Sicherheit oder Leichtigkeit des Verkehrs erforderlich ist.

(3) [1] Die Fahrbahnen von Zu- und Abfahrten vor Mittel- und Großgaragen müssen mindestens 2,75 m breit sein; der Halbmesser des inneren Fahrbahnrandes muß mindestens 5 m betragen. [2] Beträgt der Halbmesser des inneren Fahrbahnrandes weniger als 10 m, können breitere Fahrbahnen verlangt werden, wenn dies wegen hohen Verkehrsaufkommens erforderlich ist. [3] Für Fahrbahnen im Bereich der Zu- und Abfahrtssperren genügt eine Breite von 2,30 m.

(4) Großgaragen müssen getrennte Fahrbahnen für Zu- und Abfahrten haben.

(5) Vor Großgaragen ist neben den Fahrbahnen der Zu- und Abfahrten ein erhöhter oder verkehrssicher abgegrenzter Gehweg erforderlich, sofern nicht für Fußgänger besondere Zugänge vorhanden sind.

(6) In den Fällen der Absätze 3 bis 5 sind die Dacheinstellplätze und die dazugehörigen Verkehrsflächen der Nutzfläche zuzurechnen.

(7) Für Zu- und Abfahrten von Stellplätzen gelten die Absätze 2 bis 5 sinngemäß.

**§ 4 Rampen.** (1) [1] Rampen in Mittel- und Großgaragen dürfen nicht mehr als 15 v. H. geneigt sein. [2] Die Breite der Fahrbahnen auf diesen Rampen muß mindestens 2,75 m, in gewendelten Rampenbereichen mindestens 3,50 m betragen. [3] Gewendelte Rampenteile müssen eine Querneigung von mindestens 3 v. H. haben. [4] Der Halbmesser des inneren Fahrbahnrandes muß mindestens 5 m betragen.

(2) [1] Zwischen öffentlicher Verkehrsfläche und einer Rampe mit mehr als 10 v. H. Neigung muß eine geringer geneigte Fläche von

Garagenverordnung §§ 5, 6 GarVO 4

mindestens 3 m Länge liegen. ²Bei Rampen von Kleingaragen können Ausnahmen zugelassen werden, wenn wegen der Verkehrssicherheit keine Bedenken bestehen.

(3) ¹In Großgaragen müssen Rampen, die von Fußgängern benutzt werden, einen mindestens 0,80 m breiten Gehweg haben, der gegenüber der Fahrbahn erhöht oder verkehrssicher abgegrenzt ist. ²An Rampen, die von Fußgängern nicht benutzt werden dürfen, ist auf das Verbot hinzuweisen.

(4) Für Rampen in Verbindung mit Stellplätzen gelten die Absätze 1 bis 3 sinngemäß.

**§ 5 Kraftbetätigte Tore.** Kraftbetätigte Tore müssen Einrichtungen haben, die verhindern, daß Personen in Gefahr geraten.

**§ 6 Einstellplätze und Verkehrsflächen.** (1) ¹Ein Einstellplatz muß mindestens 5 m lang sein. ²Seine Breite muß mindestens betragen:
1. 2,30 m, wenn keine Längsseite,
2. 2,40 m, wenn eine Längsseite und
3. 2,50 m, wenn beide Längsseiten

des Einstellplatzes einen Abstand von weniger als 0,10 m zu begrenzenden Wänden, Stützen sowie anderen Bauteilen oder Einrichtungen aufweisen.

4. 3,50 m, wenn der Einstellplatz für Behinderte bestimmt ist.

³Einstellplätze auf kraftbetreibenden Hebebühnen brauchen nur 2,30 m breit zu sein. ⁴Einstellplätze auf kraftbetriebenen geneigten Hebebühnen sind in allgemein zugänglichen Garagen nicht zulässig.

(2) Die Breite von Fahrgassen muß, soweit sie unmittelbar der Zu- oder Abfahrt von Einstellplätzen dienen, mindestens die Anforderungen der folgenden Tabelle erfüllen; Zwischenwerte sind gradlinig einzuschalten:

| Anordnung der Einstellplätze zur Fahrgasse | Erforderliche Fahrgassenbreiten in Metern bei einer Einstellplatzbreite von | | |
|---|---|---|---|
| | 2,30 | 2,40 | 2,50 |
| 90° | 6,50 | 6,00 | 5,50 |
| bis 45° | 3,50 | 3,25 | 3,00 |

(3) Fahrgassen in Mittel- und Großgaragen müssen, soweit sie nicht unmittelbar der Zu- oder Abfahrt von Einstellplätzen dienen, mindestens 2,75 m, bei Gegenverkehr mindestens 5 m breit sein.

(4) ¹Die einzelnen Einstellplätze und die Fahrgassen sind mindestens durch Markierungen am Boden leicht erkennbar und dauerhaft gegen-

219

**4 GarVO §§ 7, 8**  Garagenverordnung

einander abzugrenzen. ²Mittel- und Großgaragen müssen in jedem Geschoß leicht erkennbare und dauerhafte Hinweise auf Fahrtrichtungen und Ausfahrten haben.

(5) Für Einstellplätze auf horizontal verschiebbaren Plattformen können Ausnahmen von den Absätzen 1 und 2 gestattet werden, wenn die Verkehrssicherheit nicht beeinträchtigt wird und eine Breite der Fahrgasse von mindestens 2,75 m erhalten bleibt.

**§ 7 Arbeitsgruben.** ¹Arbeitsgruben sind innerhalb von Garagen nur dann zulässig, wenn sie ausreichend zu belüften sind. ²Sie sind so zu sichern, daß Personen nicht hineinstürzen können; sie müssen bei Gefahr jederzeit verlassen werden können.

## Teil II. Kleingaragen

**§ 8 Bauliche Anforderungen an Kleingaragen.** (1) Wände, Pfeiler und Stützen von Kleingaragen müssen unbeschadet des § 17 Abs. 2 BauO NRW hinsichtlich ihres Brandverhaltens nachfolgende Mindestanforderungen erfüllen.

| Spalte | | 1 | 2 | 3 |
|---|---|---|---|---|
| Zeile | Gebäude Bauteile | geschlossene Garagen freistehend | angebaut | offene Garagen |
| 1 | tragende Wände, Pfeiler und Stützen | keine | F 30 oder A | keine |
| 2 | nichttragende Außenwände | keine | keine | keine |
| 3 | Gebäudeabschlußwände | ˙/. | F 30 oder A | keine |

(2) Wände, Pfeiler, Stützen und Decken von Garagen in Gebäuden, die nicht allein der Garagennutzung dienen, müssen hinsichtlich ihres Brandverhaltens die Anforderungen erfüllen, die nach der Landesbauordnung oder nach Vorschriften aufgrund der Landesbauordnung an das Gebäude gestellt werden.

(3) Abstallflächen von nicht mehr als 20 m² Grundfläche sind innerhalb von Kleingaragen ohne Trennwände zulässig.

(4) Öffnungen in Wänden zwischen Kleingaragen und anders genutzten Räumen oder Gebäuden müssen mit selbstschließenden Türen der Feuerwiderstandsklasse T 30 versehen werden.

Garagenverordnung §§ 9, 10 **GarVO 4**

(5) Auf Dächer über Kleingaragen sind die Vorschriften des § 31 Abs. 5 BauO NRW nicht anzuwenden, sofern Dachkonstruktion und -schalung aus nichtbrennbaren Brennstoffen (A) bestehen.

## Teil III. Mittel- und Großgaragen

**§ 9 Allgemeine Anforderungen, Frauenparkplätze.** (1) [1] Einstellplätze, Verkehrsflächen, Treppenräume und allgemein zugängliche Flächen von Garagen sind so übersichtlich zu gestalten, daß sich jeder Benutzer gefahrlos orientieren kann, auch wenn er mit der Anlage nicht vertraut ist. [2] Wände und Decken sind mit hellen und reflektierenden Anstrichen zu versehen. [3] Beleuchtungskörper sind derart zu verteilen, daß dunkle und verschattete Bereiche vermieden werden. [4] Nichteinsehbare Bereiche sind zu vermeiden.

(2) Allgemein zugängliche geschlossene Großgaragen müssen im Bereich der Garagenzufahrt einen Raum für Aufsichtspersonen (Garagenwart) haben.

(3) [1] Allgemein zugängliche geschlossene Großgaragen müssen eine ausreichende Anzahl von Garageneinstellplätzen haben, die ausschließlich der Benutzung durch Frauen vorbehalten sind (Frauenparkplätze). [2] Frauenparkplätze sind als solche kenntlich zu machen. [3] Sie sollen in der Nähe der Zufahrt so angeordnet sein, daß sie vom Garagenwart eingesehen oder durch Video-Kamera überwacht werden können. [4] Im Bereich der Frauenparkplätze sind in ausreichender Zahl gut sichtbare Alarm-Melder anzubringen. [5] Die zu den Frauenparkplätzen führenden Treppenräume müssen durch Video-Kameras überwacht werden können.

(4) Allgemein begehbare Bereiche müssen, auch unter Lüftungsleitungen, Unterzügen und sonstigen Bauteilen, eine lichte Höhe von mindestens 2 m aufweisen.

**§ 10 Wände, Pfeiler, Stützen und Decken.** (1) Wände, Pfeiler, Stützen und Decken von Mittel- und Großgaragen müssen unbeschadet des § 17 Abs. 2 BauO NRW hinsichtlich ihres Brandverhaltens nachfolgende Mindestanforderungen erfüllen:

| Spalte | | 1 | 2 |
|---|---|---|---|
| | Gebäude | geschlossene Garagen | offene Garagen |
| Zeile | Bauteile | | |
| 1a | tragende und aussteifende Wände, Pfeiler und Stützen, Treppenraumwände, Decken | F 30-A | A |

| Zeile | Spalte<br>Gebäude<br>Bauteile | 1<br>geschlossene<br>Garagen | 2<br>offene<br>Garagen |
|---|---|---|---|
| 1 b | in unterirdischen Garagen | F 90-AB | A |
| 1 c | in eingeschossigen Garagen | F 30-B oder A | A |
| 2 | nichttragende Außenwände | F 30-AB oder A | F 30-AB oder A |
| 3 | Trennwände nach Absatz 2 | F 90-AB | F 90 AB |
| 4 | Gebäudeabschlußwände nach § 27 BauO NRW | Brandwand | Brandwand |
| 4 a | in eingeschossigen Garagen | F 90-AB | F 90-AB |

(2) Zwischen Garagen und nicht zu Garagen gehörenden Räumen mit erhöhter Brandlast sind Trennwände anzuordnen.

(3) ¹Wände, Pfeiler, Stützen und Decken von Garagen in Gebäuden, die nicht allein der Garagennutzung dienen, müssen hinsichtlich ihres Brandverhaltens die Anforderungen nach der Landesbauordnung oder nach Vorschriften aufgrund der Landesbauordnung erfüllen, die an das Gebäude gestellt werden. ²Für Garagengeschosse als oberste Geschosse des Gebäudes gelten die Mindestanforderungen des Absatzes 1.

(4) ¹Untere Bekleidungen und Dämmschichten von Decken und Dächern sind aus nichtbrennbaren Baustoffen (A) herzustellen. ²Untere Bekleidungen aus Baustoffen der Baustoffklasse B 1 mit mineralischer Bindung sind zulässig, wenn sie mit der Decke oder dem Dach im unmittelbaren Verbund stehen, z.B. als verlorene Schalung.

(5) ¹Fußbodenbeläge von Einstellplätzen, Verkehrsflächen und befahrbaren Dächern müssen aus nichtbrennbaren Baustoffen (A) bestehen. ²Die Verwendung schwerentflammbarer Baustoffe (B 1) ist zulässig, wenn sie eine glatte und dichte Oberfläche haben.

(6) ¹Fußböden müssen undurchlässig gegen Flüssigkeiten sein. ²Sie müssen über Bodenabläufe verfügen.

**§ 11 Rauchabschnitte.** (1) ¹Geschlossene Großgaragen müssen mindestens durch Wände der Feuerwiderstandsklasse F 30 und aus nichtbrennbaren Baustoffen (F 30-A) in Rauchabschnitte unterteilt sein. ²Die Nutzfläche eines Rauchabschnittes darf

1. in oberirdischen geschlossenen Garagen höchstens 5000 m²,

2. in sonstigen geschlossenen Garagen höchstens 2500 m²

Garagenverordnung §§ 12, 13 GarVO 4

betragen; sie darf doppelt so groß sein, wenn die Garagen selbsttätige Feuerlöschanlagen haben. ³Ein Rauchabschnitt darf sich auch über mehrere Geschosse erstrecken.

(2) ¹Öffnungen in Wänden zwischen den Rauchabschnitten müssen mit dicht- und selbstschließenden Abschlüssen versehen sein. ²Die Abschlüsse müssen mit einer Feststellanlage mit Brandmeldern für die Brandkerngröße Rauch verstehen sein; dies gilt nicht für zusätzlich angeordnete Schlupftüren.

(3) § 28 Abs. 1 BauO NRW ist auf Garagen nicht anzuwenden.

**§ 12 Verbindungen zu Garagen und zwischen Garagengeschossen.** (1) Flure, Treppenräume und Aufzüge, die nicht nur den Benutzern der Garage dienen, dürfen

1. mit geschlossenen Mittel- und Großgaragen nur durch Räume mit Wänden und Decken der Feuerwiderstandsklasse F 90 und aus nichtbrennbaren Baustoffen (F 90-A) sowie selbstschließenden Türen der Feuerwiderstandsklasse T 30, die in Fluchtrichtung aufschlagen (Sicherheitsschleusen)

2. mit offenen Mittel- und Großgaragen unmittelbar nur durch Öffnungen mit selbstschließenden Türen der Feuerwiderstandsklasse T 30

verbunden sein.

(2) Garagen dürfen mit sonstigen nicht zur Garage gehörenden Räumen sowie mit anderen Gebäuden unmittelbar nur durch Öffnungen mit selbstschließenden Türen der Feuerwiderstandsklasse T 30 verbunden sein.

(3) ¹Öffnungen zu Treppenräumen, die ausschließlich Garagengeschosse miteinander verbinden, müssen rauchdichte und selbstschließende Abschlüsse haben. ²Sofern die Öffnungen weniger als 2,50 m vom nächstgelegenen Einstellplatz entfernt sind, müssen diese mit selbstschließenden Türen der Feuerwiderstandsklasse T 30 versehen sein.

**§ 13 Rettungswege.** (1) ¹Jede Mittel- und Großgarage muß in jedem Geschoß mindestens zwei voneinander unabhängige Rettungswege haben. ²Der zweite Rettungsweg darf auch über eine Rampe führen. ³Bei oberirdischen Mittel- und Großgaragen, deren Einstellplätze im Mittel nicht mehr als 3 m über der Geländeoberfläche liegen, dürfen notwendige Treppen ohne eigene Treppenräume errichtet werden. ⁴§ 33 Abs. 5 Satz 1 BauO NRW ist auf Garagen nicht anzuwenden.

(2) ¹Von jeder Stelle einer Mittel- und Großgarage muß in demselben Geschoß mindestens ein Treppenraum einer notwendigen Treppe oder, wenn kein Treppenraum erforderlich ist, mindestens eine notwendige Treppe oder ein Ausgang ins Freie

223

**4 GarVO** §§ 14, 15                          Garagenverordnung

1. bei offenen Mittel- und Großgaragen in einer Entfernung von höchstens 50 m,
2. bei geschlossenen Mittel- und Großgaragen in einer Entfernung von höchstens 30 m

erreichbar sein. [2]Die Entfernung ist in der Luftlinie, jedoch nicht durch Bauteile zu messen.

(3) [1]In Mittel- und Großgaragen müssen dauerhafte und leicht erkennbare Hinweise auf die Ausgänge vorhanden sein. [2]In Großgaragen müssen die zu den notwendigen Treppen oder zu den Ausgängen ins Freie führenden Wege auf dem Fußboden durch dauerhafte und leicht erkennbare Markierungen sowie an den Wänden durch beleuchtete oder hinterleuchtete Hinweise gekennzeichnet sein.

(4) Die Absätze 1, 2 und 3 gelten sinngemäß auch für Dächer mit Einstellplätzen.

**§ 14 Beleuchtung, Sicherheitsbeleuchtung.** (1) [1]In Mittel- und Großgaragen muß eine allgemeine elektrische Beleuchtung vorhanden sein. [2]Sie muß so schaltbar sein, daß während der Betriebszeit die Beleuchtungsstärke mindestens 20 Lux, im übrigen ständig mindestens 1 Lux beträgt. [3]Die Beleuchtungsstärke wird in 0,85 m Höhe über dem Fußboden zwischen den Leuchten in der Mitte der Fahrgassen gemessen.

(2) [1]In geschlossenen Großgaragen, ausgenommen eingeschossige Großgaragen mit festem Benutzerkreis, muß zur Beleuchtung der Rettungswege eine Sicherheitsbeleuchtung vorhanden sein. [2]Diese muß eine vom Versorgungsnetz unabhängige, bei Ausfall des Netzstromes sich selbsttätig innerhalb von 15 Sekunden einschaltende Ersatzstromquelle haben, die für einen mindestens einstündigen Betrieb ausgelegt ist. [3]Die Beleuchtungsstärke der Sicherheitsbeleuchtung muß mindestens 1 Lux betragen.

**§ 15 Lüftung.** (1) [1]Geschlossene Mittel- und Großgaragen müssen maschinelle Abluftanlagen und so große und so verteilte Zuluftöffnungen haben, daß alle Bereiche der Garage ausreichend gelüftet werden. [2]Bei nicht ausreichenden Zuluftöffnungen muß eine maschinelle Zuluftanlage vorhanden sein.

(2) [1]Für geschlossene Mittel- und Großgaragen mit geringem Zu- und Abgangsverkehr genügt eine natürliche Lüftung durch Lüftungsöffnungen oder über Lüftungsschächte. [2]Die Lüftungsöffnungen müssen
1. einen freien Gesamtquerschnitt von mindestens 1500 cm² je Garageneinstellplatz haben,
2. in den Außenwänden oberhalb der Geländeoberfläche in einer Entfernung von mindestens 35 m einander gegenüberliegen,
3. unverschließbar sein und

Garagenverordnung § 15 GarVO 4

4. so über die Garage verteilt sein, daß eine ständige Querbelüftung gewährleistet ist.

³ Die Lüftungsschächte müssen

1. untereinander in einem Abstand von höchstens 20 m angeordnet sein und
2. bei einer Höhe bis zu 2 m einen freien Gesamtquerschnitt von mindestens 1500 cm² je Garageneinstellplatz und bei einer Höhe von mehr als 2 m einen freien Gesamtquerschnitt von mindestens 3000 cm² je Garageneinstellplatz haben.

(3) Für geschlossene Mittel- und Großgaragen genügt abweichend von Absatz 1 eine natürliche Lüftung, wenn im Einzelfall nach dem Gutachten eines anerkannten Sachverständigen (§ 21) zu erwarten ist, daß der Mittelwert des Volumengehaltes an Kohlenmonoxyd in der Luft, gemessen über jeweils eine halbe Stunde und in einer Höhe von 1,50 m über dem Fußboden (CO-Halbstundenmittelwert), auch während der regelmäßigen Verkehrsspitzen im Mittel nicht mehr als 100 ppm (= 100 cm³/m³) betragen wird, und wenn dies auf der Grundlage von Messungen, die nach Inbetriebnahme der Garage über einen Zeitraum von mindestens einem Monat durchzuführen sind, von einem anerkannten Sachverständigen bestätigt wird.

(4) ¹Die maschinellen Abluftanlagen sind so zu bemessen und zu betreiben, daß der CO-Halbstundenmittelwert unter Berücksichtigung der regelmäßig zu erwartenden Verkehrsspitzen nicht mehr als 100 ppm beträgt. ²Diese Anforderungen gelten als erfüllt, wenn die Abluftanlage in Garagen mit geringem Zu- und Abgangsverkehr mindestens 6 m³, bei anderen Garagen mindestens 12 m³ Abluft in der Stunde je m² Garagennutzfläche abführen kann; für Garagen mit regelmäßig besonders hohen Verkehrsspitzen kann im Einzelfall ein Nachweis der nach Satz 1 erforderlichen Leistung der Abluftanlage verlangt werden.

(5) ¹Maschinelle Abluftanlagen müssen in jedem Lüftungssystem mindestens zwei gleich große Ventilatoren haben, die bei gleichzeitigem Betrieb zusammen den erforderlichen Gesamtvolumenstrom erbringen. ²Jeder Ventilator einer maschinellen Zu- und Abluftanlage muß aus einem eigenen Stromkreis gespeist werden, an den andere elektrische Anlage nicht angeschlossen werden dürfen. ³Soll das Lüftungssystem zeitweise nur mit einem Ventilator betrieben werden, müssen die Ventilatoren so geschaltet sein, daß sich bei Ausfall eines Ventilators der andere selbsttätig einschaltet.

(6) ¹Geschlossene Großgaragen mit nicht nur geringem Zu- und Abgangsverkehr müssen CO-Anlagen zur Messung und Warnung (CO-Warnanlagen) haben. ²Die CO-Warnanlagen müssen so beschaffen sein, daß die Garagenbenutzer bei einem CO-Gehalt der Luft von mehr als 250 ppm über Lautsprecher oder durch Blinkzeichen dazu aufgefordert werden, die Motoren abzustellen. ³Während dieses

**4 GarVO** §§ 16–18    Garagenverordnung

Zeitraumes müssen die Garagenausfahrten ständig offengehalten werden. ⁴Die CO-Warnanlagen müssen an eine Ersatzstromquelle angeschlossen sein.

**§ 16 Brandmeldeanlagen.** (1) ¹Großgaragen müssen Brandmeldeanlagen haben. ²Bei offenen Großgaragen genügt ein in unmittelbarer Nähe erreichbarer Fernsprechhauptanschluß.

(2) Geschlossene Mittelgaragen müssen Brandmeldeanlagen haben, wenn sie mit baulichen Anlagen oder Räumen in Verbindung stehen, für die Brandmeldeanlagen erforderlich sind.

(3) Jedes Auslösen selbsttätiger Feuerlöschanlagen ist über eine Brandmeldeanlage anzuzeigen.

**§ 17 Feuerlöschanlagen.** (1) Unterirdische Mittel- und Großgaragen müssen in allen Geschossen in der Nähe jedes Treppenraumes einer notwendigen Treppe über Wandhydranten an einer nassen Steigleitung verfügen.

(2) ¹Unterirdische Großgaragen müssen in allen Geschossen selbsttätige Feuerlöschanlagen mit über den Einstellplätzen verteilten Sprühdüsen haben, wenn das Gebäude nicht allein der Garagennutzung dient. ²Das gilt nicht, wenn die Großgarage zu Geschossen mit anderer Nutzung in keiner Verbindung steht.

## Teil IV. Betriebsvorschriften

**§ 18 Betriebsvorschriften für Garagen.** (1) In allgemein zugänglichen geschlossenen Großgaragen muß während der Betriebszeit mindestens eine Aufsichtsperson (Garagenwart) ständig anwesend sein.

(2) In Mittel- und Großgaragen muß die allgemeine elektrische Beleuchtung nach § 14 Abs. 1 während der Betriebszeit ständig mit einer Beleuchtungsstärke von mindestens 20 Lux eingeschaltet sein, soweit nicht Tageslicht mit einer entsprechenden Beleuchtungsstärke vorhanden ist.

(3) ¹Maschinelle Lüftungsanlagen und CO-Warnanlagen müssen so gewartet werden, daß sie ständig betriebsbereit sind. ²CO-Warnanlagen müssen ständig eingeschaltet sein.

(4) ¹In Mittel- und Großgaragen dürfen brennbare Stoffe außerhalb von Kraftfahrzeugen nicht aufbewahrt werden. ²In Kleingaragen dürfen bis zu 200 l Dieselkraftstoff und bis zu 20 l Benzin in dicht verschlossenen, bruchsicheren Behältern aufbewahrt werden.

(5) In geschlossenen Mittel- und Großgaragen ist es verboten, zu rauchen und offenes Feuer zu verwenden; auf das Verbot ist durch deutlich sichtbare und dauerhafte Anschläge mit dem Wortlaut „Feuer und Rauchen verboten!" hinzuweisen.

Garagenverordnung §§ 19–22 GarVO 4

**§ 19 Abstellen von Kraftfahrzeugen in anderen Räumen als Garagen.** (1) Kraftfahrzeuge dürfen in Treppenräumen, Fluren und Kellerräumen nicht abgestellt werden.

(2) Kraftfahrzeuge dürfen in sonstigen Räumen, die keine Garagen sind, nur abgestellt werden, wenn

1. das Gesamtfassungsvermögen der Kraftstoffbehälter aller abgestellten Kraftfahrzeuge nicht mehr als 12 l beträgt,
2. Kraftstoff, vom Inhalt der Kraftstoffbehälter abgestellter Kraftfahrzeuge abgesehen, in diesen Räumen nicht aufbewahrt wird und
3. diese Räume keine Zündquellen oder leicht entzündlichen Stoffe enthalten und von Räumen mit Feuerstätten oder leicht entzündlichen Stoffen durch dichtschließende Türen abgetrennt sind.

(3) Absatz 2 gilt nicht für Kraftfahrzeuge, die landwirtschaftliche Arbeitsmaschinen sind, und für Kraftfahrzeuge in Ausstellungsräumen, Verkaufsräumen, Werkstätten und Lagerräumen für Kraftfahrzeuge.

## Teil V. Prüfungen

**§ 20** *(aufgehoben)*

**§ 21 Prüfungen.** (1) Die Bauherrin oder der Bauherr oder die Betreiberin oder der Betreiber haben die technischen Anlagen und Einrichtungen, an die in dieser Verordnung Anforderungen gestellt werden, entsprechend der Verordnung über die Prüfung technischer Anlagen und Einrichtungen von Sonderbauten durch staatlich anerkannte Sachverständige und durch Sachkundige – Technische Prüfverordnung – (TPrüfVO) vom 5. Dezember 1995 (GV. NRW. S. 1236)[1]) prüfen zu lassen.

(2) ¹Die Bauaufsichtsbehörde hat Großgaragen in Zeitabständen von höchstens fünf Jahren zu prüfen. ²Dabei ist auch die Einhaltung der Betriebsvorschriften zu überwachen und festzustellen, ob die Prüfungen nach Absatz 1 fristgerecht durchgeführt und etwaige Mängel beseitigt worden sind. ³Die Bauaufsichtsbehörde kann auch Mittelgaragen prüfen.

(3) Bei Garagen des Bundes, des Landes und der Landschaftsverbände hat die zuständige Baudienststelle die Pflichten nach Absatz 2.

## Teil VI. Schlußvorschriften

**§ 22 Garagen ohne Fahrverkehr.** Die Anforderungen nach § 6, § 9 Abs. 1 bis 3, § 12 Abs. 3, § 13 Abs. 2 und 3 und § 14 Abs. 2 sowie

---

[1]) Nr. 3.

§ 15 gelten nicht für Garagen ohne Fahrverkehr, in denen die Fahrzeuge mit mechanischen Förderanlagen von der Garagenzufahrt zu den Garageneinstellplätzen befördert und ebenso zum Abholplatz an der Garagenausfahrt zurückbefördert werden.

**§ 23 Ordnungswidrigkeiten.** Ordnungswidrig nach § 79 Abs. 1 Nr. 14 BauO NRW handelt, wer vorsätzlich oder fahrlässig

1. entgegen § 15 Abs. 4 maschinelle Lüftungsanlagen so betreibt, daß der genannte Wert des CO-Gehaltes der Luft überschritten wird,
2. entgegen § 14 Abs. 1 geschlossene Mittel- und Großgaragen während der Betriebszeit nicht ständig beleuchtet.
3. entgegen § 18 Abs. 1 nicht dafür sorgt, daß in allgemein zugänglichen geschlossenen Großgaragen eine Aufsichtsperson während der Betriebszeit ständig anwesend ist.

**§ 24 Übergangsvorschriften.** *(nicht abgedruckt)*

**§ 25 Inkrafttreten.** Diese Verordnung tritt am Tage nach der Verkündung in Kraft.

## 5. Verordnung über den Bau von Betriebsräumen für elektrische Anlagen (Elt BauVO)

Vom 15. Februar 1974

(GV NRW S. 81/SGV NRW 232)

Auf Grund des § 102 Abs. 1 der Landesbauordnung (BauO NRW.) in der Fassung der Bekanntmachung vom 27. Januar 1970 (GV. NRW. S. 96) wird im Einvernehmen mit dem Minister für Arbeit, Gesundheit und Soziales verordnet:

### Inhaltsverzeichnis

| | §§ |
|---|---|
| Geltungsbereich | 1 |
| Begriffsbestimmung | 2 |
| Allgemeine Anforderungen | 3 |
| Anforderungen an elektrische Betriebsräume | 4 |
| Zusätzliche Anforderungen an elektrische Betriebsräume für Transformatoren und Schaltanlagen mit Nennspannungen über 1 kV | 5 |
| Zusätzliche Anforderungen an elektrische Betriebsräume für ortsfeste Stromerzeugungsaggregate | 6 |
| Zusätzliche Anforderungen an Batterieräume | 7 |
| Zusätzliche Bauvorlagen | 8 |
| Inkrafttreten | 9 |

**§ 1 Geltungsbereich.** (1) Diese Verordnung gilt für elektrische Betriebsräume mit den in § 3 Abs. 1 Nrn. 1 bis 3 genannten elektrischen Anlagen in

1. Waren- und sonstigen Geschäftshäusern,

2. Versammlungsstätten, ausgenommen Versammlungsstätten in Fliegenden Bauten,

3. Büro- und Verwaltungsgebäuden,

4. Krankenhäusern, Altenpflegeheimen, Entbindungs- und Säuglingsheimen,

5. Schulen und Sportstätten,

6. Beherbergungsstätten, Gaststätten,

7. geschlossenen Großgaragen und

8. Wohngebäuden.

(2) Diese Verordnung gilt nicht für elektrische Betriebsräume in freistehenden Gebäuden oder durch Brandwände abgetrennten Gebäudeteilen, wenn diese nur die elektrischen Betriebsräume enthalten.

5 Elt BauVO §§ 2–5   VO über elektrische Betriebsräume

**§ 2 Begriffsbestimmung.** Betriebsräume für elektrische Anlagen (elektrische Betriebsräume) sind Räume, die ausschließlich zur Unterbringung von Einrichtungen zur Erzeugung oder Verteilung elektrischer Energie oder zur Aufstellung von Batterien dienen.

**§ 3 Allgemeine Anforderungen.** (1) ¹Innerhalb von Gebäuden nach § 1 Abs. 1 müssen

1. Transformatoren und Schaltanlagen für Nennspannungen über 1 kV,
2. ortsfeste Stromerzeugungsaggregate und
3. Zentralbatterien für Sicherheitsbeleuchtung

in jeweils eigenen elektrischen Betriebsräumen untergebracht sein. ²Schaltanlagen für Sicherheitsbeleuchtung dürfen nicht in elektrischen Betriebsräumen mit Anlagen nach Satz 1 Nrn. 1 und 2 aufgestellt werden. ³Es kann verlangt werden, daß sie in eigenen elektrischen Betriebsräumen aufzustellen sind.

(2) ¹Die elektrischen Anlagen müssen den anerkannten Regeln der Technik entsprechen. ²Als anerkannte Regeln der Technik gelten die Bestimmungen des Verbandes Deutscher Elektrotechniker (VDE-Bestimmungen).

**§ 4 Anforderungen an elektrische Betriebsräume.** (1) ¹Elektrische Betriebsräume für die in § 3 Abs. 1 Nrn. 1 bis 3 genannten elektrischen Anlagen müssen so angeordnet sein, daß sie im Gefahrenfall von allgemein zugänglichen Räumen oder vom Freien leicht und sicher erreichbar sind und ungehindert verlassen werden können; sie dürfen von Treppenräumen mit notwendigen Treppen nicht unmittelbar zugänglich sein. ²Der Rettungsweg innerhalb elektrischer Betriebsräume bis zu einem Ausgang darf nicht länger als 40 m sein.

(2) ¹Die Räume müssen so groß sein, daß die elektrischen Anlagen ordnungsgemäß errichtet und betrieben werden können; sie müssen eine lichte Höhe von mindestens 2 m haben. ²Über Bedienungs- und Wartungsgängen muß eine Durchgangshöhe von mindestens 1,80 m vorhanden sein.

(3) Die Räume müssen ständig so wirksam be- und entlüftet werden, daß die beim Betrieb der Transformatoren und Stromerzeugungsaggregate entstehende Verlustwärme, bei Batterien die Gase, abgeführt werden.

(4) In elektrischen Betriebsräumen sollen Leitungen und Einrichtungen, die nicht zum Betrieb der elektrischen Anlagen erforderlich sind, nicht vorhanden sein.

**§ 5 Zusätzliche Anforderungen an elektrische Betriebsräume für Transformatoren und Schaltanlagen mit Nennspannungen über 1 kV.** (1) ¹Elektrische Betriebsräume für Transformatoren und Schaltanlagen mit Nennspannungen über 1 kV müssen von anderen

VO über elektrische Betriebsräume § 5 **Elt BauVO 5**

Räumen feuerbeständig abgetrennt sein. ²Wände von Räumen mit Öltransformatoren müssen außerdem so dick wie Brandwände sein. ³Öffnungen zur Durchführung von Kabeln sind mit nichtbrennbaren Baustoffen zu schließen.

(2) ¹Türen müssen mindestens feuerhemmend und selbstschließend sein sowie aus nichtbrennbaren Baustoffen bestehen; soweit sie ins Freie führen, genügen selbstschließende Türen aus nichtbrennbaren Baustoffen. ²Türen müssen nach außen aufschlagen. ³Türschlösser müssen so beschaffen sein, daß der Zutritt unbefugter Personen jederzeit verhindert ist, der Betriebsraum jedoch ungehindert verlassen werden kann. ⁴An den Türen muß außen ein Hochspannungswarnschild angebracht sein.

(3) ¹Elektrische Betriebsräume für Öltransformatoren dürfen sich nicht in Geschossen befinden, deren Fußboden mehr als 4 m unter der festgelegten Geländeoberfläche liegt. ²Sie dürfen auch nicht in Geschossen über dem Erdgeschoß liegen.

(4) ¹Die Zuluft für die Räume muß unmittelbar oder über besondere Lüftungsleitungen dem Freien entnommen, die Abluft unmittelbar oder über besondere Lüftungsleitungen ins Freie geführt werden. ²Lüftungsleitungen, die durch andere Räume führen, sind so herzustellen, daß Feuer und Rauch nicht in andere Räume übertragen werden können. ³Öffnungen von Lüftungsleitungen zum Freien müssen Schutzgitter haben.

(5) Fußböden müssen aus nichtbrennbaren Baustoffen bestehen; dies gilt nicht für Fußbodenbeläge.

(6) ¹Unter Transformatoren muß auslaufende Isolier- und Kühlflüssigkeit sicher aufgefangen werden können. ²Für höchstens drei Transformatoren mit jeweils bis zu 1000 l Isolierflüssigkeit in einem elektrischen Betriebsraum genügt es, wenn die Wände in der erforderlichen Höhe sowie der Fußboden undurchlässig ausgebildet sind; an den Türen müssen entsprechend hohe und undurchlässige Schwellen vorhanden sein.

(7) Fenster, die von außen leicht erreichbar sind, müssen so beschaffen oder gesichert sein, daß Unbefugte nicht in den elektrischen Betriebsraum eindringen können.

(8) ¹Räume mit Transformatoren dürfen vom Gebäudeinnern aus nur von Fluren und über Sicherheitsschleusen zugänglich sein. ²Bei Räumen mit Öltransformatoren muß mindestens ein Ausgang unmittelbar ins Freie oder über einen Vorraum ins Freie führen. ³Der Vorraum darf auch mit dem Schaltraum, jedoch nicht mit anderen Räumen in Verbindung stehen. ⁴Sicherheitsschleusen mit mehr als 20 cbm Luftraum müssen Rauchabzüge haben.

(9) ¹Abweichend von Absatz 8 Sätze 1 und 2 sind Sicherheitsschleusen und unmittelbar oder über einen Vorraum ins Freie führende Ausgänge nicht erforderlich bei Räumen mit Transformatoren in

231

**5 Elt BauVO** §§ 6, 7    VO über elektrische Betriebsräume

1. Geschäftshäusern mit Verkaufsstätten, die einzeln oder zusammen eine Verkaufsraumnutzfläche von nicht mehr als 2000 m² haben,
2. Versammlungsstätten, die nicht dem Geltungsbereich der Versammlungsstättenverordnung[1]) unterliegen,
3. Büro- oder Verwaltungsgebäuden, die keine Hochhäuser sind,
4. Krankenhäusern, Altenpflegeheimen, Entbindungs- und Säuglingsheimen mit nicht mehr als 30 Betten,
5. Schulen und Sportstätten, die keine Räume enthalten, auf welche die Versammlungsstättenverordnung[1]) anzuwenden ist,
6. Beherbergungsstätten mit nicht mehr als 30 Betten,
7. Wohngebäuden, die keine Hochhäuser sind.

²Die Wände von Räumen mit Öltransformatoren müssen von anderen Räumen feuerbeständig abgetrennt, Türen in diesen Trennwänden feuerbeständig und selbstschließend sein.

**§ 6 Zusätzliche Anforderungen an elektrische Betriebsräume für ortsfeste Stromerzeugungsaggregate.** (1) ¹Für elektrische Betriebsräume für ortsfeste Stromerzeugungsaggregate gilt § 5 Abs. 1, 2, 4 und 5 sinngemäß. ²Wände in der erforderlichen Höhe sowie der Fußboden müssen gegen wassergefährdende Flüssigkeiten undurchlässig ausgebildet sein; an den Türen muß eine mindestens 10 cm hohe Schwelle vorhanden sein.

(2) ¹Die Abgase von Verbrennungsmaschinen sind über besondere Leitungen ins Freie zu führen. ²Die Abgasrohre müssen von Bauteilen aus brennbaren Baustoffen einen Abstand von mindestens 10 cm haben. ³Werden Abgasrohre durch Bauteile aus brennbaren Baustoffen geführt, so sind die Bauteile im Umkreis von 10 cm aus nichtbrennbaren, formbeständigen Baustoffen herzustellen, wenn ein besonderer Schutz gegen strahlende Wärme nicht vorhanden ist.

(3) Die Räume müssen frostfrei sein oder beheizt werden können.

**§ 7 Zusätzlich Anforderungen an Batterieräume.** (1) ¹Räume für Zentralbatterien müssen von Räumen mit erhöhter Brandgefahr feuerbeständig, von anderen Räumen mindestens feuerhemmend getrennt sein. ²Dies gilt auch für Batterieschränke. ³§ 5 Abs. 4 gilt sinngemäß. ⁴Die Räume müssen frostfrei sein oder beheizt werden können. ⁵Öffnungen zur Durchführung von Kabeln sind mit nichtbrennbaren Baustoffen zu schließen.

(2) Türen müssen nach außen aufschlagen, in feuerbeständigen Trennwänden mindestens feuerhemmend und selbstschließend sein und in allen anderen Fällen aus nichtbrennbaren Baustoffen bestehen.

---

[1]) Nr. 10.

VO über elektrische Betriebsräume §§ 8, 9 **Elt BauVO 5**

(3) ¹Fußböden sowie Sockel für Batterien müssen gegen die Einwirkung der Elektrolyten widerstandsfähig sein. ²An den Türen muß eine Schwelle vorhanden sein, die auslaufende Elektrolyten zurückhält.

(4) Der Fußboden von Batterieräumen, in denen geschlossene Zellen aufgestellt werden, muß an allen Stellen für elektrostatische Ladungen einheitlich und ausreichend ableitfähig sein.

(5) Lüftungsanlagen müssen gegen die Einwirkungen des Elektrolyten widerstandsfähig sein.

(6) Das Rauchen und das Verwenden von offenem Feuer sind in den Batterieräumen verboten; hierauf ist durch Schilder an der Außenseite der Türen hinzuweisen.

**§ 8 Zusätzliche Bauvorlagen.** ¹Die Bauvorlagen müssen Angaben über die Lage des Betriebsraumes und die Art der elektrischen Anlage enthalten. ²Soweit erforderlich, müssen sie ferner Angaben über die Schallschutzmaßnahmen enthalten.

**§ 9 Inkrafttreten.** Diese Verordnung tritt am 1. Juli 1974 in Kraft.

# 6. Feuerungsverordnung – FeuVO NRW –[*)·1)]

Vom 21. Juli 1998

(GV NRW S. 481/SGV NRW 232)

Auf Grund des § 85 Abs. 1 Nrn. 1, 4 und 5 sowie Abs. 7 der Landesbauordnung (BauO NRW) vom 7. März 1995 (GV. NRW. S. 218) wird nach Anhörung des Ausschusses für Städtebau und Wohnungswesen des Landtags verordnet:

### Inhaltsübersicht

| | §§ |
|---|---|
| Einschränkung des Anwendungsbereichs | 1 |
| Begriffe | 2 |
| Verbrennungsluftversorgung von Feuerstätten | 3 |
| Aufstellung von Feuerstätten | 4 |
| Aufstellräume für Feuerstätten | 5 |
| Heizräume | 6 |
| Abgasanlagen | 7 |
| Abstände von Abgasanlagen zu brennbaren Bauteilen sowie zu Fenstern | 8 |
| Höhe der Mündungen von Schornsteinen und Abgasleitungen über Dach | 9 |
| Aufstellung von Wärmepumpen, Blockheizkraftwerken und Verbrennungsmotoren | 10 |
| Abführung der Ab- oder Verbrennungsgase von Wärmepumpen, Blockheizkraftwerken und Verbrennungsmotoren | 11 |
| Brennstofflagerung in Brennstofflagerräumen | 12 |
| Brennstofflagerung außerhalb von Brennstofflagerräumen | 13 |
| Flüssiggasanlagen und Dampfkesselanlagen | 14 |
| Inkrafttreten | 15 |

**§ 1 Einschränkung des Anwendungsbereichs.** Für Feuerstätten, Wärmepumpen und Blockheizkraftwerke gilt die Verordnung nur, soweit diese Anlagen der Beheizung von Räumen oder der Warmwasserversorgung dienen oder Gas-Haushalts-Kochgeräte sind.

**§ 2 Begriffe.** (1) Als Nennwärmeleistung gilt

1. die auf dem Typenschild der Feuerstätte angegebene Leistung,
2. die in den Grenzen des auf dem Typenschild angegebenen Wärmeleistungsbereiches fest eingestellte höchste Leistung der Feuerstätte oder

---

[*)] **Amtliche Fußnote:** Die Verpflichtungen aus der Richtlinie 83/189/EWG des Rates vom 28. März 1983 über ein Informationsverfahren auf dem Gebiet der Normen und technischen Vorschriften (ABl. EG Nr. L 109 S. 8), zuletzt geändert durch die Richtlinie 94/10/EG des Europäischen Parlaments und des Rates vom 23. März 1996 (ABl. EG Nr. L 100 S. 30), sind beachtet worden.
[1)] Siehe auch die VO über Kleinfeuerungsanlagen i.d.F. vom 14. 3. 1997 (BGBl. I S. 490) abgedruckt bei **Kloepfer** Umweltschutz, Nr. **620**.

**6 FeuVO** § 3  Feuerungsverordnung

3. bei Feuerstätten ohne Typenschild die nach der aus dem Brennstoffdurchsatz mit einem Wirkungsgrad von 80% ermittelte Leistung.

(2) Gesamtnennwärmeleistung ist die Summe der Nennwärmeleistungen der Feuerstätten, die gleichzeitig betrieben werden können.

**§ 3 Verbrennungsluftversorgung von Feuerstätten.** (1) Für raumluftabhängige Feuerstätten mit einer Gesamtnennwärmeleistung bis zu 35 kW gilt die Verbrennungsluftversorgung als nachgewiesen, wenn die Feuerstätten in einem Raum aufgestellt sind, der

1. mindestens eine Tür ins Freie oder ein Fenster, das geöffnet werden kann (Räume mit Verbindung zum Freien) und einen Rauminhalt von mindestens 4 m³ je 1 kW Gesamtnennwärmeleistung hat,
2. mit anderen Räumen mit Verbindung zum Freien nach Maßgabe des Absatzes 2 verbunden ist (Verbrennungsluftverbund) oder
3. eine ins Freie führende Öffnung mit einem lichten Querschnitt von mindestens 150 cm² oder zwei Öffnungen von je 75 cm² oder Leitungen ins Freie mit strömungstechnisch äquivalenten Querschnitten hat.

(2) ¹Der Verbrennungsluftverbund im Sinne des Absatzes 1 Nr. 2 zwischen dem Aufstellraum und Räumen mit Verbindung zum Freien muß durch Verbrennungsluftöffnungen von mindestens 150 cm² zwischen den Räumen hergestellt sein. ²Bei der Aufstellung von Feuerstätten in Nutzungseinheiten, wie Wohnungen, dürfen zum Verbrennungsluftverbund nur Räume derselben Wohnung oder Nutzungseinheit gehören. ³Der Gesamtrauminhalt der Räume, die zum Verbrennungsluftverbund gehören, muß mindestens 4 m³ je 1 kW Gesamtnennwärmeleistung der Feuerstätten betragen. ⁴Räume ohne Verbindung zum Freien sind auf den Gesamtrauminhalt nicht anzurechnen.

(3) Für raumluftabhängige Feuerstätten mit einer Gesamtnennwärmeleistung von mehr als 35 kW und nicht mehr als 50 kW gilt die Verbrennungsluftversorgung als nachgewiesen, wenn die Feuerstätten in Räumen aufgestellt sind, die die Anforderungen nach Absatz 1 Nr. 3 erfüllen.

(4) ¹Für raumluftabhängige Feuerstätten mit einer Gesamtnennwärmeleistung von mehr als 50 kW gilt die Verbrennungsluftversorgung als nachgewiesen, wenn die Feuerstätten in Räumen aufgestellt sind, die eine ins Freie führende Öffnung oder Leitung haben. ²Der Querschnitt der Öffnung muß mindestens 150 cm² und für jedes über 50 kW Nennwärmeleistung hinausgehende kW Nennwärmeleistung 2 cm² mehr betragen. ³Leitungen müssen strömungstechnisch äquivalent bemessen sein. ⁴Der erforderliche Querschnitt darf auf höchstens zwei Öffnungen oder Leitungen aufgeteilt sein.

(5) ¹Verbrennungsluftöffnungen und -leitungen dürfen nicht verschlossen oder zugestellt werden, sofern nicht durch besondere Sicher-

Feuerungsverordnung § 4 FeuVO 6

heitseinrichtungen gewährleistet ist, daß die Feuerstätten nur bei geöffnetem Verschluß betrieben werden können. ²Der erforderliche Querschnitt darf durch den Verschluß oder durch Gitter nicht verengt werden.

(6) Abweichend von den Absätzen 1 bis 4 kann für raumluftabhängige Feuerstätten eine ausreichende Verbrennungsluftversorgung auf andere Weise nachgewiesen werden.

(7) ¹Die Absätze 1 und 2 gelten nicht für Gas-Haushalts-Kochgeräte. ²Die Absätze 1 bis 4 gelten nicht für offene Kamine.

**§ 4 Aufstellung von Feuerstätten.** (1) Feuerstätten dürfen nicht aufgestellt werden

1. in Treppenräumen, außer in Wohngebäuden mit nicht mehr als zwei Wohnungen,
2. in notwendigen Fluren,
3. in Garagen, ausgenommen raumluftunabhängige Gasfeuerstätten, die innerhalb der Garagen nicht wärmer als 300 °C werden können.

(2) Raumluftabhängige Feuerstätten dürfen in Räumen, Wohnungen oder Nutzungseinheiten vergleichbarer Größe, aus denen Luft mit Hilfe von Ventilatoren, wie Lüftungs- oder Warmluftheizungsanlagen, Dunstabzugshauben, Abluft-Wäschetrockner, abgesaugt wird, nur aufgestellt werden, wenn

1. ein gleichzeitiger Betrieb der Feuerstätten und der luftabsaugenden Anlagen durch Sicherheitseinrichtungen verhindert wird,
2. die Abgasabführung durch besondere Sicherheitseinrichtungen überwacht wird,
3. die Abgase der Feuerstätten über die luftabsaugenden Anlagen abgeführt werden oder
4. durch die Bauart oder die Bemessung der luftabsaugenden Anlagen sichergestellt ist, daß kein gefährlicher Unterdruck entstehen kann.

(3) ¹Raumluftabhängige Gasfeuerstätten mit Strömungssicherung mit einer Nennwärmeleistung von mehr als 7 kW dürfen in Wohnungen und Nutzungseinheiten vergleichbarer Größe nur aufgestellt werden, wenn durch besondere Einrichtungen an den Feuerstätten sichergestellt ist, daß Abgase in gefahrdrohender Menge nicht in den Aufstellraum eintreten können. ²Das gilt nicht für Feuerstätten, deren Aufstellräume ausreichend gelüftet sind und gegenüber anderen Räumen keine Öffnungen, ausgenommen Öffnungen für Türen, haben; die Türen müssen dicht- und selbstschließend sein.

(4) Gasfeuerstätten ohne Flammenüberwachung dürfen nur in Räumen aufgestellt werden, bei denen durch mechanische Lüftungsanlagen sichergestellt ist, daß während des Betriebes der Feuerstätten stündlich mindestens ein fünffacher Luftwechsel sichergestellt ist; für

Gas-Haushalts-Kochgeräte genügt ein Außenluftvolumenstrom von 100 m³/h.

(5) Gasfeuerstätten nach § 43 Abs. 6 Nr. 3 BauO NRW ohne Abgasanlage dürfen in Räumen nur aufgestellt werden, wenn die besonderen Sicherheitseinrichtungen der Feuerstätten verhindern, daß die Kohlenmonoxid-Konzentration in den Aufstellräumen einen Wert von 30 ppm überschreitet.

(6) ¹Brennstoffleitungen müssen unmittelbar vor in Räumen aufgestellten Gasfeuerstätten mit einer Vorrichtung ausgerüstet sein, die

1. bei einer äußeren thermischen Beanspruchung von mehr als 100 °C die weitere Brennstoffzufuhr selbsttätig absperrt und

2. so beschaffen ist, daß bis zu einer Temperatur von 650 °C über einen Zeitraum von mindestens 30 Minuten nicht mehr als 30 l/h, gemessen als Luftvolumenstrom, durch- oder ausströmen können.

²Dies gilt nicht, wenn die Gasfeuerstätten bereits entsprechend ausgerüstet sind.

(7) Feuerstätten für Flüssiggas (Propan, Butan und deren Gemische) dürfen in Räumen, deren Fußboden an jeder Stelle mehr als 1 m unter der Geländeoberfläche liegt, nur aufgestellt werden, wenn

1. die Feuerstätten eine Flammenüberwachung haben und

2. sichergestellt ist, daß auch bei abgeschalteter Feuerungseinrichtung Flüssiggas aus den im Aufstellraum befindlichen Brennstoffleitungen in gefahrdrohender Menge nicht austreten kann oder über eine mechanische Lüftungsanlage sicher abgeführt wird.

(8) ¹Feuerstätten müssen von Bauteilen aus brennbaren Baustoffen und von Einbaumöbeln so weit entfernt oder so abgeschirmt sein, daß an diesen bei Nennwärmeleistung der Feuerstätten keine höheren Temperaturen als 85 °C auftreten können. ²Andernfalls muß ein Abstand von mindestens 40 cm eingehalten werden.

(9) ¹Von den Feuerungsöffnungen von Feuerstätten für feste Brennstoffe sind Fußböden aus brennbaren Baustoffen durch einen Belag aus nichtbrennbaren Baustoffen zu schützen. ²Der Belag muß sich nach vorn auf mindestens 50 cm und seitlich auf mindestens 30 cm über die Feuerungsöffnung hinaus erstrecken.

(10) ¹Bauteile aus brennbaren Baustoffen müssen von den Feuerraumöffnungen offener Kamine nach oben und nach den Seiten einen Abstand von mindestens 80 cm haben. ²Bei Anordnung eines beiderseits belüfteten Strahlungsschutzes genügt ein Abstand von 40 cm.

**§ 5 Aufstellräume für Feuerstätten.** (1) ¹Feuerstätten mit einer Gesamtnennwärmeleistung von mehr als 50 kW dürfen nur in Räumen aufgestellt werden,

Feuerungsverordnung § 6 **FeuVO 6**

1. die nicht anderweitig genutzt werden, ausgenommen zur Aufstellung von Wärmepumpen, Blockheizkraftwerken, ortsfesten Verbrennungsmotoren sowie zur Lagerung von Brennstoffen,
2. die gegenüber anderen Räumen keine Öffnungen, ausgenommen Öffnungen für Türen, haben,
3. deren Türen dicht- und selbstschließend sind und
4. die gelüftet werden können.

²In den Räumen nach Satz 1 dürfen jedoch Feuerstätten für feste Brennstoffe nur aufgestellt werden, wenn deren Gesamtnennwärmeleistung nicht mehr als 50 kW beträgt.

(2) ¹Brenner und Brennstofffördereinrichtungen der Feuerstätten für flüssige und gasförmige Brennstoffe mit einer Gesamtnennwärmeleistung von mehr als 50 kW müssen durch einen außerhalb des Aufstellraumes angeordneten Schalter (Notschalter) jederzeit abgeschaltet werden können. ²Neben dem Notschalter muß ein Schild mit der Aufschrift „NOTSCHALTER – FEUERUNG" vorhanden sein.

(3) Wird in dem Aufstellraum Heizöl gelagert oder ist der Raum für die Heizöllagerung nur vom Aufstellraum zugänglich, muß die Heizölzufuhr von der Stelle des Notschalters aus durch eine entsprechend gekennzeichnete Absperreinrichtung unterbrochen werden können.

(4) Abweichend von Absatz 1 dürfen die Feuerstätten auch in anderen Räumen aufgestellt werden, wenn

1. sie der Beheizung nur des Aufstellraumes dienen und die Feuerstätten sicher betrieben werden können oder
2. diese Räume in freistehenden Gebäuden liegen, die allein dem Betrieb der Feuerstätten sowie der Brennstofflagerung dienen.

**§ 6 Heizräume.** (1) ¹Feuerstätten für feste Brennstoffe mit einer Gesamtnennwärmeleistung von mehr als 50 kW dürfen nur in besonderen Räumen (Heizräumen) aufgestellt werden; § 5 Abs. 3 und 4 gilt entsprechend. ²Die Heizräume dürfen

1. nicht anderweitig genutzt werden, ausgenommen zur Aufstellung von Wärmepumpen, Blockheizkraftwerken und ortsfesten Verbrennungsmotoren sowie zur Lagerung von Brennstoffen, und
2. mit Aufenthaltsräumen, ausgenommen solche für das Betriebspersonal, sowie mit Treppenräumen notwendiger Treppen nicht in unmittelbarer Verbindung stehen.

³In Heizräumen dürfen auch Feuerstätten für flüssige und gasförmige Brennstoffe aufgestellt sein; § 5 Abs. 2 gilt entsprechend.

(2) Heizräume müssen

1. mindestens einen Rauminhalt von 8 m³ und ein lichte Höhe von 2 m,

2. einen Ausgang, der ins Freie oder in einen Flur führt, der die Anforderungen an notwendige Flure erfüllt,
3. Türen, die in Fluchtrichtung aufschlagen,
haben.

(3) ¹Wände, ausgenommen nichttragende Außenwände, und Stützen von Heizräumen sowie Decken über und unter ihnen müssen feuerbeständig sein. ²Deren Öffnungen müssen, soweit sie nicht unmittelbar ins Freie führen, mindestens feuerhemmende und selbstschließende Abschlüsse haben. ³Die Sätze 1 und 2 gelten nicht für Trennwände zwischen Heizräumen und den zum Betrieb der Feuerstätten gehörenden Räumen, wenn diese Räume die Anforderungen der Sätze 1 und 2 erfüllen.

(4) ¹Heizräume müssen zur Raumlüftung jeweils eine obere und eine untere Öffnung ins Freie mit einem Querschnitt von mindestens je 150 cm² oder Leitungen ins Freie mit strömungstechnisch äquivalenten Querschnitten haben. ²Der Querschnitt einer Öffnung oder Leitung darf auf die Verbrennungsluftversorgung nach § 3 Abs. 4 angerechnet werden.

(5) ¹Lüftungsleitungen für Heizräume müssen eine Feuerwiderstandsdauer von mindestens 90 Minuten haben, soweit sie durch andere Räume führen, ausgenommen angrenzende, zum Betrieb der Feuerstätten gehörende Räume, die die Anforderungen nach Absatz 3 Sätze 1 und 2 erfüllen. ²Die Lüftungsleitungen dürfen mit anderen Lüftungsanlagen nicht verbunden sein und nicht der Lüftung anderer Räume dienen.

(6) Lüftungsleitungen, die der Lüftung anderer Räume dienen, müssen, soweit sie durch Heizräume führen,
1. eine Feuerwiderstandsdauer von mindestens 90 Minuten oder selbsttätige Absperrvorrichtungen für eine Feuerwiderstandsdauer von mindestens 90 Minuten haben und
2. ohne Öffnungen sein.

**§ 7 Abgasanlagen.** (1) Abgasanlagen müssen nach lichtem Querschnitt und Höhe, soweit erforderlich auch nach Wärmedurchlaßwiderstand und innerer Oberfläche, so bemessen sein, daß die Abgase bei allen bestimmungsgemäßen Betriebszuständen ins Freie abgeführt werden und gegenüber Räumen kein gefährlicher Überdruck auftreten kann.

(2) Die Abgase von Feuerstätten für feste Brennstoffe müssen in Schornsteine, die Abgase von Feuerstätten für flüssige oder gasförmige Brennstoffe dürfen auch in Abgasleitungen eingeleitet werden.

(3) Mehrere Feuerstätten dürfen an einen gemeinsamen Schornstein, an eine gemeinsame Abgasleitung oder an ein gemeinsames Verbindungsstück nur angeschlossen werden, wenn

Feuerungsverordnung § 7 FeuVO 6

1. durch die Bemessung nach Absatz 1 die Ableitung der Abgase für jeden Betriebszustand sichergestellt ist,

2. bei Ableitung der Abgase unter Überdruck die Übertragung von Abgasen zwischen den Aufstellräumen und ein Austritt von Abgasen über nicht in Betrieb befindliche Feuerstätten ausgeschlossen sind und

3. bei gemeinsamer Abgasleitung die Abgasleitung aus nichtbrennbaren Baustoffen besteht oder eine Brandübertragung zwischen den Geschossen durch selbsttätige Absperrvorrichtungen oder andere Maßnahmen verhindert wird.

(4) ¹Luft-Abgas-Systeme sind zur Abgasabführung nur zulässig, wenn sie getrennte Luft- und Abgasschächte haben. ²An diese Systeme dürfen nur raumluftunabhängige Gasfeuerstätten angeschlossen werden, deren Bauart sicherstellt, daß sie für diese Betriebsweise geeignet sind.

(5) ¹In Gebäuden muß jede Abgasleitung, soweit sie Geschosse überbrückt, in einem eigenen Schacht angeordnet sein. ²Die Anordnung mehrerer Abgasleitungen in einem gemeinsamen Schacht ist zulässig, wenn

1. die Abgasleitungen aus nichtbrennbaren Baustoffen bestehen,

2. die zugehörigen Feuerstätten in demselben Geschoß aufgestellt sind oder

3. eine Brandübertragung zwischen den Geschossen durch selbsttätige Absperrvorrichtungen oder andere Maßnahmen verhindert wird.

³Die Schächte müssen eine Feuerwiderstandsdauer von mindestens 90 Minuten, in Wohngebäuden geringer Höhe von mindestens 30 Minuten haben. ⁴Satz 1 gilt nicht für Abgasleitungen, die eine Feuerwiderstandsdauer von mindestens 90 Minuten, in Wohngebäuden geringer Höhe von mindestens 30 Minuten haben.

(6) Schornsteine müssen

1. gegen Rußbrände beständig sein,

2. in Gebäuden, soweit sie Geschosse überbrücken, eine Feuerwiderstandsdauer von mindestens 90 Minuten haben,

3. unmittelbar auf dem Baugrund gegründet oder auf einem feuerbeständigen Unterbau errichtet sein; es genügt ein Unterbau aus nichtbrennbaren Baustoffen für Schornsteine in Gebäuden geringer Höhe, für Schornsteine, die oberhalb der obersten Geschoßdecke beginnen sowie für Schornsteine an Gebäuden,

4. durchgehend sein; sie dürfen insbesondere nicht durch Decken unterbrochen sein und

5. für die Reinigung Öffnungen mit Schornsteinreinigungsverschlüssen haben.

(7) ¹Schornsteine, Abgasleitungen und Verbindungsstücke, die unter Überdruck betrieben werden, müssen innerhalb von Gebäuden
1. vollständig in vom Freien dauernd gelüfteten Räumen liegen,
2. in Räumen liegen, die § 3 Abs. 1 Nr. 3 entsprechen, oder
3. der Bauart nach so beschaffen sein, daß Abgase in gefahrdrohender Menge nicht austreten können.

²Für Abgasleitungen genügt, wenn sie innerhalb von Gebäuden über die gesamte Länge hinterlüftet sind.

(8) Verbindungsstücke dürfen nicht in Decken, Wänden oder unzugänglichen Hohlräumen angeordnet oder in andere Geschosse geführt werden.

**§ 8 Abstände von Abgasanlagen zu brennbaren Bauteilen sowie zu Fenstern.** (1) ¹Schornsteine müssen
1. von Holzbalken und von Bauteilen entsprechender Abmessungen aus brennbaren Baustoffen einen Abstand von mindestens 2 cm,
2. von sonstigen Bauteilen aus brennbaren Baustoffen einen Abstand von mindestens 5 cm

einhalten. ²Dies gilt nicht für Schornsteine, die nur mit geringer Fläche an Bauteile, wie Fußleisten und Dachlatten, angrenzen. ³Zwischenräume in Decken- und Dachdurchführungen müssen mit nichtbrennbaren Baustoffen geringer Wärmeleitfähigkeit ausgefüllt sein.

(2) ¹Abgasleitungen außerhalb von Schächten müssen von Bauteilen aus brennbaren Baustoffen einen Abstand von mindestens 20 cm einhalten. ²Es genügt ein Abstand von mindestens 5 cm, wenn die Abgasleitungen mindestens 2 cm dick mit nichtbrennbaren Dämmstoffen ummantelt sind oder wenn die Abgastemperatur der Feuerstätten bei Nennwärmeleistung nicht mehr als 160 °C betragen kann.

(3) ¹Verbindungsstücke zu Schornsteinen müssen von Bauteilen aus brennbaren Baustoffen einen Abstand von mindestens 40 cm einhalten. ²Es genügt ein Abstand von mindestens 10 cm, wenn die Verbindungsstücke mindestens 2 cm dick mit nichtbrennbaren Dämmstoffen ummantelt sind.

(4) ¹Abgasleitungen sowie Verbindungsstücke zu Schornsteinen müssen, soweit sie durch Bauteile aus brennbaren Baustoffen führen,
1. in einem Abstand von mindestens 20 cm mit einem Schutzrohr aus nichtbrennbaren Baustoffen versehen oder
2. in einem Umkreis von mindestens 20 cm mit nichtbrennbaren Baustoffen geringer Wärmeleitfähigkeit ummantelt

sein. ²Abweichend von Satz 1 Nrn. 1 und 2 genügt ein Abstand von 5 cm, wenn die Abgastemperatur der Feuerstätten bei Nennwärmeleistung nicht mehr als 160 °C betragen kann oder Gasfeuerstätten eine Strömungssicherung haben.

Feuerungsverordnung §§ 9, 10 **FeuVO 6**

(5) Abgasleitungen an Gebäuden müssen von Fenstern einen Abstand von mindestens 20 cm haben.

(6) Geringere Abstände als nach den Absätzen 1 bis 4 sind zulässig, wenn sichergestellt ist, daß an den Bauteilen aus brennbaren Baustoffen bei Nennwärmeleistung der Feuerstätten keine höheren Temperaturen als 85 °C auftreten können.

**§ 9 Höhe der Mündungen von Schornsteinen und Abgasleitungen über Dach.** (1) Die Mündungen von Schornsteinen und Abgasleitungen müssen

1. den First um mindestens 40 cm überragen oder von der Dachfläche mindestens 1 m entfernt sein; bei raumluftunabhängigen Gasfeuerstätten genügt ein Abstand von der Dachfläche von 40 cm, wenn die Gesamtnennwärmeleistung der Feuerstätten nicht mehr als 50 kW beträgt und das Abgas durch Ventilatoren abgeführt wird,
2. Dachaufbauten und Öffnungen zu Räumen um mindestens 1 m überragen, soweit deren Abstand zu den Schornsteinen und Abgasleitungen weniger als 1,5 m beträgt,
3. ungeschützte Bauteile aus brennbaren Baustoffen, ausgenommen Bedachungen, um mindestens 1 m überragen oder von ihnen mindestens 1,5 m entfernt sein,
4. bei Feuerstätten für feste Brennstoffe in Gebäuden, deren Bedachung überwiegend nicht den Anforderungen des § 35 Abs. 1 BauO NRW entspricht, am First des Daches austreten und diesen um mindestens 80 cm überragen.

(2) Abweichend von Absatz 1 Nrn. 1 und 2 können weitergehende Anforderungen gestellt werden, wenn Gefahren oder unzumutbare Belästigungen zu befürchten sind.

**§ 10 Aufstellung von Wärmepumpen, Blockheizkraftwerken und ortsfesten Verbrennungsmotoren.** (1) Für die Aufstellung von

1. Sorptionswärmepumpen mit feuerbeheizten Austreibern,
2. Blockheizkraftwerken in Gebäuden und
3. ortsfesten Verbrennungsmotoren

gelten § 3 Abs. 1 bis 6 sowie § 4 Abs. 1 bis 8 entsprechend.

(2) Es dürfen

1. Sorptionswärmepumpen mit einer Nennwärmeleistung der Feuerung von mehr als 50 kW,
2. Wärmepumpen, die die Abgaswärme von Feuerstätten mit einer Gesamtnennwärmeleistung von mehr als 50 kW nutzen,
3. Kompressionswärmepumpen mit elektrisch angetriebenen Verdichtern mit Antriebsleistungen von mehr als 50 kW,
4. Kompressionswärmepumpen mit Verbrennungsmotoren,

5. Blockheizkraftwerke in Gebäuden und

6. ortsfeste Verbrennungsmotoren

nur in Räumen aufgestellt werden, die die Anforderungen nach § 5 erfüllen.

**§ 11 Abführung der Ab- oder Verbrennungsgase von Wärmepumpen, Blockheizkraftwerken und ortsfesten Verbrennungsmotoren.** (1) ¹Die Verbrennungsgase von Blockheizkraftwerken und ortsfesten Verbrennungsmotoren in Gebäuden sind durch eigene, dichte Leitungen über Dach abzuleiten. ²Mehrere Verbrennungsmotoren dürfen an eine gemeinsame Leitung angeschlossen werden, wenn die ein-wandfreie Abführung der Verbrennungsgase nachgewiesen ist. ³Die Leitungen dürfen außerhalb der Aufstellräume der Verbrennungsmotoren nur nach Maßgabe der § 7 Abs. 5 und 7 sowie § 8 angeordnet sein.

(2) Die Einleitung der Verbrennungsgase in Schornsteine oder Abgasleitungen für Feuerstätten ist nur zulässig, wenn die einwandfreie Abführung der Verbrennungsgase und, soweit Feuerstätten angeschlossen sind, auch die einwandfreie Abführung der Abgase nachgewiesen ist.

(3) Für die Abführung der Abgase von Sorptionswärmepumpen mit feuerbeheizten Austreibern und Abgaswärmepumpen gelten die §§ 7 bis 9 sowie § 43 Abs. 5 BauO NRW entsprechend.

**§ 12 Brennstofflagerung in Brennstofflagerräumen.** (1) ¹Je Gebäude oder Brandabschnitt dürfen

1. feste Brennstoffe in einer Menge von mehr als 15 000 kg,

2. Heizöl und Dieselkraftstoff in Behältern mit mehr als insgesamt 5 000 l oder

3. Flüssiggas in Behältern mit einem Füllgewicht von mehr als insgesamt 14 kg

nur in besonderen Räumen (Brennstofflagerräumen) gelagert werden, die nicht zu anderen Zwecken genutzt werden dürfen. ²Das Fassungsvermögen der Behälter darf insgesamt 100 000 l Heizöl oder Dieselkraftstoff oder 6 500 l Flüssiggas je Brennstofflagerraum und 30 000 l Flüssiggas je Gebäude oder Brandabschnitt nicht überschreiten.

(2) ¹Wände und Stützen von Brennstofflagerräumen sowie Decken über oder unter ihnen müssen feuerbeständig sein. ²Durch Decken und Wände von Brennstofflagerräumen dürfen keine Leitungen geführt werden, ausgenommen Leitungen, die zum Betrieb dieser Räume erforderlich sind, sowie Heizrohrleitungen, Wasserleitungen und Abwasserleitungen. ³Türen von Brennstofflagerräumen müssen mindestens feuerhemmend und selbstschließend sein. ⁴Die Sätze 1 und 3

Feuerungsverordnung § 13 FeuVO 6

gelten nicht für Trennwände zwischen Brennstofflagerräumen und Heizräumen.

(3) Brennstofflagerräume für flüssige Brennstoffe

1. müssen gelüftet und von der Feuerwehr vom Freien aus beschäumt werden können,
2. dürfen nur Bodenabläufe mit Heizölsperren oder Leichtflüssigkeitsabscheidern haben und
3. müssen an den Zugängen mit der Aufschrift „HEIZÖLLAGERUNG" oder „DIESELKRAFTSTOFFLAGERUNG" gekennzeichnet sein.

(4) ¹Brennstofflagerräume für Flüssiggas

1. müssen über eine ständig wirksame Lüftung verfügen,
2. dürfen nur mit elektrischen Anlagen ausgestattet sein, die den Anforderungen der Vorschriften aufgrund des § 11 des Gerätesicherheitsgesetzes für elektrische Anlagen in explosionsgefährdeten Räumen entsprechen,
3. dürfen keine Öffnungen zu anderen Räumen, ausgenommen Öffnungen für Türen, und keine offenen Schächte und Kanäle haben,
4. dürfen mit ihren Fußböden nicht allseitig unterhalb der Geländeoberfläche liegen,
5. dürfen in ihren Fußböden keine Öffnungen haben und
6. müssen an ihren Zugängen mit der Aufschrift „FLÜSSIGGASANLAGE" gekennzeichnet sein.

²Nummer 2 gilt auch dann, wenn die Brennstofflagerräume weder gewerblichen noch wirtschaftlichen Zwecken dienen und in ihrem Gefahrenbereich keine Arbeitnehmer beschäftigt werden.

**§ 13 Brennstofflagerung außerhalb von Brennstofflagerräumen.** (1) In Wohnungen dürfen gelagert werden

1. Heizöl oder Dieselkraftstoff in einem Behälter bis zu 100 l oder in Kanistern bis zu insgesamt 40 l,
2. Flüssiggas in einem Behälter mit einem Füllgewicht von nicht mehr als 14 kg, wenn die Fußböden allseitig oberhalb der Geländeoberfläche liegen und außer Abläufen mit Flüssigkeitsverschluß keine Öffnungen haben.

(2) In sonstigen Räumen dürfen Heizöl oder Dieselkraftstoff von mehr als 1000 l und nicht mehr als 5000 l je Gebäude oder Brandabschnitt gelagert werden, wenn sie

1. die Anforderungen des § 5 Abs. 1 erfüllen und
2. nur Bodenabläufe mit Heizölsperren oder Leichtflüssigkeitsabscheidern haben.

(3) Sind in den Räumen nach Absatz 2 Feuerstätten aufgestellt, müssen diese

1. außerhalb des Auffangraumes für auslaufenden Brennstoff stehen und
2. einen Abstand von mindestens 1 m zu Lagerbehältern für Heizöl oder Dieselkraftstoff haben, soweit nicht ein Strahlungsschutz vorhanden ist.

**§ 14 Flüssiggasanlagen und Dampfkesselanlagen.** (1) ¹Druckbehälter für Flüssiggas einschließlich ihrer Rohrleitungen (Flüssiggasanlagen) und Dampfkesselanlagen müssen weitergehenden Anforderungen der Vorschriften aufgrund des § 11 des Gerätesicherheitsgesetzes[1] auch dann entsprechen, wenn sie weder gewerblichen noch wirtschaftlichen Zwecken dienen und in ihrem Gefahrenbereich keine Arbeitnehmer beschäftigt werden. ²Dies gilt auch für die Vorschriften über die Prüfung durch Sachverständige. ³Die Sätze 1 und 2 gelten nicht für die in den Vorschriften genannten Flüssiggasanlagen und Dampfkesselanlagen, auf die diese Vorschriften keine Anwendung finden.

(2) Zuständige Behörden im Sinne der Vorschriften nach Absatz 1 sind die unteren Bauaufsichtsbehörden.

**§ 15 Inkrafttreten.** (1) Diese Verordnung tritt am Tage nach der Verkündung in Kraft.

(2) Mit Inkrafttreten dieser Verordnung tritt die Feuerungsverordnung vom 3. Dezember 1975 (GV. NRW. S. 676), geändert durch Verordnung vom 17. Februar 1984 (GV. NRW. S. 204), außer Kraft.

---

[1] **Sartorius** Nr. 803.

# 7. Verordnung
## über staatlich anerkannte Sachverständige
## nach der Landesbauordnung (SV-VO)

Vom 29. April 2000
(GV NRW S. 432/SGV NRW 232)
§§ 24, 25 geändert, Anlagen 1 und 2 neugefasst durch Art. 59 EuroAnpG vom 25. 9. 2001
(GV NRW S. 708)

Aufgrund des § 85 Abs. 2 Satz 1 Nr. 4 der Landesbauordnung (BauO NRW) vom 7. März 1995 (GV. NRW. S. 218), zuletzt geändert durch Gesetz vom 9. November 1999 (GV. NRW. S. 622) wird nach Anhörung des Ausschusses für Städtebau und Wohnungswesen verordnet:

### Inhaltsverzeichnis

**Erster Abschnitt. Allgemeine Vorschriften** §§

Anwendungsbereich .................................................................................................. 1
Anerkennung ............................................................................................................ 2
Allgemeine Voraussetzungen für die Anerkennung ................................................ 3
Anerkennungsverfahren ............................................................................................ 4
Erlöschen, Rücknahme, Widerruf ............................................................................ 5
Führung der Bezeichnung staatlich anerkannte Sachverständige/staatlich anerkannter
Sachverständiger ....................................................................................................... 5a
Pflichten ................................................................................................................... 6
Verzeichnis ............................................................................................................... 7

**Zweiter Abschnitt. Staatlich anerkannte Sachverständige für die Prüfung der Standsicherheit**

Umfang der Anerkennung ....................................................................................... 8
Besondere Voraussetzungen für die Anerkennung ................................................. 9
Anerkennungsverfahren ........................................................................................... 10
Prüfungsausschuss .................................................................................................... 11
Aufgabenerledigung ................................................................................................. 12

**Dritter Abschnitt. Staatlich anerkannte Sachverständige für die Prüfung des Brandschutzes**

Besondere Voraussetzungen für die Anerkennung ................................................. 13
Anerkennungsverfahren ........................................................................................... 14
Prüfungsausschuss .................................................................................................... 15
Aufgabenerledigung ................................................................................................. 16

**Vierter Abschnitt. Staatlich anerkannte Sachverständige für Erd- und Grundbau**

Besondere Voraussetzungen für die Anerkennung ................................................. 17
Anerkennungsverfahren ........................................................................................... 18
Aufgabenerledigung ................................................................................................. 19

**Fünfter Abschnitt. Staatlich anerkannte Sachverständige für Schall- und Wärmeschutz**

Besondere Voraussetzungen für die Anerkennung ................................................. 20
Anerkennungsverfahren ........................................................................................... 21
Anerkennungsausschuss ........................................................................................... 22
Aufgabenerledigung ................................................................................................. 23

# 7 SV-VO §§ 1–3   Sachverständigenverordnung

**Sechster Abschnitt**
Entgeltregelung ........................................................................................ 24
**Siebter Abschnitt**
Ordnungswidrigkeiten ............................................................................ 25
Inkrafttreten, Außerkrafttreten ............................................................. 26

## Erster Abschnitt. Allgemeine Vorschriften

**§ 1 Anwendungsbereich.** (1) Staatlich anerkannte Sachverständige sind nach Maßgabe der Vorschriften der Landesbauordnung berechtigt, in ihren Fachbereichen die erforderlichen Nachweise aufzustellen, Prüfungen vorzunehmen und Bescheinigungen auszustellen.

(2) Sachverständige nach dieser Verordnung werden für folgende Fachbereiche staatlich anerkannt:

1. Standsicherheit in den Fachrichtungen Massivbau, Metallbau und Holzbau,
2. baulicher Brandschutz,
3. Erd- und Grundbau,
4. Schall- und Wärmeschutz.

(3) Der statisch-konstruktive Brandschutz ist dem Bereich Standsicherheit zugeordnet.

**§ 2 Anerkennung.** (1) Die Anerkennung erfolgt durch die Architektenkammer Nordrhein-Westfalen oder die Ingenieurkammer-Bau Nordrhein-Westfalen und kann für einen oder mehrere Fachbereiche gemäß § 1 Abs. 2 ausgesprochen werden.

(2) Vergleichbare Anerkennungen anderer Länder der Bundesrepublik Deutschland gelten auch im Land Nordrhein-Westfalen.

**§ 3 Allgemeine Voraussetzungen für die Anerkennung.** (1) Als staatlich anerkannte Sachverständige können nur solche Personen anerkannt werden, die die persönlichen und fachlichen Voraussetzungen erfüllen und zuverlässig sind.

(2) Die persönlichen Voraussetzungen erfüllt, wer Mitglied in der Architektenkammer Nordrhein-Westfalen oder der Ingenieurkammer-Bau Nordrhein-Westfalen ist und mindestens drei Jahre Berufserfahrung in dem Bereich hat, in dem die Antragstellerin oder der Antragsteller ihre oder seine Sachverständigentätigkeit ausüben will, sofern in den anderen Abschnitten keine abweichenden Regelungen getroffen werden.

(3) [1]Die fachlichen Voraussetzungen erfüllen Personen, die zum Zeitpunkt der Antragstellung die in den folgenden Abschnitten gestellten besonderen Anforderungen nachgewiesen haben. [2]Die Be-

Sachverständigenverordnung § 4 SV-VO 7

herrschung der deutschen Sprache in Wort und Schrift ist Voraussetzung für die Anerkennung.

(4) Nicht zuverlässig sind Personen, die

a) die Fähigkeit, öffentliche Ämter zu bekleiden, nicht besitzen,
b) in einem ordentlichen Strafverfahren wegen einer vorsätzlich begangenen Tat rechtskräftig zu einer Freiheitsstrafe von mehr als 6 Monaten verurteilt sind und wenn sich aus dem der Verurteilung zugrunde liegenden Sachverhalt ergibt, daß sie zur Erfüllung der Sachverständigenaufgaben nicht geeignet sind,
c) durch gerichtliche Anordnung in der Verfügung über ihr Vermögen beschränkt sind.

(5) ¹Als staatlich anerkannte Sachverständige können in den Fällen des § 1 Abs. 2 Nrn. 1 bis 3 nur solche Personen anerkannt werden, die eigenverantwortlich und unabhängig in den beantragten Fachbereichen tätig sind. ²Eigenverantwortlich tätig werden Personen, die ihre berufliche Tätigkeit als Inhaberin oder Inhaber eines Büros selbstständig und auf eigene Rechnung und Verantwortung ausüben. ³Unabhängig tätig werden Personen, wenn sie bei Ausübung ihrer beruflichen Tätigkeit weder eigene Produktions-, Handels- oder Lieferinteressen haben noch fremde Interessen dieser Art vertreten, die unmittelbar oder mittelbar im Zusammenhang mit ihrer beruflichen Tätigkeit stehen.

**§ 4 Anerkennungsverfahren.** (1) ¹Die Anerkennung als staatlich anerkannte Sachverständige oder staatlich anerkannter Sachverständiger wird auf Antrag erteilt. ²Der Antrag ist in den Fällen des § 1 Abs. 2 Nrn. 1 und 3 an die Ingenieurkammer-Bau Nordrhein-Westfalen und in den Fällen des § 1 Abs. 2 Nrn. 2 und 4 an die Kammer, deren Mitglied die Antragstellerin oder der Antragsteller ist, zu richten. ³In dem Antrag sind der beantragte Fachbereich und die beantragte Fachrichtung anzugeben.

(2) ¹Dem Antrag sind die erforderlichen Unterlagen zum Nachweis der persönlichen und fachlichen Voraussetzungen – soweit sie nicht schon bei den Kammern vorliegen – beizufügen, insbesondere

1. ein Lebenslauf mit lückenloser Angabe des fachlichen Werdegangs bis zum Zeitpunkt der Antragstellung,
2. eine beglaubigte Ablichtung der Abschlusszeugnisse der berufsbezogenen Ausbildung,
3. eine Auskunft aus dem Bundeszentralregister,
4. ein Nachweis, dass die persönlichen Voraussetzungen nach § 3 Abs. 2 erfüllt sind,
5. die für die beantragten Bereiche erforderlichen Nachweise nach § 3 Abs. 3,

6. eine Erklärung, dass Versagungsgründe nach § 3 Abs. 4 nicht vorliegen.

²Die Kammern können, wenn es zur Beurteilung des Antrages erforderlich ist, weitere Nachweise verlangen.

(3) Die Kammern führen über die staatlich anerkannten Sachverständigen nach Fachbereichen getrennte Listen.

**§ 5 Erlöschen, Rücknahme, Widerruf.** (1) Die Anerkennung erlischt

a) durch schriftlichen Verzicht gegenüber der Architektenkammer Nordrhein-Westfalen oder der Ingenieurkammer-Bau Nordrhein-Westfalen, die die Anerkennung ausgesprochen hat,

b) bei den staatlich anerkannten Sachverständigen für die Prüfung der Standsicherheit, bei den staatlich anerkannten Sachverständigen für die Prüfung des Brandschutzes und bei den staatlich anerkannten Sachverständigen für Erd- und Grundbau mit Vollendung des 68. Lebensjahres.

(2) Die Anerkennung ist von der zuständigen Kammer zurückzunehmen, wenn nachträglich Gründe nach § 3 Abs. 2 bis 5 bekannt werden, die eine Versagung der Anerkennung gerechtfertigt hätten.

(3) ¹Die Anerkennung ist von der zuständigen Kammer zu widerrufen, wenn

a) nachträglich Gründe nach § 3 Abs. 2 bis 5 eintreten, die eine Versagung der Anerkennung rechtfertigen würden,

b) staatlich anerkannte Sachverständige infolge geistiger oder körperlicher Gebrechen nicht in der Lage sind, ihre Tätigkeit ordnungsgemäß auszuüben,

²Die Anerkennung kann von der zuständigen Kammer widerrufen werden, wenn staatlich anerkannte Sachverständige gegen die ihnen obliegenden Pflichten wiederholt oder gröblich verstoßen haben. ³Ein Widerruf wegen eines wiederholten Verstoßes setzt voraus, dass wegen eines vorangegangenen Verstoßes eine Ermahnung ausgesprochen und auf die Möglichkeit eines Widerrufes hingewiesen wurde.

(4) Die zuständige Kammer kann die Anerkennung widerrufen, wenn staatlich anerkannte Sachverständige ihre Pflichten als Ingenieurin oder Ingenieur oder als Architektin oder Architekt gröblich verletzt haben.

**§ 5a Führung der Bezeichnung staatlich anerkannte Sachverständige/staatlich anerkannter Sachverständiger.** (1) Die Bezeichnung

– staatlich anerkannte Sachverständige/staatlich anerkannter Sachverständiger für die Prüfung der Standsicherheit,

Sachverständigenverordnung § 6 **SV-VO 7**

– staatlich anerkannte Sachverständige/staatlich anerkannter Sachverständiger für die Prüfung des Brandschutzes,
– staatlich anerkannte Sachverständige/staatlich anerkannter Sachverständiger für Erd- und Grundbau und
– staatlich anerkannte Sachverständige/staatlich anerkannter Sachverständiger für Schall- und Wärmeschutz

darf nur führen, wer auf Grund dieser Verordnung durch die Architektenkammer Nordrhein-Westfalen oder die Ingenieurkammer-Bau Nordrhein-Westfalen anerkannt ist.

(2) Bei Sachverständigentätigkeiten außerhalb des Anwendungsbereiches dieser Verordnung oder bei sonstigen beruflichen Tätigkeiten ist es den staatlich anerkannten Sachverständigen untersagt, die Bezeichnung nach Absatz 1 im Stempel zu verwenden oder verwenden zu lassen.

**§ 6 Pflichten.** (1) ¹Staatlich anerkannte Sachverständige haben ihre Tätigkeit unparteilich und gewissenhaft gemäß dem geltenden Recht auszuüben. ²Sie dürfen ihre Tätigkeit nur ausüben, wenn sie ausreichend gegen Haftpflichtansprüche versichert sind. ³Die Kammern können den Nachweis über eine ausreichende Haftpflichtversicherung verlangen.

(2) Staatlich anerkannte Sachverständige dürfen sich der Mithilfe von befähigten und zuverlässigen Mitarbeiterinnen und Mitarbeitern nur in einem solchen Umfang bedienen, wie sie deren Tätigkeit voll überwachen können.

(3) Staatlich anerkannte Sachverständige können sich nur durch andere staatlich anerkannte Sachverständige desselben Fachbereiches und derselben Fachrichtung vertreten lassen.

(4) Ergibt sich bei der Tätigkeit der staatlich anerkannten Sachverständigen, dass der Auftrag teilweise einem anderen Fachbereich zuzuordnen ist, für den sie nicht anerkannt sind, sind die staatlich anerkannten Sachverständigen verpflichtet, in Abstimmung mit der Auftraggeberin oder dem Auftraggeber eine oder einen für den betreffenden Fachbereich anerkannte Sachverständige oder anerkannten Sachverständigen hinzuzuziehen.

(5) Staatlich anerkannte Sachverständige nach § 1 Abs. 2 Nrn. 1 bis 3 dürfen Prüfungen nicht durchführen, wenn sie oder ihre Mitarbeiterinnen/Mitarbeiter bereits mit dem Vorhaben planend oder aufstellend befasst waren oder wenn ein sonstiger Befangenheitsgrund vorliegt.

(6) Staatlich anerkannte Sachverständige sind verpflichtet, regelmäßig an den Fortbildungsveranstaltungen der Architektenkammer Nordrhein-Westfalen oder Ingenieurkammer-Bau Nordrhein-Westfalen oder anderer Fortbildungsträger teilzunehmen; die Kammern können entsprechende Nachweise verlangen.

**§ 7 Verzeichnis.** Über alle nach der Landesbauordnung erteilten Bescheinigungen haben die staatlich anerkannten Sachverständigen ein Verzeichnis nach einem von den Kammern festgelegten Muster zu führen und dieses auf Anforderung der Architektenkammer Nordrhein-Westfalen oder Ingenieurkammer-Bau Nordrhein-Westfalen vorzulegen.

## Zweiter Abschnitt. Staatlich anerkannte Sachverständige für die Prüfung der Standsicherheit und des Brandschutzes

**§ 8 Umfang der Anerkennung.** (1) ¹Die Anerkennung wird für folgende Fachrichtungen ausgesprochen:

1. Massivbau,
2. Metallbau,
3. Holzbau.

²Die Anerkennung kann für eine oder mehrere Fachrichtungen ausgesprochen werden.

(2) Die Anerkennung für eine Fachrichtung schließt die Berechtigung zur Prüfung einzelner Bauteile mit höchstens durchschnittlichem Schwierigkeitsgrad einer anderen Fachrichtung nicht aus.

(3) Die Anerkennung für die Fachrichtungen Massivbau oder Metallbau schließt den Verbundbau ein.

**§ 9 Besondere Voraussetzungen für die Anerkennung.** (1) Als staatlich anerkannte Sachverständige für die Prüfung der Standsicherheit können Personen anerkannt werden, die neben den allgemeinen Voraussetzungen nach § 3

1. das Studium des Bauingenieurwesens an einer deutschen technischen Universität, Hochschule oder Fachhochschule mit Erfolg abgeschlossen haben,
2. mindestens 10 Jahre Berufserfahrung in der statisch-konstruktiven Bearbeitung und Ausführung von Bauwerken haben; die Antragstellerin oder der Antragsteller muss hierbei mindestens 5 Jahre Standsicherheitsnachweise angefertigt haben und über mindestens ein, aber nicht mehr als drei Jahre praktische Baustellenerfahrung als Ingenieurin oder Ingenieur verfügen; für die restlichen Jahre kann auch die Mitwirkung bei der Prüfung von Standsicherheitsnachweisen angerechnet werden; die angefertigten Standsicherheitsnachweise sollen in erheblichem Umfang statisch-konstruktiv schwierige Bauwerke aller Bereiche (Hoch-, Industrie- und Verkehrsbau) der beantragten Fachrichtung beinhalten,
3. die für staatlich anerkannte Sachverständige für die Prüfung der Standsicherheit erforderlichen Fachkenntnisse und Erfahrungen besitzen und nachweisen können, dass sie in der beantragten Fach-

richtung über einen überdurchschnittlichen Wissensstand auf dem Gebiet der Baustatik, insbesondere im Hinblick auf die dort verwendeten Methoden der Statik und Stabilität der Tragwerke und auf dem Gebiet des konstruktiven Brandschutzes verfügen sowie besondere praktische Erfahrungen hinsichtlich der konstruktiven Gestaltung von Ingenieurbauten besitzen; nachzuweisen sind auch Erfahrungen in der Bearbeitung von Flächentragwerken, vorgespannten Konstruktionen, Verbundbauten und schwingungsanfälligen Bauwerken sowie in der Anwendung der ADV-Technik im Rahmen bautechnischer Nachweise,

4. über ausreichende Kenntnisse der Baustofftechnologie und der baurechtlichen Vorschriften verfügen und

5. nicht als Unternehmerin oder Unternehmer in der Bauwirtschaft tätig sind oder nicht in einem beruflichen, finanziellen oder sonstigen Abhängigkeitsverhältnis, insbesondere zu Unternehmen der Bauwirtschaft stehen, das ihre Tätigkeit als staatlich anerkannte Sachverständige oder staatlich anerkannter Sachverständiger beeinflussen kann.

(2) ¹Prüfingenieurinnen oder Prüfingenieure für Baustatik, die aufgrund der Verordnung über die bautechnische Prüfung von Bauvorhaben (PrüfingVO) vom 19. Juli 1962 (GV. NRW. S. 470), zuletzt geändert durch Verordnung vom 24. Mai 1969 (GV. NRW. S. 281), oder aufgrund der Verordnung über bautechnische Prüfungen (BauPrüfVO)¹⁾ anerkannt sind, werden von der Ingenieurkammer-Bau Nordrhein-Westfalen auf Antrag als Sachverständige für die Prüfung der Standsicherheit in ihren Fachrichtungen anerkannt. ²Dies gilt entsprechend für von anderen Ländern der Bundesrepublik Deutschland anerkannte Prüfingenieurinnen oder Prüfingenieure für Baustatik; § 3 Abs. 2 findet insoweit keine Anwendung.

(3) Die fachlichen Voraussetzungen nach Abs. 1 Satz 1 Nr. 1 können auch nach der Richtlinie 89/48/EWG des Rates vom 21. Dezember 1988 über eine allgemeine Regelung zur Anerkennung der Hochschuldiplome, die eine mindestens dreijährige Berufsausbildung abschließen (ABl. EG Nr. L 19 vom 24. 1. 1989, S. 16), anerkannt werden.

**§ 10 Anerkennungsverfahren.** (1) Über den Antrag auf Anerkennung als staatlich anerkannte Sachverständige für die Prüfung der Standsicherheit entscheidet die Ingenieurkammer-Bau Nordrhein-Westfalen auf der Grundlage der Entscheidung des Prüfungsausschusses.

(2) Über die Eignung der Anstragstellerin oder des Antragstellers entscheidet ein Prüfungsausschuss der Ingenieurkammer-Bau Nordrhein-Westfalen in einem Prüfungsverfahren.

---

¹⁾ Nr. 2.

(3) Die Ingenieurkammer-Bau Nordrhein-Westfalen regelt das Prüfungsverfahren in einer Prüfungsordnung, die der Genehmigung der Aufsichtsbehörde bedarf.

(4) ¹Der Prüfungsausschuss kann verlangen, dass die Antragstellerin ihre oder der Antragsteller seine Kenntnisse schriftlich und mündlich nachweist. ²Die Prüfung darf zweimal wiederholt werden.

**§ 11 Prüfungsausschuss.** (1) Der Prüfungsausschuss wird bei der Ingenieurkammer-Bau Nordrhein-Westfalen eingerichtet.

(2) ¹Der Prüfungsausschuß besteht aus zehn Mitgliedern:
- drei Vertreterinnen oder Vertretern der Wissenschaft,
- zwei Vertreterinnen oder Vertretern der Bauwirtschaft,
- zwei Vertreterinnen oder Vertretern aus dem Kreis der Beratenden Ingenieure,
- einer Vertreterin oder einem Vertreter der Architektenkammer Nordrhein-Westfalen,
- zwei Vertreterinnen oder Vertretern der Bauaufsichtsbehörden.

²Die Mitglieder aus dem Kreis der Bauwirtschaft und Beratenden Ingenieure werden von der Ingenieurkammer-Bau Nordrhein-Westfalen, die Vertreterin oder der Vertreter der Architektenkammer Nordrhein-Westfalen von ihr berufen; die übrigen Mitglieder werden von der obersten Bauaufsichtsbehörde berufen. ³Die Berufung erfolgt für fünf Jahre; Wiederberufungen sind zulässig.

(3) Die Mitglieder des Prüfungsausschusses sind ehrenamtlich tätig, an Weisungen nicht gebunden und zur Unparteilichkeit und Verschwiegenheit verpflichtet.

(4) Die Mitglieder des Ausschusses haben Anspruch auf eine angemessene Entschädigung für bare Auslagen und für Zeitversäumnisse.

(5) ¹Der Prüfungsausschuss wählt aus seiner Mitte eine Vorsitzende oder einen Vorsitzenden und eine Stellvertreterin oder einen Stellvertreter. ²Die oder der Vorsitzende und die Stellvertreterin oder der Stellvertreter sollen nicht derselben Mitgliedergruppe angehören.

(6) ¹Der Prüfungsausschuss ist beschlussfähig, wenn mindestens sieben seiner Mitglieder anwesend sind. ²Der Prüfungsausschuss beschließt mit einfacher Mehrheit der anwesenden Mitglieder. ³Bei Stimmengleichheit gibt die Stimme der oder des Vorsitzenden den Ausschlag.

(7) Die Ingenieurkammer-Bau Nordrhein-Westfalen regelt im Einvernehmen mit dem Prüfungsausschuss dessen Geschäftsführung.

**§ 12 Aufgabenerledigung.** (1) ¹Staatlich anerkannte Sachverständige für die Prüfung der Standsicherheit haben die Vollständigkeit und Richtigkeit der Standsicherheitsnachweise einschließlich des statisch-

Sachverständigenverordnung § 13 SV-VO 7

konstruktiven Brandschutzes zu prüfen und zu bescheinigen. ²Zur Bescheinigung gehören der Prüfbericht, in dem Umfang und Ergebnis der Prüfung niederzulegen sind, und eine Ausfertigung der geprüften Standsicherheitsnachweise. ³Die Standsicherheitsnachweise sind auch hinsichtlich der Tragfähigkeit des Baugrundes zu überprüfen. ⁴Wenn staatlich anerkannte Sachverständige für die Prüfung der Standsicherheit feststellen, dass für die Beurteilung der Größe der Baugrundverformungen und ihrer Auswirkungen auf das Bauwerk und für die Beurteilung der Sicherheit der Gründung der baulichen Anlage eine besondere Sachkunde erforderlich ist, oder wenn hinsichtlich der verwendeten Annahmen oder der der Berechnung zugrunde gelegten bodenmechanischen Kenngrößen Zweifel bestehen, ziehen sie in Abstimmung mit der Auftraggeberin oder dem Auftraggeber staatlich anerkannte Sachverständige für Erd- und Grundbau hinzu.

(2) Staatlich anerkannte Sachverständige für die Prüfung der Standsicherheit dürfen Bescheinigungen bei Fertigstellung nur ausstellen, wenn sie sich stichprobenhaft während der Bauausführung davon überzeugt haben, dass die geprüften Anforderungen erfüllt sind.

**Dritter Abschnitt. Staatlich anerkannte Sachverständige für die Prüfung des Brandschutzes**

**§ 13 Besondere Voraussetzungen für die Anerkennung.** Als staatlich anerkannte Sachverständige für die Prüfung des Brandschutzes können Personen anerkannt werden, die neben den allgemeinen Voraussetzungen des § 3

1. mindestens fünf Jahre Berufserfahrung in der brandschutztechnischen Planung und Ausführung oder der Prüfung und Überwachung von baulichen Anlagen, insbesondere auch von Sonderbauten, haben
2. Kenntnisse in der Baustofftechnologie, insbesondere des Brandverhaltens von Bauprodukten besitzen,
3. Grundkenntnisse im Bereich des abwehrenden Brandschutzes besitzen,
4. besondere Kenntnisse der gesetzlichen Grundlagen des vorbeugenden baulichen Brandschutzes und der allgemein anerkannten Regeln der Technik, soweit sich aus ihnen Anforderungen an den vorbeugenden baulichen Brandschutz ergeben, besitzen,
5. Kenntnisse der auf dem Gebiet des vorbeugenden baulichen Brandschutzes verwendeten Nachweisverfahren und Berechnungsmethoden, sowie über Abläufe von Brandszenarien besitzen,
6. Kenntnisse in der Anwendung anlagentechnischer Brandschutzmaßnahmen und ihre Auswirkungen auf den baulichen Brandschutz besitzen und

7. nicht als Unternehmerin oder Unternehmer in der Bauwirtschaft tätig sind oder nicht in einem beruflichen, finanziellen oder sonstigen Abhängigkeitsverhältnis, insbesondere zu Unternehmen der Bauwirtschaft stehen, das ihre Tätigkeit als staatlich anerkannte Sachverständige oder staatlich anerkannter Sachverständiger beeinflussen kann.

§ 14 Anerkennungsverfahren. (1) Über den Antrag auf Anerkennung als staatlich anerkannte Sachverständige für die Prüfung des Brandschutzes entscheidet je nach Mitgliedschaft die Architektenkammer Nordrhein-Westfalen oder die Ingenieurkammer-Bau Nordrhein-Westfalen auf der Grundlage der Entscheidung des jeweiligen Prüfungsausschusses.

(2) ¹Über die Eignung der Antragstellerin oder des Antragstellers entscheidet ein Prüfungsausschuss der Architektenkammer Nordrhein-Westfalen oder der Ingenieurkammer-Bau Nordrhein-Westfalen in einem Prüfungsverfahren. ²Die Kammern erlassen jeweils inhaltsgleiche Prüfungsordnungen, die der Genehmigung der Aufsichtsbehörde bedürfen.

(3) ¹Der Prüfungsausschuss kann verlangen, dass die Antragstellerin ihre oder der Antragsteller seine Kenntnisse schriftlich und mündlich nachweist. ²Die Prüfung darf zweimal wiederholt werden.

§ 15 Prüfungsausschuss. (1) Die Architektenkammer Nordrhein-Westfalen und die Ingenieurkammer-Bau Nordrhein-Westfalen bilden jeweils einen Prüfungsausschuss.

(2) ¹Jeder Prüfungsausschuss besteht aus zehn Mitgliedern:
- zwei Vertreterinnen oder Vertretern der Architektenkammer Nordrhein-Westfalen
- zwei Vertreterinnen oder Vertretern der Ingenieurkammer-Bau Nordrhein-Westfalen
- zwei Vertreterinnen oder Vertretern der für den Brandschutz zuständigen Dienststellen
- einer Vertreterin oder einem Vertreter der Industrie- und Handelskammern
- drei Vertreterinnen oder Vertretern der Bauaufsichtsbehörden.

²Die Vertreterinnen oder Vertreter der Bauaufsichtsbehörden werden von der obersten Bauaufsichtsbehörde, die Vertreterinnen oder Vertreter der Brandschutzdienststellen vom Innenministerium, die Vertreterin oder der Vertreter der Industrie- und Handelskammern wird von der Vereinigung der Industrie- und Handelskammern in Nordrhein-Westfalen berufen; die übrigen Vertreterinnen oder Vertreter werden von den sie entsendenden Stellen berufen. ³Die Berufung erfolgt für fünf Jahre; Wiederberufungen sind zulässig.

(3) Die Mitglieder des Prüfungsausschusses sind ehrenamtlich tätig, an Weisungen nicht gebunden und zur Unparteilichkeit und Verschwiegenheit verpflichtet.

(4) Die Mitglieder des Prüfungsausschusses haben Anspruch auf eine angemessene Entschädigung für bare Auslagen und für Zeitversäumnisse.

(5) ¹Der Prüfungsausschuss wählt aus seiner Mitte eine Vorsitzende oder einen Vorsitzenden und eine Stellvertreterin oder einen Stellvertreter. ²Die oder der Vorsitzende und die Stellvertreterin oder der Stellvertreter sollen nicht derselben Mitgliedergruppe angehören.

(6) ¹Der Prüfungsausschuss ist beschlussfähig, wenn mindestens sieben seiner Mitglieder anwesend sind. ²Der Prüfungsausschuss beschließt mit einfacher Mehrheit der anwesenden Mitglieder. ³Bei Stimmengleichheit gibt die Stimme der oder des Vorsitzenden den Ausschlag.

(7) Die Architektenkammer Nordrhein-Westfalen und die Ingenieurkammer-Bau Nordrhein-Westfalen regeln im Einvernehmen mit den Prüfungsausschüssen deren Geschäftsführung.

**§ 16 Aufgabenerledigung.** (1) ¹Staatlich anerkannte Sachverständige für die Prüfung des Brandschutzes prüfen, ob das Vorhaben den Anforderungen an den baulichen Brandschutz entspricht, und bescheinigen die Vollständigkeit und Richtigkeit der brandschutztechnischen Nachweise. ²Zur Bescheinigung gehört der Prüfbericht, in dem Umfang und Ergebnis der Prüfung niederzulegen sind, und eine Ausfertigung der brandschutztechnisch geprüften Bauvorlagen. ³Im Prüfbericht sind die Forderungen der Brandschutzdienststelle kenntlich zu machen.

(2) ¹Wenn staatlich anerkannte Sachverständige für die Prüfung des Brandschutzes Bescheinigungen nach § 67 Abs. 4, § 68 Abs. 2 oder § 72 Abs. 6 BauO NRW ausstellen, sind sie verpflichtet, den zur Wahrung der Belange des abwehrenden Brandschutzes erhobenen Forderungen der Brandschutzdienststelle (§ 5 des Gesetzes über den Feuerschutz und die Hilfeleistung [FSHG] vom 10. Februar 1998 [GV. NRW S. 122])[1] zu entsprechen. ²Hat die Bauherrin oder der Bauherr beantragt, eine Abweichung von Anforderungen an den Brandschutz zuzulassen, und ist in diesem Zusammenhang den Forderungen der Brandschutzdienststelle zum abwehrenden Brandschutz entsprochen worden, so ist eine erneute Beteiligung der Brandschutzdienststelle durch den staatlich anerkannten Sachverständigen nicht erforderlich.

(3) Staatlich anerkannte Sachverständige für die Prüfung des Brandschutzes dürfen Bescheinigungen bei Fertigstellung nur ausstellen, wenn sie sich stichprobenhaft während der Bauausführung davon überzeugt haben, dass die geprüften Anforderungen berücksichtigt sind.

---

[1] von Hippel-Rehborn Nr. 52.

## Vieter Abschnitt. Staatlich anerkannte Sachverständige für Erd- und Grundbau

**§ 17 Besondere Voraussetzungen für die Anerkennung.** (1) Als staatlich anerkannte Sachverständige für Erd- und Grundbau können Personen anerkannt werden, die neben den allgemeinen Voraussetzungen des § 3

1. ein Studium des Bauingenieurwesens an einer deutschen Technischen Universität, technischen Hochschule oder Fachhochschule mit Erfolg abgeschlossen haben. § 9 Abs. 3 gilt entsprechend,

2. neun Jahre im Bauwesen tätig waren und davon mindestens drei Jahre im Erd- und Grundbau Standsicherheitsnachweise angefertigt oder beurteilt haben,

3. besondere Kenntnisse und Erfahrungen im Erd- und Grundbau besitzen und dies durch die Vorlage eines Verzeichnisses aller in den letzten zwei Jahren vor Antragstellung erstellten Baugrundgutachten, von denen zwei, die die Bewältigung überdurchschnittlicher Aufgaben belegen, gesondert vorzulegen sind, nachweisen,

4. nicht an einem Unternehmen der Bauwirtschaft oder einem Bohrunternehmen beteiligt sind und

5. einen Nachweis vorlegen, dass sie über Geräte, die für Baugrunduntersuchungen erforderlich sind, verfügen oder verfügen können.

(2) ¹Die bisher beim Deutschen Institut für Bautechnik (DIBt) im Verzeichnis der Erd- und Grundbauinstitute für den Bereich des Landes NRW geführten Personen werden auf Antrag von der Ingenieurkammer-Bau Nordrhein-Westfalen als staatlich anerkannte Sachverständige für Erd- und Grundbau anerkannt, sofern sie die allgemeinen Anerkennungsvoraussetzungen des § 3 erfüllen. ²Personen, die diese Voraussetzungen nicht erfüllen, gelten als von der Ingenieurkammer-Bau Nordrhein-Westfalen anerkannt; sie werden von der Ingenieurkammer-Bau Nordrhein-Westfalen in einem gesonderten Verzeichnis geführt.

**§ 18 Anerkennungsverfahren.** ¹Die Ingenieurkammer-Bau Nordrhein-Westfalen holt für ihre Entscheidung über den Antrag auf Anerkennung von einem bei der Bundesingenieurkammer bestehenden Beirat ein schriftlich begründetes Gutachten über die fachliche Eignung der Antragstellerin oder des Antragstellers einschließlich der Ausstattung mit den erforderlichen Geräten nach § 17 Abs. 1 Nr. 5 ein. ²§ 10 Abs. 4 Satz 1 gilt entsprechend.

**§ 19 Aufgabenerledigung.** Staatlich anerkannte Sachverständige für Erd- und Grundbau unterstützen die staatlich anerkannten Sach-

Sachverständigenverordnung § 20 SV-VO 7

verständigen für die Prüfung der Standsicherheit auf dem Gebiet der Bodenmechanik und des Erd- und Grundbaus, indem sie
- die Baugrundverformungen und ihre Wirkung auf bauliche Anlagen (Boden-Bauwerk-Wechselwirkung),
- die Sicherheit der Gründung von baulichen Anlagen,
- die getroffenen Annahmen und
- die bodenmechanischen Kenngrößen

prüfen und dem staatlich anerkannten Sachverständigen für die Prüfung der Standsicherheit die Vollständigkeit und Richtigkeit der Angaben über den Baugrund und dessen Tragfähigkeit bescheinigen.

**Fünfter Abschnitt. Staatlich anerkannte Sachverständige für Schall- und Wärmeschutz**

**§ 20 Voraussetzungen für die Anerkennung.** (1) Als staatlich anerkannte Sachverständige für Schall- und Wärmeschutz können Personen anerkannt werden, die neben den allgemeinen Voraussetzungen des § 3 die für die Ausübung ihrer Tätigkeit erforderlichen Fachkenntnisse und Erfahrungen besitzen und die Wechselwirkung zwischen Schall- und Wärmeschutz und der baulichen Anlage beurteilen können.

(2) Durch fachbezogene Tätigkeiten haben sie für den Bereich des Schallschutzes
- Kenntnisse in der Baustofftechnologie, insbesondere zum Verhalten von Baustoffen und Bauteilen bei Einwirkung von Schall,
- Kenntnisse in der Theorie der Schallemissionen und Erfahrungen in der baupraktischen Umsetzung,
- Kenntnisse und Erfahrungen in der Bewertung von Schall-Dämm-Maßnahmen,
- Kenntnisse des einschlägigen technischen Regelwerkes und der Nachweisverfahren und Berechnungsmethoden,
- Kenntnisse und Erfahrungen bei der Planung des Schallschutzes,
- Kenntnisse der gesetzlichen Grundlagen, soweit sich aus ihnen Anforderungen an den Schallschutz ergeben

und für den Bereich des Wärmeschutzes
- Kenntnisse in der Baustofftechnologie, insbesondere zum Wärmedämmverhalten von Baustoffen und Bauteilen bei Einwirkung von Temperatur und Feuchte,
- Kenntnisse in der thermischen Bauphysik und Erfahrungen in der baupraktischen Umsetzung,
- Kenntnisse der Berechnungsverfahren von Transmissions-, Lüftungs- und Wärmegewinnungsenergien,
- Kenntnisse des einschlägigen technischen Regelwerkes,

– Kenntnisse in der Anfertigung von Nachweisen auf der Grundlage der nach dem Energieeinsparungsgesetz (EnEG) erlassenen Vorschriften

nachzuweisen.

(3) ¹Die Antragstellerin oder der Antragsteller hat die Teilnahme an einem von den zuständigen Kammern oder ihren Fortbildungseinrichtungen angebotenen fachbezogenen Seminar im Zeitraum von 18 Monaten vor der Antragstellung nachzuweisen. ²Dieser Nachweis kann auch durch die Teilnahme an einer vergleichbaren Fortbildungsveranstaltung anderer Träger erbracht werden. ³Die Vergleichbarkeit ist von der zuständigen Kammer festzustellen. ⁴Die Nachweispflicht gilt nicht für Antragstellerinnen oder Antragsteller, die auf Grund von § 36 Gewerbeordnung[1]) in diesem Fachbereich als Sachverständige öffentlich bestellt und vereidigt sind.

**§ 21 Anerkennungsverfahren.** (1) Über den Antrag auf Anerkennung als staatlich anerkannte Sachverständige für Schall- und Wärmeschutz entscheidet je nach Mitgliedschaft an die Architektenkammer Nordrhein-Westfalen oder die Ingenieurkammer-Bau Nordrhein-Westfalen auf der Grundlage der Entscheidung des jeweiligen Anerkennungsausschusses.

(2) ¹Über die Eignung der Antragstellerin oder des Antragstellers entscheidet ein Anerkennungsausschuss der Architektenkammer Nordrhein-Westfalen oder der Ingenieurkammer-Bau Nordrhein-Westfalen. ²Die Kammern erlassen jeweils inhaltsgleiche Verfahrensordnungen, die der Genehmigung der Aufsichtsbehörde bedürfen.

**§ 22 Anerkennungsausschuss.** (1) Die Architektenkammer Nordrhein-Westfalen und die Ingenieurkammer-Bau Nordrhein-Westfalen bilden Anerkennungsausschüsse.

(2) ¹Die Anerkennungsausschüsse bestehen aus jeweils acht Mitgliedern:

– drei Vertreterinnen oder Vertreter der Architektenkammer Nordrhein-Westfalen

– drei Vertreterinnen oder Vertreter der Ingenieurkammer-Bau Nordrhein-Westfalen

– einer Vertreterin oder einem Vertreter der Industrie- und Handelskammern

– einer Vertreterin oder einem Vertreter der Bauaufsichtsbehörden.

²Die Architektenkammer Nordrhein-Westfalen und die Ingenieurkammer-Bau Nordrhein-Westfalen berufen jeweils ihre Vertreterinnen oder Vertreter. ³Die Vertreterin oder der Vertreter der Industrie- und

---

[1]) **Sartorius** Nr. 800.

Sachverständigenverordnung §§ 23, 24 SV-VO 7

Handelskammer wird von der Vereinigung der Industrie- und Handelskammern in Nordrhein-Westfalen, die Vertreterin oder der Vertreter der Bauaufsichtsbehörden von der obersten Bauaufsichtsbehörde berufen. ⁴Die Berufung erfolgt für fünf Jahre; Wiederberufungen sind zulässig.

(3) Die Mitglieder der Anerkennungsausschüsse sind ehrenamtlich tätig, an Weisungen nicht gebunden und zur Unparteilichkeit und Verschwiegenheit verpflichtet.

(4) Die Mitglieder der Anerkennungsausschüsse haben Anspruch auf eine angemessene Entschädigung für bare Auslagen und für Zeitversäumnisse.

(5) ¹Die Anerkennungsausschüsse wählen aus ihrer Mitte eine Vorsitzende oder einen Vorsitzenden und eine Stellvertreterin oder einen Stellvertreter. ²Die oder der Vorsitzende und die Stellvertreterin oder der Stellvertreter sollen nicht derselben Mitgliedergruppe angehören.

(6) ¹Die Anerkennungsausschüsse sind beschlussfähig, wenn mindestens fünf ihrer Mitglieder anwesend sind. ²Die Anerkennungsausschüsse beschließen mit einfacher Mehrheit der anwesenden Mitglieder. ³Bei Stimmengleichheit gibt die Stimme der oder des Vorsitzenden den Ausschlag.

(7) Die Architektenkammer Nordrhein-Westfalen und die Ingenieurkammer-Bau Nordrhein-Westfalen regeln im Einvernehmen mit den Anerkennungsausschüssen deren Geschäftsführung.

**§ 23 Aufgabenerledigung.** (1) Staatlich anerkannte Sachverständige für Schall- und Wärmeschutz haben Nachweise über den Schallschutz und den Wärmeschutz entsprechend den geltenden Vorschriften aufzustellen oder, wenn die Nachweise nicht von staatlich anerkannten Sachverständigen für Schall- und Wärmeschutz aufgestellt sind, diese zu prüfen und zu bescheinigen, dass die Anforderungen an den Schall- und Wärmeschutz erfüllt sind.

(2) Staatlich anerkannte Sachverständige für Schall- und Wärmeschutz dürfen Bescheinigungen bei Fertigstellung nur ausstellen, wenn sie sich stichprobenhaft während der Bauausführung davon überzeugt haben, dass die geprüften Anforderungen berücksichtigt sind.

### Sechster Abschnitt

**§ 24 Entgeltregelung.** (1) ¹Sofern im folgenden nichts anderes bestimmt ist, richtet sich die Honorierung der staatlich anerkannten Sachverständigen nach der Verordnung über die Honorare für Leistungen der Architekten und der Ingenieure (Honorarordnung für Architekten und Ingenieure – HOAI) vom 17. September 1976 (BGBl. I S. 2805) in der jeweils geltenden Fassung. ²Bei der Honorarabrech-

## 7 SV-VO § 24   Sachverständigenverordnung

nung nach Zeitaufwand gilt ebenfalls die HOAI. ³Bei der Berechnung des Honorars nach dem Zeitaufwand ist die Zeit anzusetzen, die unter regelmäßigen Verhältnissen von einer entsprechend ausgebildeten Fachkraft benötigt wird. ⁴Ein Nachlass auf die Honorare ist unzulässig.

(2) Staatlich anerkannte Sachverständige für die Prüfung der Standsicherheit erhalten für das Prüfen ein Honorar in Abhängigkeit von den anrechenbaren Kosten und der Honorarzone nach Maßgabe der **Anlage 1.**

| | |
|---|---|
| 1. Für die Prüfung der rechnerischen Nachweise der Standsicherheit | $1/1$ des Honorars nach Anlage 1 |
| 2. Für die Prüfung von Konstruktionszeichnungen in statischer und konstruktiver Hinsicht | $1/2$ des Honorars nach Anlage 1 |
| 3. Für die Prüfung der Nachweise des statisch-konstruktiven Brandschutzes | $1/20$ des Honorars nach Anlage 1 |
| 4. Für die Prüfung von Nachträgen zu 1., 2. oder 3. | Honorar wie 1., 2. oder 3., multipliziert mit dem Verhältnis des Umfangs der Nachträge zum ursprünglichen Umfang jedoch mindestens 50 Euro |
| 5. Für die Prüfung von zusätzlichen Nachweisen (Erdbebenschutz, Bauzustände etc.) | Honorar wie 1., multipliziert mit dem Verhältnis des Umfangs der zusätzlichen Nachweise zum Umfang der Hauptberechnung |
| 6. Für eine Lastvorprüfung | zusätzlich $1/4$ des Honorars wie 1. |

7. Zuschläge
Steht ein nach 1. bis 6. ermitteltes Honorar in einem groben Missverhältnis zum Aufwand für die Prüfung, so kann dieses Honorar bis auf das 5fache erhöht werden. Eine solche Erhöhung kann insbesondere in Betracht kommen,

– für die Prüfung von Elementplänen des Fertigteilbaus sowie Ausführungszeichnungen mit hohem erforderlichen Detaillierungsgrad des Metall- und Ingenieurholzbaus anstatt der üblichen Konstruktionszeichnungen,

– wenn Standsicherheitsnachweise für bauliche Anlagen der Zonen 2 bis 5 nur durch besondere elektronische Vergleichsberechnungen geprüft werden können,

Sachverständigenverordnung § 24 **SV-VO 7**

– wenn Standsicherheitsnachweise in Teilabschnitten vorgelegt werden und sich dadurch der Prüfaufwand erhöht.
8. Für die stichprobenhaften Kontrollen während der Bauausführung und für die Erteilung von Bescheinigungen gemäß § 67 Abs. 5 Satz 7 oder § 82 Abs. 4 BauO NRW werden Honorare nach dem Zeitaufwand berechnet, aber höchstens 1/2 des Honorars von Nr 1.

(3) [1] Die anrechenbaren Kosten gem. Anlage 1 und Anlage 2 sind die Kosten nach § 62 Abs. 4 und 6 HOAI. [2] Zu den anrechenbaren Kosten zählen auch die nicht in den Kosten des Satzes 1 enthaltenen Kosten für Bauteile, für die Standsicherheitsnachweise geprüft werden müssen. [3] Nicht anrechenbar ist die auf die Kosten nach den Sätzen 1 und 2 entfallende Umsatzsteuer. [4] Bei der Ermittlung der anrechenbaren Kosten ist von den Kosten auszugehen, die ortsüblich im Zeitpunkt der Auftragserteilung für die Herstellung der baulichen Anlagen erforderlich sind.

(4) Für die in der Anlage 1 zum Allgemeinen Gebührentarif der Allgemeinen Verwaltungsgebührenordnung (AVwGebO NRW) genannten Gebäudearten können die anrechenbaren Kosten aus der Vervielfältigung des Brutto-Rauminhalts mit den – um den Betrag der Mehrwertsteuer – verminderten – jeweils angegebenen landesdurchschnittlichen Rohbauwerten je m³ Rauminhalt ermittelt werden.

(5) [1] Staatlich anerkannte Sachverständige für die Prüfung des Brandschutzes erhalten für das Prüfen der brandschutztechnischen Unterlagen des baulichen Brandschutzes und der Berücksichtigung der Belange der abwehrenden Brandschutzes insgesamt ein Honorar nach Maßgabe der **Anlage 2**. [2] Abs. 3 Satz 2 gilt entsprechend. [3] Steht bei baulichen Anlagen, deren anrechenbare Kosten unter 250 000 Euro liegen, das Honorar in einem groben Missverhältnis zum Aufwand für die Prüfung, so kann das Honorar nach dem Zeitaufwand ermittelt werden, höchstens jedoch bis zu dem für anrechenbare Kosten von 250 000 Euro nach Satz 1 festgesetzten Honorar. [4] Die stichprobenhaften Kontrollen wähend der Bauausführung und die Erteilung von Bescheinigungen nach § 82 Abs. 4 BauO NRW werden nach dem Zeitaufwand vergütet.

(6) [1] Staatlich anerkannte Sachverständige für Schall- und Wärmeschutz erhalten

– für den Nachweis der Erfüllung von Schallschutzanforderungen ein Honorar nach den §§ 80 bis 84 HOAI,
– für den Nachweis des Wärmeschutzes ein Honorar nach den §§ 77 bis 79 HOAI.

[2] Die Prüfungen von Nachweisen über den Schallschutz und den Wärmeschutz sowie die stichprobenhaften Kontrollen während der Bauausführung und die Erteilung von Bescheinigungen nach § 67

Abs. 5 Satz 7 oder § 82 Abs. 4 werden nach dem Zeitaufwand auf der Grundlage der HOAI vergütet.

(5) Werden für mehrere gleiche oder weitgehend vergleichbare bauliche Anlagen (gleiche oder weitgehend vergleichbare bautechnische Unterlagen) gleichzeitig Prüfaufträge erteilt, so ermäßigen sich die Honorare der staatlich anerkannten Sachverständigen für die Prüfung der Standsicherheit und des Brandschutzes für jede Anlage auf die Hälfte, bei nur zwei baulichen Anlagen für jede Anlage auf drei Viertel.

### Siebter Abschnitt

**§ 25 Ordnungswidrigkeiten.** (1) Ordnungswidrig handelt, wer vorsätzlich oder fahrlässig entgegen § 5a die Bezeichnung „staatlich anerkannte Sachverständige" oder „staatlich anerkannter Sachverständiger" führt.

(2) Die Ordnungswidrigkeit kann in den Fällen des § 5a Abs. 1 mit einer Geldbuße bis zu 30000 EURO, in den Fällen des § 5a Abs. 2 mit einer Geldbuße bis zu oder 15000 EURO geahndet werden.

(3) Verwaltungsbehörden im Sinne des § 36 Abs. 1 Nr. 1 des Gesetzes über Ordnungswidrigkeiten sind die Architektenkammer Nordrhein-Westfalen und die Ingenieurkammer-Bau Nordrhein-Westfalen.

**§ 26 Inkrafttreten, Außerkrafttreten.** [1] Diese Verordnung tritt am 1. Juni 2000 in Kraft. [2] Gleichzeitig tritt die Verordnung über staatlich anerkannte Sachverständige nach der Landesbauordnung (SV-VO) vom 14. Juni 1995 (GV. NRW. S. 592) außer Kraft.

Sachverständigenverordnung  Anlage 1 **SV-VO 7**

Anlage 1

Honorartafel zur Sachverständigenverordnung – 2000

Honorare für das Prüfen von Standsicherheitsnachweisen (ohne Mehrwertsteuer)

| Anrechenb. Kosten (AK) | Zone 1 | Zone 2 | Zone 3 | Zone 4 | Zone 5 |
|---|---|---|---|---|---|
| Euro | Euro | Euro | Euro | Euro | Euro |
| 10 000 | 93 | 139 | 185 | 231 | 290 |
| 20 000 | 161 | 242 | 322 | 403 | 505 |
| 30 000 | 223 | 334 | 446 | 557 | 698 |
| 40 000 | 281 | 421 | 561 | 701 | 879 |
| 50 000 | 335 | 503 | 671 | 839 | 1 051 |
| 60 000 | 388 | 582 | 776 | 970 | 1 216 |
| 70 000 | 439 | 659 | 878 | 1 098 | 1 376 |
| 80 000 | 489 | 733 | 977 | 1 221 | 1 531 |
| 90 000 | 537 | 805 | 1 074 | 1 342 | 1 682 |
| 100 000 | 584 | 876 | 1 168 | 1 460 | 1 830 |
| 200 000 | 1 017 | 1 525 | 2 034 | 2 542 | 3 186 |
| 300 000 | 1 406 | 2 109 | 2 813 | 3 516 | 4 407 |
| 400 000 | 1 770 | 2 655 | 3 541 | 4 426 | 5 547 |
| 500 000 | 2 116 | 3 174 | 4 233 | 5 291 | 6 631 |
| 600 000 | 2 449 | 3 673 | 4 897 | 6 121 | 7 672 |
| 700 000 | 2 770 | 4 155 | 5 540 | 6 925 | 8 679 |
| 800 000 | 3 082 | 4 623 | 6 165 | 7 706 | 9 658 |
| 900 000 | 3 387 | 5 080 | 6 774 | 8 467 | 10 612 |
| 1 000 000 | 3 685 | 5 527 | 7 369 | 9 212 | 11 545 |
| 2 000 000 | 6 415 | 9 623 | 12 831 | 16 038 | 20 101 |
| 3 000 000 | 8 874 | 13 310 | 17 747 | 22 184 | 27 803 |
| 4 000 000 | 11 170 | 16 754 | 22 340 | 27 924 | 34 998 |
| 5 000 000 | 13 353 | 20 029 | 26 706 | 33 382 | 41 838 |
| 6 000 000 | 15 450 | 23 174 | 30 900 | 38 624 | 48 408 |
| 7 000 000 | 17 477 | 26 216 | 34 955 | 43 693 | 54 762 |
| 8 000 000 | 19 448 | 29 171 | 38 896 | 48 619 | 60 936 |
| 9 000 000 | 21 370 | 32 054 | 42 739 | 53 423 | 66 957 |
| 10 000 000 | 23 249 | 34 872 | 46 498 | 58 121 | 72 845 |
| 15 000 000 | 32 157 | 48 234 | 64 314 | 80 391 | 100 756 |
| 20 000 000 | 40 479 | 60 716 | 80 957 | 101 195 | 126 830 |
| 25 000 000 | 48 390 | 72 583 | 96 779 | 120 972 | 151 618 |
| 30 000 000 | 55 988 | 83 981 | 111 977 | 139 969 | 175 427 |
| Zonen-faktor A | 14,669 | 22,003 | 29,338 | 36,672 | 45,962 |

Gleichung des Honorarverlaufs: Honorar (Euro) = $A \ast (AK/1000)^{0,8}$

# 7 SV-VO  Anlage 2

Anlage 2

## Honorartafel zur Sachverständigenverordnung – 2000

## Honorare für das Prüfen des Brandschutzes (ohne Mehrwertsteuer)

| Anrechenb. Kosten (AK) Euro | Euro | Anrechenb. Kosten (AK) Euro | Euro | Anrechenb. Kosten (AK) Euro | Euro |
|---|---|---|---|---|---|
| 10 000 | 61 | 2 000 000 | 1 686 | 4 800 000 | 2 914 |
| 20 000 | 95 | 2 100 000 | 1 738 | 4 900 000 | 2 952 |
| 30 000 | 122 | 2 200 000 | 1 789 | 5 000 000 | 2 989 |
| 40 000 | 146 | 2 300 000 | 1 840 | 6 000 000 | 3 350 |
| 50 000 | 168 | 2 400 000 | 1 889 | 7 000 000 | 3 689 |
| 60 000 | 188 | 2 500 000 | 1 938 | 8 000 000 | 4 010 |
| 70 000 | 207 | 2 600 000 | 1 986 | 9 000 000 | 4 316 |
| 80 000 | 225 | 2 700 000 | 2 034 | 10 000 000 | 4 610 |
| 90 000 | 243 | 2 800 000 | 2 081 | 11 000 000 | 4 893 |
| 100 000 | 259 | 2 900 000 | 2 127 | 12 000 000 | 5 166 |
| 200 000 | 400 | 3 000 000 | 2 172 | 13 000 000 | 5 431 |
| 300 000 | 515 | 3 100 000 | 2 217 | 14 000 000 | 5 689 |
| 400 000 | 617 | 3 200 000 | 2 262 | 15 000 000 | 5 940 |
| 500 000 | 709 | 3 300 000 | 2 306 | 16 000 000 | 6 184 |
| 600 000 | 794 | 3 400 000 | 2 349 | 17 000 000 | 6 423 |
| 700 000 | 875 | 3 500 000 | 2 394 | 18 000 000 | 6 656 |
| 800 000 | 951 | 3 600 000 | 2 434 | 19 000 000 | 6 885 |
| 900 000 | 1 024 | 3 700 000 | 2 476 | 20 000 000 | 7 110 |
| 1 000 000 | 1 093 | 3 800 000 | 2 518 | 21 000 000 | 7 330 |
| 1 100 000 | 1 160 | 3 900 000 | 2 559 | 22 000 000 | 7 546 |
| 1 200 000 | 1 225 | 4 000 000 | 2 600 | 23 000 000 | 7 758 |
| 1 300 000 | 1 288 | 4 100 000 | 2 640 | 24 000 000 | 7 968 |
| 1 400 000 | 1 349 | 4 200 000 | 2 681 | 25 000 000 | 8 174 |
| 1 500 000 | 1 408 | 4 300 000 | 2 720 | 26 000 000 | 8 376 |
| 1 600 000 | 1 466 | 4 400 000 | 2 760 | 27 000 000 | 8 576 |
| 1 700 000 | 1 523 | 4 500 000 | 2 799 | 28 000 000 | 8 773 |
| 1 800 000 | 1 578 | 4 600 000 | 2 837 | 29 000 000 | 8 968 |
| 1 900 000 | 1 633 | 4 700 000 | 2 876 | 30 000 000 | 9 160 |

Gleichung des Honorarverlaufs: Honorar (Euro) = $0{,}1944 * AK^{0{,}625}$

## 8. Verordnung
## über den Bau und Betrieb von Gaststätten
## (Gaststättenbauverordnung – GastBauVO –)[1),2)]

Vom 9. Dezember 1983

(GV NRW 1984 S. 4/SGV NRW 232)
Ber. GV NRW 1984 S. 237
§ 30 neugefaßt, § 32 geändert durch VO vom 5. 12. 1995 (GV NRW S. 1236);
§ 29 aufgehoben durch VO vom 20. 2. 2000 (GV NRW S. 226)

Auf Grund des § 102 Abs. 1 Nr. 2 der Bauordnung für das Land Nordrhein-Westfalen (BauO NRW) wird verordnet:

### Inhaltsverzeichnis

| | §§ |
|---|---|
| Teil I. Allgemeine Vorschriften | 1–5 |
| Teil II. Baustoffe, Bauteile, Rettungswege | 6–13 |
| Teil III. Haustechnische Anlagen | 14–19 |
| Teil IV. Anforderungen an Räume | 20–23 |
| Teil V. Betriebsvorschriften | 24–28 |
| Teil VI. Prüfungen | 29, 30 |
| Teil VII. Schlußvorschriften | 31–33 |

### Teil I. Allgemeine Vorschriften

**§ 1 Geltungsbereich.** (1) Die Vorschriften dieser Verordnung gelten für den Bau und Betrieb

1. von Schank- oder Speisewirtschaften in Gebäuden sowie mit Gastplätzen im Freien und

2. von Beherbergungsbetrieben mit mehr als acht Gastbetten.

(2) Die Vorschriften dieser Verordnung gelten nicht für Straußwirtschaften, Berghütten, Baracken auf Baustellen, für Fliegende Bauten sowie für vorübergehend eingerichtete Schank- und Speisewirtschaften und Beherbungsbetriebe.

**§ 2 Begriffe.** (1) Gaststätten sind bauliche Anlagen oder Teile von baulichen Anlagen für Schank- oder Speisewirtschaften oder für Beherbergungsbetriebe, die jedermann oder bestimmten Personenkreisen zugänglich sind.

(2) Schank- oder Speisewirtschaften sind zum Verzehr von Speisen oder Getränken bestimmte Gaststätten.

---

[1)] Literatur: Wichmann, Komm. Düsseldorf 1986.
[2)] Siehe auch die Ausführungsanweisung zum Gaststättengesetz – AA GastG – RdErl. d. MWMV vom 2. 4. 1985 (SMBl. NRW 710300).

**8 GastBauVO §§ 3, 4** Gaststättenbauverordnung

(3) Beherbergungsbetriebe sind zur Beherbergung von Gästen bestimmte Gaststätten.

(4) Governmenträume sind Räume zum Verzehr von Speisen oder Getränken, auch wenn die Räume außerdem für Veranstaltungen oder sonstige Zwecke bestimmt sind.

(5) Beherbergungsräume sind Wohn- oder Schlafräume für Gäste.

(6) Gastplätze sind Sitz- oder Stehplätze für Gäste.

(7) Gastbetten sind die für eine regelmäßige Beherbergung eingerichteten Schlafstätten.

**§ 3 Allgemeine Anforderungen.** (1) ¹Gäste und Betriebsangehörige müssen unmittelbar oder zügig über Flächen des Grundstücks, die nicht anderweitig genutzt werden dürfen (als Rettungswege dienende Verkehrsflächen), auf eine öffentliche Verkehrsfläche gelangen können. ²Für die Breite der Rettungswege gilt § 9 Abs. 3.

(2) ¹Gaststätten mit mehr als 400 Gastplätzen oder mehr als 60 Gastbetten müssen von öffentlichen Verkehrsflächen insbesondere für die Feuerwehr eine Zu- oder Durchfahrt haben

1. zur Vorderseite rückwärtiger Gebäude,
2. zur Rückseite von Gebäuden, wenn eine Rettung von Menschen außer vom Treppenraum nur von der Gebäuderückseite möglich ist.

²Die Zu- oder Durchfahrt muß eine lichte Höhe von mindestens 3,50 m haben und mindestens 3,50 m breit sein. ³Bei kleineren Gaststätten genügt ein mindestens 1,25 m breiter Zu- oder Durchgang. ⁴Bei Türöffnungen und anderen geringfügigen Einengungen genügt eine lichte Breite von 1,0 m. ⁵Die lichte Höhe des Zu- oder Durchgangs muß mindestens 2,0 m betragen.

**§ 4 Bauliche Maßnahmen für besondere Personengruppen.** (1) ¹Gaststätten mit mehr als 400 Gastplätzen oder mit mehr als 60 Gastbetten müssen mindestens durch einen Eingang stufenlos erreichbar sein. ²Der Eingang muß eine lichte Durchgangsbreite von mindestens 0,95 m haben. ³Vor Türen muß eine ausreichende Bewegungsfläche vorhanden sein. ⁴Rampen dürfen nicht mehr als 6 v. H. geneigt sein, sie müssen mindestens 1,20 m breit sein und beidseitig einen festen und griffsicheren Handlauf haben. ⁵Am Anfang und am Ende jeder Rampe ist ein Podest, alle 6,0 m ein Zwischenpodest anzuordnen. ⁶Die Podeste müssen eine Länge von mindestens 1,20 m haben. ⁷Treppen müssen an beiden Seiten Handläufe erhalten, die über Treppenabsätze und Fensteröffnungen sowie über die letzten Stufen zu führen sind. ⁸Die Treppen müssen Setzstufen haben. ⁹Flure müssen mindestens 1,40 m breit sein. ¹⁰Ein Toilettenraum muß auch für Benutzer von Rollstühlen geeignet sein; er ist zu kennzeichnen.

Gaststättenbauverordnung  §§ 5, 6  GastBauVO 8

(2) ¹In Gaststätten mit mehr als 400 Gastplätzen oder mit mehr als 60 Gastbetten, die nicht im Erdgeschoß liegen, muß mindestens ein Aufzug vorhanden sein, der für Rollstuhlbenutzer geeignet ist. ²Zur Aufnahme von Rollstühlen bestimmte Aufzüge müssen eine nutzbare Grundfläche von mindestens 1,10 m × 1,40 m haben; Türen müssen eine lichte Durchgangsbreite von mindestens 0,80 m haben. ³Vor den Aufzügen muß eine ausreichende Bewegungsfläche vorhanden sein. ⁴Zur Aufnahme von Rollstühlen bestimmte Aufzüge sollen von den öffentlichen Verkehrsfläche stufenlos erreichbar sein und stufenlos erreichbare Haltestellen in allen Geschossen mit Aufenthaltsräumen haben. ⁵Haltestellen im obersten Geschoß und in den Kellergeschossen können entfallen, wenn sie nur unter besonderen Schwierigkeiten hergestellt werden können.

(3) ¹Bei Gaststätten mit mehr als 400 Gastplätzen oder mit mehr als 60 Gastbetten muß mindestens 3 v. H. der Stellplätze, mindestens jedoch ein Stellplatz für Schwerbehinderte vorhanden sein. ²Diese Stellplätze müssen mindestens 3,50 m breit und von der Gaststätte stufenlos auf möglichst kurzem Wege erreichbar sein. ³Die Stellplätze sind durch Schilder zu kennzeichnen. ⁴Es kann verlangt werden, daß auf diese Stellplätze besonders hingewiesen wird.

**§ 5 Schilder.** Die in dieser Verordnung geforderten Schilder müssen den Anlagen 1, 2 und 3 entsprechen.[1]

## Teil II. Baustoffe, Bauteile, Rettungswege

**§ 6 Wände.** (1) ¹Wände müssen in den wesentlichen Teilen aus nichtbrennbaren Baustoffen bestehen. ²Es kann gestattet werden, daß Wände eingeschossiger Gebäude aus mindestens normalentflammbaren Baustoffen (B 2) hergestellt werden, wenn die Wände mindestens die Feuerwiderstandsklasse F 30 besitzen. ³Für Wände eingeschossiger Gebäude wie Kioske, Trinkhallen, Imbißstuben, genügen normalentflammbare Baustoffe (B 2)

(2) Tragende und aussteifende Wände und ihre Unterstützungen sind bei Gebäuden mit mehr als einem Vollgeschoß über der festgelegten Geländeoberfläche in der Feuerwiderstandsklasse F 90 herzustellen.

(3) ¹Trennwände zwischen Gaststätten und Wohnungen oder betriebsfremden Räumen sind in der Feuerwiderstandsklasse F 90 herzustellen. ²Türen in diesen Wänden sind mindestens in der Feuerwiderstandsklasse T 30 und selbstschließend herzustellen.

---

[1] Anlagen nicht abgedruckt.

(4) Trennwände zwischen Gaststätten und betriebsfremden Aufenthaltsräumen sowie Wände von Beherbergungsräumen müssen ausreichend schalldämmend sein.

**§ 7 Decken.** (1) [1]Decken müssen in den wesentlichen Teilen aus nichtbrennbaren Baustoffen (A) bestehen. [2]Für Decken eingeschossiger Gebäude wie Kioske, Trinkhallen, Imbißstuben, genügen normalentflammbare Baustoffe (B 2).

(2) Decken und ihre Unterstützungen sind bei Gebäuden mit mehr als einem Vollgeschoß in der Feuerwiderstandsklasse F 90 und in den wesentlichen Teilen aus nichtbrennbaren Baustoffen (F 90 – AB) herzustellen, wenn sich darüber noch Aufenthaltsräume befinden.

(3) Decken zwischen Gasträumen und Beherbergungsräumen, zwischen Beherbergungsräumen sowie zwischen Gasträumen, Beherbergungsräumen und fremden Räumen müssen ausreichend schalldämmend sein.

**§ 8 Wand- und Deckenbekleidungen, Dämmstoffe.** (1) [1]Bekleidungen von Wänden in Gasträumen sind einschließlich der Dämmstoffe und Unterkonstruktionen aus mindestens schwerentflammbaren Baustoffen (B 1) herzustellen. [2]Bekleidungen aus normalentflammbaren Baustoffen (B 2) sind zulässig, wenn Bedenken wegen des Brandschutzes nicht bestehen.

(2) Bekleidungen von Decken in Gasträumen dürfen einschließlich der Dämmstoffe und Unterkonstruktionen aus normalentflammbaren Baustoffen (B 2) bestehen; in Hochhäusern müssen sie aus mindestens schwerentflammbaren Baustoffen (B 1) bestehen.

(3) In Fluren müssen Wand- und Deckenbekleidungen einschließlich der Dämmstoffe und Unterkonstruktionen aus nichtbrennbaren Baustoffen (A) bestehen.

**§ 9 Rettungswege im Gebäude.** (1) Gänge in Gasträumen, Ausgängen zu den Fluren, Flure, Treppen und andere Ausgänge (Rettungswege) müssen in solcher Anzahl und Breite vorhanden und so verteilt sein, daß Gäste und Betriebsangehörige auf kürzestem Wege leicht und gefahrlos ins Freie gelangen können.

(2) [1]Von jedem Gastplatz aus darf der Weg zu einem Gang, der als Rettungsweg dient, nicht länger als 5 m sein. [2]Bei Räumen mit mehr als 400 Gastplätzen darf der Weg von einem Gastplatz bis zum nächsten Ausgang nicht länger als 25 m sein.

(3) [1]Bei der Berechnung der Breite des Rettungsweges ist 1,0 m je 150 darauf angewiesene Personen zugrundezulegen. [2]Zwischenwerte sind zulässig. [3]Die lichte Mindestbreite muß jedoch betragen für

Gaststättenbauverordnung §§ 10, 11 **GastBauVO 8**

| | |
|---|---|
| Gänge in Galträumen | 0,80 m. |
| Türen | 0,90 m, |
| Flure und alle übrigen Rettungswege | 1,0 m. |

(4) ¹Die erforderliche Mindestbreite von Rettungswegen darf durch geöffnete Türen und feste Einbauten, wie Verkaufsstände, Wandtische, Wandsitze, Bordbretter und Kleiderablagen nicht eingeengt werden. ²In Treppenräumen sind diese Einbauten unzulässig.

(5) Bei mehreren Benutzungsarten sind die Rettungswege nach der größtmöglichen Personenzahl zu berechnen.

(6) Haben mehrere, in verschiedenen Geschossen gelegene Gasträume gemeinsame Rettungswege, so sind bei der Berechnung die Räume des Geschosses mit der größten Personenanzahl ganz, die Räume der übrigen Geschosse nur zur Hälfte zugrundezulegen.

(7) ¹Rettungswege und die zu ihnen führenden Ausgänge sind in Gaststätten mit mehr als 400 Gastplätzen oder mit mehr als 60 Gastbetten durch beleuchtete Schilder zu kennzeichnen. ²Als Kennzeichnung von Ausgängen und Rettungswegen kann auch ein beleuchteter oder hinterleuchteter Pfeil verwandt werden. ³Bei kleineren Gaststätten kann die Kennzeichnung der Rettungswege verlangt werden; dabei kann auch verlangt werden, daß die Schilder beleuchtbar sind.

(8) Fußbodenbeläge in Fluren und Treppenräumen müssen mindestens schwerentflammbar (B 1) sein; Fußbodenbeläge in Treppenräumen von Hochhäusern müssen nichtbrennbar (A) sein.

**§ 10 Ausgänge.** (1) ¹Gasträume, die zusammen mehr als 200 Gastplätze haben, und Gasträume in Kellergeschossen müssen mindestens zwei, möglichst entgegengesetzt gelegene Ausgänge unmittelbar ins Freie, auf Flure oder in Treppenräume haben. ²Einer der beiden Ausgänge darf auch durch andere Gasträume führen.

(2) Bei Schank- oder Speisewirtschaften mit regelmäßigen Musikdarbietungen oder Tanzveranstaltungen, wie Diskotheken, kann verlangt werden, daß Ausgänge ins Freie mit Schallschutzschleusen ausgestattet werden.

**§ 11 Flure.** (1) ¹Jeder Flur, an dem Gasträume mit zusammen mehr als 400 Gastplätzen liegen, muß mindestens zwei Ausgänge ins Freie oder zu notwendigen Treppen haben. ²Von jeder Stelle des Flures muß ein Ausgang in höchstens 30,0 m Entfernung erreichbar sein.

(2) Wände von Fluren müssen mindestens in der Feuerwiderstandsklasse F 30 und in den wesentlichen Teilen aus nichtbrennbaren Baustoffen (F 30 – AB) hergestellt werden.

(3) In Fluren von Kellergeschossen sind die Türen zu Räumen, die nicht von Gästen benutzt werden, mindestens in der Feuerwiderstandsklasse T 30 und selbstschließend herzustellen.

**8 GastBauVO** § 12    Gaststättenbauverordnung

(4) ¹Einzelne Stufen im Zuge von Fluren sind unzulässig. ²Drei oder mehr aufeinanderfolgende Stufen sind zulässig, wenn eine Stufenbeleuchtung vorhanden ist und die Stufen von oben beleuchtet werden können. ³Für das Steigungsverhältnis der Stufen gelten die Vorschriften des § 12 Abs. 2.

(5) Stichflure dürfen nicht länger als 10,0 m sein.

**§ 12 Treppen und Treppenräume.** (1) ¹Jedes nicht zu ebener Erde gelegene Geschoß mit mehr als 30 Gastbetten und Gasträume in Obergeschossen, die einzeln oder zusammen mehr als 200 Gastplätze haben, müssen über mindestens zwei voneinander unabhängige Treppen oder eine Treppe in einem Sicherheitstreppenraum zugänglich sein (notwendige Treppen). ²Dies gilt auch für Beherbergungsbetriebe mit zusammen mehr als 60 Gastbetten in Obergeschossen.

(2) ¹Stufen von Treppen, die dem allgemeinen Besucherverkehr dienen, müssen eine Auftrittbreite von mindestens 28 cm haben und dürfen nicht höher als 17 cm sein. ²Bei gebogenen Läufen darf die Auftrittbreite der Stufen an der schmalsten Stelle nicht kleiner als 23 cm sein. ³Treppen müssen auf beiden Seiten feste Handläufe ohne freie Enden haben. ⁴Die Handläufe müssen griffsicher sein und sind über alle Stufen und Treppenabsätze fortzuführen. ⁵Treppen von mehr als 2,50 m Breite müssen durch Geländer unterteilt sein.

(3) ¹Treppenräume sind gegen Flure durch rauchdichte und selbstschließende Türen abzuschließen. ²Türen zwischen Gasträumen und Treppenräumen sind mindestens in der Feuerwiderstandsklasse T 30 und selbstschließend herzustellen. ³Alle anderen Öffnungen, die nicht ins Freie führen, müssen dichtschließende Türen haben.

(4) ¹In Gebäuden mit mehreren notwendigen Treppen darf ein Treppenraum über eine Halle mit dem Freien verbunden sein. ²Die Entfernung von der untersten Treppenstufe bis ins Freie darf nicht mehr als 20,0 m betragen. ³Die Halle muß durch Wände der Feuerwiderstandsklasse F 90, die in den wesentlichen Teilen aus nichtbrennbaren Baustoffen bestehen (F 90 – AB), von anderen Räumen getrennt sein. ⁴Öffnungen zu diesen Räumen müssen rauchdichte und selbstschließende Türen mit mindestens der Feuerwiderstandsklasse T 30 erhalten. ⁵Öffnungen zu allgemein zugänglichen Fluren müssen rauchdichte und selbstschließende Türen haben. ⁶Glasfüllungen in diesen Türen müssen aus mindestens 6 mm dickem Drahtglas mit verschweißtem Netz oder aus entsprechend widerstandsfähigem Glas bestehen. ⁷Auskunftsstellen, Kleiderablagen, Verkaufsstände und Verkaufsräume können in die Halle einbezogen werden.

(5) ¹Führt der Ausgang aus Treppenräumen über Flure ins Freie, so sind die Flure gegen andere Räume durch Wände ohne Öffnungen mindestens der Feuerwiderstandsklasse F 90, die aus nichtbrennbaren

Baustoffen bestehen (F 90 − A), abzutrennen. ²Die Flure sind ausreichend zu beleuchten und zu lüften.

**§ 13 Türen.** (1) ¹Türen im Zuge von Rettungswegen müssen in Fluchtrichtung aufschlagen. ²Sie müssen während der Betriebszeit von innen mit einem einzigen Griff leicht in voller Breite zu öffnen sein.

(2) ¹Drehtüren sind in Rettungswegen unzulässig. ²Pendeltüren, außer zwischen Galsträumen und Küchen, müssen Bodenschließer haben. ³Automatische Schiebetüren können für Ausgänge ins Freie verwendet werden, wenn sie sich im Störfall selbsttätig öffnen und die Betriebssicherheit der Türen nachgewiesen ist; nichtautomatische Schiebetüren sind in Rettungswegen unzulässig.

## Teil III. Haustechnische Anlagen

**§ 14 Lüftung.** (1) Galsträume und andere Aufenthaltsräume müssen Lüftungsanlagen haben, wenn eine ausreichende Erneuerung der Raumluft durch Fensterlüftung nicht möglich oder wegen des Lärmschutzes unerwünscht ist.

(2) Lüftungsanlagen zur Belüftung von Schank- und Speisewirtschaften mit regelmäßigen Musikdarbietungen, wie Diskotheken, müssen so hergestellt sein, daß die Weiterleitung von Schall in fremde Räume oder ins Freie ausreichend gedämmt ist.

(3) ¹Galsträumen bis zu 400 Gastplätzen und zugehörigen Aufenthaltsräumen müssen die Lüftungsanlagen je m² Grundfläche eine Außenluftmenge von mindestens 12 m³/h zuführen können (Außenluftrate). ²Diese Außenluftrate gilt für Außenlufttemperaturen zwischen 0 °C und + 26 °C. ³Bei niedrigeren oder höheren Außenlufttemperaturen dürfen die Außenluftraten herabgesetzt werden; folgende Werte dürfen jedoch nicht unterschritten werden:
1. bei Außenlufttemperaturen unter 0 °C 6 m³/h
2. bei Außenlufttemperaturen über 26 °C 9 m³/h

(4) Galsträumen mit mehr als 400 Gastplätzen müssen die Lüftungsanlagen eine Außenluftmenge von mindestens 30 m³/h je m² Grundfläche zuführen können.

(5) Küchen müssen Abzüge haben, die Wrasen und Dünste unmittelbar absaugen und über Dach so ins Freie abführen, daß die Bewohner des Grundstücks und der Nachbargrundstücke nicht belästigt werden.

**§ 15 Rauchabführung.** (1) ¹Galsträume mit mehr als 400 Gastplätzen ohne Fenster oder ohne öffenbare Fenster und Galsträume in Kellergeschossen müssen Rauchabzugsöffnungen mit einem lichten Gesamtquerschnitt von mindestens 0,5 v. H. ihrer Grundfläche haben. ²Die

Vorrichtung zum Öffnen der Rauchabzüge muß an einer jederzeit zugänglichen Stelle des Gastraumes liegen und an der Bedienungsstelle die Aufschrift „Rauchabzug" haben. ³An der Bedienungsvorrichtung muß erkennbar sein, ob der Rauchabzug offen oder geschlossen ist.

(2) ¹Rauchabzugsleitungen müssen aus nichtbrennbaren Baustoffen bestehen. ²Führen die Leitungen durch Decken, so müssen sie die gleiche Feuerwiderstandsdauer haben wie die Decke. ³Rauchabzugsleitungen sollen senkrecht geführt werden.

(3) Alle beweglichen Teile von Rauchabzügen müssen leicht bewegt und geprüft werden können.

(4) Es kann gestattet werden, daß der Rauch über eine Lüftungsanlage mit Ventilator abgeführt wird, wenn sie auch im Brandfall wirksam ist.

## § 16 Feuerstätten.
¹In Beherbergungsstätten sind Feuerstätten unzulässig. ²Dies gilt nicht für Feuerstätten, denen die Verbrennungsluft durch dichte Leitungen so zugeführt wird, daß ihr Feuerraum gegenüber dem Aufstellraum dicht ist.

## § 17 Elektrische Anlagen, Sicherheitsbeleuchtung.
(1) ¹In Gaststätten mit mehr als 400 Gastplätzen oder mit mehr als 60 Gastbetten muß zur Beleuchtung von Fluren, Treppenräumen, Ausgängen und anderen Rettungswegen eine Sicherheitsbeleuchtung vorhanden sein, die gewährleistet, daß Gäste und Betriebsangehörige auch bei vollständigem Versagen der allgemeinen Beleuchtung bis zu öffentlichen Verkehrsflächen hin gut zurechtfinden können. ²Bei kleineren Gaststätten kann eine Sicherheitsbeleuchtung verlangt werden, wenn dies wegen mangelnder Übersichtlichkeit oder fehlender natürlicher Beleuchtung erforderlich ist.

(2) ¹Die Sicherheitsbeleuchtung muß eine vom Versorgungsnetz unabhängige, bei Ausfall des Netzstromes sich selbsttätig innerhalb einer Sekunde einschaltende Ersatzstromquelle haben, die für einen mindestens dreistündigen Betrieb ausgelegt ist. ²Bei Beherbergungsbetrieben kann als Ersatzstromquelle auch ein Stromerzeugungsaggregat verwendet werden, das sich bei Ausfall der allgemeinen Stromversorgung selbsttätig mindestens innerhalb von 15 Sekunden einschaltet.

(3) Die Beleuchtungsstärke der Sicherheitsbeleuchtung muß in den Achsen der Rettungswege mindestens 1 Lux betragen.

(4) Ist eine Sicherheitsbeleuchtung erforderlich, so ist die Beleuchtung der Schilder zur Kennzeichnung der Rettungswege an die Ersatzstromquelle anzuschließen.

(5) Ist eine Stufenbeleuchtung nach § 11 Abs. 4 erforderlich, so muß diese zusätzlich an die Sicherheitsbeleuchtung angeschlossen sein.

Gaststättenbauverordnung §§ 18–20 **GastBauVO 8**

**§ 18 Personenaufzüge.** (1) Neben den Türen von Personenaufzügen ist ein Schild anzubringen mit der Aufschrift „Aufzug im Brandfall nicht benutzen".

(2) Gebäude oder Gebäudeteile, bei denen der Fußboden mindestens eines Beherbergungsraumes mehr als 22 m über der festgelegten Geländeoberfläche liegt, müssen mindestens einen Aufzug haben, der im Brandfall der Feuerwehr zur Verfügung steht (Feuerwehraufzug).

**§ 19 Feuerlöschgeräte, Feuerlösch-, Feuermelde- und Alarmeinrichtungen.** (1) In Schank- oder Speisewirtschaften sind geeignete Feuerlöscher in ausreichender Zahl gut sichtbar und leicht zugänglich anzubringen.

(2) [1] Beherbergungsbetriebe müssen je Geschoß und Brandabschnitt mindestens einen geeigneten Feuerlöscher haben. [2] Einer der Feuerlöscher ist in der Nähe des Treppenhauses an gut sichtbarer und leicht zugänglicher Stelle anzubringen.

(3) [1] Weitere Feuerlösch- und Feuermeldeeinrichtungen, wie selbsttätige Feuerlöschanlagen oder Rauchmeldeanlagen, können gefordert werden, wenn dies aus Gründen des Brandschutzes erforderlich ist. [2] Derartige Gründe können sich insbesondere aus den örtlichen Verhältnissen, der Gebäudekonstruktion, der Durchführung der Personenrettung oder der Brandbekämpfung ergeben.

(4) Beherbergungsbetriebe müssen Alarmeinrichtungen haben, durch die im Gefahrenfall die Gäste gewarnt werden können.

### Teil IV. Anforderungen an Räume

**§ 20 Galträume.** (1) [1] Galträume dürfen nicht zugleich als Wohn- oder Schlafräume dienen. [2] Galträume und Wohnungen müssen getrennt zugänglich sein.

(2) [1] Die Grundfläche mindestens eines Galtraumes muß mindestens 25 m² betragen; für weitere Galträume genügt eine Grundfläche von 15 m². [2] Bei Schank- oder Speisewirtschaften, die nach Angebot und Ausstattung nur für eine kurze Verweildauer der Gäste eingerichtet sind, kann eine geringere Grundfläche gestattet werden.

(3) Bei Tischplätzen ist mit 1,0 m², bei Stuhlreihen und Stehplätzen mit 0,5 m² je Gast zu rechnen.

(4) [1] Galträume und zugehörige Räume in Kellergeschossen können gestattet werden, wenn der tiefstgelegene Teil ihrer Fußbodenfläche nicht mehr als 5,0 m unter der festgelegten Geländeoberfläche liegt. [2] Türen zu Räumen, die nicht von Gästen benutzt werden, müssen mindestens feuerhemmend und selbstschließend sein.

**8 GastBauVO** §§ 21, 22  Gaststättenbauverordnung

(5) ¹Die lichte Höhe von Governmenten muß bei einer Grundfläche
1. von nicht mehr als 50 m² mindestens 2,50 m,
2. von mehr als 50 m² mindestens 2,75 m,
3. von mehr als 100 m² mindestens 3,0 m,
betragen.
²Über und unter Emporen muß die lichte Höhe mindestens 2,50 m betragen. ³Abgehängte oder aufgelagerte Unterdecken, die einen Luftaustausch ermöglichen, wie Rasterdecken, dürfen die lichte Höhe bis zu 2,50 m einschränken. ⁴Für kleinere Bereiche, wie Nischen, genügt eine geringere lichte Höhe.

(6) ¹Flächen, die zum allgemeinen Begehen bestimmt sind und die unmittelbar an mehr als 20 cm tieferliegende Flächen angrenzen, sind zu umwehren. ²Emporen und Galerien müssen Fußleisten zum Schutz gegen Herabfallen von Gegenständen haben.

**§ 21 Beherbergungsräume, Schlafräume für Betriebsangehörige.** (1) ¹Jeder Beherbergungsraum muß einen eigenen Zugang vom Flur haben. ²Bei gemeinsam vermietbaren Raumgruppen, wie Appartements, Suiten, genügt es, wenn nur ein Raum unmittelbar vom Flur aus zugänglich ist. ³Die Zugangstüren müssen durch Nummern oder Symbole gekennzeichnet und von innen und außen abschließbar sein.

(2) Einbettzimmer müssen mindestens 8 m², Zweibettzimmer mindestens 12 m² groß sein; Nebenräume, insbesondere Wasch- und Toilettenräume, werden nicht angerechnet.

(3) In jedem Beherbergungsraum oder in Verbindung mit ihm muß eine ausreichende Waschgelegenheit mit fließendem Wasser vorhanden sein, die anderen Gästen nicht zugänglich ist.

(4) ¹Schlafräume für Betriebsangehörige dürfen nicht in unmittelbarer Nähe von Gasträumen liegen. ²Die Absätze 1 bis 3 gelten entsprechend.

**§ 22 Toilettenräume.** (1) Die Toilettenräume für Gäste müssen leicht erreichbar und gekennzeichnet sein.

(2) In Schank- oder Speisewirtschaften sollen mindestens vorhanden sein:

| Gastplätze | Toilettenbecken | | Urinale | |
|---|---|---|---|---|
| | Herren | Damen | Becken oder Rinne | |
| | | | Stck. | lfdm. |
| bis 50 | 1 | 1 | 2 | 2 |
| über 50 bis 200 | 2 | 2 | 3 | 3 |
| über 200 bis 400 | 3 | 4 | 6 | 4 |
| über 400 | – Festlegung im Einzelfall – | | | |

(3) ¹In jedem Geschoß von Beherbergungsbetrieben, in dem Beherbergungsräume für Gäste liegen, soll für je angefangene 10 Betten eine Toilette vorhanden sein. ²Beherbergungsräume mit eigenen Toilettenräumen werden nicht mitgerechnet.

(4) ¹Werden mehr als fünf Arbeitnehmer gleichzeitig beschäftigt, so müssen Toilettenräume vorhanden sein, die ausschließlich den Betriebsangehörigen zur Verfügung stehen. ²Für Damen und Herren müssen getrennte Toilettenräume vorhanden sein. ³Der Weg der in der Küche Beschäftigten zu diesen Räumen darf nicht durch Schank- oder Speiseräume oder durchs Freie führen.

(5) ¹Toilettenräume für Damen und Herren müssen durch durchgezogene Wände voneinander getrennt sein. ²Der Toilettenraum muß einen lüftbaren und beleuchtbaren Vorraum mit Waschbecken, Seifenspender und gesundheitlich einwandfreien Handtrocknungseinrichtungen haben. ³Die Wände der Toilettenräume sind bis zur Höhe von mindestens 1,50 m mit einem wasserfesten glatten Belag oder Anstrich zu versehen. ⁴Die Fußböden müssen gleitsicher und leicht zu reinigen sein. ⁵Dies gilt nicht für die Toiletten nach Absatz 3 Satz 2.

(6) ¹Toilettenbecken und Urinale müssen Wasserspülungen haben. ²Toiletten- oder Urinalräume müssen einen Fußbodenablauf mit Geruchverschluß haben; dies gilt nicht für Toilettenräume nach Absatz 3. ³Die Standbreite von Urinalbecken darf 60 cm nicht unterschreiten.

**§ 23 Küchen- und Vorratsräume.** (1) ¹Küchen müssen mindestens 8 m² Grundfläche haben. ²Für die lichte Höhe der Küchen gilt § 20 Abs. 5 entsprechend. ³In Kellergeschossen sind Küchen nur zulässig, wenn sich hier auch die zugehörigen Galsträume befinden.

(2) Küchen müssen mindestens eine Wasserzapfstelle, ein Handwaschbecken und einen Schmutzwasserausguß haben.

(3) ¹Fußböden müssen gleitsicher, wasserundurchlässig, fugendicht und leicht zu reinigen sein. ²Die Wände müssen bis zur Höhe von 2,0 m einen glatten, waschfesten und hellen Belag oder einen entsprechenden Anstrich haben.

(4) ¹Vorratsräume müssen unmittelbar ins Freie lüftbar sein oder eine ausreichende Lüftungsanlage haben; dies gilt nicht für Kühlräume. ²Türen von Kühlräumen müssen von innen ohne Schlüssel geöffnet werden können.

## Teil V. Betriebsvorschriften

**§ 24 Pflichten des Inhabers.** (1) Der Inhaber einer Gaststätte ist dafür verantwortlich, daß

1. die technischen Anlagen und Einrichtungen, die nach den Vorschriften dieser Verordnung erforderlich sind, ihrem Zweck entsprechend betrieben werden oder betriebsbereit bleiben,
2. die nachstehenden Betriebsvorschriften eingehalten werden.

(2) Während des Betriebes von Schank- oder Speisewirtschaften und von Beherbergungsbetrieben mit mehr als 60 Gastbetten muß der Inhaber oder ein von ihm Beauftragter ständig anwesend sein.

**§ 25 Rettungswege, haustechnische Anlagen.** (1) ¹Rettungswege außerhalb des Gebäudes sowie Aufstell- und Bewegungsflächen für die Feuerwehr sind von Kraftfahrzeugen oder Gegenständen freizuhalten. ²Darauf ist durch Schilder hinzuweisen.

(2) ¹Rettungswege innerhalb des Gebäudes sind freizuhalten und bei Dunkelheit während der Betriebszeit zu beleuchten. ²Türen im Zuge von Rettungswegen müssen während der Betriebszeit von innen leicht zu öffnen sein.

(3) ¹Die erforderliche Breite von Rettungswegen darf durch bewegliche Verkaufsstände, Möbel und ähnliche Gegenstände nicht eingeengt werden. ²In Treppenräumen ist das Aufstellen dieser Gegenstände unzulässig.

(4) Rauchdichte und selbstschließende Türen, Türen der Feuerwiderstandsklassen T 30 und T 90 dürfen in geöffnetem Zustand auch vorübergehend nicht festgestellt werden; sie dürfen offengehalten werden, wenn sie mit einer auf Rauch ansprechenden Feststellvorrichtung versehen sind.

(5) ¹In Räumen von Schank- oder Speisewirtschaften, die nicht durch Tageslicht ausreichend beleuchtet sind, muß die Sicherheitsbeleuchtung vom Einlaß der Gäste ab in Betrieb sein; sie muß in Betrieb bleiben, bis die Gäste und Betriebsangehörigen die Schank- oder Speisewirtschaft verlassen haben. ²In Rettungswegen von Beherbergungsbetrieben, die nicht ausreichend durch Tageslicht beleuchtet sind, muß die Sicherheitsbeleuchtung ständig in Betrieb sein.

**§ 26 Ausschmückungen, Abfallstoffe.** (1) ¹Ausschmückungen in Gaststätten müssen mindestens schwerentflammbar sein. ²In Treppenräumen müssen sie nichtbrennbar sein.

(2) Abfallbehälter in Gaststätten müssen aus nichtbrennbaren Stoffen bestehen und müssen dichtschließende Deckel haben.

(3) Brennbare Abfallstoffe sind bei Betriebsschluß aus den Gasträumen zu entfernen.

**§ 27 Toilettenanlagen.** (1) Die nach § 22 erforderlichen Toiletten dürfen nicht durch Münzautomaten oder ähnliche Einrichtungen versperrt oder nur gegen Entgelt zugänglich sein.

Gaststättenbauverordnung §§ 28–30 GastBauVO 8

(2) ¹Seife und Handtrocknungseinrichtungen dürfen nicht ausschließlich gegen Entgelt benutzt werden können. ²Gemeinschaftshandtücher dürfen nicht bereitgehalten werden.

(3) Absätze 1 und 2 Satz 1 sind nicht anzuwenden, wenn der Inhaber der Gaststätte aufgrund der Lage und Art seines Betriebes nicht verhindern kann, daß in erheblichem Umfang andere Personen als Gäste diese Toiletten benutzen.

**§ 28 Übersichtsplan und Brandschutzordnung.** (1) Die Zahl der Gäste, die sich aus § 20 Abs. 3 ergibt, darf nicht überschritten werden.

(2) In allen Fluren von Beherbergungsbetrieben mit mehr als 30 Gastbetten ist an gut sichtbarer Stelle in der Nähe des Treppenraumes ein ständig beleuchteter Übersichtsplan anzubringen, der Angaben über die im Gefahrenfall zu benutzenden Rettungswege, die Rückzugsrichtung und die Feuerlöscheinrichtungen enthält.

(3) In Beherbergungsbetrieben mit mehr als 60 Gastbetten ist auf der Innenseite der Tür aus dem Beherbergungsraum zum Flur ein gut lesbares Schild anzubringen, auf dem die Lage des Raumes, der Verlauf der Rettungswege bis zu den Ausgängen oder Treppen und die Art des Alarmzeichens (§ 19 Abs. 4) darzustellen sind.

(4) Für Beherbergungsbetriebe mit mehr als 60 Gastbetten ist im Einvernehmen mit der örtlich zuständigen Feuerwehr eine Brandschutzordnung aufzustellen und dem Personal bekanntzumachen.

## Teil VI. Prüfungen

**§ 29** *(aufgehoben)*

**§ 30 Prüfungen.** (1) Die Bauherrin oder der Bauherr oder die Betreiberin oder der Betreiber haben die technischen Anlagen und Einrichtungen, an die in dieser Verordnung Anforderungen gestellt werden, entsprechend der Verordnung über die Prüfung technischer Anlagen und Einrichtungen von Sonderbauten durch staatlich anerkannte Sachverständige und durch Sachkundige – Technische Prüfverordnung – (TPrüfVO) vom 5. Dezember 1995 (GV. NRW. S. 1236)[1] prüfen zu lassen.

(2) ¹Die Bauaufsichtsbehörde hat Gaststätten mit mehr als 400 Gastplätzen oder mit mehr als 60 Gastbetten in Abständen von höchstens 5 Jahren zu prüfen. ²Dabei ist auch die Einhaltung der Betriebsvorschriften zu überwachen und festzustellen, ob die Prüfungen nach Absatz 1 fristgerecht durchgeführt und etwaige Mängel beseitigt worden sind. ³Die Bauaufsichtsbehörde kann auch kleinere Gaststätten prüfen.

---

[1] Nr. 3.

**8 GastBauVO** §§ 31, 32    Gaststättenbauverordnung

(3) Bei Gaststätten des Bundes, des Landes und der Landschaftsverbände hat die zuständige Baudienststelle die Pflichten nach Absatz 2.

## Teil VII. Schlußvorschriften

**§ 31 Anwendung der Vorschriften auf bestehende Gaststätten.**
(1) ¹Der Inhaber hat zum Zeitpunkt des Inkrafttretens der Verordnung bestehende Gaststätten folgenden Vorschriften anzupassen:
1. Innerhalb einer Frist von sechs Monaten
   § 9 Abs. 7 (Kennzeichnung der Rettungswege),
   § 19 Abs. 1 und 2 (Feuerlöscher);
2. innerhalb einer Frist von fünf Jahren
   § 12 Abs. 3 (Treppenräume),
   § 13 (Türen),
   § 17 Abs. 2 (Sicherheitsbeleuchtung),
   § 19 Abs. 4 (Alarmeinrichtungen).

²Auf die nachträgliche Erfüllung der Vorschriften der § 12 Absatz 3 und § 13 kann bei kleineren Gaststätten verzichtet werden, wenn im Hinblick auf ihre Lage im Gebäude, insbesondere die Zuordnung zu fremden Nutzungseinheiten, Bedenken wegen der Sicherheit oder Gesundheit nicht bestehen.

(2) Auf die im Zeitpunkt des Inkrafttretens der Verordnung bestehenden Gaststätten sind die Betriebsvorschriften dieser Verordnung (§§ 24 bis 28) anzuwenden.

(3) ¹Bei bestehenden Gaststätten sind die Prüfungen erstmalig innerhalb von drei Jahren nach Inkrafttreten dieser Verordnung durchzuführen. ²Die Fristen für die wiederkehrenden Prüfungen nach § 30 Abs. 1 rechnen von dem Zeitpunkt, zu dem die Anlagen und Einrichtungen erstmalig geprüft worden sind.

(4) Im übrigen bleibt § 104 BauO NRW[1] unberührt.

**§ 32 Ordnungswidrigkeiten.** Ordnungswidrig im Sinne des § 101 Abs. 1 Nr. 1 der Bauordnung für das Land Nordrhein-Westfalen handelt, wer vorsätzlich oder fahrlässig
1. entgegen § 25 Abs. 1 Rettungswege außerhalb des Gebäudes sowie Aufstell- und Bewegungsflächen für die Feuerwehr nicht von Kraftfahrzeugen oder Gegenständen freihält,
2. entgegen § 25 Abs. 2 Rettungswege innerhalb des Gebäudes nicht freihält oder bei Dunkelheit während der Betriebszeit nicht beleuchtet,

---
[1] Jetzt § 87 BauO, Nr. 1.

3. entgegen § 25 Abs. 4 rauchdichte und selbstschließende Türen sowie Türen der Feuerwiderstandsklassen T 30 und T 90 feststellt, es sei denn, daß sie mit einer auf Rauch ansprechenden Feststellvorrichtung versehen sind,
4. entgegen § 25 Abs. 5 in Schank- und Speisewirtschaften die Sicherheitsbeleuchtung bei Anwesenheit von Gästen nicht und in Beherbergungsbetrieben nicht ständig in Betrieb hält,
5. entgegen § 26 Abs. 1 für Ausschmückungen Materialien mit anderen als den dort genannten Eigenschaften verwendet,
6. entgegen § 26 Abs. 3 brennbare Abfallstoffe bei Betriebsschluß nicht aus den Governmenträumen entfernt,
7. entgegen § 28 Abs. 3 das Schild zur Kennzeichnung der Rettungswege in den Beherbergungsräumen nicht oder nicht an der richtigen Stelle anbringt,
8. entgegen § 30 Abs. 1 die vorgeschriebenen wiederkehrenden Prüfungen nicht, nicht vollständig oder nicht rechtzeitig durchführen läßt,
9. entgegen § 30 Abs. 4 festgestellte Mängel nicht unverzüglich beseitigen läßt.

**§ 33 Inkrafttreten.** Diese Verordnung tritt am 1. Februar 1984 in Kraft.

## 9. Verordnung über den Bau und Betrieb von Verkaufsstätten (Verkaufsstättenverordnung – VkVO)[1),2)]

Vom 8. September 2000
(GV NRW S. 639/SGV NRW 232)

Aufgrund des § 85 Abs. 1 Nrn. 5 und 6 der Landesbauordnung (BauO NRW) in der Fassung der Bekanntmachung vom 1. März 2000 (GV. NRW. S. 256), geändert durch Gesetz vom 9. Mai 2000 (GV. NRW. S. 439), wird nach Anhörung des Ausschusses für Städtebau und Wohnungswesen des Landtags verordnet:

### Inhaltsverzeichnis

| | §§ |
|---|---|
| Anwendungsbereich | 1 |
| Begriffe | 2 |
| Wände, Pfeiler, Stützen, Decken, Dachtragwerke, Bekleidungen und Dämmstoffe | 3 |
| Trennwände | 4 |
| Brandabschnitte | 5 |
| Decken | 6 |
| Dächer | 7 |
| Rettungswege in Verkaufsstätten | 8 |
| Treppen | 9 |
| Notwendige Treppenräume, Treppenraumerweiterungen | 10 |
| Ladenstraßen, Flure, Hauptgänge | 11 |
| Ausgänge | 12 |
| Türen in Rettungswegen | 13 |
| Rauchabführung | 14 |
| Beheizung | 15 |
| Sicherheitsbeleuchtung | 16 |
| Blitzschutzanlagen | 17 |
| Feuerlöscheinrichtungen, Brandmeldeanlagen und Alarmierungseinrichtungen | 18 |
| Sicherheitsstromversorgungsanlagen | 19 |
| Lage der Verkaufsräume | 20 |
| Räume für Abfälle | 21 |
| Gefahrenverhütung | 22 |
| Rettungswege auf dem Grundstück, Flächen für die Feuerwehr | 23 |
| Verantwortliche Personen | 24 |
| Brandschutzordnung | 25 |
| Stellplätze für Behinderte | 26 |
| Prüfungen | 27 |
| Weitergehende Anforderungen | 28 |
| Übergangsvorschriften | 29 |
| Ordnungswidrigkeiten | 30 |
| Inkrafttreten | 31 |

---

[1)] **Literatur:** Baumgartner, Versammlungsstätten und Geschäftshäuser, Komm. 3. Aufl. Köln 1993.
[2)] **Amtlicher Text:** Die Verpflichtungen aus der Richtlinie 98/34/EG des Europäischen Parlaments und des Rates vom 22. Juni 1998 über ein Informationsverfahren auf dem Gebiet der Normen und technischen Vorschriften (ABl. EG Nr. L 204 S. 37) sind beachtet worden.

**§ 1 Anwendungsbereich.** Die Vorschriften dieser Verordnung gelten für jede Verkaufsstätte, deren Verkaufsräume und Ladenstraßen einschließlich ihrer Bauteile eine Fläche von insgesamt mehr als 2000 m² haben.

**§ 2 Begriffe.** (1) ¹Verkaufsstätten sind Gebäude oder Gebäudeteile, die

1. ganz oder teilweise dem Verkauf von Waren dienen,
2. mindestens einen Verkaufsraum haben und
3. keine Messebauten sind.

²Zu einer Verkaufsstätte gehören alle Räume, die unmittelbar oder mittelbar, insbesondere durch Aufzüge oder Ladenstraßen, miteinander in Verbindung stehen; als Verbindung gilt nicht die Verbindung durch notwendige Treppenräume sowie durch Leitungen, Schächte und Kanäle haustechnischer Anlagen.

(2) Erdgeschossige Verkaufsstätten sind Gebäude mit nicht mehr als einem Geschoss, dessen Fußboden an keiner Stelle mehr als 1 m unter der Geländeoberfläche liegt; dabei bleiben Treppenraumerweiterungen sowie Geschosse außer Betracht, die ausschließlich der Unterbringung haustechnischer Anlagen dienen.

(3) ¹Verkaufsräume sind Räume, in denen Waren zum Verkauf oder sonstige Leistungen angeboten werden oder die dem Kundenverkehr dienen, ausgenommen notwendige Treppenräume, Treppenraumerweiterungen sowie Garagen. ²Ladenstraßen gelten nicht als Verkaufsräume.

(4) Ladenstraßen sind überdachte oder überdeckte Flächen, an denen Verkaufsräume liegen und die dem Kundenverkehr dienen.

(5) Treppenraumerweiterungen sind Räume, die Treppenräume mit Ausgängen ins Freie verbinden.

**§ 3 Wände, Pfeiler, Stützen, Decken, Dachtragwerke, Bekleidungen und Dämmstoffe.** Wände, Pfeiler, Stützen, Decken, Dachtragwerke, Bekleidungen und Dämmstoffe müssen hinsichtlich ihres Brandverhaltens nachfolgende Mindestanforderungen erfüllen:

| Spalte | | 1 | 2 | 3 | 4 |
|---|---|---|---|---|---|
| Zeile | | \multicolumn{2}{Verkaufsstätten erdgeschossig} | \multicolumn{2}{sonstige} | | |
| | | ohne Sprinkler | mit Sprinkler | ohne Sprinkler | mit Sprinkler |
| 1 | Tragende Wände, Pfeiler und Stützen | F 30-B | B 2 | F 90-AB | F 90-AB |
| 2 | Außenwände | B 1 oder F 30-B | B 1 oder F 30-B | A oder F 90-AB | B 1 oder F 90-AB |

Verkaufsstättenverordnung §§ 4, 5 VkVO 9

| Zeile | Spalte | 1 | 2 | 3 | 4 |
|---|---|---|---|---|---|
| | | Verkaufsstätten erdgeschossig | | sonstige | |
| | | ohne Sprinkler | mit Sprinkler | ohne Sprinkler | mit Sprinkler |
| 3 | Trennwände zwischen Verkaufsstätte und anderen Räumen | F 90-AB | F 90-AB | F 90-AB | F 90-AB |
| 4 | Decken | F 30-A | A | F 90-A | F 90-A |
| 5 | Tragwerke von Dächern | F 30-B | B 2 | F 90-AB | A |
| 6 | Außenwandbekleidungen einschl. Dämmstoffe und Unterkonstruktionen | B 1 | B 1 | A | B 1 |
| 7 | Deckenbekleidungen einschl. Dämmstoffe und Unterkonstruktionen | A | A | A | A |
| 8 | Wandbekleidungen einschl. Dämmstoffe und Unterkonstruktionen in Rettungswegen und Ladenstraßen | A | A | A | A |

Es bedeuten: F/T 30/90: Feuerwiderstandsklasse des jeweiligen Bauteils nach seiner Feuerwiderstandsdauer
A: aus nichtbrennbaren Stoffen
AB: in den wesentlichen Teilen aus nichtbrennbaren Baustoffen
B: brennbare Baustoffe zulässig
Brandwand: siehe § 33 BauO NRW
B 1: aus schwerentflammbaren Baustoffen
B 2: aus normalentflammbaren Baustoffen

**§ 4 Trennwände.** (1) Trennwände zwischen einer Verkaufsstätte und Räumen, die nicht zur Verkaufsstätte gehören, dürfen keine Öffnungen haben.

(2) ¹In Verkaufsstätten ohne Sprinkleranlagen sind Lagerräume mit einer Fläche von jeweils mehr als 100 m² sowie Werkräume mit erhöhter Brandgefahr, wie Schreinereien, Maler- oder Dekorationswerkstätten, von anderen Räumen durch Wände der Feuerwiderstandsklasse F 90 und in den wesentlichen Teilen aus nichtbrennbaren Baustoffen (F 90-AB) zu trennen. ²Diese Werk- und Lagerräume müssen durch Trennwände der Feuerwiderstandsklasse F 90 und in den wesentlichen Teilen aus nichtbrennbaren Baustoffen (F 90-AB) so unterteilt werden, dass Abschnitte von nicht mehr als 500 m² entstehen. ³Öffnungen in den Trennwänden müssen Feuerschutzabschlüsse der Feuerwiderstandsklasse T 30 erhalten.

**§ 5 Brandabschnitte.** (1) ¹Verkaufsstätten sind durch Gebäudetrennwände in der Bauart von Brandwänden in Brandabschnitte zu unterteilen. ²Die Fläche der Brandabschnitte darf je Geschoss betragen in

285

1. erdgeschossigen Verkaufsstätten mit Sprinkleranlagen nicht mehr als 10 000 m²,
2. sonstigen Verkaufsstätten mit Sprinkleranlagen nicht mehr als 5000 m²,
3. erdgeschossigen Verkaufsstätten ohne Sprinkleranlagen nicht mehr als 3000 m²,
4. sonstigen Verkaufsstätten ohne Sprinkleranlagen nicht mehr als 1500 m², wenn sich die Verkaufsstätten über nicht mehr als drei Geschosse erstrecken und die Gesamtfläche aller Geschosse innerhalb eines Brandabschnitts nicht mehr als 3000 m² beträgt.

(2) Abweichend von Absatz 1 können Verkaufsstätten mit Sprinkleranlagen auch durch Ladenstraßen in Brandabschnitte unterteilt werden, wenn

1. die Ladenstraßen mindestens 10 m breit sind und auf dieser Breite durch Einbauten oder feste Einrichtungen nicht eingeengt werden,
2. die Ladenstraßen auf einer markierten Breite von mindestens 5 m von Brandlasten freigehalten werden,
3. die Ladenstraßen Rauchabzugsanlagen haben,
4. das Tragwerk der Dächer der Ladenstraßen aus nichtbrennbaren Baustoffen besteht und
5. die Bedachung der Ladenstraßen aus nichtbrennbaren Baustoffen (A) oder, soweit sie lichtdurchlässig ist, aus mindestens schwerentflammbaren Baustoffen (B 1) besteht; sie darf im Brandfall nicht brennend abtropfen.

(3) In Verkaufsstätten mit Sprinkleranlagen brauchen die Gebäudetrennwände abweichend von Absatz 1 im Kreuzungsbereich mit Ladenstraßen nicht hergestellt zu werden, wenn

1. die Ladenstraßen eine Breite von mindestens 10 m über eine Länge von mindestens 10 m beiderseits der Gebäudetrennwände haben und auf dieser Breite durch Einbauten oder feste Einrichtungen nicht eingeengt werden,
2. die Ladenstraßen auf einer markierten Länge von 5 m beiderseits der Gebäudetrennwand und auf der vollen Breite von Brandlasten freigehalten werden,
3. die Anforderungen nach Absatz 2 Nrn. 3 bis 5 in diesem Bereich erfüllt sind.

(4) ¹Öffnungen in den Gebäudetrennwänden nach Absatz 1 sind zulässig, wenn sie Feuerschutzabschlüsse der Feuerwiderstandsklasse T 90 erhalten. ²Die Abschlüsse müssen Feststellanlagen haben, die bei Raucheinwirkung ein selbsttätiges Schließen bewirken.

(5) Gebäudetrennwände sind mindestens 30 cm über Dach zu führen oder in Höhe der Dachhaut mit einer beiderseits 50 cm auskragenden Platte in der Feuerwiderstandsklasse F 90 und aus nichtbrennbaren

Verkaufsstättenverordnung §§ 6–8 VkVO 9

Baustoffen (F 90-A) abzuschließen; darüber dürfen brennbare Teile des Daches nicht hinweggeführt werden.

(6) § 31 Abs. 1 Nr. 1 BauO NRW bleibt unberührt.

**§ 6 Decken.** (1) Für die Beurteilung der nach § 3 erforderlichen Feuerwiderstandsdauer der Decken bleiben abgehängte Unterdecken außer Betracht.

(2) ¹Unterdecken einschließlich ihrer Aufhängungen müssen in Verkaufsräumen, Treppenräumen, Treppenraumerweiterungen, notwendigen Fluren und in Ladenstraßen aus nichtbrennbaren Baustoffen (A) bestehen. ²In Verkaufsstätten mit Sprinkleranlagen dürfen Unterdecken aus brennbaren Baustoffen bestehen, wenn auch der Deckenhohlraum durch die Sprinkleranlagen geschützt ist.

(3) ¹In Decken sind Öffnungen unzulässig. ²Dies gilt nicht für Öffnungen zwischen Verkaufsräumen, zwischen Verkaufsräumen und Ladenstraßen sowie zwischen Ladenstraßen

1. in Verkaufsstätten mit Sprinkleranlagen,
2. in Verkaufsstätten ohne Sprinkleranlagen, soweit die Öffnungen für nicht notwendige Treppen erforderlich sind.

**§ 7 Dächer.** (1) Das Tragwerk von Dächern, die den oberen Abschluss von Räumen der Verkaufsstätten bilden oder die von diesen Räumen nicht durch Bauteile der Feuerwiderstandsklasse F 90 und in den wesentlichen Teilen aus nichtbrennbaren Baustoffen (F 90-AB) getrennt sind, bestimmt sich nach § 3 Tabelle Zeile 5.

(2) Bedachungen müssen

1. gegen Flugfeuer und strahlende Wärme widerstandsfähig sein und
2. bei Dächern, die den oberen Abschluss von Räumen der Verkaufsstätten bilden oder die von diesen Räumen nicht durch Bauteile der Feuerwiderstandsklasse F 90 und in den wesentlichen Teilen aus nichtbrennbaren Baustoffen (F 90-AB) getrennt sind, aus nichtbrennbaren Baustoffen bestehen mit Ausnahme der Dachhaut und der Dampfsperre.

(3) ¹Lichtdurchlässige Bedachungen über Verkaufsräumen und Ladenstraßen dürfen abweichend von Absatz 2 Nr. 1

1. schwer entflammbar sein bei Verkaufsstätten mit Sprinkleranlagen,
2. nichtbrennbar sein bei Verkaufsstätten ohne Sprinkleranlagen.

²Sie dürfen im Brandfall nicht brennend abtropfen.

**§ 8 Rettungswege in Verkaufsstätten.** (1) ¹Für jeden Verkaufsraum, Aufenthaltsraum und für jede Ladenstraße müssen in demselben Geschoss mindestens zwei möglichst entgegengesetzt führende Rettungswege zu Ausgängen ins Freie oder zu notwendigen Treppenräumen vorhanden sein. ²Anstelle eines dieser Rettungswege darf ein

Rettungsweg über Außentreppen ohne Treppenräume, Rettungsbalkone, Terrassen und begehbare Dächer auf das Grundstück führen, wenn hinsichtlich des Brandschutzes keine Bedenken bestehen; dieser Rettungsweg gilt als Ausgang ins Freie.

(2) [1] Von jeder Stelle

1. eines Verkaufsraumes in höchstens 25 m Entfernung,
2. eines sonstigen Raumes oder einer Ladenstraße in höchstens 35 m Entfernung

muss mindestens ein Ausgang ins Freie oder ein notwendiger Treppenraum erreichbar sein (erster Rettungsweg). [2] Die Entfernung wird in der Luftlinie, jedoch nicht durch Bauteile gemessen. [3] Die Länge der Lauflinie darf in Verkaufsräumen 35 m nicht überschreiten.

(3) Der erste Rettungsweg darf, soweit er über eine Ladenstraße führt, auf der Ladenstraße eine zusätzliche Länge von höchstens 35 m haben, wenn die Ladenstraße Rauchabzugsanlagen hat und der nach Absatz 1 erforderliche zweite Rettungsweg für Verkaufsräume mit einer Fläche von mehr als 100 m² nicht über diese Ladenstraße führt.

(4) In Verkaufsstätten mit Sprinkleranlagen oder in erdgeschossigen Verkaufsstätten darf der Rettungsweg nach Absatz 2 und 3 innerhalb von Brandabschnitten eine zusätzliche Länge von höchstens 35 m haben, soweit er über einen notwendigen Flur für Kundinnen oder Kunden mit einem unmittelbaren Ausgang ins Freie oder in einen notwendigen Treppenraum führt.

(5) Von jeder Stelle eines Verkaufsraumes muss ein Hauptgang oder eine Ladenstraße in höchstens 10 m Entfernung, gemessen in der Luftlinie, erreichbar sein.

(6) [1] In Rettungswegen ist nur eine Folge von mindestens drei Stufen zulässig. [2] Die Stufen müssen eine Stufenbeleuchtung haben.

(7) [1] An Kreuzungen der Ladenstraßen und der Hauptgänge sowie an Türen im Zuge von Rettungswegen ist deutlich und dauerhaft auf die Ausgänge durch Sicherheitszeichen hinzuweisen. [2] Die Sicherheitszeichen müssen beleuchtet sein.

**§ 9 Treppen.** (1) [1] Notwendige Treppen sind in der Feuerwiderstandsklasse F 90 und aus nichtbrennbaren Baustoffen (F 90-A) herzustellen; an den Unterseiten müssen sie geschlossen sein. [2] Dies gilt nicht für notwendige Treppen nach § 8 Abs. 1 Satz 2, wenn wegen des Brandschutzes Bedenken nicht bestehen.

(2) [1] Notwendige Treppen für Kundinnen oder Kunden müssen mindestens 2 m breit sein und dürfen eine Breite von 2,50 m nicht überschreiten. [2] Es genügt eine Breite von mindestens 1,25 m, wenn die Treppen für Verkaufsräume bestimmt sind, deren Fläche insgesamt nicht mehr als 500 m² beträgt.

Verkaufsstättenverordnung §§ 10, 11 VkVO 9

(3) Notwendige Treppen brauchen nicht in Treppenräumen zu liegen und die Anforderungen nach Absatz 1 Satz 1 nicht zu erfüllen in Verkaufsräumen, die
1. eine Fläche von nicht mehr als 100 m² haben oder
2. eine Fläche von mehr als 100 m², aber nicht mehr als 500 m² haben, wenn diese Treppen im Zuge nur eines der zwei erforderlichen Rettungswege liegen.

(4) ¹Notwendige Treppen mit gewendelten Läufen sind in Verkaufsräumen unzulässig. ²Dies gilt nicht für Treppen nach Absatz 3.

(5) ¹Treppen für Kundinnen oder Kunden müssen auf beiden Seiten Handläufe ohne freie Enden haben. ²Die Handläufe müssen fest und griffsicher sein und sind über Treppenabsätze fortzuführen.

**§ 10 Notwendige Treppenräume, Treppenraumerweiterungen.** (1) Innenliegende notwendige Treppenräume sind in Verkaufsstätten zulässig.

(2) ¹Die Wände von notwendigen Treppenräumen müssen in der Bauart von Brandwänden hergestellt sein. ²Bodenbeläge müssen in notwendigen Treppenräumen aus nichtbrennbaren Baustoffen (A) bestehen.

(3) ¹Treppenraumerweiterungen müssen
1. die Anforderungen an notwendige Treppenräume erfüllen,
2. Decken der Feuerwiderstandsklasse F 90 aus nichtbrennbaren Baustoffen (F 90-A) haben und
3. mindestens so breit sein, wie die notwendigen Treppen, mit denen sie in Verbindung stehen.

²Sie dürfen nicht länger als 35 m sein, und keine Öffnungen zu anderen Räumen haben.

**§ 11 Ladenstraßen, Flure, Hauptgänge.** (1) Ladenstraßen müssen mindestens 5 m breit sein.

(2) ¹Wände und Decken notwendiger Flure für Kundinnen oder Kunden sind
1. in Verkaufsstätten ohne Sprinkleranlagen in der Feuerwiderstandsklasse F 90 und aus nichtbrennbaren Baustoffen (F 90-A) herzustellen,
2. in Verkaufsstätten mit Sprinkleranlagen mindestens in der Feuerwiderstandsklasse F 30 und in den wesentlichen Teilen aus nichtbrennbaren Baustoffen (F 30-AB) herzustellen.

²Bodenbeläge in notwendigen Fluren für Kundinnen oder Kunden müssen mindestens schwerentflammbar (B 1) sein.

(3) ¹Notwendige Flure für Kundinnen oder Kunden müssen mindestens 2 m breit sein. ²Es genügt eine Breite von 1,40 m, wenn die

Flure für Verkaufsräume bestimmt sind, deren Fläche insgesamt nicht mehr als 500 m² beträgt.

(4) ¹Hauptgänge müssen mindestens 2 m breit sein. ²Sie müssen auf möglichst kurzem Wege zu Ausgängen ins Freie, zu notwendigen Treppenräumen, zu notwendigen Fluren für Kundinnen oder Kunden oder zu Ladenstraßen führen. ³Verkaufsstände an Hauptgängen müssen unverrückbar sein.

(5) Ladenstraßen, notwendige Flure für Kundinnen oder Kunden und Hauptgänge dürfen innerhalb der nach den Absätzen 1, 3 und 4 erforderlichen Breiten nicht durch Einbauten, feste Einrichtungen, Waren oder Gegenstände, die der Präsentation dienen, eingeengt sein.

(6) Die Anforderungen an sonstige notwendige Flure nach § 38 BauO NRW bleiben unberührt.

**§ 12 Ausgänge.** (1) ¹Jeder Verkaufsraum, Aufenthaltsraum und jede Ladenstraße müssen mindestens zwei Ausgänge haben, die zum Freien oder zu notwendigen Treppenräumen führen. ²Für Verkaufs- und Aufenthaltsräume, die eine Fläche von nicht mehr als 100 m² haben, genügt ein Ausgang.

(2) ¹Kellergeschosse mit anderen als den in Absatz 1 genannten Nutzungen müssen in jedem Brandabschnitt mindestens zwei getrennte Ausgänge haben. ²Von diesen Ausgängen muss mindestens einer unmittelbar oder über eine eigene außenliegende Treppe, die mit anderen über dem Erdgeschoss liegenden Treppenräumen des Gebäudes nicht in Verbindung stehen darf, ins Freie führen.

(3) ¹Ausgänge aus Verkaufsräumen müssen mindestens 2 m breit sein; für Ausgänge aus Verkaufsräumen, die eine Fläche von nicht mehr als 500 m² haben, genügt eine Breite von 1 m. ²Ein Ausgang, der in einen Flur führt, darf nicht breiter sein als der Flur.

(4) ¹Die Ausgänge aus einem Geschoss einer Verkaufsstätte ins Freie oder in notwendige Treppenräume müssen eine Breite von 30 cm je 100 m² der Flächen der Verkaufsräume, mindestens jedoch von 2 m haben; dabei bleiben die Flächen von Ladenstraßen außer Betracht. ²Ein Ausgang, der in einen Treppenraum führt, darf nicht breiter sein als die notwendige Treppe.

(5) Ausgänge aus notwendigen Treppenräumen ins Freie oder in Treppenraumerweiterungen müssen mindestens so breit sein wie die notwendigen Treppen.

**§ 13 Türen in Rettungswegen.** (1) ¹In Verkaufsstätten ohne Sprinkleranlagen sind Türen von notwendigen Treppenräumen und von notwendigen Fluren für Kundinnen oder Kunden als Feuerschutzabschlüsse der Feuerwiderstandsklasse T 30 herzustellen, die auch die Anforderungen an Rauchschutztüren erfüllen. ²Dies gilt nicht für Türen, die ins Freie führen.

Verkaufsstättenverordnung § 14 VkVO 9

(2) ¹In Verkaufsstätten mit Sprinkleranlagen müssen Türen von notwendigen Treppenräumen und von notwendigen Fluren für Kundinnen oder Kunden Rauchschutztüren sein. ²Dies gilt nicht für Türen, die ins Freie führen.

(3) ¹Türen nach den Absätzen 1 und 2 sowie Türen, die ins Freie führen, dürfen nur in Fluchtrichtung aufschlagen und keine Schwellen haben. ²Sie müssen während der Betriebszeit von innen leicht in voller Breite zu öffnen sein. ³Elektrische Verriegelungen von Türen in Rettungswegen sind nur zulässig, wenn die Türen im Gefahrenfall jederzeit geöffnet werden können.

(4) Türen, die selbstschließend sein müssen, dürfen offengehalten werden, wenn sie Feststellanlagen haben, die bei Raucheinwirkung ein selbsttätiges Schließen der Türen bewirken; sie müssen auch von Hand geschlossen werden können.

(5) ¹Drehtüren und Schiebetüren sind in Rettungswegen unzulässig; dies gilt nicht für automatische Dreh- und Schiebetüren, die die Rettungswege im Brandfall nicht beeinträchtigen. ²Pendeltüren müssen in Rettungswegen Schließvorrichtungen haben, die ein Durchpendeln der Türen verhindern.

(6) Rolläden, Scherengitter oder ähnliche Abschlüsse von Türöffnungen, Toröffnungen oder Durchfahrten im Zuge von Rettungswegen müssen so beschaffen sein, dass sie von Unbefugten nicht geschlossen werden können.

**§ 14 Rauchabführung.** (1) ¹In Verkaufsstätten ohne Sprinkleranlagen müssen Verkaufsräume sowie Ladenstraßen Rauchabzugsanlagen haben. ²Dies gilt nicht für Verkaufsräume mit notwendigen Fenstern nach § 48 Abs. 2 BauO NRW, wenn das Rohbaumaß der Fensteröffnungen mindestens ein Achtel der Grundfläche des Raumes beträgt.

(2) In Verkaufsstätten mit Sprinkleranlagen müssen Lüftungsanlagen in Verkaufsräumen und Ladenstraßen so betrieben werden können, dass sie im Brandfall nur entlüften, und zwar solange bis die Absperrvorrichtungen gegen Brandübertragung ihrer Zweckbestimmung entsprechend schließen.

(3) ¹Rauchabzugsanlagen müssen von Hand und automatisch durch Rauchmelder ausgelöst werden können und sind an den Bedienungsstellen mit der Aufschrift „Rauchabzug" zu versehen. ²An den Bedienungseinrichtungen muss erkennbar sein, ob die Rauchabzugsanlage betätigt wurde.

(4) ¹Innenliegende notwendige Treppenräume sind durch Lüftungsanlagen so auszubilden, dass ihre Benutzung durch Raucheintritt nicht gefährdet werden kann. ²In sonstigen notwendigen Treppenräumen, die durch mehr als zwei Geschosse führen, muss an ihrer obersten Stelle ein Rauchabzug vorhanden sein; der Rauchabzug muss eine Öffnung mit einem freien Querschnitt von mindestens 5 v. H. der

Grundfläche des Treppenraumes, mindestens jedoch von 1 m² haben. ³Der Rauchabzug muss von jedem Geschoss aus zu öffnen sein.

**§ 15 Beheizung.** Feuerstätten dürfen in Verkaufsräumen, Ladenstraßen, Lagerräumen und Werkräumen zur Beheizung nicht aufgestellt werden.

**§ 16 Sicherheitsbeleuchtung.** ¹Verkaufsstätten müssen eine Sicherheitsbeleuchtung haben. ²Sie muss vorhanden sein

1. in Verkaufsräumen,
2. in Treppenräumen, Treppenraumerweiterungen und Ladenstraßen sowie in notwendigen Fluren für Kundinnen oder Kunden,
3. in Arbeits- und Pausenräumen,
4. in Toilettenräumen mit einer Fläche von mehr als 50 m²,
5. in elektrischen Betriebsräumen und Räumen für haustechnische Anlagen,
6. für Hinweisschilder auf Ausgänge und für Stufenbeleuchtung.

**§ 17 Blitzschutzanlagen.** Gebäude mit Verkaufsstätten müssen Blitzschutzanlagen haben.

**§ 18 Feuerlöscheinrichtungen, Brandmeldeanlagen und Alarmierungseinrichtungen.** (1) ¹Verkaufsstätten müssen Sprinkleranlagen haben. ²Dies gilt nicht für

1. erdgeschossige Verkaufsstätten nach § 5 Abs. 1 Nr. 3,
2. sonstige Verkaufsstätten nach § 5 Abs. 1 Nr. 4.

³Geschosse einer Verkaufsstätte nach Satz 2 Nr. 2 müssen Sprinkleranlagen haben, wenn sie mit ihrem Fußboden im Mittel mehr als 3 m unter der Geländeoberfläche liegen und Verkaufsräume mit einer Fläche von mehr als 500 m² haben.

(2) ¹In Verkaufsstätten müssen vorhanden sein:

1. geeignete Feuerlöscher und geeignete Wandhydranten in ausreichender Zahl, gut sichtbar und leicht zugänglich,
2. Brandmeldeanlagen mit nichtautomatischen Brandmeldern zur unmittelbaren Alarmierung der Leitstelle für den Feuerschutz und den Rettungsdienst und
3. Alarmierungseinrichtungen, durch die alle Betriebsangehörigen alarmiert und Anweisungen an sie und an die Kundinnen oder Kunden gegeben werden können.

²In Verkaufsstätten ohne Sprinkleranlagen muss eine automatische Brandmeldeanlage (Kenngröße „Rauch") zur unmittelbaren Alarmierung einer ständig besetzten Stelle (wie Betriebszentrale, Pförtner) vorhanden sein. ³Die Anlage ist zusätzlich bei der Leitstelle für den Feuerschutz und den Rettungsdienst aufzuschalten.

Verkaufsstättenverordnung §§ 19–23 VkVO 9

**§ 19 Sicherheitsstromversorgungsanlagen.** Verkaufsstätten müssen eine Sicherheitsstromversorgungsanlage haben, die bei Ausfall der allgemeinen Stromversorgung den Betrieb der sicherheitstechnischen Anlagen und Einrichtungen übernimmt, insbesondere der
1. Sicherheitsbeleuchtung,
2. Beleuchtung der Stufen und Hinweise auf Ausgänge,
3. Sprinkleranlagen mit mehr als 5000 Sprinklern,
4. Rauchabzugsanlagen,
5. Schließeinrichtungen für Feuerschutzabschlüsse (z. B. Rolltore),
6. Brandmeldeanlagen,
7. Alarmierungseinrichtungen,
8. Druckerhöhungsanlagen.

**§ 20 Lage der Verkaufsräume.** [1] Verkaufsräume, ausgenommen Gaststätten, dürfen mit ihrem Fußboden nicht mehr als 22 m über der Geländeoberfläche liegen. [2] Verkaufsräume dürfen mit ihrem Fußboden im Mittel nicht mehr als 5 m unter der Geländeoberfläche liegen.

**§ 21 Räume für Abfälle.** [1] Verkaufsstätten müssen für Abfälle besondere Räume haben, die mindestens den Abfall von zwei Tagen aufnehmen können. [2] Wände und Decken dieser Räume sind in der Feuerwiderstandsklasse F 90 und in den wesentlichen Teilen aus nichtbrennbaren Baustoffen (F 90-AB), Türen als Feuerschutzabschlüsse der Feuerwiderstandsklasse T 30 herzustellen.

**§ 22 Gefahrenverhütung.** (1) [1] Das Rauchen und das Verwenden von offenem Feuer ist in Verkaufsräumen und Ladenstraßen verboten. [2] Dies gilt nicht für Bereiche, in denen Getränke oder Speisen verabreicht oder Besprechungen abgehalten werden. [3] Auf das Verbot ist dauerhaft und leicht erkennbar hinzuweisen.

(2) [1] In notwendigen Treppenräumen, in Treppenraumerweiterungen und in notwendigen Fluren dürfen keine Dekorationen vorhanden sein. [2] In diesen Räumen sowie auf Ladenstraßen und Hauptgängen innerhalb der nach § 11 Abs. 1, 3 und 4 erforderlichen Breiten dürfen keine Gegenstände abgestellt sein.

**§ 23 Rettungswege auf dem Grundstück, Flächen für die Feuerwehr.** (1) Kundinnen oder Kunden und Betriebsangehörige müssen aus der Verkaufsstätte unmittelbar oder über Flächen auf dem Grundstück auf öffentliche Verkehrsflächen gelangen können.

(2) Die erforderlichen Zufahrten, Durchfahrten und Aufstell- und Bewegungsflächen für die Feuerwehr müssen vorhanden sein.

(3) [1] Die als Rettungswege dienenden Flächen auf dem Grundstück sowie die Flächen für die Feuerwehr nach Absatz 2 müssen ständig

freigehalten werden. ²Hierauf ist dauerhaft und leicht erkennbar hinzuweisen.

**§ 24 Verantwortliche Personen.** (1) ¹Während der Betriebszeit einer Verkaufsstätte muss die Betreiberin oder der Betreiber oder eine von ihr oder ihm bestimmte Vertretung ständig anwesend sein.

(2) ¹Die Betreiberin oder der Betreiber einer Verkaufsstätte hat
1. eine Brandschutzbeauftragte oder einen Brandschutzbeauftragten und
2. je angefangene 2000 m² Verkaufsfläche mindestens eine Selbsthilfekraft für den Brandschutz zu bestellen. ²Die Namen dieser Personen und jeder Wechsel sind der Brandschutzdienststelle auf Verlangen mitzuteilen. ³Die Betreiberin oder der Betreiber hat für die Ausbildung dieser Personen im Einvernehmen mit der Brandschutzdienststelle zu sorgen.

(3) Die oder der Brandschutzbeauftragte hat für die Einhaltung des § 8 Abs. 2 Satz 3, des § 11 Abs. 5, der §§ 22, 23 Abs. 3, des § 24 Abs. 5 und des § 25 zu sorgen.

(4) Die erforderliche Anzahl der Selbsthilfekräfte für den Brandschutz ist von der Bauaufsichtsbehörde im Einvernehmen mit der Brandschutzdienststelle festzulegen.

(5) Selbsthilfekräfte für den Brandschutz müssen in erforderlicher Anzahl während der Betriebszeit der Verkaufsstätte anwesend sein.

**§ 25 Brandschutzordnung.** (1) ¹Die Betreiberin oder der Betreiber einer Verkaufsstätte hat im Einvernehmen mit der Brandschutzdienststelle eine Brandschutzordnung aufzustellen. ²In der Brandschutzordnung sind insbesondere die Aufgaben der oder des Brandschutzbeauftragten und der Selbsthilfekräfte für den Brandschutz sowie die Maßnahmen festzulegen, die zur Rettung Behinderter, insbesondere Rollstuhlbenutzerinnen oder Rollstuhlbenutzer, erforderlich sind.

(2) Die Betriebsangehörigen sind bei Beginn des Arbeitsverhältnisses und danach mindestens einmal jährlich zu belehren über
1. die Lage und die Bedienung der Feuerlöschgeräte, Brandmelde- und Feuerlöscheinrichtungen und
2. die Brandschutzordnung, insbesondere über das Verhalten bei einem Brand oder bei einer Panik.

(3) Im Einvernehmen mit der Brandschutzdienststelle sind Feuerwehrpläne anzufertigen und der örtlichen Feuerwehr zur Verfügung zu stellen.

**§ 26 Stellplätze für Behinderte.** ¹Mindestens 3 v. H. – für Großhandelsmärkte mindestens 1 v. H. – der notwendigen Stellplätze, min-

Verkaufsstättenverordnung §§ 27–30 VkVO 9

destens jedoch ein Stellplatz, müssen für Behinderte vorgesehen sein.
²Auf diese Stellplätze ist dauerhaft und leicht erkennbar hinzuweisen.

**§ 27 Prüfungen.** (1) Die Bauherrin oder der Bauherr oder die Betreiberin oder der Betreiber haben die technischen Anlagen und Einrichtungen, an die in dieser Verordnung Anforderungen gestellt werden, entsprechend der Verordnung über die Prüfung technischer Anlagen und Einrichtungen von Sonderbauten durch staatlich anerkannte Sachverständige und durch Sachkundige – Technische Prüfverordnung – (TPrüfVO)[1]) in der jeweils geltenden Fassung prüfen zu lassen.

(2) ¹Die Bauaufsichtsbehörde hat Verkaufsstätten in Zeitabständen von höchstens 3 Jahren zu prüfen. ²Dabei ist auch die Einhaltung der Betriebsvorschriften zu überwachen und festzustellen, ob die Prüfungen der technischen Anlagen und Einrichtungen fristgerecht durchgeführt und etwaige Mängel beseitigt worden sind. ³Dem Staatlichen Amt für Arbeitsschutz und der für die Brandschau zuständigen Behörde ist Gelegenheit zu geben, an den Prüfungen teilzunehmen.

**§ 28 Weitergehende Anforderungen.** An Lagerräume, deren Lagerguthöhe mehr als 9 m (Oberkante Lagergut) beträgt, können aus Gründen des Brandschutzes weitergehende Anforderungen gestellt werden.

**§ 29 Übergangsvorschriften.** Auf die im Zeitpunkt des Inkrafttretens der Verordnung bestehenden Verkaufsstätten sind § 11 Abs. 4 und 5 und die §§ 22 bis 25 sowie § 27 anzuwenden.

**§ 30 Ordnungswidrigkeiten.** Ordnungswidrig im Sinne des § 84 Abs. 1 Nr. 20 BauO NRW handelt, wer vorsätzlich oder fahrlässig

1. die Länge der Lauflinie der Rettungswege nach § 8 Abs. 2 Satz 3 vergrößert,

2. Rettungswege entgegen § 11 Abs. 5 einengt oder einengen lässt,

3. Türen im Zuge von Rettungswegen entgegen § 13 Abs. 3 während der Betriebszeit abschließt oder abschließen lässt,

4. in notwendigen Treppenräumen, in Treppenraumerweiterungen oder in notwendigen Fluren entgegen § 22 Abs. 2 Dekorationen anbringt oder anbringen lässt oder Gegenstände abstellt oder abstellen lässt,

5. auf Ladenstraßen oder Hauptgängen entgegen § 22 Abs. 2 Gegenstände abstellt oder abstellen lässt,

6. Rettungswege auf dem Grundstück oder Flächen für die Feuerwehr entgegen § 23 Abs. 3 nicht freihält,

---

[1]) Nr. 3.

7. als Betreiberin oder Betreiber oder als Vertretung entgegen § 24 Abs. 1 während der Betriebszeit nicht ständig anwesend ist,
8. als Betreiberin oder Betreiber entgegen § 24 Abs. 2 die Brandschutzbeauftragte oder den Brandschutzbeauftragten und die Selbsthilfekräfte für den Brandschutz in der erforderlichen Anzahl nicht bestellt,
9. als Betreiberin oder Betreiber entgegen § 24 Abs. 5 nicht sicherstellt, dass Selbsthilfekräfte für den Brandschutz in der erforderlichen Anzahl während der Betriebszeit anwesend sind,
10. die Funktion von Brandschutzeinrichtungen während der Betriebszeit einschränkt oder verhindert.

**§ 31 Inkrafttreten.** ¹Diese Verordnung tritt am Tage nach der Verkündung in Kraft. ²Gleichzeitig tritt die Geschäftshaus-Verordnung vom 22. Januar 1969 (GV. NRW. S. 168), zuletzt geändert durch Verordnung vom 20. Februar 2000 (GV. NRW. S. 226), außer Kraft.

## 10. Verordnung über den Bau und Betrieb von Versammlungsstätten (Versammlungsstättenverordnung – VStättVO –)[1) 2)]

Vom 1. Juli 1969

(GV NRW S. 548/SGV NRW 232)

Ber. GV NRW 1971, S. 198; §§ 16, 17, 27, 28, 38, 92, 96, 100, 110 geändert durch VO v. 24. 6. 1971 (GV NRW S. 197); §§ 1, 2, 29 geändert, § 115 neugefaßt durch VO v. 9. 12. 1983 (GV NRW S. 18); § 124 neugefaßt, § 128 geändert durch VO vom 5. 12. 1995 (GV NRW S. 1236); § 106 aufgehoben durch VO vom 20. 2. 2000 (GV NRW S. 226)

Auf Grund des § 83 Abs. 2, des § 96 Abs. 7 und des § 102 Abs. 1 der Bauordnung für das Land Nordrhein-Westfalen (BauO NW) vom 25. Juni 1962 (GV NW S. 373) wird im Einvernehmen mit dem Innenminister verordnet:

### Inhaltsübersicht

#### Teil I. Allgemeine Vorschriften §§

| | |
|---|---|
| Geltungsbereich | 1 |
| Begriffe | 2 |
| Rettungswege auf dem Grundstück | 3 |
| Abstände | 4 |
| Stellplätze | 5 |
| Wohnungen und fremde Räume | 6 |
| Beleuchtung | 7 |

#### Teil II. Bauvorschriften

#### Abschnitt 1. Versammlungsräume

**Unterabschnitt 1. Allgemeines**

| | |
|---|---|
| Höhenlage | 8 |
| Versammlungsräume in Kellergeschossen | 9 |
| Lichte Höhe | 10 |
| Umwehrungen | 11 |
| Bildwände | 12 |

**Unterabschnitt 2. Besucherplätze**

| | |
|---|---|
| Ansteigende Platzreihen | 13 |
| Bestuhlung | 14 |
| Tischplätze | 15 |

**Unterabschnitt 3. Wände, Decken und Tragwerke**

| | |
|---|---|
| Wände | 16 |
| Decken und Tragwerke | 17 |
| Wand- und Deckenbekleidungen | 18 |

---

[1)] **Literatur:** Baumgartner, Versammlungsstätten und Geschäftshäuser, Komm. 3. Aufl. Köln 1993; Rößler/Nowak, Komm. Düsseldorf 1975.
[2)] Siehe auch die Durchführungsbestimmungen zur Versammlungsstättenverordnung (DB-VStättVO) v. 30. 12. 1971 (SMBl. NRW 23212).

## 10 VStättVO — Versammlungsstättenverordnung

**Unterabschnitt 4. Rettungswege im Gebäude** §§

| | |
|---|---|
| Allgemeine Forderungen | 19 |
| Ausgänge | 20 |
| Gänge | 21 |
| Flure | 22 |
| Treppen und Treppenräume | 23 |
| Fenster und Türen | 24 |

**Unterabschnitt 5. Beheizung und Lüftung**

| | |
|---|---|
| Beheizung | 25 |
| Lüftung | 26 |

**Unterabschnitt 6. Rauchabführung, Feuerlösch-, Feuermelde- und Alarmeinrichtungen**

| | |
|---|---|
| Rauchabführung | 27 |
| Feuerlösch-, Feuermelde- und Alarmeinrichtungen | 28 |

**Unterabschnitt 7. Kleiderablagen**

| | |
|---|---|
| Kleiderablagen | 29 |

### Abschnitt 2. Bühnen und Szenenflächen

**Unterabschnitt 1. Kleinbühnen**

| | |
|---|---|
| Bühnenerweiterungen | 30 |
| Wände, Decken, Fußböden | 31 |
| Vorhänge, Dekorationen | 32 |
| Umkleideräume | 33 |
| Feuerlöscher | 34 |

**Unterabschnitt 2. Mittelbühnen**

| | |
|---|---|
| Bühnenanlage | 35 |
| Vorhänge, Dekorationen | 36 |
| Bühneneinrichtung | 37 |
| Rauchabführung | 38 |
| Magazine, Umkleideräume, Aborträume | 39 |
| Rettungswege | 40 |
| Beheizung, Lüftung | 41 |
| Feuerlösch-, Feuermelde- und Alarmeinrichtungen | 42 |
| Bühnentechnische Einrichtungen über der Vorbühne | 43 |

**Unterabschnitt 3. Vollbühnen**

| | |
|---|---|
| Bühnenanlage | 44 |
| Wände | 45 |
| Decken, Dächer | 46 |
| Bühneneinrichtung | 47 |
| Rauchabführung | 48 |
| Magazine, Werkstätten, Umkleideräume, Aborträume | 49 |
| Räume mit offenen Feuerstätten | 50 |
| Rettungswege | 51 |
| Fenster und Türen | 52 |
| Beheizung, Lüftung | 53 |
| Feuerlösch-, Feuermelde- und Alarmeinrichtungen | 54 |
| Schutzvorhang | 55 |
| Sicherheitsschleusen | 56 |
| Wohnungen im Bühnenhaus | 57 |
| Räume für Raucher | 58 |
| Bühnentechnische Einrichtungen über der Vorbühne | 59 |

**Unterabschnitt 4. Szenenflächen**

| | |
|---|---|
| Szenenflächen | 60 |
| Szenenpodien | 61 |

Versammlungsstättenverordnung    **VStättVO 10**

§§

Feuerlösch- und Feuermeldeeinrichtungen .................................................. 62
Magazine, Umkleideräume, Aborträume .................................................... 63

### Abschnitt 3. Filmvorführungen, Scheinwerferstände und Scheinwerferräume

#### Unterabschnitt 1. Filmvorführungen mit Sicherheitsfilm

Vorführung im Versammlungsraum ............................................................ 64
Bildwerferraum .......................................................................................... 65
Abmessungen ............................................................................................ 66
Treppen ..................................................................................................... 67
Geräte und Einrichtungen .......................................................................... 68

#### Unterabschnitt 2. Filmvorführungen mit Zellhornfilm

Bildwerferraum .......................................................................................... 69
Abmessungen ............................................................................................ 70
Wände, Decken, Fußböden, Podien ........................................................... 71
Rettungswege ............................................................................................ 72
Verbindung mit anderen Räumen .............................................................. 73
Bild- und Schauöffnungen ......................................................................... 74
Öffnungen ins Freie ................................................................................... 75
Geräte und Einrichtungen .......................................................................... 76
Bildwerfer und andere elektrische Geräte .................................................. 77
Beleuchtung .............................................................................................. 78
Beheizung ................................................................................................. 79

#### Unterabschnitt 3. Scheinwerfer, Scheinwerferstände und Scheinwerferräume

Scheinwerfer ............................................................................................. 80
Scheinwerferstände, Scheinwerferräume ................................................... 81

### Abschnitt 4. Versammlungsstätten mit Spielflächen innerhalb von Versammlungsräumen

#### Unterabschnitt 1. Spielflächen

Manegen ................................................................................................... 82
Sportpodien ............................................................................................... 83
Spielfelder ................................................................................................. 84
Reitbahnen ................................................................................................ 85
Sportrennbahnen ....................................................................................... 86

#### Unterabschnitt 2. Verkehrsflächen

Einritte, Umritte ........................................................................................ 87
Ringflure ................................................................................................... 88

#### Unterabschnitt 3. Räume für Mitwirkende und Betriebsangehörige

Räume für Sanitäter und Feuerwehrmänner .............................................. 89
Magazine, Umkleideräume, Aborträume ................................................... 90
Ställe, Futterkammern ............................................................................... 91

### Abschnitt 5. Versammlungsstätten mit nicht überdachten Spielflächen

Anwendungsbereich .................................................................................. 92
Spielflächen .............................................................................................. 93
Platzflächen .............................................................................................. 94
Verkehrsflächen ........................................................................................ 95

### Abschnitt 6. Fliegende Bauten

Anwendungsbereich .................................................................................. 96
Lichte Höhe .............................................................................................. 97
Ausgänge .................................................................................................. 98

299

# 10 VStättVO — Versammlungsstättenverordnung

|  | §§ |
|---|---|
| Treppen | 99 |
| Baustoffe und Bauteile | 100 |
| Abspannvorrichtungen | 101 |
| Feuerlösch-, Feuermelde- und Alarmeinrichtungen | 102 |

### Abschnitt 7. Elektrische Anlagen

| | |
|---|---|
| Elektrische Anlagen | 103 |
| Sicherheitsbeleuchtung | 104 |
| Bühnenlichtstellwarten | 105 |

### Abschnitt 8. Bauvorlagen

| | |
|---|---|
| *(weggefallen)* | 106 |

## Teil III. Betriebsvorschriften

### Abschnitt 1. Freihalten von Wegen und Flächen

| | |
|---|---|
| Wege und Flächen auf dem Grundstück | 107 |
| Rettungswege im Gebäude | 108 |

### Abschnitt 2. Dekorationen, Lagern von Gegenständen, Rauchverbote, Höchstzahl der Mitwirkenden

| | |
|---|---|
| Dekorationen und Ausstattungen | 109 |
| Rauchen und Verwenden von offenem Feuer | 110 |
| Höchstzahl von Personen in Umkleideräumen von Theatern | 111 |

### Abschnitt 3. Reinigen der Räume, Bedienung und Wartung der technischen Einrichtungen

| | |
|---|---|
| Reinigung | 112 |
| Bedienung und Wartung der technischen Einrichtungen | 113 |

### Abschnitt 4. Anwesenheit und Belehrung der verantwortlichen Personen

| | |
|---|---|
| Anwesenheit des Betreibers | 114 |
| Technische Fachkräfte | 115 |
| Feuersicherheitswache | 116 |
| Wachdienst | 117 |
| Belehrung der Mitwirkenden und Betriebsangehörigen | 118 |

### Abschnitt 5. Sonstige Betriebsvorschriften

| | |
|---|---|
| Probe vor Aufführungen | 119 |
| Bestuhlungsplan | 120 |

### Abschnitt 6. Filmvorführungen

#### Unterabschnitt 1. Filmvorführungen mit Sicherheitsfilm

| | |
|---|---|
| Verwendung und Aufbewahrung von Sicherheitsfilm | 121 |
| Aushänge und Aufschriften | 122 |

#### Unterabschnitt 2. Filmvorführungen mit Zellhornfilm

| | |
|---|---|
| Verwendung und Aufbewahrung von Zellhornfilm | 123 |

## Teil IV. Prüfungen, weitere Anforderungen, Ordnungswidrigkeiten, Schlußvorschriften

| | |
|---|---|
| Prüfungen | 124 |
| Einstellen des Betriebes | 125 |

Versammlungsstättenverordnung §§ 1, 2 VStättVO 10

§§
Weitere Anforderungen .................................................................................................. 126
Anwendung der Betriebsvorschriften auf bestehende Versammlungsstätten ................. 127
Ordnungswidrigkeiten .................................................................................................... 128
Aufhebung und Änderung bestehender Vorschriften ..................................................... 129
Inkrafttreten ..................................................................................................................... 130

## Teil I. Allgemeine Vorschriften

**§ 1 Geltungsbereich.** (1) Die Vorschriften dieser Verordnung gelten für den Bau und Betrieb von

1. Versammlungsstätten mit Bühnen oder Szenenflächen und Versammlungsstätten für Filmvorführungen, wenn die zugehörigen Versammlungsräume jeweils mehr als 100 Besucher fassen,

2. Versammlungsstätten mit nicht überdachten Szenenflächen, wenn die Versammlungsstätte mehr als 1000 Besucher faßt,

3. Versammlungsstätten mit nicht überdachten Sportflächen, wenn die Versammlungsstätte mehr als 5000 Besucher faßt, Sportstätten für Rasenspiele jedoch nur, wenn mehr als 15 Stehstufen angeordnet sind,

4. Versammlungsstätten mit Versammlungsräumen, die einzeln oder zusammen mehr als 200 Besucher fassen. In Schulen, Museen und ähnlichen Gebäuden gelten die Vorschriften nur für die Versammlungsräume, die einzeln mehr als 200 Besucher fassen.

(2) Die Vorschriften dieser Verordnung gelten nicht für Hörfunk- und Fernsehstudios, die einzeln für nicht mehr als 200 Besucher bestimmt sind, sowie für Räume, die überwiegend

1. für den Gottesdienst bestimmt sind,

2. Ausstellungszwecken dienen.

**§ 2 Begriffe.** (1) Versammlungsstätten sind bauliche Anlagen oder Teile baulicher Anlagen, die für die gleichzeitige Anwesenheit vieler Menschen bei Veranstaltungen erzieherischer, geselliger, kultureller, künstlerischer, politischer, sportlicher oder unterhaltender Art bestimmt sind.

(2) [1]Freilichttheater sind Versammlungsstätten mit nicht überdachten Spielflächen für schauspielerische oder für ähnliche künstlerische Darbietungen. [2]Freiluftsportstätten sind Versammlungsstätten mit nicht überdachten Spielflächen für sportliche Übungen und Wettkämpfe.

(3) [1]Versammlungsräume sind innerhalb von Gebäuden gelegene Räume für Veranstaltungen. [2]Hierzu gehören auch Rundfunk- und Fernsehstudios, die für Veranstaltungen mit Besuchern bestimmt sind, sowie Vortragssäle, Hörsäle und Aulen.

(4) ¹Bühnen sind Räume, die für schauspielerische oder für ähnliche künstlerische Darbietungen bestimmt sind und deren Decke gegen die Decke des Versammlungsraumes durch Sturz oder Höhenunterschied abgesetzt ist. ²Zu unterscheiden sind:

1. Kleinbühnen: Bühnen, deren Grundfläche 100 m² nicht überschreitet und deren Decke nicht mehr als 1 m über der Bühnenöffnung liegt,
2. Mittelbühnen: Bühnen, deren Grundfläche 150 m², deren Bühnenerweiterungen in der Grundfläche zusammen 100 m² und deren Höhe bis zur Decke oder bis zur Unterkante des Rollenbodens das Zweifache der Höhe der Bühnenöffnung nicht überschreitet,
3. Vollbühnen: Bühnen, die nicht unter Nummer 1 und 2 fallen.

³Als Grundfläche gilt bei Kleinbühnen und Mittelbühnen die Fläche hinter dem Vorhang, bei Vollbühnen die Fläche hinter dem Schutzvorhang, nicht jedoch die anschließend vor dem Vorhang liegende Spielfläche (Vorbühne). ⁴Bühnen, die ausschließlich der Aufnahme von Bildwänden für Filmvorführungen dienen, gelten nicht als Bühnen im Sinne dieser Vorschriften.

(5) ¹Spielflächen sind Flächen einer Versammlungsstätte, die für das spielerische Geschehen bestimmt sind. ²Szenenflächen sind Spielflächen für schauspielerische oder für ähnliche künstlerische Darbietungen. ³Sportflächen sind Spielflächen für sportliche Übungen und Wettkämpfe.

(6) Platzflächen sind Flächen für Besucherplätze.

**§ 3 Rettungswege auf dem Grundstück.** (1) ¹Besucher, Mitwirkende und Betriebsangehörige müssen aus der Versammlungsstätte unmittelbar oder zügig über Flächen des Grundstücks, die nicht anderweitig genutzt werden dürfen (als Rettungswege dienende Verkehrsflächen), auf eine öffentliche Verkehrsfläche gelangen können, die neben dem sonstigen Verkehr auch den Besucherstrom, besonders am Schluß der Veranstaltungen, aufnehmen kann. ²Für die Breite der Rettungswege gilt § 19 Abs. 2 entsprechend.

(2) ¹Versammlungsstätten, in denen regelmäßig mehrere Veranstaltungen kurzzeitig aufeinanderfolgen, müssen eine Wartefläche für mindestens die Hälfte der größtmöglichen Besucherzahl haben; für 4 Personen ist 1 m² zugrunde zu legen. ²Mehrere Versammlungsräume in einem Gebäude können eine gemeinsame Wartefläche haben. ³Führen Rettungswege über Warteflächen, so sind diese entsprechend zu bemessen.

(3) ¹Versammlungsstätten für mehr als 2500 Besucher und Versammlungsstätten mit einer Vollbühnen für mehr als 800 Besucher müssen nach zwei öffentlichen Verkehrsflächen verlassen werden können. ²Ausnahmen können gestattet werden, wenn die als Rettungs-

Versammlungsstättenverordnung §§ 4–7 VStättVO 10

wege dienenden Verkehrsflächen alle auf sie angewiesenen Personen aufnehmen können. ³Hierbei sind bis zu 2500 Personen auf 1 m² Grundfläche 4 Personen, darüber hinaus 3 Personen zu rechnen. ⁴Versammlungsstätten nach Satz 1 müssen von Feuerwehrfahrzeugen allseitig erreicht werden können. ⁵Die hierfür auf dem Grundstück erforderlichen Flächen dürfen nicht anderweitig genutzt werden.

(4) ¹Zufahrten und Durchfahrten im Zuge von Rettungswegen müssen mindestens 3 m breit sein und zusätzlich einen mindestens 1 m breiten Gehsteig haben. ²Sind die Gehsteige von der Fahrbahn durch Pfeiler oder Mauern getrennt, so muß die Fahrbahn mindestens 3,50 m breit sein.

(5) Wände und Decken von Durchfahrten und Durchgängen müssen feuerbeständig sein und dürfen keine Öffnungen haben.

**§ 4 Abstände.** ¹Soweit nicht an die Grundstücksgrenze gebaut wird, müssen unbeschadet der allgemeinen Vorschriften Versammlungsstätten von den seitlichen und den hinteren Grundstücksgrenzen sowie von anderen nicht angebauten Gebäuden auf demselben Grundstück folgende Mindestabstände haben:

1. bis 1500 Besucher 6 m,
2. über 1500 bis 2500 Besucher 9 m,
3. über 2500 Besucher 12 m.

²Bei Versammlungsstätten mit einer Vollbühne sind die Abstände nach Nummer 1 und 2 um 3 m zu vergrößern.

**§ 5 Stellplätze.** ¹Stellplätze für Kraftfahrzeuge sowie deren Zu- und Abfahrten dürfen nur auf Flächen hergestellt werden, die weder zum Verlassen der Versammlungsstätte noch als Bewegungsflächen für die Feuerwehr erforderlich sind. ²Die Zufahrten sind von den Abfahrten getrennt anzulegen, wenn sich bei aufeinanderfolgenden Veranstaltungen das Zu- und Abfahren der Kraftfahrzeuge überschneiden kann.

**§ 6 Wohnungen und fremde Räume.** ¹Versammlungsstätten mit Vollbühne müssen von Wohnungen und fremden Räumen durch feuerbeständige Wände und Decken ohne Öffnungen abgetrennt sein. ²Mit Wohnungen für Hausverwalter oder technisches Personal und mit allgemein zugänglichen Gaststätten dürfen sie über einen als Schleuse wirkenden Durchgangsraum verbunden sein.

**§ 7 Beleuchtung.** Die Beleuchtung von Versammlungsstätten muß elektrisch sein.

## Teil II. Bauvorschriften

### Abschnitt 1. Versammlungsräume

#### Unterabschnitt 1. Allgemeines

**§ 8 Höhenlage.** ¹Der tiefstgelegene Teil der Fußbodenoberfläche von Versammlungsräumen darf nicht höher liegen als

1. 6 m in Versammlungsstätten mit Vollbühne unabhängig vom Fassungsvermögen,
2. 8 m in Versammlungsstätten mit Mittelbühne oder Spielflächen von mehr als 100 m² und
   6 m bei einem Fassungsvermögen von mehr als 800 Personen;
3. 22 m bei einem Fassungsvermögen von mehr als 400 Personen,
   15 m bei einem Fassungsvermögen von mehr als 800 Personen,
   8 m bei einem Fassungsvermögen von mehr als 1500 Personen,
   6 m bei einem Fassungsvermögen von mehr als 2500 Personen,
   in allen übrigen Versammlungsstätten.

²Die Höhe ist auf die als Rettungsweg dienende Verkehrsfläche (§ 3 Abs. 1) zu beziehen.

**§ 9 Versammlungsräume in Kellergeschossen.** (1) Versammlungsräume in Kellergeschossen können gestattet werden, wenn

1. ihre Fußbodenoberfläche nicht tiefer als 5 m unter der festgelegten Geländeoberfläche liegt,
2. sie nicht mit Vollbühnen, Mittelbühnen oder mit Szenenflächen von mehr als 100 m² verbunden sind.

(2) Die Räume müssen Rauchabzüge haben; *im übrigen gilt § 59 Abs. 6 BauO NW.*¹⁾

**§ 10 Lichte Höhe.** ¹Versammlungsräume müssen eine lichte Höhe von mindestens 3 m haben. ²Sie müssen über und unter Rängen, Emporen, Balkonen und ähnlichen Anlagen mindestens 2,30 m, bei Raucherlaubnis mindestens 2,80 m im Lichten hoch sein.

**§ 11 Umwehrungen.** (1) Platzflächen und Gänge, die mehr als 20 cm über dem Fußboden des Versammlungsraumes liegen, sind zu umwehren, soweit sie nicht durch Stufen oder Rampen mit dem Fußboden verbunden sind.

(2) Die Platzflächen in Schwimmanlagen müssen bei Veranstaltungen in einem Abstand von mindestens 50 cm gegen den Beckenrand umwehrt sein.

(3) ¹Umwehrungen von Rängen, Emporen, Galerien, Balkonen, Podien und ähnlichen Anlagen sowie Geländer oder Brüstungen von

---

¹⁾ Siehe jetzt § 48 BauO, Nr. 1.

Versammlungsstättenverordnung §§ 12–14 VStättVO 10

steil ansteigenden Platzreihen müssen mindestens 90 cm hoch sein; bei mindestens 20 cm Breite der Brüstung genügen 80 cm, bei mindestens 50 cm Breite 70 cm. ²Vor Stufengängen muß die Umwehrung mindestens 1 m hoch sein.

**§ 12 Bildwände.** Bildwände und ihre Tragekonstruktionen müssen aus mindestens schwerentflammbaren Stoffen bestehen.

### Unterabschnitt 2. Besucherplätze

**§ 13 Ansteigende Platzreihen.** (1) Ansteigende Platzreihen sind für je höchstens 4 m Höhe in Gruppen mit Ausgängen auf besondere Flure zusammenzufassen; für Hörsäle und ähnliche Räume können Ausnahmen gestattet werden.

(2) ¹Bei aufeinanderfolgenden Platzreihen mit einem Höhenunterschied von mehr als 32 cm (steil ansteigende Platzreihen) sind die Gruppen durch Schranken gegeneinander abzutrennen. ²Ist der Höhenunterschied größer als 50 cm, so ist jede Platzreihe zu umwehren. ³Satz 1 und 2 gelten nicht, wenn die Reihen durch Pulte oder durch Rückenlehnen eines festen Gestühls voneinander getrennt sind und die Rückenlehnen den Fußboden der dahinter liegenden Reihe um mindestens 65 cm überragen.

(3) ¹Stehplatzreihen (Stehstufen) dürfen höchstens 45 cm tief und sollen mindestens 20 cm hoch sein. ²Bei der Berechnung der Stehplatzzahl ist die Breite des Stehplatzes mit mindestens 50 cm anzunehmen.

(4) ¹Werden mehr als 5 Stehstufen angeordnet, so sind vor der vordersten Stufe und nach jeweils 10 weiteren Stufen Schranken von mindestens 1,10 m Höhe anzubringen. ²Sie müssen einzeln mindestens 3 m lang und dürfen seitlich höchstens 2 m voneinander entfernt sein. ³Die seitlichen Entfernungen können bis auf 5 m vergrößert werden, wenn die Lücken nach höchstens 5 Stehplatzreihen durch versetzte Anordnung entsprechend langer Schranken gedeckt sind.

**§ 14 Bestuhlung.** (1) ¹In Reihen angeordnete Sitzplätze müssen unverrückbar befestigt sein; werden nur gelegentliche Stühle aufgestellt, so sind sie mindestens in den einzelnen Reihen fest miteinander zu verbinden. ²Sitzplätze müssen mindestens 50 cm breit sein. ³Die Sitzreihen müssen eine freie Durchgangsbreite von mindestens 45 cm haben.

(2) An jeder Seite eines Ganges dürfen höchstens 16, in steil ansteigenden Platzreihen höchstens 12 Sitzplätze gereiht sein.

(3) ¹Zwischen zwei Seitengängen dürfen abweichend von Absatz 2 statt 32 höchstens 50 Sitzplätze gereiht sein, wenn

1. für höchstens 3 Reihen an jeder Seite des Versammlungsraumes ein Ausgang von mindestens 1 m Breite oder

2. für höchstens 4 Reihen an jeder Seite des Versammlungsraumes ein Ausgang von mindestens 1,50 m Breite

vorhanden ist. ²Dies gilt nicht für steil ansteigende Platzreihen.

(4) ¹In der Loge dürfen nicht mehr als 10 Stühle lose aufgestellt werden; für jeden Platz muß eine Grundfläche von mindestens 0,65 m² vorhanden sein. ²Logen mit mehr als 10 Sitzplätzen müssen eine feste Bestuhlung haben.

**§ 15 Tischplätze.** (1) Jeder Tisch muß an einem Gang liegen, der zu einem Ausgang führt.

(2) Von jedem Platz darf der Weg bis zu einem Gang nicht länger als 5 m sein.

### Unterabschnitt 3. Wände, Decken und Tragwerke

**§ 16 Wände.** (1) ¹Wände müssen aus nichtbrennbaren Baustoffen hergestellt sein. ²Bei Außenwände können aus Gründen des Brandschutzes feuerbeständige Stürze, Kragplatten oder Brüstungen gefordert werden.

(2) Wände von Versammlungsräumen und Fluren müssen, soweit sie Trennwände sind, feuerbeständig sein.

(3) Es kann gestattet werden, daß Wände erdgeschoßiger Gebäude mit Versammlungsräumen aus brennbaren Baustoffen hergestellt werden, wenn die Wände mindestens feuerhemmend sind.

(4) Glaswände müssen so ausgebildet oder gesichert werden, daß sie bei Gedränge nicht eingedrückt werden können.

**§ 17 Decken und Tragwerke.** (1) ¹Decken über und unter Fluren und Treppen, Decken zwischen Versammlungsräumen sowie Decken zwischen Versammlungsräumen und anderen Räumen müssen feuerbeständig sein; alle übrigen Decken sind mindestens feuerhemmend und in ihren tragenden Teilen aus nichtbrennbaren Baustoffen herzustellen. ²*§ 34 Abs. 2 Nr. 1 Buchstaben a, b und c BauO NW bleibt unberührt.* ³Ein unterhalb der Decke oder des Daches angebrachter oberer Abschluß des Versammlungsraumes muß einschließlich seiner Bekleidung aus nichtbrennbaren Baustoffen bestehen; seine Oberseite muß, wenn sie zugänglich ist, leicht gereinigt werden können. ⁴Ausnahmen von Satz 1 und 3 können in erdgeschossigen Versammlungsstätten gestattet werden, wenn diese nicht mehr als 800 Personen fassen, keine Mittel- oder Vollbühnen enthalten und wenn sich über der Decke oder dem oberen Raumabschluß keine Lüftungsleitungen oder Räume oder Stände für Scheinwerfer (§ 81) befinden.

(2) ¹Tragende Bauteile von Rängen, Emporen, Galerien, Balkonen und ähnlichen Anlagen müssen feuerbeständig sein. ²Dies gilt nicht für erdgeschossige Versammlungsstätten, die nicht mehr als 800 Personen fassen.

(3) Tragwerke für den Fußboden ansteigender Platzreihen und von Podien müssen aus mindestens schwerentflammbaren Baustoffen bestehen. In den Zwischenräumen von Tragwerken dürfen Leitungen verlegt werden, wenn das Tragwerk aus nichtbrennbaren Baustoffen besteht. Zugangsöffnungen müssen verschließbar sein; die Verschlüsse müssen dieselbe Widerstandsfähigkeit gegen Feuer aufweisen, wie die Wand oder Decke, in der sie liegen.

**§ 18 Wand- und Deckenbekleidungen.** (1) Bekleidungen von Wänden dürfen aus normal- oder schwerentflammbaren Baustoffen bestehen, wenn die Bekleidung unmittelbar auf der Wand aufgebracht ist oder die Anforderungen des Absatzes 2 erfüllt sind.

(2) ¹Hohlräume zwischen der Wand und einer Bekleidung aus normal- oder schwerentflammbaren Baustoffen sind schottenartig in Zwischenräume von höchstens 5 m durch senkrechte und waagerechte Rippen zu unterteilen. ²Ist der Abstand von Vorderkante Bekleidung bis zur Wand größer als 10 cm, so sind die waagerechten Rippen im Abstand von höchstens 2,50 m anzuordnen. ³Die Rippen müssen aus nichtbrennbaren Baustoffen bestehen, an der Wand befestigt sein und an die Rückseite der Bekleidung möglichst dicht anschließen. ⁴Bei Hohlräumen bis zu 6 cm Tiefe dürfen die Rippen aus normalentflammbaren Baustoffen bestehen, wenn sie an den freiliegenden Seiten durch mindestens 2 cm dicke Baustoffe geschützt werden, die auf Dauer und ohne Nachbehandlung mindestens schwerentflammbar sind. ⁵Die Hohlräume dürfen nur mit Baustoffen ausgefüllt werden, die auf Dauer und ohne Nachbehandlung mindestens schwerentflammbar sind.

(3) ¹Stoffe zum Bespannen von Wänden und ihre Halterungen müssen mindestens schwerentflammbar sein. ²Der Hohlraum zwischen Wand und Bespannung darf höchstens 3 cm betragen.

(4) ¹Bekleidungen von Decken sind aus nichtbrennbaren Baustoffen herzustellen. ²Bekleidungen aus normal- oder schwerentflammbaren Baustoffen können gestattet werden, wenn wegen des Brandschutzes Bedenken nicht bestehen.

(5) ¹Stoffe zum Bespannen von Decken müssen nichtbrennbar sein und dürfen auch unter Hitzeeinwirkung ihren Zusammenhalt nicht verlieren. ²Die Halterungen müssen aus nichtbrennbaren Baustoffen bestehen.

**Unterabschnitt 4. Rettungswege im Gebäude**

**§ 19 Allgemeine Anforderungen.** (1) Gänge im Versammlungsraum, Ausgänge zu den Fluren, Flure, Treppen und andere Ausgänge (Rettungswege) müssen in solcher Anzahl und Breite vorhanden und so verteilt sein, daß Besucher, Mitwirkende und Betriebsangehörige auf kürzestem Wege leicht und gefahrlos ins Freie auf Verkehrsflächen gelangen können.

(2) ¹Die lichte Mindestbreite eines jeden Teils von Rettungswegen muß 1 m je 150 darauf angewiesene Personen betragen. ²Gänge in Versammlungsräumen mit fester Bestuhlung müssen mindestens 90 cm, Flure mindestens 2 m, alle übrigen Rettungswege mindestens 1 m breit sein. ³§ 23 Abs. 8 bleibt unberührt. ⁴Bei Logen mit nicht mehr als 20 Plätzen genügen Türen von 75 cm lichter Breite.

(3) ¹Bei mehreren Benutzungsarten sind die Rettungswege nach der größtmöglichen Besucherzahl zu berechnen. ²Soweit keine Sitzplätze angeordnet werden, sind auf 1 m² Grundfläche zwei Personen zu rechnen.

(4) Haben mehrere in verschiedenen Geschossen gelegene Versammlungsräume gemeinsame Rettungswege, so ist bei deren Berechnung die Besucherzahl des größten Raumes ganz, die der übrigen Räume nur zur Hälfte zugrunde zu legen.

(5) Verkaufsstände, Wandtische, Wandsitze, Bordbretter und ähnliche feste Einrichtungen dürfen die notwendige Mindestbreite von Rettungswegen nicht einengen.

**§ 20 Ausgänge.** (1) ¹Jeder Versammlungsraum muß mindestens zwei günstig gelegene Ausgänge haben. ²Der Weg von jedem Besucherplatz bis zum nächsten Ausgang darf nicht länger als 25 m sein; bei Sporthallen und ähnlichen Versammlungsräumen sowie bei fliegenden Bauten (§ 96) können Ausnahmen gestattet werden.

(2) Die Ausgänge sollen bei Versammlungsräumen mit einer Bühne oder Szenenfläche so angeordnet sein, daß sich die Mehrzahl der Besucher beim Verlassen des Raumes von der Bühne oder der Szenenfläche abwenden muß.

(3) ¹Alle Ausgangstüren müssen gekennzeichnet sein. ²Die Rettungswege ins Freie sind durch Richtungspfeile gut sichtbar zu kennzeichnen. ³Ausgangstüren und Rettungswege sind, wo Sicherheitsbeleuchtung vorgeschrieben ist, so zu beleuchten, daß die Kennzeichnung auch bei Ausfall der Allgemeinbeleuchtung gut erkennbar ist.

(4) ¹Höhenunterschiede zwischen Ausgangstüren und Fluren oder Umgängen sind durch Rampen mit einer Neigung von höchstens 10 v. H. oder durch mindestens zwei Stufen mit einem Steigungsverhältnis nach § 23 Abs. 10 zu überwinden. ²Die Stufen dürfen nicht in die Flure hineinragen.

(5) Zwischen Ausgangstüren und Stufen oder Rampen müssen Absätze von einer der Türflügelbreite entsprechenden Tiefe liegen.

(6) ¹Ausgänge aus Versammlungsräumen müssen unmittelbar ins Freie, auf Flure oder in Treppenräume führen. ²Aus Versammlungsräumen mit Vollbühnen müssen die Ausgänge zunächst auf Flure führen. ³Den Fluren gleichzusetzen sind als Rettungswege dienende Wandelhallen und ähnliche Räume.

Versammlungsstättenverordnung §§ 21–23 VStättVO 10

**§ 21 Gänge.** (1) ¹Stufenlose Gänge oder Gangteile dürfen höchstens 10 v. H. geneigt sein; bei größerer Neigung sind Stufengänge anzuordnen. ²In Gängen sind Klappsitze unzulässig; einzelne Stufen sollen nicht angeordnet werden.

(2) ¹Stufen in Stufengängen sollen nicht niedriger als 10 cm, nicht höher als 20 cm und nicht schmaler als 26 cm sein. ²Der Fußboden von Platzreihen muß mit dem anschließenden Auftritt des Stufenganges auf einer Höhe liegen.

**§ 22 Flure.** (1) ¹Jeder nicht zu ebener Erde liegende Flur muß zwei Ausgänge zu notwendigen Treppen haben. ²Von jeder Stelle des Flures muß eine Treppe in höchstens 30 m Entfernung erreichbar sein.

(2) ¹Stufen im Zuge von Fluren sind unzulässig. ²Eine Folge von mindestens drei Stufen kann gestattet werden, wenn sie Stufenbeleuchtung und Beleuchtung von oben hat und die Stufenbeleuchtung zusätzlich an die Sicherheitsbeleuchtung des Rettungsweges angeschlossen ist. ³Für das Steigungsverhältnis der Stufen gilt § 23 Abs. 10.

(3) Rampen im Zuge von Fluren dürfen höchstens 5 v. H. geneigt sein.

**§ 23 Treppen und Treppenräume.** (1) Jedes nicht zu ebener Erde liegende Geschoß muß über mindestens zwei voneinander unabhängige Treppen zugänglich sein (notwendige Treppen).

(2) ¹Bei Versammlungsstätten mit Vollbühne muß jedes Geschoß des Versammlungsraumes über mindestens zwei nur zu ihm führende Treppen zugänglich sein; die beiden obersten Geschosse dürfen über gemeinschaftliche Treppen zugänglich sein, wenn im obersten Geschoß für nicht mehr als 200 Personen Plätze vorhanden sind. ²Die Treppenräume müssen voneinander getrennt sein. ³Schachteltreppen können gestattet werden, wenn die Rauchabführung nach Absatz 6 gesichert ist.

(3) Nebeneinanderliegende Treppenräume dürfen durch verschließbare und feuerhemmende Türen ohne Klinken verbunden sein, auch wenn die Treppen zu verschiedenen Geschossen führen.

(4) Treppen zu Räumen und Fluren, die nicht mehr als 6 m über oder nicht mehr als 4 m unter den als Rettungswege dienenden Verkehrsflächen (§ 3 Abs. 1) liegen, benötigen keine besonderen Treppenräume.

(5) Treppenräume notwendiger Treppen dürfen unmittelbar nur mit solchen Räumen des Kellergeschosses in Verbindung stehen, die von Besuchern benützt werden können.

(6) ¹Treppenräume notwendiger Treppen, die durch mehr als zwei Geschosse führen, müssen an ihrer obersten Stelle eine Rauchabzugseinrichtung mit einer Öffnung von mindestens 5 v. H. der Grund-

fläche des dazugehörigen Treppenraumes oder Treppenraumabschnitts, mindestens jedoch 0,5 m² haben. ²Die Vorrichtungen zum Öffnen der Rauchabzüge müssen vom Erdgeschoß aus bedient werden können und an der Bedienungsstelle die Aufschrift „Rauchabzug" haben. ³An der Bedienungsvorrichtung muß erkennbar sein, ob die Rauchabzugsöffnungen offen oder geschlossen sind. ⁴Fenster dürfen als Rauchabzüge ausgebildet werden, wenn sie hoch genug liegen.

(7) ¹Notwendige Treppen müssen feuerbeständig sein, innerhalb von Gebäuden müssen sie an den Unterseiten geschlossen sein. ²Sie müssen auf beiden Seiten Handläufe ohne freie Enden haben.

(8) Notwendige Treppen dürfen nicht breiter als 2,50 m sein; geringfügige Überschreitungen, die sich aus der Anwendung des § 19 Abs. 2 Satz 1 ergeben, können gestattet werden.

(9) Treppenläufe notwendiger Treppen sollen zwischen zwei Absätzen nicht mehr als 14 Stufen haben.

(10) ¹Treppenstufen notwendiger Treppen müssen eine Auftrittbreite von mindestens 30 cm haben und dürfen nicht höher als 16 cm sein. ²Bei gebogenen Läufen darf die Auftrittbreite der Stufen an der schmalsten Stelle nicht kleiner als 23 cm, von der inneren Treppenwange 1,25 m entfernt nicht größer als 40 cm sein.

(11) Treppenläufe dürfen erst in einem Abstand von mindestens 90 cm von Türen beginnen.

(12) Wendeltreppen sind unzulässig.

**§ 24 Fenster und Türen.** (1) ¹Fenster, die als Notausstieg bestimmt sind, müssen im Lichten mindestens 60 cm breit und mindestens 90 cm hoch sein. ²Gitter an diesen Fenstern müssen sich mit den Fensterflügeln öffnen lassen und dürfen ihr Aufschlagen nicht behindern.

(2) ¹Soweit in den allgemeinen Vorschriften keine weitergehenden Anforderungen gestellt sind, müssen Fenster zu Lichtschächten aus nichtbrennbaren Baustoffen bestehen; die Verglasungen müssen gegen Feuer ausreichend widerstandsfähig sein. ²Solche Fenster dürfen nur mit Schlüssel geöffnet werden können.

(3) ¹Türen dürfen nur in Fluchtrichtung aufschlagen; sie müssen, soweit sie zu Treppenräumen führen, selbstschließend sein. ²Schwellen dürfen im Zuge von Rettungswegen nur angeordnet werden, wenn die Nutzung des Raumes dies erfordert. ³Die Schwellen müssen so ausgebildet, gekennzeichnet oder entsprechend § 22 Abs. 2 Satz 2 beleuchtet sein, daß sie das Verlassen der Räume nicht behindern. ⁴Schiebe-, Pendel- und Drehflügeltüren sind in Rettungswegen unzulässig. ⁵Türflügel dürfen höchstens 15 cm in die Flure vorspringen, wenn die erforderliche Mindestflurbreite entsprechend vergrößert wird. ⁶Vorhänge im Zuge von Rettungswegen müssen schwerent-

flammbar sein und dürfen den Fußboden nicht berühren; sie müssen leicht verschiebbar sein.

(4) [1]Türen müssen von innen durch einen einzigen Griff leicht in voller Breite zu öffnen sein. [2]Der Griff des Verschlusses muß bei Hebelverschlüssen etwa 1,50 m, bei Klinkenverschlüssen etwa 1 m über dem Fußboden liegen und von oben nach unten oder durch Druck zu betätigen sein. [3]Türbeschläge müssen so ausgebildet sein, daß Besucher nicht daran hängen bleiben können. [4]Riegel an Türen sind unzulässig.

(5) Rolläden, Scherengitter oder ähnliche Abschlüsse von Türöffnungen, Toröffnungen oder Durchfahrten müssen so eingerichtet sein, daß sie von Unbefugten nicht betätigt werden können.

### Unterabschnitt 5. Beheizung und Lüftung

**§ 25 Beheizung.** (1) [1]Feuerstätten müssen unverrückbar befestigt sein. [2]Feuerstätten mit freiliegenden Metallteilen müssen in Räumen für Besucher Schutzvorrichtungen aus nichtbrennbaren Baustoffen haben, die unverrückbar befestigt und so ausgebildet sein müssen, daß auf ihnen Gegenstände nicht abgelegt werden können. [3]Es kann gefordert werden, daß Einzelfeuerstätten geschlossene Verbrennungskammern haben müssen oder die Zuluft nur durch Schächte oder Kanäle unmittelbar aus dem Freien entnehmen dürfen.

(2) [1]Elektrische Heizanlagen müssen unverrückbar befestigt sein und fest verlegte Leitungen haben. [2]Glühende Teile der Heizkörper dürfen nicht offenliegen.

(3) Heizkörper, die eine Oberflächentemperatur von mehr als 110 °C erreichen können, müssen Schutzvorrichtungen aus nichtbrennbaren Baustoffen haben, die unverrückbar befestigt und so ausgebildet sein müssen, daß auf ihnen Gegenstände nicht abgelegt werden können.

(4) [1]Vor den Wänden liegende Heizungsrohre, die eine Oberflächentemperatur von mehr als 110 °C erreichen können, müssen bis zur Höhe von 2,25 m über dem Fußboden abnehmbare Schutzvorrichtungen oder stoßfeste, wärmedämmende Umhüllungen haben. [2]Die Schutzvorrichtungen oder Umhüllungen müssen aus nichtbrennbaren Baustoffen bestehen.

(5) [1]Versammlungsräume für mehr als 800 Personen dürfen nicht durch Einzelfeuerstätten beheizt werden. [2]Ausnahmen können gestattet werden, wenn Bedenken wegen des Brandschutzes oder Gefahren für die Gesundheit nicht bestehen.

**§ 26 Lüftung.** Für Besucher muß eine stündliche Frischluftrate von mindestens 20 cbm je Person und bei Räumen, in denen geraucht werden darf, von mindestens 30 cbm je Person gesichert sein.

**Unterabschnitt 6. Rauchabführung, Feuerlösch-, Feuermelde- und Alarmeinrichtungen**

**§ 27 Rauchabführung.** (1) [1]Fensterlose Versammlungsräume und Versammlungsräume mit Fenstern, die nicht geöffnet werden können, müssen Rauchabzugsöffnungen in der Größe von mindestens 0,5 m² für je 250 m² ihrer Grundfläche haben. [2]Die Rauchabzugsöffnungen können in der Decke oder in den Wänden liegen. [3]Die Öffnungen von Wandabzügen müssen unmittelbar unter der Decke liegen. [4]Der Rauchabzug muß außerhalb des Raumes von einer sicheren Stelle im Erdgeschoß aus bedient werden können. [5]An der Bedienungsvorrichtung muß erkennbar sein, ob die Rauchabzugsöffnungen offen oder geschlossen sind.

(2) [1]Versammlungsräume mit Mittelbühne oder Spielfläche müssen Rauchabzugsöffnungen mit einem lichten Gesamtquerschnitt von mindestens 3 v. H. der Bühnengrundfläche ohne Bühnenerweiterung oder der Spielfläche haben. [2]Die Rauchabzugsöffnungen können in der Decke oder in den Wänden liegen. [3]Die Öffnungen von Wandabzügen müssen unmittelbar unter der Decke liegen.

(3) [1]Versammlungsräume mit Vollbühne müssen in der Decke, möglichst nahe der Bühne, Rauchabzugsöffnungen haben. [2]Der lichte Mindestquerschnitt $R$ in Beziehung zur Grundfläche $F$ ist nach der Formel

$$R = 0,5 \cdot \sqrt{2F - 100 \text{ m}^2}$$

zu errechnen. [3]Dabei bedeutet $F$ die Grundfläche der Bühne ohne Bühnenerweiterungen.

(4) [1]Die Vorrichtungen zum Öffnen der Rauchabzüge nach den Absätzen 2 und 3 müssen an zwei jederzeit zugänglichen Stellen, von denen eine auf der Bühne liegen muß, bedient werden können und an der Bedienungsstelle die Aufschrift „Rauchabzug Versammlungsraum" haben. [2]An der Bedienungsvorrichtung muß erkennbar sein, ob die Rauchabzugsöffnungen offen oder geschlossen sind.

(5) [1]Rauchabzugsschächte müssen aus nichtbrennbaren Rohstoffen bestehen. [2]Führen die Schächte durch Decken, so müssen sie nach ihrer Feuerwiderstandsdauer der Bauart der Decken entsprechen. [3]Rauchabzugsschächte sollen senkrecht geführt werden. [4]Ihre Ausmündungen ins Freie müssen mindestens 50 cm über Dach liegen und von höher gelegenen Fenstern und anderen Öffnungen, auch solcher benachbarter Gebäude, mindestens 2,50 m entfernt bleiben.

(6) Alle beweglichen Teile von Rauchabzugseinrichtungen müssen leicht bewegt und geprüft werden können.

(7) Es kann gestattet werden, daß der Rauch über eine Lüftungsanlage mit Ventilator abgeführt wird, wenn sie ausreichend bemessen und auch im Brandfall jederzeit wirksam ist.

Versammlungsstättenverordnung §§ 28–31 VStättVO 10

**§ 28 Feuerlösch-, Fernmelde- und Alarmeinrichtungen.** (1) In Versammlungsräumen oder in ihren Nebenräumen oder Fluren sowie in Kleiderablagen (§ 29) müssen Feuerlöscher gut sichtbar und in ausreichender Zahl angebracht sein.

(2) In den Vorräumen oder Fluren von Versammlungsräumen für mehr als 800 Besucher müssen mindestens zwei Wandhydranten in der Nähe von Eingangstüren vorhanden sein.

(3) ¹In Versammlungsstätten für mehr als 1500 Besucher müssen Einrichtungen vorhanden sein, um die anwesenden Betriebsangehörigen alarmieren zu können. ²Diese Versammlungsstätten müssen ferner eine Einrichtung haben, die jederzeit eine unmittelbare Benachrichtigung der Feuerwehr ermöglicht; dabei kann der Anschluß an vorhandene Einrichtungen verlangt werden. ³Bei Versammlungsstätten mit Mittelbühne gilt § 42 Abs. 3, bei Versammlungsstätten mit Vollbühne § 54 Abs. 5, bei Versammlungsstätten mit Szenenflächen § 62 Abs. 5.

(4) Weitere Feuerlösch- und Feuermeldeeinrichtungen, wie Flächenberieselungs- oder Rauchmeldeanlagen, können gefordert werden, wenn dies aus Gründen des Brandschutzes erforderlich ist.

### Unterabschnitt 7. Kleiderablagen

**§ 29 Kleiderablagen.** (1) ¹Kleiderablagen müssen so angeordnet sein, daß sie das Verlassen der Versammlungsstätte nicht behindern. ²Die Ausgabetische müssen unverrückbar sein. ³Warteflächen von Kleiderablagen an Rettungswegen sind so zu bemessen, daß die Rettungswege durch wartende Besucher nicht eingeengt werden.

(2) Kleiderablagen sollen so angeordnet sein, daß die Besucher nach dem Empfang der Kleider auf kürzestem Wege ins Freie gelangen können, ohne die Wege anderer Besucher kreuzen zu müssen.

(3) ¹Bei Garderobenzwang in Versammlungsräumen muß die Anzahl der Kleiderhaken der Zahl der möglichen Besucher entsprechen. ²Für die Länge der Ausgabetische soll je 20 Besucher mindestens 1 m gerechnet werden.

### Abschnitt 2. Bühnen und Szenenflächen

### Unterabschnitt 1. Kleinbühnen

**§ 30 Bühnenerweiterungen.** Bühnenerweiterungen (Seiten- oder Hinterbühnen) sind bei Kleinbühnen unzulässig.

**§ 31 Wände, Decken, Fußböden.** (1) Die Umfassungswände der Bühne und der Räume unter der Bühne müssen feuerbeständig sein; für eingeschossige Gebäude können feuerhemmende Umfassungswände gestattet werden.

(2) ¹Die Decke über der Bühne muß feuerbeständig sein, wenn sich darüber benutzbare Räume befinden; sie muß mindestens feuerhem-

mend sein, wenn darüber nicht benutzbare Räume liegen. ²Öffnungen in diesen Decken müssen mindestens feuerhemmend verschlossen sein.

(3) ¹Der Fußboden muß fugendicht sein. ²Hohlräume unter dem Fußboden dürfen nicht zugänglich sein. ³Befinden sich unter der Bühne benutzbare Räume, so müssen deren Decken feuerbeständig sein. ⁴Zugänge zu den Räumen für den Souffleur und für Bühnenversenkungen müssen von anderen Räumen durch feuerbeständige Wände getrennt sein; Türen in diesen Wänden müssen feuerbeständig und selbstschließend sein.

**§ 32 Vorhänge, Dekorationen.** (1) Vorhänge müssen aus mindestens schwerentflammbaren Stoffen bestehen.

(2) Dekorationen müssen aus mindestens schwerentflammbaren Stoffen bestehen. Sie müssen so angebracht werden, daß sie die Rettungswege nicht einengen.

(3) Für die Aufbewahrung auswechselbarer Dekorationen muß ein besonderer Abstellraum vorhanden sein, der möglichst in baulichem Zusammenhang mit der Bühne steht.

**§ 33 Umkleideräume.** ¹Für die Mitwirkenden müssen zum Umkleiden geeignete Räume vorhanden sein, die in baulichem Zusammenhang mit der Versammlungsstätte stehen; sie sollen den Vorschriften für Aufenthaltsräume entsprechen. ²Jeder Umkleideraum muß mindestens an einem Rettungsweg liegen, der nicht über die Bühne führen darf. ³Bei Umkleideräumen ohne Fenster sind die damit verbundenen Nachteile durch besondere Maßnahmen, wie den Einbau von Klima-, Lüftungs- und Beleuchtungsanlagen, auszugleichen. ⁴Solche Umkleideräume müssen an einem Rettungsweg mit zwei Ausgängen liegen.

**§ 34 Feuerlöscher.** Auf der Bühne müssen mindestens ein Feuerlöscher und neben Schalttafeln oder Regelgeräten (Verdunklern) innerhalb des Bühnenraumes ein weiterer Feuerlöscher vorhanden sein.

### Unterabschnitt 2. Mittelbühnen

**§ 35 Bühnenanlage.** (1) ¹Die Umfassungswände der Bühne und der Magazine und die Wände zwischen dem Versammlungsraum und den Räumen unter der Bühne müssen feuerbeständig sein. ²Zugänge zu den Räumen für den Souffleur und für Bühnenversenkungen müssen von anderen Räumen durch feuerbeständige Wände getrennt sein; Türen in diesen Wänden müssen feuerbeständig und selbstschließend sein.

(2) ¹Die Decke über der Bühne und über Bühnenerweiterungen muß feuerbeständig sein; sie muß mindestens feuerhemmend sein, wenn darüber nicht benutzbare Räume liegen. ²Öffnungen, mit Aus-

Versammlungsstättenverordnung §§ 36, 37 VStättVO 10

nahme der Öffnungen für Schächte nach § 38 Abs. 4, sind unzulässig, wenn sich über der Decke benutzbare Räume befinden. ³Öffnungen in feuerhemmenden Decken müssen mindestens feuerhemmend verschlossen sein.

(3) ¹Befinden sich unter der Bühne benutzbare Räume, die nicht zu einer Unterbühne gehören, so müssen deren Decken feuerbeständig sein. ²Befinden sich zwischen der Decke unter der Bühne und dem Fußboden der Bühne Hohlräume, so müssen diese unzugänglich sei. ³Der Fußboden muß fugendicht sein. ⁴Seine Unterkonstruktion muß aus nichtbrennbaren Baustoffen bestehen; Lagerhölzer sind für den Fußboden zulässig.

(4) ¹Decken über und unter Magazinen (§ 39) müssen feuerbeständig sein. ²Öffnungen in diesen Decken sind unzulässig, wenn sich über oder unter diesen Decken benutzbare Räume befinden.

(5) ¹Die Türen der Bühne müssen mindestens feuerhemmend sein. ²§ 39 Abs. 1 Satz 5 bleibt unberührt.

(6) ¹Die Bühne einschließlich der Bühnenerweiterungen darf keine unmittelbar ins Freie führenden Öffnungen haben, ausgenommen Rauchabzugsöffnungen nach § 38 und eine Öffnung für den Transport von Dekorationen, die einen Abschluß in der Bauart feuerbeständiger Türen haben muß. ²Der Abschluß darf nur mit Steckschlüssel geöffnet werden können.

(7) ¹Auf jeder Seite der Bühnenöffnungen muß für einen Posten der Feuersicherheitswache ein besonderer Platz von mindestens 80 cm Breite und mindestens 2,20 m Höhe vorhanden sein. ²Von dort aus muß die Spielfläche überblickt und betreten werden können.

**§ 36 Vorhänge, Dekorationen.** (1) ¹Die Bühne ist gegen den Versammlungsraum durch einen Vorhang aus nichtbrennbaren Stoffen abzuschließen, der auch im Brandfall durch Wärmeeinwirkung während einer Dauer von 15 Minuten den Zusammenhalt nicht verlieren darf. ²Der Vorhang muß so geführt oder so gehalten werden, daß er im geschlossenen Zustand nicht flattern kann. ³Andere Vorhänge müssen aus mindestens schwerentflammbaren Stoffen bestehen.

(2) ¹Dekorationen müssen aus mindestens schwerentflammbaren Stoffen bestehen. ²Zwischen den Umfassungswänden der Bühne und den Dekorationen muß ein Gang von mindestens 1 m Breite freibleiben. ³Die Gangbreite darf, auch durch Gegengewichtszüge, nicht eingeengt sein.

**§ 37 Bühneneinrichtung.** (1) Tragende Bauteile für den inneren Ausbau der Bühne müssen aus nichtbrennbaren Baustoffen bestehen; Beläge des Rollenbodens und der Galerien dürfen aus Holz sein.

(2) Tragende Seile der Obermaschinerie, ausgenommen Seile von Handzügen, müssen Drahtseile sein.

(3) ¹Gegengewichtsbahnen müssen umkleidet sein. ²Bei Gegengewichtsbahnen über Verkehrswegen sind Auffangvorrichtungen anzubringen.

**§ 38 Rauchabführung.** (1) Bühnen müssen Rauchabzugsöffnungen mit einem lichten Gesamtquerschnitt von mindestens 3 v. H. der Bühnengrundfläche ohne Bühnenerweiterungen haben.

(2) ¹Die Rauchabzugsöffnungen können in der Decke oder in den Wänden liegen. ²Die Öffnungen von Wandabzügen müssen unmittelbar unter der Decke liegen. ³Die Vorrichtungen zum Öffnen der Rauchabzüge müssen an zwei jederzeit zugänglichen Stellen, von denen die eine auf und die andere außerhalb der Bühne liegen muß, bedient werden können und an der Bedienungsstelle die Aufschrift „Rauchabzug Bühne" haben. ⁴An der Bedienungsvorrichtung muß erkennbar sein, ob die Rauchabzugsöffnungen offen oder geschlossen sind.

(3) Alle beweglichen Teile von Rauchabzugseinrichtungen müssen leicht bewegt und geprüft werden können.

(4) ¹Rauchabzugsschächte müssen aus nichtbrennbaren Baustoffen bestehen. ²Führen die Schächte durch Decken, so müssen sie nach ihrer Feuerwiderstandsdauer der Bauart der Decken entsprechen. ³Rauchabzugsschächte sollen senkrecht geführt werden. ⁴Ihre Ausmündungen ins Freie müssen mindestens 50 cm über Dach liegen und von höher gelegenen Fenstern und anderen Öffnungen, auch solcher benachbarter Gebäude, mindestens 2,50 m entfernt bleiben.

(5) Es kann gestattet werden, daß der Rauch über eine Lüftungsanlage mit Ventilator abgeführt wird, wenn sie ausreichend bemessen und auch im Brandfall jederzeit wirksam ist.

**§ 39 Magazine, Umkleideräume, Aborträume.** (1) ¹Für Dekorationen, Möbel, Requisiten, Kleider und ähnliche Gegenstände müssen ausreichende Magazine vorhanden sein. ²Magazine müssen vom Freien unmittelbar zugänglich sein oder ins Freie führende Fenster haben, soweit darin nicht nur gerollte Dekorationen aufbewahrt werden. ³Ausnahmen von Satz 2 können gestattet werden für kleinere Magazine und für Magazine, in denen hauptsächlich Gegenstände aus nicht brennbaren Stoffen gelagert werden. ⁴Magazine, die auch als Arbeitsräume benutzt werden, müssen den Anforderungen an Aufenthaltsräume entsprechen. ⁵Türen zwischen Magazinen und anderen Räumen und Fluren sind in der Bauart feuerbeständiger Türen auszuführen.

(2) ¹Für die Mitwirkenden müssen zum Umkleiden geeignete Räume vorhanden sein, die in baulichem Zusammenhang mit der Versammlungsstätte stehen; sie sollen den Vorschriften für Aufenthaltsräume entsprechen. ²Bei Umkleideräumen ohne Fenster sind die damit

verbundenen Nachteile durch besondere Maßnahmen, wie den Einbau von Klima-, Lüftungs- und Beleuchtungsanlagen, auszugleichen.

(3) In der Nähe der Umkleideräume sind Aborträume, getrennt für Frauen und Männer, in ausreichender Zahl anzuordnen.

**§ 40 Rettungswege.** (1) ¹Die Bühne muß auf beiden Seiten mindestens einen Ausgang auf nicht den Besuchern dienende Rettungswege haben, die getrennt voneinander ins Freie führen. ²Der Souffleurraum darf nicht nur einen Einstieg von oben haben. ³Der Rettungsweg aus dem Souffleurraum darf in den Versammlungsraum führen.

(2) Sind Galerien, Stege oder ein Rollenboden eingebaut, so müssen Rettungswege für die Bühnenhandwerker nach § 51 Abs. 13 vorhanden sein.

(3) ¹Türen der Bühne müssen nach außen aufschlagen. ²Bei rechtwinkelig offen stehenden Türen muß in den Fluren noch eine freie Durchgangsbreite von mindestens 1 m verbleiben.

(4) ¹Umkleideräume müssen einen Ausgang zu einem Bühnenflur oder zu einem besonderen Flur haben. ²Von diesem Flur aus müssen zwei Rettungswege vorhanden sein, von denen einer entweder unmittelbar oder über eine mindestens 1 m breite, feuerbeständige und nicht den Besuchern dienende Treppe ins Freie führen muß.

**§ 41 Beheizung, Lüftung.** (1) ¹Die Bühnen und die zugehörigen Betriebsräume dürfen nur durch Zentralheizung oder elektrisch beheizbar sein. ²Einzelfeuerstätten sind in Betriebsräumen zulässig, die feuerbeständige Wände und Decken haben. ³Durch die Bühne oder die Magazine führende Schornsteine müssen mindestens 24 cm dicke Wangen aus Mauersteinen oder Wangen mit gleichwertigen Eigenschaften haben.

(2) ¹Luftheizungs-, Lüftungs- und Klimaanlagen der Bühne müssen von entsprechenden Anlagen des Versammlungsraumes und der zugehörigen Räume getrennt sein. ²Die Anlagen für die Bühne, den Versammlungsraum und die zugehörigen Räume müssen von der Bühne und von einer anderen Stelle außerhalb der Bühne stillgesetzt werden können.

(3) ¹Elektrische Heizanlagen müssen unverrückbar befestigt sein und festverlegte Leitungen haben. ²Glühende Teile der Heizkörper dürfen nicht offenliegen.

(4) Heizkörper, die eine Oberflächentemperatur von mehr als 110 °C erreichen können, müssen in Bühnenräumen, Magazinen, Werkstätten und Umkleideräumen Schutzvorrichtungen aus nichtbrennbaren Baustoffen haben, die unverrückbar befestigt und so ausgebildet sein müssen, daß auf ihnen Gegenstände nicht abgelegt werden können.

(5) ¹Vor den Wänden liegende Heizungsrohre, die eine Oberflächentemperatur von mehr als 110 °C erreichen können, müssen in Bühnenräumen, Magazinen, Werkstätten und Umkleideräumen bis zur Höhe von 2,25 m über dem Fußboden abnehmbare Schutzvorrichtungen oder stoßfeste, wärmedämmende Umhüllungen haben. ²Die Schutzvorrichtungen oder Umhüllungen müssen aus nichtbrennbaren Baustoffen bestehen.

### § 42 Feuerlösch-, Feuermelde- und Alarmeinrichtungen.

(1) Auf der Bühne müssen mindestens zwei Wandhydranten und mindestens zwei Feuerlöscher vorhanden sein.

(2) ¹Der Bühnenvorhang muß eine Berieselungsanlage haben. ²Bühnen über 100 m² und Bühnen mit Bühnenerweiterung müssen außerdem eine nicht unterteilte Regenanlage oder eine gleichwertige Feuerlöschanlage haben.

(3) ¹Es müssen Einrichtungen vorhanden sein, durch die im Gefahrenfall die anwesenden Betriebsangehörigen und die Mitwirkenden alarmiert werden können. ²Von einer geeigneten Stelle auf der Bühne oder dem Bühnenflur und von einer geeigneten Stelle im Versammlungsraum aus muß die Feuerwehr durch eine Feuermeldeinrichtung unmittelbar und jederzeit benachrichtigt werden können.

(4) ¹Die Auslösevorrichtungen der Sicherheitsanlagen (Rauchabzugsvorrichtungen, Regenanlage, Berieselungsanlage und Feuermeldeeinrichtung) sollen nebeneinander liegen; sie müssen leicht überschaubar angeordnet, für die Feuersicherheitswache leicht erreichbar und nach ihrer Zweckbestimmung gekennzeichnet sein. ²Die Anlagen nach Absatz 2 müssen eine zweite Auslösung erhalten, die außerhalb der Bühne und der Bühnenerweiterung liegen muß.

### § 43 Bühnentechnische Einrichtungen über der Vorbühne.

(1) ¹Ein Rollenboden und sonstige technische Einrichtungen sind auch über der Vorbühne zulässig; sie müssen aus nichtbrennbaren Baustoffen bestehen. ²Prospektzüge müssen voneinander mindestens 50 cm entfernt sein.

(2) Die Einrichtungen nach Absatz 1 dürfen die Rauchabführung des Versammlungsraumes nicht behindern.

(3) ¹Oberhalb der Decke oder eines sonstigen oberen Abschlusses (§ 17 Abs. 1 Satz 3) des Versammlungsraumes angeordnete Einrichtungen nach Absatz 1 sind gegen Räume über dem Versammlungsraum durch feuerbeständige Bauteile, gegen den Raum zwischen der Decke oder dem Dach und dem oberen Abschluß des Versammlungsraumes durch mindestens feuerhemmende Bauteile aus nichtbrennbaren Baustoffen abzuschließen. ²Blenden unterhalb der Decke oder des oberen Raumabschlusses müssen aus nichtbrennbaren Baustoffen bestehen.

### Unterabschnitt 3. Vollbühnen

**§ 44 Bühnenanlage.** (1) ¹Vollbühnen sind in einem besonderen Gebäudeteil (Bühnenhaus) unterzubringen. ²Über der Hauptbühne dürfen benutzbare Räume nicht angeordnet werden.

(2) ¹Die Höhe der Bühne muß im Mittel mindestens gleich der doppelten Höhe der größtmöglichen Bühnenöffnung vermehrt um 4 m sein; hierbei wird die Höhe der Bühne bis zur Unterkante der Decke gemessen. ²Beim Einbau eines technischen Portals gilt die größte lichte Höhe dieses Portals als Höhe der Bühnenöffnung. ³Über dem Rollenboden muß an jeder Stelle ein lichtes Durchgangsmaß von mindestens 2 m vorhanden sein.

(3) ¹Bühnenerweiterungen dürfen der Bühne ohne besondere Abschlüsse angegliedert sein. ²Versenkungen dürfen in Hinterbühnen nur vorhanden sein, wenn die darunter befindlichen Räume zur Unterbühne gehören.

(4) ¹Auf jeder Seite der Bühnenöffnung muß für einen Posten der Feuersicherheitswache ein besonderer Platz von mindestens 80 cm Breite und mindestens 2,20 m Höhe vorhanden sein. ²Von dort aus muß die Spielfläche überblickt und betreten werden können.

(5) ¹Zwischen den Umfassungswänden der Bühne und dem Rundhorizont oder den Dekorationen muß ein Gang von mindestens 1,50 m Breite freibleiben. ²Die Gangbreite darf, auch durch Gegengewichtszüge, nicht eingeengt sein.

**§ 45 Wände.** (1) ¹Die Außenwände des Bühnenhauses, die Wände der Durchfahrten und Flure sowie die Wände der Werkstätten und Magazine müssen feuerbeständig sein. ²Die Trennwand zwischen Bühnenhaus und Zuschauerhaus, die Wände der Bühne, der Unterbühne und der Bühnenerweiterungen sowie die Wände der Treppenräume müssen feuerbeständig und so dick wie Brandwände sein. ³Die Wände der Treppenräume, in denen Treppen für die Bühnenhandwerker liegen, sowie die übrigen Wände müssen mindestens feuerhemmend aus nichtbrennbaren Baustoffen sein.

(2) Außer der Bühnenöffnung sind Öffnungen zwischen der Bühne einschließlich der Bühnenerweiterungen und dem Versammlungsraum (Vorbühnenauftritt) und anderen Räumen des Zuschauerhauses nur in Höhe des Bühnenfußbodens und nur über Sicherheitsschleusen (§ 56) zulässig.

(3) Öffnungen zwischen anderen Räumen des Bühnenhauses und des Zuschauerhauses sind über Sicherheitsschleusen überall zulässig.

(4) Liegt der Platz für das Orchester vor dem Schutzvorhang im Versammlungsraum, so sind an beiden Seiten Rettungswege über Sicherheitsschleusen zu den Fluren des Bühnenhauses zulässig.

(5) ¹Bühne und Bühnenerweiterungen dürfen keine unmittelbar ins Freie führenden Öffnungen haben; zum Transport von Dekorationen ist in Bühnenerweiterungen eine Öffnung zulässig, sie darf jedoch nicht auf die notwendigen Rettungswege für die Mitwirkenden angerechnet werden. ²Die Öffnung muß eine Tür in der Bauart feuerbeständiger Türen haben. ³Oberhalb des Rollenbodens sind Fenster aus nichtbrennbaren Baustoffen und Drahtglas mit punktgeschweißtem Netz zulässig. ⁴Die Tür und die Fenster dürfen nur mit Steckschlüssel geöffnet werden können, soweit die Fenster nicht als Rauchabzüge nach § 48 Abs. 2 benutzt werden; im übrigen bleibt § 48 unberührt.

**§ 46 Decken, Dächer.** (1) ¹Decken im Bühnenhaus müssen feuerbeständig sein. ²Decken zwischen Bühne und Unterbühne dürfen aus normalentflammbaren Baustoffen bestehen; dies gilt auch für die Decke der Bühne, wenn sie zugleich das Dach bildet.

(2) Öffnungen in den Decken unter oder über Bühnenerweiterungen müssen Klappen in der Bauart feuerbeständiger Türen haben.

(3) ¹Das Tragwerk von Dächern ist aus nichtbrennbaren Baustoffen herzustellen. ²Die Türen zu den Dachräumen müssen feuerbeständig sein.

**§ 47 Bühneneinrichtung.** (1) Tragende Bauteile für den inneren Ausbau der Bühne müssen aus nichtbrennbaren Baustoffen bestehen; Beläge des Rollenbodens und der Galerien dürfen aus Holz sein.

(2) Tragende Seile der Obermaschinerie, ausgenommen Seile von Handzügen, müssen Drahtseile sein.

(3) ¹Gegengewichtsbahnen müssen umkleidet sein. ²Bei Gegengewichtsbahnen über Verkehrswegen sind Auffangvorrichtungen anzubringen.

(4) ¹Vorhänge vor dem Schutzvorhang (Schmuckvorhänge im Versammlungsraum) müssen aus nichtbrennbarem Stoff bestehen. ²Vorhänge hinter dem Schutzvorhang (Hauptvorhänge) müssen mindestens schwer entflammbar sein. ³Die Vorhänge dürfen die Wirkung des Schutzvorhanges nicht beeinträchtigen und seine Betätigung nicht behindern.

**§ 48 Rauchabführung.** (1) ¹Die Bühne muß Rauchabzugsöffnungen haben. ²Befinden sich alle Rauchabzugsöffnungen in der Decke, so muß ihr lichter Gesamtquerschnitt mindestens 8 v. H. der Bühnengrundfläche betragen. ³Werden alle Rauchabzugsöffnungen in den Wänden angeordnet, so muß ihr lichter Gesamtquerschnitt mindestens 12 v. H. betragen. ⁴Werden die Rauchabzugsöffnungen in der Decke und in den Wänden angeordnet, so ist der Gesamtquerschnitt aus den vorgenannten Werten zu errechnen.

(2) ¹Rauchabzugsöffnungen in Wänden müssen unmittelbar unter der Decke, oberhalb von Rollenböden und in mindestens zwei gegen-

Versammlungsstättenverordnung § 49 VStättVO 10

überliegenden Wänden angeordnet sein. ²Entsprechend angeordnete Fenster dürfen als Rauchabzüge verwendet werden (§ 45 Abs. 5). ³Werden die Abschlüsse der Wandabzugsöffnungen um eine Achse schwingbar ausgebildet, so muß die Achse waagerecht und unterhalb des Schwerpunktes des Abschlusses liegen; die obere Abschlußkante muß nach außen schwingen.

(3) ¹Rauchabzugsschächte müssen aus nichtbrennbaren Baustoffen bestehen. ²Führen die Schächte durch Decken, so müssen sie nach ihrer Feuerwiderstandsdauer der Bauart der Decken entsprechen. ³Rauchabzugsschächte sollen senkrecht geführt werden. ⁴Ihre Ausmündungen ins Freie müssen mindestens 50 cm über Dach liegen und von höher gelegenen Fenstern und anderen Öffnungen, auch solcher benachbarter Gebäude, mindestens 2,50 m entfernt bleiben.

(4) ¹Rollenböden müssen Durchbrüche haben, deren Größe mindestens dem Gesamtquerschnitt der Rauchabzugsöffnungen entspricht. ²Davon muß ein Viertel aus mindestens 80 cm mal 80 cm großen Durchbrechungen bestehen; sie müssen Geländer und Fußleistungen haben. ³Für den Rest genügen 4 cm breite Schlitze des Rollenbodenbelages. ⁴Die Belagsohlen dürfen höchstens 25 cm breit sein. ⁵Die Sätze 2 und 3 gelten nicht, wenn der Rollenboden mit Gitterrosten belegt ist, deren Fläche mindestens dem Gesamtquerschnitt der Rauchabzugsöffnungen entspricht.

(5) ¹Die Abschlüsse der Rauchabzüge müssen von zwei jederzeit zugänglichen Stellen aus, von denen die eine auf, die andere außerhalb der Bühne liegen muß, leicht geöffnet werden können. ²Sie müssen sich bei einem Überdruck von 35 kp/m² selbsttätig öffnen.

(6) Die Abschlüsse der Rauchabzüge müssen von einer Bedienungsstelle außerhalb der Bühne wieder geschlossen werden können.

(7) Alle beweglichen Teile von Rauchabzugseinrichtungen müssen leichter bewegt und geprüft werden können.

(8) ¹Rauchabzugseinrichtungen müssen an den Bedienungsstellen die Aufschrift „Rauchabzug Bühne" haben. ²An der Bedienungsvorrichtung muß erkennbar sein, ob die Rauchabzugsöffnungen offen oder geschlossen sind.

(9) Dekorationen dürfen nicht näher als 1 m an den Rollenbodenbelag oder an die Raumdecke herangeführt werden, es sei denn, daß der Belag des Rollenbodens insgesamt aus Gitterrosten besteht.

## § 49 Magazine, Werkstätten, Unkleideräume, Aborträume.

(1) ¹Für Dekorationen, Möbel, Requisiten, Kleider und ähnliche Gegenstände müssen ausreichende Magazine vorhanden sein. ²Magazine müssen vom Freien unmittelbar zugänglich sein oder ins Freie führende Fenster haben, soweit darin nicht nur gerollte Dekorationen aufbewahrt werden. ³Ausnahmen von Satz 2 können gestattet werden für kleinere Magazine und für Magazine, in denen hauptsächlich Ge-

genstände aus nicht brennbaren Stoffen gelagert werden. ⁴Magazine, die auch als Arbeitsräume benutzt werden, müssen den Anforderungen an Aufenthaltsräume entsprechen.

(2) ¹Türen in Wänden von Magazinen und Werkstätten, die nicht unmittelbar ins Freie führen, sind in der Bauart feuerbeständiger Türen auszuführen. ²An Stelle solcher Türen sind Sicherheitsschleusen (§ 56) zulässig. ³Frisierräume gelten nicht als Werkstätten; sie müssen den Anforderungen an Umkleideräume entsprechen.

(3) ¹Für die Mitwirkenden müssen zum Umkleiden geeignete Räume vorhanden sein, die in baulichem Zusammenhang mit der Bühne stehen und den Vorschriften für Aufenthaltsräume entsprechen. ²Mindestens ein Fenster jedes Umkleideraumes muß so liegen, daß es von der Feuerwehr erreicht werden kann.

(4) In der Nähe der Umkleideräume sind Aborträume, getrennt für Frauen und Männer, in ausreichender Zahl anzuordnen.

**§ 50 Räume mit offenen Feuerstätten.** Offene Feuerstätten, wie Schmiedefeuer und Leimöfen, sind nur in Räumen zulässig, die von der Bühne und von anderen Räumen durch feuerbeständige Wände und Decken abgetrennt sind sowie feuerbeständige Türen oder Sicherheitsschleusen (§ 56) haben.

**§ 51 Rettungswege.** (1) Alle Räume des Bühnenhauses, außer den Magazinen, und der Platz für das Orchester müssen an Fluren liegen.

(2) ¹Von jedem Punkt der Bühne muß in höchstens 30 m Entfernung ein Flur unmittelbar erreichbar sein. ²Die Türen von der Bühne auf die Flure sind zweckentsprechend verteilt so anzuordnen, daß auf 100 m² Bühnenfläche mindestens 1 m Türbreite entfällt. ³Es kann gestattet werden, daß der Rettungsweg über nicht abschließbare Bühnenerweiterungen führt.

(3) ¹Bühnenerweiterungen müssen Türen zu Fluren haben. ²Jede Bühnenerweiterung muß mindestens eine Tür, bei mehr als 100 m² zwei Türen haben. ³Im übrigen gilt Absatz 2 entsprechend.

(3) ¹Von jeder Stelle eines Flures nach den Absätzen 1 bis 3 müssen zwei Rettungswege in verschiedenen Richtungen ins Freie führen; ein Ausgang oder ein im Zuge des Rettungsweges liegender Treppenraum darf nicht mehr als 25 m entfernt sein. ²Bei Fluren im Erdgeschoß von nicht mehr als 25 m Länge kann von dem zweiten Rettungsweg ausnahmsweise abgesehen werden, wenn die Bühne ohne Seitenbühnen kleiner als 250 m² ist und keine Hinterbühne hat.

(5) ¹Die Breite der als Rettungswege dienenden Flure, Bühnenhaustreppen und Ausgänge ins Freie muß mindestens betragen:
1. bei Bühnen bis 350 m² Fläche für Flure in allen Geschossen 1,50 m, für Treppen und Ausgänge 1 m,

2. bei Bühnen über 350 bis 500 m² Fläche für Flure in Höhe des Bühnenfußbodens 2 m, für Flure in den übrigen Geschossen, für Treppen und Ausgänge 1,50 m,

3. bei Bühnen über 500 m² für Flure in Höhe des Bühnenfußbodens 2,50 m, für Flure in den übrigen Geschossen, für Treppen und Ausgänge 1,50 m.

²Bei der Berechnung der Fläche bleiben Bühnenerweiterungen unberücksichtigt.

(6) ¹Türen von Treppenräumen, Windfängen und Ausgängen müssen mindestens so breit wie die zugehörigen Treppenläufe sein. ²Türen zu Fluren sind so anzuordnen, daß sie beim Öffnen und im geöffneten Zustand die Flure nicht einengen.

(7) ¹Treppenläufe sollen nicht mehr als 14 Stufen haben. ²Absätze in einläufigen Treppen dürfen in Laufrichtung nicht kürzer als 1 m sein. ³Treppenläufe dürfen erst in einem Abstand von mindestens 90 cm von den Zugangstüren beginnen. ⁴Wendeltreppen sind unzulässig.

(8) ¹Treppenräume notwendiger Treppen, die durch mehr als zwei Geschosse führen, müssen an ihrer obersten Stelle eine Rauchabzugseinrichtung mit einer Öffnung von mindestens 5 v. H. der Grundfläche des dazugehörigen Treppenraumes oder Treppenraumabschnittes, mindestens jedoch von 0,5 m² haben. ²Die Vorrichtungen zum Öffnen der Rauchabzüge müssen vom Erdgeschoß aus bedient werden können und an der Bedienungsstelle die Aufschrift „Rauchabzug" haben. ³An der Bedienungsvorrichtung muß erkennbar sein, ob die Rauchabzugsöffnungen offen oder geschlossen sind. ⁴Fenster dürfen als Rauchabzüge ausgebildet werden, wenn sie hoch genug liegen.

(9) ¹Die Rettungswege dürfen nicht ins Zuschauerhaus führen. ²Ein Rettungsweg darf über Sicherheitsschleusen zu Rettungswegen des Zuschauerhauses führen, wenn die Bühne keine Hinterbühne hat und ohne Seitenbühnen kleiner als 250 m² ist und die Flure nicht länger als 25 m sind. ³Bei der Berechnung der Breite gemeinsam benutzter Rettungswege ist die größtmögliche Zahl der aus dem Bühnenhaus und dem Zuschauerhaus auf sie angewiesenen Personen zugrunde zu legen (§ 19 Abs. 3). ⁴Sicherheitsschleusen (§ 56) im Zuge von Rettungswegen müssen mindestens 3 m tief sein.

(10) ¹Über 50 m² große Umkleideräume, Übungsräume, Probesäle und ähnliche Räume sowie über 100 m² große Werkstätten und Magazine müssen mindestens zwei möglichst weit auseinanderliegende Ausgänge haben. ²Über 50 m² große Magazine, die nicht an Fluren liegen, müssen zwei getrennte Rettungswege zu Treppenräumen oder unmittelbar ins Freie haben. ³Diese Rettungswege dürfen auch durch benachbarte Magazine führen.

(11) Die Türen der Bühne, der Bühnenerweiterungen, Übungsräume, Probesäle, Werkstätten, Kantinen und ähnlicher Räume müssen

zu den Fluren aufschlagen; bei über 50 m² großen Umkleideräumen kann dies verlangt werden.

(12) ¹Treppen, außer den Treppen für Bühnenhandwerker (Absatz 14), müssen feuerbeständig und an den Unterseiten geschlossen sein. ²Sie müssen auf beiden Seiten Handläufe ohne freie Enden haben.

(13) ¹In Höhe jeder Galerie und in Höhe des Rollenbodens muß auf beiden Bühnenseiten ein Ausgang auf eine Treppe für Bühnenhandwerker vorhanden sein. ²Ausgänge auf Flure des Bühnenhauses oder auf Bühnenhaustreppen können gestattet werden, wenn sie über Sicherheitsschleusen (§ 56) führen.

(14) ¹Treppen, die ausschließlich als Rettungswege für Bühnenhandwerker dienen, müssen in feuerhemmender Bauart oder aus nichtbrennbaren Baustoffen hergestellt, mindestens 70 cm breit und von mindestens feuerhemmenden Wänden aus nichtbrennbaren Baustoffen umschlossen sein; ihre unteren Ausgänge müssen unmittelbar ins Freie oder über feuerhemmende und selbstschließende Türen auf Rettungswege führen. ²Diese Treppen brauchen keine Belichtung durch Tageslicht zu haben; sie müssen jedoch an die Sicherheitsbeleuchtung angeschlossen sein. ³Wendeltreppen können als Bühnenhandwerkertreppen gestattet werden.

**§ 52 Fenster und Türen.** (1) ¹Fenster, die als Notausstieg bestimmt sind, müssen im Lichten mindestens 60 cm breit und mindestens 90 cm hoch sein. ²Gitter an diesen Fenstern müssen sich mit den Fensterflügeln öffnen lassen und dürfen ihr Aufschlagen nicht behindern.

(2) ¹Soweit in den allgemeinen Vorschriften keine weitergehenden Anforderungen gestellt sind, müssen Fenster zu Lichtschächten aus nichtbrennbaren Baustoffen bestehen; die Verglasungen müssen gegen Feuer ausreichend widerstandsfähig sein. ²Solche Fenster dürfen nur mit Schlüssel geöffnet werden können.

(3) ¹Schiebe-, Pendel- und Drehflügeltüren sind im Zuge von Rettungswegen unzulässig. ²Die im Zuge von Rettungswegen liegenden Türen müssen von innen auch ohne Schlüssel geöffnet werden können; Riegel sind unzulässig. ³Die Türen zwischen der Bühne einschließlich Bühnenerweiterungen und den Fluren müssen mindestens feuerhemmend aus nichtbrennbaren Baustoffen sein. ⁴Die Türen zwischen Fluren und Treppenräumen müssen rauchdicht sein und selbsttätig schließen; Glasfüllungen müssen aus Drahtglas mit punktgeschweißtem Netz bestehen.

(4) Türen müssen mindestens 1 m breit sein.

**§ 53 Beheizung, Lüftung.** (1) ¹Das Bühnenhaus darf nur durch Zentralheizung oder elektrisch beheizbar sein. ²Luftheizungsanlagen des Bühnenhauses müssen von Anlagen des Zuschauerhauses getrennt sein. ³ Elektrische Heizanlagen müssen unverrückbar befestigt sein und fest verlegte Leitungen haben. ⁴ Glühende Teile der Heizkörper dürfen nicht offenliegen.

(2) Heizkörper, die eine Oberflächentemperatur von mehr als 110 °C erreichen können, müssen in Bühnenräumen, Magazinen, Werkstätten und Umkleideräumen Schutzvorrichtungen aus nichtbrennbaren Baustoffen haben, die unverrückbar befestigt und so ausgebildet sein müssen, daß auf ihnen Gegenstände nicht abgelegt werden können.

(3) ¹ Vor den Wänden liegende Heizungsrohre, die eine Oberflächentemperatur von mehr als 110 °C erreichen können, müssen in Bühnenräumen, Magazinen, Werkstätten und Umkleideräumen bis zur Höhe von 2,25 m über dem Fußboden abnehmbare Schutzvorrichtungen oder stoßfeste, wärmedämmende Umhüllungen haben. ² Die Schutzvorrichtungen oder Umhüllungen müssen aus nichtbrennbaren Baustoffen bestehen.

(4) ¹ Lüftungs- und Klimaanlagen des Bühnenhauses müssen von denen des Zuschauerhauses getrennt sein. ² Die Anlagen für das Bühnenhaus und für das Zuschauerhaus müssen von der Bühne und von einer anderen Stelle außerhalb der Bühne stillgesetzt werden können.

## § 54 Feuerlösch-, Feuermelde- und Alarmeinrichtungen.

(1) ¹ Bühnen und Bühnenerweiterungen müssen eine Regenanlage haben, welche auch die Bühnenteile unter den Arbeitsgalerien deckt. ² Sie darf in ihrer Wirksamkeit nicht durch aufgezogene Dekorationen beeinträchtigt werden. ³ Die Regenanlage muß von der Bühne und von einer anderen, neben der Bühne liegenden Stelle aus in Betrieb gesetzt werden können; sie darf in Gruppen für die Bühne, für die Hinterbühne, für die rechte und linke Seitenbühne unterteilt werden. ⁴ Bei Bühnen bis zu 350 m² Fläche darf die Regenanlage der Bühne nicht unterteilt werden; bei Bühnen über 350 m² sind zwei Untergruppen, bei Bühnen über 500 m² drei Untergruppen zulässig. ⁵ Jede Bühnenerweiterung darf eine gesonderte Anlage erhalten, eine weitere Unterteilung ist unzulässig. ⁶ Die Regenanlage muß so beschaffen sein, daß die Bergung innerhalb von 40 Sekunden nach dem Auslösen einsetzt. ⁷ Die Auslösevorrichtungen für die einzelnen Gruppen der Regenanlage sind an den Bedienungsstellen übersichtlich nebeneinander anzuordnen und zu kennzeichnen. ⁸ Die Wasserzuleitung für die Regenanlage ist so zu bemessen, daß alle vorhandenen Gruppen gleichzeitig für eine Zeitdauer von mindestens 10 Minuten genügend mit Wasser versorgt werden können, auch wenn außerdem noch zwei Wandhydranten in Betrieb sind. ⁹ Sind die Bühnenerweiterungen (Hinterbühne und Seitenbühnen) durch Brandabschlüsse von der Bühne abgetrennt, genügt es, wenn nur die Bühne mindestens 10 Minuten mit Wasser versorgt werden kann.

(2) An Stelle einer Regenanlage nach Absatz 1 kann eine andere gleichwertige Feuerlöschanlage gestattet werden.

(3) ¹Auf der Bühne und den Bühnenerweiterungen müssen Wandhydranten in ausreichender Zahl, auf der Bühne mindestens zwei, so angebracht sein, daß jede Stelle der Bühne erreicht werden kann. ²Weitere Wandhydranten müssen auf allen Absätzen der Bühnenhandwerkertreppen, von denen aus die Bühne oder der Rollenboden zugänglich ist, und auf beiden Seiten der ersten Arbeitsgalerie vorhanden sein. ³In den Treppenräumen, soweit erforderlich auch in den Fluren, müssen Wandhydranten in solcher Zahl angebracht werden, daß eine wirksame Brandbekämpfung möglich ist.

(4) ¹Auf der Bühne müssen mindestens zwei Feuerlöscher vorhanden und zweckmäßig verteilt sein. ²Auf jeder Bühnenerweiterung muß mindestens ein weiterer Feuerlöscher vorhanden sein. ³Auf allen Fluren muß jeweils zwischen zwei Treppenräumen ein Feuerlöscher angebracht werden; sie sollen sich in allen Geschossen möglichst an der gleichen Stelle befinden.

(5) ¹Versammlungsstätten mit Vollbühne müssen eine an das öffentliche Feuermeldenetz angeschlossene Feuermeldeanlage mit den notwendigen Nebenmeldern haben. ²Melder müssen sich mindestens beim Stand des Feuersicherheitspostens, beim Bühnenpförtner und an geeigneter Stelle im Zuschauerhaus befinden. ³Weitere Melder können verlangt werden. ⁴Ist ein öffentliches Feuermeldenetz nicht vorhanden, so muß vom Stand des Feuersicherheitspostens, von einer anderen geeigneten Stelle im Bühnenflur und vom Zuschauerhaus aus die Feuerwache durch eine Feuermeldeeinrichtung unmittelbar und jederzeit benachrichtigt werden können.

(6) ¹Es müssen Einrichtungen vorhanden sein, durch die im Gefahrenfalle die anwesenden Betriebsangehörigen und die Mitwirkenden alarmiert werden können. ²Für die Feuersicherheitswache muß ein Aufenthaltsraum im Bühnenhaus vorhanden sein.

(7) Die Auslösevorrichtungen der Sicherheitsanlagen (Rauchabzugseinrichtungen, Regenanlage, Berieselungsanlage, Schutzvorhang und Feuermeldeeinrichtung) sollen nebeneinander liegen; sie müssen leicht überschaubar angeordnet, für die Feuersicherheitswache leicht erreichbar und nach ihrer Zweckbestimmung gekennzeichnet sein.

**§ 55 Schutzvorhang.** (1) ¹Die Bühnenöffnung muß gegen den Versammlungsraum durch einen aus nichtbrennbaren Baustoffen bestehenden Schutzvorhang rauchdicht geschlossen werden können. ²Der Schutzvorhang muß sich von oben nach unten und durch sein Eigengewicht schließen. ³Die Schließzeit darf 30 Sekunden nicht überschreiten. Der Schutzvorhang muß einen Druck von 45 kp/m² nach beiden Richtungen aushalten können, ohne daß seine Zweckbestimmung beeinträchtigt wird. ⁴Eine kleine, nach der Bühne sich öffnende, selbsttätig schließende Tür im Schutzvorhang ist zulässig.

(2) ¹Die Vorrichtung zum Schließen des Schutzvorhanges muß an zwei Stellen, von denen eine auf der Bühne liegen muß, ausgelöst

werden können. ²Beim Schließen muß auf der Bühne ein Warnsignal zu hören sein.

(3) ¹Der Schutzvorhang muß so angeordnet sein, daß er im geschlossenen Zustand unten an feuerbeständige Bauteile anschließt; lediglich der Bühnenboden darf unter dem Schutzvorhang durchgeführt werden. ²Bei Schutzvorhängen von mehr als 8 m Breite sind an der unteren Längsschiene Stahldorne anzubringen, die in entsprechende stahlbewehrte Aussparungen im Bühnenboden eingreifen.

(4) Für den Schutzvorhang muß eine Berieselungsanlage vorhanden sein.

**§ 56 Sicherheitsschleusen.** (1) ¹Sicherheitsschleusen *(§ 33 Abs. 2 BauO NW)* müssen mindestens so tief sein, wie ihre Türflügel breit sind. ²Türen von Schleusen im Zuge von Rettungswegen müssen in Richtung des Rettungsweges ohne Schlüssel geöffnet werden können.

(2) Sicherheitsschleusen nach Absatz 1 mit mehr als 20 cbm Luftraum müssen Rauchabzüge haben.

**§ 57 Wohnungen im Bühnenhaus.** ¹Im Bühnenhaus sind nur für Aufsichtspersonen Wohnungen zulässig. ²Sie müssen von den umgebenden Räumen, auch den Fluren, durch feuerbeständige Wände und Decken ohne Öffnungen getrennt sein und einen besonderen Zugang haben, der mit anderen Räumen nicht in Verbindung steht.

**§ 58 Räume für Raucher.** ¹Im Bühnenhaus sollen besondere Räume für Raucher angeordnet werden. ²Sie müssen deutlich gekennzeichnet und von anderen Räumen des Bühnenhauses durch feuerbeständige Wände mit mindestens feuerhemmenden Türen getrennt sein. ³An den Ausgängen dieser Räume sind Aschenbecher fest anzubringen.

**§ 59 Bühnentechnische Einrichtungen über der Vorbühne.** Für die Vorbühne gelten die Vorschriften des § 43 entsprechend.

### Unterabschnitt 4. Szenenflächen

**§ 60 Szenenflächen.** (1) ¹Szenenflächen sollen einzeln nicht größer als 350 m² sein und dürfen nur die in den Absätzen 2 und 3 genannten technischen Einrichtungen haben. ²Je Seite dürfen höchstens zwei Vorhänge hintereinander angebracht sein.

(2) ¹Vorhänge, Deckenbehänge, ihre Aufhängevorrichtungen und Dekorationen müssen aus nichtbrennbaren Stoffen bestehen; dies gilt nicht für Ausstattungsgegenstände, wie Möbel und Lampen. ²Vorhänge, Deckenbehänge, ihre Aufhängevorrichtungen und Dekoratio-

nen dürfen nicht näher als 1 m an den oberen Raumabschluß oder an den Arbeitsboden herangebracht werden. ³Bei Szenenflächen ohne Deckenbehänge, Aufhängevorrichtungen und Arbeitsböden darf der Vorhang an die Raumdecke herangeführt werden.

(3) ¹Arbeitsböden (Arbeitsbühnen) müssen aus nichtbrennbaren Baustoffen bestehen und mindestens zwei Ausgänge zu Rettungswegen außerhalb des Versammlungsraumes haben. ²Sie müssen sicher begehbar und mindestens so weit geöffnet oder von den Wänden so weit entfernt sein, daß der Gesamtquerschnitt der Öffnungen mindestens dem Gesamtquerschnitt der Rauchabzugsöffnungen des Versammlungsraumes entspricht und der Rauchabzug nicht beeinträchtigt wird. ³Die freien Seiten von Arbeitsböden sind sicher zu umwehren. ⁴Der Abstand zwischen Arbeitsboden und Raumdecke muß mindestens 2 m betragen.

**§ 61 Szenenpodien.** (1) Wird an den offenen Seiten von Szenenpodien eine Bekleidung angebracht, so muß diese aus mindestens schwerentflammbaren Stoffen bestehen.

(2) Das Szenenpodium muß an den von Besuchern abgekehrten Seiten abgeschrankt sein, soweit der Fußboden höher als 50 cm über dem Fußboden des Versammlungsraumes liegt und mit ihm nicht durch Stufen in Verbindung steht.

(3) ¹Bei Hubpodien oder Fahrpodien müssen die Wände, Decken und Fußböden der Gruben oder Nischen, soweit sie nicht durch Teile der Podien gebildet werden, feuerbeständig sein. ²Dies gilt auch für Türen zu den Gruben und Nischen.

**§ 62 Feuerlösch- und Feuermeldeeinrichtungen.** (1) An der Szenenfläche müssen Feuerlöscher in ausreichender Zahl vorhanden sein.

(2) ¹In der Nähe von Szenenflächen von mehr als 100 m² Grundfläche muß ein Wandhydrant angeordnet sein. ²Bei Szenenflächen von mehr als 200 m² Grundfläche müssen mindestens zwei Wandhydranten an möglichst entgegengesetzten Stellen so angeordnet sein, daß die gesamte Fläche erreicht werden kann.

(3) ¹Von zwei geeigneten Stellen des nächstgelegenen Flures aus muß die Feuerwehr durch eine Feuermeldeeinrichtung unmittelbar und jederzeit benachrichtigt werden können. ²Wird eine Feuersicherheitswache verlangt, so muß sich eine Stelle in der Nähe des Standes des Feuersicherheitspostens befinden. ³Der Stand für den Feuersicherheitsposten ist so anzuordnen, daß von ihm aus die Szenenfläche überblickt und unbehindert betreten werden kann.

**§ 63 Magazine, Umkleideräume, Aborträume.** Für Magazine, Umkleideräume und Aborträume gilt § 39.

## Abschnitt 3. Filmvorführungen, Scheinwerferstände und Scheinwerferräume

### Unterabschnitt 1. Filmvorführungen mit Sicherheitsfilm

**§ 64 Vorführung im Versammlungsraum.** (1) ¹Vorführgeräte (Bildwerfer) für Sicherheitsfilm dürfen im Versammlungsraum aufgestellt werden. ²Sie müssen standfest und so beschaffen sein, daß Gefahren nicht auftreten können.

(2) ¹Der Standplatz der Vorführgeräte muß von den Platzflächen sicher abgeschrankt sein. ²Die Rettungswege dürfen auch beim Betrieb der Vorführgeräte nicht eingeengt werden.

(3) ¹Jeder mit Bogenlampe oder mit Gasentladungslampe (Hochdrucklampe) betriebene Bildwerfer muß an ein Abzugsrohr aus nichtbrennbaren Baustoffen angeschlossen sein, das unmittelbar oder über einen Kanal oder Schacht ins Freie führt. ²Bei Bildwerfern, die mit Hochdrucklampen betrieben werden, kann statt dessen ein sicherwirkendes Gerät verwendet werden, welches das entstehende Ozon unschädlich macht.

(4) ¹Die elektrischen Zuleitungen zum Bildwerfer sind so zu verlegen, daß die Rettungswege unbehindert benutzt werden können. ²Der Bildwerfer darf nicht an einen Stromkreis der Allgemeinbeleuchtung des Versammlungsraumes angeschlossen werden.

**§ 65 Bildwerferraum.** Wird für die Vorführgeräte ein besonderer Raum (Bildwerferraum) angeordnet, so muß dieser den Vorschriften der §§ 66 bis 68 entsprechen.

**§ 66 Abmessungen.** (1) Die Grundfläche des Bildwerferraumes muß so bemessen sein, daß an den Bedienungsseiten und hinter jedem Bildwerfer eine freie Fläche von mindestens 1 m Breite vorhanden ist.

(2) ¹Der Raum muß durchschnittlich mindestens 2,80 m, über dem Standplatz des Vorführers mindestens 2,10 m im Lichten hoch sein. ²Ist der Raum am Standplatz des Vorführers niedriger als 2,80 m, so sind die Einrichtungen für Be- und Entlüftung größer zu bemessen.

**§ 67 Treppen.** (1) Bildwerferräume dürfen nicht nur über Leitern zugänglich sein.

(2) Treppen zu Bildwerferräumen müssen mindestens 80 cm breit sein und vor der Tür des Bildwerferraumes einen Absatz von mindestens 80 cm Tiefe haben.

(3) ¹Wendeltreppen müssen mindestens 90 cm breit sein und beiderseits Handläufe sowie auf je 3 m der zu überwindenden Höhe Absätze in der Tiefe von 3 Auftritten haben. ²Die Stufen müssen in der Mitte eine Auftrittbreite von 25 cm haben und dürfen nicht höher als 20 cm sein.

**§ 68 Geräte und Einrichtungen.** (1) ¹Im Bildwerferraum sind nur solche elektrischen Geräte und Leitungen zulässig, die für Bild- und Tonvorführungen sowie für die Beleuchtung, Beheizung und Lüftung erforderlich sind. ²Ist für Vorschaltgeräte, Lampengleichrichter und Verteilungstafeln ein besonderer Schaltraum vorhanden, so muß er zu be- und entlüften sein.

(2) Im übrigen gilt § 64 Abs. 3 und 4.

### Unterabschnitt 2. Filmvorführungen mit Zellhornfilm

**§ 69 Bildwerferraum.** ¹Bei der Verwendung von Zellhornfilm ist ein Bildwerferraum erforderlich. ²Für diesen Bildwerferraum gelten außer den §§ 65 bis 68 auch die §§ 70 bis 79.

**§ 70 Abmessungen.** ¹Der Bildwerferraum muß eine Grundfläche von mindestens 16 m² haben. ²In einem Bildwerferraum dürfen drei Bildwerfer aufgestellt werden. ³Für jeden weiteren Bildwerfer ist die Fläche um mindestens 5 m² zu vergrößern; flurartige Erweiterungen des Bildwerferraumes über 1,50 m Breite werden auf die erforderliche Fläche angerechnet.

**§ 71 Wände, Decken, Fußböden, Podien.** (1) Wände müssen feuerbeständig und so dick wie Brandwände sein.

(2) ¹Decken über und unter dem Bildwerferraum müssen feuerbeständig sein. ²Unterkonstruktionen von Fußböden und von Podien müssen aus nichtbrennbaren Baustoffen bestehen. ³Hohlräume unter Podien sollen nicht zugänglich sein. ⁴Sind in Hohlräumen unter Podien Leitungen verlegt, so müssen die Hohlräume verschließbare Zugangsöffnungen haben.

**§ 72 Rettungswege.** (1) Der Bildwerferraum muß einen Rettungsweg unmittelbar ins Freie haben, der andere Rettungswege nicht berührt.

(2) ¹Läßt sich ein unmittelbarer Ausgang ins Freie nicht schaffen, so kann ein Ausgang durch einen mit dem Versammlungsraum nicht in Verbindung stehenden Vorraum oder Flur gestattet werden. ²In diesem Fall kann ein zweiter Ausgang verlangt werden.

**§ 73 Verbindung mit anderen Räumen.** (1) Der Bildwerferraum darf außer durch Bild- und Schauöffnungen mit Versammlungsräumen auch durch Nebenräume oder Flure nicht verbunden sein.

(2) Andere Räume dürfen nicht ausschließlich durch den Bildwerferraum zugänglich sein.

(3) ¹Türen des Bildwerferraumes und der mit ihm verbundenen Nebenräume zu den Rettungswegen müssen feuerhemmend sein,

nach außen aufschlagen und selbsttätig schließen. ²Sie dürfen keine Riegel haben und müssen von innen ohne Schlüssel durch Druck geöffnet werden können.

**§ 74 Bild- und Schauöffnungen.** ¹Bildöffnungen und Schauöffnungen müssen mindestens 5 mm dick, fest verglast und rauchdicht abgeschlossen sein. ²Die Bildöffnungen dürfen nur so groß sein, wie es der Strahlendurchgang erfordert, die Schauöffnungen dürfen nicht größer als 270 cm sein. ³Vor diesen Öffnungen müssen im Bildwerferraum Schieber aus mindestens 2 mm dicken Stahlblech angebracht werden. ⁴Die Schieber müssen sicher und leicht bewegt werden können, sich bei einem Filmbrand und bei Betätigung vom „Schalter Bildwerferraum" sofort schließen und außerdem von Hand zu bedienen sein.

**§ 75 Öffnungen ins Freie.** (1) ¹Bildwerferräume müssen ein Überdruckfenster haben, das unmittelbar ins Freie oder in einem oben offenen Luftschacht mit feuerbeständigen Wänden ohne Öffnungen von mindestens 0,5 m² Querschnitt führt. ²Das Überdruckfenster soll im oberen Raumdrittel angebracht sein; es muß bei einer lichten Mindestgröße von 0,25 m² mit Fensterglas einfacher Dicke (ED) verglast und so eingerichtet sein, daß es sich bei einem im Raum entstehenden Überdruck leicht und selbständig in ganzer Fläche öffnet und geöffnet bleibt.

(2) ¹Ins Freie führende Tür- und Fensteröffnungen von Bildwerferräumen müssen ein Schutzdach aus nichtbrennbaren Baustoffen haben, wenn sich darüber andere Außenwandöffnungen oder ein Dachüberstand aus brennbaren Baustoffen befinden. ²Das Schutzdach muß mindestens 50 cm auskragen und mindestens 30 cm über die Leibungen der Öffnungen übergreifen. ³Dies gilt auch für das Überdruckfenster nach Absatz 1, wenn es ins Freie führt.

**§ 76 Geräte und Einrichtungen.** (1) Im Bildwerferraum muß eine Sitzgelegenheit vorhanden sein.

(2) ¹Im Bildwerferraum oder in seiner Nähe muß eine Kleiderablage vorhanden sein. ²Als Kleiderablage in Bildwerferräumen sind nur Schränke zulässig.

(3) Am Eingang des Bildwerferraumes muß ein Feuerlöscher vorhanden sein.

**§ 77 Bildwerfer und andere elektrische Geräte.** (1) ¹Es dürfen nur Bildwerfer mit nicht mehr als 600 m Film fassenden Filmtrommeln (Feuerschutztrommeln) verwendet werden. ²Jede Trommel muß mindestens zwei mit Drahtgewebe (Maschenanzahl zwischen 49 und 64 je cm²) verschlossene Öffnungen haben, deren Querschnitt zusammen mindestens 6 v. H. der Trommeloberfläche beträgt. ³Die Ein- und

Austrittsöffnungen der Trommeln müssen so beschaffen sein, daß bei stehendem Film das Übergreifen eines Filmbrandes auf den Trommelinhalt verhindert wird; ferner muß diese Einrichtung so ausgebildet sein, daß der Film bei geschlossener Trommel seitlich nicht herausgerissen werden kann. [4]Bei geöffneter Trommel darf die Vorführung nicht möglich sein.

(2) [1]Die Lampengehäuse der Bildwerfer müssen gegen Wärmeabgabe so geschützt sein, daß ein auf- oder angelegtes Stück Zellhornfilm sich nicht vor Ablauf von 10 Minuten entzündet. [2]Lampengehäuse müssen so beschaffen sein, daß Filmrollen nicht darauf abgelegt werden können.

(3) [1]Der Weg des ungeschützten Films von der einen zur anderen Feuerschutztrommel soll kurz sein; er muß so beschaffen sein, daß das Übergreifen von Flammen, die im Bildfenster entstehen, auf die anderen Filmteile möglichst verhindert wird. [2]Das Bildfenster muß Vorrichtungen haben, die einen selbsttätigen Licht- und Wärmeabschluß bewirken, wenn der Film reißt, zu langsam läuft oder im Bildfenster stehenbleibt; die Vorrichtungen müssen auch mit der Hand bedient werden können. [3]Bei hohen Wärmegraden im Bildfenster sind zusätzliche Einrichtungen, wie Kühlgebläse, erforderlich, die eine Entzündung des Films verzögern. [4]Diese Einrichtungen müssen mit dem Triebwerk des Bildswerfers so gekuppelt sein, daß die Vorführung erst möglich ist, wenn die zusätzlichen Einrichtungen voll angelaufen sind.

(4) [1]Der Bildwerfertisch muß aus nichtbrennbaren Stoffen bestehen. [2]Er muß einen Metallbehälter zum Ablegen von Lampenkohlenresten haben, wenn eine Bogenlampe als Lichtquelle dient.

(5) Scheinwerfer sind im Bildwerferraum unzulässig.

**§ 78 Beleuchtung.** Glühlampen müssen einen Schutzkorb aus nichtbrennbaren Stoffen mit höchstens 2 cm Maschenweite oder eine Überglocke aus dickem Glas haben.

**§ 79 Beheizung.** (1) [1]Der Bildwerferraum darf nur durch Zentralheizung, durch Gasfeuerstätten mit abgeschlossener Verbrennungskammer oder durch ortsfeste elektrische Heizgeräte ohne offenliegende Heizkörper beheizbar sein. [2]Warmluftheizungen dürfen nur zugehörige Nebenräume mitbeheizen. [3]Zuluftöffnungen sind zu vergittern; Gegenstände dürfen auf ihnen nicht abgelegt werden können.

(2) [1]Der Raum darf nur mit Anlagen beheizt werden, bei denen die Oberflächentemperatur an den Heizkörpern, Feuerstätten oder Heizgeräten höchstens 110 °C beträgt. [2]Heizkörper, Feuerstätten oder Heizgeräte müssen Schutzvorrichtungen aus nichtbrennbaren Baustoffen haben, die unverrückbar befestigt und so ausgebildet sein müssen, daß auf ihnen Gegenstände nicht abgelegt werden können.

## Unterabschnitt 3. Scheinwerfer, Scheinwerferstände und Scheinwerferräume

**§ 80 Scheinwerfer.** (1) Scheinwerfer müssen von brennbaren Stoffen so weit entfernt sein, daß die Stoffe nicht entzündet werden können.

(2) Ortsveränderliche Scheinwerfer müssen gegen Herabfallen eine besondere Sicherung aus nichtbrennbaren Baustoffen haben.

**§ 81 Scheinwerferstände, Scheinwerferräume.** (1) Über einem Versammlungsraum liegende Scheinwerferstände und Scheinwerferräume müssen sicher begehbar sein und Rettungswege nach zwei Seiten haben.

(2) Scheinwerferstände und Scheinwerferräume müssen am Standplatz der Bedienungspersonen eine lichte Höhe von mindestens 2,10 m haben; Scheinwerferräume müssen eine durchschnittliche lichte Höhe von mindestens 2,50 m haben.

(3) [1]Wände und Decken der Scheinwerferräume müssen aus nichtbrennbaren Baustoffen bestehen, soweit in dieser Verordnung keine weitergehenden Anforderungen gestellt sind. [2]Türen müssen mindestens feuerhemmend sein und die Aufschrift „Zutritt für Unbefugte verboten" haben. [3]Scheinwerferstände und Öffnungen der Scheinwerferräume müssen so eingerichtet sein, daß Teile der Scheinwerfer, besonders Glassplitter, nicht in den Versammlungsraum fallen können.

(4) [1]Scheinwerferräume müssen ausreichend belüftet werden können. [2]Für Scheinwerfer, die mit Bogenlampen oder Gasentladungslampen (Hochdrucklampen) betrieben werden, gilt § 64 Abs. 3.

## Abschnitt 4. Versammlungsstätten mit Spielflächen innerhalb von Versammlungsräumen

### Unterabschnitt 1. Spielflächen

**§ 82 Manegen.** (1) Spielflächen für zirzensische Vorführungen (Manegen) sollen mit ihren Fußböden nicht höher als 3,50 m über dem Gelände vor den Ausgängen liegen.

(2) [1]Manegen müssen gegen die Platzfläche durch geschlossene und stoßfeste Einfassungen abgetrennt sein. [2]Die Einfassung soll mindestens 40 cm hoch sein, die Summe ihrer Höhe und Breite soll mindestens 90 cm betragen.

**§ 83 Sportpodien.** (1) Erhöhte Sportflächen (Sportpodien) dürfen mit ihren Fußböden höchstens 1,10 m über dem Fußboden des Versammlungsraumes liegen.

(2) [1]Sportpodien müssen umwehrt sein. [2]Ist dies wegen der Sportart nicht möglich, so muß eine freie Sicherheitsfläche von mindestens

1,25 m, bei Catcherkämpfen von mindestens 2,50 m Breite zwischen der Außenkante des Podiums und der Platzfläche eingehalten werden.

**§ 84 Spielfelder.** (1) ¹Sportflächen für Ballspiele (Spielfelder) müssen gegen die Platzfläche durch geschlossene und stoßfeste Banden abgetrennt sein. ²Die Banden müssen mindestens 90 cm, bei Spielfeldern für Eishockey mindestens 1,25 m hoch sein; sie müssen eine glatte Innenfläche haben. ³Auf die Banden kann verzichtet werden, wenn zwischen Spielfeldern und Platzflächen eine Sicherheitsfläche in ausreichender Breite vorhanden ist.

(2) Spielfelder für Handball, Fußball, Hockey und Tennis müssen außerdem an den Stirnseiten auf der ganzen Breite mindestens 3 m hohe Netze oder ähnliche Vorrichtungen haben, wenn im Anschluß an diese Seiten Platzflächen angeordnet sind.

(3) Bei Kunsteisfeldern und Kunsteisbahnen, für deren Eisherstellung giftige oder ätzende Kältemittel oder solche Kältemittel verwendet werden, deren Gemische mit Luft brennbar oder explosibel sind, ist durch bauliche Anordnung und technische Vorkehrungen dafür zu sorgen, daß Personen nicht gefährdet werden.

**§ 85 Reitbahnen.** (1) ¹Reitbahnen müssen gegen die Platzfläche durch geschlossene und stoßfeste Banden abgetrennt sein, die mindestens 1,25 m hoch und vom Fußpunkt gegen die Senkrechte im Verhältnis 1:20 nach außen geneigt sein müssen. ²Die Banden müssen eine glatte Innenfläche haben. ³Die Ein- und Ausgänge müssen mindestens 2 m breit und mindestens 2,50 m hoch sein.

(2) Für Hippodrome gilt § 82 Abs. 2.

**§ 86 Sportrennbahnen.** (1) Die Fahrbahnen müssen gegen die Platzfläche durch ausreichend feste Umwehrungen so abgetrennt sein, daß Besucher durch Fahrzeuge oder Fahrer, die von der Bahn abkommen, nicht gefährdet werden können.

(2) ¹Das Innenfeld darf nur bei Radrennen als Platzfläche benutzt werden; es muß ohne Betreten der Fahrbahn erreicht werden können. ²Überführungen sind nur zulässig, wenn Unterführungen nicht geschaffen werden können.

(3) ¹Das Tragwerk von Holzbahnen muß aus mindestens schwerentflammbaren Baustoffen bestehen. ²Umkleideräume, Abstellräume, Unterführungen nach Absatz 2 oder Garagen unter Fahrbahnen müssen von ihnen feuerbeständig abgetrennt sein.

### Unterabschnitt 2. Verkehrsflächen

**§ 87 Einritte, Umritte.** (1) ¹Nicht den Besuchern dienende Zugänge zur Manege (Einritte) müssen mindestens durch Vorhänge geschlossen werden können. ²Die Vorhänge müssen aus mindestens schwerentflammbaren Stoffen bestehen und dürfen auf dem Boden nicht aufliegen.

(2) Nicht den Besuchern dienende Flure, die Einritte untereinander und mit betrieblichen Nebenräumen verbinden (Umritte), müssen feuerbeständige Wände und Decken haben.

**§ 88 Ringflure.** (1) [1] Den Besuchern dienende Flure, die den Ringen zugeordnet sind und die zu notwendigen Treppen oder Ausgängen führen (Ringflure), müssen unmittelbar ins Freie oder in eigene, feuerbeständig umschlossene Treppenräume mit unmittelbarem Ausgang ins Freie führen. [2] Die Ringflure müssen ins Freie führende Fenster oder Rauchabzugsöffnungen haben. [3] Für die Rauchabzugsöffnungen gilt § 23 Abs. 6 entsprechend.

(2) [1] An einem Ringflur dürfen höchstens zwei Ringe zu je höchstens sechs Platzreihen angeschlossen sein. [2] Ringe mit mehr als sechs Platzreihen müssen eigene Ringflure haben. [3] Die Ausgänge des untersten Ringes dürfen nicht zur Spielfläche führen. [4] Verbindungen zu den Ringfluren, die von Mitwirkenden benutzt werden, dürfen auf die Breite der Rettungswege nicht angerechnet werden.

### Unterabschnitt 3. Räume für Mitwirkende und Betriebsangehörige

**§ 89 Räume für Sanitäter und Feuerwehrmänner.** Für Sanitäter und Feuerwehrmänner sind besonders Räume an geeigneter Stelle anzuordnen.

**§ 90 Magazine, Umkleideräume, Aborträume.** (1) Für Magazine, Umkleideräume und Aborträume gilt § 39.

(2) Werden Turnhallen oder Spielhallen als Versammlungsräume benutzt, so müssen Türen zwischen den Hallen und den Umkleideräumen mindestens feuerhemmend und selbstschließend sein.

**§ 91 Ställe, Futterkammern.** (1) [1] Ställe und Futterkammern innerhalb von Versammlungsstätten müssen an Außenwänden liegen. [2] Sie müssen gegen angrenzende Räume durch feuerbeständige Wände und Decken abgetrennt sein; Türen in diesen Wänden müssen mindestens feuerhemmend und selbstschließend sein. [3] Abwurföffnungen und Abwurfschächte von Futterkammern müssen von feuerbeständigen Bauteilen umgeben sein und durch selbsttätig schließende Klappen in der Bauart feuerbeständiger Türen abgeschlossen werden können. [4] Abwurfschächte müssen bei außenseitiger Anordnung entlang der Außenwand selbsttätig schließende Klappen an der Einwurföffnung und an der Entnahmeöffnung haben.

(2) [1] Räume, in denen Käfige aufgestellt werden, und Ställe sind mit öffentlichen Verkehrsflächen durch eigene Zufahrten und Abfahrten oder Durchfahrten zu verbinden. [2] § 3 Abs. 4 und 5 gilt entsprechend.

## Abschnitt 5. Versammlungsstätten mit nicht überdachten Spielflächen

**§ 92 Anwendungsbereich.** (1) Für Versammlungsstätten mit nicht überdachten Spielflächen gelten die besonderen Anforderungen der §§ 93 bis 95.

(2) ¹Die Vorschriften der §§ 3 bis 29 sowie 103, 104 und 106 gelten sinngemäß, soweit in den §§ 93 bis 95 nichts anderes bestimmt ist. ²§ 13 Abs. 1 gilt nur für die Teile der Anlage, die sich oberhalb der als Rettungswege dienenden Verkehrsflächen (§ 3 Abs. 1) befinden.

**§ 93 Spielflächen.** (1) Erhöhte Spielflächen (Podien) dürfen mit ihren Fußböden höchstens 1,10 m über dem Boden des anschließenden Geländes liegen.

(2) ¹Podien müssen umwehrt sein. ²Ist dies wegen der Spielart nicht möglich, so muß eine freie Sicherheitsfläche von mindestens 1,25 m Breite zwischen der Außenkante des Podiums und der Platzfläche eingehalten werden.

(3) ¹Spielflächen für Eishockey müssen gegen die Platzflächen durch mindestens 1,25 m hohe geschlossene und stoßfeste Banden abgetrennt sein. ²An den Stirnseiten müssen sie auf der ganzen Breite außerdem mindestens 3 m hohe Netze haben.

(4) Bei Kunsteisfeldern und Kunsteisbahnen, für deren Eisherstellung giftige oder ätzende Kältemittel oder solche Kältemittel verwendet werden, deren Gemische mit Luft brennbar oder explosibel sind, ist durch bauliche Anordnung und technische Vorkehrungen dafür zu sorgen, daß Personen nicht gefährdet werden können.

(5) ¹Die Szenenflächen von Freilichttheatern müssen an ihren von Besuchern abgekehrten Seiten abgeschrankt sein, soweit ihre Fußböden mehr als 50 cm über dem anschließenden Gelände liegen, nicht mit dem Gelände durch Stufen verbunden oder steiler als 1:1 abgeböscht sind. ²Der Fußboden muß eben sein und darf nicht mehr als 15 v. H. geneigt sein. ³Die Zu- und Abgänge der Szenenfläche müssen feste Handläufe haben, soweit sie mehr als 15 v. H. geneigt sind.

**§ 94 Platzflächen.** Veränderliche Platzreihen, einschließlich zerlegbarer Tribünen und ähnlicher Anlagen, dürfen die zweifache Zahl, ortsfeste Platzreihen dürfen die dreifache Zahl der nach § 14 Abs. 2 zulässigen Sitzplätze haben.

**§ 95 Verkehrsflächen.** (1) ¹Die lichte Breite eines jeden Teiles von Rettungswegen muß bei Freilichttheatern mindestens 1 m je 450 und bei Freiluftsportstätten mindestens 1 m je 750 der darauf angewiesenen Personen betragen; die Rettungswege müssen jedoch mindestens 1 m breit sein. ²Größere Breiten können verlangt werden, wenn die Führung der Rettungswege dies erfordert.

(2) Stufen von Stufengängen sollen nicht höher als 20 cm sein.

### Abschnitt 6. Fliegende Bauten

**§ 96 Anwendungsbereich.** (1) Für fliegende Bauten gelten die besonderen Anforderungen der §§ 97 bis 102.

(2) Die Vorschriften der §§ 3 bis 13 und 15 bis 29, § 64, §§ 80 bis 87, §§ 89 bis 90, § 103 bis § 106 gelten sinngemäß, soweit in den §§ 97 bis 102 nichts anderes bestimmt ist; § 14 gilt mit der Maßgabe, daß die Sitzplätze (§ 14 Abs. 1 Satz 2) mindestens 44 cm breit sein müssen.

**§ 97 Lichte Höhe.** ¹Räume müssen im Mittel mindestens 3 m und dürfen an keiner Stelle weniger als 2,30 m im Lichten hoch sein. ²In Räumen mit steil ansteigenden Platzreihen (§ 13 Abs. 2) muß eine lichte Höhe über der obersten Reihe von mindestens 2,80 m, in Räumen mit Rauchverbot mindestens 2,30 m vorhanden sein. ³Bei Wanderzirkussen und ähnlichen baulichen Anlagen kann im Zuge der Rettungswege eine Durchgangshöhe von mindestens 2 m an den Außenwänden gestattet werden.

**§ 98 Ausgänge.** Abweichend von § 20 Abs. 1 darf bei Versammlungsstätten ohne Reihenbestuhlung jeder Platz höchstens 30 m vom Ausgang entfernt sein, wenn die Platzflächen durch feste Abschrankungen in einzelne Flächen für höchstens 150 Personen unterteilt sind; mindestens eine Seite jeder abgeschrankten Fläche muß an einem Gang liegen, der zu einem Ausgang führt.

**§ 99 Treppen.** Treppen, deren oberste Stufe nicht höher als 2 m über dem Fußboden des Erdgeschosses oder über dem umgebenden Gelände liegt, dürfen eine Auftrittbreite von mindestens 28 cm haben; die Stufen dürfen nicht höher als 17 cm sein.

**§ 100 Baustoffe und Bauteile.** ¹Die Baustoffe müssen mindestens schwerentflammbar sein; Bauteile aus Holz sowie Bedachungen, die höher als 2,50 m über begehbaren Flächen liegen, dürfen normalentflammbar sein, Holz muß gehobelt sein. ²Im übrigen sind die bauaufsichtlichen Vorschriften über die Widerstandsfähigkeit von Bauteilen gegen Feuer nicht anzuwenden.

**§ 101 Abspannvorrichtungen.** Abspannvorrichtungen der Mastkonstruktionen müssen aus nichtbrennbaren Baustoffen bestehen; dies gilt nicht für die Seile notwendiger Flaschenzüge.

**§ 102 Feuerlösch-, Feuermelde- und Alarmeinrichtungen.**
(1) Feuerlöscher müssen in ausreichender Zahl vorhanden sein und gut sichtbar angebracht werden.

(2) In der Versammlungsstätte oder in unmittelbarer Nähe müssen Einrichtungen vorhanden sein, durch die im Gefahrenfall die Feuerwehr herbeigerufen und die Mitwirkenden und Betriebsangehörigen alarmiert werden können.

### Abschnitt 7. Elektrische Anlagen

**§ 103 Elektrische Anlagen.** Die elektrischen Anlagen sind nach den anerkannten Regeln der Technik herzustellen, zu ändern, zu unterhalten und zu betreiben.

**§ 104 Sicherheitsbeleuchtung.** (1) ¹In Versammlungsstätten muß eine Sicherheitsbeleuchtung nach Maßgabe der folgenden Vorschriften vorhanden sein. ²Sie muß so beschaffen sein, daß sich Besucher, Mitwirkende und Betriebsangehörige auch bei vollständigem Versagen der allgemeinen Beleuchtung bis zu öffentlichen Verkehrsflächen hin gut zurechtfinden können.

(2) Eine Sicherheitsbeleuchtung muß vorhanden sein

1. in Versammlungsräumen,

2. auf Mittel- und Vollbühnen einschließlich der Bühnenerweiterungen,

3. in mehr als 20 m² großen Umkleideräumen und in den zugehörigen Bühnenbetriebsräumen, wie Probebühnen, Chor- und Ballettübungsräumen, Orchesterproberäumen, Stimmzimmern, Aufenthaltsräumen für Mitwirkende, in Werkstätten und Magazinen, soweit letztere zugleich als Arbeitsräume dienen und mit der Versammlungsstätte im baulichen Zusammenhang stehen,

4. in Bildwerferräumen

5. in Schalträumen für Hauptverteilungen der elektrischen Anlagen,

6. in Versammlungsstätten mit nicht überdachten Spielflächen, die während der Dunkelheit benutzt werden,

7. in den Rettungswegen aus den unter Nr. 1 bis 6 genannten Räumen oder Anlagen.

(3) ¹Die Sicherheitsbeleuchtung muß eine vom Versorgungsnetz unabhängige, bei Ausfall des Netzstromes sich selbsttätig innerhalb einer Sekunde einschaltende Ersatzstromquelle haben, die für einen mindestens dreistündigen Betrieb der Sicherheitsbeleuchtung ausgelegt ist. ²Wenn zum Betrieb der Sicherheitsbeleuchtung auch noch ein selbsttätig anlaufendes Stromerzeugnisaggregat vorhanden ist, so genügt es, die Ersatzstromquelle für einen einstündigen Betrieb auszulegen. ³Bei Versammlungsstätten nach Absatz 2 Nr. 6 ist an Stelle der Ersatzstromquelle nach Satz 1 auch ein Stromerzeugungsaggregat zulässig,

wenn es die Sicherheitsbeleuchtung während des Betriebes ständig speist.

(4) ¹Die Sicherheitsbeleuchtung muß, soweit die Räume nicht durch Tageslicht ausreichend erhellt sind, in Betrieb sein

1. in Versammlungsräumen einschließlich der Rettungswege vom Einlaß der Besucher ab,

2. auf Bühnen und in den zugehörigen Räumen und Rettungswegen vom Beginn der Bühnenarbeiten ab.

²Die Sicherheitsbeleuchtung muß in Betrieb bleiben, bis die Besucher, Mitwirkenden und Betriebsangehörigen die Versammlungsstätte verlassen haben.

(5) Die Beleuchtungsstärke der Sicherheitsbeleuchtung muß mindestens betragen

1. in den Achsen der Rettungswege (§ 19 Abs. 1), an den Bühnenausgängen und in den zugehörigen Bühnenräumen 1 Lux,

2. auf Bühnen und auf Szenenflächen 3 Lux,

3. in Manegen und auf Sportrennbahnen 15 Lux,

4. bei Versammlungsstätten mit nicht überdachten Spielflächen auch für die Stehplatzflächen der Besucher 1 Lux.

(6) ¹In Räumen, die aus betrieblichen Gründen verdunkelt werden, wie in Zuschauerräumen von Theatern und Filmtheatern, auf Bühnen und Szenenflächen sowie in Manegen, muß die nach Absatz 5 geforderte Beleuchtungsstärke nach Ausfall des Netzes der allgemeinen Beleuchtung vorhanden sein. ²Solange das Netz der allgemeinen Beleuchtung nicht gestört ist, braucht in diesen Räumen die Sicherheitsbeleuchtung nur so weit in Betrieb zu sein, daß auch bei Verdunkelung mindestens die Türen, Gänge und Stufen erkennbar sind.

(7) Bei Theatern und Filmtheatern mit nicht mehr als 200 Plätzen braucht in den Zuschauerräumen, deren Fußboden nicht mehr als 1 m über der als Rettungsweg dienenden Verkehrsfläche (§ 3 Abs. 1) liegt, die Sicherheitsbeleuchtung nur so bemessen zu sein, daß auch bei Verdunkelung mindestens die Türen, Gänge und Stufen erkennbar sind.

**§ 105 Bühnenlichtstellwarten.** (1) Bühnenlichtstellwarten dürfen in Versammlungsräumen nicht aufgestellt werden, es sei denn, daß in ihnen nur Steuerstromkreise geschaltet werden.

(2) ¹Im Zuschauerhaus liegende Bühnenlichtstellwarten, in denen Verbraucherstromkreise unmittelbar geschaltet werden, müssen in besonderen Räumen untergebracht werden. ²Wände und Decken müssen mindestens feuerhemmend aus nichtbrennbaren Baustoffen sein. ³Die Türen müssen mindestens feuerhemmend sein und die Aufschrift haben: „Zutritt für Unbefugte verboten". ⁴Die Fenster gegen den Zu-

schauerraum sind mit Drahtglas mit punktgeschweißtem Netz zu verglasen. ⁵Ein Fenster darf zum Öffnen eingerichtet sein.

(3) Für Reglerräume im Versammlungsraum gilt Absatz 2 entsprechend.

## Abschnitt 8. *(weggefallen)*

**§ 106.** *(aufgehoben)*

## Teil III. Betriebsvorschriften

### Abschnitt 1. Freihalten von Wegen und Flächen

**§ 107 Wege und Flächen auf dem Grundstück.** (1) Auf Rettungswegen und auf Bewegungsflächen für die Feuerwehr, die als solche in den zur Baugenehmigung gehörenden Bauvorlagen gekennzeichnet sind, ist es verboten, Kraftfahrzeuge oder sonstige Gegenstände abzustellen oder zu lagern.

(2) Auf die Verbote des Absatzes 1 ist durch Schilder hinzuweisen.

**§ 108 Rettungswege im Gebäude.** (1) Rettungswege müssen während der Betriebszeit freigehalten und bei Dunkelheit beleuchtet werden.

(2) Bewegliche Verkaufsstände dürfen an Rettungswegen nur so aufgestellt werden, daß die Rettungswege nicht eingeengt werden.

(3) ¹Während des Betriebes müssen alle Türen in Rettungswegen unverschlossen sein. ²Rauchdichte, feuerhemmende oder feuerbeständige Türen dürfen in geöffnetem Zustand auch vorübergehend nicht festgestellt werden; sie müssen als Rettungswege gekennzeichnet sein. ³Bei Mittel- und Vollbühnen müssen während des Betriebes auch die Türen solcher Räume, die mehr als eine Ausgangstür haben, sowie Verbindungstüren benachbarter Magazine unverschlossen sein.

(4) Verbindungstüren zwischen den Treppenräumen nach § 23 Abs. 3 müssen während der Veranstaltung, außer in den Pausen, verschlossen sein.

(5) Türen nach § 90 Abs. 2 müssen bei der Benutzung von Turn- und Spielhallen als Versammlungsräume verschlossen sein.

(6) Abschlüsse nach § 24 Abs. 5 müssen während der Betriebszeit geöffnet und so gesichert sein, daß sie von Unbefugten nicht betätigt werden können.

**Abschnitt 2. Dekorationen, Lagern von Gegenständen, Rauchverbote, Höchstzahl der Mitwirkenden**

**§ 109 Dekorationen und Ausstattungen.** (1) ¹Dekorationen, Möbel, Requisiten, Kleider und ähnliche Gegenstände dürfen nur außerhalb der Bühne, der Bühnenerweiterungen und der sonstigen Spielfläche aufbewahrt werden; dies gilt nicht für den Tagesbedarf. ²Sind die Bühnenerweiterungen gegen die Bühne mit Brandschutzabschlüssen versehen, so dürfen auf den Bühnenerweiterungen auch Szenenaufbauten der laufenden Spielzeit bereitgestellt werden. ³Auf der Bühne dürfen Dekorationen und sonstige Ausstattungsgegenstände aus leichtentflammbaren Stoffen nicht verwendet werden. ⁴Auf Kleinbühnen und Mittelbühnen müssen sie mindestens schwer entflammbar sein; dies gilt nicht für Möbel und ähnliche Gegenstände. ⁵Scheinwerfer dürfen in der Nähe von Vorhängen und Dekorationen nicht aufgestellt werden. ⁶Ihr Brennpunkt darf Vorhänge und Dekorationen nicht treffen. ⁷Bei Kleinbühnen dürfen Soffitten höchstens 25 cm unter der Unterkante des Sturzes der Bühnenöffnung herabhängen.

(2) ¹Für Mittelbühnen gilt zusätzlich folgendes:
Der Szenenaufbau muß so eingerichtet werden, daß die Rettungswege und der nach § 36 Abs. 2 notwendige Gang von mindestens 1 m Breite zwischen den Umfassungswänden der Bühne und den Dekorationen nicht eingeengt werden. ²Dieser Gang ist in voller Breite freizuhalten.

(3) Für Vollbühnen gilt zusätzlich zu Absatz 1 folgendes:
1. Der Raum unter dem Schutzvorhang ist von Dekorationen und sonstigen Gegenständen freizuhalten.
2. An den Zügen dürfen nur die für den Tagesbedarf benötigten Dekorationen hängen.
3. Der Szenenaufbau muß so eingerichtet werden, daß die Rettungswege und der nach § 44 Abs. 5 notwendige Gang von mindestens 1,50 m Breite zwischen den Umfassungswänden der Bühne und dem Rundhorizont oder den Dekorationen nicht eingeengt werden. Dieser Gang ist in voller Breite freizuhalten.

(4) ¹Auf Vorbühnen und Szenenflächen dürfen Dekorationen und Ausstattungsgegenstände nur verwendet werden, wenn sie aus nichtbrennbaren Stoffen bestehen; dies gilt nicht für Möbel und Lampen. Absatz 3 Nr. 2 und 3 gilt sinngemäß. ²Möbel und Lampen aus brennbaren Stoffen dürfen nicht an Zügen hochgezogen werden.

(5) ¹Zum Ausstatten und Ausschmücken von Versammlungsräumen und zugehörigen Nebenräumen, Fluren und Treppen sowie zum Herstellen von Einbauten, Buden und ähnlichen Einrichtungen dürfen nur mindestens schwerentflammbare Stoffe verwendet werden. ²Hängende Raumdekorationen müssen mindestens 2,50 m vom Fußboden ent-

fernt sein. ³Ausschmückungen aus natürlichem Laub- oder Nadelholz dürfen sich nur, solange sie frisch sind, in den Räumen befinden.

(6) ¹Packmaterial ist in sicheren Räumen unterzubringen, ²Putzlappen müssen in nichtbrennbaren Behältern aufbewahrt werden, die Füße und Deckel haben.

(7) Auf Bühnen ist das Aufbewahren von Gegenständen, die für Aufführungen nicht benötigt werden, verboten.

**§ 110 Rauchen und Verwenden von offenem Feuer.** (1) Das Rauchen und das Verwenden von offenem Feuer sind verboten:

1. in Versammlungsräumen und den zugehörigen Nebenräumen einschließlich der Flure und Treppenräume, wenn der Versammlungsraum mit einer Vollbühne in Verbindung steht,
2. in Filmtheatern,
3. in Versammlungsräumen, die mit einer Mittelbühne in Verbindung stehen, und in Versammlungsräumen mit Szenenflächen während der Aufführung,
4. in Zirkussen,
5. in fliegenden Bauten, die Reihenbestuhlung haben oder die während der Vorführungen verdunkelt werden.

(2) ¹Ausnahmen vom Rauchverbot können für Räume außerhalb des Versammlungsraumes gestattet werden, wenn wegen des Brandschutzes Bedenken nicht bestehen. ²Ausnahmen können ferner für Vollversammlungsräume nach Absatz 1 Nr. 2 und 3 gestattet werden, wenn die Voraussetzungen des Satzes 1 vorliegen und

1. die Wand- und Deckenbekleidungen aus nichtbrennbaren Baustoffen und die Bezüge der Bestuhlung aus mindestens schwerentflammbaren Stoffen bestehen,
2. bei Reihenbestuhlung für je zwei Sitze mindestens ein fest angebrachter Aschenbecher vorhanden ist,
3. eine ausreichende Be- und Entlüftung vorhanden ist.

³Wird die Ausnahme auf Teile eines Versammlungsraumes (Raucherloge) beschränkt, so müssen die Teile durch Sicherheitsglas vom übrigen Raum abgetrennt sein und besonders be- und entlüftet werden. ⁴Raucherlogen dürfen von den anderen Teilen des Versammlungsraumes nicht betreten werden können.

(3) ¹Auf Bühnen, Vorbühnen und Szenenflächen, auf Bühnenerweiterungen, in Umkleideräumen, Werkstätten und Magazinen sowie in Treppenräumen und Fluren des Bühnenhauses ist das Rauchen verboten. ²Den Darstellern kann das Rauchen während des Spieles auf Bühnen oder Szenenflächen gestattet werden, soweit es in der Rolle begründet ist. ³Ausnahmen von Rauchverbot können für Umkleideräume gestattet werden, wenn wegen des Brandschutzes Bedenken nicht bestehen.

Versammlungsstättenverordnung §§ 111–113 VStättVO 10

(4) ¹Offenes Feuer, Feuerwerk, brennbare Flüssigkeiten, daraus hergestellte Mischungen und ähnliche feuergefährliche Stoffe dürfen auf Bühnen, Bühnenerweiterungen und auf Szenenflächen im Versammlungsraum nicht verwendet oder aufbewahrt werden. ²Ausnahmen für szenische Zwecke können gestattet werden, wenn wegen des Brandschutzes Bedenken nicht bestehen und die gleiche oder eine ähnliche szenische Wirkung durch weniger gefährliche Mittel oder Einrichtungen nicht erreicht werden kann.

(5) ¹Auf die Verbote der Absätze 1 und 2 ist durch deutlich lesbare Anschläge in genügender Zahl hinzuweisen. ²An den Ausgängen der Räume nach Absatz 3 ist ein Anschlag anzubringen, der auf das Rauchverbot außerhalb dieser Räume hinweist.

**§ 111 Höchstzahl von Personen in Umkleideräumen von Theatern.** (1) ¹Umkleideräume für Mitwirkende dürfen nur von so vielen Personen gleichzeitig benutzt werden, daß auf eine Person mindestens 3 m² Grundfläche entfallen. ²In über 12 m² großen Umkleideräumen für Mitwirkende ist an den Türen kenntlich zu machen, wieviel Personen den Raum gleichzeitig benutzen dürfen.

(2) Umkleideräume für die Betriebsangehörigen dürfen nur von so vielen Personen gleichzeitig benutzt werden, daß auf eine Person mindestens 2 m² Grundfläche entfallen.

### Abschnitt 3. Reinigen der Räume, Bedienung und Wartung der technischen Einrichtungen

**§ 112 Reinigung.** ¹Bühnen und Szenenflächen und ihre Dekorationen sind möglichst staubfrei zu halten und jährlich mindestens einmal gründlich zu reinigen. ²Aus Holzbearbeitungswerkstätten müssen die Späne täglich am Ende der Arbeitszeit entfernt sein.

**§ 113 Bedienung und Wartung der technischen Einrichtungen.** (1) Mit der Bedienung und Wartung bühnentechnischer Einrichtungen, Beleuchtungs-, Maschinen- und Heizungsanlagen, versenkbarer oder verschiebbarer Podien dürfen nur erfahrene und zuverlässige Personen beauftragt werden.

(2) Veränderliche Spielflächen dürfen erst in Betrieb genommen werden, wenn die für den Aufbau Verantwortlichen sie freigegeben haben.

(3) Arbeitsböden (Arbeitsbühnen) über Platzflächen dürfen bei Anwesenheit von Besuchern nur von den dafür bestimmten Personen und nur ohne Werkzeug begangen werden.

(4) ¹Der Schutzvorhang (§ 55) muß während der Spielzeit täglich vor der ersten Vorstellung in Gegenwart von Angehörigen der

Feuersicherheitswache durch Aufziehen und Herablassen auf seine Betriebssicherheit geprüft werden. ²Er darf vor einer Vorstellung erst aufgezogen werden, wenn die Feuersicherheitswache ihren Platz eingenommen hat. ³Der Schutzvorhang ist nach jeder Vorstellung herabzulassen; er muß zu allen arbeitsfreien Zeiten geschlossen sein.

### Abschnitt 4. Anwesenheit und Belehrung der verantwortlichen Personen

**§ 114 Anwesenheit des Betreibers.** Während des Betriebes von Versammlungsstätten muß der Betreiber oder ein Beauftragter ständig anwesend sein; er ist für die Einhaltung der Betriebsvorschriften verantwortlich.

**§ 115 Technische Fachkräfte.** (1) ¹Bei Vollbühnen müssen während der Vorstellungen und des sonstigen technischen Betriebes ein Bühnenmeister und ein Bühnenbeleuchtungsmeister anwesend sein. ²Sie müssen auch anwesend sein, wenn bei Instandsetzungsarbeiten mit wesentlichen Eingriffen in die technischen Einrichtungen der Bühne oder in die Beleuchtungsanlagen zu rechnen ist. ³Bei Vollbühnen mit einer Bühnenfläche bis 200 m² brauchen nur ein Bühnenmeister und ein erfahrener Beleuchter oder ein Bühnenbeleuchtungsmeister und ein erfahrener Bühnenhandwerker anwesend zu sein. ⁴Bei Vollbühnen mit einer Bühnenfläche bis zu 350 m² darf bei vorübergehender Verhinderung einer der beiden Meister durch einen erfahrenen Bühnenhandwerker oder Beleuchter vertreten werden; dies gilt nicht bei der Einrichtung, bei Generalproben und bei der ersten Aufführung von Stücken.

(2) ¹Bei Mittelbühnen und bei Szenenflächen über 100 m² müssen während des technischen Betriebes und während der Vorstellungen ein Bühnenmeister oder ein Bühnenbeleuchtungsmeister anwesend sein, wenn die Bühne oder die Szenenfläche mit bühnentechnischen und beleuchtungstechnischen Einrichtungen ausgestattet ist. ²Sind diese Bühnen oder Szenenflächen überwiegend für Laienspiele bestimmt, wie in Schulen, Vereinshäusern, so genügt die Anwesenheit eines im Bühnenbetrieb erfahrenen Beleuchters.

(3) Bei Mehrzweckhallen, deren bühnen- und beleuchtungstechnische Ausstattung von einfacher Art und geringem Umfang ist, genügt es, wenn während der Vorstellungen und des sonstigen technischen Betriebes ein erfahrener Bühnenhandwerker oder Beleuchter anwesend ist.

(4) In Versammlungsräumen mit einer Spielfläche von mehr als 100 m² müssen während des technischen Betriebes für Film- und Fernsehaufnahmen anwesend sein:

1. wenn Aufbauten und Dekorationen verwendet werden, ein Studiomeister,

Versammlungsstättenverordnung §§ 116, 117 VStättVO 10

2. wenn beleuchtungstechnische Einrichtungen über Zuschauerflächen und Szenenflächen verwendet werden, ein Studiobeleuchtungsmeister,
3. wenn Aufbauten oder Dekorationen und beleuchtungstechnische Einrichtungen über Zuschauerflächen und Szenenflächen verwendet werden,

ein Studiomeister und ein Studiobeleuchtungsmeister.

(5) Absatz 4 gilt nicht, wenn bei Film- und Fernsehaufnahmen in Versammlungsräumen nach den Absätzen 1 oder 2 die Anwesenheit von Bühnenmeistern oder Bühnenbeleuchtungsmeistern erforderlich ist.

(6) Bühnenmeister, Bühnenbeleuchtungsmeister, Studiomeister und Studiobeleuchtungsmeister müssen im Besitz eines Befähigungszeugnisses nach § 3 der Verordnung über technische Bühnen- und Studiofachkräfte – TFaVO) vom 9. Dezember 1983 (GV. NRW. S. 14) sein.

(7) Der technische Direktor, technische Oberleiter oder technische Leiter eines Bühnenbetriebes muß die Befähigungszeugnisse als Bühnenmeister und als Bühnenbeleuchtungsmeister besitzen (§ 3 TFaVO).

(8) Bei Kunsteisfeldern und Kunsteisbahnen, für deren Eisherstellung die in den §§ 84 Abs. 3 und 93 Abs. 4 genannten Kältemittel verwendet werden, muß eine mit der Anlage vertraute Person während des Betriebes anwesend sein.

**§ 116 Feuersicherheitswache.** (1) Eine Feuersicherheitswache muß anwesend sein:
1. bei jeder Vorstellung und bei jeder Generalprobe mit und ohne Zuschauer auf Vollbühnen, auf Mittelbühnen sowie auf Szenenflächen mit einer Grundfläche über 200 m²,
2. bei zirzensischen Vorführungen auf Spielflächen innerhalb von Versammlungsräumen,
3. bei Veranstaltungen mit Fahrzeugen mit Verbrennungsmotor innerhalb von Versammlungsräumen.

(2) Im übrigen kann eine Feuersicherheitswache verlangt werden, wenn dies zur Gefahrenabwehr erforderlich ist.

(3) Die Feuersicherheitswache wird von der örtlich zuständigen Feuerwehr gestellt.

(4) Den Anordnungen der Feuersicherheitswache ist zu folgen.

**§ 117 Wachdienst.** [1] In Versammlungsstätten mit Vollbühne und in Zirkussen muß während der Spielzeit ein ständiger Wachdienst bestehen. [2] Ein Wächter braucht in der Zeit nicht anwesend zu sein, in der die Feuersicherheitswache anwesend ist.

**§ 118 Belehrung der Mitwirkenden und Betriebsangehörigen.** Die Mitwirkenden und Betriebsangehörigen sind bei Beginn des Arbeitsverhältnisses und danach jährlich mindestens einmal, nicht ständig Mitwirkende bei der ersten Anwesenheit in der Versammlungsstätte, zu belehren über

1. die Bedienung der Feuermeldeinrichtung und der Sicherheitsbeleuchtung,
2. das Verhalten bei Brand oder Panik,
3. die Betriebsvorschriften.

### Abschnitt 5. Sonstige Betriebsvorschriften

**§ 119 Probe vor Aufführungen.** (1) ¹Bei Vollbühnen und Mittelbühnen sowie bei Szenenflächen mit einer Grundfläche von über 200 m² muß vor jeder ersten Aufführung und vor jeder Neuaufführung eines Stückes eine nichtöffentliche Probe mit vollem Szenenaufbau und voller Beleuchtung stattfinden. ²Diese Probe ist der unteren Bauaufsichtsbehörde mindestens 24 Stunden vorher anzuzeigen. ³Beabsichtigte wesentliche Änderungen des Szenenaufbaues nach der Probe sind ebenfalls rechtzeitig anzuzeigen.

(2) Die untere Bauaufsichtsbehörde kann auf die Probe verzichten, wenn dies nach der Art des Stückes oder nach dem Umfang des Szenenaufbaues unbedenklich ist.

**§ 120 Bestuhlungsplan.** ¹Eine Ausfertigung des für die jeweilige Nutzung genehmigten Bestuhlungsplans ist in der Nähe des Haupteingangs eines jeden Versammlungsraumes gut sichtbar anzubringen. ²Die hierin festgelegte Ordnung darf nicht geändert, in dem Plan nicht vorgesehene Plätze dürfen nicht geschaffen werden.

### Abschnitt 6. Filmvorführungen

#### Unterabschnitt 1. Filmvorführungen mit Sicherheitsfilm

**§ 121 Verwendung und Aufbewahrung von Sicherheitsfilm.**

(1) Im Versammlungsraum dürfen nur die für eine Vorführung benötigten Filmrollen in ihren Behältern gelagert werden.

(2) ¹Im Bildwerferraum und den zugehörigen Betriebsräumen dürfen nur Gegenstände gelagert oder vorübergehend abgestellt werden, die für die Vorführung benötigt werden. ²Kleidungsstücke dürfen im Bildwerferraum nur in Schränken untergebracht werden. ³Mehr als 30 g leichtentzündlicher Filmklebestoff darf im Bildwerferraum nicht vorhanden sein.

(3) Das Betreten des Bildwerferraumes und der zugehörigen Betriebsräume ist für Unbefugte verboten.

Versammlungsstättenverordnung §§ 122, 123 VStättVO 10

(4) Die Rettungswege aus den Bildwerferräumen sind ständig freizuhalten.

**§ 122 Aushänge und Aufschriften.** (1) Die Betriebsvorschriften sind im Bildwerferraum an gut sichtbarer Stelle anzubringen.

(2) An der Außenseite der Tür zum Bildwerferraum oder zum Nebenraum ist die Aufschrift anzubringen:

„Zutritt für Unbefugte verboten."

Unterabschnitt 2. Filmvorführungen mit Zellhornfilm

**§ 123 Verwendung und Aufbewahrung von Zellhornfilm.**
(1) Bei Vorführungen mit Zellhornfilm gelten die §§ 121, 122 und die folgenden Vorschriften:

(2) Das selbsttätige Vorführen von Zellhornfilmen ist verboten.

(3) Der Vorführer darf seinen Platz am Bildwerfer nicht verlassen und die Umwickelvorrichtung nicht bedienen, solange die Bildwerfer in Betrieb sind.

(4) [1] Im Bildwerferraum darf höchstens der Tagesbedarf an Zellhornfilmen aufbewahrt werden. [2] Er muß mit Ausnahme je einer Filmrolle, die sich in den Bildwerfern und auf der Umwickelvorrichtung befinden dürfen, in einem besonderen Behälter (Filmschrank) untergebracht sein. [3] Ein darübergehender Bestand muß außerhalb des Versammlungsraumes, des Bildwerferraumes oder elektrischer Betriebsräume in den Transportkartons verschlossen aufbewahrt werden.

(5) [1] Der Filmschrank muß in möglichst großer Entfernung von den Bildwerfern und in mindestens 1 m Höhe über dem Fußboden angebracht werden. [2] Er muß aus Hartholz bestehen und in abgeschlossene Fächer für jede Filmrolle eingeteilt sein.

(6) [1] Filmschrank und Umwickelvorrichtung dürfen sich nicht im Zuge des Rettungsweges für den Vorführer befinden und müssen von Heizkörpern, Feuerstätten und Heizgeräten mindestens 1 m entfernt sein. [2] Die Umwickelvorrichtung muß von den Bildwerfern einen Abstand von mindestens 1,50 m haben und darf sich nicht unmittelbar unter dem Filmschrank befinden.

(7) [1] Zellhornfilme müssen auf Spulen aus nichtbrennbaren Stoffen aufgewickelt sein. [2] Zellhornfilme dürfen nicht in der Nähe des Bildwerfers abgelegt werden.

(8) Solange sich Zellhornfilme im Bildwerferraum befinden, ist es in diesem und in den mit ihm verbundenen Nebenräumen verboten zu rauchen, offenes Feuer, insbesondere Zündhölzer und Feuerzeuge, zu verwenden und Kochgeräte zu benutzen.

## Teil IV. Prüfungen, weitere Anforderungen, Ordnungswidrigkeiten, Schlußvorschriften

**§ 124 Prüfungen.** (1) Die Bauherrin oder der Bauherr oder die Betreiberin oder der Betreiber haben die technischen Anlagen und Einrichtungen, an die in dieser Verordnung Anforderungen gestellt werden, entsprechend der Verordnung über die Prüfung technischer Anlagen und Einrichtungen von Sonderbauten durch staatlich anerkannte Sachverständige und durch Sachkundige – Technische Prüfverordnung – (TPrüfVO) vom 5. Dezember 1995 (GV. NRW. S. 1236)[1] prüfen zu lassen.

(2) ¹Die Bauaufsichtsbehörde hat Versammlungsstätten wie folgt zu prüfen:

1. Versammlungsstätten mit Vollbühne mindestens einmal jährlich,
2. Versammlungsstätten mit Mittel- oder Kleinbühne, mit Szenenflächen, Versammlungsstätten für Filmvorführungen sowie Versammlungsstätten mit einem Fassungsvermögen von mehr als 1000 Besuchern in Abständen von längstens 3 Jahren,
3. alle übrigen Versammlungsstätten in Abständen von längstens 5 Jahren.

²Dabei ist auch die Einhaltung der Betriebsvorschriften zu überwachen und festzustellen, ob die Prüfungen der technischen Anlagen und Einrichtungen fristgerecht durchgeführt und etwaige Mängel beseitigt worden sind. ³Der für die Brandschau zuständigen Behörde ist Gelegenheit zu geben, an den Prüfungen teilzunehmen.

(3) Bei Versammlungsstätten des Bundes, des Landes und der Landschaftsverbände hat die zuständige Baudienststelle die Pflichten nach Absatz 2.

**§ 125 Einstellen des Betriebes.** Der Betreiber ist verpflichtet, den Betrieb der Versammlungsstätte einzustellen, wenn auch eine für die Sicherheit der Versammlungsstätte notwendige Anlage, Vorrichtung oder Einrichtung nicht betriebsfähig ist.

**§ 126 Weitere Anforderungen.** ¹Weitere Anforderungen als nach dieser Verordnung können gestellt werden, wenn dies zur Gefahrenabwehr im Einzelfall erforderlich ist. ²Dies gilt insbesondere für das Aufstellen von Tischen, Stühlen, Ständen, für Einbauten, für die Sicherung der Rettungswege und für die Beleuchtung.

**§ 127 Anwendung der Betriebsvorschriften auf bestehende Versammlungsstätten.** Auf die im Zeitpunkt des Inkrafttretens der

---

[1] Nr. 3.

Versammlungsstättenverordnung  § 128  VStättVO 10

Verordnung bestehenden Versammlungsstätten sind die Betriebsvorschriften dieser Verordnung entsprechend anzuwenden.

**§ 128** Ordnungswidrigkeiten. Ordnungswidrig nach *§ 101 Abs. 1 Nr. 1 der BauO NW* handelt, wer vorsätzlich oder fahrlässig
1. entgegen dem Verbot des § 107 Abs. 1 auf Rettungswegen oder auf Bewegungsflächen für die Feuerwehr Kraftfahrzeuge oder sonstige Gegenstände abstellt oder lagert,
2. entgegen dem Verbot des § 108 Abs. 1 Rettungswege während der Betriebszeit nicht freihält und bei Dunkelheit nicht beleuchtet,
3. entgegen dem Verbot des § 108 Abs. 3 Türen verschließt oder feststellt,
4. entgegen dem Verbot des § 109 Abs. 1 Satz 1 Dekorationen, Möbel, Requisiten, Kleider und ähnliche Gegenstände auf der Bühne, den Bühnenerweiterungen oder den sonstigen Spielflächen aufbewahrt,
5. entgegen den Geboten des § 109 Abs. 1 Satz 3 und 4 und Abs. 5 andere als die dort genannten Stoffe verwendet,
6. entgegen den Geboten des § 109 Abs. 4 andere als nichtbrennbare Dekorationen oder Ausstattungsgegenstände verwendet oder Möbel und Lampen aus brennbaren Stoffen an Zügen hochzieht,
7. entgegen den Verboten des § 110 Abs. 1, 3 und 4 raucht, offenes Feuer verwendet oder brennbare Flüssigkeiten lagert oder aufbewahrt,
8. entgegen dem Gebot des § 114 während des Betriebes nicht anwesend ist,
9. entgegen den Geboten des § 115 Abs. 1 und 2 den Betrieb von Bühnen oder Szenenflächen zuläßt, ohne daß die in diesen Vorschriften genannten Personen anwesend sind,
10. entgegen dem Gebot des § 115 Abs. 4 den Betrieb von Kunsteisbahnen zuläßt, ohne daß eine mit der Anlage vertraute Person anwesend ist,
11. entgegen den Geboten des § 116 Abs. 1 und 2 den Betrieb einer Anlage zuläßt, ohne daß eine Feuersicherheitswache anwesend ist,
12. entgegen dem Gebot des § 116 Abs. 4 den Anordnungen der Feuersicherheitswache nicht Folge leistet,
13. entgegen dem Verbot des § 120 Satz 2 die in dem Bestuhlungsplan festgelegte Ordnung ändert oder in dem Plan nicht vorgesehene Plätze schafft,
14. entgegen dem Gebot des § 121 Abs. 1 im Versammlungsraum mehr Filmrollen als zulässig lagert,
15. entgegen dem Verbot des § 123 Abs. 8 raucht, offenes Feuer, insbesondere Zündhölzer und Feuerzeuge, verwendet oder Kochgeräte benutzt,

16. entgegen dem Gebot des § 125 den Betrieb der Versammlungsstätte nicht einstellt.

**§ 129 Aufhebung und Änderung bestehender Vorschriften.**

**§ 130 Inkrafttreten.** Diese Verordnung tritt am 1. Januar 1970 in Kraft.

## 11. Verordnung über den Bau und Betrieb von Hochhäusern (Hochhausverordnung – HochhVO –)

Vom 11. Juni 1986

(GV NRW S. 522/SGV NRW 232)

§ 15 neugefaßt, § 16 geändert durch VO vom 5. 12. 1995 (GV NRW S. 1236)

Aufgrund des § 80 Abs. 1 Nr. 1 bis 3 Landesbauordnung (BauO NRW) vom 26. Juni 1984 (GV. NRW. S. 419), geändert durch Gesetz vom 18. Dezember 1984 (GV. NRW. S. 803), wird nach Anhörung des Ausschusses für Städtebau und Wohnungswesen des Landtags verordnet:

### Inhaltsverzeichnis

| | §§ |
|---|---|
| Geltungsbereich | 1 |
| Zufahrten und Flächen für die Feuerwehr | 2 |
| Wände | 3 |
| Decken | 4 |
| Dächer | 5 |
| Bekleidungen, Dämmstoffe und Unterdecken | 6 |
| Rettungswege | 7 |
| Treppenräume | 8 |
| Allgemein zugängliche Flure als Rettungswege | 9 |
| Aufzüge | 10 |
| Ersatzstromversorgungsanlage | 11 |
| Heizungsanlagen | 12 |
| Feuerlöschgeräte, Brandmelde-, Alarm- und Feuerlöschanlagen, Blitzschutzanlagen | 13 |
| Betriebsvorschriften | 14 |
| Prüfungen | 15 |
| Ordnungswidrigkeiten | 16 |
| Inkrafttreten | 17 |

**§ 1 Geltungsbereich.** Diese Verordnung gilt für Hochhäuser im Sinne des *§ 2 Abs. 3 Satz 2 BauO NRW.*[1)]

**§ 2 Zufahrten und Flächen für die Feuerwehr.** ¹Für Feuerwehrfahrzeuge ist eine befahrbare Zufahrt bis zu den für die Feuerwehr erforderlichen Bewegungsflächen zu schaffen. ²Im Bereich der für die Feuerwehr geeigneten Eingänge zu den Treppenräumen und der Einspeisungsstellen der Steigleitungen sind ausreichend große Bewegungsflächen anzulegen. ³Bewegungsflächen für die Feuerwehr können bis zu 15 m von den Eingängen zu den Treppenräumen oder den Einspeisungsstellen entfernt bleiben, wenn wegen des Brandschutzes Bedenken nicht bestehen.

---

[1)] Jetzt § 2 Abs. 3 Satz 3 BauO, Nr. 1.

**§ 3 Wände.** (1) ¹Tragende Wände müssen mindestens in der Feuerwiderstandsklasse F 90 und aus nichtbrennbaren Baustoffen (F 90-A) hergestellt sein; in Hochhäusern, bei denen der Fußboden mindestens eines Aufenthaltsraumes mehr als 60 m über der Geländeroberfläche liegt, müssen sie mindestens in der Feuerwiderstandsklasse F 120 und aus nichtbrennbaren Baustoffen (F 120-A) hergestellt sein. ²Diese Anforderungen gelten auch für aussteifende Wände, für Unterstützungen von tragenden Wänden und für Stützen.

(2) ¹Nichttragende Außenwände müssen aus nichtbrennbaren Baustoffen (A) bestehen. ²Das gilt auch für Umwehrungen, Verglasungen außer Rahmen und Blenden. ³Nichttragende Außenwände in der Feuerwiderstandsklasse W 90 und in den wesentlichen Teilen aus nichtbrennbaren Baustoffen (W 90-AB) sind zulässig.

(3) ¹Bei Außenwänden müssen zwischen den Geschossen Bauteile so angeordnet werden, daß der Überschlagsweg für Feuer mindestens 1,0 m beträgt. ²Diese Bauteile müssen mindestens der Feuerwiderstandsklasse W 90 entsprechen und aus nichtbrennbaren Baustoffen (W 90-A) bestehen. ³Anstelle dieser Bauteile können auch mindestens 1,50 m über die Außenwand hinauskragende Bauteile der Feuerwiderstandsklasse F 90 und aus nichtbrennbaren Baustoffen (F 90-A) angeordnet werden.

(4) ¹Trennwände nach *§ 26 BauO NW*[1]) müssen mindestens in der Feuerwiderstandsklasse F 90 und aus nichtbrennbaren Baustoffen (F 90-A) hergestellt sein. ²Gebäudeabschlußwände und Gebäudetrennwände sind als Brandwände nach *§ 29 BauO NW*[2]) herzustellen.

(5) ¹Wände von Räumen mit erhöhter Brandgefahr, wie Lager- und Abstellräume, müssen mindestens in der Feuerwiderstandsklasse F 90 und aus nichtbrennbaren Baustoffen (F 90-A) hergestellt sein. ²Türen in diesen Wänden sind mindestens in der Feuerwiderstandsklasse T 30 und selbstschließend, sofern sie an Rettungswegen (§ 7) angeordnet werden, in der Feuerwiderstandsklasse T 90 und selbstschließend herzustellen. ³Die Räume dürfen einzeln nicht größer als 150 m² sein und müssen Einrichtungen zur Rauchabführung haben. ⁴Sie sind an ihren Zugängen durch augenfällige und dauerhafte Schilder zu kennzeichnen.

**§ 4 Decken.** Decken müssen ohne Berücksichtigung einer Unterdecke mindestens in der Feuerwiderstandsklasse F 90 und aus nichtbrennbaren Baustoffen (F 90-A) hergestellt sein.

**§ 5 Dächer.** (1) Das Tragwerk der Dächer, die Dachschalung sowie Dachaufbauten einschließlich deren Bekleidungen müssen aus nichtbrennbaren Baustoffen bestehen.

---

[1]) Jetzt § 30 BauO Nr. **1**.
[2]) Jetzt § 33 BauO Nr. **1**.

Hochhausverordnung §§ 6, 7 **HochhVO 11**

(2) ¹Flachdächer, die zum Begehen bestimmt sind, müssen mindestens in der Feuerwiderstandsklasse F 90 und aus nichtbrennbaren Baustoffen (F 90-A) hergestellt sein; Dachhaut und Dämmschichten aus brennbaren Baustoffen sind entsprechend *§ 31 Abs. 5 Satz 2 BauO NW*[1]) gegen Entflammen zu schützen. ²Die Umwehrungen dieser Dächer müssen mindestens bis zur Höhe von 0,90 m geschlossen und in der Feuerwiderstandsklasse F 90 und aus nichtbrennbaren Baustoffen (F 90-A) hergestellt sein.

**§ 6 Bekleidungen, Dämmstoffe und Unterdecken.** (1) ¹Oberflächen von Außenwänden, Außenwandbekleidungen und Dämmstoffe in Außengewänden müssen aus nichtbrennbaren Baustoffen (A) bestehen. ²Schwerentflammbare Baustoffe (B 1) sind hierfür zulässig bei Wänden ohne Öffnungen; dies gilt nicht für Hochhäuser, bei denen der Fußboden mindestens eines Aufenthaltsraumes mehr als 60 m über der Geländeoberfläche liegt.

(2) ¹Wand- und Deckenbekleidungen einschließlich etwaiger Dämmstoffe müssen aus schwerentflammbaren Baustoffen (B 1) bestehen; Wandbekleidungen aus normalentflammbaren Baustoffen (B 2) sind zulässig, wenn die Unterseite der angrenzenden Decke aus nichtbrennbaren Baustoffen (A) besteht. ²In Hochhäusern, bei denen der Fußboden mindestens eines Aufenthaltsraumes mehr als 60 m über der Geländeoberfläche liegt, müssen Wand- und Deckenbekleidungen einschließlich etwaiger Dämmstoffe aus nichtbrennbaren Baustoffen (A) bestehen.

(3) ¹Unterhalb der Decke nach § 4 angebrachte obere Raumabschlüsse (Unterdecken) müssen mindestens aus schwerentflammbaren Baustoffen (B 1) bestehen. ²In Hochhäusern, bei denen der Fußboden mindestens eines Aufenthaltsraumes mehr als 60 m über der Geländeoberfläche liegt, müssen Unterdecken aus nichtbrennbaren Baustoffen (A) bestehen.

**§ 7 Rettungswege.** (1) ¹Die lichte Breite eines jeden Teiles von Rettungswegen, wie allgemein zugängliche Flure, Vorräume, Schleusen, Treppen, Ausgänge, muß mindestens 1,25 m betragen. ²Dieses Maß darf durch Türen im Zuge von Rettungswegen bis auf 1,10 m eingeschränkt werden. ³Treppen dürfen keine Wendelstufen haben. ⁴Rampen im Verlauf von Rettungswegen dürfen nicht mehr als 6 v. H. geneigt sein.

(2) ¹Rettungswege müssen eine Anlage zur elektrischen Beleuchtung mit einer Beleuchtungsstärke von mindestens 30 lx haben. ²Bei Ausfall der allgemeinen Stromversorgung muß durch eine Sicherheitsbeleuchtung eine Beleuchtungsstärke von mindestens 1 lx gewährleistet sein.

---

[1]) Siehe jetzt § 35 BauO Nr. 1.

(3) ¹Die Rettungswege innerhalb der Gebäude sind so zu kennzeichnen, daß die notwendigen Treppen und Ausgänge ins Freie sicher aufgefunden werden können. ²In Treppenräumen müssen Geschoßkennzeichen und Treppenraumkennzeichen auf jeder Geschoßebene deutlich sichtbar angebracht sein. ³Führt der Rettungsweg innerhalb des Treppenraumes nicht nach unten, so ist die Rettungsrichtung durch Richtungspfeile mindestens auf jeder Geschoßebene deutlich sichtbar zu kennzeichnen. ⁴Der Ausgang aus dem Treppenraum oder einem Flur – gegebenenfalls durch einen Rettungstunnel – ins Freie ist besonders zu kennzeichnen.

(4) Einbauten in Rettungswegen sind unzulässig mit Ausnahme von Sicherheitseinrichtungen und Hausbriefkästen aus nichtbrennbaren Baustoffen.

**§ 8 Treppenräume.** (1) ¹In Hochhäusern sind mindestens zwei voneinander unabhängige Treppen oder eine Treppe in einem Sicherheitstreppenraum (§ 17 Abs. 3 BauO NRW) erforderlich. ²In Hochhäusern, bei denen der Fußboden mindestens eines Aufenthaltsraumes mehr als 60 m über der Geländeoberfläche liegt, sind mindestens zwei voneinander unabhängige Treppen in Sicherheitstreppenräumen erforderlich. ³Ist ein Sicherheitstreppenraum der einzige Treppenraum innerhalb des Gebäudes oder eines Brandabschnittes, so ist dieser so anzuordnen, daß er über einen offenen Gang zu erreichen ist. ⁴Treppenräume sind entgegengesetzt und in verschiedenen Rauchabschnitten nach § 9 Abs. 1 anzuordnen.

(2) ¹Der erforderliche sichere Ausgang ins Freie darf, soweit er nicht unmittelbar ins Freie führte, auch über einen eigenen Flur (Rettungstunnel) oder über einen Vorraum führen. ²Der Rettungstunnel muß gradlinig, im Lichten mindestens 2,50 m breit und 2,30 m hoch und darf höchstens 50 m lang sein. ³Der Rettungstunnel muß gegen andere Räume durch Wände der Feuerwiderstandsklasse F 90 und aus nichtbrennbaren Baustoffen (F 90-A) abgetrennt sein; die Wände dürfen keine Öffnungen haben. ⁴Der Vorraum soll ausschließlich als Windfang dienen; er soll außer den Türen zum Freien und zum Treppenraum höchstens eine weitere Tür zu einer Eingangshalle haben. ⁵Der Vorraum darf mit Ausnahme eines Pförtnerplatzes für andere Zwecke nicht genutzt werden.

(3) ¹Die Wände von Treppenräumen sind in der Bauart von Brandwänden *(§ 29 BauO NW)* herzustellen. ²Für Außenwände von Treppenräumen gilt § 3 Abs. 1 und 2.

(4) ¹In Treppenraumwänden sind nur Öffnungen zu allgemein zugänglichen Fluren, Sicherheitsschleusen, Vorräumen oder ins Freie zulässig. ²Die Fenster müssen je Geschoß eine freie Öffnung von mindestens 1 m² haben; sie müssen von anderen Öffnungen in der Wand einen Abstand von mindestens 1,5 m, von Öffnungen in Wänden, die

Hochhausverordnung  § 9 **HochhVO 11**

in einem Winkel von weniger als 120° anschließen, einen Abstand von mindestens 5 m haben.

(5) ¹Treppen und Podeste sind geschlossen und in der Feuerwiderstandsklasse F 90 und aus nichtbrennbaren Baustoffen (F 90-A) herzustellen. ²Geländer mit Ausnahme der Handläufe müssen aus nichtbrennbaren Baustoffen bestehen. ³Geländer einschließlich der Handläufe sind so auszubilden, daß sie keine freien Enden haben.

(6) Fußbodenbeläge müssen aus nichtbrennbaren Baustoffen bestehen.

(7) ¹Öffnungen zu allgemein zugänglichen Fluren oder Vorräumen müssen selbstschließende Türen erhalten, die einschließlich etwaiger Seitenteile und oberer Blenden mindestens der Feuerwiderstandsklasse T 30 entsprechen müssen. ²Sofern diese Öffnungen
- zu Öffnungen in gegenüberliegenden oder rechtwinklig anschließenden Wänden einen Abstand von 5 m und
- zu Öffnungen in derselben Wand einen Abstand von 2,5 m

einhalten, sind rauchdichte und selbstschließende Türen zulässig; etwaige Seitenteile und obere Blenden brauchen keiner Feuerwiderstandsklasse zu entsprechen.

(8) ¹Kellergeschosse müssen in jedem Brandabschnitt mindestens zwei getrennte Ausgänge haben. ²Von diesen Ausgängen muß mindestens einer unmittelbar oder durch einen eigenen, an einer Außenwand liegenden Treppenraum, der mit anderen über dem Erdgeschoß liegenden Treppenräumen des Gebäudes nicht in Verbindung stehen darf, ins Freie führen. ³Kellergeschosse dürfen nur über Sicherheitsschleusen mit Treppenräumen, die vom Erdgeschoß aufwärts führen, in Verbindung stehen. ⁴Auf eigene Treppenräume kann verzichtet werden, wenn von jeder Stelle mindestens zwei weitere Treppenräume in verschiedenen Richtungen in anderen Brandabschnitten erreichbar sind und wegen des Brandschutzes Bedenken nicht bestehen.

**§ 9 Allgemein zugängliche Flure als Rettungswege.** (1) ¹Allgemein zugängliche Flure, die zu zwei entgegengesetzt liegenden Treppenräumen oder in zwei Fluchtrichtungen zu nur einem Sicherheitstreppenraum führen, dürfen zwischen den Treppenraumzugängen höchstens 40 m lang sein. ²Sie sind durch nicht abschließbare, rauchdichte und selbstschließende Türen in Abschnitte (Rauchabschnitte) von höchstens 20 m Länge zu unterteilen. ³Jeder Abschnitt muß einen unmittelbaren Zugang zu dem Treppenraum, dem davorliegenden offenen Gang nach § 8 Abs. 1 oder in eine Schleuse haben.

(2) ¹Allgemein zugängliche Flure, die zu nur einem Treppenraum (Sicherheitstreppenraum) führen oder die als Stichflure nur eine Fluchtrichtung haben, dürfen bis zur Einmündung in den Treppenraum, den davorliegenden offenen Gang oder in eine Schleuse höchstens 10 m lang sein. ²Der Stichflur darf 20 m lang sein, wenn die

Räume einen zweiten Rettungsweg, wie über einen Rettungsbalkon mit zwei Fluchtrichtungen, zu einem zweiten Treppenraum oder zu einem Sicherheitstreppenraum haben.

(3) Sofern eine Fensterlüftung nicht möglich ist, müssen allgemein zugängliche Flure in allen Flurabschnitten maschinell be- und entlüftet werden; ein einfacher Außenluftwechsel je Stunde und Abschnitt mit gleich großen Volumenströmen für die Zuluft- und Abluftleitungen ist ausreichend.

(4) ¹Trennwände zwischen allgemein zugänglichen Fluren als Rettungswege und anderen Räumen müssen mindestens in der Feuerwiderstandsklasse F 90 und aus nichtbrennbaren Baustoffen (F 90-A) hergestellt sein. ²Türen in diesen Wänden müssen dichtschließen. ³Türen zu Wohnungen und Nutzungseinheiten vergleichbarer Größe sind mindestens in der Feuerwiderstandsklasse T 30 und selbstschließend herzustellen. ⁴Trennwände, die bis an die Rohdecke geführt werden, dürfen oberhalb einer Unterdecke keine Öffnungen haben. ⁵Leitungen dürfen hindurchgeführt werden, wenn eine Übertragung von Feuer und Rauch nicht zu befürchten ist oder entsprechende Vorkehrungen hiergegen getroffen werden.

(5) Werden die Trennwände nach Absatz 4 nicht bis an die Rohdecke geführt, so müssen die Unterdecken in Verbindung mit den Trennwänden mindestens in der Feuerwiderstandsklasse F 90 und aus nichtbrennbaren Baustoffen (F 90-A) hergestellt sein (Fluchttunnel).

**§ 10 Aufzüge.** (1) ¹Hochhäuser müssen mindestens zwei Aufzüge mit Haltestellen in jedem Geschoß haben; beide Aufzüge müssen von jeder Stelle des Geschosses erreichbar sein. ²Die Haltestellen dürfen nur über Flure oder Vorräume, in fensterlosen Geschossen, z. B. Kellergeschossen Technikgeschossen, nur über Vorräume zugänglich sein. ³Mindestens einer der Aufzüge muß zur Aufnahme von Rollstühlen, Krankentragen und Lasten geeignet und von der öffentlichen Verkehrsfläche und von allen Geschossen mit Aufenthaltsräumen stufenlos erreichbar sein. ⁴Bei den Zugängen zu den Aufzügen ist ein Schild anzubringen, das auf das Verbot der Benutzung im Brandfall hinweist. ⁵In den Vorräumen zu den Aufzügen muß durch Schilder auf die Geschoßnummer und auf die Treppen hingewiesen werden. ⁶Aufzüge, die der Personenbeförderung dienen, müssen bei Ausfall der öffentlichen Stromversorgung selbsttätig – wenigstens nacheinander – in das Eingangsgeschoß fahren (Evakuierungsschaltung).

(2) ¹Hochhäuser, bei denen der Fußboden mindestens eines Aufenthaltsraumes mehr als 30 m über der Geländeoberfläche liegt, müssen mindestens einen Aufzug haben, der im Brandfall der Feuerwehr zur Verfügung steht (Feuerwehraufzug); dieser Aufzug kann auf die Zahl der erforderlichen Aufzüge angerechnet werden. ²Vom Feuerwehraufzug muß jeder Punkt eines Aufenthaltsraumes in höchstens 50 m Entfernung erreichbar sein. ³Weitere Feuerwehraufzüge können

Hochhausverordnung　　　　　　　　　§ 11　**HochhVO 11**

verlangt werden bei Hochhäusern, bei denen der Fußboden mindestens eines Aufenthaltsraumes mehr als 60 m über der Geländeoberfläche liegt; die Aufzüge sollen so liegen, daß die Entfernung zu den Aufenthaltsräumen möglichst kurz sind.

(3) ¹Jeder Feuerwehraufzug ist in einem eigenen Schacht anzuordnen; er muß in jedem Geschoß des Hochhauses eine Haltestelle haben, die durch einen Vorraum zugänglich ist. ²Die Umfassungswände der Schächte sowie die Wände der Vorräume sind entsprechend § 3 Abs. 1 auszuführen.

(4) ¹Der Vorraum des Feuerwehraufzuges muß mindestens so groß sein, daß eine belegte Krankentrage mit einer Breite von 0,60 m und einer Transportlänge von 2,25 m ungehindert in den Aufzug eingebracht werden kann. ²Der Vorraum darf nur Öffnungen zu allgemein zugänglichen Fluren, Sicherheitsschleusen, Treppenräumen oder Naßräumen haben. ³Die Öffnungen zu den Fluren müssen selbstschließende Türen mindestens der Feuerwiderstandsklasse T 30 erhalten. ⁴Der Vorraum muß Fenster oder Einrichtungen haben, durch die er im Brandfall ausreichend rauchfrei gehalten werden kann. ⁵Vor dem Vorraum ist flurseitig ein Wandhydrant anzubringen. ⁶Ein Vorraum ist nicht erforderlich, wenn der Zugang zum Feuerwehraufzug über einen offenen Gang im Sinne des § 8 Abs. 1 führt.

(5) ¹Das Triebwerk für den Feuerwehraufzug muß in einem eigenen Triebwerksraum liegen. ²Wände und Decken des Triebwerksraumes sind entsprechend § 3 Abs. 1 und § 4 auszuführen.

(6) ¹Die elektrischen Schalteinrichtungen sowie die Leitungen und Kabel für die Stark- und Schwachstromversorgung des Feuerwehraufzuges sind von den Leitungen und Kabeln der allgemeinen Stromversorgung ab Hauptverteiler getrennt zu verlegen und von anderen Anlagen baulich zu trennen. ²Die Kabel und Leitungen des Feuerwehraufzuges müssen, wenn sie außerhalb des Fahrschachtes verlegt werden, so beschaffen oder so geschützt sein, daß sie bei einem Brand ihre Funktionsfähigkeit für mindestens 90 min behalten.

(7) Im Eingangsgeschoß sind Hinweisschilder anzubringen, die das sofortige Auffinden des Feuerwehraufzuges erleichtern.

**§ 11 Ersatzstromversorgungsanlage.** (1) ¹Hochhäuser müssen eine Ersatzstromversorgungsanlage haben, die sich bei Ausfall der allgemeinen Stromversorgung selbsttätig innerhalb von 15 s einschaltet. ²An die Anlage müssen alle elektrisch betätigten, notwendigen Sicherheitsanlagen und -einrichtungen angeschlossen sein. ³Anlagen und Einrichtungen dieser Art sind insbesondere

1. Wasserdruckerhöhungsanlagen und Steuerungseinrichtungen zur Löschwasserversorgung,
2. Feuerwehraufzüge,
3. Aufzüge, die der Personenbeförderung dienen,

4. Rauchabzugseinrichtungen,
5. Feuerschutzabschlüsse (z. B. Rolltore),
6. Sicherheitsbeleuchtung der Rettungswege,
7. Lüftungsanlagen von Sicherheitstreppenräumen, Sicherheitsschleusen, innenliegenden Treppenräumen, Fahrschächten und Triebwerksräumen von Feuerwehraufzügen,
8. Gefahrenmeldeanlagen (z. B. Brandmelde- und Alarmanlagen).

(2) [1] Für das Stromerzeugungsaggregat der Ersatzstromversorgungsanlage ist ständig ein Kraftstoffvorrat für eine Betriebszeit von mindestens drei Stunden bei Nennlast bereitzuhalten. [2] Batterien müssen für einen mindestens einstündigen Betrieb aller angeschlossenen Leuchten bemessen sein.

(3) Anlagen, die eine unterbrechungslose Stromversorgung erfordern, wie Gefahrenmelde- und Warnanlagen, müssen durch geeignete Maßnahmen gesichert sein.

(4) Die an die Ersatzstromquellen angeschlossenen eigenen Leitungsnetze für die Stromversorgung müssen mindestens bis zur geschoßweisen Unterverteilung so beschaffen oder geschützt sein, daß sie bei einem Brand ihre Funktionsfähigkeit für mindestens 90 min behalten.

**§ 12 Heizungsanlagen.** [1] Als Wärmeträger dürfen nur Wasser, Dampf oder Luft verwendet werden. [2] Einzelfeuerstätten sind nicht zulässig. [3] Feste, flüssige oder gasförmige Brennstoffe dürfen nicht oberhalb des Erdgeschosses gelagert werden. [4] Brennstoffleitungen zu Heizräumen, die in einem Geschoß über dem Erdgeschoß liegen, müssen in eigenen Schächten und Kanälen geführt werden. [5] Die Schächte und Kanäle müssen vom Freien be- und entlüftet werden. [6] Schächte und Kanäle müssen eine Feuerwiderstandsdauer von mindestens 90 min haben und aus nichtbrennbaren Baustoffen bestehen.

**§ 13 Feuerlöschgeräte, Brandmelde-, Alarm- und Feuerlöschanlagen, Blitzschutzanlagen.** (1) [1] Feuerlöscher sind an allgemein zugänglichen Stellen gut sichtbar anzubringen. [2] Anzahl, Art und Anbringung sind im Einvernehmen mit der zuständigen Brandschutzdienststelle festzulegen.

(2) [1] Hochhäuser, bei denen der Fußboden mindestens eines Aufenthaltsraumes mehr als 60 m über der Geländeoberfläche liegt, müssen Brandmeldeanlagen haben. [2] Für andere Hochhäuser können Brandmeldeanlagen verlangt werden. [3] Die Art und Weise der Alarmierung der Feuerwehr ist im Benehmen mit der Brandschutzdienststelle festzulegen. [4] Es kann verlangt werden, daß Räume mit erhöhter Brandgefahr mit automatischen Brandmeldern (z. B. Rauchmeldern) ausgestattet werden.

(3) [1] In Hochhäusern müssen geeignete Alarmanlagen vorhanden sein, durch die die Personen im Gebäude alarmiert werden können.

² Diese Anlagen dürfen mit einer Brandmeldeanlage kombiniert werden. ³ Leitungen und Verteilungen dieser Anlagen dürfen nicht in Räumen mit erhöhter Brandgefahr oder Explosionsgefahr verlegt werden.

(4) ¹ In Hochhäusern müssen in jedem Treppenraum einer notwendigen Treppe mit Anschlüssen in allen Geschossen trockene Steigleitungen mit einem lichten Durchmesser von mindestens 80 mm vorhanden sein. ² Statt der trockenen kann eine nasse Steigleitung verlangt werden, wenn es aus Gründen des Brandschutzes geboten ist. ³ Einspeiseeinrichtungen für trockene Steigleitungen sind in Absprache mit der Brandschutzdienststelle in der Nähe der Treppenraumzugänge anzubringen und entsprechend zu kennzeichnen. ⁴ In trockenen Steigleitungen müssen Wasserdruckerhöhungsanlagen eingebaut sein, wenn die Entfernung zwischen der Einspeisung für die Wasserzuführung und der obersten Entnahmestelle mehr als 80 m beträgt; Ausnahmen hiervon können gestattet werden, wenn das Wasser auf andere Weise sicher bis ins oberste Geschoß gedrückt werden kann.

(5) ¹ In Hochhäusern, bei denen der Fußboden mindestens eines Aufenthaltsraumes mehr als 40 m über der Geländeoberfläche liegt, müssen in den angrenzenden Vorräumen oder Fluren eines jeden Treppenraumes einer notwendigen Treppe in alle Geschossen nasse Steigleitungen mit Wandhydranten vorhanden sein. ² Die Steigleitungen müssen einen lichten Durchmesser von mindestens 80 mm haben. ³ Die Schlauchlängen an diesen Wasserhydranten sind so zu bemessen, daß jede Stelle eines Geschosses mit Löschwasser erreicht werden kann. ⁴ Die bereitzustellende Wassermenge muß für den gleichzeitigen Betrieb von mindestens zwei Wandhydranten ausreichen. ⁵ Nasse Steigleitungen sind über Wasserdruckerhöhungsanlagen zu betreiben, wenn dies unter Zugrundelegung der ungünstigsten Entnahmestellen zur Gewährleistung des Wasserdurchflusses und des Fließüberdruckes erforderlich ist. ⁶ Der Überdruck an den Entnahmestellen muß bei einem Wasserdurchfluß von 100 l/min mindestens 3 bar betragen. ⁷ Der Fließüberdruck darf höchstens 8 bar betragen.

(6) Hochhäuser sind mit dauernd wirksamen Blitzschutzanlagen zu versehen.

**§ 14 Betriebsvorschriften.** (1) ¹ Rettungswege innerhalb des Gebäudes sind freizuhalten; Türen im Zuge von Rettungswegen müssen in Fluchtrichtung mit einem Griff in voller Breite zu öffnen sein, solange sich Personen im Gebäude aufhalten, die auf diese Rettungswege angewiesen sind. ² Türen, an die Brandschutzanforderungen gestellt werden, dürfen in geöffnetem Zustand auch vorübergehend nicht festgestellt werden. ³ Sie dürfen im Zuge von Rettungswegen offengehalten werden, wenn sie mit einer auf Rauch ansprechenden Feststellvorrichtung versehen sind.

(2) In Rettungswegen, die nicht ausreichend durch Tageslicht beleuchtet sind, muß die Sicherheitsbeleuchtung ständig in Betrieb sein.

(3) ¹An den Eingängen sind an gut sichtbarer Stelle durch einen Lageplan und durch Grundrißpläne oder auf andere Weise die Rettungswege, die zur Brandbekämpfung freizuhaltenden Flächen, Brandmelde-, Alarm- und Feuerlöschanlagen, Rauchabzugseinrichtungen, die Feuerwehraufzüge und die Bedienungseinrichtungen der technischen Anlagen im Einvernehmen mit der Brandschutzdienststelle kenntlich zu machen. ²Die Pläne sind ferner in der Schaltzentrale anzubringen, soweit dies erforderlich ist (§ 13 Abs. 2 Satz 3).

(4) ¹Für Gebäude die nicht ausschließlich Wohnungen enthalten, ist eine Brandschutzordnung im Einvernehmen mit der Brandschutzdienststelle aufzustellen. ²Das Betriebspersonal ist mindestens einmal jährlich über die Brandschutzordnung zu belehren. ³Mindestens einmal im Jahr ist eine Alarmprobe durchzuführen. ⁴Die Bewohner oder ständigen Benutzer sind durch Aushänge und Merkblätter über die Sicherheitseinrichtungen des Gebäudes und das richtige Verhalten im Brandschutzfall zu unterrichten.

**§ 15 Prüfungen.** (1) Die Bauherrin oder der Bauherr oder die Betreiberin oder der Betreiber haben die technischen Anlagen und Einrichtungen, an die in dieser Verordnung Anforderungen gestellt werden, entsprechend der Verordnung über die Prüfung technischer Anlagen und Einrichtungen von Sonderbauten durch staatlich anerkannte Sachverständige und durch Sachkundige – Technische Prüfverordnung – (TPrüfVO) vom 5. Dezember 1995 (GV. NRW. S. 1236)[1] prüfen zu lassen.

(2) ¹Die Bauaufsichtsbehörde hat Hochhäuser, bei denen der Fußboden mindestens eines Aufenthaltsraumes mehr als 60 m über der Geländeoberfläche liegt, in Abständen von höchstens 5 Jahren zu prüfen. ²Dabei ist auch die Einhaltung der Betriebsvorschriften zu überwachen und festzustellen, ob die Prüfungen nach Absatz 1 fristgerecht durchgeführt und etwaige Mängel beseitigt worden sind. ³Die Bauaufsichtsbehörde kann auch andere Hochhäuser prüfen.

(3) Bei Hochhäusern des Bundes, des Landes und der Landschaftsverbände hat die zuständige Baudienststelle die Pflichten nach Absatz 2.

**§ 16 Ordnungswidrigkeiten.** Ordnungswidrig im Sinne des § 79 Abs. 1 Nr. 14 der Bauordnung für das Land Nordrhein-Westfalen handelt, wer vorsätzlich oder fahrlässig

1. entgegen § 14 Abs. 1 Satz 1 Rettungswege innerhalb des Gebäudes nicht freihält,

2. entgegen § 14 Abs. 1 Satz 2 Türen ohne Feststellvorrichtung nach § 14 Abs. 1 Satz 3 in geöffnetem Zustand feststellt,

---

[1] Nr. 3.

3. entgegen § 14 Abs. 2 die Sicherheitsbeleuchtung nicht ständig in Betrieb hält.

**§ 17 Inkrafttreten.** Diese Verordnung tritt am Tage nach der Verkündung in Kraft.

## 12. Verordnung über Camping- und Wochenendplätze (Camping- und Wochenendplatzverordnung – CW VO –)

Vom 10. November 1982

(GV NRW S. 731/SGV NRW 232)

Aufgrund des § 81 Abs. 2 des § 96 Abs. 7 und des § 102 Abs. 1 der Bauordnung für das Land Nordrhein-Westfalen (BauO NRW) in der Fassung der Bekanntmachung vom 27. Januar 1970 (GV NRW S. 96), zuletzt geändert durch Gesetz vom 18. Mai 1982 (GV NRW S. 248), wird im Einvernehmen mit dem Innenminister, dem Minister für Arbeit, Gesundheit und Soziales und dem Minister für Ernährung, Landwirtschaft und Forsten verordnet:

**§ 1 Begriffe.** (1) ¹Campingplätze sind Plätze, die ständig oder wiederkehrend während bestimmter Zeiten des Jahres betrieben werden und die zum vorübergehenden Aufstellen und Bewohnen von mehr als drei Wohnwagen oder Zelten bestimmt sind. ²Zeltlager, die gelegentlich oder nur für kurze Zeit eingerichtet werden, sind keine Campingplätze im Sinne dieser Verordnung.

(2) Als Wohnwagen gelten nur Wohnfahrzeuge, Wohnanhänger und Klappanhänger, die jederzeit ortsveränderlich sind.

(3) Standplatz ist die Fläche, die auf einem Campingplatz zum Aufstellen eines Wohnwagens oder Zeltes und des zugehörigen Kraftfahrzeuges bestimmt ist.

(4) ¹Wochenendplätze sind Plätze, die nur zum Aufstellen oder Errichten von Wochenendhäusern mit einer Grundfläche von höchstens 40 m² und einer Gesamthöhe von höchstens 3,50 m dienen und die ständig oder wiederkehrend während bestimmter Zeiten des Jahres betrieben werden; bei der Ermittlung der Grundfläche bleiben ein überdachter Freisitz bis zu 10 m² Grundfläche oder ein Vorzelt unberücksichtigt. ²Als solche Wochenendhäuser gelten auch nicht jederzeit ortsveränderlich aufgestellte Wohnwagen und Mobilheime.

(5) Aufstellplatz ist die Fläche auf Wochenendplätzen, die zum Aufstellen oder Errichten von Wochenendhäusern nach Absatz 4 bestimmt ist.

**§ 2 Zufahrt, innere Fahrwege und Bepflanzung.** (1) ¹Camping- und Wochenendplätze müssen an einem befahrbaren öffentlichen Weg liegen oder eine befahrbare öffentliche rechtlich gesicherte Zufahrt zu einer befahrbaren öffentlichen Verkehrsfläche haben und durch innere Fahrwege ausreichend erschlossen sein. ²Zufahrten und innere Fahrwege müssen für Feuerwehrfahrzeuge befahrbar sein.

(2) ¹Bei Campingplätzen müssen Zufahrten und innere Fahrwege mindestens 5,50 m breit sein. ²Geringere Zufahrtsbreiten können gestattet werden, wenn ausreichende Ausweich- und Wendemöglichkeiten vorhanden sind. ³Für innere Fahrwege mit Richtungsverkehr und für Stichwege von höchstens 100 m Länge genügt eine Breite von 3 m.

(3) Bei Wochenendplätzen müssen Zufahrten und innere Fahrwege mindestens 3 m breit sein; Zufahrten müssen mit den erforderlichen Ausweich- und Wendemöglichkeiten versehen sein.

(4) ¹Camping- und Zeltplätze sind der Landschaft entsprechend zu bepflanzen. ²Die Bepflanzung soll auch gegen Wind schützen.

**§ 3 Standplätze, Aufstellplätze und Stellplätze.** (1) ¹Standplätze müssen mindestens 70 m² groß sein. ²Sie sind dauerhaft zu kennzeichnen.

(2) Auf den Standplätzen dürfen Wochenendhäuser und sonstige bauliche Anlagen, wie feste Anbauten und Einfriedigungen nicht errichtet werden.

(3) Aufstellplätze müssen mindestens 100 m² groß sein.

(4) ¹Wochenendhäuser müssen zu den Grenzen der Aufstellplätze einen Abstand von mindestens 2,5 m einhalten; andere Abstände sind zulässig, wenn zwischen den Wochenendhäusern
— im Bereich der Brandschutzstreifen ein Abstand von mindestens 10 m und
— im übrigen ein Abstand von mindestens 5,00 m
eingehalten wird. ²Dies gilt auch für überdachte Freisitze und Vorzelte.

(5) Standplätze und Aufstellplätze müssen von Abwassergruben, Klär- und Sickeranlagen mindestens 50 m entfernt sein.

(6) Sollen die Kraftwagen nicht auf den Stand- oder Aufstellplätzen abgestellt werden, so ist für jeden Stand- oder Aufstellplatz ein gesonderter Stellplatz herzustellen; die Mindestgrößen für Standplätze und Aufstellplätze dürfen dann entsprechend kleiner sein.

(7) Stellplätze für Besucher können verlangt werden.

**§ 4 Brandschutz.** (1) ¹Camping- und Wochenendplätze sind durch mindestens 5 m breite Brandschutzstreifen in einzelne Abschnitte zu unterteilen. ²In einem Abschnitt dürfen sich nicht mehr als 20 Stand- oder Aufstellplätze befinden. ³Bei aneinander gereihten Stand- oder Aufstellplätzen ist nach jeweils 10 Plätzen ebenfalls ein Brandschutzstreifen anzuordnen. ⁴Es kann verlangt werden, daß Brandschutzstreifen zu angrenzenden Grundstücken angelegt werden.

(2) ¹Wochenendplätze dürfen nur eingerichtet werden, wenn die Löschwasserversorgung aus einer Druckleitung mit Überflurhydranten oder aus Gewässern über besondere Einrichtungen für die Löschwasserentnahme dauernd gesichert ist. ²Die Durchleitung muß eine Durchflußleistung von mindestens 400 l/min haben.

(3) ¹Die Überflurhydranten nach Absatz 2 müssen an den inneren Fahrwegen liegen. ²Von jedem Aufstellplatz muß ein Überflurhydrant oder eine besondere Einrichtung für die Löschwasserentnahme in höchstens 200 m Entfernung erreichbar sein. ³Hydranten an öffentlichen Verkehrsflächen können angerechnet werden.

(4) ¹Für je 50 Standplätze und für je 25 Aufstellplätze ist mindestens ein für die Brandklassen A, B und C geeigneter Feuerlöscher mit mindestens 6 kg Löschmittelinhalt auf der Platzanlage zweckmäßig verteilt und wetterfest anzubringen. ²Von jedem Stand- oder Aufstellplatz muß ein Feuerlöscher in höchstens 40 m Entfernung erreichbar sein. ³Sofern eine Aufsichtsperson (z. B. Platzwart) für den Platz erforderlich ist, sind bei dieser zwei weitere Feuerlöscher nach Satz 1 bereitzuhalten.

## § 5 Trinkwasserversorgung.

(1) ¹Camping- und Wochenendplätze dürfen nur angelegt werden, wenn die Versorgung mit einwandfreiem Trinkwasser aus einer Wasserversorgungsanlage dauernd gesichert ist. ²Je Standplatz oder Aufstellplatz und Tag müssen mindestens 200 l zur Verfügung stehen.

(2) ¹Für je 100 Standplätze oder Aufstellplätze sollen mindestens 6 Trinkwasserzapfstellen mit Schmutzwasserabläufen vorhanden sein. ²Sie müssen von den Abortanlagen räumlich getrennt sein. ³Werden die Zapfstellen im Freien angeordnet, so ist der Boden in einem Umkreis von mindestens 2 m zu befestigen. ⁴Zapfstellen, die kein Trinkwasser liefern, sind als solche zu kennzeichnen.

## § 6 Wascheinrichtungen.

(1) ¹Für je 100 Standplätze oder Aufstellplätze müssen in nach Geschlechtern getrennten besonderen Räumen jeweils zur Hälfte für Frauen und Männer mindestens 16 Waschplätze und 8 Duschen vorhanden sein. ²Mindestens ein Viertel der Waschplätze und Duschen sind in Einzelzellen anzuordnen.

(2) Die Fußböden und die Wände der Räume müssen so beschaffen sein, daß sie leicht gereinigt werden können.

## § 7 Geschirrspül- und Wäschespüleinrichtungen.

¹Für je 100 Stand- oder Aufstellplätze müssen mindestens 3 Geschirrspülbecken und davon räumlich getrennt mindestens 3 Wäschespülbecken oder Waschmaschinen vorhanden sein. ²Diese Einrichtungen sind von den Wascheinrichtungen und den Aborten räumlich zu trennen. ³Mindestens die Hälfte dieser Becken muß eine Warmwasserversorgung haben. ⁴§ 5 Abs. 2 Satz 3 und § 6 Abs. 2 gelten entsprechend.

**§ 8 Abortanlagen.** ¹Für je 100 Standplätze oder Aufstellplätze müssen für Frauen mindestens 8 Aborte sowie für Männer mindestens 4 Aborte und 4 Urinale vorhanden sein. ²Aborte und Urinale müssen eine Wasserspülung haben. ³Die Abortanlagen müssen für Geschlechter getrennte Informträume mit Vorräumen haben. ⁴In den Vorräumen ist für bis zu 6 Aborte oder Urinale mindestens 1 Waschbecken anzubringen. ⁵§ 6 Absatz 2 gilt entsprechend.

**§ 9 Einrichtungen zugunsten Behinderter.** Auf Campingplätzen mit mehr als 100 Standplätzen sollen mindestens 1 Waschplatz sowie eine Dusche und ein Abort für Rollstuhlbenutzer vorhanden sein.

**§ 10 Anlagen für Abwasser und feste Abfallstoffe.** (1) Es sind Einrichtungen zum Einbringen derjenigen Abwasser und Fäkalien herzustellen, die in den in Wohnwagen, Zelten und Wochenendhäusern vorhandenen Aborten und Spülen anfallen.

(2) ¹Abfallbehälter nach § 58 BauO NW¹⁾ sind in ausreichender Größe und verteilt aufzustellen. ²Abfallgruben sind nicht zulässig. ³Sammelplätze für Abfallbehälter müssen gegen die übrige Platzanlage abgeschirmt sein.

**§ 11 Sonstige Einrichtungen.** (1) Auf Camping- und Wochenendplätzen mit mehr als 20 Stand- oder Aufstellplätzen muß ein jederzeit zugänglicher Fernsprechanschluß vorhanden sein.

(2) ¹An den Eingängen zu den Camping- und Wochenendplätzen ist an gut sichtbar, geschützter Stelle ein Lageplan der Platzanlage anzubringen. ²Aus dem Lageplan müssen die Fahrwege, Brandschutzstreifen sowie die Standorte der Feuerlöscher und der Fernsprechanschlüsse ersichtlich sein; auf dem Lageplan für Wochenendplätze müssen außerdem die Art und Lage der Löschwasserentnahmestellen erkennbar sein.

(3) An Eingängen zu Camping- und Wochenendplätzen und bei größeren Plätzen auch an weiteren Stellen sind Hinweise anzubringen, die mindestens folgende Angaben enthalten müssen:
1. Name und Anschrift des Betreibers und der gegebenenfalls von ihm beauftragten Aufsichtsperson (Platzwart),
2. Lage des Fernsprechanschlusses,
3. Anschrift und Rufnummer der Polizei, der Feuerwehr und des Rettungsdienstes,
4. Name, Anschrift und Rufnummer des nächsten Arztes und der nächsten Apotheke,
5. die Platzordnung.

---

¹⁾ Jetzt § 47 BauO Nr. 1.

## § 12 Betriebsvorschriften.

(1) ¹Der Betreiber eines Camping- oder Wochenendplatzes ist dafür verantwortlich, daß

1. die Anlagen und Einrichtungen, die nach den Vorschriften dieser Verordnung erforderlich sind, in dem der Belegung des Platzes entsprechenden Umfang betriebsbereit bleiben,
2. die nachstehenden Betriebsvorschriften eingehalten werden.

²Der Betreiber eines Campingplatzes oder eine von ihm beauftragte Person (Platzwart) muß darüber hinaus zur Sicherstellung einer geordneten Nutzung oder eines geordneten Betriebes ständig erreichbar sein.

(2) Der Betreiber eines Camping- oder Wochenendplatzes muß in einer Platzordnung mindestens folgendes regeln:

1. Das Aufstellen von Kraftfahrzeugen, Wohnwagen und Zelten sowie von Wochenendhäusern,
2. das Benutzen und Sauberhalten der Plätze, der Anlagen und der Einrichtungen,
3. das Beseitigen von Abfällen und Abwasser,
4. den Umgang mit Feuer.

(3) Auf Camping- und Wochenendplätzen sind die Brandschutzstreifen ständig freizuhalten.

(4) In Abständen von höchstens einem Jahr hat der Betreiber die Feuerlöscher, die Hydranten und die besonderen Einrichtungen für die Löschwasserentnahme durch einen Wartungsdienst oder die örtliche Feuerwehr prüfen zu lassen.

(5) Auf die zum Zeitpunkt des Inkrafttretens der Verordnung bestehenden Platzanlagen sind die Betriebsvorschriften dieser Verordnung entsprechend anzuwenden.

## § 13 Ausnahmen, Zwischenwerte und Sonderfälle.

(1) Bei der Berechnung der in § 5 Absatz 2, § 6 Absatz 1, § 7 und § 8 genannten Anlagen und Einrichtungen sind Zwischenwerte zulässig.

(2) Für Campingplätze bis zu 50 Standplätzen und für Jugendzeltplätze können Ausnahmen von den Vorschriften des § 7, § 11 Absatz 2 und § 12 Absatz 2 gestattet werden, wenn wegen der öffentlichen Sicherheit oder Ordnung Bedenken nicht bestehen.

(3) Auf Campingplätzen kann eine geringere oder größere Anzahl der in § 5 Absatz 2, § 6 Absatz 1, § 7 und § 8 geforderten Einrichtungen gestattet oder verlangt werden, wenn die geforderte Anzahl in einem offensichtlichen Mißverhältnis zu der zu erwartenden Belegungsdichte bezogen auf jeden Standplatz steht.

(4) ¹Soweit auf Wochenendplätzen oder auf den einzelnen Aufstellplätzen Anschlußmöglichkeiten an die zentrale Wasserversorgungsanlage und an das zentrale Abwassernetz vorhanden sind, darf die nach § 5

Absatz 2, § 6 Absatz 1, § 7 und § 8 erforderliche Zahl der gemeinschaftlichen Anlagen und Einrichtungen entsprechend verringert werden. ²Auf den so ausgestatteten Aufstellplätzen dürfen Wochenendhäuser nur aufgestellt oder errichtet werden, die die entsprechenden Einrichtungen haben und angeschlossen werden.

**§ 14 Wochenendhäuser auf Wochenendplätzen.** (1) Das Aufstellen von Wochenendhäusern nach § 1 Absatz 4 auf genehmigten Wochenendplätzen ist genehmigungs- und anzeigefrei.

(2) ¹Auf Wochenendhäuser sind die Vorschriften über Wohnungen nach § *60 BauO NW*[1]) und über Aborträume nach § *52 Absatz 7 BauO NW* nicht anzuwenden. ²Anforderungen an den Wärmeschutz, den Schallschutz und die Beheizbarkeit sowie an die lichte Höhe der Aufenthaltsräume werden nicht gestellt; das Gleiche gilt für die Feuerwiderstandsdauer der Bauteile.

**§ 15 Ordnungswidrigkeiten.** Ordnungswidrig *gemäß § 101 Abs. 1 Nr. 1 BauO NW* handelt, wer vorsätzlich oder fahrlässig entgegen dem Gebot

1. in § 12 Abs. 1 Satz 1 Nr. 1 die Anlagen und Einrichtungen nicht in dem der Belegung des Platzes entsprechenden Umfang betriebsbereit hält,
2. in § 12 Abs. 1 Satz 2 während des Betriebes nicht ständig erreichbar ist,
3. in § 12 Abs. 3 die Brandschutzstreifen nicht ständig freihält,
4. in § 12 Abs. 4 die vorgeschriebenen Prüfungen nicht rechtzeitig durchführen läßt.

**§ 16 Inkrafttreten.** Diese Verordnung tritt am 1. Januar 1983 in Kraft.

Gleichzeitig tritt die Campingplatzverordnung vom 25. September 1973 (GV NRW S. 470) außer Kraft.

---

[1]) Siehe jetzt § 49 BauO Nr. 1.

## 13. Gesetz zur Erhaltung und Pflege von Wohnraum für das Land Nordrhein-Westfalen (Wohnungsgesetz – WoG –)[1)]

Vom 6. November 1984

(GV NRW S. 681/SGV NRW 238)

§§ 2, 9 geändert durch Art. 25 Ges. vom 9. 5. 2000 (GV NRW S. 462); § 13 geändert durch Art. 63 EuroAnpG vom 25. 9. 2001 (GV NRW S. 708).

### Inhaltsübersicht

#### Erster Abschnitt. Allgemeine Vorschriften §§

| | |
|---|---|
| Grundsätze | 1 |
| Zuständige Behörden | 2 |
| (aufgehoben) | 3 |
| Hilfe bei der Wohnungsbeschaffung | 4 |

#### Zweiter Abschnitt. Anforderungen an die Erhaltung und Pflege von Wohnraum

| | |
|---|---|
| Instandsetzung | 5 |
| Erfüllung von Mindestanforderungen | 6 |
| Ausnahmen | 7 |
| Unbewohnbarkeitserklärung | 8 |

#### Dritter Abschnitt. Sicherung und Erhaltung von Wohnraum

| | |
|---|---|
| Wohnnutzungs-, Räumungs- und Wiederherstellungsgebot | 9 |
| Wohnnutzungsgebot bei Leerstehen | 10 |

#### Vierter Abschnitt. Verfahren

| | |
|---|---|
| Mitwirkungs- und Duldungspflicht | 11 |
| Freiwillige Abhilfe | 12 |

#### Fünfter Abschnitt. Bußgeld- und Schlußvorschriften

| | |
|---|---|
| Bußgeldvorschriften | 13 |
| Einschränkung eines Grundrechts | 14 |
| Aufhebung und Fortgeltung von Vorschriften | 15 |
| Inkrafttreten | 16 |

### Erster Abschnitt. Allgemeine Vorschriften

**§ 1 Grundsätze.** (1) Wohngebäude, Wohnungen und Wohnräume sind vom Verfügungsberechtigten so zu erhalten und zu pflegen, daß den Anforderungen dieses Gesetzes entsprochen wird.

(2) Bei leerstehenden Wohngebäuden, Wohnungen und Wohnräumen gelten die Vorschriften dieses Gesetzes, wenn das Leerstehen genehmigungspflichtig ist.

---

[1)] Siehe auch Ges. zur Reform des Wohnungsbaurechts vom 13.9. 2001 (BGBl. I S. 2370).

(3) ¹Die Vorschriften dieses Gesetzes gelten nicht für Wohngebäude, Wohnungen und Wohnräume, die der Verfügungsberechtigte selbst bewohnt oder die er Angehörigen überlassen hat. ²Angehörige sind Personen im Sinne des § 8 Abs. 2 des Zweiten Wohnungsbaugesetzes.¹)

(4) Die Vorschriften dieses Gesetzes gelten für Nebengebäude und Außenanlagen der Wohngebäude entsprechend.

**§ 2 Zuständige Behörden.** (1) Im Rahmen dieses Gesetzes haben die Gemeinden die Aufgabe, auf die Instandsetzung, die Erfüllung von Mindestanforderungen und die ordnungsmäßige Nutzung von Wohngebäuden, Wohnungen und Wohnräumen hinzuwirken und die dazu erforderlichen Maßnahmen zu treffen.

(2) Die Gemeinden nehmen die Aufgaben nach diesem Gesetz als Selbstverwaltungsangelegenheit wahr.

**§ 3.** *(aufgehoben)*

**§ 4 Hilfe bei der Wohnungsbeschaffung.** (1) Die Gemeinden sollen Wohnungsuchende, soweit sie der Hilfe bedürfen, bei der Beschaffung einer familiengerechten und ihren wirtschaftlichen Verhältnissen entsprechenden Wohnung unterstützen.

(2) Ein Rechtsanspruch auf die Beschaffung einer Wohnung besteht nicht.

### Zweiter Abschnitt. Anforderungen an die Erhaltung und Pflege von Wohnraum

**§ 5 Instandsetzung.** (1) ¹Sind an Wohngebäuden, Wohnungen und Wohnräumen Arbeiten unterblieben oder unzureichend ausgeführt worden, die zur Erhaltung oder Wiederherstellung des für den Gebrauch zu Wohnzwecken geeigneten Zustandes notwendig gewesen wären, kann die Gemeinde anordnen, daß der Verfügungsberechtigte diese Arbeiten nachholt. ²Die Anordnung setzt voraus, daß der Gebrauch zu Wohnzwecken erheblich beeinträchtigt ist oder die Gefahr einer erheblichen Beeinträchtigung besteht.

(2) Der Gebrauch ist insbesondere dann erheblich beeinträchtigt, wenn

a) Dächer, Wände, Decken, Fußböden, Fenster oder Türen keinen ausreichenden Schutz gegen Witterungseinflüsse oder gegen Feuchtigkeit bieten,

b) Feuerstätten, Heizungsanlagen oder ihre Verbindungen mit den Schornsteinen sich nicht ordnungsgemäß benutzen lassen,

---

¹) **Sartorius** Nr. 355.

c) Treppen oder Beleuchtungsanlagen in allgemein zugänglichen Räumen sich nicht ordnungsgemäß benutzen lassen oder

d) Wasseranschlüsse, Toiletten oder Bäder nicht ordnungsgemäß benutzt werden können.

(3) Die Gefahr einer erheblichen Beeinträchtigung nach Absatz 1 Satz 2 kann sich insbesondere aus der fortwährenden Vernachlässigung notwendiger Instandhaltungsarbeiten ergeben.

(4) Der Gebrauch von Außenanlagen (§ 1 Abs. 4) ist insbesondere dann erheblich beeinträchtigt, wenn

a) Zugänge zu Wohngebäuden sich nicht ordnungsgemäß benutzen lassen oder

b) Innenhöfe und Kinderspielflächen sich nicht ordnungsgemäß nutzen lassen.

**§ 6 Erfüllung von Mindestanforderungen.** (1) Entspricht die bauliche Beschaffenheit von Wohngebäuden, Wohnungen oder Wohnräumen nicht den Mindestanforderungen an erträgliche Wohnverhältnisse, kann die Gemeinde anordnen, daß der Verfügungsberechtigte die Mindestanforderungen zu erfüllen hat.

(2) Die Mindestanforderungen sind insbesondere nicht erfüllt, wenn

a) die Möglichkeit des Anschlusses eines Herdes, einer Heizung, von elektrischer Beleuchtung oder elektrischen Geräten fehlt oder der Anschluß nicht zweckentsprechend benutzbar ist,

b) Wasserversorgung, Ausguß oder Toilette fehlen oder nicht zweckentsprechend benutzbar sind oder

c) Fußböden, Wände oder Decken dauernd durchfeuchtet sind.

**§ 7 Ausnahmen.** (1) Von Anordnungen nach § 5 oder § 6 ist für die Dauer eines Jahres abzusehen, wenn der Verfügungsberechtigte nachgewiesen hat, daß die Wohngebäude, Wohnungen oder Wohnräume auf Grund der ihm erteilten Genehmigung der zuständigen Behörde anderen als Wohnzwecken zugeführt, insbesondere abgebrochen werden dürfen.

(2) ¹Von Anordnungen nach § 5 oder § 6 ist abzusehen, wenn der Verfügungsberechtigte nachgewiesen hat, daß die Bewirtschaftungskosten und die sich aus der Aufnahme fremder Mittel oder dem Einsatz eigener Mittel ergebenden Kapitalkosten nicht aus den Erträgen des Grundstücks aufgebracht werden können. ²Dabei sind angebotene Förderungsmittel sowie Steuervergünstigungen zu berücksichtigen. ³Satz 1 gilt nicht, wenn der Verfügungsberechtigte oder sein Rechtsvorgänger öffentlich-rechtliche Instandsetzungspflichten versäumt hat und der Verfügungsberechtigte nicht nachweist, daß ihre Vornahme wirtschaftlich unvertretbar oder aus einem anderen Grunde unzumutbar war.

**§ 8 Unbewohnbarkeitserklärung.** (1) ¹Die Gemeinde kann Wohngebäude, Wohnungen oder Wohnräume für unbewohnbar erklären, wenn Mängel der in § 5 Abs. 2 bezeichneten Art den Gebrauch zu Wohnzwecken erheblich beeinträchtigen oder die Mindestanforderungen im Sinne von § 6 Abs. 2 nicht erfüllt und deswegen gesundheitliche Schäden für die Bewohner zu befürchten sind. ²Die Unbewohnbarkeitserklärung darf nur erlassen werden, wenn die Beseitigung der Mängel oder die Erfüllung der Mindestanforderungen auf Grund des § 7 nicht angeordnet werden kann.

(2) ¹Wer für unbewohnbar erklärte Wohngebäude, Wohnungen oder Wohnräume bewohnt, ist verpflichtet, diese bis zu einem von der Gemeinde zu bestimmenden Zeitpunkt zu räumen. ²Die Gemeinde soll bei Nutzungsberechtigten keinen früheren als den Zeitpunkt bestimmen, in dem angemessener Ersatzwohnraum zu zumutbaren Bedingungen zur Verfügung steht.

(3) Läßt der Verfügungsberechtigte Wohngebäude, Wohnungen oder Wohnräume unbewohnbar werden und hat er dies zu vertreten, hat er auf Verlangen der Gemeinde dafür zu sorgen, daß die Nutzungsberechtigten anderweitig zu zumutbaren Bedingungen untergebracht werden.

(4) Die für unbewohnbar erklärten Wohngebäude, Wohnungen oder Wohnräume dürfen nicht mehr für Wohnzwecke überlassen oder in Benutzung genommen werden.

### Dritter Abschnitt. Sicherung und Erhaltung von Wohnraum

**§ 9 Wohnnutzungs-, Räumungs- und Wiederherstellungsgebot.** (1) ¹Werden Wohngebäude, Wohnungen oder Wohnräume entgegen der Verordnung über das Verbot der Zweckentfremdung von Wohnraum vom 4. Juli 1995 (GV NRW S. 610) zu anderen als Wohnzwecken genutzt, kann die Gemeinde anordnen, daß der Verfügungsberechtigte oder der Nutzungsberechtigte die Wohngebäude, Wohnungen oder Wohnräume wieder Wohnzwecken zuzuführen hat. ²Die Gemeinde kann auch die Räumung anordnen.

(2) Sind Wohngebäude, Wohnungen oder Wohnräume entgegen der Verordnung über das Verbot der Zweckentfremdung von Wohnraum so verändert worden, daß sie nicht mehr für Wohnzwecke geeignet sind, kann die Gemeinde anordnen, daß der Verfügungsberechtigte auf seine Kosten den früheren Zustand wiederherstellt oder einen zumindest gleichwertigen Zustand schafft.

**§ 10 Wohnnutzungsgebot bei Leerstehen.** Stehen Wohngebäude, Wohnungen oder Wohnräume ohne die nach der Verordnung über das Verbot der Zweckentfremdung von Wohnraum erforderliche

Wohnungsgesetz §§ 11–13 WoG 13

Genehmigung leer, kann die Gemeinde anordnen, daß der Verfügungsberechtigte die Wohngebäude, Wohnungen oder Wohnräume wieder Wohnzwecken zuzuführen hat.

## Vierter Abschnitt. Verfahren

**§ 11 Mitwirkungs- und Duldungspflicht.** (1) ¹Verfügungsberechtigte, Nutzungsberechtigte und Bewohner haben Auskünfte zu geben, Unterlagen vorzulegen und zur Verfügung zu stellen, soweit das zur Durchführung dieses Gesetzes erforderlich ist. ²Die Beauftragten der Gemeinden sind berechtigt, mit Einwilligung der betroffenen Bewohner Grundstücke, Wohngebäude, Wohnungen und Wohnräume zu besichtigen, wenn dies für die Entscheidung über eine Maßnahme nach diesem Gesetz erforderlich ist, insbesondere die Einholung von Auskünften nicht ausreicht. ³Die Besichtigung ist nur zu Tageszeiten zwischen 9 und 18 Uhr nach vorheriger Ankündigung zulässig.

(2) Grundstücke, Wohngebäude, Wohnungen und Wohnräume dürfen ohne Einwilligung der betroffenen Bewohner nur betreten werden, wenn dies zur Verhütung dringender Gefahren für die öffentliche Sicherheit oder Ordnung erforderlich ist.

(3) Verfügungsberechtigte, Nutzungsberechtigte und Bewohner sind verpflichtet, die nach diesem Gesetz angeordneten Maßnahmen zu dulden und, soweit erforderlich, die Wohngebäude, Wohnungen oder Wohnräume vorübergehend zu räumen.

**§ 12 Freiwillige Abhilfe.** Bevor die Gemeinde eine Anordnung erläßt, soll der Verpflichtete unter Fristsetzung zur freiwilligen Abhilfe veranlaßt werden; das gilt nicht, wenn Art und Umfang der Mängel oder der Verstöße es erfordern, daß die Gemeinde eine Anordnung sofort erläßt.

## Fünfter Abschnitt. Bußgeld- und Schlußvorschriften

**§ 13 Bußgeldvorschriften.** (1) Ordnungswidrig handelt, wer
1. entgegen § 8 Abs. 4 Wohngebäude, Wohnungen oder Wohnräume überläßt,
2. entgegen § 11 Abs. 1 Satz 1 Halbsatz 1 eine Auskunft nicht, nicht richtig oder nicht vollständig gibt, Unterlagen nicht oder nicht vollständig vorlegt oder nicht zur Verfügung stellt.

(2) Die Ordnungswidrigkeit kann in den Fällen des Absatzes 1 Nr. 1 mit einer Geldbuße bis zu fünfundzwanzigtausend Euro, in den Fällen des Absatzes 1 Nr. 2 mit einer Geldbuße bis zu zweitausendfünfhundert Euro geahndet werden.

(3) Verwaltungsbehörde im Sinne des § 36 Abs. 1 Nr. 1 des Gesetzes über Ordnungswidrigkeiten ist die Gemeinde.

**§ 14 Einschränkung eines Grundrechts.** Durch dieses Gesetz wird das Grundrecht der Unverletzlichkeit der Wohnung (Artikel 13 des Grundgesetzes) eingeschränkt.

**§ 15 Aufhebung und Fortgeltung von Vorschriften.** (1) Mit dem Inkrafttreten dieses Gesetzes treten das Wohnungsgesetz vom 28. März 1918 (PrGS. NW. S. 75), die Vierzehnte Verordnung zur Angleichung des Lippischen Rechts an das in Nordrhein-Westfalen geltende Recht vom 30. Januar 1970 (GV. NRW. S. 92) und alle Vorschriften, die auf Grund des Wohnungsgesetzes erlassen wurden, außer Kraft.

(2) Durch dieses Gesetz bleiben andere Rechtsvorschriften unberührt, die die Instandsetzung, die Erfüllung von Mindestanforderungen oder die Benutzung von Wohngebäuden, Wohnungen oder Wohnräumen zu Wohnzwecken regeln, insbesondere Vorschriften des Bauordnungsrechts.[1)]

**§ 16 Inkrafttreten.** Dieses Gesetz tritt am ersten Tage des auf die Verkündung folgenden Monats in Kraft.

---

[1)] Siehe insbesondere die Landesbauordnung Nr. 1.

## 14. Nachbarrechtsgesetz (NachbG NRW)[1) · 2)]

Vom 15. April 1969

(GV NRW S. 190/SGV NRW 40)

§ 45 Abs. 1 ergänzt durch Ges. v. 18. 2. 1975 (GV NRW S. 190); § 2 geändert durch Ges. vom 7. 3. 1995 (GV NRW S. 193)

### I. Abschnitt. Grenzabstände für Gebäude

**§ 1 Gebäude.** (1) ¹Mit Außenwänden von Gebäuden ist ein Mindestabstand von 2 m und mit sonstigen, nicht zum Betreten bestimmten oberirdischen Gebäudeteilen ein Mindestabstand von 1 m von der Grenze einzuhalten. ²Der Abstand ist waagerecht vom grenznächsten Punkt der Außenwand oder des Bauteils aus rechtwinklig zur Grenze zu messen.

(2) ¹Gebäude im Sinne dieses Gesetzes sind selbständig benutzbare überdachte bauliche Anlagen, die von Menschen betreten werden können und geeignet oder bestimmt sind, dem Schutz von Menschen, Tieren oder Sachen zu dienen. ²Bauliche Anlagen sind mit dem Erdboden verbundene, aus Baustoffen und Bauteilen hergestellte Anlagen. ³Eine Verbindung mit dem Erdboden besteht auch dann, wenn die Anlage durch eigene Schwere auf dem Boden ruht oder auf ortsfesten Bahnen begrenzt beweglich ist oder wenn die Anlage nach ihrem Ver-

---

[1)] **Literatur:** Bender-Dohle, Nachbarschutz im Zivil- und Verwaltungsrecht, München 1972; Breloer, Bäume, Sträucher und Hecken im Nachbarrecht, 5. Aufl. Braunschweig 1998; Dehner, Nachbarrecht, Loseblatt-Komm., Neuwied; Deneke, Das nachbarliche Gemeinschaftsverhältnis, Köln 1987; Dröschel-Glaser, Das Nachbarrecht in NRW, Komm. 5.-Aufl. Herne 1984; Glaser, Das Nachbarrecht in der Rechtsprechung, 2. Aufl. Herne 1973; Glaser-Dröschel, Das Nachbarrecht in der Praxis, 3. Aufl. Herne 1971; Hering, Das nachbarschaftliche Verhältnis an öffentlichen Straßen, Diss. Münster 1979; Heubel, Entziehende Einwirkungen im Nachbarrecht, Diss. Frankfurt 1969; Horst, Praxishandbuch Nachbarrecht, Herne 2000; Meisner-Stern-Hodes, Das Nachbarrecht im Bundesgebiet, Komm. 6. Aufl. München 1982: Rheker, Das Nachbarrecht in NRW, 5. Aufl. Münster 1980; Ring, Grundriß des Nachbarrechts, Berlin 1997; Schäfer, Nachbarrechtsgesetz für NRW, Komm. 12. Aufl. München 2000; Schapp, Das Verhältnis von privatem und öffentlichem Nachbarrecht, Berlin 1978; Schwarz, Das Ineinandergreifen von privatem und öffentlich-rechtlichem Nachbarrecht, Diss. Mainz 1969; Seidel, Öffentlich-rechtlicher und privater Nachbarschutz, München 2000; Timmermann, Der baurechtliche Nachbarschutz, Diss. Münster 1968; Ullrich, Nachbarrechtliche Streitfragen, Neuwied 1981; Wagner, Gebäudeabstand zum Wald, Diss. Dortmund 1984; Zimmermann-Steinke, Komm. Göttingen 1969.

[2)] Siehe auch Art. 122, 124 EGBGB, **Schönfelder** Nr. 21. Nach einem Urteil des OLG Hamm vom 14. 3. 1985 – 5 U 204/84 – (JMBl. NRW 1985, 160; NJW-RR 1986, 239) ist § 40 Abs. 3, der für Vereinbarungen über den Grenzabstand von Wald Schriftform und begrenzte Vertragsdauer vorschreibt, verfassungswidrig, weil er die dem Landesgesetzgeber eingeräumte Gesetzgebungskompetenz überschreite. § 47 Abs. 1 Satz 2, § 53 seien verfassungskonform so auszulegen, daß sie keine vertraglichen, sondern nur gesetzliche Ansprüche aus dem Nachbarrechtsgesetz betreffen.

wendungszweck dazu bestimmt ist, überwiegend ortsfest benutzt zu werden.

(3) ¹In einem geringeren Abstand darf nur mit schriftlicher Einwilligung des Eigentümers des Nachbargrundstücks gebaut werden. ²Die Einwilligung darf nicht versagt werden, wenn keine oder nur geringfügige Beeinträchtigungen zu erwarten sind.

### § 2 Ausnahmen. § 1 Abs. 1 Satz 1 gilt nicht

a) soweit nach öffentlich-rechtlichen Vorschriften an die Grenze gebaut werden muß;

b) für gemäß § 6 Abs. 11 der Bauordnung Nordrhein-Westfalen[1]) zulässige Garagen, überdachte Stellplätze, Gebäude mit Abstellräumen und Gewächshäuser sowie für überdachte Sitzplätze und oberirdische Nebenanlagen für die örtliche Versorgung und für den Wirtschaftsteil einer Kleinsiedlung;

c) gegenüber Grenzen zu öffentlichen Verkehrsflächen, zu öffentlichen Grünflächen und zu oberirdischen Gewässern von mehr als 3 m Breite (Mittelwasserstand);

d) wenn das Gebäude bei Inkrafttreten dieses Gesetzes öffentlich-rechtlich genehmigt ist und die Abstände dem bisherigen Recht entsprechen oder wenn an die Stelle eines solchen Gebäudes ein anderes tritt, mit dem der Mindestgrenzabstand von 2 m nur in dem bisherigen Umfang unterschritten wird;

e) soweit nach den bei Inkrafttreten dieses Gesetzes geltenden öffentlich-rechtlichen Vorschriften anders gebaut werden muß.

### § 3 Ausschluß des Anspruchs.

(1) ¹Der Anspruch auf Beseitigung eines Gebäudeteils, mit dem ein geringerer als der in § 1 Abs. 1 Satz 1 vorgeschriebene Abstand eingehalten wird, ist ausgeschlossen, wenn

a) der Eigentümer des Nachbargrundstücks den Bau- und den Lageplan über den Gebäudeteil, mit dem der Abstand unterschritten werden soll, erhalten und er nicht binnen drei Monaten schriftlich gegenüber dem Bauherrn, dessen Name und Anschrift aus dem Bauplan ersichtlich sein muß, die Einhaltung des Abstands verlangt hat;

b) der Eigentümer des bebauten Grundstücks, der Bauherr, der Architekt oder der Bauunternehmer den nach § 1 Abs. 1 Satz 1 vorgeschriebenen Abstand bei der Bauausführung weder vorsätzlich noch grob fahrlässig nicht eingehalten hat, es sei denn, daß der Eigentümer des Nachbargrundstücks sofort nach der Abstandsunterschreitung Widerspruch erhoben hat;

c) das Gebäude länger als drei Jahre in Gebrauch ist.

²Die Fristen beginnen frühestens mit dem Inkrafttreten dieses Gesetzes.

---

[1]) Nr. 1.

Nachbarrechtsgesetz §§ 4, 5 **NachbG 14**

(2) ¹Der Eigentümer des bebauten Grundstücks hat dem Eigentümer des Nachbargrundstücks, der die Nichteinhaltung des Abstands nur aus den Gründen des Absatzes 1 Buchstabe b) oder c) hinnehmen muß, den durch die Verringerung der Nutzbarkeit des Nachbargrundstücks eingetretenen Schaden zu ersetzen. ²Mindestens ist eine Entschädigung in Höhe der Nutzungsvorteile zu zahlen, die auf dem bebauten Grundstück durch die Abstandsunterschreitung entstehen. ³Der Anspruch wird fällig, sobald die Abstandsunterschreitung hinzunehmen ist.

## II. Abschnitt. Fenster- und Lichtrecht

**§ 4 Umfang und Inhalt.** (1) ¹In oder an der Außenwand eines Gebäudes, die parallel oder in einem Winkel bis zu 60° zur Grenze des Nachbargrundstücks verläuft, dürfen Fenster, Türen oder zum Betreten bestimmte Bauteile wie Balkone und Terrassen nur angebracht werden, wenn damit ein Mindestabstand von 2 m von der Grenze eingehalten wird. ²Das gilt entsprechend für Dachfenster, die bis zu 45° geneigt sind.

(2) ¹Von einem Fenster, das

a) mit Einwilligung des Eigentümers des Nachbargrundstücks,

b) vor mehr als 3 Jahren im Rohbau oder

c) gemäß dem bisherigen Recht angebracht worden ist,

muß mit später errichteten Gebäuden ein Mindestabstand von 2 m eingehalten werden. ²Dies gilt nicht, wenn das später errichtete Gebäude den Lichteinfall in das Fenster nicht oder nur geringfügig beeinträchtigt.

(3) Die Abstände sind waagerecht vom grenznächsten Punkt der Einrichtung oder des Gebäudes aus rechtwinklig zur Grenze zu messen.

(4) ¹Die Abstände dürfen nur mit schriftlicher Einwilligung des Eigentümers des Nachbargrundstücks unterschritten werden. ²Die Einwilligung darf nicht versagt werden, wenn keine oder nur geringfügige Beeinträchtigungen zu erwarten sind.

(5) Lichtdurchlässige, jedoch undurchsichtige und gegen Feuer ausreichend widerstandsfähige Bauteile von Wänden, die weder auf noch unmittelbar an der Grenze errichtet sind, gelten nicht als Fenster.

**§ 5 Ausnahmen.** § 4 Abs. 1 und 2 gilt nicht

a) soweit nach öffentlich-rechtlichen Vorschriften anders gebaut werden muß;

b) gegenüber Grenzen zu öffentlichen Verkehrsflächen, zu öffentlichen Grünflächen und zu oberirdischen Gewässern von mehr als 3 m Breite (Mittelwasserstand);

c) für Stützmauern, Hauseingangstreppen, Kellerlichtschächte, Kellerrampen und Kellertreppen;
d) wenn die Einrichtung oder das Gebäude bei Inkrafttreten dieses Gesetzes öffentlich-rechtlich genehmigt ist und die Abstände dem bisherigen Recht entsprechen oder wenn an deren Stelle eine andere Einrichtung oder ein anderes Gebäude tritt, mit denen der Mindestgrenzabstand von 2 m nur in dem bisherigen Umfang unterschritten wird.

**§ 6 Ausschluß des Beseitigungsanspruchs.** Für den Ausschluß des Anspruchs auf Beseitigung einer der in § 4 Abs. 1 genannten Einrichtungen oder eines Gebäudes, mit denen ein geringerer als der vorgeschriebene Abstand (§ 4 Abs. 1, 2) eingehalten wird, gilt § 3 entsprechend.

## III. Abschnitt. Nachbarwand

**§ 7 Begriff.** Nachbarwand ist die auf der Grenze zweier Grundstücke errichtete Wand, die den auf diesen Grundstücken errichteten oder zu errichtenden baulichen Anlagen als Abschlußwand oder zur Unterstützung oder Aussteifung dient oder dienen soll.

**§ 8 Voraussetzungen der Errichtung.** Der Eigentümer eines Grundstücks darf eine Nachbarwand errichten, wenn
1. die Bebauung seines und des benachbarten Grundstücks bis an die Grenze vorgeschrieben oder zugelassen ist und
2. der Eigentümer des Nachbargrundstücks schriftlich einwilligt.

**§ 9 Beschaffenheit.** (1) Die Nachbarwand ist in der für ihren Zweck erforderlichen Art und Dicke auszuführen.

(2) ¹Auf Verlangen des Eigentümers des Nachbargrundstücks ist der Erbauer einer Nachbarwand verpflichtet, die Wand in einer solchen Bauart zu errichten, daß bei der Bebauung des Nachbargrundstücks zusätzliche Baumaßnahmen vermieden werden. ²Der Eigentümer des Nachbargrundstücks kann das Verlangen nur so lange dem Bauherrn gegenüber stellen, bis der Bauantrag eingereicht ist.

**§ 10 Standort.** ¹Erfordert keines der beiden Bauvorhaben eine größere Dicke der Wand als das andere, so darf die Nachbarwand höchstens mit der Hälfte ihrer notwendigen Dicke auf dem Nachbargrundstück errichtet werden. ²Erfordert der auf dem einen der Grundstücke geplante Bau eine dickere Wand, so ist die Wand mit einem entsprechend größeren Teil ihrer Dicke auf diesem Grundstück zu errichten.

Nachbarrechtsgesetz §§ 11–13 **NachbG 14**

**§ 11 Besondere Bauart.** (1) ¹Erfordert die spätere bauliche Anlage eine besondere Bauart der Nachbarwand, insbesondere eine tiefere Gründung, so sind die dadurch entstehenden Mehrkosten dem Erbauer der Nachbarwand zu erstatten, sobald gegen diesen der Vergütungsanspruch des Bauunternehmers fällig wird. ²In Höhe der voraussichtlich erwachsenden Mehrkosten ist auf Verlangen binnen zwei Wochen Vorschuß zu leisten. ³Der Vorschuß ist bis zu einer Verwendung mit 4% zugunsten des Zahlenden zu verzinsen. ⁴Der Anspruch auf die besondere Bauart erlischt, wenn der Vorschuß nicht fristgerecht geleistet wird.

(2) ¹Soweit der Bauherr die besondere Bauart auch zum Vorteil seiner baulichen Anlage ausnutzt, beschränkt sich die Erstattungspflicht des Eigentümers des Nachbargrundstücks entsprechend. ²Bereits erbrachte Leistungen können zurückgefordert werden.

**§ 12 Anbau.** (1) ¹Der Eigentümer des Nachbargrundstücks ist berechtigt, an die Nachbarwand anzubauen. ²Anbau ist die Mitbenutzung der Nachbarwand als Abschlußwand oder zur Unterstützung oder Aussteifung der neuen baulichen Anlage.

(2) Der anbauende Eigentümer des Nachbargrundstücks ist zur Zahlung einer Vergütung in Höhe des halben Wertes der Nachbarwand verpflichtet, soweit sie durch den Anbau genutzt wird.

(3) ¹Die Vergütung wird mit der Fertigstellung des Anbaus im Rohbau fällig. ²Bei der Berechnung des Wertes der Nachbarwand ist von den zu diesem Zeitpunkt üblichen Baukosten auszugehen. ³Abzuziehen sind die durch eine Bauart bedingten Mehrkosten; § 11 bleibt unberührt. ⁴Das Alter, der bauliche Zustand und ein von § 10 abweichender Standort der Wand sind zu berücksichtigen. ⁵Auf Verlangen ist Sicherheit in Höhe der voraussichtlich zu gewährenden Vergütung zu leisten; der Anbau darf dann erst nach Leistung der Sicherheit begonnen oder fortgesetzt werden. ⁶Die Sicherheit kann in einer Bankbürgschaft bestehen.

**§ 13 Nichtbenutzung der Nachbarwand.** (1) ¹Wird die spätere bauliche Anlage nicht an die gemäß § 8 errichtete Nachbarwand angebaut, obwohl das möglich wäre, so hat der anbauberechtigte Eigentümer des Nachbargrundstücks für die durch die Errichtung der Nachbarwand entstandenen Mehraufwendungen gegenüber den Kosten der Herstellung einer Grenzwand (§ 19) Ersatz zu leisten. ²Dabei ist zu berücksichtigen, daß das Nachbargrundstück durch die Nachbarwand teilweise weiter genutzt wird. ³Höchstens ist der Betrag zu erstatten, den der Eigentümer des Nachbargrundstücks im Falle des Anbaus nach § 12 Abs. 2 und 3 zu zahlen hätte. ⁴Der Anspruch wird mit der Fertigstellung der späteren baulichen Anlage im Rohbau fällig.

(2) ¹Der anbauberechtigte Eigentümer des Nachbargrundstücks ist ferner verpflichtet, den zwischen der Nachbarwand und seiner an

die Nachbarwand herangebauten baulichen Anlage entstandenen Zwischenraum auf seine Kosten in geeigneter Weise so zu schließen, daß Schäden im Bereich des Zwischenraumes, insbesondere durch Gebäudebewegungen und Witterungseinflüsse, an der zuerst errichteten baulichen Anlage vermieden werden. ²Die hierzu notwendigen Anschlüsse haben sich hinsichtlich der verwendeten Werkstoffe der vorhandenen baulichen Anlage anzupassen.

(3) ¹Ist der Anbau wegen einer Veränderung der Rechtslage unmöglich geworden, so hat der Eigentümer des Nachbargrundstücks lediglich die Hälfte des Betrages zu zahlen, der nach Absatz 1 zu zahlen gewesen wäre. ²Absatz 2 gilt sinngemäß.

**§ 14 Beseitigung der Nachbarwand.** (1) Der Eigentümer der Nachbarwand ist berechtigt, die Nachbarwand ganz oder teilweise zu beseitigen, solange und soweit noch nicht angebaut ist.

(2) Das Recht zur Beseitigung besteht nicht, wenn der anbauberechtigte Eigentümer des Nachbargrundstücks die Absicht, die Nachbarwand ganz oder teilweise durch Anbau zu nutzen, dem Eigentümer der Nachbarwand schriftlich anzeigt und spätestens binnen sechs Monaten den erforderlichen Bauantrag einreicht.

(3) Das Recht zur Beseitigung bleibt jedoch bestehen, wenn der Eigentümer der Nachbarwand, bevor er eine Anzeige nach Absatz 2 erhalten hat, die Absicht, die Nachbarwand ganz oder teilweise zu beseitigen, dem Eigentümer des Nachbargrundstücks schriftlich anzeigt und spätestens binnen sechs Monaten den erforderlichen Antrag auf Genehmigung des Abbruchs einreicht.

(4) Gehen die Anzeigen nach Absätzen 2 und 3 ihren Empfängern gleichzeitig zu, so hat die Anzeige nach Absatz 3 keine Rechtswirkung.

(5) Macht der Eigentümer der Nachbarwand von seinem Recht zur Beseitigung Gebrauch, so hat er dem Eigentümer des Nachbargrundstücks

1. für die Dauer der Nutzung des Nachbargrundstücks durch den hinübergebauten Teil der Nachbarwand eine angemessene Vergütung zu leisten und

2. eine gemäß § 11 erbrachte Leistung zu erstatten und mit 4% vom Zeitpunkt der Zahlung an zu verzinsen; bereits gezahlte Zinsen sind anzurechnen.

(6) ¹Beseitigt der Eigentümer der Nachbarwand diese ganz oder teilweise, obwohl gemäß Absatz 2 ein Recht hierzu nicht besteht, so hat er dem anbauberechtigten Eigentümer des Nachbargrundstücks Ersatz für den durch die völlige oder teilweise Beseitigung der Anbaumöglichkeit zugefügten Schaden zu leisten. ²Der Anspruch wird fällig, wenn die spätere bauliche Anlage in Gebrauch genommen wird.

§ 15 Erhöhen der Nachbarwand. (1) ¹Jeder Grundstückseigentümer darf die Nachbarwand in voller Dicke auf seine Kosten nach den allgemein anerkannten Regeln der Baukunst erhöhen, wenn dadurch keine oder nur geringfügige Beeinträchtigungen für den anderen Grundstückseigentümer zu erwarten sind. ²Für den erhöhten Teil der Nachbarwand gelten die §§ 12, 13 Abs. 2 sowie § 14 Abs. 1 bis 4 und 6 entsprechend.

(2) Setzt die Erhöhung eine tiefere Gründung der Nachbarwand voraus, so darf diese unterfangen werden, wenn das
1. nach den allgemein anerkannten Regeln der Baukunst notwendig und
2. öffentlich-rechtlich zulässig ist.

§ 16 Anzeige. (1) Das Recht gemäß § 15 besteht nur, wenn die Absicht, das Recht auszuüben, dem Eigentümer und dem Nutzungsberechtigten des betroffenen Grundstücks mindestens einen Monat vor Beginn der Arbeiten schriftlich angezeigt worden ist.

(2) ¹Die Anzeige an einen der Genannten genügt, wenn der andere nicht bekannt, nur schwer feststellbar oder unbekannten Aufenthalts ist oder wenn er infolge Aufenthalts im Ausland nicht alsbald erreichbar ist und er auch keinen Vertreter bestellt hat. ²Treffen diese Voraussetzungen sowohl für den Eigentümer als auch für den Nutzungsberechtigten zu, so genügt die Anzeige an den unmittelbaren Besitzer.

§ 17 Schadensersatz. ¹Schaden, der in Ausübung des Rechts gemäß § 15 den zur Duldung Verpflichteten entsteht, ist ohne Rücksicht auf Verschulden zu ersetzen. ²Auf Verlangen ist in Höhe des voraussichtlichen Schadensbetrages Sicherheit zu leisten, die auch in einer Bankbürgschaft bestehen kann. ³Dann darf das Recht erst nach Leistung der Sicherheit ausgeübt werden. ⁴Eine Sicherheitsleistung kann nicht verlangt werden, wenn der voraussichtliche Schaden durch eine Haftpflichtversicherung gedeckt ist.

§ 18 Verstärken der Nachbarwand. ¹Jeder Grundstückseigentümer darf die Nachbarwand auf seinem Grundstück auf seine Kosten verstärken. ²§§ 15 Abs. 2, 16 und 17 gelten entsprechend.

## IV. Abschnitt. Grenzwand

§ 19 Begriff. Grenzwand ist die unmittelbar an der Grenze zum Nachbargrundstück auf dem Grundstück des Erbauers errichtete Wand.

§ 20 Anbau. (1) ¹Der Eigentümer des Nachbargrundstücks darf eine Grenzwand durch Anbau nutzen, wenn der Eigentümer der Grenzwand schriftlich einwilligt und der Anbau öffentlich-rechtlich zulässig ist. ²Anbau ist die Mitbenutzung der Grenzwand als Abschlußwand oder zur Unterstützung oder Aussteifung der neuen baulichen Anlage.

(2) Der anbauende Eigentümer des Nachbargrundstücks hat eine Vergütung in Höhe des halben Wertes der Grenzwand, soweit sie durch den Anbau genutzt ist, zu zahlen und ferner eine Vergütung dafür zu leisten, daß er den für die Errichtung einer eigenen Grenzwand erforderlichen Baugrund einspart.

(3) ¹Die Vergütung wird mit der Fertigstellung des Anbaus im Rohbau fällig. ²Bei der Berechnung des Wertes der Grenzwand ist von den zu diesem Zeitpunkt üblichen Baukosten auszugehen. ³Abzuziehen sind die durch eine besondere Bauart bedingten Mehrkosten. ⁴Das Alter und der bauliche Zustand der Wand sind zu berücksichtigen. ⁵Auf Verlangen ist Sicherheit in Höhe der voraussichtlich zu gewährenden Vergütung zu leisten; der Anbau darf dann erst nach Leistung der Sicherheit begonnen oder fortgesetzt werden. ⁶Die Sicherheit kann in einer Bankbürgschaft bestehen.

(4) Nach dem Anbau sind die Unterhaltungskosten für den gemeinsam genutzten Teil der Grenzwand von den beiden Grundstückseigentümern zu gleichen Teilen zu tragen.

**§ 21 Besondere Gründung der Grenzwand.** (1) Auf Verlangen des Eigentümers des Nachbargrundstücks hat der Erbauer die Grenzwand so zu gründen, daß bei der Bebauung des Nachbargrundstücks zusätzliche Baumaßnahmen vermieden werden.

(2) ¹Der Eigentümer des zur Bebauung vorgesehenen Grundstücks hat dem Eigentümer des Nachbargrundstücks unter Übersendung des Bau- und des Lageplans sowie unter Mitteilung des Namens und der Anschrift des Bauherrn schriftlich anzuzeigen, daß eine Grenzwand errichtet werden soll. ²Die Anzeige an den Nutzungsberechtigten oder den unmittelbaren Besitzer des Nachbargrundstücks genügt, wenn dessen Eigentümer nicht bekannt, nur schwer feststellbar oder unbekannten Aufenthalts ist oder wenn er infolge Aufenthalts im Ausland nicht alsbald erreichbar ist und er auch keinen Vertreter bestellt hat. ³Wird die Anzeige schuldhaft unterlassen, so hat der Eigentümer des zur Bebauung vorgesehenen Grundstücks dem Eigentümer des Nachbargrundstücks den daraus entstehenden Schaden zu ersetzen.

(3) Der Eigentümer des Nachbargrundstücks kann das Verlangen nach Absatz 1 nur innerhalb von zwei Monaten seit Erstattung der Anzeige dem Bauherrn gegenüber stellen.

(4) ¹Die durch das Verlangen nach Absatz 1 entstehenden Mehrkosten sind dem Bauherrn zu erstatten, sobald der Vergütungsanspruch des Bauunternehmers gegen den Bauherrn fällig wird. ²In Höhe der voraussichtlich erwachsenden Mehrkosten ist auf Verlangen binnen zwei Wochen Vorschuß zu leisten. ³Der Vorschuß ist bis zu seiner Verwendung mit 4% zugunsten des Zahlenden zu verzinsen. ⁴Der

Nachbarrechtsgesetz §§ 22–24 **NachbG 14**

Anspruch auf die besondere Gründung erlischt, wenn der Vorschuß nicht fristgerecht geleistet wird.

(5) ¹Soweit der Bauherr die besondere Gründung auch zum Vorteil seiner baulichen Anlage ausnutzt, beschränkt sich die Erstattungspflicht des Eigentümers des Nachbargrundstücks entsprechend. ²Bereits erbrachte Leistungen können zurückgefordert werden.

**§ 22 Errichten einer zweiten Grenzwand.** (1) ¹Steht auf einem Grundstück eine bauliche Anlage unmittelbar an der Grenze und wird später auf dem Nachbargrundstück an dieser Grenze eine bauliche Anlage errichtet, aber ohne konstruktiven Verband angebaut, so ist deren Erbauer verpflichtet, den entstandenen Zwischenraum auf seine Kosten in geeigneter Weise so zu schließen, daß Schäden im Bereich des Zwischenraumes, insbesondere durch Gebäudebewegungen und Witterungseinflüsse, an der zuerst errichteten baulichen Anlage vermieden werden. ²Die hierzu notwendigen Anschlüsse haben sich hinsichtlich der verwendeten Werkstoffe der vorhandenen baulichen Anlage anzupassen.

(2) Der Erbauer ist berechtigt, auf eigene Kosten durch übergreifende Bauteile einen den öffentlich-rechtlichen Vorschriften entsprechenden Anschluß an die bestehende bauliche Anlage herzustellen.

(3) Muß der Nachbar zur Ausführung seines Bauvorhabens seine Grenzwand tiefer als die zuerst errichtete Grenzwand gründen, so darf er diese unterfangen, wenn

1. dies nach den allgemein anerkannten Regeln der Baukunst notwendig und
2. das Bauvorhaben öffentlich-rechtlich zulässig ist.

(4) In den Fällen der Absätze 2 und 3 gelten §§ 16 und 17 entsprechend.

**§ 23 Einseitige Grenzwand.** Bauteile, die in den Luftraum eines Grundstücks übergreifen, sind zu dulden, wenn

1. nach den öffentlich-rechtlichen Vorschriften nur auf dem Nachbargrundstück bis an die Grenze gebaut werden darf,
2. die übergreifenden Bauteile öffentlich-rechtlich zulässig sind,
3. sie die Benutzung des anderen Grundstücks nicht oder nur unwesentlich beeinträchtigen und
4. sie nicht zur Vergrößerung der Nutzfläche dienen.

## V. Abschnitt. Hammerschlags- und Leiterrecht

**§ 24 Inhalt und Umfang.** (1) Der Eigentümer und die Nutzungsberechtigten müssen dulden, daß ihr Grundstück einschließlich der

**14 NachbG** §§ 25, 26 Nachbarrechtsgesetz

baulichen Anlagen zum Zwecke von Bau- oder Instandsetzungsarbeiten auf dem Nachbargrundstück vorübergehend betreten und benutzt wird, wenn und soweit

1. die Arbeiten anders nicht zweckmäßig oder nur mit unverhältnismäßig hohen Kosten durchgeführt werden können,
2. die mit der Duldung verbundenen Nachteile oder Belästigungen nicht außer Verhältnis zu dem von dem Berechtigten erstrebten Vorteil stehen,
3. ausreichende Vorkehrungen zur Minderung der Nachteile und Belästigungen getroffen werden und
4. das Vorhaben öffentlich-rechtlichen Vorschriften nicht widerspricht.

(2) ¹Das Recht ist so schonend wie möglich auszuüben. ²Es darf nicht zur Unzeit geltend gemacht werden.

(3) Für die Anzeige und die Verpflichtung zum Schadensersatz gelten die §§ 16 und 17 entsprechend.

(4) Absatz 1 findet auf die Eigentümer öffentlicher Verkehrsflächen keine Anwendung.

**§ 25 Nutzungsentschädigung.** (1) ¹Wer ein Grundstück länger als einen Monat gemäß § 24 benutzt, hat für die darüber hinausgehende Zeit der Benutzung eine Entschädigung in Höhe der ortsüblichen Miete für einen dem benutzten Grundstücksteil vergleichbaren Lagerplatz zu zahlen. ²Die Entschädigung ist nach Ablauf je eines Monats fällig.

(2) Die Entschädigung kann nicht verlangt werden, soweit Ersatz für entgangene anderweitige Nutzung gefordert wird.

### VI. Abschnitt. Höherführen von Schornsteinen, Lüftungsleitungen und Antennenanlagen

**§ 26 Inhalt und Umfang.** (1) Der Eigentümer und die Nutzungsberechtigten eines Grundstücks müssen dulden, daß an ihrem höheren Gebäude der Eigentümer und die Nutzungsberechtigten des angrenzenden niederen Gebäudes ihre Schornsteine, Lüftungsleitungen und Antennenanlagen befestigen, wenn

1. die Erhöhung der Schornsteine und Lüftungsleitungen für die notwendige Zug- und Saugwirkung und die Erhöhung der Antennenanlagen für einen einwandfreien Empfang von Sendungen erforderlich ist und
2. die Befestigung der höhergeführten Schornsteine, Lüftungsleitungen und Antennenanlagen anders nicht zweckmäßig oder nur mit unverhältnismäßig hohen Kosten durchgeführt werden kann.

Nachbarrechtsgesetz §§ 27–29 NachbG 14

(2) Der Eigentümer und die Nutzungsberechtigten des betroffenen Grundstücks müssen ferner dulden,
1. daß die unter den Voraussetzungen des Absatzes 1 höhergeführten und befestigten Schornsteine, Lüftungsleitungen und Antennenanlagen des Nachbargrundstücks von ihrem Grundstück aus unterhalten und gereinigt werden, soweit das erforderlich ist, und
2. daß die hierzu notwendigen Einrichtungen angebracht werden.

(3) ¹Für die Anzeige und die Verpflichtung zum Schadensersatz gelten die §§ 16 und 17 entsprechend. ²Die Absicht, notwendige Wartungs- und Reparaturarbeiten auszuführen, braucht nicht angezeigt zu werden. ³Zur Unzeit brauchen diese Arbeiten nicht geduldet zu werden.

(4) Absätze 1 und 2 gelten für Antennenanlagen nicht, wenn dem Eigentümer und den Nutzungsberechtigten des niederen Gebäudes die Mitbenutzung der dazu geeigneten Antennenanlage des höheren Gebäudes gestattet wird.

## VII. Abschnitt. Dachtraufe

**§ 27 Niederschlagwasser.** (1) Bauliche Anlagen sind so einzurichten, daß Niederschlagwasser nicht auf das Nachbargrundstück tropft, auf dieses abgeleitet wird oder übertritt.

(2) Absatz 1 findet keine Anwendung auf freistehende Mauern entlang öffentlicher Verkehrsflächen und öffentlicher Grünflächen.

**§ 28 Anbringen von Sammel- und Abflußeinrichtungen.**
(1) ¹Der Eigentümer und die Nutzungsberechtigten eines Grundstücks, die aus besonderem Rechtsgrund verpflichtet sind, das von den baulichen Anlagen eines Nachbargrundstücks tropfende oder abgeleitete oder von dem Nachbargrundstück übertretende Niederschlagwasser aufzunehmen, sind berechtigt, auf eigene Kosten besondere Sammel- und Abflußeinrichtungen an der baulichen Anlage des traufberechtigten Nachbarn anzubringen, wenn die damit verbundene Beeinträchtigung nicht erheblich ist. ²Sie haben diese Einrichtungen zu unterhalten.

(2) Für die Anzeige und die Verpflichtung zum Schadensersatz gelten die §§ 16 und 17 entsprechend.

## VIII. Abschnitt. Abwässer

**§ 29.** Bauliche Anlagen sind so einzurichten, daß Abwässer und andere Flüssigkeiten nicht auf das Nachbargrundstück übertreten.

## IX. Abschnitt. Bodenerhöhungen, Aufschichtungen und sonstige Anlagen

**§ 30 Bodenerhöhungen.** (1) [1] Wer den Boden seines Grundstücks über die Oberfläche des Nachbargrundstücks erhöht, muß einen solchen Grenzabstand einhalten oder solche Vorkehrungen treffen und unterhalten, daß eine Schädigung des Nachbargrundstücks insbesondere durch Abstürzen oder Abschwemmen des Bodens ausgeschlossen ist. [2] Die Verpflichtung geht auf den Rechtsnachfolger über.

(2) Auf den Grenzabstand ist § 36 Abs. 2 Satz 1 und 2 Buchstabe b), Abs. 3 bis 5 sinngemäß anzuwenden.

**§ 31 Aufschichtungen und sonstige Anlagen.** (1) [1] Mit Aufschichtungen von Holz, Steinen, Stroh und dergleichen sowie sonstigen mit dem Grundstück nicht fest verbundenen Anlagen, die nicht über 2 m hoch sind, ist ein Mindestabstand von 0,50 m von der Grenze einzuhalten. [2] Sind sie höher, so muß der Abstand um so viel über 0,50 m betragen, als ihre Höhe das Maß von 2 m übersteigt.

(2) Absatz 1 gilt nicht

a) für Baugerüste;

b) für Aufsichtungen und Anlagen, die

   aa) eine Wand oder geschlossene Einfriedigung nicht überragen;

   bb) als Stützwand oder Einfriedigung dienen;

c) für gewerbliche Lagerplätze;

d) gegenüber Grenzen zu öffentlichen Verkehrsflächen, zu öffentlichen Grünflächen und zu oberirdischen Gewässern von mehr als 0,50 m Breite (Mittelwasserstand).

## X. Abschnitt. Einfriedigungen

**§ 32 Einfriedigungspflicht.** (1) [1] Innerhalb eines im Zusammenhang bebauten Ortsteils ist der Eigentümer eines bebauten oder gewerblich genutzten Grundstücks auf Verlangen des Eigentümers des Nachbargrundstücks verpflichtet, sein Grundstück an der gemeinsamen Grenze einzufriedigen. [2] Sind beide Grundstücke bebaut oder gewerblich genutzt, so sind deren Eigentümer verpflichtet, die Einfriedigung gemeinsam zu errichten, wenn auch nur einer von ihnen die Einfriedigung verlangt. [3] Wirkt der Nachbar nicht binnen zwei Monaten nach schriftlicher Aufforderung bei der Errichtung mit, so kann der Eigentümer die Einfriedigung allein errichten; die in § 37 Abs. 1 geregelte Verpflichtung zur Tragung der Errichtungskosten wird dadurch nicht berührt.

Nachbarrechtsgesetz §§ 33–36 NachbG 14

(2) Stellt das Verlangen nach Absatz 1 Satz 1 der Eigentümer eines Grundstücks, das
a) weder bebaut noch gewerblich genutzt ist, aber innerhalb des im Zusammenhang bebauten Ortsteil liegt oder
b) in einem Bebauungsplan als Bauland festgesetzt ist,
so ist er berechtigt, bei der Errichtung der Einfriedigung mitzuwirken.

(3) Als gewerblich genutzt im Sinne der Absätze 1 und 2 gilt nicht ein Grundstück, das erwerbsgärtnerisch genutzt wird.

**§ 33 Einfriedigungspflicht des Störers.** Gehen unzumutbare Beeinträchtigungen von einem bebauten oder gewerblich genutzten Grundstück aus, so hat der Eigentümer dieses auf Verlangen des Eigentümers des Nachbargrundstücks insoweit einzufriedigen, als dadurch die Beeinträchtigungen verhindert oder, falls dies nicht möglich oder zumutbar ist, gemildert werden können.

**§ 34 Ausnahmen.** Eine Einfriedigungspflicht besteht nicht, wenn und soweit
a) die Grenze mit Gebäuden besetzt ist,
b) Einfriedigungen nicht zulässig sind oder
c) im Falle des § 32 in dem im Zusammenhang bebauten Ortsteil Einfriedigungen nicht üblich sind.

**§ 35 Beschaffenheit.** (1) ¹Die Einfriedigung muß ortsüblich sein. ²Läßt sich eine ortsübliche Einfriedigung nicht feststellen, so ist eine etwa 1,20 m hohe Einfriedigung zu errichten. ³Schreiben öffentlich-rechtliche Vorschriften eine andere Art der Einfriedigung vor, so tritt diese an die Stelle der in Satz 1 und 2 genannten Einfriedigungsart.

(2) Bietet die Einfriedigung gemäß Absatz 1 Satz 1 oder 2 keinen angemessenen Schutz vor Beeinträchtigungen, so hat auf Verlangen des Nachbarn derjenige, von dessen Grundstück die Beeinträchtigungen ausgehen, die Einfriedigung im erforderlichen Umfang auf seine Kosten stärker oder höher auszuführen.

**§ 36 Standort der Einfriedigung.** (1) ¹Die Einfriedigung ist auf der Grenze zu errichten, wenn sie
a) zwischen bebauten oder gewerblich genutzten Grundstücken oder
b) zwischen einem bebauten oder gewerblich genutzten und einem Grundstück der in § 32 Abs. 2 genannten Art liegt.
²In allen übrigen Fällen ist sie entlang der Grenze zu errichten.

(2) ¹Die Einfriedigung muß von der Grenze eines Grundstücks, das außerhalb eines im Zusammenhang bebauten Ortsteils liegt und nicht in einem Bebauungsplan als Bauland festgesetzt ist, 0,50 m zurückblei-

ben, auch wenn ein Verlangen nach § 32 Abs. 1 Satz 1 oder § 33 nicht gestellt worden ist. ²Dies gilt nicht gegenüber Grundstücken.

a) die in gleicher Weise wie das einzufriedigende bewirtschaftet werden oder

b) für die nach Lage, Beschaffenheit oder Größe eine Bearbeitung mit landwirtschaftlichem Gerät nicht in Betracht kommt.

(3) Absatz 2 Satz 1 gilt nicht, wenn die Einfriedigung bei Inkrafttreten dieses Gesetzes vorhanden ist und ihr Abstand dem bisherigen Recht entspricht.

(4) Der Anspruch auf Beseitigung einer Einfriedigung, die einen geringeren als den nach Absatz 2 vorgeschriebenen Abstand einhält, ist ausgeschlossen wenn der Nachbar nicht binnen drei Jahren nach der Errichtung Klage auf Beseitigung erhoben hat; diese Frist beginnt frühestens mit dem Inkrafttreten dieses Gesetzes.

(5) Wird eine Einfriedigung, mit der ein geringerer als der nach Absatz 2 vorgeschriebene Abstand eingehalten wird, durch eine andere ersetzt, so gilt Absatz 2.

(6) Ist die nicht auf der Grenze zu errichtende Einfriedigung eine Hecke, so sind die für Hecken geltenden Vorschriften des XI. Abschnitts anzuwenden.

**§ 37 Kosten der Errichtung.** (1) Die Kosten der Errichtung der Einfriedigung tragen die beteiligten Grundstückseigentümer in den Fällen des § 32 Abs. 1 Satz 2 und Abs. 2 zu gleichen Teilen.

(2) Der Eigentümer eines Grundstücks, für den eine Verpflichtung gemäß Absatz 1 nicht entsteht, hat eine Vergütung in Höhe des halben Wertes der Einfriedigung zu zahlen, wenn

a) das Grundstück bebaut oder gewerblich genutzt wird und es in dem im Zusammenhang bebauten Ortsteil liegt oder

b) das Grundstück in den im Zusammenhang bebauten Ortsteil hineingewachsen ist oder in einem Bebauungsplan als Bauland festgesetzt wird und der Eigentümer oder sein Rechtsvorgänger die Errichtung der Einfriedigung verlangt hatte.

(3) ¹Bei der Berechnung der Vergütung ist von den im Zeitpunkt der Fälligkeit üblichen Errichtungskosten einer Einfriedigung gemäß § 35 Abs. 1 auszugehen. ²Ist gemäß § 35 Abs. 1 Satz 2 eine etwa 1,20 m hohe Einfriedigung zu errichten, so sind die Errichtungskosten für einen 1,20 m hohen Zaun aus wetterbeständigem Maschendraht maßgebend. ³Ist nur für eines der beiden Grundstücke eine Einfriedigung nach § 35 Abs. 1 Satz 3 vorgeschrieben, so sind der Berechnung die Errichtungskosten einer Einfriedigung nach § 35 Abs. 1 Satz 1 oder Satz 2 zugrunde zu legen. ⁴Sind die tatsächlichen Aufwendungen einschließlich der Eigenleistungen niedriger, so ist davon auszugehen. ⁵Das Alter und der Zustand der Einfriedigung sind zu berücksichtigen.

Nachbarrechtsgesetz §§ 38–40 NachbG 14

(4) ¹Der Eigentümer des anderen Grundstücks darf, wenn die Voraussetzungen des Absatzes 2 vorliegen, die Einfriedigung auf die Grenze versetzen oder dort neu errichten. ²Der Eigentümer des angrenzenden Grundstücks hat auch in diesem Falle nur eine Vergütung gemäß Absätzen 2 und 3 zu zahlen.

(5) Gehen von einem Grundstück unzumutbare Beeinträchtigungen des Nachbargrundstücks aus, die durch eine Einfriedigung verhindert oder gemildert werden können, und wird die Errichtung der Einfriedigung ausdrücklich nur aus diesen Gründen von dem Eigentümer des Nachbargrundstücks verlangt, so ist er nicht verpflichtet, sich an den Kosten der Errichtung zu beteiligen.

**§ 38 Kosten der Unterhaltung.** (1) Die Kosten der Unterhaltung einer Einfriedigung tragen die beteiligten Grundstückseigentümer je zur Hälfte, wenn und sobald für sie oder ihre Rechtsvorgänger die Verpflichtung zur Tragung von Errichtungskosten begründet worden ist.

(2) § 37 Abs. 3 gilt entsprechend.

**§ 39 Ausnahmen.** Die §§ 32 bis 38 gelten nicht für Einfriedigungen zwischen Grundstücken und den an sie angrenzenden öffentlichen Verkehrsflächen, öffentlichen Grünflächen und oberirdischen Gewässern.

## XI. Abschnitt. Grenzabstände für Pflanzen

**§ 40 Grenzabstände für Wald.** (1) ¹Auf Waldgrundstücken ist freizuhalten

a) zu benachbarten Waldgrundstücken, Ödländereien oder Heidegrundstücken
   1. ein Streifen von 1 m Breite von jedem Baumwuchs und
   2. ein weiterer Streifen von 2 m Breite von Nadelholz über 2 m Höhe mit Ausnahme der Lärche,
b) zu Wegen ein Streifen von 1 m Breite von Baumwuchs über 2 m Höhe,
c) zu benachbarten landwirtschaftlich, gärtnerisch oder durch Weinbau genutzten oder zu diesen Zwecken vorübergehend nicht genutzten Grundstücken
   1. ein Streifen von 1 m Breite von jedem Baumwuchs und
   2. ein weiterer Streifen von 3 m Breite von Baumwuchs über 2 m Höhe.

²Mit Pappelwald ist gegenüber den unter Buchstabe c) genannten Grundstücken ein Abstand von 6 m einzuhalten.

(2) ¹Mit erstmalig begründetem Wald ist zu benachbarten erwerbsgärtnerisch oder durch Weinbau genutzten oder zu diesen Zwecken vorübergehend nicht genutzten Grundstücken für die Dauer von 30 Jahren das Doppelte der in Absatz 1 Buchstabe c) vorgeschriebenen Abstände einzuhalten. ²Für Pappelwald hat der Abstand in diesem Falle 8 m zu betragen.

(3) ¹Durch schriftlichen Vertrag, indem die Katasterbezeichnungen der Grundstücke anzugeben sind, kann ein von Absatz 1 und 2 abweichender Abstand des Baumwuchses von der Grenze, jedoch kein geringerer Abstand als 1 m für einen in dem Vertrag festzulegenden Zeitraum vereinbart werden. ²Wird ein Grundstück, auf das sich eine solche Vereinbarung bezieht, während der Dauer der Vereinbarung veräußert oder geht es durch Erbfolge oder in anderer Weise auf einen Rechtsnachfolger über, so tritt der Erwerber in die Rechte und Verpflichtungen aus der Vereinbarung ein.

## § 41 Grenzabstände für bestimmte Bäume, Sträucher und Rebstöcke.

(1) Mit Bäumen außerhalb des Waldes, Sträuchern und Rebstöcken sind von den Nachbargrundstücken – vorbehaltlich des § 43 – folgende Abstände einzuhalten:

1. mit Bäumen außer den Ostgehölzen, und zwar
   a) stark wachsenden Bäumen, insbesondere der Rotbuche (Fagus silvatica) und sämtliche Arten der Linde (Tilia), der Platane (Platanus), der Roßkastanie (Aesculus), der Eiche (Quercus) und der Pappel (Populus) — 4,00 m,
   b) allen übrigen Bäumen — 2,00 m,
2. mit Ziersträuchern, und zwar
   a) stark wachsenden Ziersträuchern, insbesondere dem Feldahorn (Acer campestre), dem Flieder (Syringa vulgaris), dem Goldglöckchen (Forsythia intermedia), der Haselnuß (Corylus avellana), den Pfeifensträuchern – falscher Jasmin – (Philadelphus coronarius) — 1,00 m,
   b) allen übrigen Ziersträuchern — 0,50 m,
3. mit Ostgehölzen, und zwar
   a) Kernobstbäumen, soweit sie auf stark wachsender Unterlage veredelt sind, sowie Süßkirschbäumen, Walnußbäumen und Eßkastanienbäumen — 2,00 m,
   b) Kernobstbäumen, soweit sie auf mittelstark wachsender Unterlage veredelt sind, sowie Steinobstbäumen, ausgenommen die Süßkirschbäume — 1,50 m,
   c) Kernobstbäumen, soweit sie auf schwach wachsender Unterlage veredelt sind — 1,00 m,
   d) Brombeersträuchern — 1,00 m,
   e) allen übrigen Beerenobststräuchern — 0,50 m,

Nachbarrechtsgesetz §§ 42–45 **NachbG 14**

4. mit Rebstöcken, und zwar
   a) in geschlossenen Rebanlagen, deren Gesamthöhe 1,80 m, übersteigt (Weitraumanlagen)  1,50 m,
   b) in allen übrigen geschlossenen Rebanlagen  0,75 m,
   c) einzelnen Rebstöcken  0,50 m.

(2) ¹Ziersträucher und Beerenobststräucher dürfen in ihrer Höhe das Dreifache ihres Abstandes zum Nachbargrundstück nicht überschreiten. ²Strauchtriebe, die in einem geringeren als der Hälfte des vorgeschriebenen Abstandes aus dem Boden austreten, sind zu entfernen.

**§ 42 Grenzabstände für Hecken.** ¹Es sind mit Hecken – vorbehaltlich des § 43 –

a) über 2 m Höhe  1,00 m

und

b) bis zu 2 m Höhe  0,50 m

Abstand von der Grenze einzuhalten. ²Das gilt nicht, wenn das öffentliche Recht andere Grenzabstände vorschreibt.

**§ 43 Verdoppelung der Abstände.** Die doppelten Abstände nach den §§ 41 und 42, höchstens jedoch 6 m, sind einzuhalten gegenüber Grundstücken, die

a) landwirtschaftlich, gärtnerisch oder durch Weinbau genutzt oder zu diesen Zwecken vorübergehend nicht genutzt sind und im Außenbereich (*§ 19 Abs. 2 des Bundesbaugesetzes*)[1) liegen oder
b) durch Bebauungsplan der landwirtschaftlichen, gärtnerischen oder weinbaulichen Nutzung vorbehalten sind.

**§ 44 Baumschulen.** Es sind mit Baumschulbeständen

a) über 2 m Höhe  2,00 m,

b) bis zu 2 m Höhe  1,00 m

und

c) bis zu 1 m Höhe  0,50 m

Abstand von der Grenze einzuhalten

**§ 45 Ausnahmen.** (1) Die §§ 40 bis 44 gelten nicht für

a) Anpflanzungen an den Grenzen zu öffentlichen Verkehrsflächen, zu öffentlichen Grünflächen und zu oberirdischen Gewässern von mehr als 4 m Breite (Mittelwasserstand),
b) Anpflanzungen auf öffentlichen Verkehrsflächen,

---

1) Siehe jetzt § 35 Baugesetzbuch, **Sartorius** Nr. **300**.

c) Anpflanzungen, die hinter einer geschlossenen Einfriedigung vorgenommen werden und diese nicht überragen; als geschlossen im Sinne dieser Vorschrift gilt auch eine Einfriedigung, deren Bauteile breiter sind als die Zwischenräume,

d) Windschutzstreifen und ähnliche, dem gleichen Zweck dienende Hecken und Baumbestände außerhalb von Waldungen,

e) Anpflanzungen, die bei Inkrafttreten dieses Gesetzes vorhanden sind und deren Abstand dem bisherigen Recht entspricht,

f) die in einem auf Grund des Landschaftsgesetzes[1]) erlassenen rechtsverbindlichen Landschaftsplan vorgesehenen Anpflanzungen von Flurgehölzen, Hecken, Schutzpflanzungen, Alleen, Baumgruppen und Einzelbäumen.

(2) § 40 Abs. 1 Buchstabe a Nr. 1 und 2 gilt nicht, soweit gemäß dem Forstrecht nach gemeinsamen Betriebsplänen unabhängig von den Eigentumsgrenzen gewirtschaftet wird.

(3) Wird für die in Absatz 1 Buchstabe e) genannten Anpflanzungen eine Ersatzanpflanzung vorgenommen, so gelten die §§ 40 bis 44 und 46.

(4) Absätze 1 und 2 gelten auch für Bewuchs, der durch Aussamung oder Auswuchs entstanden ist.

**§ 46 Berechnung des Abstandes.** [1]Der Abstand wird von der Mitte des Baumstammes, des Strauches oder des Rebstockes waagerecht und rechtwinklig zur Grenze gemessen, und zwar an der Stelle, an der der Baum, der Strauch oder der Rebstock aus dem Boden austritt. [2]Bei Hecken ist von der Seitenfläche aus zu messen.

**§ 47 Ausschluß des Beseitigungsanspruchs.** (1) [1]Der Anspruch auf Beseitigung einer Anpflanzung, mit der ein geringerer als der in den §§ 40 bis 44 und 46 vorgeschriebene Abstand eingehalten wird, ist ausgeschlossen, wenn der Nachbar nicht binnen sechs Jahren nach dem Anpflanzen Klage auf Beseitigung erhoben hat; diese Frist beginnt frühestens mit dem Inkrafttreten dieses Gesetzes. [2]Ist die Anpflanzung in diesem Zeitpunkt seit mindestens fünf Jahren vorhanden und entspricht deren Abstand auch nicht dem bisherigen Recht, so kann die Klage auf Beseitigung nur noch innerhalb eines Jahres nach dem Inkrafttreten dieses Gesetzes erhoben werden.

(2) § 45 Abs. 3 und 4 gilt entsprechend.

**§ 48 Nachträgliche Grenzänderungen.** Die Rechtmäßigkeit des Abstandes wird durch nachträgliche Grenzänderungen nicht berührt; jedoch gilt § 45 Abs. 3 und 4 entsprechend.

---

[1]) **Von Hippel-Rehborn** Nr. 119.

Nachbarrechtsgesetz §§ 49–54 **NachbG 14**

## XII. Abschnitt. Allgemeine Vorschriften

**§ 49 Anwendungsbereich des Gesetzes.** (1) ¹Die Vorschriften dieses Gesetzes gelten – unbeschadet von § 40 – nur, soweit die Beteiligten nichts anders vereinbaren und eine solche Vereinbarung anderen Vorschriften nicht widerspricht. ²Die in diesem Gesetz vorgeschriebene Schriftform kann nicht abbedungen werden.

(2) Öffentlich-rechtliche Vorschriften werden durch dieses Gesetz nicht berührt.

**§ 50 Schutz der Nachbarrechte.** Werden Vorschriften dieses Gesetzes verletzt, so kann der Eigentümer des Nachbargrundstücks, sofern dieses Gesetz keine Regelung trifft, Ansprüche auf Grund der Vorschriften des Bürgerlichen Gesetzbuchs geltend machen.

**§ 51 Verjährung.** (1) Ansprüche auf Schadensersatz nach diesem Gesetz verjähren in drei Jahren von dem Zeitpunkt an, in welchem der Verletzte von dem Schaden und der Person des Ersatzpflichtigen Kenntnis erlangt, ohne Rücksicht auf diese Kenntnis in dreißig Jahren von der Vornahme der Handlung an.

(2) Andere, auf Zahlung vom Geld gerichtete Ansprüche nach diesem Gesetz verjähren in zehn Jahren, beginnend mit dem Schluß des Jahres, in welchem der Anspruch fällig wird.

**§ 52 Stellung des Erbbauberechtigten.** Der Erbbauberechtigte tritt an die Stelle des Eigentümers des Grundstücks.

## XIII. Abschnitt. Schlußbestimmungen

**§ 53 Übergangsvorschriften.** Der Umfang von Rechten, die bei Inkrafttreten dieses Gesetzes bestehen, richtet sich – unbeschadet der §§ 2 Buchstabe d) und e), 5 Buchstabe d), 36 Abs. 3 und 45 Abs. 1 Buchstabe e) – nach den Vorschriften dieses Gesetzes.

**§ 54 Außerkrafttreten von Vorschriften.** ¹Die diesem Gesetz entgegenstehenden Vorschriften werden aufgehoben. ²Namentlich werden folgende Vorschriften aufgehoben, soweit sie nicht bereits außer Kraft getreten sind:
1. Erster Teil, Achter Titel §§ 125 bis 131, 133, 137 bis 140, 142 bis 144, 146 bis 148, 152, 153, 155, 156, 162 bis 167, 169 bis 174, 185, 186, Zweiundzwanzigster Titel §§ 55 bis 62 des Allgemeinen Landrechts für die Preußischen Staaten vom 5. Februar 1794;
2. Artikel 23 §§ 1 bis 3 des Preußischen Ausführungsgesetzes zum Bürgerlichen Gesetzbuch vom 20. September 1899 (PrGS NW S. 105);

3. Artikel 671, 672 Abs. 1, 674 bis 681 des Rheinischen Bürgerlichen Gesetzbuchs (Code civil);
4. Gesetz über das forstliche Nachbarrecht vom 25. Juni 1962 (GV NW S. 371).

**§ 55.** Dieses Gesetz tritt am 1. Juli 1969 in Kraft.

## 15. Gesetz über den Schutz der Berufsbezeichnungen „Architekt", „Architektin", „Stadtplaner" und „Stadtplanerin" sowie über die Architektenkammer, über den Schutz der Berufsbezeichnung „Beratender Ingenieur" und „Beratende Ingenieurin" sowie über die Ingenieurkammer-Bau – Baukammerngesetz (BauKaG NRW) –[1]

Vom 15. Dezember 1992

(GV NRW S. 534/SGV NRW 2331)
Ber. GV NRW 1995 S. 982, 1998 S. 606, 1999 S. 32
§§ 9, 29, 90 geändert durch Ges. vom 7. 3. 1995 (GV NRW S. 218); §§ 9, 13 geändert durch Ges. vom 19. 3. 1996 (GV NRW S. 136); § 31 neugefaßt, § 33 geändert durch Ges. vom 28. 5. 1998 (GV NRW S. 211); § 85 neugefaßt durch Ges. vom 20. 4. 1999 (GV NRW S. 154); §§ 41, 57, 77, 89 geändert durch Art. 60 EuroAnpG vom 25. 9. 2001 (GV NRW S. 708)

### Inhaltsübersicht

**Erster Teil.** Schutz der Berufsbezeichnungen „Architekt", „Architektin", „Stadtplaner" und „Stadtplanerin"; Architektenkammer

**Erster Abschnitt. Schutz der Berufsbezeichnungen**　§§

| | |
|---|---|
| Berufsaufgaben | 1 |
| Berufsbezeichnungen | 2 |
| Architektenlisten, Stadtplanerliste | 3 |
| Eintragung | 4 |
| Löschung der Eintragung | 5 |
| Auswärtige Architekten und Architektinnen, Stadtplaner und Stadtplanerinnen | 6 |

**Zweiter Abschnitt. Architektenkammer**

| | |
|---|---|
| Architektenkammer | 7 |
| Mitgliedschaft | 8 |
| Aufgaben der Architektenkammer | 9 |
| Organe der Architektenkammer | 10 |
| Vertreterversammlung der Architektenkammer | 11 |
| Aufgaben der Vertreterversammlung | 12 |
| Vorstand der Architektenkammer | 13 |
| Satzung | 14 |
| Berufspflichten | 15 |
| Finanzwesen | 16 |
| Pflicht zur Verschwiegenheit; Auskünfte | 17 |

---

[1] **Literatur:** Geldmacher, Architektenrecht, München 2000; Hermann, Recht der Kammern und Verbände freier Berufe, Baden-Baden 1996; Löffelmann/Fleischmann, Architektenrecht, 3. Aufl., Düsseldorf 1995; Oehlers, Die Kammern freier Berufe als Unternehmensvereinigungen, Köln 1996; Potz/Rath/Piendel, Architektenrecht, 2. Aufl., Köln 1998; Sangenstedt, Rechtshandbuch für Ingenieure und Architekten, München 1999; Tettinger, Kammerrecht, München 1997; Wirtz, Das Haushaltsrecht der Kammern, Frankfurt 1999.

# 15 BauKaG NRW  Baukammerngesetz

**Dritter Abschnitt. Eintragungsausschuß bei der Architektenkammer** §§
Einrichtung und Zusammensetzung ........................................................................... 18
Wahl ............................................................................................................................. 19
Verfahrensvorschriften ................................................................................................ 20

### Zweiter Teil. Schutz der Berufsbezeichnung „Beratender Ingenieur" und „Beratende Ingenieurin"; Ingenieurkammer-Bau

**Erster Abschnitt. Schutz der Berufsbezeichnung**
Berufsaufgaben ............................................................................................................ 21
Berufsbezeichnung ...................................................................................................... 22
Listen der Beratenden Ingenieure und Ingenieurinnen ............................................. 23
Eintragung ................................................................................................................... 24
Löschung der Eintragung ........................................................................................... 25
Auswärtige Beratende Ingenieure und Ingenieurinnen ............................................. 26

**Zweiter Abschnitt. Ingenieurkammer-Bau**
Errichtung ................................................................................................................... 27
Mitgliedschaft ............................................................................................................. 28
Aufgaben der Ingenieurkammer-Bau ........................................................................ 29
Organe der Ingenieurkammer-Bau ............................................................................ 30
Vertreterversammlung der Ingenieurkammer-Bau .................................................... 31
Aufgaben der Vertreterversammlung ........................................................................ 32
Vorstand der Ingenieurkammer-Bau ......................................................................... 33
Satzung ....................................................................................................................... 34
Berufspflichten ........................................................................................................... 35
Finanzwesen ............................................................................................................... 36
Pflicht zur Verschwiegenheit; Auskünfte .................................................................. 37

**Dritter Abschnitt. Eintragungsausschuß bei der Ingenieurkammer-Bau**
Einrichtung und Zusammensetzung ........................................................................... 38
Wahl, Verfahrensvorschriften .................................................................................... 39

### Dritter Teil. Berufsgerichtsbarkeit

Bildung der Berufsgerichte ........................................................................................ 40
Sachliche Zuständigkeit ............................................................................................. 41
Zusammensetzung der Berufsgerichte ....................................................................... 42
Bestellung der Berufsrichter ...................................................................................... 43
Ehrenamtliche Beisitzer ............................................................................................. 44
Amtsunfähigkeit der ehrenamtlichen Beisitzer ......................................................... 45
Geschäftsverteilung .................................................................................................... 46
Eröffnungsantrag ........................................................................................................ 47
Verteidigung ............................................................................................................... 48
Entscheidung über den Eröffnungsantrag ................................................................. 49
Eröffnungsbeschluß .................................................................................................... 50
Zusammentreffen mit Strafverfahren ........................................................................ 51
Vernehmung des Beschuldigten ................................................................................ 52
Vereidigung von Zeugen und Sachverständigen ...................................................... 53
Beweiserhebung ......................................................................................................... 54
Ergänzung des Eröffnungsbeschlusses ...................................................................... 55
Abschluß der Ermittlungen ........................................................................................ 56
Beschlußverfahren ...................................................................................................... 57
Hauptverhandlung ...................................................................................................... 58
Öffentlichkeit, Sitzungspolizei, Gerichtssprache ...................................................... 59
Ausbleiben des Beschuldigten ................................................................................... 60
Eröffnung der Hauptverhandlung .............................................................................. 61
Anwendung der Vorschriften der Strafprozeßordnung ............................................ 62
Schluß der Beweisaufnahme ...................................................................................... 63

Baukammerngesetz §1 BauKaG NRW 15

| | §§ |
|---|---|
| Ausdehnung des Verfahrens | 64 |
| Gegenstand der Urteilsfindung | 65 |
| Urteil | 66 |
| Beratung und Abstimmung | 67 |
| Verkündung | 68 |
| Einstellung des Verfahrens | 69 |
| Einstellungsbeschluß | 70 |
| Berufung | 71 |
| Verfahren vor dem Landesberufsgericht | 72 |
| Verwerfungsbescheid | 73 |
| Berufungsurteil | 74 |
| Beschwerde | 75 |
| Wiederaufnahme | 76 |
| Kosten | 77 |
| Auslagen | 78 |
| Kostenfestsetzung | 79 |
| Vollstreckung | 80 |
| Aufhebung von Maßnahmen | 81 |
| Allgemeine Verfahrensvorschriften | 82 |
| Amts- und Rechtshilfe | 83 |
| Kostenerstattung | 84 |

**Vierter Teil. Aufsicht über die Architektenkammer und die Ingenieurkammer-Bau**

| | |
|---|---|
| Aufsichtsbehörde | 85 |
| Durchführung der Aufsicht | 86 |

**Fünfter Teil. Zusammenarbeit der Architektenkammer und der Ingenieurkammer-Bau**

| | |
|---|---|
| Bereiche der Zusammenarbeit | 87 |
| Gemeinsamer Ausschuß; gemeinsame Arbeitskreise und Einrichtungen | 88 |

**Sechster Teil. Ordnungswidrigkeiten**

| | |
|---|---|
| Ordnungswidrigkeiten | 89 |

**Siebenter Teil. Übergangs- und Schlußvorschriften**

| | |
|---|---|
| Rechtsverordnungen und Verwaltungsvorschriften | 90 |
| Fortführung der Berufsbezeichnung „Stadtplaner" und „Stadtplanerin" | 91 |

## Erster Teil. Schutz der Berufsbezeichnungen „Architekt", „Architektin", „Stadtplaner" und „Stadtplanerin"; Architektenkammer

### Erster Abschnitt. Schutz der Berufsbezeichnungen

**§ 1 Berufsaufgaben.** (1) Berufsaufgabe der Architekten und Architektinnen ist die gestaltende, technische, wirtschaftliche, ökologische und soziale Planung von Bauwerken.

(2) Berufsaufgabe der Innenarchitekten und Innenarchitektinnen ist die gestaltende, technische, wirtschaftliche, ökologische und soziale Planung von Innenräumen.

(3) Berufsaufgabe der Landschaftsarchitekten und Landschaftsarchitektinnen ist die gestaltende, technische, wirtschaftliche, ökologische und soziale Garten- und Landschaftsplanung.

(4) Berufsaufgabe der Stadtplaner und Stadtplanerinnen ist die gestaltende, technische, wirtschaftliche, ökologische und soziale Stadt- und Raumplanung, insbesondere die Erarbeitung städtebaulicher Pläne.

(5) [1] Zu den Berufsaufgaben der in den Absätzen 1 bis 4 genannten Personen gehören die Beratung, Betreuung und Vertretung des Auftraggebers oder der Auftraggeberin in den mit der Planung und Ausführung eines Vorhabens zusammenhängenden Angelegenheiten sowie die Überwachung der Ausführung. [2] Zu den Berufsaufgaben kann auch die Erstattung von Fachgutachten gehören.

**§ 2 Berufsbezeichnung.** (1) [1] Die Berufsbezeichnung „Architekt", „Architektin", „Innenarchitekt", Innenarchitektin", „Landschaftsarchitekt", „Landschaftsarchitektin", „Stadtplaner" und „Stadtplanerin" darf nur führen, wer in die Architektenliste der jeweiligen Fachrichtung oder die Stadtplanerliste (§ 3 Abs. 1) eingetragen ist oder wem die Berechtigung zur Führung der Berufsbezeichnung nach § 6 zusteht. [2] Landschaftsarchitekten und Landschaftsarchitektinnen dürfen auch die bisherige Berufsbezeichnung „Garten- und Landschaftsarchitekt" und „Garten- und Landschaftsarchitektin" führen, wenn sie entsprechend in die Liste der Landschaftsarchitekten und Landschaftsarchitektinnen eingetragen sind.

(2) Wortverbindungen mit Berufsbezeichnungen nach Absatz 1 oder mit ähnlichen Bezeichnungen darf nur verwenden, wer die entsprechende Berufsbezeichnung zu führen befugt ist.

(3) Das Recht zur Führung akademischer Grade wird durch diese Regelung nicht berührt.

**§ 3 Architektenlisten, Stadtplanerliste.** (1) Die Architektenkammer (§ 7) führt je einer Liste der Architekten und Architektinnen, der Innenarchitekten und Innenarchitektinnen, der Landschaftsarchitekten und der Landschaftsarchitektinnen sowie der Stadtplaner und Stadtplanerinnen.

(2) [1] Über die Eintragung und die Löschung in den Fällen des § 5 Buchstaben d und e entscheidet der Eintragungsausschuß. [2] Der Vorsitzende oder die Vorsitzende stellt der betroffene Person die Entscheidung zu und übermittelt sie nach Unanfechtbarkeit der Architektenkammer. [3] Über die Eintragung wird eine Bescheinigung ausgestellt, welche bei der Löschung zurückzugeben ist.

(3) Der Eintragungsausschuß entscheidet auch über die Ausstellung der Bescheinigung für in die Liste der Architekten und Architektinnen eingetragene Staatsangehörige eines Mitgliedstaates der Europäischen

Gemeinschaften oder eines anderen Vertragsstaates des Abkommens über den Europäischen Wirtschaftsraum zum Nachweis

1. der Berufserfahrung von Architekten und Architektinnen mit abgeschlossener Ausbildung auf dem Gebiet der Architektur an einer deutschen Fachhochschule oder mit einer entsprechenden Ausbildung an einer deutschen Gesamthochschule, soweit die Studiendauer weniger als vier Jahre, mindestens jedoch drei Jahre betragen hat,
2. der Berufsbefähigung von Architekten und Architektinnen mit einem Prüfungszeugnis, das vor dem 1. Januar 1973 in einem Studiengang für Architektur von einer deutschen Ingenieur- oder Werkkunstschule ausgestellt wurde, nach Artikel 4 Abs. 1 Untersatz 2 und Artikel 13 in Verbindung mit Artikel 11 Buchstabe a vierter Gedankenstrich der Richtlinie 85/384/EWG des Rates der Europäischen Gemeinschaften vom 10. Juni 1985 für die gegenseitigen Anerkennung der Diplome, Prüfungszeugnisse und sonstigen Befähigungsnachweise auf dem Gebiet der Architektur und für Maßnahmen zur Erleichterung der tatsächlichen Ausübung des Niederlassungsrechts und des Rechts auf freien Dienstleistungsverkehr (ABl. EG Nr. L 223 S. 15), geändert durch die Richtlinie 85/614/EWG des Rates vom 20. Dezember 1985 (ABl. EG Nr. L 376 S. 1), die Richtlinie 86/17/EWG des Rates vom 27. Januar 1986 (ABl. EG Nr. L 27 S. 71, ber. ABl. EG Nr. L 87 S. 36) und die Richtlinie 90/658/EWG des Rates vom 4. Dezember 1990 (ABl. EG Nr. l 353 S. 73), – RL 85/384/EWG –, nachdem er die entsprechenden Voraussetzungen zuvor festgestellt hat.

(4) Der Eintragungsausschuß entscheidet ferner über die Ausstellung von Bescheinigungen zum Nachweis der für die Tätigkeit als Innenarchitekten, Innenarchitektinnen, Landschaftsarchitekten, Landschaftsarchitektinnen, Stadtplaner oder Stadtplanerinnen erforderlichen Voraussetzungen nach Art. 8 Abs. 1 in Verbindung mit Art. 3 der Richtlinie des Rates vom 21. Dezember 1988 über eine allgemeine Regelung zur Anerkennung der Hochschuldiplome, die eine mindestens dreijährige Berufsausbildung abschließen (89/48/EWG – ABl. EG Nr. L 19/16 v. 24. Januar 1989) bei Angehörigen eines Mitgliedstaates der europäischen Gemeinschaften oder eines anderen Vertragsstaates des Abkommens über den Europäischen Wirtschaftsraum, die ihre Hauptwohnung, ihre Niederlassung oder ihre überwiegende berufliche Beschäftigung im Land Nordrhein-Westfalen haben und danach die Voraussetzungen für die Eintragung in die Architektenlisten oder die Stadtplanerliste erfüllen.

**§ 4 Eintragung.** (1) [1] In die Liste ihrer Fachrichtung wird auf Antrag die Person eingetragen, die ihre Hauptwohnung, ihre Niederlassung oder ihre überwiegende berufliche Beschäftigung in Nordrhein-Westfalen hat und

a) die Ausbildung für eine der in § 1 Abs. 1 bis 4 genannten Berufsaufgaben an einer deutschen Hochschule mit Erfolg abgeschlossen und danach eine mindestens zweijährige praktische Tätigkeit in der betreffenden Fachrichtung ausgeübt hat,

b) Lehrer oder Lehrerin einer der Fachrichtungen nach § 1 Abs. 1 bis 4 an einer deutschen Hochschule ist oder

c) die Befähigung zum höheren oder gehobenen bautechnischen Verwaltungsdienst der Fachrichtungen Hochbau oder Städtebau oder zum höheren Dienst Landschaftspflege und Naturschutz des Landes Nordrhein-Westfalen in der Landschaftspflege besitzt oder dem gehobenen Dienst in der Landschaftspflege und dem Naturschutz angehört oder angehörte.

2 Als Ausbildung zum Stadtplaner oder zur Stadtplanerin wird ein Studium der Stadtplanung sowie ein Studium der Architektur oder der Raumplanung mit Schwerpunkt im Städtebau anerkannt. 3 In die Liste ihrer Fachrichtung wird auch eine Person eingetragen, die eine Lehrtätigkeit an einer anerkannten deutschen oder ausländischen Lehranstalt ausübt oder die Abschlußprüfung einer solchen Lehranstalt besitzt und danach eine mindestens zweijährige praktische Tätigkeit in der entsprechenden Fachrichtung ausgeübt hat. 4 Die Anerkennung spricht die Aufsichtsbehörde (§ 85) aus.

(2) War eine sich bewerbende Person in einer Architektenliste oder der Stadtplanerliste eines anderen Landes eingetragen und ist ihre Eintragung nur gelöscht worden, weil sie ihre Hauptwohnung, ihre Niederlassung und ihre überwiegende berufliche Beschäftigung in diesem Lande aufgegeben hat, so ist sie auf Antrag in die Liste ihrer Fachrichtung einzutragen, ohne daß es einer erneuten Prüfung der Eintragungsvoraussetzungen bedarf, sofern keine Versagungsgründe nach den Absätzen 6 bis 8 vorliegen.

(3) 1 Staatsangehörige eines anderen Mitgliedstaates der Europäischen Gemeinschaften oder eines anderen Vertragsstaates des Abkommens über den Europäischen Wirtschaftsraum, die die Voraussetzungen des Absatzes 1 Satz 1 Buchstaben a bis c nicht erfüllen, werden, ohne daß es einer Anerkennung nach Absatz 1 Sätze 2 und 3 bedarf, auf Antrag in die Liste ihrer Fachrichtung eingetragen

a) als Architekt oder Architektin nach § 1 Abs. 1, wenn ein Diplom, Prüfungszeugnis oder ein sonstiger Befähigungsnachweis nach Art. 7, 11 oder 12 der Richtlinie 85/384/EWG vorgelegt und nach der Ausbildung eine praktische Tätigkeit in den wesentlichen Berufsaufgaben der entsprechenden Fachrichtungen von mindestens zwei Jahren nachgewiesen wird;

b) als Innenarchitekt, Innenarchitektin, Landschaftsarchitekt, Landschaftsarchitektin, Stadtplaner oder Stadtplanerin, wenn

   aa) aufgrund eines Diploms im Sinne des Art. 1 Buchstabe a) der Richtlinie 89/48/EWG in einem anderen Mitgliedstaat oder einem anderen Vertragsstaat des Abkommens über den Europäischen Wirtschaftsraum die beruflichen Voraussetzungen für den unmittelbaren Zugang zum Beruf des Innenarchitekten, der Innenarchitektin, des Landschaftsarchitekten, der Landschaftsarchitektin, des Stadtplaners oder der Stadtplanerin oder für die Ausübung dieses Berufs gegeben sind oder

bb) er oder sie über Ausbildungsnachweise im Sinne des Art. 3 Buchst. b) der Richtlinie 89/48/EWG verfügt und er oder sie diesen Beruf in einem anderen Mitgliedstaat oder einem anderen Vertragsstaat des Abkommens über den Europäischen Wirtschaftsraum vollzeitlich mindestens zwei Jahre in den zehn Jahren vor der Antragstellung ausgeübt hat.

²Die Voraussetzungen nach Satz 1 Buchstabe b) können durch eine Bescheinigung nach Art. 8 Abs. 1 der Richtlinie 89/48/EWG nachgewiesen werden.

(4) ¹Personen, die keine der Voraussetzungen des Absatzes 1 Satz 1 Buchstaben a) bis c) und Satz 2 oder des Absatzes 3 Buchstabe a) erfüllen, werden in die Liste der Architekten und Architektinnen eingetragen, wenn sie nachweisen, daß sie sich durch die Qualität ihrer Leistungen auf dem Gebiet der Architektur besonders ausgezeichnet haben. ²Über die Eintragung entscheidet der Eintragungsausschuß auf der Grundlage eines Gutachtens des Sachverständigenausschusses, dessen Mitglieder vom für das Architektenrecht zuständigen Ministerium im Einvernehmen mit dem für das Hochschulwesen zuständigen Ministerium auf die Dauer von fünf Jahren bestellt werden. ³Staatsangehörige eines anderen Mitgliedstaates der Europäischen Gemeinschaften oder eines anderen Vertragsstaates des Abkommens über den Europäischen Wirtschaftsraum führen den Nachweis durch ein Prüfungszeugnis ihres Heimat- oder Herkunftsstaates.

(5) Die Eintragung in die Liste einer Fachrichtung steht der Eintragung in die Liste einer anderen Fachrichtung nicht entgegen.

(6) Die Eintragung in die Liste einer Fachrichtung ist einer sich bewerbenden Person zu versagen.

a) solange sie nach § 45 des Strafgesetzbuches (StGB)[1] die Fähigkeit, öffentliche Ämter zu bekleiden oder Rechte aus öffentlichen Wahlen zu erlangen, verloren hat oder solange ihr das Recht, in öffentlichen Angelegenheiten zu wählen oder zu stimmen, aberkannt ist,

b) solange ihr nach § 70 StGB die Ausübung eines Berufes rechtskräftig untersagt oder nach § 132a der Strafprozeßordnung (StPO)[2] die Ausübung des Berufs vorläufig verboten ist, der eine der in § 1 genannten Tätigkeiten zum Gegenstand hat,

---

[1] **Schönfelder Nr. 85.**
[2] **Schönfelder Nr. 90.**

c) solange ihr gemäß § 35 Abs. 1 der Gewerbeordnung[1]) die Berufsausübung untersagt ist,
d) wenn sie wegen eines Verbrechens oder Vergehens rechtskräftig zu einer Strafe verurteilt worden ist und sich aus dem der Verurteilung zugrunde liegenden Sachverhalt ergibt, daß sie zur ordnungsgemäßen Erfüllung der Berufsaufgaben nach § 1 nicht geeignet ist oder
e) solange ihr wegen einer psychischen Krankheit oder einer geistigen oder seelischen Behinderung zur Besorgung aller Angelegenheiten ein Betreuer bestellt ist; dies gilt auch, wenn der Aufgabenkreis des Betreuers die in § 1896 Abs. 4 und § 1905 des Bürgerlichen Gesetzbuches (BGB)[2]) bezeichneten Angelegenheiten nicht erfaßt.

(7) Die Eintragung kann einer sich bewerbenden Person versagt werden, wenn innerhalb der letzten fünf Jahren vor Stellung des Eintragungsantrages
a) die Person eine eidesstattliche Versicherung nach § 807 der Zivilprozeßordnung (ZPO)[3]) abgegeben hat,
b) wenn das Konkursverfahren über ihr Vermögen eröffnet oder die Eröffnung mangels Masse abgelehnt worden ist oder
c) sie sich gröblich oder wiederholt berufsunwürdig verhalten hat.

(8) ¹Die Eintragung kann bei Personen, die nicht Deutsche im Sinne des Art. 116 des Grundgesetzes (GG) sind, versagt werden, wenn die Gegenseitigkeit nicht gewährleistet ist. ²Das gilt nicht für Staatsangehörige der Mitgliedstaaten der Europäischen Gemeinschaften.

**§ 5 Löschung der Eintragung.** Die Eintragung ist zu löschen wenn
a) die eingetragene Person dies beantragt,
b) die eingetragene Person verstorben ist,
c) die eingetragene Person ihre Hauptwohnung, ihre Niederlassung und ihre überwiegende berufliche Beschäftigung im Lande Nordrhein-Westfalen aufgegeben hat,
d) die eingetragene Person über die Eintragungsvoraussetzungen oder über Umstände, die der Eintragung entgegenstanden, getäuscht hat und die Eintragungsvoraussetzungen auch im Zeitpunkt der Entscheidung über eine Löschung nicht vorliegen,
e) gemäß § 4 Abs. 6 Buchstaben a, b, c und e die Eintragung zu versagen wäre,
f) in einem berufsgerichtlichen Verfahren rechtskräftig auf Löschung der Eintragung in den Listen nach § 3 Abs. 1 erkannt worden ist (§ 41 Abs. 2 Buchst. f).

---

[1]) *Sartorius* Nr. 800.
[2]) *Schönfelder* Nr. 20.
[3]) *Schönfelder* Nr. 100.

**§ 6 Auswärtige Architekten, Architektinnen, Stadtplaner und Stadtplanerinnen.** (1) ¹Personen, die im Land Nordrhein-Westfalen weder ihre Hauptwohnung, ihre Niederlassung noch ihre überwiegende berufliche Beschäftigung haben (auswärtige Architekten und Architektinnen oder auswärtige Stadtplaner und Stadtplanerinnen) dürfen eine Berufsbezeichnung nach § 2 Abs. 1 oder eine Wortverbindung nach § 2 Abs. 2 ohne Eintragung in eine Architektenliste oder die Stadtplanerliste führen, wenn sie

a) diese oder eine vergleichbare Berufsbezeichnung auf Grund einer gesetzlichen Regelung des Landes ihrer Hauptwohnung, ihrer Niederlassung oder ihrer überwiegenden beruflichen Beschäftigung führen dürfen oder

b) die Voraussetzungen des § 4 Abs. 1 erfüllen und in dem Land, in dem sie ihre Hauptwohnung, ihre Niederlassung oder ihre überwiegende berufliche Beschäftigung haben, eine vergleichbare gesetzliche Regelung nicht besteht und Versagungsgründe nach § 4 Abs. 5 und 7 nicht vorliegen.

²Über das Vorliegen der Voraussetzungen nach Buchstabe b entscheidet der Eintragungsausschuß.

(2) ¹Soweit auswärtige Architekten und Architektinnen oder auswärtige Stadtplaner und Stadtplanerinnen nicht Mitglied einer Architektenkammer in der Bundesrepublik Deutschland sind, sind sie zur Überwachung der Einhaltung der Berufspflichten wie Mitglieder der Architektenkammer zu behandeln und haben hierzu das erstmalige Erbringen von Leistungen als Architekten, Architektinnen, Stadtplaner oder Stadtplanerinnen vorher der Architektenkammer anzuzeigen. Sie haben dabei Bescheinigungen darüber vorzulegen, daß sie

1. den Beruf des Architekten, der Architektin, des Stadtplaners oder der Stadtplanerin im Staate ihrer Hauptwohnung, ihrer Niederlassung oder ihres Dienst- oder Beschäftigungsortes rechtmäßig ausüben und

2. ein Diplom, Prüfungszeugnis oder einen sonstigen Befähigungsnachweis über eine anerkannte abgeschlossene Ausbildung oder gleichwertige Befähigung auf dem Gebiet der Architektur oder der Stadtplanung besitzen.

²Sie sind nach Prüfung der Voraussetzung durch den Eintragungsausschuß jeweils in einem besonderen Verzeichnis zu führen. ³Hierüber ist ihnen eine Bescheinigung auszustellen, aus der sich auch die Berechtigung zur Führung der Berufsbezeichnung nach § 2 Abs. 1 ergibt.

(3) Den in Absatz 2 genannten Personen kann der Eintragungsausschuß bei der Architektenkammer die Führung der Berufsbezeichnung untersagen, wenn

a) die Gegenseitigkeit hinsichtlich des Rechts auf Führung der Berufsbezeichnung nicht gewährleistet ist – dies gilt nicht für Staatsangehörige der Mitgliedstaaten der Europäischen Gemeinschaften oder

eines anderen Vertragsstaates des Abkommens über den Europäischen Wirtschaftsraum –,
b) dem § 4 Abs. 1 bis 3 vergleichbare Voraussetzungen nicht vorliegen oder
c) Tatsachen eingetreten oder bekanntgeworden sind, die eine Versagung der Eintragung gemäß § 4 Abs. 6 und 7 rechtfertigen.

## Zweiter Abschnitt. Architektenkammer

**§ 7 Architektenkammer.** (1) ¹Die Architektenkammer ist die berufliche Vertretung der Architekten und Architektinnen, Innenarchitekten und Innenarchitektinnen, Landschaftsarchitekten und Landschaftsarchitektinnen, sowie der Stadtplaner und Stadtplanerinnen. ²Ihr Sitz wird durch die Satzung der Kammer bestimmt.

(2) ¹Die Architektenkammer ist eine Körperschaft des öffentlichen Rechts. ²Sie führt ein Dienstsiegel.

**§ 8 Mitgliedschaft.** (1) Der Architektenkammer gehören alle in die Architektenlisten und die Stadtplanerliste eingetragenen Architekten, Architektinnen, Innenarchitekten, Innenarchitektinnen, Landschaftsarchitekten, Landschaftsarchitektinnen, Stadtplaner und Stadtplanerinnen an.

(2) Die Mitgliedschaft endet, wenn die Eintragung in den Architektenlisten oder der Stadtplanerliste gelöscht wird.

(3) Die gleichzeitige Mitgliedschaft in der Architektenkammer und der Ingenieurkammer-Bau ist zulässig.

**§ 9 Aufgaben der Architektenkammer.** (1) Die Architektenkammer hat die Aufgabe,
1. die beruflichen Belange der Gesamtheit der Mitglieder zu wahren und die Erfüllung der beruflichen Pflichten zu überwachen,
2. die Baukultur und das Bauwesen zu fördern,
3. die Architektenlisten, die Stadtplanerliste und die in § 6 Abs. 2 Satz 3 bestimmten Verzeichnisse zu führen und die für die Berufsausübung notwendigen Bescheinigungen zu erteilen,
4. die berufliche Aus- und Fortbildung der Mitglieder sowie entsprechende Einrichtungen für die Aus- und Fortbildung zu fördern,
5. die Behörden und Gerichte durch Gutachten, Stellungnahmen und in sonstiger Weise zu unterstützen,
6. auf die Beilegung von Streitigkeiten hinzuwirken, die sich aus der Berufsausübung zwischen Mitgliedern oder zwischen diesen und Dritten ergeben,
7. Wettbewerbe zu fördern, bei der Regelung des Wettbewerbswesens mitzuwirken und die Übereinstimmung der jeweiligen Bedingun-

gen mit den bundes- und landesrechtlichen Vorschriften zu überwachen,
8. Sachverständige öffentlich zu bestellen und zu vereidigen, das Sachverständigenwesen zu fördern und auf Anforderung von Behörden und Gerichten sowie Dritter Sachverständige namhaft zu machen,
9. Sachverständige nach § 85 Abs. 2 Nr. 4 der Landesbauordnung und der hierzu erlassenen Rechtsverordnung staatlich anzuerkennen.

(2) [1] Die Architektenkammer kann Fürsorge- und Versorgungseinrichtungen für die Mitglieder und deren Familien schaffen. [2] Der Versorgungseinrichtung gehören auch Personen an, die die Voraussetzungen zur Eintragung nach § 4 Abs. 1 Satz 1, Buchstabe a, und Satz 3 mit Ausnahme der zweijährigen praktischen Tätigkeit erfüllen. [3] Mitglieder, deren Versorgung nach beamtenrechtlichen Vorschriften geregelt ist, dürfen nicht zur Teilnahme verpflichtet werden. [4] Für Angestellte, die Pflichtmitglieder einer Versorgungseinrichtung nach Satz 1 sind, sind die Pflichtbeiträge von dem Mitglied und seinem Arbeitgeber oder seiner Arbeitgeberin im Verhältnis zueinander je zur Hälfte zu tragen. [5] Die Architektenkammer kann die Mitglieder anderer Architektenkammern oder Ingenieurkammern in Versorgungseinrichtungen aufnehmen. [6] Sie kann Versorgungseinrichtungen einer anderen Versorgungs- oder Versicherungseinrichtung in der Bundesrepublik Deutschland anschließen oder zusammen mit einer oder mehreren Versorgungseinrichtungen eine gemeinsame Versorgungseinrichtung schaffen.

**§ 10 Organe der Architektenkammer.** (1) Organe der Architektenkammer sind
1. die Vertreterversammlung,
2. der Vorstand.

(2) [1] Die in die Organe der Architektenkammer berufenen Mitglieder sind zur Annahme und Ausübung ihres Amtes verpflichtet, soweit nicht ein wichtiger Grund entgegensteht. [2] Die Pflicht zur Ausübung des Amtes dauert über die Amtsdauer hinaus bis zum Amtsantritt des neuen Mitglieds. [3] Angehörige der Aufsichtsbehörde (§ 85) können nicht Mitglieder der Organe sein.

(3) [1] Die Mitglieder der Organe sind ehrenamtlich tätig. [2] Sie haben Anspruch auf Entschädigung für Auslagen und Zeitversäumnis, deren Höhe die Vertreterversammlung festsetzt.

**§ 11 Vertreterversammlung der Architektenkammer.** (1) Die Mitglieder der Vertreterversammlung werden von den Mitgliedern der Achitektenkammer auf die Dauer von fünf Jahren in allgemeiner, gleicher, geheimer und direkter Wahl nach den Grundsätzen der Verhältniswahl gewählt.

(2) ¹Die Architektenkammer erläßt die Wahlordnung. ²Sie regelt das Nähere über die Ausübung des Wahlrechts, die Durchführung der Wahl, die Anzahl der zu wählenden Vertreter und Vertreterinnen und die vorzeitige Beendigung der Mitgliedschaft zur Vertreterversammlung. ³Auf höchstens 200 Kammermitglieder ist mindestens ein Mitglied in die Vertreterversammlung zu wählen. ⁴Die Wahlordnung bestimmt ferner, wie die vier Fachrichtungen und die Tätigkeitsarten bei der Zusammensetzung der Vertreterversammlung zu berücksichtigen sind. ⁵Die Wahlordnung bedarf der Genehmigung der Aufsichtsbehörde (§ 85).

**§ 12 Aufgaben der Vertreterversammlung.** (1) Die Vertreterversammlung beschließt über

1. die Satzung (§ 14),
2. die Wahlordnung (§ 11 Abs. 2),
3. die Beitragsordnung (§ 16 Abs. 1),
4. die Gebührenordnung für die Inanspruchnahme von Kammereinrichtungen sowie für das Verfahren vor dem Eintragungsausschuß (§ 16 Abs. 2),
5. den Haushaltsplan (§ 16 Abs. 3),
6. die Haushalts- und Kassenordnung (§ 16 Abs. 3),
7. die Genehmigung der Jahresrechnung und die Wahl der Rechnungsprüfer (§ 16 Abs. 3),
8. die Wahl, Abberufung und Entlastung der Mitglieder des Vorstandes (§ 13),
9. die Wahl der Mitglieder des Eintragungsausschusses (§ 19 Abs. 1),
10. die Bildung weiterer Ausschüsse sowie die Wahl und die Abberufung der Mitglieder dieser Ausschüsse,
11. die Höhe der Entschädigung für die Mitglieder der Organe (§ 10 Abs. 3), des Eintragungsausschusses (§ 19 Abs. 2) und der weiteren Ausschüsse (Nr. 10),
12. die Wahl und die Abberufung der zwei zu bestimmenden Kammervertreter oder Kammervertreterinnen im Gemeinsamen Ausschuß der Architektenkammer und der Ingenieurkammer-Bau (§ 88 Abs. 1),
13. die Bildung von Fürsorge- und Versorgungseinrichtungen (§ 9 Abs. 2).

(2) Die Vertreterversammlung kann weitere Entscheidungen an sich ziehen; dies gilt nicht für Geschäfte der laufenden Verwaltung.

(3) ¹Die Vertreterversammlung ist beschlußfähig, wenn mehr als die Hälfte der Mitglieder anwesend sind. ²Ist eine Angelegenheit wegen Beschlußunfähigkeit der Versammlung zurückgestellt worden und tritt die Vertreterversammlung zur Verhandlung über denselben Gegen-

stand zum zweiten Male zusammen, so ist sie ohne Rücksicht auf die Zahl der Erschienenen beschlußfähig. ³In der Ladung zur zweiten Sitzung muß auf diese Vorschrift ausdrücklich hingewiesen werden.

(4) ¹Die Beschlüsse werden mit der Mehrheit der abgegebenen Stimmen gefaßt. ²Bei Stimmengleichheit ist ein Antrag abgelehnt.

(5) ¹Beschlüsse zur Änderung der Satzung und zur vorzeitigen Abberufung von Mitgliedern des Vorstandes bedürfen einer Mehrheit von zwei Dritteln der Mitglieder der Vertreterversammlung. ²Absatz 3 Sätze 2 und 3 gelten entsprechend mit der Maßgabe, daß Beschlüsse in der zweiten Sitzung einer Mehrheit von drei Vierteln der anwesenden Mitglieder bedürfen.

(6) ¹Die Vertreterversammlung ist mindestens einmal jährlich einzuberufen. ²Außerordentliche Vertreterversammlungen sind binnen einer Frist von zwei Monaten einzuberufen, wenn es der Vorstand beschließt oder wenn mindestens ein Drittel der Mitglieder der Vertreterversammlung unter Angabe des Verhandlungsgegenstandes dies schriftlich beantragt.

**§ 13 Vorstand der Architektenkammer.** (1) ¹Der Vorstand wird von der Vertreterversammlung für die Dauer von fünf Jahren gewählt. ²Er besteht aus dem Präsidenten oder der Präsidentin, zwei Vizepräsidenten oder Vizepräsidentinnen und mindestens sechs, höchstens elf Beisitzern und Beisitzerinnen. ³Jeweils mindestens ein Vizepräsident oder eine Vizepräsidentin muß der Gruppe der angestellten oder beamteten Kammermitglieder und der Gruppe der eigenverantwortlich tätigen Kammermitglieder angehören.

(2) Der Vorstand führt die Geschäfte der Architektenkammer; er bedient sich hierzu eines Geschäftsführers oder einer Geschäftsführerin.

(3) Der Präsident oder die Präsidentin vertritt die Architektenkammer gerichtlich und außergerichtlich.

(4) ¹Erklärungen, durch welche die Architektenkammer verpflichtet werden soll, bedürfen der Schriftform. ²Sie sind von dem Präsidenten oder der Präsidentin und einem Mitglied des Vorstandes zu unterzeichnen. ³Dies gilt nicht für Geschäfte der laufenden Verwaltung.

(5) Der Vorstand gibt sich eine Geschäftsordnung.

**§ 14 Satzung.** (1) ¹Die Architektenkammer gibt sich eine Satzung. ²Diese muß Bestimmungen enthalten über

1. den Sitz der Architektenkammer,
2. die Rechte der Kammermitglieder,
3. die Einberufung und die Geschäftsordnung der Vertreterversammlung der Architektenkammer,
4. die Zusammensetzung des Vorstandes der Architektenkammer sowie die Wahl und die Abberufung der Mitglieder,

5. die Zusammensetzung der Ausschüsse der Architektenkammer, falls solche gebildet werden, sowie die Wahl und die Abberufung von deren Mitgliedern,
6. die Form und die Art der Bekanntmachungen.

(2) Die Satzung bestimmt ferner die Pflichten, die sich aus der Mitgliedschaft in der Architektenkammer ergeben, insbesondere trifft sie Regelungen über

1. die Entrichtung des Mitgliedsbeitrags,
2. den Abschluß schriftlicher Arbeitsverträge,
3. die Pflicht, als Arbeitgeber oder Arbeitgeberin die Fort- und Weiterbildung seiner oder ihrer Angestellten zu fördern,
4. das Führen der Berufsbezeichnung entsprechend der jeweiligen Fachrichtung.
5. die neben der Berufsbezeichnung zulässigen Hinweise auf die Tätigkeitsart.

(3) Die Satzung ist so auszugestalten, daß die Wahrung der Belange aller Fachrichtungen und Tätigkeitsarten gesichert ist.

(4) Die Satzung und deren Änderung bedürfen der Genehmigung der Aufsichtsbehörde (§ 85).

**§ 15 Berufspflichten.** (1) Die Kammermitglieder sind verpflichtet, ihren Beruf gewissenhaft und unter Beachtung des Rechts auszuüben und dem ihnen im Zusammenhang mit dem Beruf entgegengebrachten Vertrauen zu entsprechen.

(2) Sie sind insbesondere verpflichtet,

1. bei der Ausübung des Berufs darauf zu achten, daß das Leben und die Gesundheit Dritter, die natürlichen Lebensgrundlagen und bedeutende Sachwerte nicht gefährdet werden,
2. die berechtigten Interessen des Auftraggebers oder der Auftraggeberin zu wahren,
3. Geschäfts- und Betriebsgeheimnisse zu wahren,
4. sich beruflich fortzubilden und sich über die für die Berufsausübung geltenden Bestimmungen zu unterrichten,
5. im Falle freiberuflicher Tätigkeit ihre Unabhängigkeit und Eigenverantwortlichkeit zu wahren und sich ausreichend gegen Haftpflichtansprüche zu versichern,
6. berufswidrige Handlungen zu Zwecken des Wettbewerbs insbesondere anpreisende Werbung zu unterlassen,
7. an Wettbewerben sich nur zu beteiligen, wenn durch die Verfahrensbedingungen gemäß geltenden bundes- oder landesrechtlichen Vorschriften ein lauterer Leistungsvergleich sichergestellt ist und in ausgewogener Weise den Belangen von Auslober oder Ausloberin

sowie Teilnehmern und Teilnehmerinnen Rechnung getragen wird,

8. in Ausübung ihres Berufs keine Vorteile von Dritten, die nicht Auftraggeber oder Auftraggeberin sind, zu fordern oder anzunehmen,

9. bei Honorarvereinbarungen die Verordnung über die Honorare für Leistungen der Architekten und der Ingenieure in der jeweils geltenden Fassung sowie sonstige einschlägige preisrechtliche Bestimmungen zu beachten,

10. das geistige Eigentum anderer zu achten und nur solche Entwürfe und Bauvorlagen mit ihrer Unterschrift zu versehen, die von ihnen selbst oder unter ihrer Leitung gefertigt wurden,

11. sich gegenüber Berufsangehörigen sowie Mitarbeitern und Mitarbeiterinnen und in der Zusammenarbeit mit Angehörigen anderer Berufe kollegial zu verhalten.

(3) ¹Ein außerhalb des Berufs liegendes Verhalten ist eine Berufspflichtverletzung, wenn es nach den Umständen des Einzelfalls in besonderem Maße geeignet ist, Achtung und Vertrauen in einer für die Ausübung der Berufstätigkeit oder für das Ansehen des Berufsstandes bedeutsamen Weise zu beeinträchtigen. ²Der Aufsicht der Kammer unterliegt nicht die amtliche Tätigkeit der Mitglieder, die im öffentlichen Dienst stehen. ³Das gleiche gilt für die berufliche Tätigkeit von Mitgliedern, soweit sie als Beliehene öffentliche Aufgaben wahrnehmen.

(4) Die Absätze 1 und 2 gelten entsprechend für auswärtige Architekten und Architektinnen sowie auswärtige Stadtplaner und Stadtplanerinnen (§ 6).

**§ 16 Finanzwesen.** (1) ¹Die Kosten der Kammer werden, soweit sie nicht anderweitig gedeckt sind, durch Beiträge der Kammermitglieder aufgebracht. ²Zur Erhebung der Beiträge erläßt die Kammer eine Beitragsordnung. ³Die Beiträge können nach der Höhe der Einnahmen der Mitglieder aus ihrer Berufstätigkeit als Architekten, Architektinnen, Stadtplaner oder Stadtplanerinnen gestaffelt werden.

(2) ¹Für die Inanspruchnahme von Kammereinrichtungen und für das Verfahren vor den Eintragungsausschüssen können Gebühren erhoben werden. ²Das Nähere bestimmt die Gebührenordnung (§ 12 Abs. 1 Nr. 4). ³Die §§ 5 und 6 des Kommunalabgabengesetzes[1)] gelten entsprechend.

(3) ¹Die Kammer hat für jedes Geschäftsjahr einen Haushaltsplan und eine Jahresrechnung aufzustellen. ²Die Haushaltsführung muß den Grundsätzen der Sparsamkeit und Wirtschaftlichkeit entsprechen. ³Die Kammer hat eine Haushalts- und Kassenordnung zu erlassen, die Be-

---

[1)] **Von Hippel-Rehborn** Nr. 130.

stimmungen über die Aufstellung und Durchführung des Haushaltsplanes, die Kassen- und Buchführung sowie über die Rechnungslegung und Rechnungsführung enthält.

(4) Die Beitragsordnung, die Gebührenordnung, der Haushaltsplan sowie die Haushalts- und Kassenordnung und deren Änderung bedürfen der Genehmigung der Aufsichtsbehörde (§ 85).

**§ 17 Pflicht zur Verschwiegenheit; Auskünfte.** (1) ¹Die Mitglieder der Organe der Architektenkammer, deren Hilfskräfte sowie die hinzugezogenen Sachverständigen sind zur Verschwiegenheit über alle Angelegenheiten verpflichtet, die ihnen in dienstlicher Eigenschaft bekanntgeworden sind und an deren Geheimhaltung erkennbar ein schutzwürdiges Interesse besteht. ²Sie dürfen Angaben über persönliche und wirtschaftliche Verhältnisse von Kammermitgliedern und anderen natürlichen Personen sowie Betriebs- und Geschäftsgeheimnisse nicht unbefugt offenbaren. ³Die Pflicht zur Verschwiegenheit besteht nach Beendigung ihrer Tätigkeit fort.

(2) ¹Jeder hat ein Recht auf Auskunft aus den Listen nach § 3 Abs. 1 sowie den nach § 6 Abs. 2 Satz 3 geführten Verzeichnissen über Familiennamen, Vornamen, akademische Grade, Anschriften, Fachrichtung und Tätigkeitsart. ²Diese Angaben dürfen auch veröffentlicht oder an andere zum Zwecke der Veröffentlichung übermittelt werden, sofern die Betroffenen der Veröffentlichung nicht widersprechen. ³In den Fällen des Satzes 2 ist der oder die Betroffene über die beabsichtigte Übermittlung, die Art der zu übermittelnden Daten und den Verwendungszweck in geeigneter Weise zu unterrichten.

(3) ¹Sich bewerbende Personen und Mitglieder sind verpflichtet, dem Vorstand Auskunft über ihre persönlichen und wirtschaftlichen Verhältnisse zu erteilen, soweit die Angaben zur Durchführung der gesetzlichen und satzungsgemäßen Aufgaben notwendig sind. ²§ 55 StPO[1]) über das Auskunftsverweigerungsrecht eines Zeugen gilt entsprechend.

(4) Die Architektenkammer ist berechtigt, Auskünfte aus den Listen nach § 3 Abs. 1, aus den nach § 6 Abs. 2 Satz 3 geführten Verzeichnissen, insbesondere zu Eintragungsanträgen und Anzeigen nach § 6 Abs. 2 Satz 1, Versagungen und Löschungen sowie über Maßnahmen in einem berufsgerichtlichen Verfahren an Behörden in der Bundesrepublik Deutschland und auswärtiger Staaten, soweit die Gegenseitigkeit gewährleistet ist, zu erteilen und nach Maßgabe der Vorschriften des Datenschutzgesetzes Nordrhein-Westfalen[2]) einzuholen.

(5) Bei Staatsangehörigen eines Mitgliedstaates der Europäischen Gemeinschaften hat die Architektenkammer auf Anfrage der zuständi-

---

[1]) **Schönfelder** Nr. 90.
[2]) **Von Hippel-Rehborn** Nr. 138.

## Dritter Abschnitt. Eintragungsausschuß bei der Architektenkammer

**§ 18 Einrichtung und Zusammensetzung.** (1) ¹Bei der Architektenkammer wird ein Eintragungsausschuß gebildet. ²Sie trägt seine Kosten.

(2) Der Eintragungsausschuß bedient sich zur Erledigung seiner Aufgaben der Dienstkräfte und Einrichtungen der Architektenkammer.

(3) ¹Der Eintragungsausschuß besteht aus dem Vorsitzenden oder der Vorsitzenden und der erforderlichen Zahl von Beisitzern und Beisitzerinnen. ²Für den Vorsitzenden oder die Vorsitzende sind Vertreter oder Vertreterinnen zu bestellen. ³Der Eintragungsausschuß entscheidet in der Besetzung mit dem oder der Vorsitzenden und vier Beisitzern und Beisitzerinnen.

(4) ¹Der Vorsitzende oder die Vorsitzende und seine oder ihre Vertreter und Vertreterinnen müssen die Befähigung zum Richteramt nach dem Deutschen Richtergesetz haben oder die Voraussetzungen des § 110 Satz 1 des Deutschen Richtergesetzes erfüllen. ²Die Beisitzer und Beisitzerinnen müssen in einer Architektenliste oder der Stadtplanerliste eingetragen sein. ³Die Mitglieder des Eintragungsausschusses dürfen weder dem Vorstand der Architektenkammer noch einem Ausschuß der Architektenkammer, der für die gütliche Beilegung von Streitigkeiten zwischen Mitgliedern der Kammer oder zwischen diesen und Dritten zuständig ist, angehören, noch Dienstkräfte der Architektenkammer oder der Aufsichtsbehörde (§ 85) sein.

**§ 19 Wahl.** (1) Die Mitglieder des Eintragungsausschusses und ihre Vertreter und Vertreterinnen werden für die Dauer von fünf Jahren von der Vertreterversammlung gewählt.

(2) ¹Der Eintragungsausschuß ist unabhängig und an Weisungen nicht gebunden. ²Er entscheidet nach seiner freien, aus dem Gang des gesamten Verfahrens gewonnenen Überzeugung. ³Seine Mitglieder sind ehrenamtlich tätig; § 10 Abs. 3 Satz 2 gilt entsprechend.

**§ 20 Verfahrensvorschriften.** ¹Die Sitzungen des Eintragungsausschusses sind nicht öffentlich. ²Bei der Entscheidung des Eintragungsausschusses sollen mindestens zwei Beisitzer oder Beisitzerinnen der Fachrichtung des Betroffenen angehören.

## Zweiter Teil. Schutz der Berufsbezeichnung „Beratender Ingenieur" und „Beratende Ingenieurin"; Ingenieurkammer-Bau

### Erster Abschnitt. Schutz der Berufsbezeichnung

**§ 21 Berufsausgaben.** (1) Berufsaufgaben der Beratenden Ingenieure und Ingenieurinnen ist die eigenverantwortliche und unabhängige Beratung, Entwicklung, Planung, Betreuung, Kontrolle und Prüfung sowie Sachverständigentätigkeit und Mitwirkung bei Forschungs- und Entwicklungsaufgaben auf dem Gebiet des Ingenieurwesens; dazu gehört auch die Vertretung des Auftraggebers oder der Auftraggeberin in mit der Vorbereitung, Leitung, Ausführung, Überwachung und Abrechnung zusammenhängender Aufgaben, wobei sich die Tätigkeit auf alle oder einzelne dieser Aufgaben erstrecken kann.

(2) Eigenverantwortlich sind die Personen,

a) die ihre berufliche Tätigkeit als alleinige Inhaber oder Inhaberinnen ihres Büros selbständig auf eigene Rechnung und Verantwortung ausüben,

b) die sich mit Beratenden Ingenieuren und Ingenieurinnen oder Angehörigen anderer freier Berufe zusammengeschlossen haben und innerhalb dieses Zusammenschlusses als Vorstand, Geschäftsführer oder persönlich haftende Gesellschafter eine Rechtsstellung besitzen, kraft derer sie ihre Berufsausübung unbeeinflußt durch Rechte berufsfremder Dritter innerhalb oder durch Rechte Dritter außerhalb dieses Zusammenschlusses ausüben können, wobei die Beratenden Ingenieure und Ingenieurinnen oder in gleicher Weise wie diese tätigen Architekten und Architektinnen über die Stimmenmehrheit innerhalb dieses Zusammenschlusses verfügen müssen,

c) die als leitende Angestellte in einem nach Absatz 3 unabhängigen Ingenieurunternehmen im wesentlichen selbständig Aufgaben wahrnehmen, die ihnen regelmäßig wegen ihrer Bedeutung für den Bestand und die Entwicklung des Betriebs übertragen werden oder

d) die als Hochschullehrer oder Hochschullehrerinnen im Rahmen der genehmigten Nebentätigkeit in selbständiger Beratung tätig sind.

(3) Beratende Ingenieure und Ingenieurinnen sind unabhängig, wenn sie bei Ausübung ihrer Berufstätigkeit weder eigene Produktions-, Handels- oder Lieferinteressen haben noch fremde Interessen dieser Art vertreten, die unmittelbar oder mittelbar im Zusammenhang mit der beruflichen Tätigkeit stehen.

**§ 22 Berufsbezeichnung.** (1) Die Berufsbezeichnung „Beratender Ingenieur" oder „Beratende Ingenieurin" dürfen nur die Personen führen, die in die Listen der Beratenden Ingenieure und Ingenieurinnen (§ 23) eingetragen sind oder denen die Berechtigung zur Führung dieser Berufsbezeichnung nach § 26 zusteht.

(2) Wortverbindungen mit der Berufsbezeichnung nach Absatz 1 sowie Zusätze oder ähnliche Bezeichnungen dürfen nur Personen verwenden, welche die entsprechende Berufsbezeichnung zu führen befugt sind.

(3) Bezeichnungen, die auf Zusammenschlüsse Beratender Ingenieure und Ingenieurinnen hinweisen, dürfen in Verbindung mit der Berufsbezeichnung nach Absatz 1 oder ähnlichen Bezeichnungen nur geführt werden, wenn die Mehrheit der Mitglieder des Vorstandes, der Geschäftsführer oder der persönlich haftenden Gesellschafter, die Aufgaben im Sinne des § 21 wahrnehmen, in der Liste der Beratenden Ingenieure und Ingenieurinnen eingetragen ist.

(4) Das Recht zur Führung akademischer Grade wird durch diese Regelung nicht berührt.

**§ 23 Listen der Beratenden Ingenieure und Ingenieurinnen.**
(1) ¹Die Ingenieurkammer-Bau (§ 27) führt je eine Liste der im Bauwesen tätigen Beratenden Ingenieure und Ingenieurinnen sowie der sonstigen Beratenden Ingenieure und Ingenieurinnen. ²Aus der Liste der im Bauwesen tätigen Beratenden Ingenieure und Ingenieurinnen muß die Fachrichtung nach Absatz 2 und die Tätigkeitsart nach § 21 Abs. 2 ersichtlich sein. ³Aus der Liste der sonstigen Beratenden Ingenieure und Ingenieurinnen muß die Fachrichtung und die Tätigkeitsart nach § 21 Abs. 2 ersichtlich sein; § 4 Abs. 5 gilt entsprechend.

(2) Im Bauwesen tätige Ingenieure und Ingenieurinnen sind Ingenieure und Ingenieurinnen im Sinne des Gesetzes zum Schutz der Berufsbezeichnung „Ingenieur/Ingenieurin" (Ingenieurgesetz – IngG) vom 5. Mai 1970 (GV. NRW. S. 312),[1] geändert durch Gesetz vom 15. Oktober 1991 (GV. NRW. S. 376), die in einer oder mehreren Fachrichtungen des Bauingenieurs-, Vermessungs-, Wasserwirtschafts- oder Verkehrswesens, der Bauphysik, der Geotechnik, der Umwelttechnik, der Landschaftspflege, der Energie-, Heizungs-, Raumluft-, Ver- und Entsorgungs-, Sanitär-, Medien-, Elektro- und Lichttechnik sowie der Arbeitssicherheit an baulichen Anlagen tätig sind.

(3) ¹Über die Eintragung und die Löschung in den Fällen des § 25 Abs. 1 Buchstaben d, e, g und h sowie Abs. 2 entscheidet der Eintragungsausschuß. ²§ 3 Abs. 2 Sätze 2 und 3 gilt entsprechend.

**§ 24 Eintragung.** (1) In die Listen der Beratenden Ingenieure und Ingenieurinnen wird auf Antrag die Person eingetragen, die ihre Hauptwohnung, ihre Niederlassung oder ihre überwiegende berufliche Beschäftigung in Nordrhein-Westfalen hat und

---

[1] SGV NRW 223.

1. auf Grund der §§ 1 bis 3 IngG die dort vorgesehene Berufsbezeichnung allein oder in einer Wortverbindung zu führen berechtigt ist,
2. seit dem Zeitpunkt der Berechtigung zur Führung der im Ingenieurgesetz vorgesehenen Berufsbezeichnung eine nachfolgende entsprechende praktische Tätigkeit von mindestens drei Jahren ausgeübt hat und
3. zum Zeitpunkt der Antragstellung ihren Beruf eigenverantwortlich und unabhängig im Sinne von § 21 Abs. 2 und 3 ausübt.

(2) Die Eintragung in die Listen der Beratenden Ingenieure und Ingenieurinnen ist einer sich bewerbenden Person zu versagen,

a) solange sie nach § 45 StGB[1]) die Fähigkeit, öffentliche Ämter zu bekleiden oder Rechte aus öffentlichen Wahlen zu erlangen, verloren hat oder solange ihr das Recht, in öffentlichen Angelegenheiten zu wählen oder zu stimmen, aberkannt ist,
b) solange ihr nach § 70 StGB die Ausübung eines Berufs untersagt oder nach § 132a StPO[2]) die Ausübung des Berufs vorläufig verboten ist, der eine der in § 21 bezeichneten Tätigkeiten zum Gegenstand hat,
c) wenn sie wegen eines Verbrechens oder eines Vergehens rechtskräftig zu einer Strafe verurteilt worden ist und sich aus dem der Verurteilung zugrundeliegenden Sachverhalt ergibt, daß sie zur Erfüllung der Berufsaufgaben nach § 21 nicht geeignet ist oder
d) solange ihr wegen einer psychischen Krankheit oder einer geistigen oder seelischen Behinderung zur Besorgung aller Angelegenheiten ein Betreuer bestellt ist; dies gilt auch, wenn der Aufgabenkreis des Betreuers die in § 1896 Abs. 4 und § 1905 des BGB[3]) bezeichneten Angelegenheiten nicht erfaßt.

(3) Die Eintragung kann einer sich bewerbenden Person versagt werden, wenn innerhalb der letzten fünf Jahre vor Stellung des Eintragungsantrages

a) die Person eine eidesstattliche Versicherung nach § 807 ZPO[4]) abgegeben hat,
b) wenn das Konkursverfahren über ihr Vermögen eröffnet oder die Eröffnung mangels Masse abgelehnt worden ist oder
c) sie sich gröblich oder wiederholt berufsunwürdig verhalten hat.

(4) ¹Die Eintragung kann bei sich bewerbenden Personen, die nicht Deutsche im Sinne des Art. 116 GG sind, versagt werden, wenn die Gegenseitigkeit nicht gewährleistet ist. ²Dies gilt nicht für Staatsangehörige der Mitgliedstaaten der Europäischen Gemeinschaften.

---

[1]) **Schönfelder** Nr. 85.
[2]) **Schönfelder** Nr. 90.
[3]) **Schönfelder** Nr. 20.
[4]) **Schönfelder** Nr. 100.

Baukammerngesetz §§ 25, 26 BauKaG NRW 15

**§ 25 Löschung der Eintragung.** Die Eintragung ist zu löschen, wenn

a) die eingetragene Person dies beantragt,

b) die eingetragene Person verstorben ist,

c) die eingetragene Person ihre Hauptwohnung, ihre Niederlassung und ihre überwiegende berufliche Beschäftigung im Lande Nordrhein-Westfalen aufgegeben hat,

d) die eingetragene Person über die Eintragungsvoraussetzungen oder über Umstände, die der Eintragung entgegenstanden, getäuscht hat und die Eintragungsvoraussetzungen auch im Zeitpunkt der Entscheidung über eine Löschung nicht vorliegen,

e) gemäß § 24 Abs. 2 Buchstaben a, b und d die Eintragung zu versagen wäre,

f) in einem berufsgerichtlichen Verfahren rechtskräftig auf Löschung der Eintragung in der Liste der Beratenden Ingenieure und Ingenieurinnen erkannt worden ist,

g) die Berechtigung zur Führung der im Ingenieurgesetz vorgesehenen Berufsbezeichnungen entfallen ist,

h) die eingetragene Person in anderer Form tätig ist als eigenverantwortlich und unabhängig.

**§ 26 Auswärtige Beratende Ingenieure und Ingenieurinnen.**
(1) Ingenieure und Ingenieurinnen, die im Land Nordrhein-Westfalen weder ihre Hauptwohnung, ihre Niederlassung noch ihre überwiegende berufliche Beschäftigung haben (auswärtige Beratende Ingenieure und Ingenieurinnen), dürfen eine Berufsbezeichnung nach § 22 Abs. 1 oder eine Wortverbindung nach § 22 Abs. 2 ohne Eintragung in eine Liste der Beratenden Ingenieure und Ingenieurinnen führen, wenn sie

a) diese oder eine vergleichbare Berufsbezeichnung auf Grund einer gesetzlichen Regelung des Landes ihrer Hauptwohnung, ihrer Niederlassung oder ihrer überwiegenden beruflichen Beschäftigung führen dürfen oder

b) die Voraussetzungen des § 24 Abs. 1 Nrn. 2 und 3 erfüllen und in dem Land, in dem sie ihre Hauptwohnung, ihre Niederlassung oder ihre überwiegende berufliche Beschäftigung haben, eine vergleichbare gesetzliche Regelung nicht besteht und Versagungsgründe nach § 24 Abs. 2 und 3 nicht vorliegen. Über das Vorliegen der Voraussetzungen nach Buchstaben b entscheidet der Eintragungsausschuß.

(2) ¹Soweit auswärtige Beratende Ingenieure und Ingenieurinnen nicht Mitglied einer Ingenieurkammer in der Bundesrepublik Deutschland sind, sind sie zur Überwachung der Einhaltung der Be-

rufspflichten wie Mitglieder der Ingenieurkammer-Bau zu behandeln und haben hierzu das erstmalige Erbringen von Leistungen als Beratende Ingenieure oder Ingenieurinnen vorher der Ingenieurkammer-Bau anzuzeigen. ²Sie haben dabei Bescheinigungen darüber vorzulegen, daß sie

1. den Beruf des Ingenieurs oder der Ingenieurin in dem Land oder auswärtigen Staat ihrer Hauptwohnung, ihrer Niederlassung oder ihres Dienst- oder Beschäftigungsortes rechtmäßig ausüben und

2. ein Diplom, Prüfungszeugnis oder einen sonstigen Befähigungsnachweis über eine anerkannte abgeschlossene Ausbildung oder gleichwertige Befähigung besitzen.

³Sie sind nach Prüfung der Voraussetzungen durch den Eintragungsausschuß in einem besonderen Verzeichnis zu führen. ⁴Hierüber ist ihnen eine Bescheinigung auszustellen, aus der sich auch die Berechtigung zur Führung der Berufsbezeichnung nach § 22 Abs. 1 ergibt.

(3) Den in Absatz 2 genannten Personen kann der Eintragungsausschuß bei der Ingenieurkammer-Bau die Führung der Berufsbezeichnung untersagen, wenn

a) die Gegenseitigkeit hinsichtlich des Rechts auf Führung der Berufsbezeichnung nicht gewährleistet ist – das gilt nicht für Staatsangehörige der Mitgliedstaaten der Europäischen Gemeinschaften oder eines anderen Vertragsstaates des Abkommens über den Europäischen Wirtschaftsraum –,

b) dem § 24 Abs. 1 vergleichbare Voraussetzungen nicht vorliegen oder

c) Tatsachen eingetreten oder bekannt geworden sind, die eine Versagung nach § 24 Abs. 2 und 3 rechtfertigen.

## Zweiter Abschnitt. Ingenieurkammer-Bau

**§ 27 Errichtung.** (1) ¹In Nordrhein-Westfalen wird eine Ingenieurkammer-Bau errichtet, die die berufliche Vertretung der Ingenieure und Ingenieurinnen im Bauwesen und der sonstigen Mitglieder ist. ²Ihr Sitz wird durch die Satzung der Kammer bestimmt.

(2) ¹Die Ingenieurkammer-Bau ist eine Körperschaft des öffentlichen Rechts. ²Sie führt ein Dienstsiegel.

**§ 28 Mitgliedschaft.** (1) Der Ingenieurkammer-Bau gehört als Pflichtmitglied die Person an, die

a) als im Bauwesen tätiger Ingenieur oder im Bauwesen tätige Ingenieurin in der Liste der Beratenden Ingenieure und Ingenieurinnen nach § 23 Abs. 1 Satz 2 eingetragen oder

Baukammerngesetz  § 29 BauKaG NRW 15

b) in Nordrhein-Westfalen als Öffentlich bestellter Vermessungsingenieur oder Öffentlich bestellte Vermessungsingenieurin zugelassen ist.[1)]

(2) [1]Als freiwilliges Mitglied kann die Person beitreten, die
a) ohne im Bauwesen tätig zu sein, in der Liste der Beratenden Ingenieure und Ingenieurinnen nach § 23 Abs. 1 Sätze 1 und 3 eingetragen ist oder
b) als Ingenieur oder Ingenieurin im Bauwesen tätig ist (§ 23 Abs. 2), ohne in der Liste der Beratenden Ingenieure und Ingenieurinnen eingetragen zu sein, ihre Hauptwohnung oder ihre überwiegende berufliche Beschäftigung in Nordrhein-Westfalen und eine einschlägige praktische Tätigkeit von mindestens zwei Jahren ausgeübt hat.

[2]Die Aufnahme kann unter den Voraussetzungen des § 24 Abs. 2 bis 4 versagt werden.

(3) [1]Mitglied ist die Person, die im Mitgliederverzeichnis eingetragen ist. [2]Die gleichzeitige Mitgliedschaft in der Ingenieurkammer-Bau und der Architektenkammer ist zulässig.

(4) [1]Die Mitgliedschaft endet mit der Löschung der Eintragung im Mitgliederverzeichnis der Ingenieurkammer-Bau. [2]Für die Löschung ist § 25 Buchstaben a bis e und g entsprechend anzuwenden. [3]Die Eintragung ist bei freiwilligen Mitgliedern außerdem auf deren Antrag sowie im Fall des Ausschlusses nach § 41 Abs. 2 Satz 1 Buchstabe g) zu löschen.

(5) Über die Versagung der Aufnahme in die Kammer (Absatz 2 Satz 2) sowie über die Löschung der Eintragung im Mitgliederverzeichnis entscheidet der Vorstand der Ingenieurkammer-Bau.

**§ 29 Aufgaben der Ingenieurkammer-Bau.** (1) Die Ingenieurkammer-Bau hat die Aufgabe,
1. die beruflichen Belange der Gesamtheit der Mitglieder zu wahren und die Erfüllung der beruflichen Pflichten zu überwachen,
2. die Baukultur und das Bauwesen zu fördern,
3. das Mitgliederverzeichnis (§ 28 Abs. 3), die Listen der Beratenden Ingenieure und Ingenieurinnen (§ 23 Abs. 1) und das Verzeichnis der auswärtigen Beratenden Ingenieure und Ingenieurinnen (§ 26

---

[1)] Siehe dazu die Berufsordnung für die Öffentlich bestellten Vermessungsingenieure/Öffentlich bestellten Vermessungsingenieurinnen in NRW (ÖbVermIng BO NRW) vom 15. 12. 1992 (GV NRW S. 524/SGV NRW 7134), dort für die Weitergeltung von Zulassungen insb. § 21, geändert durch Ges. vom 22. 11. 1994 (GV NRW S. 1058); siehe auch VO über die Prüfung für die befristete Zulassung von freiberuflich tätigen Vermessungsingenieuren zu Öffentlich bestellten Vermessungsingenieuren (ÜbergangsprüfungsVO ÖbVermIng – ÜpVO – ÖbVermIng –) vom 21. März 1993 (GV NRW S. 107/SGV NRW 7134); Kostenordnung für die Öffentlich bestellten Vermessungsingenieure in NRW (ÖbVermIngKO NRW) vom 26. 5. 1993 (GV NRW S. 289/SGV NRW 7134), geändert durch VO vom 7. 9. 1996 (GV NRW S. 378).

Abs. 2) zu führen sowie die für die Berufsausübung erforderlichen Bescheinigungen zu erteilen,
4. die berufliche Aus- und Fortbildung der Mitglieder und entsprechende Einrichtungen für die Aus- und Fortbildung zu fördern,
5. die Behörden und Gerichte durch Gutachten, Stellungnahmen und in sonstiger Weise zu unterstützen,
6. auf die Beilegung von Streitigkeiten hinzuwirken, die sich aus der Berufsausübung zwischen Mitgliedern oder zwischen diesen und Dritten ergeben,
7. bei der Regelung des Wettbewerbswesens mitzuwirken und die Übereinstimmung der jeweiligen Bedingungen mit den bundes- und landesrechtlichen Vorschriften zu überwachen,
8. Sachverständige öffentlich zu bestellen und zu vereidigen, das Sachverständigenwesen zu fördern und auf Anforderung von Behörden und Gerichten sowie Dritter Sachverständige namhaft zu machen,
9. Sachverständige nach § 85 Abs. 2 Nr. 4 der Landesbauordnung[1]) und der hierzu erlassenen Rechtsverordnung staatlich anzuerkennen.

(2) § 9 Abs. 2 gilt entsprechend.

**§ 30 Organe der Ingenieurkammer-Bau.** ¹Organe der Ingenieurkammer-Bau sind
1. die Vertreterversammlung
2. der Vorstand.
²§ 10 Abs. 2 und 3 gilt entsprechend.

**§ 31 Vertreterversammlung der Ingenieurkammer-Bau.**
(1) Die Mitglieder der Vertreterversammlung werden von den Mitgliedern der Ingenieurkammer-Bau auf die Dauer von fünf Jahren in allgemeiner, gleicher, geheimer und direkter Wahl getrennt nach Wahlgruppen
1. der Pflichtmitglieder,
2. der freiwilligen Mitglieder nach § 28 Abs. 2 Satz 1 Buchstabe a),
3. der freiwilligen Mitglieder nach § 28 Abs. 2 Satz 1 Buchstabe b),
und in diesen nach den Grundsätzen der Verhältniswahl gewählt.

(2) ¹Die Vertreterversammlung besteht aus 101 Vertretern und Vertreterinnen. ²Die Anzahl der Vertreter und Vertreterinnen der Wahlgruppen in der Vertreterversammlung soll dem Verhältnis der Anzahl der Kammermitglieder in den Wahlgruppen entsprechen; die Wahlgruppe 1 erhält mindestens 50 Sitze, die Wahlgruppe 2 mindestens einen Sitz in der Vertreterversammlung.

---
¹) Nr. 1.

(3) ¹Die Ingenieurkammer-Bau erläßt die Wahlordnung. ²Sie regelt das Nähere über die Ausübung des Wahlrechts, die Durchführung der Wahl und die vorzeitige Beendigung der Mitgliedschaft zur Vertreterversammlung. ³Die Wahlordnung bedarf der Genehmigung der Aufsichtsbehörde (§ 85).

**§ 32 Aufgaben der Vertreterversammlung.** (1) Die Vertreterversammlung beschließt über

1. die Satzung (§ 34),
2. die Wahlordnung (§ 31 Abs. 2),
3. die Beitragsordnung (§ 36 in Verbindung mit § 16 Abs. 1),
4. die Gebührenordnung für die Inanspruchnahme von Einrichtungen der Ingenieurkammer-Bau sowie für das Verfahren vor dem Eintragungsausschuß (§ 36 in Verbindung mit § 16 Abs. 2),
5. den Haushaltsplan (§ 36 in Verbindung mit § 16 Abs. 3),
6. die Haushalts- und Kassenordnung (§ 36 in Verbindung mit § 16 Abs. 3),
7. die Genehmigung der Jahresrechnung und die Wahl der Rechnungsprüfer (§ 36 in Verbindung mit § 16 Abs. 3),
8. die Wahl, Abberufung und Entlastung der Mitglieder des Vorstandes (§ 33),
9. die Wahl der Mitglieder des Eintragungsausschusses (§ 38),
10. die Bildung weiterer Ausschüsse und fachrichtungsbezogener Untergliederungen sowie die Wahl und die Abberufung der Mitglieder dieser Ausschüsse und Untergliederungen,
11. die Höhe der Entschädigung für die Mitglieder der Organe (§ 30 in Verbindung mit § 10 Abs. 3), des Eintragungsausschusses (§ 38 in Verbindung mit § 19 Abs. 2) und der weiteren Ausschüsse sowie fachrichtungsbezogenen Untergliederungen (Nr. 10),
12. die Wahl und die Abberufung der zwei zu bestimmenden Kammervertreter oder Kammervertreterinnen im Gemeinsamen Ausschuß der Architektenkammer und der Ingenieurkammer-Bau (§ 88 Abs. 1),
13. die Bildung von Fürsorge- und Versorgungseinrichtungen (§ 29 Abs. 2 in Verbindung mit § 9 Abs. 2).

(2) Die Vertreterversammlung kann weitere Entscheidungen an sich ziehen; dies gilt nicht für Geschäfte der laufenden Verwaltung.

(3) § 12 Abs. 3 bis 6 gilt entsprechend.

**§ 33 Vorstand der Ingenieurkammer-Bau.** (1) ¹Der Vorstand wird von der Vertreterversammlung für die Dauer von fünf Jahren gewählt. ²Er besteht aus dem Präsidenten oder der Präsidentin, zwei Vizepräsidenten oder Vizepräsidentinnen und mindestens sechs, höchstens zehn Beisitzern und Beisitzerinnen. ³Der Präsident oder die Präsidentin oder ein Vizepräsident oder eine Vizepräsidentin muß Pflichtmitglied sein.

(2) § 13 Abs. 2 bis 5 gilt entsprechend.

**§ 34 Satzung.** (1) ¹Die Ingenieurkammer-Bau gibt sich eine Satzung. ²Diese muß Bestimmungen enthalten über

1. den Sitz der Ingenieurkammer-Bau,
2. die Rechte der Kammermitglieder,
3. die Einberufung und die Geschäftsordnung der Vertreterversammlung der Ingenieurkammer-Bau,
4. die Zusammensetzung des Vorstandes der Ingenieurkammer-Bau sowie die Wahl und die Abberufung seiner Mitglieder,
5. die Zusammensetzung der Ausschüsse und fachrichtungsbezogenen Untergliederungen der Ingenieurkammer-Bau, falls solche gebildet werden, sowie die Wahl und die Abberufung von deren Mitgliedern,
6. die Form und die Art der Bekanntmachungen.

(2) Die Satzung bestimmt ferner die Pflichten, die sich aus der Mitgliedschaft in der Ingenieurkammer-Bau ergeben, insbesondere trifft sie Regelungen über

1. die Entrichtung des Mitgliedsbeitrags,
2. den Abschluß schriftlicher Arbeitsverträge,
3. die Pflicht, als Arbeitgeber oder Arbeitgeberin die Fort- und Weiterbildung seiner oder ihrer Angestellten zu fördern.

(3) Die Satzung ist so auszugestalten, daß die berechtigten Interessen aller im Mitgliederkreis vertretenen Tätigkeitsarten und Fachrichtungen gewahrt werden.

(4) Die Satzung und deren Änderung bedürfen der Genehmigung der Aufsichtsbehörde (§ 85).

**§ 35 Berufspflichten und Berufsgerichtsbarkeit.** ¹Die Kammermitglieder und die sonstigen Beratenden Ingenieure und Ingenieurinnen nach § 23 Abs. 1 Satz 3, die nicht Mitglieder der Ingenieurkammer-Bau sind, sind verpflichtet, ihren Beruf gewissenhaft und unter Beachtung des Rechts auszuüben und dem ihnen im Zusammenhang mit dem Beruf entgegengebrachten Vertrauen zu entsprechen. ²§ 15 Abs. 2 bis 4 gilt entsprechend. ³Die Beratenden Ingenieure und Ingenieurinnen sind darüber hinaus verpflichtet, ihre Unabhängigkeit und Eigenverantwortlichkeit zu wahren und insbesondere neben ihrer beruflichen Tätigkeit keine gewerbliche Tätigkeit auszuüben, die in einem Zusammenhang mit ihren Berufsaufgaben steht.

**§ 36 Finanzwesen.** Für das Finanzwesen der Ingenieurkammer-Bau gilt § 16 entsprechend.

**§ 37 Pflicht zur Verschwiegenheit; Auskünfte.** (1) Hinsichtlich der Pflicht zur Verschwiegenheit gilt § 17 Abs. 1 entsprechend.

(2) [1]Jeder hat ein Recht auf Auskunft aus dem Mitgliederverzeichnis, der Liste der sonstigen Beratenden Ingenieure und Ingenieurinnen nach § 23 Abs. 1 Satz 3 und dem Verzeichnis nach § 26 Abs. 2 über Familiennamen, Vornamen, akademische Grade, Anschriften, Fachrichtung und Tätigkeitsart. [2]§ 17 Abs. 2 Sätze 2 und 3 und Abs. 3 bis 5 gilt entsprechend.

### Dritter Abschnitt. Eintragungsausschuß bei der Ingenieurkammer-Bau

**§ 38 Einrichtung und Zusammensetzung.** (1) [1]Bei der Ingenieurkammer-Bau wird ein Eintragungsausschuß gebildet. [2]Sie trägt seine Kosten.

(2) [1]§ 18 Abs. 2 und 3 sowie Abs. 4 Sätze 1 und 3 gilt entsprechend. [2]Bei der Entscheidung über die Aufnahme in die Listen der Beratenden Ingenieure und Ingenieurinnen (§ 23) und in das Verzeichnis der auswärtigen Beratenden Ingenieure und Ingenieurinnen (§ 26 Abs. 2) müssen die Beisitzer und Beisitzerinnen in eine der Listen der Beratenden Ingenieure und Ingenieurinnen (§ 23) eingetragen sein.

**§ 39 Wahl, Verfahrensvorschriften.** Hinsichtlich der Wahl der Mitglieder des Eintragungsausschusses und deren Vertreter und Vertreterinnen sowie der Verfahrensvorschriften gelten die §§ 19 und 20 entsprechend.

### Dritter Teil. Berufsgerichtsbarkeit

**§ 40 Bildung der Berufsgerichte.** (1) Bei dem Verwaltungsgericht Düsseldorf werden ein Berufsgericht für Architekten, Architektinnen, Stadtplaner und Stadtplanerinnen und ein Berufsgericht für Beratende Ingenieure und Ingenieurinnen sowie Ingenieure und Ingenieurinnen im Bauwesen gebildet.

(2) Bei dem Oberverwaltungsgericht werden als Rechtsmittelgerichte ein Landesberufsgericht für Architekten, Architektinnen, Stadtplaner und Stadtplanerinnen und ein Landesberufsgericht für Beratende Ingenieure und Ingenieurinnen sowie Ingenieure und Ingenieurinnen im Bauwesen gebildet.

(3) [1]Den Berufsgerichten und den Landesberufsgerichten stehen die Geschäftseinrichtungen des Gerichts, dem sie angegliedert sind, zur Verfügung. [2]Die für die Dienstaufsicht über diese Gerichte getroffenen

Bestimmungen gelten auch für die Berufsgerichte und die Landesberufsgerichte.

**§ 41 Sachliche Zuständigkeit.** (1) ¹Die Berufsgerichte für Architekten, Architektinnen, Stadtplaner und Stadtplanerinnen ahnden die Verletzung beruflicher Pflichten und Mitgliedspflichten der Mitglieder der Architektenkammer und der in das Verzeichnis nach § 6 Abs. 2 Satz 3 eingetragenen auswärtigen Architekten und Architektinnen sowie der auswärtigen Stadtplaner und Stadtplanerinnen. ²Die Berufsgerichte für Beratende Ingenieure und Ingenieurinnen sowie Ingenieure und Ingenieurinnen im Bauwesen ahnden die Verletzung beruflicher Pflichten und Mitgliedspflichten der Mitglieder der Ingenieurkammer-Bau, der in das Verzeichnis nach § 26 Abs. 2 Satz 3 eingetragenen auswärtigen Beratenden Ingenieure und Ingenieurinnen sowie der sonstigen Beratenden Ingenieure und Ingenieurinnen nach § 23 Abs. 1 Satz 3, die nicht Mitglieder der Ingenieurkammer-Bau sind. ³Kammermitglieder, die Beamte oder Beamtinnen sind, unterliegen, soweit sie ihre Beamtenpflichten verletzt haben, nicht der Berufsgerichtsbarkeit.

(2) ¹Die Berufsgerichte können erkennen auf

a) Warnung,

b) Verweis,

c) Geldbuße bis 25 000 Euro,

d) Verlust von Ämtern in der Architektenkammer oder der Ingenieurkammer-Bau,

e) Ruhen der Rechte aus der Mitgliedschaft für eine Zeitdauer von höchstens fünf Jahren,

f) Löschung der Eintragung in den Listen nach § 3 Abs. 1 (§ 5 Buchstabe f) oder nach § 23 Abs. 1 (§ 25 Buchstabe f) oder der Eintragung in die Verzeichnisse nach § 6 Abs. 2 Satz 3 oder § 26 Abs. 2 Satz 3,

g) Ausschluß aus der Ingenieurkammer-Bau, wenn ein freiwilliges Mitglied der Kammer betroffen ist.

²Auf eine Maßnahme nach den Buchstaben b, d oder e kann neben einer Maßnahme nach Buchstabe c erkannt werden. ³Eine Maßnahme nach Buchstabe e schließt die Folgen einer Maßnahme nach Buchstabe d in sich ein.

(3) ¹Die Verfolgung der Verletzung beruflicher Pflichten, die höchstens eine Warnung oder einen Verweis gerechtfertigt hätte, verjährt in fünf Jahren. ²Für den Beginn, das Ruhen und die Unterbrechung der Verjährung gelten § 78a Satz 1 sowie die §§ 78b und 78c Abs. 1 bis 4 StGB[1]) entsprechend.

---

[1]) **Schönfelder** Nr. 85.

§ **42 Zusammensetzung der Berufsgerichte.** (1) ¹Das Berufsgericht für Architekten, Architektinnen, Stadtplaner und Stadtplanerinnen verhandelt und entscheidet in Kammern, die mit einem Berufsrichter als Vorsitzendem und zwei Mitgliedern der Architektenkammer (§ 2 Abs. 1) als ehrenamtlichen Beisitzern besetzt sind. ²Ein Beisitzer soll der Fachrichtung (§ 3 Abs. 1) des Beschuldigten angehören und seinen Beruf in derselben Tätigkeitsart wie der Beschuldigte ausüben. ³Die Voraussetzungen des Satzes 2 brauchen nicht in der Person desselben Beisitzers gegeben zu sein.

(2) ¹Das Berufsgericht für Beratende Ingenieure und Ingenieurinnen sowie Ingenieure und Ingenieurinnen im Bauwesen verhandelt und entscheidet in Kammern, die mit einem Berufsrichter als Vorsitzenden und zwei Mitgliedern der Ingenieurkammer-Bau als ehrenamtlichen Beisitzern besetzt sind. ²Absatz 1 Sätze 2 und 3 gilt entsprechend.

(3) ¹Das Landesberufsgericht für Architekten, Architektinnen, Stadtplaner und Stadtplanerinnen entscheidet in Senaten, die mit drei Berufsrichtern einschließlich des Vorsitzenden und zwei Mitgliedern der Architektenkammer (§ 2 Abs. 1) als ehrenamtlichen Beisitzern besetzt sind. ²Absatz 1 Sätze 2 und 3 gilt entsprechend.

(4) ¹Das Landesberufsgericht für Beratende Ingenieure und Ingenieurinnen sowie Ingenieure und Ingenieurinnen im Bauwesen entscheidet in Senaten, die mit drei Berufsrichtern einschließlich des Vorsitzenden und zwei Mitgliedern der Ingenieurkammer-Bau als ehrenamtlichen Beisitzern besetzt sind. ²Absatz 1 Sätze 2 und 3 gilt entsprechend.

(5) Die Berufsrichter müssen Richter auf Lebenszeit sein.

(6) ¹Die ehrenamtlichen Beisitzer dürfen nicht der Aufsichtsbehörde (§ 85), dem Vorstand der Architektenkammer oder der Ingenieurkammer-Bau, den Vertreterversammlungen, den Eintragungsausschüssen oder einem anderen Ausschuß angehören. ²Sie dürfen auch nicht Dienstkräfte der Kammern sein oder in deren Organisationen sonstige Funktionen ausüben.

§ **43 Bestellung der Berufsrichter.** (1) Die Vorsitzenden der Berufsgerichte sowie die Vorsitzenden und die berufsrichterlichen Beisitzer der Landesberufsgerichte und die Vertreter dieser Berufsrichter werden von der Landesregierung für die Dauer von fünf Jahren bestellt.

(2) Wird während der Amtszeit die Bestellung neuer oder weiterer Richter erforderlich, so werden sie nur für den Rest der Amtszeit bestellt.

§ **44 Ehrenamtliche Beisitzer.** (1) ¹Die ehrenamtlichen Beisitzer der Berufsgerichte und der Landesberufsgerichte sowie deren Vertreter werden auf die Dauer von fünf Jahren von einem Wahlausschuß gewählt. ²§ 43 Abs. 2 gilt entsprechend.

(2) ¹Der Wahlausschuß für die Wahl zu den Berufsgerichten für Architekten, Architektinnen, Stadtplaner und Stadtplanerinnen besteht aus dem Präsidenten des Oberverwaltungsgerichts, dem Präsidenten des Verwaltungsgerichts Düsseldorf, sowie drei von der Architektenkammer benannten Kammermitgliedern. ²Für die Wahl zu den Berufsgerichten für Beratende Ingenieure und Ingenieurinnen sowie Ingenieure und Ingenieurinnen im Bauwesen gilt Satz 1 entsprechend mit der Maßgabe, daß von der Ingenieurkammer-Bau drei Kammermitglieder zu benennen sind. ³Für jedes benannte Mitglied des Ausschusses ist gleichzeitig ein Vertreter oder eine Vertreterin zu benennen. ⁴Der Vertreter oder die Vertreterin ist nur stimmberechtigt, wenn das Mitglied vorübergehend verhindert oder ausgeschieden ist. ⁵Die Amtsdauer der benannten Mitglieder des Ausschusses beträgt fünf Jahre. ⁶Sie beginnt mit dem erstmaligen Zusammentritt.

(3) ¹Der Wahlausschuß wird vom Präsidenten des Oberverwaltungsgerichts einberufen. ²Er ist nur beschlußfähig, wenn er vollzählig ist.

(4) Jede Kammer ist verpflichtet, dem jeweiligen Wahlausschuß jeweils eine Liste von geeigneten Bewerbern oder Bewerberinnen vorzulegen, die mindestens fünfzig Namen enthält.

(5) Gewählt ist, wer mindestens vier Stimmen auf sich vereinigt.

(6) ¹Für die Vereidigung der ehrenamtlichen Beisitzer gelten die Vorschriften über die Vereidigung der ehrenamtlichen Verwaltungsrichter entsprechend. ²Ihre Entschädigung richtet sich nach den Vorschriften über die Entschädigung der ehrenamtlichen Richter.[1]

**§ 45 Amtsunfähigkeit der ehrenamtlichen Beisitzer.** (1) ¹Als ehrenamtliche Beisitzer sind Personen nicht wählbar, gegen welche auf Maßnahmen nach § 41 Abs. 2 Buchstabe c bis e rechtskräftig erkannt worden ist, es sei denn, daß seit dem Eintritt der Rechtskraft mindestens drei Jahre verstrichen und in den Fällen des § 41 Abs. 2 Buchstabe e die Maßnahme nicht mehr wirksam ist. ²Schwebt gegen ein Kammermitglied ein berufsgerichtliches Verfahren, das den Ausspruch einer Maßnahme nach § 41 Abs. 2 Buchstaben c bis g erwarten läßt, soll von einer Wahl abgesehen werden.

(2) Ein ehrenamtlicher Beisitzer verliert sein Amt, wenn gegen ihn rechtskräftig auf eine Maßnahme nach § 41 Abs. 2 Buchstaben c und g erkannt worden ist.

(3) ¹Ein ehrenamtlicher Beisitzer ist seines Amtes zu entheben, wenn er sich einer Straftat oder einer Verletzung seiner Berufspflicht schuldig macht, die ihn als unwürdig erscheinen lassen, das Amt eines Beisitzers auszuüben. ²Er ist von seinem Amt zu entbinden, wenn er nach § 42 Abs. 6 nicht berufen werden konnte oder nicht mehr berufen werden kann. ³Er kann von seinem Amt entbunden werden,

---

[1] Siehe das Gesetz über die Entschädigung der ehrenamtlichen Richter, mit Änderungen abgedruckt **Schönfelder** Nr. 118.

a) wenn er aus Gesundheitsgründen nicht mehr in der Lage ist, sein Amt ordnungsgemäß auszuüben,

b) wenn ihm aus anderen zwingenden Gründen die weitere Ausübung seines Amtes nicht mehr zugemutet werden kann.

⁴Die Entscheidung trifft das Landesberufsgericht im Falle der Sätze 1 und 2 auf Antrag des Präsidenten des Gerichts, im Falle des Satzes 3 Buchstabe a auf Antrag des Präsidenten des Gerichts oder des ehrenamtlichen Beisitzers und im Falle des Satzes 3 Buchstabe b auf Antrag des ehrenamtlichen Beisitzers durch Beschluß. ⁵Der ehrenamtliche Beisitzer ist vor der Entscheidung zu hören.

**§ 46 Geschäftsverteilung.** (1) Vor Beginn eines jeden Kalenderjahres ist zu bestimmen:

1. die Zahl der Kammern oder Senate,
2. die Geschäftsverteilung zwischen den Kammern oder Senaten,
3. die Verteilung der Vorsitzenden, der sonstigen Mitglieder der Berufsgerichte sowie ihrer Vertreter auf die einzelnen Kammern oder Senate.

(2) Die Bestimmung erfolgt auf die Dauer eines Kalenderjahres durch den Präsidenten des jeweiligen Gerichts im Einvernehmen mit den beiden dienstältesten Berufsrichtern des jeweiligen Berufsgerichts.

**§ 47 Eröffnungsantrag.** (1) Den Antrag auf Eröffnung eines berufsgerichtlichen Verfahrens kann die jeweilige Kammer oder die Aufsichtsbehörde bei dem Berufsgericht stellen.

(2) ¹Alle Angehörigen einer der Kammern und alle sonstigen Beratenden Ingenieure und Ingenieurinnen nach § 23 Abs. 1 Satz 3, die nicht Mitglied der Ingenieurkammer-Bau sind, können die Eröffnung eines berufsgerichtlichen Verfahrens gegen sich beantragen, um sich von dem Verdacht der Verletzung beruflicher Pflichten zu reinigen. ²Satz 1 gilt entsprechend für auswärtige Architekten und Architektinnen, Stadtplaner und Stadtplanerinnen sowie für auswärtige Beratende Ingenieure und Ingenieurinnen.

(3) Die Antragsberechtigten können den Antrag nur bis zur Zustellung des Eröffnungsbeschlusses zurücknehmen.

**§ 48 Verteidigung.** (1) Der Beschuldigte kann sich in jeder Lage des Verfahrens eines Beistandes bedienen.

(2) ¹Beistand können die bei einem Gericht in der Bundesrepublik Deutschland zugelassenen Rechtsanwälte, Rechtsanwältinnen, Rechtslehrer oder Rechtslehrerinnen an Hochschulen in der Bundesrepublik Deutschland, Vertreter oder Vertreterinnen der zuständigen Berufsverbände und Gewerkschaften sowie Angehörige der jeweiligen Kammer sein. ²Vor den Landesberufsgerichten ist als Beistand nur zugelassen, wer die Befähigung zum Richteramt hat oder die Voraussetzungen des

§ 110 Satz 1 des Deutschen Richtergesetzes erfüllt. ³Beistand kann nicht sein, wer Mitglied der Berufsgerichte oder der Landesberufsgerichte ist.

**§ 49 Entscheidung über den Eröffnungsantrag.** (1) ¹Offensichtlich unzulässige oder unbegründete Anträge auf Eröffnung eines berufsgerichtlichen Verfahrens kann der Vorsitzende des Gerichts ohne weiteres durch Bescheid zurückweisen. ²Das gleiche gilt, wenn die Durchführung eines Verfahrens wegen der Geringfügigkeit der erhobenen Beschuldigung nicht erforderlich erscheint. ³Der Beschluß ist zu begründen.

(2) Wird der Antrag nicht zurückgewiesen, so stellt ihn der Vorsitzende dem Beschuldigten zu mit der Aufforderung, sich innerhalb von zwei Wochen zu dem Antrag zu äußern.

(3) Gegen die Zurückweisung des Antrages kann der Antragsteller innerhalb von zwei Wochen nach Zustellung die Beschlußfassung des Berufsgerichts beantragen.

**§ 50 Eröffnungsbeschluß.** (1) ¹Das berufsgerichtliche Verfahren wird durch einen Beschluß des Berufsgerichts eröffnet, in welchem dem Beschuldigten zur Last gelegte Tat zu bezeichnen ist. ²Der Beschluß ist dem Beschuldigten und den Antragsberechtigten zuzustellen. ³Findet ein Ermittlungsverfahren statt, so ist in dem Beschluß zugleich ein richterliches Mitglied des Berufsgerichts zu benennen, welches das Ermittlungsverfahren führt (Untersuchungsführer).

(2) Ist der Sachverhalt genügend geklärt, so kann das Berufsgericht von der Einleitung eines Ermittlungsverfahrens absehen und sogleich die Hauptverhandlung anordnen oder im Beschlußverfahren entscheiden.

**§ 51 Zusammentreffen mit Strafverfahren.** (1) ¹Ist gegen den einer Verletzung beruflicher Pflichten Beschuldigten wegen desselben Sachverhalts die öffentliche Klage im strafgerichtlichen Verfahren erhoben, so kann ein berufsgerichtliches Verfahren zwar eröffnet, es muß aber bis zur Beendigung des strafgerichtlichen Verfahrens ausgesetzt werden. ²Ebenso muß ein bereits eingeleitetes berufsgerichtliches Verfahren ausgesetzt werden, wenn während seines Laufes die öffentliche Klage erhoben wird. ³Das berufsgerichtliche Verfahren kann fortgesetzt werden, wenn im strafgerichtlichen Verfahren nicht verhandelt wird, weil der Beschuldigte flüchtig ist.

(2) Ist der Beschuldigte im strafgerichtlichen Verfahren freigesprochen, so kann wegen des Sachverhalts, der Gegenstand der strafgerichtlichen Untersuchung war, ein berufsgerichtliches Verfahren nur dann eröffnet oder fortgesetzt werden, wenn dieser Sachverhalt, ohne den Tatbestand eines Strafgesetzes zu erfüllen, ein Berufsvergehen enthält.

(3) Für die Entscheidung im berufsgerichtlichen Verfahren sind die tatsächlichen Feststellungen des strafgerichtlichen Urteils bindend, wenn nicht das Berufsgericht einstimmig die Nachprüfung beschließt.

(4) Die Vorschriften der Absätze 1 bis 3 finden entsprechende Anwendung, wenn gegen den Beschuldigten ein Disziplinarverfahren wegen desselben Sachverhalts eröffnet ist.

§ 52 **Vernehmung des Beschuldigten.** (1) ¹Im Ermittlungsverfahren ist der Beschuldigte zur Vernehmung zu laden. ²Der Antragsteller ist hiervon zu benachrichtigen. ³Er kann an der Vernehmung teilnehmen und ist auf Verlangen zu hören.

(2) ¹Ist der Beschuldigte aus zwingenden Gründen am Erscheinen verhindert, so ist er nach dem Wegfall der Hinderungsgründe erneut zu laden. ²Ist der Beschuldigte nicht vernehmungsfähig, so darf das Verfahren nur insoweit fortgeführt werden, als zu befürchten ist, daß die Beweisaufnahme erschwert wird.

§ 53 **Vereidigung von Zeugen und Sachverständigen.** (1) Die Vereidigung von Zeugen und Sachverständigen ist nur zulässig, wenn Gefahr im Verzuge ist oder wenn der Eid zur Herbeiführung einer wahren Aussage für das weitere Verfahren erforderlich ist.

(2) ¹Verwaltungsbehörden und Gerichte haben dem Untersuchungsführer Amts- und Rechtshilfe zu leisten. ²Der Beschuldigte ist in jedem Falle durch den Untersuchungsführer oder durch ein Gericht zu vernehmen.

(3) Der Untersuchungsführer hat zu allen Beweiserhebungen einen Schriftführer hinzuzuziehen und ihn, wenn er nicht Beamter oder Angestellter im öffentlichen Dienst ist, auf diese Amtstätigkeit zu verpflichten; hierüber ist eine Niederschrift aufzunehmen.

§ 54 **Beweiserhebung.** (1) Der Beschuldigte und der Antragsteller sind zu allen Beweiserhebungen rechtzeitig zu laden.

(2) ¹Die Vernehmung der Zeugen und Sachverständigen erfolgt in Gegenwart des Beschuldigten. ²Der Untersuchungsführer kann jedoch den Beschuldigten von der Teilnahme ausschließen, wenn er dies mit Rücksicht auf den Untersuchungszweck für erforderlich hält; der Beschuldigte ist jedoch, sobald er wieder vorgelassen wird, über das Ergebnis der Beweiserhebung zu unterrichten.

§ 55 **Ergänzung des Eröffnungsbeschlusses.** (1) ¹Ergeben sich im Verlaufe des Ermittlungsverfahrens Tatsachen, die den Verdacht einer weiteren Verletzung der Berufspflichten rechtfertigen, so legt der Untersuchungsführer die Akten dem Berufsgericht zur Ergänzung des Eröffnungsbeschlusses vor. ²Ist der Beschuldigte zu dem neuen Sachverhalt bereits durch den Untersuchungsführer gehört worden, so kann

427

der Eröffnungsbeschluß ohne vorherige Äußerung des Beschuldigten ergänzt werden.

(2) In dringenden Fällen kann der Untersuchungsführer die hierfür erforderlichen Ermittlungen ohne weiteres vornehmen.

**§ 56 Abschluß der Ermittlungen.** [1] Nach Abschluß der Ermittlungen übersendet der Untersuchungsführer die Akten dem Berufsgericht. [2] Der Vorsitzende des Berufsgerichts kann eine Ergänzung der Ermittlungen anordnen oder selbst vornehmen.

**§ 57 Beschlußverfahren.** (1) [1] In leichteren Fällen kann das Berufsgericht ohne Hauptverhandlung durch Beschluß entscheiden. [2] In dem Beschlußverfahren kann nur auf Warnung, Verweis oder Geldbuße bis zu 2500 Euro erkannt werden. [3] Auf Freispruch (§ 66) kann im Beschlußverfahren nicht erkannt werden.

(2) Der Beschluß ist zu begründen und dem Beschuldigten und den Antragsberechtigten zuzustellen.

(3) [1] Gegen den Beschluß können der Beschuldigte sowie die Antragsberechtigten binnen zwei Wochen nach dessen Zustellung schriftlich oder zur Niederschrift der Geschäftsstelle des Berufsgerichts Antrag auf mündliche Verhandlung stellen. [2] Der Antrag kann bis zum Beginn der Hauptverhandlung zurückgenommen werden. [3] Wird der Antrag rechtzeitig gestellt und nicht zurückgenommen, so gilt der Beschluß als nicht ergangen, andernfalls gilt er als rechtskräftiges Urteil.

**§ 58 Hauptverhandlung.** (1) Entscheidet das Berufsgericht nicht im Beschlußverfahren oder ist Antrag auf mündliche Verhandlung gestellt, so wird vom Vorsitzenden Termin zur Hauptverhandlung anberaumt.

(2) [1] Zur Hauptverhandlung lädt der Vorsitzende den Beschuldigten, seinen Beistand, den Antragsteller sowie die übrigen Antragsberechtigten. [2] Der Beschuldigte ist in der Ladung darauf hinzuweisen, daß die Hauptverhandlung auch ohne ihn stattfindet, wenn er unentschuldigt ausbleibt.

(3) Der Vorsitzende lädt ferner die Zeugen und Sachverständigen, deren persönliches Erscheinen er für erforderlich hält; ihre Namen sollen in den Ladungen des Beschuldigten, seines Beistandes und des Antragstellers angegeben werden.

(4) Zwischen der Zustellung der Ladung und der Hauptverhandlung muß eine Frist von mindestens zwei Wochen liegen.

**§ 59 Öffentlichkeit, Sitzungspolizei, Gerichtssprache.** Soweit in diesem Gesetz nicht anderes bestimmt ist, sind die Vorschriften des Vierzehnten und Fünfzehnten Titels des Gerichtsverfassungsgesetzes[1]

---

[1] **Schönfelder** Nr. 95.

Baukammerngesetz §§ 60–64 BauKaG NRW 15

über Öffentlichkeit, Sitzungspolizei und Gerichtssprache auf das Verfahren vor den Berufsgerichten und den Landesberufsgerichten entsprechend anzuwenden.

**§ 60 Ausbleiben des Beschuldigten.** (1) Die Hauptverhandlung findet auch statt, wenn der ordnungsgemäß geladene Beschuldigte unentschuldigt nicht erschienen ist.

(2) Ist der Beschuldigte vorübergehend verhandlungsunfähig, so kann das Verfahren auf die Dauer einer vom Gericht festzusetzenden Frist ausgesetzt werden; ist er aus zwingenden Gründen am Erscheinen verhindert, und hat er dies rechtzeitig mitgeteilt, so ist ein neuer Termin zur Hauptverhandlung anzusetzen.

**§ 61 Eröffnung der Hauptverhandlung.** (1) Der Vorsitzende eröffnet und leitet die Hauptverhandlung.

(2) In der Hauptverhandlung trägt der Vorsitzende oder der von ihm bestellte Berichterstatter den wesentlichen Inhalt der Akten vor.

(3) Ist der Beschuldigte erschienen, so ist er zu hören.

**§ 62 Anwendung der Vorschriften der Strafprozeßordnung.**[1)]
(1) ¹Nach Anhörung des Beschuldigten werden die Zeugen und Sachverständigen vernommen; die Vorschriften des Sechsten und Siebenten Abschnitts des Ersten Buches der Strafprozeßordnung sind entsprechend anzuwenden. ²Ein Zeuge soll nur vereidigt werden, wenn das Berufsgericht dies mit Rücksicht auf die Bedeutung der Aussage oder zur Herbeiführung einer wahrheitsgemäßen Aussage für geboten erachtet.

(2) Das Berufsgericht bestimmt den Umfang der Beweisaufnahme, ohne durch Anträge der Verfahrensbeteiligten gebunden zu sein.

**§ 63 Schluß der Beweisaufnahme.** Nach Schluß der Beweisaufnahme werden zunächst der Antragsteller, sodann der Beschuldigte und sein Beistand gehört.

**§ 64 Ausdehnung des Verfahrens.** (1) Werden dem Beschuldigten im Laufe der Hauptverhandlung Tatsachen vorgeworfen, die den Verdacht einer im Eröffnungsbeschluß oder seinen Ergänzungen nicht genannten Verletzung der Berufspflichten rechtfertigen, so kann diese mit seiner Zustimmung zum Gegenstand des Verfahrens gemacht werden.

(2) Stimmt der Beschuldigte nicht zu, so bestellt das Berufsgericht einen Untersuchungsführer und setzt die Hauptverhandlung für die Dauer des Ermittlungsverfahrens aus.

---

[1)] **Schönfelder** Nr. 90.

(3) Der Eröffnungsbeschluß ist in beiden Fällen entsprechend zu ergänzen.

**§ 65 Gegenstand der Urteilsfindung.** (1) Zum Gegenstand der Urteilsfindung können nur solche Verletzungen beruflicher Pflichten gemacht werden, die in dem Eröffnungsbeschluß oder seinen Ergänzungen aufgeführt sind.

(2) Das Urteil darf nur auf Tatsachen und Beweisergebnisse gestützt werden, die Gegenstand der Hauptverhandlung waren.

(3) Das Berufsgericht entscheidet nach seiner freien, aus dem Gesamtergebnis des Verfahrens gewonnenen Überzeugung.

**§ 66 Urteil.** Hält das Berufsgericht eine Verletzung der Berufspflichten für erwiesen, so erkennt es im Urteil auf eine oder mehrere der in § 41 Abs. 2 aufgeführten Maßnahmen, andernfalls erkennt es auf Freispruch.

**§ 67 Beratung und Abstimmung.** Auf die Beratung und Abstimmung sind die Vorschriften des Sechzehnten Titels des Gerichtsverfassungsgesetzes[1] entsprechend anzuwenden.

**§ 68 Verkündung.** (1) ¹Das Urteil wird durch Verlesen der Urteilsformel und Mitteilung der wesentlichen Urteilsgründe verkündet. ²Es ist schriftlich abzufassen und mit Gründen zu versehen.

(2) Das Urteil ist von dem Vorsitzenden und den Beisitzern zu unterzeichnen und dem Beschuldigten, seinem Beistand sowie den Antragsberechtigten zuzustellen.

**§ 69 Einstellung des Verfahrens.** (1) Nach Zustellung des Eröffnungsbeschlusses kann das Verfahren mit Zustimmung des Beschuldigten und des Antragstellers durch Beschluß eingestellt werden, wenn die Schuld des Beschuldigten als gering anzusehen ist.

(2) Das Verfahren ist durch Beschluß einzustellen,

a) wenn der Beschuldigte verstorben ist,

b) wenn der Beschuldigte in unheilbare Geisteskrankheit verfallen ist,

c) wenn die Einleitung des Verfahrens unzulässig war.

(3) ¹Im Falle des Todes des Beschuldigten ist das Verfahren auch nach Erlaß eines Einstellungsbeschlusses fortzusetzen, wenn sein Ehegatte, ein Kind oder ein Elternteil dies beantragt. ²Der Antrag ist innerhalb von drei Monaten nach dem Tode des Beschuldigten bei dem Gericht zu stellen, bei dem das Verfahren anhängig war.

(4) Soweit das Gericht in dem fortgesetzten Verfahren nicht auf Freispruch erkennt, ist das Verfahren einzustellen.

---

[1] **Schönfelder** Nr. 95.

**§ 70 Einstellungsbeschluß.** (1) ¹Der Einstellungsbeschluß ist zu begründen und zuzustellen. ²§ 68 Abs. 2 findet entsprechende Anwendung.

(2) Im Falle des Todes des Beschuldigten ist der Einstellungsbeschluß den gemäß § 69 Abs. 3 antragsberechtigten Angehörigen zuzustellen.

**§ 71 Berufung.** (1) Gegen die Urteile der Berufsgerichte können der Beschuldigte und jeder Antragsberechtigte (§ 47) Berufung einlegen.

(2) ¹Die Berufung ist innerhalb eines Monats nach Zustellung des Urteils bei dem Berufsgericht, dessen Entscheidung angefochten wird, schriftlich oder zur Niederschrift der Geschäftsstelle einzulegen. ²Sie hat aufschiebende Wirkung. ³Die Berufungsfrist ist auch gewahrt, wenn die Berufung innerhalb der Frist beim zuständigen Landesberufsgericht eingeht.

(3) ¹Die Berufung ist schriftlich zu begründen. ²Hierfür kann das Gericht eine Frist festsetzen.

(4) Das Berufsgericht stellt die Berufungsschrift den übrigen Berufungsberechtigte zu.

(5) Die Antragsberechtigten können Berufung auch zugunsten des Beschuldigten einlegen.

(6) Hat nur der Beschuldigte Berufung eingelegt oder ist zu seinen Gunsten Berufung eingelegt worden, so kann das Urteil nicht zu seinem Nachteil abgeändert werden.

**§ 72 Verfahren vor den Landesberufsgerichten.** Für das Verfahren vor den Landesberufsgerichten gelten die Vorschriften über das Verfahren vor den Berufsgerichten entsprechend, soweit nicht in diesem Teil etwas Abweichendes bestimmt ist.

**§ 73 Verwerfungsbescheid.** (1) Die Berufung kann durch einen mit Gründen versehenen Bescheid des Vorsitzenden des Landesberufsgerichts verworfen werden, wenn sie wegen Versäumung der Berufungsfrist oder aus anderen Gründen unzulässig ist.

(2) ¹Der Berufungskläger kann innerhalb eines Monats nach Zustellung des Bescheides mündliche Verhandlung beantragen. ²Wird der Antrag rechtzeitig gestellt, so gilt der Bescheid als nicht ergangen; andernfalls gilt er als rechtskräftiges Urteil.

(3) § 57 ist auf das Berufungsverfahren nicht anzuwenden.

(4) Ergeht kein Bescheid gemäß Absatz 1 oder ist Antrag auf mündliche Verhandlung gestellt, so setzt der Vorsitzende Termin zur mündlichen Verhandlung an.

**§ 74 Berufungsurteil.** (1) Soweit das Landesberufsgericht die Berufung für zulässig und begründet hält, hebt es das Urteil des Berufsgerichts auf und entscheidet in der Sache selbst, falls es nicht gemäß den nachfolgenden Absätzen verfährt.

(2) Das Landesberufsgericht kann durch Urteil die angefochtene Entscheidung aufheben und die Sache an das Berufsgericht zurückverweisen, wenn

a) das Verfahren erster Instanz an einem wesentlichen Mangel leidet,
b) weitere Aufklärung erforderlich ist oder
c) der Beschuldigte der Einbeziehung neuer Vorwürfe in das Verfahren (§ 64) nicht zustimmt.

(3) Im Falle des Absatzes 2 Buchstabe c ist der Eröffnungsbeschluß durch das Landesberufsgericht zu ergänzen.

**§ 75 Beschwerde.** (1) Im Verfahren vor den Berufsgerichten und vor den Landesberufsgerichten ist nach den Vorschriften der Strafprozeßordnung die Beschwerde zulässig.

(2) Die Beschwerde ist auch gegeben gegen

a) die Zurückweisung des Antrages auf Erhöhung des berufsgerichtlichen Verfahrens,
b) die Zurückweisung des Antrages auf Fortsetzung des Verfahrens (§ 69 Abs. 3).

**§ 76 Wiederaufnahme.** [1] Ein nach diesem Gesetz durch rechtskräftiges Urteil beendetes Verfahren kann unter denselben Voraussetzungen wieder aufgenommen werden wie ein Strafprozeß. [2] Die Wiederaufnahme kann von dem Beschuldigten, der Architektenkammer oder der Ingenieurkammer-Bau sowie der Aufsichtsbehörde beantragt werden. [3] Im übrigen sind die Vorschriften des Vierten Buches der Strafprozeßordnung[1)] sinngemäß anzuwenden.

**§ 77 Kosten.** (1) Jede Entscheidung in der Hauptsache muß eine Bestimmung über die Kosten (Gebühren und Auslagen) des Verfahrens enthalten.

(2) [1] Die Gebühren hat der Beschuldigte zu tragen. [2] Gebühren werden nur festgesetzt, wenn auf eine der in § 41 Abs. 2 genannten Maßnahmen erkannt oder das Verfahren nach § 69 Abs. 1 eingestellt wird. [3] Sie betragen mindestens 25 Euro, höchstens 500 Euro. [4] Das Gericht setzt die Gebühren unter Berücksichtigung der Schwere der Verletzung der beruflichen Pflichten sowie der persönlichen Verhältnisse des Beschuldigten nach pflichtgemäßem Ermessen fest.

(3) Die Auslagen des Verfahrens können ganz oder teilweise auferlegt werden

a) dem Beschuldigten, wenn auf eine der in § 41 Abs. 2 genannten Maßnahmen erkannt oder das Verfahren nach § 69 Abs. 1 einge-

---

[1)] **Schönfelder** Nr. 90.

Baukammerngesetz  **§ 78  BauKaG NRW 15**

stellt wird; sind durch Untersuchungen zur Aufklärung bestimmter belastender oder entlastender Umstände besondere Auslagen entstanden und sind diese Untersuchungen zugunsten des Beschuldigten ausgegangen, so dürfen die besonderen Auslagen insoweit dem Beschuldigten nicht auferlegt werden,
b) dem Antragsteller, wenn er Auslagen durch sein Verhalten herbeigeführt hat.

**§ 78 Auslagen.** (1) Die dem Beschuldigten erwachsenen notwendigen Auslagen sind im Falle eines Freispruchs oder einer Einstellung nach § 69 Abs. 2 der Staatskasse aufzuerlegen.

(2) [1] Wird auf eine der in § 41 Abs. 2 genannten Maßnahmen erkannt oder das Verfahren nach § 69 Abs. 1 eingestellt, so werden die dem Beschuldigten erwachsenen notwendigen Auslagen teilweise oder ganz der Staatskasse auferlegt, soweit es unbillig wäre, den Beschuldigten damit zu belasten. [2] Satz 1 gilt auch, wenn die zur Last gelegten Verletzungen beruflicher Pflichten nur zum Teil die Grundlage der Verurteilung bilden oder durch Untersuchungen zur Aufklärung bestimmter belastender oder entlastender Umstände dem Beschuldigten besondere Auslagen erwachsen und diese Untersuchungen zugunsten des Beschuldigten ausgegangen sind.

(3) [1] Wird ein Rechtsmittel von der jeweiligen Kammer oder der Aufsichtsbehörde zuungunsten des Beschuldigten eingelegt und wird es zurückgenommen oder bleibt es erfolglos, so sind die dem Beschuldigten im Rettungsmittelverfahren erwachsenen notwendigen Auslagen der Staatskasse aufzuerlegen. [2] Dasselbe gilt, wenn ein von der Kammer oder der Aufsichtsbehörde zugunsten des Beschuldigten eingelegtes Rechtsmittel Erfolg hat.

(4) Hat der Beschuldigte das Rechtsmittel beschränkt und hat es Erfolg, so sind die notwendigen Auslagen des Beschuldigten der Staatskasse aufzuerlegen.

(5) Hat ein Rechtsmittel teilweise Erfolg, so sind die notwendigen Auslagen des Beschuldigten teilweise oder ganz der Staatskasse aufzuerlegen, soweit es unbillig wäre, den Beschuldigten damit zu belasten.

(6) Notwendige Auslagen, die dem Beschuldigten durch schuldhafte Säumnis erwachsen sind, werden der Staatskasse nicht auferlegt.

(7) [1] Die notwendigen Auslagen des Beschuldigten werden der Staatskasse nicht auferlegt, wenn der Beschuldigte die Einleitung des berufsgerichtlichen Verfahrens dadurch veranlaßt hat, daß er vorgetäuscht hat, die ihm zur Last gelegte Verletzung beruflicher Pflichten begangen zu haben. [2] Es kann davon abgesehen werden, die notwendigen Auslagen des Beschuldigten der Staatskasse aufzuerlegen, wenn der Beschuldigte das berufsgerichtliche Verfahren dadurch veranlaßt hat, daß er sich selbst in wesentlichen Punkten wahrheitswidrig oder in Widerspruch zu seinen späteren Erklärungen belastet oder wesentliche

433

entlastende Umstände verschwiegen hat, obwohl er sich zu dem ihm gegenüber erhobenen Vorwurf geäußert hat.

(8) Zu den notwendigen Auslagen gehören auch
1. die Entschädigung für eine notwendige Zeitversäumnis nach den Vorschriften, die für die Entschädigung von Zeugen gelten,
2. die Gebühren und Auslagen eines Rechtsanwalts, soweit sie nach § 91 Abs. 2 ZPO[1]) zu erstatten wären, sowie die Auslagen eines sonstigen Beistandes.

**§ 79 Kostenfestsetzung.** (1) Die Kosten werden durch die Geschäftsstelle des erstinstanzlichen Gerichts festgesetzt.

(2) Über Erinnerungen gegen die Kostenfestsetzung entscheidet das Berufsgericht endgültig.

**§ 80 Vollstreckung.** (1) Die auf Grund dieses Gesetzes ergangenen Entscheidungen sind vollstreckbar, sobald sie rechtskräftig sind.

(2) Warnung und Verweis gelten mit dem Eintritt der Rechtskraft des Urteils als vollstreckt.

(3) Die unter § 41 Abs. 2 Buchstaben d bis g aufgeführten Maßnahmen werden mit dem Eintritt der Rechtskraft des Urteils wirksam.

**§ 81 Aufhebung von Maßnahmen.** (1) ¹Sind im berufsgerichtlichen Verfahren Maßnahmen nach § 41 Abs. 2 Buchstabe e, f oder g verhängt worden, so kann das Landesberufsgericht auf Antrag der betroffenen Person frühestens zwei Jahre nach Rechtskraft des Urteils durch Beschluß
a) die Rechte aus der Mitgliedschaft wieder zuerkennen (§ 41 Abs. 2 Buchstabe e) oder
b) feststellen, daß das frühere Urteil und die es tragenden Gründe einer Wiedereintragung nicht entgegenstehen.

²Die Antragsberechtigten sind zu hören.

(2) Der Beschluß ist auch im Falle der Ablehnung zu begründen, von dem Vorsitzenden und den Besitzern zu unterzeichnen und der betroffenen Person, ihrem Beistand sowie den Antragsberechtigten zuzustellen.

(3) Wird der Antrag abgelehnt, so ist ein erneuter Antrag frühestens zwei Jahre nach Zustellung des Beschlusses zulässig.

**§ 82 Allgemeine Verfahrensvorschriften.** ¹Soweit das Verfahren nicht in diesem Gesetz geregelt ist, sind die Vorschriften der Strafprozeßordnung sinngemäß anzuwenden. ²Dies gilt insbesondere für die Ausschließung und Ablehnung der Gerichtspersonen, die Berechnung der Fristen und die Wiedereinsetzung in den vorigen Stand.

---

[1]) **Schönfelder** Nr. 100.

Baukammerngesetz §§ 83–87 BauKaG NRW 15

**§ 83 Amts- und Rechtshilfe.** Alle Gerichte und Behörden sowie Körperschaften des öffentlichen Rechts haben den Berufsgerichten Amts- und Rechtshilfe zu leisten.

**§ 84 Kostenerstattung.** (1) Die persönlichen und sächlichen Kosten der Berufsgerichtsbarkeit für Architekten, Architektinnen, Stadtplaner und Stadtplanerinnen sind dem Lande am Schluß eines jeden Rechnungsjahres von der Architektenkammer zu erstatten.

(2) ¹Die Einnahmen an Gebühren, Kosten und Geldbußen fließen dem Lande zu; soweit die Isteinnahmen die nach Absatz 1 dem Lande zu erstattenden Kosten übersteigen, sind sie im nächsten Rechnungsjahr an die Architektenkammer auszuzahlen. ²Die Kammer soll diese Beträge ihren Fürsorge- und Versorgungseinrichtungen zuführen.

(3) Die Absätze 1 und 2 gelten entsprechend für die Berufsgerichtsbarkeit für Beratende Ingenieure und Ingenieurinnen und im Bauwesen tätige Ingenieure und Ingenieurinnen.

### Vierter Teil. Aufsicht über die Architektenkammer und die Ingenieurkammer-Bau

**§ 85 Aufsichtsbehörde.** Die allgemeine Körperschaftsaufsicht (§ 20 Abs. 1 LOG NRW)[1] über die Architektenkammer und die Ingenieurkammer-Bau mit Ausnahme der Versorgungseinrichtung führt das für das Bauberufsrecht zuständige Ministerium (Aufsichtsbehörde).

**§ 86 Durchführung der Aufsicht.** ¹Die Aufsichtsbehörde ist zu den Sitzungen der Vertreterversammlung der Architektenkammer und der Ingenieurkammer-Bau einzuladen. ²Dem Vertreter oder der Vertreterin der Aufsichtsbehörde ist in der Vertreterversammlung auf Verlangen das Wort zu erteilen. ³Die Aufsichtsbehörde kann verlangen, daß eine Vertreterversammlung unverzüglich einberufen wird.

### Fünfter Teil. Zusammenarbeit von Architektenkammer und Ingenieurkammer-Bau

**§ 87 Bereiche der Zusammenarbeit.** (1) Architektenkammer und Ingenieurkammer-Bau sollen in allen vergleichbaren Aufgabenbereichen (§ 9, § 29) vertrauensvoll mit dem Ziel einheitlicher Aufgabenerfüllung zusammenarbeiten, wenn gleichgerichtete Interessen der jeweiligen Mitgliedschaft bestehen oder das öffentliche Interesse dies erfordert.

---

[1] Von Hippel-Rehborn Nr. 70.

(2) Die Zusammenarbeit soll sich insbesondere erstrecken auf
1. die Fort- und Weiterbildung
2. das Schlichtungswesen (Beilegung von Streitigkeiten, die sich aus der Berufsausübung zwischen Mitgliedern der Kammern ergeben),
3. das Schiedswesen (Beilegung von Streitigkeiten, die sich aus der Berufsausübung zwischen Mitgliedern der Kammern und Dritten ergeben),
4. die Mitwirkung an der Regelung des Wettbewerbswesens,
5. die Förderung des Sachverständigenwesens,
6. die Förderung des innovativen, kostensparenden und ökologischen Bauens,
7. den Aufbau und Fortführung von Bauinformationsdiensten.

**§ 88 Gemeinsamer Ausschuß, gemeinsame Arbeitskreise und Einrichtungen.** (1) ¹Für die Zusammenarbeit im Sinne des § 87 wird ein Gemeinsamer Ausschuß der Architektenkammer und der Ingenieurkammer-Bau gebildet. ²Der Gemeinsame Ausschuß besteht aus den Präsidenten oder Präsidentinnen und den Vizepräsidenten oder Vizepräsidentinnen der Kammern sowie je zwei von den Vertreterversammlungen der Kammern für die Dauer von fünf Jahren gewählten Vertretern oder Vertreterinnen.

(2) Der Gemeinsame Ausschuß kann für einzelne Aufgabenbereiche gemeinsame Arbeitskreise und gemeinsame Einrichtungen bilden.

(3) Der Gemeinsame Ausschuß gibt sich eine Geschäftsordnung, die der Genehmigung der Aufsichtsbehörde (§ 85) bedarf.

(4) § 86 gilt entsprechend.

## Sechster Teil. Ordnungswidrigkeiten

**§ 89 Ordnungswidrigkeiten.** (1) Ordnungswidrig handelt, wer unbefugt eine der in § 2 Abs. 1 oder § 22 Abs. 1 genannten Berufsbezeichnungen führt oder eine Wortverbindung oder ähnliche Bezeichnung im Sinne des § 2 Abs. 2 und 3 oder § 22 Abs. 2 und 3 verwendet.

(2) Die Ordnungswidrigkeit kann mit einer Geldbuße bis zu 10 000 Euro geahndet werden.

(3) Zuständige Verwaltungsbehörde im Sinne des § 36 Abs. 1 Satz 1 des Gesetzes über Ordnungswidrigkeiten ist die jeweilige Kammer.

Baukammerngesetz §§ 90, 91 BauKaG NRW 15

### Siebenter Teil. Übergangs- und Schlußvorschriften

**§ 90 Rechtsverordnungen und Verwaltungsvorschriften.**
(1) Das für das Bauberufsrecht zuständige Ministerium wird ermächtigt, durch Rechtsverordnung[1]) die zur Durchführung dieses Gesetzes notwendigen Vorschriften über

1. die Verfahren vor den Eintragungsausschüssen einschließlich der für die Eintragung in die Architektenlisten, die Stadtplanerliste und in die Listen der Beratenden Ingenieure und Ingenieurinnen und für die Registrierung auswärtiger Architekten und Architektinnen sowie auswärtiger Stadtplaner und Stadtplanerinnen sowie auswärtiger Beratender Ingenieure und Ingenieurinnen vorzulegenden Nachweise,
2. die Zusammensetzung und die Bestellung der Mitglieder des Sachverständigenausschusses (§ 4 Abs. 4) sowie das Verfahren,
3. die nähere Ausgestaltung der in §§ 15 Abs. 2 Nr. 5 und 35 enthaltenen Haftpflichtversicherungspflicht, in denen die Festsetzung einer Mindestversicherungssumme, die Möglichkeit der Ersetzung der Berufshaftpflichtversicherung durch gleichsam geeignete Mittel sowie die für die Überwachung des Versicherungsschutzes und die nach § 158c des Gesetzes über den Versicherungsvertrag vom 30. Mai 1908 (RGBl. S. 263), zuletzt geändert durch Gesetz vom 5. Oktober 1994 (BGBl. I S. 2911) zuständigen Stellen aufgeführt sind,

zu erlassen.

(2) Das für das Bauberufsrecht zuständige Ministerium wird ferner ermächtigt, durch Rechtsverordnung

1. Regelungen zur Umsetzung der RL 85/384/EWG, der RL 89/48/EWG und sonstiger ergänzender Richtlinien, soweit sie die bestehenden gesetzlichen Vorschriften ergänzen und diese in ihrer zweckentsprechenden Durchführung sichern, zu erlassen und
2. weitere Fachrichtungen des Bauwesens im Sinne des § 23 Abs. 2 zu bestimmen.

(3) Das für das Bauberufsrecht zuständige Ministerium erläßt die zur Durchführung dieses Gesetzes erforderlichen Verwaltungsvorschriften.

**§ 91 Fortführung der Berufsbezeichnung „Stadtplaner" und „Stadtplanerin".** Wer bei Inkrafttreten dieses Gesetzes die in § 1 Abs. 4 genannte Tätigkeit unter der Berufsbezeichnung „Stadtplaner"

---

[1]) Siehe VO zur Durchführung des Baukammerngesetzes (DVO BauKaG) vom 7. 5. 1993 (GV NRW S. 294/SGV NRW 2331), geändert durch VO vom 14. 12. 1995 (GV NRW 1996 S. 40) und Art. 61 EuroAnpG vom 25. 9. 2001 (GV NRW S. 708) mit allgemeinen Vorschriften für die Eintragungsausschüsse und die Sachverständigenausschüsse bei den Baukammern und die Berufshaftpflicht.

oder „Stadtplanerin" mindestens zwei Jahre ausgeübt hat, ist auf Antrag in die Stadtplanerliste einzutragen, auch wenn die Voraussetzungen des § 4 Abs. 1 Satz 1 Buchstaben a) bis c) und Satz 2 nicht erfüllt sind; die bisher geführte Berufsbezeichnung darf bis zur unanfechtbaren Entscheidung über die Eintragung in die Stadtplanerliste weitergeführt werden, wenn die Eintragung innerhalb eines Jahres nach Inkrafttreten dieses Gesetzes beantragt wird.

**§ 92** Gründungsausschuß der Ingenieurkammer-Bau. *(nicht abgedruckt)*

**§ 93** Vorläufiger Eintragungsausschuß der Ingenieurkammer-Bau. *(nicht abgedruckt)*

**§ 94** Fortbestand von Organen und Ausschüssen der Architektenkammer. *(nicht abgedruckt)*

**§ 95** Inkrafttreten. Das Gesetz tritt am 31. Dezember 1992 in Kraft; das Architektengesetz (ArchG NRW) vom 4. Dezember 1969 (GV. NRW. S. 888), zuletzt geändert durch Gesetz vom 10. Januar 1989 (GV. NRW. S. 44) tritt gleichzeitig außer Kraft.

# Sachverzeichnis

Die fetten Zahlen bezeichnen die Gesetze, die mageren deren Paragraphen

**Abbruch,** Genehmigungsfreiheit **1** 65
**Abbrucharbeiten,** Genehmigungspflicht **1** 57
**Abbruchgenehmigung 1** 63
**Abbruchvorhaben,** Bauvorlage **2** 16
**Abfall 1** 54; Verkaufsstätte **9** 21
**Abfallbehälter 1** 11; Campingplatz **12** 10
**Abfallentsorgung,** Campingplatz **12** 10; Gaststätten **8** 26
**Abfallschacht 1** 46
**Abflusseinrichtung** auf Nachbargrundstück **14** 28
**Abgasanlagen 1** 43
**Abgasführung 6** 4
**Abgasleitung 6** 7
**Abgrabung 1** 2
**Abluft 1** 42
**Abschluss,** Ermittlungen **15** 56
**Abschlusswand 14** 12
**Abspannvorrichtungen 10** 101
**Abstände 1** 54; Anpflanzungen **14** 41 ff.; Dachflächen **1** 35; im Nachbarrecht **14** 1, 3, 4, 30, 31; Versammlungsstätten **10** 4; Wald **14** 40
**Abstandflächen 1** 6, 7
**Abstellplätze 1** 2
**Abstellräume 1** 49
**Abwasser 1** 54; **14** 29; Campingplatz **12** 10
**Abwasseranlagen 1** 4, 45, 65, 66
**Abwehranspruch** im Nachbarrecht **14** 50
**Abweichungen,** Bauaufsicht **1** 73
**Alarmanlage 9** 18
**Alarmeinrichtungen,** Bühnen **10** 42, 54; Fliegende Bauten **10** 102; Hochhaus **11** 13; Überprüfung **10** 124; Versammlungsstätten **10** 28
**Allgemein anerkannte Regeln der Technik 1** 3

**Allgemeine bauaufsichtliche Zulassung 1** 21
**Altenheime 1** 55
**Anbau 1** 35; **14** 12, 13, 20
**Anerkennung,** Prüfingenieur **2** 22; Sachverständiger **3** 3 ff.; **7** 2–4
**Anforderungen,** Bauliche Anlagen **1** 54
**Angrenzer,** Beteiligung **1** 74; Mitteilung vom Baubeginn **1** 67
**Anhörung,** Beschuldigter im berufsgerichtlichen Verfahren **15** 52
**Anpflanzungen 14** 40 ff.
**Antennen,** Befestigung beim Nachbarn **14** 26
**Antragskonferenz 1** 72
**Anwendungsbereich,** Bauordnung **1** 1
**Anzeige,** Bauvorhaben **1** 67
**Anzeigepflicht,** Schädlingsbefall **1** 16
**Arbeitsbühne 10** 113
**Arbeitsschutzbestimmungen 1** 59
**Architekt 1** 70; Auswärtiger **15** 5; Berufsbezeichnung **15** 2; Berufsgerichtsbarkeit **15** 40 ff.; Berufspflichten **15** 15; Eintragung **15** 4; Verschwiegenheit **15** 17; Wettbewerb **15** 15
**Architektenkammer 15** 7 ff.
**Architektenliste 15** 3; Auskunft **15** 17
**Aufbewahrung,** Bauunterlagen **1** 67
**Aufenthaltsräume,** Beschaffenheit **1** 48; Rettungswege **1** 17
**Aufschichtungen 14** 31
**Aufschüttungen 1** 2, 65
**Aufsicht,** Baukammern **15** 85 f.
**Aufsichtsbehörde** im Wohnungswesen **13** 3
**Aufstellplatz 12** 1, 3
**Aufstellraum,** Feuerstätte **6** 5

# Sachverzeichnis

fette Zahlen = Gesetze

**Aufstellung,** Feuerstätte **6** 4
**Aufzüge 1** 39, 54, 65; Gaststätten **8** 18; Hochhaus **11** 10
**Aula 10** 2
**Ausgang,** Verkaufsstätte **9** 12
**Ausgänge 1** 54; Fliegende Bauten **10** 98; Gaststätten **8** 10; Versammlungsräume **10** 20
**Auskunft** über Wohnungen **13** 11
**Auslagen,** Verfahren vor Berufsgericht **15** 77f.
**Ausschluss,** Beseitigungsanspruch im Nachbarrecht **14** 3, 6, 14, 36, 47
**Außenanlagen,** Gebrauchsbeeinträchtigung **13** 5
**Außenwände 14** 1, 4; Hochhaus **11** 3
**Außenwerbung 1** 13
**Auswärtige Architekten 15** 6

**Bad 1** 50
**Balkone 14** 4, 23
**Batterieräume 5** 7
**Bauantrag 1** 69; Behandlung **1** 72; Beteiligung anderer Dienststellen **1** 72; Nutzungsänderung **2** 11; vereinfachtes Genehmigungsverfahren **2** 10
**Bauarbeiten,** Duldung **14** 24
**Bauarten 1** 2, 24, 54
**Bauaufsichtliche Forderungen,** Abweichungen **1** 73
**Bauaufsichtsbehörde 1** 60; Aufgaben und Befugnisse **1** 61; Beteiligung der Angrenzer **1** 74; Rechte gegenüber Bauherrn **1** 57; Überwachung der Geschäftshäuser und Versammlungsstätten **10** 124; Unterrichtung anderer Behörden **1** 75; Verkaufsstätte **9** 27
**Bauausführung,** Anforderungen **1** 12ff.
**Baubeginn 1** 75
**Baubeschreibung 2** 5
**Baudenkmäler,** Zulassung von Bauprodukten **1** 23
**Baufreigabe 1** 82
**Baugenehmigung,** Erforderlichkeit **1** 63; Geltungsdauer **1** 77; Schriftform **1** 75

**Baugerüste 14** 31
**Baugestaltung 1** 12
**Baugrundstück,** Teilung **1** 8
**Bauherr,** Alternative zum Genehmigungsverfahren **1** 67; Bauantrag **1** 69; Beauftragung, Entwurfsverfasser und Unternehmer **1** 57; Kostentragung **1** 57; Prüfungen **3** 2; Verantwortlichkeit **1** 56
**Bauingenieur 1** 70; **15** 21ff.
**Baukammerngesetz 15**
**Baukontrolleur 1** 81
**Baulasten,** Baulastenverzeichnis **1** 83; Eintragung **2** 18
**Bauleiter 1** 14, 57, 58, 59a
**Bauliche Anlagen,** Allgemeine Anforderungen **1** 3; Begriffe **1** 2; Brandschutz **1** 17
**Bäume 14** 41ff., 47
**Bauprodukte 1** 20ff., 25–28; Anforderungen **1** 3; Begriff **1** 2; Übergangsvorschrift **1** 88
**Baustelle 1** 14, 59, 75
**Baustellenschild 1** 14
**Baustoffe,** Fliegende Bauten **10** 100; Gaststätten **8** 6–8
**Bautechnische Prüfung 2** 27
**Bautechnischer Dienst 1** 60
**Bauüberwachung 1** 81; Vereinfachtes Genehmigungsverfahren **1** 68
**Bauunternehmer 1** 59
**Bauvorlageberechtigung 1** 70
**Bauvorlagen 1** 67, 69; **2** 1; Elektrische Betriebsräume **5** 8; Gaststätten **8** 30
**Bauzeichnung 2** 4
**Bauzustandsbesichtigung 1** 67, 68, 82
**Bebauungsplan 1** 67
**Bedachung,** Abstand **1** 35
**Bedürfnisanstalt 1** 55
**Beeinträchtigung 14** 1, 4, 33, 35; Wohnung für Wohnzwecke **13** 5
**Begrünung 1** 9, 54
**Beheizung,** Bildwerferraum **10** 79; Bühnen **10** 41, 53; Verkaufsstätte **9** 15; Versammlungsräume **10** 25
**Behelfsbauten 1** 53, 68
**Beherbergungsbetrieb,** Bauliche Anforderungen **8** 1ff.

440

magere Zahlen = Paragraphen

# Sachverzeichnis

**Beherbergungsräume** 8 21
**Behinderte** 1 55; Stellplätze 9 26
**Beisitzer**, Berufsgericht 15 44f.
**Beistand**, Berufsgerichtliches Verfahren 15 48
**Beitrag**, Architektenkammer 15 16
**Belehrung** über Sicherheitsbestimmungen 10 118
**Beleuchtung**, Bildwerferraum 10 78; Gebrauchsbeeinträchtigungen 13 5; Versammlungsstätten 10 7
**Beleuchtungsmeister** 10 115
**Bepflanzung**, Campingplatz 12 2
**Beratender Ingenieur**, Aufgabe 15 21; Auswärtiger 15 26; Berufsbezeichnung 15 22; Berufsgerichtsbarkeit 15 40ff.; Eintragung 15 24; Löschung 15 25; Verschwiegenheit 15 37; Wettbewerb 15 29
**Bergaufsicht** 1 1
**Berufserfahrung** 7 9
**Berufsgericht**, Bestellung der Berufsrichter 15 43; Bildung 15 40; Geschäftsverteilung 15 46; nichtrichterliche Beisitzer 15 44f.; Zusammensetzung 15 42
**Berufsgerichtliches Verfahren**, Abschluss der Ermittlungen 15 56; Amts- und Rechtshilfe 15 83; Ausbleiben des Beschuldigten 15 60; Ausdehnung 15 64; Auslagen 15 77f.; Beistand 15 48; Beratung und Abstimmung 15 67; Berufung 15 71, 74; Beschlussverfahren 15 57; Beschwerde 15 75; Beweisaufnahme 15 62f.; Beweiserhebung 15 54; Einstellung 15 69f.; Ergänzung des Eröffnungsbeschlusses 15 55; Ermittlungsverfahren 15 52ff.; Eröffnungsantrag 15 47; Eröffnungsbeschluss 15 49f.; Gebühren 15 77; Gerichtssprache 15 59; Hauptverhandlung 15 58, 61; Kosten 15 77, 79; Ladungen 15 52, 58, vor Landesberufsgericht 15 72; notwendige Auslagen 15 78; Öffentlichkeit 15 59; Sachverständiger 15 53; Selbstreinigungsverfahren 15 47; Sitzungspolizei 15 59; Untersuchungsführer 15 50; Urteil 15 65ff.; Urteilsvollstreckung 15 80; Vereidigung 15 53; Verteidigung 15 48; Verwerfungsbescheid 15 73; Vollstreckung 15 80; Wiederaufnahme 15 76; Zeugen 15 53; Zusammentreffen mit Strafverfahren 15 51
**Berufsgerichtsbarkeit**, Architekten und Bauingenieure 15 40ff.
**Berufspflichten**, Architekten 15 15; Beratende Ingenieure 15 35
**Berufung (Rechtsmittel)**, Berufsgericht 15 71ff.
**Bescheinigung** 1 54; zum Bauantrag 1 72; Genehmigungsfreie Anlagen 1 66; Standsicherheit 7 12
**Beschlußverfahren**, Berufsgericht 15 57
**Beschuldigter**, Vernehmung 15 52
**Beschwerde**, Berufsgerichtsbarkeit 15 75
**Beseitigung**, Nachbarwand 14 14
**Beseitigungsanspruch**, Anpflanzungen 14 47
**Bespannung** 10 18
**Bestuhlung** 10 14, 120
**Besucherplätze** 10 13–15
**Besucherverkehr** 1 55
**Beteiligung** anderer Behörden 1 72
**Beteiligungsverfahren** 1 74
**Betreiber**, Campingplatz 12 11, 12; Prüfungen 3 2
**Betretungsrecht**, Bauaufsichtsbehörden 1 61
**Betriebsbeschreibung** 2 5
**Betriebsräume** für elektrische Anlagen 5
**Betriebssicherheit** 3 2; Hochhaus 11 15
**Betriebsvorschriften**, Campingplatz 12 12; Gaststätte 8 24–28; Versammlungsstätte 10 107–123
**Beweisaufnahme**, Berufsgericht 15 62f.
**Beweiserhebung**, Berufsgerichtliches Verfahren 15 54
**Bewirtschaftungskosten** 13 7
**Bezirksschornsteinfegermeister**, Besichtigung 1 43
**Bildöffnung** 10 74

441

# Sachverzeichnis

fette Zahlen = Gesetze

**Bildwand** 10 12
**Bildwerferraum** 10 65 ff., 69 ff.
**Bindung** an strafgerichtliches Urteil im berufsgerichtlichen Verfahren 15 51
**Blitzschutz** 1 17; **9** 17
**Blockheizkraftwerk** 1 66; **6** 11
**Bodenaushub** 1 3
**Bodenerhöhungen** 14 30
**Bodentreppe** 1 34
**Brandabschnitt**, Verkaufsstätte **9** 5
**Brandmeldeanlage 9** 18
**Brandmelder**, Garagen **4** 16
**Brandschutz** 1 5, 17, 29; **12** 4; Dach 1 35; Genehmigungsfreies Bauen 1 67; Treppen 1 36
**Brandschutzbeauftragter 9** 24
**Brandschutzeinrichtungen** 1 54
**Brandschutzkonzept** 1 68; **2** 9
**Brandschutzordnung 9** 25; Gaststätten **8** 28; Hochhäuser **11** 13, 14
**Brandschutzsachverständiger 7** 13–16
**Brandschutzstreifen**, Campingplatz **12** 11, 12
**Brandverhalten**, Verkaufsstätten **9** 3
**Brandwände** 1 33
**Brennstofflagerung** 1 43; **6** 12, 13
**Brennstoffleitung 6** 4
**Brücken** 1 65
**Bühne 10** 2, 37, 47
**Bühnenhaus 10** 44
**Bürogebäude**, Behinderte 1 55
**Bußgeldvorschriften** siehe Ordnungswidrigkeiten

**Camping- und Wochenendplätze** 1 54; **12**
**CE-Kennzeichnung** 1 20, 81

**Dach** 1 35; Gebrauchsbeeinträchtigung **13** 5; Hochhaus **11** 5; Verkaufsstätte **9** 7
**Dachfenster 14** 4
**Dachgeschoßausbau** 1 51
**Dachräume** 1 30
**Dachtraufe 14** 27, 28
**Dämmstoffe**, Gaststätten **8** 8
**Dampfkessel 6** 14

**Decken**, Bildwerferraum **10** 71; Bühnen **10** 31, 35, 46; Gaststätten **8** 7; Gebrauchsbeeinträchtigung **13** 5; Großgaragen **4** 10; Hochhäuser **11** 4, 6; Verkaufsstätte **9** 6; Versammlungsräume **10** 17, 18
**Dekorationen 10** 109; Bühnen **10** 32, 36, 48, 109
**Denkmal** 1 65; **2** 3
**Dichtheitsprüfung** 1 45; Abwasserleitungen 1 45
**Duldung**, Wohnraumerhaltung **13** 11
**Durchfahrt**, Versammlungsstätte **10** 3
**Durchführung**, Leitungen 1 30, 34

**Eid**, Berufsgerichtsverfahren **15** 69 f.
**Eigentumsstörungen 14** 50
**Eignung**, Bauunternehmer 1 59
**Einfriedung** 1 9, 65, 68; **14** 32–39
**Eingang**, stufenlos 1 55
**Einritt 10** 87
**Einschränkung** von Grundrechten 1 61; **13** 14
**Einsichtnahme**, Baulastenverzeichnis 1 83
**Einstellung**, Bauarbeiten 1 61; Betrieb **10** 125; Verfahren **15** 69
**Eintragung 15** 4; Löschung **15** 5
**Eintragungsausschuß**, Architektenkammer **15** 3, 18 ff.; Ingenieurkammer-Bau **15** 23
**Einwendungen**, Angrenzer 1 74
**Elektrische Anlagen**, Bau von Betriebsräumen **5;** Versammlungsstätten **10** 103–105, 124
**Energieleitungen** 1 65
**Entgelt**, Sachverständiger **7** 24
**Entwurfsverfasser 2** 3; Bauvorlageberechtigung 1 70; Bauvorlagen 1 69; Verantwortlichkeit 1 58
**Erbbaurecht 14** 52
**Erdbau**, Sachverständiger **7** 17–19
**Ergänzung**, Eröffnungsbeschluß **15** 55
**Erhaltung**, Wohnraum **13** 5, 9
**Erhöhen** der Nachbarwand **14** 15–17
**Erleichterungen**, Bauliche Anlagen 1 54

magere Zahlen = Paragraphen

# Sachverzeichnis

**Erlöschen,** Anerkennung 2 26; 7 5; als Sachverständiger 3 7
**Ermittlungen,** Berufsgericht 15 52 ff.
**Eröffnungsbeschluss,** Berufsgericht 15 50
**Errichtung,** Gebäude 1 4
**Ersatzstromversorgung,** Hochhaus 11 11
**Erschütterungsschutz** 1 18
**Europäische Gemeinschaft,** Bauproduktenrichtlinie 1 28

**Fachplaner** 1 58
**Fachunternehmer** 1 59
**Fahrgastunterstand** 1 65
**Fahrräder** 1 49; Abstellplätze 1 51, 65
**Fahrwege,** Campingplätze 12 2
**Fäkalien,** Campingplatz 12 10
**Fenster** 1 40; Aufenthaltsräume 1 48; Gebrauchsbeeinträchtigung 13 5; Versammlungsräume 10 24
**Fenster- und Lichtrecht** 14 4–6
**Fensterbrüstung** 1 41
**Fernmeldewesen** 1 1
**Fernsprechanschluß,** Campingplatz 12 11
**Fertigstellung,** Anzeige an Baubehörde 1 67
**Feuchtigkeit** 1 16
**Feuerlöscheinrichtungen** 9 18; Bildwerferräume 10 76; Bühnen 10 34, 42, 54, 62; Fliegende Bauten 10 102; Garagen 4 16, 17; Gaststätten 8 19; Hochhaus 11 13; Prüfung 10 124; Versammlungsstätten 10 28
**Feuermelder** 10 28, 42, 54
**Feuersicherheitswache** 10 116
**Feuerstätten** 1 43; Bühnenbereich 10 50; Gaststätten 8 16; Gebrauchsbeeinträchtigung 13 5; Versammlungsstätten 10 25
**Feuerungsanlagen** 1 43, 54, 66
**Feuerungsverordnung,** Einschränkung 6 1
**Feuerwehr,** Grundstückszugang 1 5; Hochhaus 11 2, 10; Verkaufsstätte 9 23; Versammlungsstätten 10 124

**Feuerwehraufzug,** Hochhaus 11 10
**Feuerwehrpläne** 2 9
**Filmvorführungen** 10 64 ff., 121–123
**Fliegende Bauten** 1 54, 79; Bauvorlage 2 20; Genehmigung 2 31; Prüfung 2 30; als Versammlungsstätten 10 96–102
**Flur,** Verkaufsstätte 9 11
**Flure** 1 38; Gaststätten 8 11; Versammlungsstätten 10 22
**Flurkarte** 2 2
**Flüssiggasanlage** 6 14
**Flutlicht** 1 65
**Frauenparkplätze** 4 9
**Freigabe,** Bauliche Anlage 1 82
**Freihalten** von Wegen und Flächen 10 107
**Freilichttheater** 10 2, 93, 95
**Freiluftsportstätten** 10 2
**Freiwillige Abhilfe** 13 12
**Frist,** Baubeginn 1 67; Vereinfachtes Genehmigungsverfahren 1 68
**Fußboden,** Bildwerferraum 10; Gebrauchsbeeinträchtigung 13 5; Kleinbühne 10 31; Stallung 1 52

**Gänge** in Versammlungsräumen 10 21
**Garagen** 1 51, 54, 68; Abstandflächen 1 6; Arbeitsgruben 4 7; Beleuchtung 4 14; Betriebsvorschriften 4 18; Brandmelder 4 13; Dacheinstellplätze 4 2; Einstellplätze 4 6; Feuerlöschanlagen 4 16, 17; Frauenparkplätze 4 9; Genehmigungsfreiheit 1 67; Großgaragen 4 2, 9 ff.; Hebebühnen 4 12; Kleingaragen 4 2, 8; kraftbetätigte Tore 4 5; Lüftung 4 15; Mittelgaragen 4 2, 9; Prüfungen 4 21; Rampen 4 4; Rauchabschnitte 4 11; Rettungswege 4 13; Stellplätze 4 2; technische Prüfung 4 21; Treppenräume 4 12; Verkehrsflächen 4 6; Zu- und Abfahrten 4 3
**Garagenwart** 4 18
**Gärfutterbehälter** 1 52
**Gartenbauten** 1 65
**Gasfeuerstätten** 1 43; 6 4

443

## Sachverzeichnis

fette Zahlen = Gesetze

Gasträume 8 20
Gaststätten 1 54; 8; Abfall 8 26; Aufzüge 8 18; Ausgänge 8 10; Bauvorlagen 2 12; 8 30; Behinderte 1 55; Betriebsvorschriften 8 24–28; Brandschutzordnung 8 28; Decken 8 7; Feuerlöschgeräte 8 19; Feuerstätten 8 16; Inhaber 8 24; Küchen 8 23; Lüftung 8 14; Prüfungen 8 30; Rettungswege 8 9, 25; Sicherheitsbeleuchtung 8 17; technische Prüfung 3 1; Toiletten 8 22, 27; Treppen 8 12; Türen 8 13
Gebäude 14 1; Abstand 14 1, 2; Ausschluss des Beseitigungsanspruchs 14 3; Balkone 14 4, 23; Begriff 1 2; Gasfeuerstätten 6 9; Genehmigungsfreiheit 1 65; Grundstück 1 4; Wärmeschutz 1 18; Wasser und Abwasser 1 4; Zufahrt 1 5
Gebäudeabnahme 1 82
Gebäudeabschlusswände 1 31
Gebäudeoberfläche 1 2, 9
Gebäudetrennwände 1 32
Gebrauchsabnahme, Fliegende Bauten 1 79
Gebührenordnung, Architektenkammer 15 16
Gefahrenabwehr, Bauaufsichtsbehörden 1 60
Geldbetrag, Nichtherstellung von Stellplätzen 1 51
Geltungsdauer, Baugenehmigung 1 77
Gemeinde, Abwassersatzung 1 45; Forderung des Genehmigungsverfahrens 1 67; Örtliche Bauvorschriften 1 86; Unbewohnbarkeitserklärung 13 8, 11; Unterrichtung durch Bauaufsichtsbehörde 1 75; Wohnnutzungsgebot 13 9, 10; Wohnungsbehörde 13 2–4
Gemeindesatzung, Stellplätze, Garagen, Abstellplätze 1 51
Gemeinschaftsanlage 1 11
Genehmigung, Grundstücksteilung 1 8
Genehmigungsfreie Anlagen 1 66

Genehmigungsfreie Vorhaben 1 65; Bauvorlage 2 13
Genehmigungsfreie Wohngebäude 1 67
Gerichtsgebäude, Behinderte 1 55
Gerichtssprache, Berufsgerichtliches Verfahren 15 59
Gerüst 1 2
Gesamtnennwärmeleistung 6 2
Geschäftsverteilung, Berufsgerichte 15 48
Geschoss, Aufzug 1 39; Begriff 1 2
Gestaltung 1 12
Gewächshaus 1 65, 68
Gewässeranlagen 1 65
Glastür 1 40
Grabstein 1 65
Grenzabstand, Anpflanzungen 14 40 ff.; Bodenerhöhungen 14 30; Einfriedungen 14 36; Fenster 14 4; Stellplätze 14 2
Grenzwand 14 19–23
Großgarage, Bauvorlage 2 12; technische Prüfung 3 1
Großhandelsmarkt, Behinderte 9 26
Grundrechte, Einschränkung 1 61; 13 14
Grundriss 2 4
Grundstück, Bebauung 1 4; Teilung 1 8
Grundstücksgrenze 2 3
Grundstücksteilung, Bauvorlage 2 17
Gutachterausschuss für Prüfingenieur 2 25

Haftpflichtversicherungspflicht 15 90
Hallen, technische Prüfung 3 1
Haltestellen 1 51
Hammerschlagsrecht 14 24, 25
Handlauf 1 36, 55
Hauptverhandlung, Berufsgericht 15 58
Hausbock 1 16
Hausschwamm 1 16
Hecken 14 42, 43, 45, 47
Heime, technische Prüfung 3 1
Heizräume 1 54; 6 6

magere Zahlen = Paragraphen

# Sachverzeichnis

**Heizung,** Bildwerferraum **10** 79; Bühne **10** 41, 53; Gebrauchsbeeinträchtigung **13** 5; Hochhaus **11** 12; Versammlungsstätten **10** 25
**Hilfe** bei Wohnungsbeschaffung **13** 4
**Hinweisschild 1** 13
**Hochhaus 1** 54; **11;** Alarmanlagen **11** 13; Aufzüge **11** 10; Begriff **1** 2; Betriebssicherheit **11** 15; Brandschutzordnung **11** 13, 14; Ersatzstromanlage **11** 11; Feuerwehrzugang **11** 2, 10; Rettungswege **11** 7, 9, 14; technische Prüfung **3** 1
**Hochhausverordnung 11**
**Höhe 6** 9
**Höhenlage,** Versammlungsstätten **10** 8
**Höherführen,** Antennen, Schornsteine usw. **14** 26
**Hörsaal 10** 2

**Ingenieur 1** 80; Bau **1** 70
**Ingenieurkammer-Bau 15** 27 ff.
**Inhaber,** Gaststätte **8** 24
**Innenarchitekt 1** 70; Berufsbezeichnung **15** 2; Berufsgerichtsbarkeit **15** 40 ff.; Berufspflichten **15** 15; Eintragung **15** 4
**Innenhöfe,** Gebrauchsbeeinträchtigung **13** 5
**Installationsschacht 1** 42
**Instandsetzung,** Wohnungen **13** 5
**Instandsetzungsarbeiten 14** 24

**Jauchebehälter 1** 52

**Käfig 10** 91
**Kanalisation 1** 45
**Katasterkartenwerk 2** 2
**Keller 1** 37; Aufenthaltsräume **1** 48; Versammlungsstätte **10** 9
**Kellerlichtschacht 1** 40
**Kinderspielplätze,** Gebrauchsbeeinträchtigung **13** 5
**Kinderwagen 1** 40, 49
**Kleiderablage 10** 29
**Kleinbühne 10** 2, 30–34
**Kleinkinder 1** 55
**Kleinkläranlagen 1** 45
**Klimaanlage 10** 41

**Kosten,** Architektenkammer **15** 16; Berufsgerichtsverfahren **15** 77; Tätigkeit von Sachverständigen **1** 57
**Kostenfestsetzung,** Berufsgerichtliches Verfahren **15** 79
**Kraftfahrzeug,** Abstellen **4** 19
**Kran 1** 1
**Krankenhaus 1** 54; Bauvorlage **2** 12; Behinderte **1** 55; technische Prüfung **3** 1
**Krankentrage,** Fahrkorb **1** 39
**Küche 1** 48; in Gaststätten **8** 23
**Kunsteisbahn 10** 84, 93, 115

**Ladenstraße 9** 2, 11
**Ladung,** Berufsgerichtliches Verfahren **15** 52, 54, 58
**Lageplan 2** 3; Campingplatz **12** 11
**Lagerguthöhe 9** 28
**Lagerplatz 1** 2
**Landesberufsgericht,** Architekten und Bauingenieure **15**
**Landschaftsarchitekt,** Berufsbezeichnung **15** 2; Berufsgericht **15** 40 ff.; Berufspflichten **15** 15; Eintragung **15** 4
**Leerstehen,** Wohnung **13** 1
**Leiterrecht 14** 24, 25
**Leitungen 1** 1
**Lichte Höhe,** Fliegende Bauten **10** 97; Versammlungsräume **10** 10
**Lichtkuppel 1** 35
**Lichtrecht 14** 4–6
**Liegenschaftskarte 2** 2
**Löschung,** Architektenliste **15** 5; Liste der Bauingenieure **15** 23
**Löschwasser 1** 54
**Lüftung 1** 54; Bühnenräume **10** 41, 53; Garagen **4** 15; Gaststätten **8** 14; Versammlungsräume **10** 26
**Lüftungsanlagen 1** 42
**Lüftungsleitung 6** 6

**Magazin 10** 90; Bühnen **10** 39, 49
**Manege 10** 82
**Mängelanzeige,** Bezirksschornsteinfegermeister **1** 43
**Ministerium,** Oberste Bauaufsichtsbehörde **1** 60
**Mittelbühne 10** 2, 35–43, 115

445

# Sachverzeichnis

fette Zahlen = Gesetze

**Mittelgarage,** technische Prüfung **3** 1
**Mitwirkungspflicht,** Wohnraumerhaltung **13** 11

**Nachbargrenze 1** 54
**Nachbarrechtsgesetz 14**
**Nachbarwand 14** 7–18
**Nachweis,** Vereinfachtes Genehmigungsverfahren **1** 68
**Namhaftmachung,** Unternehmer **1** 57
**Nennwärmeleistung 6** 2
**Nichterscheinen,** Beschuldigter im berufsgerichtlichen Verfahren **15** 60
**Niederlassung,** Prüfingenieur **2** 22
**Niederschlagswasser 1** 45; **14** 27
**Notschalter 6** 6
**Notwendige Auslagen,** Berufsgericht **15** 78
**Nutzungsänderung 1** 67; **2** 11

**Obergeschoss 1** 49
**Oberlicht 1** 41
**Obstgehölze 14** 41, 43, 45, 47, 48
**Offenes Feuer** in Versammlungsräumen **10** 110
**Öffentlich bestellter Vermessungsingenieur 15** 28
**Öffentliche Bauherrn 1** 80
**Öffentliche Bauvorschriften 1** 86
**Öffentliche Verkehrsflächen 14** 2, 5, 24, 31, 39, 45
**Öffentliches Recht,** Verhältnis zum Nachbarrecht **14** 49; Vorrang **14** 2, 5, 8, 23, 35
**Öffentlichkeit,** Berufsgerichtsverfahren **15** 59
**Öffnungen,** Decken **1** 34; Treppenraum **1** 37
**Orchesterraum 10** 45
**Ordnungsbehörden,** Bauaufsichtsbehörden **1** 60
**Ordnungswidrigkeiten,** Baukammerngesetz **15** 89; Bauordnung **1** 84; Campingplatz-VO **12** 15; Garagenverordnung **4** 23; Gaststättenbauverordnung **8** 32; Hochhausverordnung **11** 16; Sachverständigenverordnung **7** 25; Technische Prüfverordnung **3** 8; Verkaufsstättenverordnung **9** 30; Versammlungsstättenverordnung **10** 128; Wohnungsgesetz **13** 13
**Örtliche Bauvorschriften 1** 86
**Ortsfester Verbrennungsmotor 6** 11

**Parabolantennen 1** 65
**Parkleitsystem 1** 51
**Parkplätze 1** 51
**Personennahverkehr,** Stellplätze **1** 51
**Pfeiler 1** 29
**Pflanzungen 1** 54
**Pflichten,** Gastwirt **8** 24
**Planfeststellungsverfahren 1** 63
**Platz 1** 2
**Platzflächen 10** 2
**Platzreihen 10** 13
**Platzwart 12** 11, 12
**Prüfamt** für Baustatik **2** 21
**Prüfauftrag 2** 28
**Prüffristen 3** 2
**Prüfingenieur 2** 21–23; **7** 9
**Prüfstelle,** Bauprodukte **1** 28
**Prüfung,** Bauvorhaben **2** 21; Gaststätte **8** 30; Verkaufsstätte **9** 27; Versammlungsstätten **10** 124
**Prüfungsausschuss 7** 10f.
**Prüfzeugnis 1** 21; Bauprodukte **1** 22

**Radrennen 10** 86
**Rampen 1** 36, 55
**Rauchabführung,** Verkaufsstätte **9** 14
**Rauchabschnitte,** Großgaragen **4** 10
**Rauchabzug,** Bühne **10** 38, 48; Prüfung **10** 124; Versammlungsstätten **10** 9, 27
**Rauchabzugsvorrichtung,** Treppenraum **1** 37
**Rauchen und Rauchverbot,** Versammlungsstätten **10** 110
**Rauchverbot,** Verkaufsstätte **9** 22
**Rauminhalt 6** 3
**Räumungsgebot 13** 9

magere Zahlen = Paragraphen

# Sachverzeichnis

**Rechtsanwalt,** Beistand im berufsgerichtlichen Verfahren **15** 48
**Rechtshilfe,** Berufsgerichtsbarkeit **15** 83
**Rechtsmittel,** Berufsgerichtliches Verfahren **15** 71, 75
**Rechtsverordnungen,** Ermächtigung **1** 85
**Regierungspräsident,** jetzt: Bezirksregierung, Wohnungsaufsicht **13** 2
**Reitbahn 10** 85
**Rettungswege 1** 17, 38; Fenster **1** 40, 54; Bildwerferraum **10** 72, 73; Bühne **10** 40, 51; Garagen **4** 13; Gaststätten **8** 9, 25; Gebäude **10** 108; Grundstück **10** 107; Hochhaus **11** 7, 9, 14; Verkaufsstätte **9** 8, 13, 23; Versammlungsräume **10** 3, 19–24
**Ringflur 10** 88
**Rohbaufertigstellung 1** 82
**Rohrleitung 1** 1
**Rolladen** in Versammlungsstätten **10** 24
**Rollstuhl 1** 40
**Rollstuhlfahrer 1** 55; **8** 4; Aufzug **1** 39
**Rücknahme,** Anerkennung **2** 26; **7** 5

**Sachkenntnis,** Unternehmer **1** 59
**Sachkundige 3** 3, 6
**Sachverständiger,** Berufsgerichtliches Verfahren **15** 53 f.; Genehmigungsfreies Bauen **1** 67; Heranziehung durch Bauaufsicht **1** 61; Pflichten **7** 6; Prüfung von Sicherheitsvorschriften in Versammlungsräumen **10** 124; staatlich anerkannter **3** 3, 6; **7**; Vereinfachtes Genehmigungsverfahren **1** 68
**Sammelleitungen 14** 28
**Sanitätsraum 10** 89
**Satzung,** Architektenkammer **15** 14; Ingenieurkammer-Bau **15** 34; Örtliche Bauvorschriften **1** 86
**Schadensersatzansprüche** im Nachbarrecht **14** 3, 14, 17, 21, 22, 24–26, 28

**Schädlinge 1** 16
**Schallschutz 1** 18; **2** 8; Sachverständiger **7** 20
**Schaltanlagen 5** 3, 5
**Schank- und Speisewirtschaften,** Bauliche Anforderungen **8** 1 ff.
**Scheinwerfer** und Werferräume **10** 80, 81
**Scheinwerferstände 10** 64 ff.
**Schmalseitenprivileg 1** 6
**Schornstein 1** 43; **6** 7; Höherführung **14** 26
**Schulen 1** 54; Behinderte **1** 55
**Schulgebäude,** technische Prüfung **3** 1
**Schutzhütte 1** 65
**Schutzvorhang 10** 55, 113
**Schwerbehinderte,** Stellplätze **8** 4
**Schwimmbecken 10** 11; Umwehrung **1** 41
**Seilbahn 1** 65
**Selbstreinigungsverfahren,** Architekt **15** 47
**Senioren 1** 55
**Sicherheit,** Bauliche Anlagen **1** 19
**Sicherheitsbeleuchtung 10** 104; Gaststätten **8** 17; Verkaufsstätte **9** 16
**Sicherheitsfilm,** Vorführung **10** 64 ff., 121, 122
**Sicherheitsgeschirr,** Fenster **1** 40
**Sicherheitsleistung,** Erhöhung der Nachbarwand **14** 17
**Sicherheitsschleuse 10** 56
**Sicherheitsstromkreis 9** 19
**Sicherheitstreppenraum 1** 17
**Sicherung,** Wohnraum **13** 9, 10
**Solarenergie 1** 6
**Solarenergieanlagen 1** 65
**Sonderbauten 1** 54
**Sonderbauverordnungen 4**–6, 8–12
**Speisewirtschaft,** Bauliche Anforderungen **8** 1 ff.
**Spielfeld 10** 84, 92 ff.
**Spielfläche 1** 2, 9; **10** 2
**Sportfläche 1** 2
**Sportpodium 10** 83, 93
**Sportrennbahn 10** 86
**Sportstätten 1** 54; Behinderte **1** 55

447

## Sachverzeichnis

fette Zahlen = Gesetze

**Stadtplaner,** Berufsbezeichnung **15** 2; Berufsgericht **15** 40 ff.; Berufspflichten **15** 15; Eintragung **15** 4
**Stadtplanerliste 15** 3
**Stall 10** 91
**Stallungen 1** 52
**Standplatz,** Camping **12** 3
**Standsicherheit 1** 15, 54, 67, 72; **2** 8; Sachverständige **7** 8
**Standsicherheitsnachweis 2** 28
**Stehplätze 10** 13
**Stellplätze 1** 2, 51, 54; Campingplatz **12** 3; Genehmigungsfreiheit **1** 67; für Kraftfahrzeuge **10** 5; **14** 2
**Störer,** Einfriedigungspflichten **14** 33
**Stromerzeugungsaggregate 5** 6
**Studio 10** 2
**Stützen 1** 29
**Szenenflächen 10** 60–63; Freilichttheater **10** 93

**Technische Baubestimmungen 1** 3
**Technische Bühneneinrichtungen 10** 113
**Technische Prüfung,** Sonderbauten **3** 1
**Technische Regeln 1** 3, 72
**Teilbaugenehmigung 1** 76
**Teilung,** Baugrundstück **1** 8
**Terrassen 14** 4
**Theatermeister 10** 115
**Tierhaltung 1** 52
**Tischplätze 10** 15
**Toiletten 1** 50; Bühne **10** 39, 49, 90; Campingplatz **12** 8; Gaststätte **8** 22, 27; Gebrauchsbeeinträchtigung **13** 5
**Transformatoren 5** 3, 5
**Traufen 14** 27, 28
**Trennwand,** Verkaufsstätte **9** 4
**Trennwände 1** 30; Hochhaus **11** 3, 9
**Treppe,** Verkaufsstätte **9** 9
**Treppen 1** 36, 54; Bildwerferraum **10** 67; Fliegende Bauten **10** 99; Gaststätten **8** 12; Gebrauchsbeeinträchtigung **13** 5; Hochhaus **11** 8; Versammlungsstätten **10** 23

**Treppenräume 1** 37; Verkaufsstätte **9** 10; Versammlungsstätte **10** 23
**Trinkwasserversorgung 1** 44; Campingplatz **12** 5
**Trockenräume 1** 49
**Türen,** Bildwerferraum **10** 73; Bühne **10** 35, 52; Gaststätte **8** 13; Gebrauchsbeeinträchtigung **13** 5; Verkaufsstätte **9** 13; Versammlungsstätte **10** 24
**Typengenehmigung 2** 19; Schriftform **1** 78
**Typenprüfung 2** 29

**Überdruckfenster 10** 75
**Übereinstimmungserklärung 2** 7; Bauprodukte **1** 25, 26
**Übereinstimmungszeichen 1** 20, 25
**Übereinstimmungszertifikat 1** 27
**Übergreifende Bauteile 14** 22, 23
**Überwachungsstelle,** Bauprodukte **1** 28
**Umwehrungen 1** 41; **10** 11
**Umweltschutz,** Camping u. Wochenendplätze **12**
**Unbedenklichkeitserklärung 1** 67
**Unbewohnbarkeitserklärung 13** 8
**Unterfangen,** Grenzwand **14** 22, 24; Nachbarwand **14** 15
**Unterhaltung,** Einfriedigung **14** 38, 39; Grenzwand **14** 20; Nachbarwand **14** 7
**Unternehmer 1** 59; Namhaftmachung **1** 57
**Urteil,** Berufsgericht **15** 66

**Verbrennungsluftversorgung 6** 3
**Verbrennungsmotor 1** 43
**Verdoppelung,** Grenzabstände **14** 40, 43
**Vereinfachtes Genehmigungsverfahren 1** 68
**Verfahrensordnung,** Berufsgericht, Architekten **15** 40 ff.
**Verfügungsberechtigte** über Wohnungen **13** 7, 8, 11
**Vergnügungsstätten 1** 54
**Verjährung,** Nachbarrechte **14** 14, 51

magere Zahlen = Paragraphen

## Sachverzeichnis

**Verkaufsstätten** 1 54, 55; Bauvorlage 2 12; Bauvorschriften 9; technische Prüfung 3 1
**Verkehrsbetrieb** 1 1
**Verkehrsflächen** 10 87, 88, 95
**Verkehrssicherheit** 1 19
**Vernachlässigung,** notwendige Instandsetzungsarbeiten 13 5
**Vernehmung,** Berufsgerichtliches Verfahren 15 52
**Versammlungsstätten** 1 54; 10; Bauvorlage 2 12; Behinderte 1 55; technische Prüfung 3 1
**Verschwiegenheit,** Beratender Ingenieur 15 37
**Versorgungsanlagen** 1 65
**Versorgungsleitungen** 1 1
**Verteidiger,** Berufsgerichtliches Verfahren 15 48
**Vertreterversammlung,** Architektenkammer 15 11 f.; Ingenieurkammer-Bau 15 31 f.
**Verunstaltung** 1 12
**Verwaltungsgebäude** 1 54
**Verwaltungsverfahren** 1 69 ff.
**Verwaltungsvorschrift** 1 a
**Verweis,** Architekt 15 41
**Verwendbarkeit,** Bauprodukte 1 23
**Verwerfungsbescheid,** Berufsgerichtliches Verfahren 15 73
**Verzicht,** Bauvorlagen 2 1; auf Entwurfsverfasser 1 57; auf Stellplätze 1 51
**Vollbühne** 10 2, 3, 44–59; technische Fachkräfte 10 115
**Vollgeschoss,** Begriff 1 2
**Vollstreckung,** berufsgerichtliche Maßnahmen 15 80
**Vollzug** der Landesbauordnung 1 62
**Vorbescheid,** Bauvorhaben 1 71; Bauvorlage 2 16; Vereinfachtes Genehmigungsverfahren 1 68
**Vorbühne** 10 43, 59
**Vorhang,** Bühne 10 32, 36, 47
**Vorstand,** Architektenkammer 15 13; Ingenieurkammer-Bau 15 33
**Vortragssäle** 10 2

**Wachdienst,** Versammlungsstätten 10 117

**Wald,** Nachbarrecht 14 40, 43, 45–48
**Wände** 1 29; Bildwerferraum 10 71; Bühnen 10 31, 35, 45; Flur 1 38; Gaststätten 8 6; Gebrauchsbeeinträchtigung 13 5; Großgaragen 4 10; Heizräume 6 6; Hochhaus 11 3; Versammlungsräume 10 16, 18
**Warenautomat** 1 13, 65
**Wärmepumpen** 1 66; 6 10
**Wärmeschutz** 1 18; Sachverständiger 7 20–23
**Warmluftheizung** 1 42
**Warmwasserversorgung** 1 43
**Warteflächen** 10 3
**Wascheinrichtung,** Campingplatz 12 6
**Wasseranschlüsse,** Gebrauchsbeeinträchtigung 13 5
**Wasseraufnahmefähigkeit** 1 9
**Wasserbecken** 1 65, 68
**Wasserspülung** 1 50
**Wasserversorgung** 1 44; Wohnung 13 6
**Wasserzähler** 1 44
**Wege,** Grundstück 10 107
**Weisungen** an Wohnungsbehörden 13 3
**Wendeltreppen** 10 23, 27
**Werbeanlagen** 1 13, 65; Bauvorlage 2 14
**Widerruf,** Anerkennung 2 26; 7 5, als Sachverständiger 3 7
**Widerspruch** bei Abstandsunterschreitung 14 3, 6, 47
**Wiederaufnahmeverfahren,** Berufsgerichtliches Verfahren 15 76
**Wiederherstellungsgebot** für Wohnungen 13 9
**Windenergieanlagen** 1 6
**Windschutzstreifen** 14 45
**Wochenendhäuser** 12 14
**Wochenendplätze** 12
**Wohngebäude,** Genehmigungsfreiheit 1 67
**Wohnnutzungsgebot** 13 9, 10
**Wohnung,** Bad und Toilette 1 50; Beschaffenheit 1 49; im Bühnenhaus 10 57; Erhaltung 13 1; Mindestanforderungen 13 6; an Ver-

449

# Sachverzeichnis

fette Zahlen = Gesetze

sammlungsstätte **10** 6; Wasserzähler **1** 44
**Wohnungssuche 13** 4
**Wohnungswesen 13**
**Wohnwagen 12** 1

**Zellhornfilm,** Vorführung **10** 69 ff., 123
**Zelte 1** 54
**Zeltplatz 12** 2
**Zertifizierungsstelle,** Bauprodukte **1** 28
**Zeuge,** Berufsgericht **15** 58
**Ziersträucher,** Grenzabstand **14** 41

**Zufahrt 1** 5, 54; Campingplatz **12** 2; Hochhaus **11** 2; Versammlungsstätten **10** 3
**Zugang,** Gebrauchsbeeinträchtigung **13** 5
**Zulassung,** Bauprodukte **1** 21
**Zurückweisung,** Bauantrag **1** 72
**Zusammenarbeit,** Baukammern **15** 87
**Zuständigkeit,** Bauaufsichtsbehörden **1** 62; Berufsgerichte **15** 41
**Zustimmung** zu öffentlichen Bauten **1** 80
**Zweckentfremdung,** Garagen **1** 51; Wohnraum **13** 9, 10